Heinrich Pleticha (Hrsg.)
Entdeckungsgeschichte aus erster Hand

Heinrich Pleticha (Hrsg.)

Entdeckungsgeschichte aus erster Hand

Arena

CIP-Titelaufnahme der Deutschen Bibliothek

Entdeckungsgeschichte aus erster Hand / Heinrich Pleticha (Hrsg.).
- 1. Aufl. - Würzburg: Arena, 1990
ISBN 3-401-04322-6
NE: Pleticha, Heinrich (Hrsg.)

1. Auflage dieser Ausgabe 1990

Illustrationen: Bibliothek des Landesgewerbeamtes Baden-Württemberg: Bildtafel IX oben; Staatsbibliothek Berlin: Bildtafel X oben; Staatliches Museum für Völkerkunde, München: Bildtafel XII oben; Deutsche Westerner Gesellschaft e.V., Archiv Alpirsbach: Bildtafel XII unten; Bokförlaget Forum, Stockholm: Bildtafel XIII unten; Ullstein Bilderdienst: Bildtafel XIV oben, Bildtafel XVI unten; Prof. Heinrich Harrer: Bildtafel XIV unten; alle übrigen Illustrationen: Archiv Heinrich Pleticha
Schutzumschlaggestaltung: Karl Müller-Bussdorf
Gesamtherstellung: Pfälzische Verlagsanstalt, Landau
ISBN 3-401-04322-6

Inhalt

Australien – Südsee

Polargebiete

Vorwort

Vor rund fünfhundert Jahren schuf um 1490 der deutsche Kartenzeichner Henricus Martellus eine eindrucksvolle Weltkarte, die heute im Britischen Museum in London aufbewahrt wird. Sie zeigt Europa bis hinauf nach Skandinavien, bringt ein recht genaues Abbild der afrikanischen Westküste von Gibraltar bis zum Kap der Guten Hoffnung, läßt den Nil irgendwo im Innern Afrikas in den Mondbergen entspringen, deutet aber die Ostküste des Erdteils nur vage an, während die Umrisse Asiens bis hin zu den Küsten Chinas wieder einigermaßen richtig erfaßt sind. Am genauesten wiedergegeben sind die Mittelmeerländer und Vorderasien. Das war die alte Welt, wie sie die Europäer am Vorabend der Entdeckung Amerikas kannten. Einen Teil davon, nämlich die Westküste Afrikas, hatte man erst in den Jahren kurz vor der Entstehung der Karte kennengelernt, andere Gebiete dagegen waren schon seit mehr als zweitausend Jahren bekannt. Einem sorgfältigen Betrachter fällt auf, daß vieles nur provisorisch angedeutet ist, Gebirge kreuz und quer laufen, seltsame Flüsse sich durch die Länder schlängeln; denn um diese Zeit waren noch weite Gebiete im Innern der beiden Erdteile Afrika und Asien unerschlossen und harrten ihrer Entdeckung.
Mit der Geschichte dieser Entdeckungen beschäftigt sich unser Buch. Der älteste Bericht ist rund zweieinhalb Jahrtausende alt, da die Erkundung Afrikas schon sehr früh einsetzte. Allerdings beschränkten sich die ersten Entdeckungsfahrten vorwiegend auf die Küsten. Schon die Königin Hatschepsut hatte um 1500 v. Chr. von Ägypten aus eine Handelsexpedition in das geheimnisvolle Gold- und Weihrauchland Punt geschickt, das man heute an der afrikanischen Ostküste vermutet. Ein anderer ägyptischer König ließ angeblich um 600 v. Chr. ganz Afrika mit Schiffen umrunden. Der erste genauere Tatsachenbericht stammt aus der Zeit um 500 v. Chr. von den Karthagern, die mit ihren Schiffen bis zum Golf von Guinea vordrangen

und dann nach der Rückkehr in die Heimat Rechenschaft von ihrer Fahrt ablegten. Danach aber verdient der Kontinent für rund zweitausend Jahre den Beinamen »der dunkle«. Zwar suchten die Römer bis zu den Nilquellen vorzudringen, blieben aber im Papyrusdickicht am Oberlauf des Flusses stecken. Nordafrika war weitgehend bekannt, Karawanen brachten Nachrichten von den großen Königreichen am Südrand der Sahara, sonst aber setzte die Natur des Kontinents weiteren Erschließungsversuchen Grenzen. Wüsten und Urwälder, reißende Flüsse mit ihren Stromschnellen, unwirtliche und schlecht gegliederte Küsten bildeten unüberwindliche Barrieren, und oft wehrte sich die Bevölkerung gegen das Vordringen von Fremden.

Um die Mitte des 14. Jahrhunderts brachte der arabische Reisende Ibn Batuta, den wir noch in Asien näher kennenlernen werden, erste Nachrichten von der damals berühmten Handelsstadt Timbuktu und vom Niger. Noch einmal hundert Jahre später begann die zögernde Erschließung der afrikanischen Westküste. Sie war sozusagen nur das Nebenprodukt einer ganz anderen Suche, da die Portugiesen, die dort an Land gingen, eigentlich den Seeweg nach Indien finden wollten. Bis zum Ausgang des 14. Jahrhunderts waren die Schätze Indiens, besonders die Gewürze, auf dem Landweg über die asiatischen Karawanenstraßen nach Europa gekommen, doch das Vordringen der Türken auf dem Balkan behinderte diesen Handel. So sandte der portugiesische Prinz Heinrich, dem die Geschichte später den Beinamen »der Seefahrer« zubilligte, seine Schiffe entlang der Westküste Afrikas auf die Suche nach einem neuen Seeweg. Als der Prinz 1460 starb, hatten sie schon Senegambien erreicht, aber er erlebte nicht mehr den Triumph, daß sie 1487 das »Kap der Guten Hoffnung« entdeckten. Zehn Jahre später gelang dann Vasco da Gama 1498 auf einem erneuten Vorstoß der Sprung von der afrikanischen Ostküste über den Indischen Ozean hinüber nach Indien.

Für die nächsten Jahrhunderte trat das europäische Interesse an Afrika hinter dem Interesse an Amerika zurück, aber unermüdliche Forscher setzten doch Steinchen um Steinchen zu dem großen Mosaik des Kartenbildes zusammen. Immer stärker wurde dabei das wissenschaftliche Moment der Reisen betont, wenn auch noch ein tüchtiger Schuß Abenteuerlust dabei war. Auch Missionare trugen jetzt ihren Teil zur Entschleierung Afrikas bei. Der Jesuit Pedro Paez entdeckte schon 1613 in Abessinien den Tanasee, den Quellsee des Blauen Nils. Doch geriet diese Entdeckung in Europa weitgehend in Vergessenheit. Hier begann man sich erst gegen Ende des 18. Jahrhunderts wieder für den dunklen Erdteil zu interessieren. Und das war sehr notwendig; denn beim Betrachten einer Afrikakarte aus dieser Zeit, mußte man schon Jonathan Swift, dem genialen Verfasser von »Gullivers Reisen«, recht geben, wenn er in seiner spöttischen Art einmal sagte:

»Geographers in Afric maps
With savage pictures fill their gaps
And over inhabitable downs
Place elephants, for want of towns«

Was so viel heißt wie: »Die Geographen füllen auf den Karten Afrikas ihre Lücken mit wilden Zeichnungen und malen in unbewohnbare Flächen aus Mangel an Städten Elefanten ein.«

Nun aber wurde ein großer Schritt vorwärts getan; denn in London gründete man 1788 eine Gesellschaft, die ihre Hauptaufgabe darin sah, die Entschleierung Innerafrikas zu fördern und tüchtige Männer hinauszuschicken, die Schritt für Schritt die vielen weißen Flecken des »dunklen« Erdteils erforschen sollten.

Die Herren in London zeigten sich dabei gar nicht so ungeschickt. Erstens gingen sie sehr systematisch vor und wählten stets nur ein ganz bestimmtes Gebiet aus, auf das sie dann alle verfügbaren Mittel ansetzten. Zum andern engagierten sie ohne Rücksicht auf die Nationalität nur Reisende, die körperlich und wissenschaftlich den Anforderungen am besten entsprachen. Auf diese Weise vermied man eine Zersplitterung der Kräfte und konnte bedeutende wissenschaftliche Leistungen erzielen.

Die Erschließung des Erdteils wurde nun im 19. Jahrhundert zu einer europäischen Gemeinschaftsaufgabe und Konkurrenz. Als erstes löste der Schotte Mungo Park das Rätsel des Niger. Er erreichte 1795 den Fluß und befuhr ihn. Obgleich er nicht bis an die Mündung gelangte, konnte er doch zumindest nachweisen, daß der Strom weder mit dem Nil noch mit dem westwärts gerichteten Flußsystem des Senegal und Gambia zusammenhing. Auch nach Timbuktu kam er nicht, das gelang erst 1828 dem Franzosen René Caillié. Es war die lebensgefährliche Reise eines Einzelgängers, und erst dreißig Jahre später gelangte mit Heinrich Barth ein weiterer Europäer in die geheimnisumwobene Stadt. Dieser zählte ebenso wie Gustav Nachtigal und Gerhard Rohlfs zu den großen Entdeckern der Sahara. Der Mittel- und Ostteil der afrikanischen Wüste wurde durch sie zum For-

schungsgebiet der Deutschen, während die Franzosen den Westen erschlossen.
Zu den größten geographischen Rätseln des Erdteils gehörten die Nilquellen. Irgendwo in den „Mondbergen" sollten sie liegen, so verzeichneten es schon die ältesten Karten. Es gehörte zu den großen Sensationen der Entdeckungsgeschichte, daß sich diese merkwürdige Behauptung bestätigte. Schon 1848 hatte der deutsche Missionar Rebmann als erster Weißer den Kilimandscharo erblickt, bald danach auch sein Gefährte Krapf. Was sich hier im Innern Afrikas ihren Augen zeigte, war so phantastisch, daß sie es selbst kaum glauben konnten: Schneegipfel unter der Tropensonne am Äquator! Kein Wunder, daß ihre Entdeckung in Europa mit Hohn und Spott aufgenommen wurde. Zur gleichen Zeit sammelte ein anderer Missionar in einer Station an der Ostküste des Erdteils alle Nachrichten, die er von durchreisenden arabischen Händlern über das Innere erhalten konnte, und dabei hörte er zum ersten Mal von großen Seen. Auf Grund dieser Information drangen die Engländer Burton und Speke in das Innere vor und entdeckten den Tanganjika- und den später so benannten Victoriasee. Speke gelang es auch, den aus dem Victoriasee nach Norden abfließenden Nil aufzuspüren. Damit war zwar das Problem weitgehend gelöst, aber der eigentliche Quellfluß noch nicht gefunden. Die beiden deutschen Forscher Baumann und Kandt bestimmten dann den Kagera als den wichtigsten Zufluß des Sees und damit seine Quelle als die eigentliche Nilquelle. Merkwürdig bleibt dabei, daß dieser Kagera aus einem Gebirge kommt, das die Bewohner der Gegend heute noch »Missosi ja Mwesi«, d. h. »Mondberge«, nennen! Waren damit auch die Hauptarme des Nils festgelegt, so fehlte noch die Erforschung seiner Nebenflüsse, vor allem des bedeutenden Bahr-el-Ghazal, des Gazellenflusses, den 1870 der deutsche Botaniker Georg Schweinfurth bereiste.
Die Erschließung des südlichen Afrikas wurde zur Lebensaufgabe des großen schottischen Missionars und Arztes David Livingstone. Dieser drang von seiner Missionsstation bis zum Sambesi vor, durchquerte dann zwischen 1852 und 56 ganz Südafrika und erforschte dabei den Lauf des Flusses. Dann zog er weiter in das Innere des Erdteils, galt aber als verschollen, bis ihn der junge anglo-amerikanische Journalist Henry M. Stanley in einer spektakulären Rettungsaktion am Ufer des Tanganjika-Sees auffinden konnte. Aber Livingstone kehrte nicht mit in die Heimat zurück, sondern blieb in Innerafrika,

wo er 1873 einsam starb. Stanley dagegen war in der Begegnung mit seinem großen Landsmann selbst zum Forschungsreisenden geworden und wandte nun alle seine Kraft auf die Erforschung des letzten großen Rätsels in Afrika, nämlich auf die Erforschung des Kongo, von dem man nur die mächtige Mündung in den Atlantik, nicht aber seinen Oberlauf kannte. Für die Wissenschaftler ergab sich darüber hinaus die Frage, inwieweit sein Quellgebiet im Bereich der zentralafrikanischen Seen zu suchen sei und ob mit dem Flußsystem des Nils ein Zusammenhang bestünde. Stanley löste dieses Rätsel 1874 bis 77 auf einer gefahrvollen Reise, in deren Verlauf er als erster den Kongo von den Quellflüssen bis zur Mündung befuhr.
Mit dieser Entdeckung war die Erforschung Innerafrikas im großen und ganzen abgeschlossen. Es hatte keine hundert Jahre gedauert, bis die meisten weißen Flecken auf dem Kartenbild gelöscht waren.
Etwas anders verlief die Erschließung Asiens; denn hier waren es nicht mehrere große Schübe wie im 15. und 19. Jahrhundert in Afrika, sondern alles verlief gleichmäßiger und ohne besondere dramatische Höhepunkte. Vorderasien war ja in Europa bis zu den Grenzen Indiens schon im Altertum bekannt, und die Feldzüge Alexanders des Großen vertieften dann im 4. vorchristlichen Jahrhundert diese Kenntnisse noch, besonders die Expedition seines Admirals Nearchos von der Mündung des Indus bis zu der des Euphrat erbrachte wichtige Ergebnisse. Handels- und Gesellschaftsreisen vor allem im Bereich des Indischen Ozeans lieferten in der Zeit vor Christi Geburt viele Nachrichten von den Küstenländern. Dabei waren es nicht die Europäer, sondern die Völker Asiens selbst, die ihren Erdteil erforschten.
Die Erkundung Zentralasiens begann zuerst vom Osten her im 2. vorchristlichen Jahrhundert durch chinesische Reisende, aus dem Westen kamen dann etwa tausend Jahre später arabische Entdecker. Dank der Handelsverbindungen, die über die großen Karawanenstraßen zwischen Osten und Westen liefen, vertieften sich zwar die geographischen Kenntnisse, und doch blieb noch vieles geheimnisvoll und fremd. Als der Venetianer Marco Polo nach einer Reise quer durch ganz Asien und einem vierundzwanzigjährigen Aufenthalt am Hof des Kaisers von China 1295 wieder in seine Heimat zurückkehrte und in einem Buch über seine Erlebnisse und Beobachtungen berichtete, wurden seine Nachrichten mit Staunen aber auch mit Skepsis aufgenommen. Weitere Nachrichten aus Innerasien brachte eineinhalb Jahrhunderte später der bairische Ritter Hans Schiltenberger, der drei-

ßig Jahre erst in türkischer und dann in mongolischer Gefangenschaft zugebracht hatte, vor allem aber der schon als Afrikareisender erwähnte Ibn Batuta, der ebenfalls bis nach China vordrang.

Als 1498 der Portugiese Vasco da Gama mit seinen Schiffen an der Westküste Indiens landete, begann nicht nur in wirtschaftlicher und politischer Hinsicht ein neuer Abschnitt in den asiatisch-europäischen Beziehungen, sondern auch die geographischen Kenntnisse erfuhren eine wesentliche Erweiterung: Europäische Reisende entdeckten die späteren Philippinen und die Sundainseln. Sie erforschten weite Gebiete im Innern Chinas, Japans und in Indien. Im 17. Jahrhundert bildeten sich dann deutlich zwei Schwerpunkte heraus: Im nördlichen Asien drangen die Kosaken jenseits des Urals nach Osten vor. Sie eroberten Sibirien für ihre Zaren und sorgten gleichsam nebenbei dafür, daß dieses unendlich weite Land auch geographisch erschlossen wurde. 1581 hatte der berühmte Kosakenführer Jermak seinen ersten großen Feldzug in Sibirien unternommen, schon 1667 erschien die erste Karte des bis dahin eroberten Landes, und weitere dreißig Jahre später hatten die Kosaken die Halbinsel Kamtschatka an der Nordostküste des Erdteils erobert. Zur gleichen Zeit eroberten und erforschten die Holländer die Inselwelt des Malaiischen Archipels. Hier wie auch in anderen Gebieten Asiens trat dabei die spektakuläre Einzelleistung stärker zurück hinter der Kleinarbeit zahlreicher Forscher, die aber nicht weniger wichtig war als etwa die großen Taten, wie sie einzelne Afrikaforscher verrichteten. Trotzdem blieb ja der Eigeninitiative noch genug Spielraum, setzten die Reisenden häufig genug ihr Leben ein, und forderte ihre Tätigkeit immer wieder neue Opfer.

Aus der beachtlichen Zahl ragen einige Namen besonders hervor. In Arabien besuchten 1814 der Schweizer Johann Ludwig Burckhardt und vierzig Jahre später der Engländer Richard Burton unter Lebensgefahr als muslimische Pilger verkleidet die heiligen Stätten des Islam, und der Engländer Charles M. Doughty unternahm eine einsame Reise auf der großen Pilgerstraße durch das Innere der Halbinsel. Von Indien aus zogen mehrfach Reisende in bis dahin unzugängliche Gegenden des Himalaja und Zentralasiens. Zu ihnen gehörten die drei Brüder Schlagintweit aus München, von denen der mittlere während der Forschungsreise ermordet wurde. Der Russe Prschewalski drang von Norden her in das Tarimbecken ein. Tibet suchte sich lange den eurpäischen Reisenden zu verschließen. Immerhin gelangten schon 1846 die beiden französischen Patres Huc und Gabet bis nach

Lhasa. Zu den letzten großen Forschern in Innerasien gehörten der Deutsche Wilhelm Filchner und vor allem der Schwede Sven Hedin, der sein ganzes Leben der Erforschung Innerasiens widmete und noch 1933 als Achtundsechzigjähriger seine letzte große Expedition unternahm. Schließlich dürfen wir auch den Österreicher Heinrich Harrer nicht vergessen, der während des Zweiten Weltkriegs aus einem englischen Internierungslager in Indien flüchtete und auf höchst abenteuerlichen Wegen bis nach Lhasa gelangte, wo er zum Freund und Lehrer des Dalai-Lama wurde.

Am 12. Oktober 1492 landete Christoph Kolumbus auf Guanahani, einer der dem amerikanischen Festland vorgelagerten Inseln. Jedes Schulkind lernt heute dieses Datum, und den Geschichtswissenschaftlern schien es bedeutsam genug, um mit ihm den Beginn der sogenannten Neuzeit zu markieren. Niemals wurde wohl ein Irrtum berühmter, aber die Geschichte sorgte mit erstaunlicher Gerechtigkeit durch einen weiteren Irrtum für einen Ausgleich; denn der neu entdeckte Erdteil erhielt nicht den Namen seines unfreiwilligen Entdeckers, der ja bis zu seinem Tode nicht erfuhr, daß er in eine »neue Welt« gelangt war, sondern er wurde nach Amerigo Vespucci benannt, einem der unbedeutendsten Reisenden dieser Zeit, dessen Bericht ein deutscher Gelehrter gelesen und dem er – fast zufällig – den Ruhm zugeschoben hatte, als erster auf den neuen Erdteil hingewiesen zu haben.

Schließlich war ja Kolumbus wirklich nicht der erste Europäer in Amerika gewesen, sondern ein halbes Jahrtausend vor ihm hatten schon Wikinger weit oben im Norden das Festland erreicht. Aber eine solche Feststellung schmälert nicht die große Leistung dieses Kapitäns, die einsame Fahrt mit drei Nußschalen über die unheimlich anmutende Weite des Atlantik. Freilich kam auch eine tüchtige Portion Glück dazu; denn wäre ein schwerer Sturm aufgekommen, dem die drei kleinen Schiffe kaum hätten standhalten können, wer würde heute von Kolumbus sprechen?

Aber mit ihm wurde nun eine neue Phase der Entdeckungsgeschichte eingeleitet, die sich im 16. Jahrhundert ungemein stürmisch entwikkelte, dann aber bald wieder abklang. Kein anderer Teil der Erde ist so rasch erschlossen worden wie Mittel- und Südamerika, kein anderes Gebiet ist aber auch so rasch erobert und ausgebeutet worden wie dieses. Und nirgends zeigen sich die guten und die schlechten Seiten der Entdeckungen so deutlich wie gerade hier. Entdeckung – das bedeutete ja nicht nur Begegnung mit einer fremden Landschaft, son-

dern auch Begegnung mit fremden Menschen und ihrer Kultur. Von allen frühen Reisenden und Entdeckern erkannte wohl nur der Venetianer Marco Polo die Überlegenheit oder zumindest eigenständige Gleichberechtigung der fremden Kultur, der er in China begegnete. Für die Entdecker des 16. Jahrhunderts dagegen war die Begegnung etwa mit den Azteken in Mexiko oder den Inka in Peru keine Begegnung mit ebenbürtigen Menschen, sondern nur eine mit Wilden.
Niemand wird Tapferkeit und Wagemut vieler dieser Konquistadoren schmälern wollen, wie die spanischen Eroberer Amerikas genannt wurden, aber ihre nationale Überheblichkeit und vor allem ihre unbezähmbare Gier nach Gold und Schätzen ließen sie blind sein gegenüber den Menschen in der neuen Welt und deren Kulturen.
Es ist die große Tragik der Geschichte, daß die Wurzeln dieser Überheblichkeit nicht allein in dem nationalen Stolz der Spanier lagen, sondern auch in ihrem christlichen Glauben. »Eine lange Erfahrung lehrt, daß das Sklaventum für diejenigen unumgänglich notwendig ist, welche ihrer Lehrer oder Vormünder beraubt, zum Götzendienst und ihren alten Irrtümern zurückkehren würden«, schrieb ein Geistlicher schon wenige Jahre nach der Landung der Spanier in Amerika an seinen Erzbischof.
Und was waren diese Indianer denn schon anderes als »richtige wilde Tiere«, wie ein anderer Geistlicher feststellte!
Falsch verstandenes Christentum half die alten Kulturen Amerikas zu zerstören, aus wahrem christlichen Geist erwuchs aber fast gleichzeitig, wie wir noch hören werden, der Protest gegen Unterdrückung und Gewalt.
Nachdem Kolumbus von seiner ersten Reise zurückgekehrt war, erkannten die Spanier sehr rasch die ungewöhnlichen Möglichkeiten, die sich ihnen in den neu entdeckten Gebieten darboten. Entdeckungen und Eroberungen gingen fortan Hand in Hand, und es scheint heute geradezu unmöglich, hier einen klaren Trennungsstrich zu ziehen. Cortez, Pizarro und ihre spanischen Gefährten, aber auch die deutschen Landsknechte im Dienste des Handelshauses Welser halfen bei der geographischen Erschließung weiter Gebiete Mittel- und Südamerikas, sie eroberten aber zugleich das Land und zerstörten rücksichtslos die indianischen Kulturen, deren Bedeutung sie nicht erkannten. Zahllose Spanier drängten ihnen nach, erhofften sich in der neuen Welt Glück und Reichtümer. Die »Libros de registros« von Sevilla verzeichneten 1504 nur drei Schiffe, die nach Amerika auslie-

fen (von denen keines zurückkehrte), 1545–49 waren es dagegen schon 449 (von denen 326 zurückkehrten).
Erst um die Mitte des 16. Jahrhunderts erhob der Dominikanerpater Las Casas scharfe öffentliche Anklage und verurteilte die Kolonialmethoden, wenn es auch schon fast zu spät war. Seine erschütternde Aussage ist als großes Zeugnis der Menschlichkeit in einer unmenschlichen Zeit deshalb auch in dieses Buch aufgenommen, obwohl er selbst nicht zu den Entdeckungsreisenden gehört.
1520 erreichte Fernando Magellan das Südende des Doppelkontinents und durchsegelte mit seinen Schiffen die später nach ihm benannte Meeresstraße. Neuerdings weiß die wissenschaftliche Forschung, daß er hier wohl auch einmal schon Bekanntes wiederentdeckte, aber noch bleiben zu diesem Problem Fragen offen, spricht der Bonner Professor Beck von »Entdeckungsreisen, die wir noch entdecken werden«.
Keine hundert Jahre, nachdem Kolumbus seinen Fuß in die neue Welt gesetzt hatte, waren wesentliche Gebiete Mittel- und Südamerikas erschlossen. Übrig blieb die eigentliche sorgfältige wissenschaftliche Arbeit: die kartographischen Aufnahmen, die Erschließung der verstreuten weißen Flecken, die Erforschung der Anden. Sie erlebte ihren Höhepunkt von der Mitte des 18. bis zur Mitte des 19. Jahrhunderts. Der Franzose La Condamine, die Deutschen Alexander v. Humboldt und später Martius und Spix stehen hier stellvertretend für die vielen anderen, deren Unternehmen bei weitem nicht so spektakulär waren, wie die Fahrten der Konquistadoren, sie aber an wissenschaftlicher Bedeutung weit übertrafen.
Ganz anders als in der Mitte und im Süden verlief die Erschließung Nordamerikas. Geradezu fein säuberlich getrennt zeichnen sich hier fünf Schwerpunkte ab: der Süden und Südwesten, das Becken des Mississippi, die Region der Großen Seen, der Raum Kanada und das Felsengebirge im Westen. Der Süden und Südwesten, also etwa das heutige Neu-Mexiko, Kalifornien und Arizona, wurden bis zur Mitte des 16. Jahrhunderts vorwiegend von spanischen Konquistadoren erschlossen. Die Region der Großen Seen und das Mississippi-Bekken wurden im 17. Jahrhundert zum Entdeckungs- und Forschungsgebiet französischer Waldläufer, aber auch Missionare aus dem Franziskaner- und dem Jesuitenorden leisteten gewichtige Beiträge. Zu den bedeutendsten Reisenden zählte hier wohl der Chevalier de La Salle, der 1687 mitten aus seiner Forschungstätigkeit während einer

Reise im Gebiet des heutigen Texas von seinen eigenen Begleitern ermordet wurde.
Den Engländern, die ja seit dem 16. Jahrhundert an der Ostküste Fuß gefaßt und hier ihre ersten Kolonien gegründet hatten, verblieben Kanada und das Felsengebirge. In beiden Regionen wurden die Entdeckungen wieder zum großen Abenteuer im guten Sinne des Wortes. Die Männer der sogenannten Hudson-Bay-Handelskompanie wie etwa Joseph Frobisher, Alexandre Mackenzie, Samuel Hearne oder Simon Fraser, die durch die Urwälder im Norden streiften, wußten nur zu genau, daß sie ohne Hilfe der dortigen Indianer scheitern mußten und verbündeten sich deshalb mit ihnen. Aber auch hier ging es nicht um die wissenschaftliche Forschung, waren die Reisen nur Mittel zum Zweck, um ihrer Handelskompanie neue Jagdgebiete und neue Wege für den Pelzhandel zu erschließen. Vereinzelt wollten Männer wie etwa David Thompson, der als Lehrling im Dienst der Hudson-Bay-Kompanie begann, sein Leben dann aber einzig und allein der kartographischen Erschließung des Landes widmete, so gar nicht in diese Schar passen. Und doch war auch seine Tätigkeit nur möglich, weil ihn die mit der Hudson-Bay-Kompanie rivalisierende Nordwest-Kompanie unterstützte, womit letzlich doch wieder handfeste wirtschaftliche Interessen über die Wissenschaft triumphierten.
Die größte Leistung in der Entdeckungsgeschichte Nordamerikas vollbrachten wohl die beiden Kapitäne Lewis und Clarke, die im Auftrag der Regierung der damals noch jungen Vereinigten Staaten das bisher noch unerforschte Gebiet zwischen Mississippi und Felsengebirge erkundeten. Auch sie wußten, daß sie diese große Aufgabe nur mit Unterstützung der Indianer bewältigen konnten.
Aber Lewis und Clarke waren damit auch Wegbereiter für die Siedler bei ihrem Vordringen nach Westen geworden. Überall schallte jetzt das laute »Westward ho!«, das die rasche Expansion nach Westen und damit den Niedergang der Prärieindianer einleitete, von deren Kulturen Männer wie George Catlin oder der Prinz zu Wied noch einmal berichten konnten, bevor sie im Todeskampf gegen Siedler und Soldaten zugrunde gingen.
Seit der schon erwähnte Fernando Magellan Ende November 1520, mitten im Südsommer, von der Westküste Südamerikas aus in das »Mare pacifico«, das »friedliche Meer«, wie er es optimistisch nannte, hinaussegelte, reizte diese grenzenlose Wasserfläche mit ihren Tausenden großen und kleinen Inseln die Seefahrer, reizte auch der

Traum vom Südland, von der »terra australis«, die ja ähnliche Schätze bieten mochte wie Südamerika. Schon kurz nach 1600 wurde erstmals das australische Festland erreicht, wenn auch nicht als solches erkannt. Portugiesen und Holländer setzten die Erkundungsfahrten fort, unter ihnen Abel Tasman als der wohl Erfolgreichste. Im 18. Jahrhundert kamen dann die Engländer, allen voran James Cook, der mit geradezu fanatischem Eifer und Verbissenheit auf seinen großen Seereisen kreuz und quer durch den Pazifik eine gewisse Ordnung in die bis dahin immer noch verworrenen Auffassungen von den geographischen Verhältnissen um Australien und die vorgelagerten Inseln brachte.

1770 erreichte er die Küste des Kontinents und landete an der von ihm so benannten Botany-Bay. Schon achtzehn Jahre später folgten ihm die ersten europäischen Siedler, Sträflinge, die von der britischen Regierung aus der Heimat möglichst weit weg abgeschoben worden waren. Der neu entdeckte Kontinent schien gerade gut genug, um als Sträflingskolonie zu dienen. Während sich die unfreiwilligen und wenige Jahre später auch die ersten freiwilligen Siedler in den Küstengebieten und im unmittelbar angrenzenden Hinterland niederließen, lockte das weite unwirtliche Innere nur ein paar Forschungsreisende, fast ausnahmslos Engländer, bis auf ein paar vereinzelte Deutsche. Die Erforschung dieser weiten Räume setzte etwa 1820 ein und war fünfzig Jahre später schon im wesentlichen abgeschlossen. Allerdings forderte dieses halbe Jahrhundert prozentual mehr Opfer als in den anderen Gebieten der Erde. Burke, Gray und Wills verhungerten, der Deutsche Ludwig Leichhardt blieb auf seiner zweiten Reise irgendwo im Innern verschollen, Cunningham und Kennedy wurden ermordet, Sturt und King in letzter Minute gerade noch halbverhungert errettet, wieder andere kehrten erfolgreich heim.

Bereits 1879 erschien die erste grundlegende Karte Australiens, die »Map of Continental Australia« im Maßstab 1 : 3,127.000 und zwei Jahre später begann man bereits mit den Vorarbeiten zur Anlage einer Eisenbahn durch Queensland zum Golf von Carpentaria. Insgesamt hat die Erforschung Australiens in der Weltöffentlichkeit geringes Interesse gefunden. Ähnlich verhielt es sich auch mit der Erkundung der Inselwelt des Pazifik durch die Seefahrer. Sie erlebte ihren Höhepunkt im 18. Jahrhundert und war bis zur Mitte des 19. weitgehend abgeschlossen. Wenige Jahrzehnte später hatten sich die europäischen Mächte längst den Besitz der Inseln geteilt.

Und doch sollte gerade dieser Ozean zum Schauplatz der letzten großen Entdeckungsreisen in unserem Jahrhundert werden. Heinrich Harrer, der große österreichische Forschungsreisende, erkundete in den 60er Jahren die letzten weißen Flecken auf Neuguinea, und der Norweger Thor Heyerdahl überquerte 1947 zusammen mit fünf Gefährten auf einem Floß den Ozean von der Westküste Südamerikas bis nach Polynesien, um zu beweisen, daß die dortige Inselwelt von Südamerika aus besiedelt worden sein konnte. Seinem Vorbild sind zwar inzwischen mehr als ein Dutzend weiterer Floßfahrer gefolgt, und Einhandsegler haben auf kühnen Fahrten die Meere der Welt im Alleingang bezwungen, aber alle diese Fahrten dienten nicht der wissenschaftlichen Entdeckung, sondern waren eben sportliche Unternehmen.

Eines der erregendsten Kapitel der Entdeckungsgeschichte ist und bleibt die Erforschung der Polargebiete. Wohl in keinem anderen Gebiet der Erde waren die äußeren Bedingungen so extrem: eisige Temperaturen, Schneestürme, Eis- und Schneebarrieren, die ein Weiterkommen verhinderten oder oft ganz unmöglich machten, und schließlich die Wochen und Monate der Polarnacht. Nirgends waren die Reisenden so auf sich allein gestellt oder bestenfalls auf die Hilfe einiger Gefährten angewiesen wie gerade in diesen Eiswüsten. Hier lockten keine Schätze, keine Aussichten auf Landerwerb, hier ging es am Südrand der nördlichen Eisbarriere nur um die Erschließung neuer Verkehrswege, sonst einzig und allein um die großen wissenschaftlichen Ziele.

1895 schrieb der bekannte französische Abenteuerschriftsteller Jules Verne unter dem Titel »Die Eissphinx« einen phantastischen Roman über eine Reise zum Südpol. Er hätte keinen besseren Begriff für beide Polkappen der Erde, die Antarktis wie die Arktis, finden können; denn sie blieben bis in unser Jahrhundert hinein ein Rätsel für die Forschungsreisenden, die klug genug waren, die ihnen von der Natur gesetzten Grenzen auch zu respektieren.

Island und Grönland waren schon im Mittelalter die ersten Stationen auf dem Weg nach Norden gewesen und wurden als erste von den Wikingern erreicht. Nach der Entdeckung Nordamerikas ging es dann den Seefahrern um die Entdeckung freier Fahrtwege im Nördlichen Eismeer, die sogenannte Nordwestpassage, nämlich den Seeweg vorbei am Nordrand Amerikas westwärts bis nach Asien. Sie blieb der große Traum, seit der englische Kapitän Frobisher 1576 den ersten

Versuch unternommen hatte, und es dauerte fast dreihundert Jahre und forderte manches Opfer, bis es Robert Mac Clure endlich als erstem gelang, diesen Weg auf seiner ganzen Länge zu befahren.
Ähnliche Schwierigkeiten ergaben sich auch auf der Suche nach der Nordostpassage von Europa entlang der Nordküste Asiens zum Pazifik und weiter südwärts nach China. Engländer und Holländer suchten sie schon im 16. Jahrhundert, erzwungen wurde sie aber erst 1878/79 von dem Schweden Nordenskiöld mit seinem Schiff »Vega«. Während die nordwestliche Passage bis heute keine große wirtschaftliche Bedeutung erlangt hat, ist die Gegenroute immerhin seit 1969 sogar für den internationalen Schiffsverkehr freigegeben!
Die »Eroberung des Nordpols«, wie man den Vorstoß nach Norden einmal etwas pathetisch nannte, setzte demgegenüber erst sehr spät ein. Man kann das Vordringen der Forscher wie an einer Skala ablesen. So kam der Engländer Davis 1587 schon bis 72° 12′ n.Br., sein Landsmann Philipps hundert Jahre später gerade 10° weiter. Nansen schaffte 1895 auf seiner berühmten Reise »Durch Nacht und Eis« 86° 12′, und dann dauerte es noch einmal vierzehn Jahre, bis es dem Amerikaner Peary zusammen mit seinem schwarzen Begleiter Henderson und vier Eskimos gelang, den Nordpol zu erreichen.
Noch langsamer ging es mit der Erforschung der Antarktis; denn hier bot nicht einmal die Suche nach einer Wasserstraße einen Anreiz. Immerhin geisterte lange genug das Gerücht von einem geheimnisvollen Südkontinent durch die Seefahrerkreise, bis 1772/73 James Cook als erster den Südpolarkreis überquerte, 71° 10′ s.Br. erreichte und damit diese alten Vorstellungen in das Reich der Fabel verwies. Erst 1902 kam Kapitän Scott bis 82° 17′, bezwungen wurde der Pol dann knapp zehn Jahre danach mit dem dramatischen Wettlauf von Amundsen und Scott.
Heute hat sich das Bild geändert. Über den Nordpol ziehen die Düsenmaschinen großer Fluggesellschaften ihre Bahn und kürzen so vor allem die Route zwischen den USA und Japan. Die Antarktis ist unter sorgfältiger Vermeidung von Besitzansprüchen in Sektoren aufgeteilt, in denen die großen Nationen der Welt ihre Forschungsaufgaben durchführen. Transportflugzeuge bringen den Nachschub, und in den noch vor wenigen Jahrzehnten unzugänglichen Eiswüsten sind geradezu komfortable Stützpunkte für die Forscher entstanden.
Die Welt ist insgesamt kleiner geworden. Ziele, die vor kaum mehr als hundert Jahren Forschungsreisende noch unter dem Einsatz ihres

Lebens zu erreichen suchten, werden heute ohne besonderen Aufwand von Reisegesellschaften besucht, ganz gleich ob es Lhasa oder der Amazonasurwald ist. Reisen ist nicht mehr eine Frage des Mutes und kaum mehr der Begeisterung, sondern vorwiegend nur noch des Geldbeutels. Und doch werden gerade junge Menschen den großen Traum von fernen Ländern träumen, und solange diese Sehnsucht besteht, sind auch die Leistungen der Forschungsreisenden nicht vergessen.

Afrika

Die Fahrt zum Götterberg
Hanno

Als die bedeutendsten Seefahrer und Händler des alten Orients dürfen die Phönizier angesehen werden, deren Städte an der Küste des heutigen Syriens lagen. Seit 1200 v. Chr. gründeten sie Handelskolonien im ganzen Mittelmeer, darunter um das Jahr 800 auch in Nordafrika die Stadt Karthago, die bald das wichtigste Handelszentrum im westlichen Mittelmeer werden sollte. Mit ihrer fortschrittlichen Auffassung über die Wirtschaftsmärkte waren die Karthager bemüht, ihre Handelsbeziehungen immer weiter auszudehnen, und unternahmen daher auch häufig Expeditionen in unbekannte Gebiete. Die hier geschilderte Reise ist wohl die älteste Kolonialfahrt an die Westküste Afrikas und damit ein Ereignis von weltgeschichtlicher Bedeutung. Der Führer der Expedition, Hanno, ließ nach seiner Rückkehr in einem karthagischen Tempel einen Bericht über diese Expedition aufstellen. Ob er vollständig ist oder nur ein Bruchstück darstellt, kann nicht entschieden werden. Die Zahl von dreißigtausend Reiseteilnehmern dürfte wohl übertrieben sein. Unter den Säulen des Herkules ist das heutige Gibraltar zu verstehen, die Lage des »Götterwagens« können wir nicht genau bestimmen, möglicherweise handelt es sich dabei um den heutigen Kamerunberg in Westafrika.

Die Karthager beschlossen, daß Hanno in das Gebiet jenseits der Säulen des Herkules fahren und dort Pflanzstädte gründen sollte. Sechzig Fünfruderer wurden für ihn ausgerüstet, und 30000 Männer und Frauen sollten ihn begleiten:

Zwei Tagesfahrten jenseits der Säulen des Herkules gründeten wir am Rande einer großen Ebene eine Stadt, die wir »Thymiaterion« nannten. Dann wandten wir uns nach Westen, einem libyschen Vorgebirge zu, das dicht mit Bäumen bestanden war. Dort setzten wir dem Meergott ein Heiligtum. Dann richteten wir unsere Fahrt wieder nach Osten. Einen halben Tag später kamen wir an ein sumpfiges Gelände, es lag nicht weit vom Meer entfernt und war dicht mit hohem Schilf bestanden. Dort sahen wir Elefanten und viele andere weidende Tiere. Eine Tagesstrecke weit jenseits dieses sumpfigen Geländes gründeten wir am Ufer wiederum fünf Städte.

Als wir von dort wieder aufgebrochen waren, kamen wir zu dem großen Fluß Lixos, der in Libyen entspringt. An seinen Ufern weideten Hirten ihr Vieh. Hier blieben wir einige Zeit und schlossen Freundschaft mit den Hirten. Ihre Nachbarn aber sollten die ungastlichen Äthiopen sein, die in einem Lande lebten, das voller wilder Tiere und rings von rauhen Bergen umgeben war. Aus diesen Bergen sollte auch der Lixos kommen. Nachdem wir von den Hirten Dolmetscher bekommen hatten, fuhren wir zwei Tage in südlicher Richtung an einer Wüste entlang. Dann wandten wir die Schiffe wieder nach Osten und fanden nach einer Tagesfahrt im Innern einer Bucht eine kleine Insel, deren Umfang fünf Stadien betrug. Diese besiedelten wir und nannten sie »Kerne«. Von da aus fuhren wir einen Fluß aufwärts bis in einen See, in dem drei Inseln lagen, jede größer als Kerne. Eine Tagesreise weiter, an den äußersten Ausläufern des Sees, ragten hohe Berge auf. Aber hier hinderten uns wilde, mit Tierfellen bekleidete Menschen durch Steinwürfe an einer Landung.

Wir fuhren also wieder zurück und kamen auf der Weiterfahrt zu einem großen Fluß, der voller Krokodile und Flußpferde war. Dann ging es in südlicher Richtung, zwölf Tage, immer entlang der Küste, die von Äthiopen bewohnt war. Diese flohen und ließen uns nicht zu sich herankommen. Ihre Sprache war selbst für unsere Dolmetscher unverständlich.

In zwei Tagen umsegelten wir dann dichtbewaldete Berge und gelangten schließlich an eine ungeheuer große Bucht, auf deren einer Seite an Land eine Ebene lag. Dort sahen wir nachts überall in Abständen Feuer aufflammen, einmal mehr, einmal weniger. Wir nahmen Wasser auf und fuhren fünf Tage am Ufer entlang weiter, bis wir wiederum an eine große Bucht kamen, die von den Dolmetschern »Horn des Westens« genannt wurde. In dieser Bucht aber war eine große Insel mit einem meerähnlichen See, in dem wiederum eine Insel lag. Wir landeten, erblickten jedoch untertags dort nur Wälder. Nachts aber sahen wir viele Feuer brennen und hörten einen ungeheuren Lärm von Zimbeln, Flöten und Trommeln. Da ergriff uns Furcht, und auch unsere Seher hießen uns, die Insel zu verlassen.

Schnell segelten wir weiter, vorbei an einem Land, das voll Rauch war. Feurige Ströme ergossen sich hier ins Meer, und die Hitze war so groß, daß wir das Land nicht betreten konnten. Voller Furcht eilten wir auch hier rasch weiter. Nach vier Tagen Fahrt sahen wir nachts das Land voller Feuer. Mitten darin aber war eines, das die anderen weit überragte und, wie es schien, bis zu den Sternen hinaufreichte.

Bei Tage aber stellte es sich heraus, daß es ein sehr hoher Berg war, »Göttersitz« (Götterwagen) genannt.
Nach dreitägiger Fahrt, vorbei an den feurigen Strömen, kamen wir wieder in eine Bucht, die »Horn des Südens« hieß. Auch hier lag eine Insel, die der glich, die wir schon kannten. Sie hatte ebenfalls einen See mit einer weiteren Insel. Die aber war voller wilder Menschen, meistens Weiber mit dichtbehaarten Körpern. Die Dolmetscher nannten sie »Gorillas«. Obwohl wir sie verfolgten, konnten wir keine Männer fangen, denn die flohen alle, stiegen auf die umliegenden Felsen und verteidigten sich mit Steinen. Schließlich gelang es uns, wenigstens drei Weiber gefangenzunehmen. Die aber bissen, kratzten und setzten sich so zur Wehr, daß wir sie töten mußten. Wir zogen ihnen die Haut ab und brachten sie mit zurück nach Karthago. Denn da uns die Lebensmittel ausgingen, fuhren wir nicht mehr weiter.

Karavellen an der Küste Afrikas
Gomes Eannes de Azura

1416 hatte der damals zweiundzwanzigjährige Prinz Heinrich von Portugal zum ersten Mal Karavellen ausgeschickt, um die afrikanische Westküste zu erforschen. Es war ein zaghafter Versuch ohne besonderen Erfolg, der aber in der Folgezeit mit immer kühneren Fahrten wiederholt wurde. Was uns dabei heute leicht und geradezu selbstverständlich erscheint, war damals ein schwieriges und gefährliches Unternehmen; denn die kleinen Schiffe der Portugiesen waren den Gefahren des Meeres in besonderem Maß preisgegeben. Auch besaßen sie ja keine geeigneten Seekarten und nautischen Hilfsmittel, so daß sie sich vorsichtig an der Küste entlangtasten mußten. Es dauerte noch siebzehn Jahre, bis endlich die Umschiffung des Kaps Bojador gelang; von nun an ging es etwas rascher. Schon 1441 wurde das »Weiße Kap« (Kap Blanco) entdeckt und vier Jahre danach die Mündung des Senegal. Daß solche Fahrten nicht ohne Opfer abgingen, beweisen die Schicksale eines Dänen, den wohl Abenteuerlust in die Dienste des Prinzen getrieben hatte. Dieser Wollert – oder Vallarte, wie ihn die Portugiesen nannten – übernahm das Kommando über ein Schiff und segelte 1448 zusammen mit einem Portugiesen, der ihm anscheinend als Aufpasser mitgegeben wurde, an der Küste entlang bis nach Senegambien, wo er von Eingeborenen ermordet wurde. Über die dramatischen Ereignisse berichtete nach Augenzeugenaussagen der portugiesische Chronist Azura. Prinz Heinrich ließ sich durch diesen Unfall nicht abschrecken und organisierte in den folgenden Jahren bis zu seinem Tod im Jahre 1460 noch mehrere, weitere Expeditionen.

Als sich das Gerücht von diesen Ereignissen (Anm. d. Hrsg.: den Entdeckungsfahrten) in die verschiedenen Teile der Welt verbreitete, gelangte es auch an den Hof des Königs von Dänemark, Schweden und Norwegen. Wir sehen ja, daß Edle ihr Leben wagen, vom Wunsch getrieben, solche Geschehnisse mitzuerleben und dabei beteiligt zu sein. So kam es auch in diesem Fall, daß ein Edelmann vom Hofe jenes Königs, der begierig war die Welt zu sehen, von seinem Herrn die Erlaubnis bekam, dies zu tun, und so in unser Königreich gelangte. Als er sich längere Zeit am Hofe des Prinzen aufgehalten hatte, suchte er ihn eines Tages auf und bat, ihm die Gunst zu erweisen, daß für ihn eine Karavelle ausgerüstet und er somit instand gesetzt werde, eine Reise ins Negerland zu unternehmen. Alsbald befahl der Prinz, der leicht dazu bewogen wurde, etwas zu tun, wodurch ein mutiger Mann Ehre und Achtung gewinnen konnte, eine Karavelle möglichst sorgfältig auszurüsten,und er stellte ihm die Aufgabe, zum Kap Verde zu segeln und zu ermitteln, welche verläßliche Kunde er über den Herrscher dieses Landes zu erlangen vermöge, da ihm berichtet worden sei, es sei ein sehr mächtiger Fürst. Er sollte ihm Briefe des Prinzen überbringen und ihm in seinem Namen allerlei von kirchlichen Dingen und dem heiligen Glauben berichten. Ihm war nämlich versichert worden, der betreffende Herrscher sei ein Christ. Er regte an, es würde jenem, wenn er wirklich Christi Lehre bekenne, sicherlich ein Vergnügen sein, seinen Beistand im Kampfe gegen die Mauren in Afrika zu gewähren . . .

Bald war alles bereit. Der genannte Edelmann, dessen Name Vallarte war, begab sich an Bord des Schiffes und mit ihm ein Ritter des Christusordens, namens Fernandaffonso, der im Dienste des Prinzen stand und mit ihm befreundet war. Dieser Ritter wurde auf die Karavelle mitgegeben, weil Vallarte ein Ausländer war und als solcher mit den Sitten und Gewohnheiten des Schiffsvolks nicht hinreichend vertraut war. Seinem Willen gemäß gehörte er zur Besatzung und war mit einigen Aufgaben bezüglich des Kommandos des Schiffes betraut; gleichzeitig aber sollte er als eine Art von Gesandtem tätig sein für den Fall, daß man das Glück hatte, mit dem Herrscher in Verbindung zu kommen. Für diesen Zweck wurden zwei Eingeborene jenes Landes als Dolmetscher mitgegeben. Das oberste Kommando aber hatte Vallarte.

Auf See hatten sie große Mühen und Beschwerden zu erdulden. Sie führten ihre Reise in der Weise aus, daß sie 6 Monate nach ihrer Abreise von Lissabon im Negerlande beim Kap Verde auf der Insel Palma (?) anlangten . . . Nachdem sie zum äußersten Vorsprung des Kaps gekommen waren, einem Platz, den die Bewohner des Landes Abram nannten, setzten sie ein Boot aus und ruderten an die Küste. Vallarte bestieg es mit einigen anderen, und alsbald trafen sie einige Neger des Landes an. Vallarte forderte sie auf, ihm einen aus ihrer Mitte als Geisel zu übergeben, dann wolle er ihnen auch einen von seinen Leuten überliefern, damit Sicherheitszustand zwischen ihnen bestehe und sie ihre Geschäfte miteinander erledigen könnten. Sie antworteten, sie dürften dies nicht tun ohne die Erlaubnis des Mannes, der als Gouverneur des Landes dort wirkte; sein Name war Guitanye. Als dieser

hörte, was gefordert wurde, erschien er selbst und ging willig auf den Vorschlag ein.
Als nun einer der Neger zu der Karavelle gebracht wurde, begann ihn Fernandaffonso, da er die portugiesische Sprache besser beherrschte, alsbald (durch Vermittlung der Dolmetscher) folgendermaßen auszufragen: »Der Grund, weshalb wir gefordert haben, ihr solltet auf dies Schiff kommen, liegt darin, daß ihr eurem Herrn melden sollt, wir hätten euch mitgeteilt, wir seien Untertanen des großen und mächtigen Fürsten im westlichen Hispanien, auf dessen Befehl wir gekommen sind, um mit dem großen und guten König dieses Landes in seinem Namen zu verhandeln.« Darauf zeigten sie ihm einen von den mitgebrachten Briefen, der ihnen durch einen der Dolmetscher vorgelesen wurde, so daß er den Inhalt seinem Herrn, der ihn gesandt hatte, wiederholen konnte. Er erwiderte: »Wie sehr ihr auch wünscht, unsren großen König Boor zu sprechen, so könnt ihr doch gegenwärtig von ihm keine Nachricht erhalten, denn er ist sicher weit entfernt und führt Krieg gegen einen anderen großen Häuptling, der seinem Befehl nicht gehorchen will.« Fernandaffonso sagte: » Wie viele Tage wären nötig, ihm eine Botschaft von uns zu senden und seine Antwort darauf zurückzubringen, wenn er jetzt in seiner Residenz wäre?« – »Höchstens 6 oder 7 Tage«, meinte der Mann von Guinea. »Sehr gut«, sagte Fernandaffonso, »es wird dann für euch am besten sein, wenn ihr euren Herrn benachrichtigt, er möge einen Mann mit Botschaft an ihn senden und ihm alles berichten, was ich euch erzählt habe. Wenn euer Herr dies tut, wird er dem König einen großen Dienst und seinem Lande eine erhebliche Wohltat erweisen.« – »Sehr gut«, sagte der Mann von Guinea, »ich will selber dem Guitanye dies alles berichten.« Sie ließen ihm eine Mahlzeit bringen, er aß und trank, und dann gaben sie ihm einen der mitgebrachten Briefe, damit er ihn seinem Herrn vorweisen könne. Er sollte ihm sagen: dieser Brief enthalte alles, was sie ihm erzählt hätten, und werde ihm als Freundschaftszeichen überbracht . . . (Es folgen weitere Verhandlungen mit den Negern, Vallarte bittet um Lieferung eines Elefanten. Guitanye sendet nach einem solchen aus) . . .
Vallarte, ein Mann von geringer Vorsicht, wollte eines Tages an Land gehen; man schien ihn darum ersucht zu haben, wie es einige Zeit zuvor schon geschehen war. Es ist sicher, daß er darvor gewarnt worden war, aber er verlangte an Land zu gehen wie einer, der vom Schicksal bezeichnet war, die Stunde seines Verderbens zu bestimmen. Als er

sich dem Ufer näherte, erschien ein Neger, der einen Flaschenkürbis mit Wasser oder Wein trug, und bedeutete ihm, er wolle ihn ihm geben. Vallarte forderte die Mannschaft auf, in seine Nähe zu rudern, obgleich man ihm sagte, es sei nicht klug, so weit sich zu nähern; aber sie mußten zu ihrem großen Leidwesen seinem Befehl gehorchen. Als das Boot ans Ufer gerudert wurde, hielten sie sich, um von besagtem Neger den Kürbis in Empfang zu nehmen, so nahe dem Ufer, daß das Boot auflief. Während Vallarte eine Schar von Negern beobachtete, die im Schatten eines Baumes lagerte, stellte sich einer der mitgenommenen Dolmetscher namens Alfonso so an, als ob er den Kürbis holen wollte, und sprang gleichzeitig aus dem Boot. Als die anderen dies merkten und nun das Boot abzustoßen trachteten, brauste eine Woge heran und brachte es vollständig zum Kentern. Sofort eilten die Neger herbei, fielen vereint über das Boot her und schleuderten ihre Speere, so daß von der ganzen Mannschaft der Karavelle, die ans Ufer gerudert war, nur ein Mann zurückkehrte, der ins Wasser sprang und davonschwamm. Was aus den anderen geworden ist, vermögen wir nicht zu sagen. Der Mann, der sich durch Schwimmen gerettet hatte, sagte aus, er habe nur einen tot gesehen und Vallarte, als er sich drei oder vier Mal umblickte, am Heck des Bootes sitzend wahrgenommen. Aber in dem Augenblick, da wir diesen Bericht niederschreiben, sind einige Gefangene, Eingeborene jenes Küstenstrichs, dem Prinzen in die Hand gefallen, und diese haben berichtet, in einem befestigten Platz weit im Innern des Landes hätten vier Christen gelebt, von denen inzwischen einer verstorben sei. Die drei anderen seien aber noch am Leben, und einige sind der Meinung, dies müßten nach den Angaben der Neger die verlorenen Männer sein.

Wegen dieses unglückseligen Vorfalls und da kein weiteres Boot vorhanden war, in dem man nochmals zur Küste fahren und Nachforschungen wegen der anderen anstellen konnte, ließ Fernandaffonso die Anker lichten und kehrte in das Königreich zurück.

Ein Jesuit entdeckt den Tanasee (T'ana)
Pedro Paez

Zu den Missionaren, die als bedeutende Entdecker hervortraten, gehört der Jesuit Pedro Paez. Er wurde 1564 in der Nähe von Toledo in Spanien geboren, trat als Achtzehnjähriger in den Jesuitenorden ein und wurde 1588 als Missionar nach Indien geschickt. Ein Jahr danach erhielt er den Auftrag, nach Abessinien zu gehen. Unterwegs geriet er in die Hände arabischer Piraten, die ihn als Sklaven nach Südarabien verkauften. Sieben Jahre schmachtete er in harter Gefangenschaft, bis er endlich losgekauft werden und nach Indien zurückkehren konnte. 1603 brach er ein zweites Mal nach Abessinien auf, das er nun glücklich erreichte. Auf zahlreichen Reisen lernte er das Land genau kennen und berichtete darüber in verschiedenen Briefen. Er starb zu Gorgorra am 20. Mai 1622. Der hier wiedergegebene Bericht von der Entdeckung des Tanasees wurde in dem großen Werk eines anderen Jesuiten, dem »Oedipus Aegytiacus« des Athanasius Kircher, 1652 abgedruckt. Der Wiederentdecker des Sees, der Schotte James Bruce, zweifelte in seinem Buch die Echtheit des Schreibens an und versuchte die Ausführungen des Jesuiten lächerlich zu machen. Trotzdem unterscheidet sich sein 1790 erschienener eigener Bericht nur in Kleinigkeiten von dem seines Vorgängers. Heute besteht kein Zweifel mehr darüber, daß Paez wirklich als erster Europäer den See besucht hat.

Meine wichtigste Aufgabe wird nun sein, etwas über den auf der ganzen Welt berühmten Nil zu erzählen. Denn nicht nur die berühmtesten und gelehrtesten Schriftsteller alter und neuer Zeiten wissen über ihn zu berichten und bewundern ihn, sondern schon in der Bibel wird er erwähnt, heißt er doch dort im zweiten Kapitel der Genesis »Gichon« und zählt zu den vier Flüssen des Paradieses.

Die Äthiopier nennen ihn heute Abavi (Ab(b)ai); er entspringt im Königreich Goya (Gojam), in dem Teil des Landes, den man Sahala nennt. Die Bewohner dieses Landstrichs sind sogar Christen, obgleich sich im Laufe der Zeit mancher Aberglaube bei ihnen eingeschlichen hat.

Die Quelle des Nils liegt nun im westlichen Teil des Reiches in einem weiten Talkessel, der rings von Bergen umgeben ist. Am 21. April 1618, als ich mit dem Kaiser und dessen Heer unterwegs war, habe

ich auch diesen Platz besucht und dort alles möglichst genau erforscht. So stand ich denn voller Freude an dem Punkte, dessen Anblick weder Kyros, dem Perserkönig, noch Kambyses und Alexander dem Großen, auch nicht dem berühmten Julius Cäsar gegönnt gewesen war, so sehr diese sich auch darum bemüht hatten.
Das Wasser der Quelle ist klar und rein und hat einen sehr angenehmen Geschmack. Ich habe auch die Tiefe der Quellaugen untersucht und eine Lanze hineingesteckt, die aber schon in geringer Tiefe die Wurzeln der benachbarten Bäume zu berühren schien.
Ungefähr einen Steinwurf weiter östlich liegt noch eine zweite Quelle. Als ich auch deren Tiefe untersuchen wollte, konnte ich mit meiner Lanze keinen Grund finden. So band ich zwei zusammen und versuchte es erneut, aber wiederum vergeblich.
Die Bewohner des Landes erklärten mir, daß der ganze Berg voller Wasser sei. Als Beweis dafür führten sie die Ebene an, deren Boden feucht und sumpfig war und bei jedem Schritt nachgab, ein offenkundiges Zeichen für verborgenes Wasser. Ja, wie auch der Kaiser bestätigte, ist die ganze Gegend in manchen Jahren so versumpft und voll tückischer Wasserstellen, daß man sie dann nur unter größter Lebensgefahr betreten kann.
In den umliegenden Bergen lebt ein Volksstamm, der an einem bestimmten Tag des Jahres zur Quelle kommt und hier ein Opfer darbringt. Der Priester schlachtet dann eine Kuh und wirft das abgeschnittene Haupt in den Schlund der Quelle.
Die Hochebene, auf der die Nilquelle liegt, ist von allen Seiten sehr schwer zu besteigen, nur von Norden aus geht es etwas leichter. Am Fuße der Berge, etwa eine Legua (rd. 5 km) weit entfernt, kommt in einer tiefen Schlucht ein anderer Fluß aus dem Innern der Erde und vereinigt sich nach einem kurzen Lauf mit dem Nil. Man glaubt, daß er den gleichen Ursprung wie der Nil habe, aber durch ein unterirdisches System von Kanälen abgelenkt, erst an diesem Platze an die Erdoberfläche gelangen könne.
Der Nil nimmt nun auf seinem Wege verschiedene kleine Nebenflüsse auf und wächst so schon zu Anfang beträchtlich. Etwa eine Tagereise weit von der Quelle stößt er auf den ersten größeren Nebenfluß, den sie Jama heißen, und bald danach erreicht er einen See von beträchtlicher Ausdehnung. Diesen See durchfließt er, wobei sich der Lauf des Nilwassers von dem großen sumpfigen Gewässer des Sees deutlich abzeichnet.

Dann wendet er sich in einem großen Bogen nach Süden, entwässert die Gegend von Alata und erreicht schließlich eine Stelle, wo er in 14 Armen unter gewaltigem Lärmen und Schäumen in die Tiefe stürzt. Von der Ferne sieht dabei der Wasserdampf der Fälle wie Nebel aus. Steile Felsufer säumen jetzt seinen Lauf, manchmal sind sie von solcher Höhe, daß man den Fluß kaum noch erkennen kann. An anderen Stellen treten sie wieder so eng zusammen, daß es dem Kaiser ein leichtes war, hier eine Brücke zu schlagen und den Fluß mit seinem ganzen Heere zu überqueren. Dies alles habe ich mit eigenen Augen gesehen.

Nachdem der Nil so das Königreich Bagamidri und andere Reiche durchflossen hat, wendet er seinen Lauf wieder nach Goya zurück und nähert sich in einem großen Bogen seinem Ausgangspunkt, von dem er bald nur noch eine Tagereise entfernt ist. Dann aber biegt er wieder zurück und bewässert Fassalo, ein heidnisches Königreich, das im Jahre 1613 durch ein mächtiges Heer unter der Führung eines Bruders des Kaisers unterworfen worden war.

Von hier aus wendet sich der Fluß nach Norden, durchströmt noch viele Reiche, kommt schließlich nach Ägypten und mündet da ins Mittelmeer.

Im Königreich Loango
Samuel Braun

Auf der Suche nach einem Seeweg um Afrika nach Indien drangen portugiesische Seefahrer seit der ersten Hälfte des 15. Jahrhunderts an der Westküste Afrikas nach Süden vor. Ihnen folgten andere seefahrende Nationen wie Spanier und Holländer. Sie alle legten zwar Stützpunkte an der Küste an, kümmerten sich aber nur wenig um die Erforschung des Landesinneren. Von wissenschaftlichen Untersuchungen kann bis zur Mitte des 17. Jahrhunderts fast überhaupt nicht die Rede sein. Zu den ersten, die sich gründlicher mit Land und Leuten auseinandersetzten, gehörte der Basler Wundarzt Samuel Braun. Als Einundzwanzigjähriger unternahm er 1611 in holländischen Diensten eine Schiffsreise nach Westafrika, der bis 1621 noch zwei weitere folgten. Über seine Beobachtungen und Erlebnisse veröffentlichte er 1624 ein kleines Buch, das nicht nur die erste deutsche Beschreibung Westafrikas enthielt und entsprechendes Aufsehen erregte, sondern das zugleich auch die ersten Ansätze einer wissenschaftlichen Reisebeschreibung bot. Braun selbst lebte nach seinen Reisen noch fast fünf Jahrzehnte als angesehener Bürger in seiner Geburtsstadt, wo er 1668 starb. Besonders bedeutungsvoll ist aus seinem Reisebericht die Beschreibung der Loangoküste (etwa port. Cabinda), die er als erster Weißer bereiste und erforschte.

Von Mayumba sind wir nach Bansa Loanga gesegelt, aber weil wir nur schwer gegen den Wind aufkommen konnten, der das ganze Jahr über von Südost weht und uns auch die Strömung des Kongo-Flusses aufhielt, waren die letzten dreißig Meilen besonders schlecht zurückzulegen, und viel Schiffsvolk erkrankte wegen der schwülen Temperatur. Endlich aber gelangten wir nach vielen Mühen und Gefahren im Hafen von Bansa Loanga an, wo etliche schwarze Fischer zu uns auf das Schiff kamen. Da sie unseren Patron gut kannten, der schon mehrfach dagewesen war, hießen sie uns auf ihre Weise mit wunderlichen Gebärden willkommen. Sie knieten nieder, schlugen die Hände zusammen und riefen »Sacarella, Sacarella«, das heißt »Es freut uns, es freut uns, daß ihr gekommen seid«. Unser Patron fuhr allein mit den Fischern an Land, die ihn bis zum Königshof geleiteten, der etwa zwei Stunden vom Meer entfernt liegt. Denn es darf niemand an

Land gehen, wenn ihn nicht ein Schwarzer begleitet. Dann befragen sie zuerst den Magüschy (das ist ein Teufel, von dem ich weiter unten noch mehr erzählen werde), ob sie dem Fremden trauen dürfen oder ob er nur kommt, um ihnen zu schaden. Das offenbart er ihnen dann auch. Und wenn er als ihr Herr, dem sie mit Leib und Seele zugetan sind und dienen, erlaubt hat, mit den ankommenden Fremden zu handeln, gibt auch der König des Landes uns und anderen die Freiheit, an Land zu gehen. Doch muß der Kaufherr des Schiffes dem König seine Verehrung erweisen. Wir haben ihm zwei Pfauen, zwei weiße Hündlein und eine holländische Trommel geschenkt. Und man hat alles bei Hofe mit solcher Freude angenommen, als ob wir ihnen viele Tausend Dukaten überreicht hätten; denn sie hatten bisher weder Pfauen, noch Hündlein oder eine holländische Trommel gesehen. Wir sind also freundlich von den Einwohnern empfangen und bewirtet worden.
Der König von Loanga gebietet über sechs weitere Könige. Das sind alles seine und seiner Schwester Kinder, denen man keinen Namen gibt. Kommen sie zur Regierung, nennt man sie Manna. So heißen sie beispielsweise den König in Bansa den Manna Loanga. So heißen auch seine Söhne, bis sie selbst beginnen zu regieren. Manna aber heißt in Spanien soviel wie Don und bei uns Herr. Der König in Bansa Loanga hat dreihundertsechzig Weiber, aber eine unter ihnen ist die vornehmste. Und wenn er von ihr Söhne bekommt, so ist der Älteste nach seinem Tode König über das ganze Reich. Die anderen Söhne werden in den umliegenden Dörfern zu Königen gemacht. Die Söhne der anderen Weiber braucht er als Krieger und Hauptleute. Auch sie werden alle Manna genannt, wie etwa Manna Gangala oder Manna Belle. Das hängt wieder mit ihren Waffen zusammen, die sie im Streit führen, denn Gangala heißt soviel wie langer Pfeil und Belle heißt Messer. Es ist auch nicht zu verwundern, daß sie in solchen Waffen besonders geübt sind und sie unter ihre Feinde werfen. Besonders mit den Messern (die den breiten Schuhmachermessern gleichen) verstehen sie es, den Feinden durch einen Wurf den Schädel zu spalten.
Wenn der König aber von der vornehmsten Frau keinen Sohn hat, so wird der Sohn seiner Schwester nach seinem Tode König. Ist aber auch kein Schwestersohn da, kommt es zu einem großen Krieg, denn dann wollen die anderen König sein.
Loanga ist eine sehr fruchtbare Hochebene. In Bansa Loanga gleicht

das Land ringsumher einem Paradies. Köstlicher Wein gedeiht da, den die Einwohner Malafa nennen, wir aber Palmwein. Und dieser köstliche Trank wird von Bäumen gewonnen, die so hoch sind wie stattliche Tannen. Und die Schwarzen erklettern sie mit einer so wunderlichen Behendigkeit, als ob eine Katze daran auf und ab liefe. Die wundersame und überaus köstliche Art der Weinbäume möchte ich ein wenig näher beschreiben, damit Du, lieber Leser, die große Weisheit und Güte Gottes ersehen kannst. Diese Bäume werden wie Reben gepflanzt. Die untersten Äste werden dann alle Jahre abgehauen, jedoch so, daß man auf den vermaserten Knorren hinaufsteigen und den Saft oben durch kleine, in den Stamm gesteckte Röhrchen abzapfen kann. Während neun Monaten des Jahres fließt er in die darunter gehängten Gefäße. Und dieser Saft ist so lieblich, daß man selbst den köstlichsten Wein nicht mit ihm vergleichen kann. Er muß aber frisch getrunken werden, denn innerhalb von zwei Tagen wird er zu Essig. Kocht man ihn aber auf, bekommt er seine Süßigkeit zurück und schmeckt so gut wie zuvor. Er macht fröhlich, stark und verursacht kein Kopfweh wie anderer Wein. Das kann ich bezeugen, denn ich habe ihn häufig getrunken. Neben dem Saft bringen diese Bäume in jedem dritten Jahr eine Traube. Sie ist etwa einen Arm lang und so schwer, daß ein starker Mann genug daran zu tragen hat. Die Beeren sind etwa nußgroß und goldgelb. Die Hülsen stampft man ein und gewinnt ein Öl daraus, das wir Palmöl nennen. Die Kerne der Beeren lassen sich mit Aprikosen- oder Haselnußkernen vergleichen. Sie werden zermahlen und aus dem Mehl wird Brot gebacken. Aus den Blättern fertigen sie Kleider, indem sie die flachsartige Haut vom Stengel abziehen und auf wunderliche Art zurüsten Sie machen sowohl Kleider daraus und Hauben, die sie kunstreich mit schönen Figuren und Bildern besticken. Diese werden nur für die Kinder des Königs hergestellt.

Ich will auch etwas über ihren Ackerbau berichten. Das Mannsvolk in Angola ist stärker als in anderen Ländern, und auch die Frauen geben ihnen an Stärke nicht viel nach. Deshalb müssen die Weiber auch die Felder bebauen. Da sie nämlich keine Reichtümer besitzen, so müssen ihnen die Weiber helfen, Hab und Gut zu erlangen. Manche nehmen deshalb acht oder zwölf, manche sogar zwanzig oder mehr Weiber, die ihnen das Feld bebauen und es in so guter Ordnung halten, daß man sich darüber nur verwundern muß.

In Angola und besonders in Loanga gedeihen die besten Gewächse.

Das Land liegt acht Grad südlich des Äquators. Es gibt hier besonders schönes Obst und viel Honig, den man in den Wäldern findet. Denn wegen der vielen süßen Gewächse und Kräuter sammeln die Bienen trefflichen Honig. Da findet man Pomeranzen und Zitronen so viel wie bei uns in Deutschland Holzäpfel. Auch Bananen und Ananas gibt es und andere Gattungen mehr, wie sie bei uns ganz unbekannt sind. In Loanga hat man weder Rinder noch Pferde für den Feldbau, sondern die Weiber müssen ihn – wie schon oben angedeutet – selbst verrichten. Wenn sie dann auf das Feld gehen, so binden sie ihre Kinder auf den Rücken, und die schlafen dann, während ihre Mütter arbeiten, so sanft wie bei uns die Kinder in der Wiege. Den Feldbau aber verrichten sie auf folgende Weise: Sie ziehen knietiefe Furchen, und wenn sie säen, dann stopfen sie den Samen mit dem Finger in die Erde. Ackergeräte kennen sie nicht, sie haben nur kleine Hacken, mit denen sie die Erde aufwerfen. In vier Monaten haben sie zwei Ernten, und neun Monate lang können sie alle Tage Wein gewinnen, drei Monate aber gibt es nur schlechten Wein, den sie Matumba nennen und der von anderen Bäumen fließt. Sonst aber ist er ein sehr gesunder Trank.
Die Männer aber gehen auch nicht müßig. Sie bauen und pflanzen die Weinbäume. Sie wohnen am Meer und sind gewöhnlich alle Fischer. Die aber weiter im Lande wohnen, jagen allerlei Wild, wie Büffel, Hirsche und Böcke, deren sie viele fangen und mit ihren Pfeilen schießen. Nachdem ich nun von den Gewächsen des Landes erzählt habe, will ich nun auch anzeigen, was für Handel hier getrieben wird. Sie vertreiben Elfenbein, Elefantenzähne und sehr gutes Kupfer.
Von den Elefanten bekommen die Handelsleute Gebein und Zähne auf eine wunderliche Art. Denn die Elefanten reiben ihre Zähne und lassen sie in ihrem Alter fallen. So ein Zahn wiegt etwa einen Zentner und etliche Pfund darüber, wie ich selbst gesehen habe. Mit diesen Zähnen nun treiben sie emsig Handel, denn aus ihnen werden köstliche Messerhefte und Tischtafeln gefertigt. Wenn sie aber Elefanten fangen wollen, tun sie es auf folgende Weise: Sie kennen den Weg, den die Elefanten zur Tränke nehmen. So machen die Schwarzen ein großes Loch, etwa zwei Mann tief, und verdecken es mit alten Ästen. Wenn aber die Elefanten zur Tränke ziehen, dann fallen sie in das Loch. Die Schwarzen lauern von weitem darauf, laufen hinzu und schießen sie mit langen Pfeilen, die sie Hasagaya nennen, tot. So

erhalten sie das Elfenbein. Der Schwanz des Tieres aber wird in andere Länder verkauft und daraus werden dann Halsbänder und Fliegenwedel gemacht. Die Haare daran sind so dick wie Eisendraht, und die Angoler flechten daraus die schönsten Körbchen, wie man sie sonst kaum auf der Welt findet.

Das Kupfer kommt aus dem Innern des Landes. Sie finden es ohne Mühe, schmelzen es und machen Ringe von ein bis vier Pfund Gewicht draus. Dafür handeln sie dann Eisen, farbige Tücher, Maultrommeln[1] und Glasperlen ein, die sie gar wohl bezahlen. Solche Perlen sind die größte Zier der Frauen, sie tragen an Armen und Beinen solche Mengen davon, daß es mir auf die Dauer unmöglich wäre, sie zu schleppen.

Die Völker dieser sechs Königreiche haben auch einen Glauben, wenn man das überhaupt so nennen darf. Denn sie glauben – es ist schrecklich zu sagen und zu hören – an den leibhaftigen Satan, den sie Magüschy[2] nennen. Ihm sind sie gehorsam in allem was er durch seine Priester begehrt. Diese sind seine Diener und Mittler, und man nennt sie wie einen König oder Obersten Manna Magüschy. Verwunderlich ist nur, daß sie gegen die Zauberer, die nicht Manna genannt werden, sehr hart verfahren und sie alle töten. Der Manna Magüschy aber wird vom König geschützt.

Die Einwohner Loangas nehmen Weiber soviel sie wollen, halten sie aber nicht besser als anderswo die Sklaven gehalten werden. Denn die Weiber müssen die Felder bebauen und die schwere Arbeit verrichten, die Männer aber pflanzen nur die Weinbäume und sammeln des Morgens und Abends den Wein von den Bäumen. Die übrige Zeit spielen und trinken sie. Andere machen das Geld[3] und die Kleider, das sind ihre Handwerksleute. Die Alten, die nicht mehr gehen und sehen können, müssen den Schmieden den Blasebalg ziehen und so ihre Nahrung verdienen. Bettler haben sie keine; denn alle, die gesund sind, leiden keinen Mangel. In Bansa Loanga gibt es viele Edelleute, weil der König so viele Weiber hat. Sie sind über die Maßen hoffärtig und prächtig in der Kleidung, besonders wenn sie alle Tage am Königshofe zusammenkommen und sonderbar gravitätisch auftreten. Jedem pflegen gewöhnlich drei oder vier Pagen mit

[1] Musikinstrumente
[2] Eigentlich mokisso oder mkissi
[3] die Kupferringe

einem großen Tuch voranzugehen, das wie ein Teppich gemacht ist. Zu beiden Seiten tragen sie zwei Wedel, damit sie ihrem Herrn Luft zuwedeln können. Die Sklaven folgen ihm auf dem Fuß und schleppen drei oder vier Kalebassen[4] mit Wein. Wenn sie dann zu des Königs Hof kommen, breiten sie das Tuch vor dem Hof auf die Erde, der Vornehmste setzt sich in die Mitte und die Sklaven und Knechte ringsherum. So kommen oft zweihundert und mehr Adelige, mit Sklaven und Knechten im ganzen etwa dreitausend Mann, zusammen. Wenn sie miteinander essen, sitzen sie nicht auf Stühlen, sondern wie die Wannenmacher mit gekreuzten Beinen auf der Erde. Während sie miteinander reden, geben ihnen die Diener einen Trunk aus den Kalebassen. Der König aber kommt im Jahr nur drei- oder viermal aus seinem Hof und gibt dann jedem Audienz. Er sitzt dann allein mit seinem Manna Magüschy. Und sobald der König einschenkt, ruft dieser dem Volk zu, daß alle sterben müssen, die den König trinken sehen. Sobald sie dies hören, fallen sie alle auf das Angesicht nieder, bis er getrunken hat. Dann richten sie sich wieder auf und rufen in ihrer Sprache laut: »Sacarella, Sacarella Manna Loanga.« Das heißt: Es freut uns der König in Loanga. Das dauert bis zur Nacht, dann kommen des Königs Kriegsleute mit Trommeln und Hörnern und erheben ein großes Getöse.
Wenn aber einer unversehens dem König beim Trinken zuschaut, so muß er alsbald sterben. Mit seinem Blute wird der König dann gesalbt. So wird dem König seine Ehre wiedergegeben, die er dadurch verloren hat, daß ihm jemand beim Trinken zuschaute. Ich habe selbst gesehen, daß eines von des Königs eigenen Kindern, das etwa neun Jahre alt war, aufstand, seinen Vater vielleicht aus Liebe umarmte und ihn trinken sah. Alsbald sagte der Manna Magüschy: »Das Kind muß sterben!« Und in Gegenwart des Vaters ist ihm der Schädel mit einem Schlagmesser eingeschlagen worden. Der Manna Magüschy aber hat mit dem Blut des toten Kindes den Arm des Königs gesalbt. Wenn aber ein vornehmer Adliger oder der König selbst stirbt, so herrscht große Angst und Furcht unter den nächsten Verwandten, die oft Zauberer sind. Sobald einer gestorben ist, schreien deshalb seine besten Freunde, sie möchten mit ihm sterben. Wenn das aber einer nicht gern tut, so halten sie ihn für einen Teufelsjäger. Und wenn sie einen bezichtigen, dann gehen sie zum Satan, der gibt ihnen einen Trank,

[4] So werden ihre Trinkgeschirre genannt, die außen schön goldgelb, innen schön weiß wie Silber sind.

Gomba genannt, den sie dem Verdächtigen einflößen. Wenn dieser aber mit Recht bezichtigt wurde, so fällt er alsbald wie in einer Ohnmacht nieder, wenn er den Trank eingenommen hat. Wenn er aber unschuldig ist, so muß er Wasser lassen, und es geschieht ihm nichts. Der Schuldige aber wird gleich totgeschlagen. Ihm werden alle seine Glieder abgehauen und schrecklich zerhackt.

Sie sterben aber deshalb gern mit einem großen Herrn, weil der Teufel ihnen durch seine Pfaffen anzeigen läßt, daß sie nach ihrem Tode alsbald in ein anderes Land kommen, wo sie wiederum Herren werden wie zuvor oder sogar noch größere. Sobald ein solcher Herr tot ist, bereiten diejenigen, die auch sterben müssen, ein Gastmahl vor. Sie laden die Vornehmsten alle ein und zeigen ihnen den Grund für ihre Einladung an. Wenn die Gäste dann solches hören, loben sie die anderen als getreue Freunde und gute Diener, und sie essen miteinander die letzte Mahlzeit. Dann kommt der Manna Magüschy mit einem Trank und reicht ihn etwa vieren oder fünfen, auch zehn oder zwölf Sklaven und zuletzt ihren Pfaffen und Weibern. Sie sterben alle zugleich von dem Trank, der aus dem Saft einer Wurzel besteht.

Ich muß auch noch anzeigen, daß sich diese Leute beschneiden lassen wie die Juden und Türken. Sie haben auch allerlei Teufelswerk in ihren Häusern, das sie anbeten und dem sie Opfer bringen, indem sie Wein vor den Bildwerken auf die Erde schütten. Sie haben auch hin und wieder kleine Häuslein stehen, Maggasethi genannt, das heißt Teufelshäuslein, und dorthin kommt der Satan, sooft sie es begehren. Diese Häuslein sind wie ihre Wohnungen gemacht. Sie opfern hier auch Menschen. Denn wenn einer krank wird, dann verspricht er dem Teufel einen seiner Sklaven, und er hält das Versprechen auch. Sie bringen diese Opfer jämmerlich um und legen sie dann in das Maggasethi, bis der Satan sie hinwegnimmt.

Der Weg zum Niger
Mungo Park

Bereits im 16. Jahrhundert war das Mündungsdelta des Niger den Europäern bekannt, aber fast dreihundert Jahre lang blieb alles rätselhaft, was mit diesem Fluß zusammenhing. Bestand ein Zusammenhang des Niger mit dem Nil, mit dem Senegal oder gar mit dem Kongo? War es jener große Strom, der nach Aussagen arabischer Kaufleute an Timbuktu vorbei nach Osten floß? Im 18. Jahrhundert opferte jedenfalls die »Afrikanische Gesellschaft« in London erhebliche Mittel, um das Rätsel zu lösen, aber vergeblich, denn vier Expeditionen scheiterten. Erst dem jungen schottischen Arzt Mungo Park (geb. 1771) gelang es, Licht in das Dunkel zu bringen. Er kam 1795 im Auftrag der »Afrikanischen Gesellschaft« nach Gambia und brach von hier aus in das Innere des Erdteils auf. Unterwegs wurde er gefangengenommen, konnte aber fliehen und kam barfuß und ohne alle Hilfsmittel am 21. Juli 1796 als erster Europäer an den Niger. Er folgte dem Strom gut hundertzwanzig Kilometer abwärts, mußte dann aber wieder zur Küste zurückkehren, die er im Juni 1797 erreichte. 1803 erhielt Park von der britischen Regierung den Auftrag, erneut eine Expedition an den Niger durchzuführen, auf der ihn diesmal achtunddreißig Europäer begleiteten. Als er den Niger endlich erreichte, waren aber schon siebenundzwanzig dem tückischen Klima erlegen! Park, der annahm, daß Niger und Kongo zusammenhingen, wollte dem Fluß so weit als möglich abwärts folgen. Zu diesem Zweck baute er aus zwei Kanus ein größeres Boot und schiffte sich mit dem Rest seiner Begleitung – inzwischen waren noch vier gestorben – im November 1805 bei Ségou ein. Von da an hörte man nichts mehr von ihm. Spätere Nachforschungen ergaben, daß das Boot nach einer Fahrt von rund 1500 Kilometern an den Bussang-Fällen zerschellte. Park und seine Gefährten konnten sich auf die Klippen retten, wurden aber von Schwarzen bedrängt und ertranken bei der Flucht in den Fluten des reißenden Stromes. In unserem Augenzeugenbericht schildert der Forscher jenen denkwürdigen Augenblick seiner ersten Reise, an dem er zum ersten Male ganz allein den Niger erreichte.

Am 4. Juli setzte ich bei Tagesanbruch meinen Marsch durch die Wälder fort und kam gegen ein Uhr an die Umzäunung eines Tränkplatzes. Er schien den Fullahs zu gehören, und so hoffte ich, hier eine bessere Aufnahme zu finden als im letzten Ort. Wirklich lud mich einer der Hirten ein, mit in sein Zelt zu kommen und einige Datteln zu essen. Als ich auf Händen und Füßen in die niedrige Wohnung hineingekrochen war, fand ich eine Frau und drei Kinder darin. Ein Gericht geröstetes Korn und Datteln wurde herbeigebracht, der Hausvater kostete der Landessitte gemäß zuerst und hieß mich dann seinem Beispiel folgen. Während ich aß, wandten die Kinder kein Auge von mir, und kaum hatte der Schäfer das Wort »Nazarener« ausgesprochen, so erhoben sie ein Geschrei, auch die Mutter schlich sich sachte zur Tür, sprang dann wie einn Windhund hinaus und alle ihre Kinder hinterdrein. So erschrocken waren sie schon bei dem Namen eines Christen, und kein Zureden konnte sie bewegen, dem Zelt wieder nahe zu kommen. Gegen einige metallene Knöpfe tauschte ich hier etwas Korn für mein Pferd ein, dankte dem Schäfer für seine Bewirtung und lenkte wieder in den Wald. Bei Sonnenuntergang traf ich auf eine Straße, die nach der Gegend von Bambarra führte, und ich beschloß, ihr die Nacht über zu folgen. Als ich gegen acht Uhr Menschen vom Süden her kommen hörte, hielt ich es für ratsam, mich in einem dichten Gebüsch nahe der Straße zu verbergen. Da solch ein Dickicht von wilden Tieren wimmelt, war meine Lage sehr unbehaglich. Ich saß im Dunkel und hielt mit beiden Händen mein Pferd an der Nase, damit es nicht wiehern möchte. Meine Angst wurde aber bald behoben, denn nachdem die Leute sich im Dickicht umgesehen und nichts bemerkt hatten, gingen sie vorüber, und ich eilte dem offeneren Teil des Waldes zu. Gegen Mitternacht sah ich mich nach einem günstigen Platz um, und unter einem einzelnen Baum bereitete ich mein Nachtlager. Gegen Morgen beunruhigten mich einige Wölfe, weshalb ich noch etwas vor Tagesanbruch aufbrach. Ich kam durch ein kleines Dorf und erreichte am 5. Juli ungefähr um zehn Uhr eine Negerstadt namens Waara.

Da ich sehr ermüdet und vor den Mauren hier endlich in Sicherheit war, beschloß ich, einen Rasttag einzulegen. Der Häuptling des Ortes hieß mich freundlich willkommen, und so legte ich mich auf eine Rindshaut nieder und schlief köstlich beinahe zwei Stunden. Länger aber wollte es mir die Neugier der Leute nicht vergönnen. Sie hatten meinen Sattel und Zaum gesehen und waren in großer Anzahl versammelt, um zu erfahren, wer ich wäre und woher ich käme. Einige waren der Meinung, daß ich ein Araber sei, andere bestanden darauf, ich sei ein maurischer Sultan, und sie debattierten die Sache so lange und hitzig, daß der Streit mich aufweckte. Endlich legte sich der Häuptling, der einmal am Gambia gewesen war, für mich ins Mittel

und versicherte, ich wäre ganz gewiß ein Weißer, aber mein ganzes Aussehen überzeuge ihn, daß ich sehr arm sein müsse.
Am nächsten Morgen, als ich eben abreisen wollte, bat mich mein Wirt sehr schüchtern um eine Locke von meinem Haar. Er habe gehört, sagte er, daß das Haar des Weißen Zauberkraft habe und dem Eigentümer alle Einsicht vermittle. Nie hatte ich vorher von einer so einfachen Art, sich zu bilden, vernommen, aber ich bewilligte anstandslos die Forderung. Die Begierde des Mannes nach Erkenntnis war so groß, daß er immer daraufIosrupfte und -schnitt, bis er mir eine Seite des Kopfes ganz kahl geschoren hatte. Gewiß würde er es mit der anderen ebenso gemacht haben, hätte ich nicht meinen Hut aufgesetzt und ihm versichert, daß ich von dieser köstlichen Ware auch noch für andere Gelegenheiten etwas zu behalten wünsche.
Am nächsten Tage setzte ich zusammen mit acht Männern die Reise bis zum 18. Juli fort, Städte wurden jetzt häufiger, aber da der Verkehr von und nach Sego (Ségou) täglich sehr stark ist, so sind die Einwohner wenig gastfrei gegen Fremde.
Mein Pferd, welches von Tag zu Tag schwächer wurde, war mir nur noch wenig nützlich, den größten Teil des Weges mußte ich es vor mir hertreiben und erreichte Geosorro erst um acht Uhr abends. Hier fand ich meine Gefährten in einem heftigen Streit mit dem Häuptling, der es rundweg abgeschlagen hatte, ihnen etwas zu verkaufen. Da wir seit vierundzwanzig Stunden nichts genossen hatten, waren wir nicht aufgelegt, noch einen Tag zu fasten. Da ich aber sah, daß alle Bitten vergeblich waren, und da ich sehr ermüdet war, so schlief ich ein, wurde jedoch um Mitternacht durch die frohe Nachricht »Kinna-nata« – es ist zu essen da – wieder aufgeweckt. Nun brachten wir den restlichen Teil der Nacht sehr lustig zu und traten am 19. Juli mit Tagesanbruch unsere Reise wieder an. Meine Gefährten, die bessere Pferde hatten als ich, waren mir bald aus dem Gesichtskreis entschwunden, denn ich mußte leider mein Pferd vor mir hertreiben und war überdies barfuß. Als ich nach Dulinkibu kam, hörte ich, daß meine Reisegefährten weitergegangen seien. Mein Pferd war aber so ermüdet, daß ich ihnen unmöglich folgen konnte. Der Dorfälteste gab mir, als ich ihn darum ansprach, einen Trunk Wasser. Da dies allgemein als das Unterpfand einer reichlichen Gastfreundschaft angesehen wird, so zweifelte ich nicht, daß ich mich für die Beschwerden des Tages an einer guten Mahlzeit und einem gesunden Schlaf erholen würde. Aber unglücklicherweise wurde mir keines von beiden zuteil. Die

Nacht war regnerisch und stürmisch, und der Dorfälteste beschränkte seine Freigebigkeit auf jenen Trunk Wasser.
Am folgenden Morgen bemühte ich mich errneut, etwas Speise zu erhalten, aber vergeblich. Ich bat sogar eine Sklavin, welche eben Korn am Brunnen wusch, um eine Kleinigkeit davon, und bekam auch hier zu meiner Kränkung eine abschlägige Antwort. Als der Älteste ins Feld gegangen war, sandte mir jedoch seine Frau eine Handvoll Mehl, welches ich mit Wasser vermischte und so zum Frühstück trank.
Zwei Neger sollten von hier aus nach Sego gehen, und ich war sehr froh, in ihrer Gesellschaft zu sein. Wir machten uns sogleich auf den Weg. Um vier Uhr hielten wir bei einem kleinen Dorf, wo einer der Neger einen Bekannten antraf, der uns zu einer Art öffentlicher Lustbarkeit einlud, wobei es weit besser und ordentlicher als gewöhnlich herging. Ein aus saurer Milch und Mehl bereitetes Gericht und Bier, aus ihrem Korn gebraut, wurde mit großer Freigebigkeit ausgeteilt. Von da aus kamen wir durch verschiedene große Dörfer. Überall wurde ich für einen Mauren gehalten und mußte als Zielscheibe für den Spott der Bambarraner dienen, wenn sie mich so mein Pferd vor mir hertreiben sahen und sich über die ganze Gruppe von Herzen lustig machten. »Er ist in Mekka gewesen«, sagte einer, »das könnt ihr an seiner Kleidung sehn.« Ein anderer fragte mich, ob mein Pferd krank sei, ein dritter wollte es kaufen usw., so daß ich glaubte, die Sklaven selbst schämten sich, in meiner Gesellschaft getroffen zu werden. Gerade als es finster wurde, nahmen wir unser Nachtquartier in einem kleinen Dorfe, wo ich mir für den mäßigen Preis eines Knopfes Lebensmittel für mich und etwas Korn für mein Pferd verschaffte. Hier erfuhr ich auch, daß ich den Niger, den die Neger Joliba oder das Große Wasser nennen, am andern Tage schon früh zu Gesicht bekommen würde. Die Löwen sind hier sehr zahlreich, die Tore werden daher bald nach Sonnenuntergang geschlossen, und niemand wird hinausgelassen. Der Gedanke, am nächsten Morgen den Niger zu sehen, und das fatale Summen der Moskitos ließen mich die ganze Nacht kein Auge zumachen. Schon vor Tage hatte ich mein Pferd gesattelt und war reisefertig, aber wegen der wilden Tiere mußten wir warten, bis die Leute lebendig wurden und man die Tore öffnete. Es war eben Markttag in Sego und die Straßen waren überall voll Menschen. Wir kamen durch vier große Dörfer, und um acht Uhr sahen wir den Rauch von Sego.

Als wir uns der Stadt näherten, war ich so glücklich, die flüchtigen Kaartaner einzuholen, deren Güte ich auf meiner Reise durch Bambarra so viel zu verdanken hatte. Wir ritten durch ein Stück Marschland, und eben, als ich mich ängstlich nach dem Fluß umsah, rief einer von ihnen aus »Geo affili« – seht da, das Wasser! – Ich blickte vorwärts, und mit unendlichem Vergnügen sah ich den großen Gegenstand meiner Sendung, den majestätischen Niger, so breit wie die Themse bei Westminster, in der Morgensonne flimmern und langsam nach Osten fließen. Ich eilte an das Gestade, trank von dem Wasser, und mein glühender Dank strömte in Gebeten zu dem Lenker aller Dinge, der so weit wenigstens meine Bemühungen mit einem glücklichen Erfolg gekrönt hatte.

Auf den Spuren Alexanders
Friedrich Hornemann

Während seines ägyptischen Feldzuges hatte 332 v. Chr. Alexander der Große auch einen Abstecher in die Libysche Wüste unternommen und dort das berühmte Heiligtum des Zeus (Jupiter) Ammon in der Oase Siwa besucht. Merkwürdigerweise geriet die Kenntnis von der Lage dieses Heiligtums in den folgenden Jahrhunderten allmählich weitgehend in Vergessenheit. Sein Wiederentdecker, Friedrich Hornemann, wurde 1772 zu Hildesheim geboren. Nach seiner Schulzeit studierte er wie sein Vater Theologie, doch galt schon während des Studiums sein besonderes Interesse der Geographie Innerafrikas. 1795 wurde er an die Londoner »African Association« empfohlen, die sich bereit erklärte, eine Forschungsreise nach Innerafrika zu finanzieren. Ein Jahr lang bereitete sich Hornemann auf seine Aufgabe vor, dann reiste er über London nach Kairo. Hier wurde er – obwohl er in englischem Auftrag unterwegs war – von Napoleon weitgehend unterstützt und konnte alle Vorkehrungen für seine Expedition treffen. Zusammen mit einem deutschen Renegaten namens Freudenburg, der ihn als Diener und Dolmetscher begleitete, verließ Hornemann im September 1798, als mohammedanischer Händler verkleidet, mit einer Karawane Kairo, besuchte die Oase Siwa, wo er die Ruinen des Ammonheiligtums wiederentdeckte, und kam bis Murzuq, der Hauptstadt des Fezzan. Von da aus ging er noch einmal nach Tripolis, um seine Tagebücher abzuliefern. Dann stieß er erneut in das Innere des Erdteils vor und blieb verschollen. Spätere Forschungen ergaben, daß er 1801 noch den mittleren Niger erreichte, wo er in der Hauptstadt des Nupe-Landes erkrankte und starb. Aus seinen Tagebüchern ist der Bericht über Siwa entnommen.

Nachdem wir im Tal von Ummesogeir einige Tage geruht hatten, setzten wir von da aus unsere Reise nach Siwa weiter fort, das noch etwa zwanzig Stunden weit entfernt lag. Ein mühsamer Weg über Berge brachte uns in ein grünes fruchtbares Tal, in welchem wir bald Menschen erblickten, die Futter schnitten. Da sie aus unseren schwerbelasteten Kamelen annahmen, daß wir keine feindlichen Araber seien, so kamen sie uns entgegen und wünschten uns Glück zu unserer Ankunft bei ihnen. Sie benachrichtigten uns, die ganze Gegend sei ruhig, und wir könnten ohne alle Besorgnis unser Lager bei ihnen

aufschlagen. Sie bestiegen darauf ihre Esel und führten uns zu einer westlich von Siwa gelegenen Ebene, auf welcher wir in der Nähe des Hauptortes unsere Zelte aufschlugen.
Siwa ist um und auf einen Felsen erbaut. Die Tradition sagt, daß die ehemaligen Einwohner in Höhlen dieser Felsenmasse wohnten. Wirklich sind auch jetzt noch die Häuser in ihrer Bauart Höhlen ziemlich ähnlich und dabei so nahe aneinander, daß man in vielen Gassen auch bei hellem Tage nicht sehen kann. Ein Fremder muß sich daher, wenn er in dem Orte umgehen will, eines Führers bedienen. Unsere Karawane verglich Siwa mit einem Bienenkorbe, ein Vergleich, welcher bei der Bauart des ganzen, der Menge der in den Gassen umherstreifenden Einwohner und wegen des dumpfen Getöses, das man schon in beträchtlicher Entfernung hört, ungemein zutreffend ist.
Der Charakter der Einwohner von Siwa steht aber in einem sehr schlechten Rufe. Auch ich fand diese Leute zudringlich und diebisch. Unsere Zelte, besonders das meinige, wurden beständig von ihnen heimgesucht. Um Diebstählen vorzubeugen, verwahrten die Kaufleute unter uns ihre Waren so fest, als hätten sie einen Überfall zu befürchten.
Als wir im Tale von Siwa unser Lager aufgeschlagen hatten, entdeckte ich einige Meilen westlich vom Wege die Ruinen eines großen Gebäudes und schloß, daß es dieselben sein müßten, die ein englischer Reisender sah, von dessen Entdeckung ich bereits in London und nachher in Ägypten gehört hatte. Die Vorsicht erforderte, daß ich mir vor der Untersuchung der Ruinen und Katakomben das Zutrauen der Einwohner verschaffte, die, wie man mir sagte, mich und meinen Dolmetscher für Christen hielten. Sie waren teils durch unsere weißere Gesichtsfarbe, teils durch unseren Anstand und die türkische Kleidung, die wir trugen, auf diese Vermutung gekommen. Als ich die Unordnung, in der Kairo und die umliegenden Gegenden zur Zeit meiner Abreise war, benutzte, um mich als Mohammedaner bei der Karawane einzuführen, sprach ich freilich weder türkisch noch hinlänglich arabisch; aber der angenommene Charakter eines jungen Mamelucken war mir hinlängliche Entschuldigung. Auf meinen Dolmetscher, der ein Deutscher war, den man aber vor zwölf Jahren zu Konstantinopel gezwungen hatte, die mohammedanische Religion anzunehmen, konnte ich mich verlassen.
Ich begab mich zuerst zu den Ruinen des großen Gebäudes, in dessen Nachbarschaft ich eine Anzahl Männer mit dem Anlegen eines Gar-

tens beschäftigt sah. Ich stellte ihnen einige Fragen und erfuhr darauf: Siwa sei vor Zeiten von Ungläubigen bewohnt gewesen, die größtenteils in Höhlen, aber auch auf dem vor uns befindlichen Platze gewohnt hätten. In dem Gebäude sei, wie die Tradition sage, der Diwan (Versammlung) gehalten worden. – »Bei seiner Erbauung«, nahm einer der Arbeiter das Wort, »besaßen die Menschen mehr Kräfte als jetzt, denn zwei Männer waren damals imstande, die großen Steine zu heben, die dem Gebäude zur Decke dienen. Es liegt eine Menge Gold unter ihm vergraben.«

Ich begab mich in die Ruinen hinein, wurde aber, da mir alle diese Menschen auf dem Fuße folgten, daran gehindert, gründliche Untersuchungen anzustellen. Bei einem zweiten Besuche war ich nicht glücklicher, und als ich nach einigen Tagen wiederkam, sagte einer der Männer: »Du bist sicher ein Christ, da du so oft hierher kommst, um dieses Gebäude der Ungläubigen zu betrachten!« – Da es sehr wichtig für mich war, den einmal angenommenen Charakter zu behaupten, so beschränkte ich meine Wißbegierde mehr auf die Katakomben und auf allgemeine Gegenstände.

Die Ruinen sind zu unvollständig, als daß ein unbefangener Beobachter wie ich, der sein Urteil fällt nach dem, was er sieht, und nicht das, was er sieht, seinen vorgefaßten Meinungen anpaßt, mit Gewißheit bestimmen könnte, wie das Gebäude ursprünglich in all seinen Teilen beschaffen und was der Zweck desselben gewesen sei. Aus den Überbleibseln der Grundmauer, die sehr stark war, läßt sich annehmen, daß es einige hundert Schritt im Umfang gehabt hat. An den meisten Stellen ist die Mauer völlig aufgebrochen und weggeführt. Der Grund des inneren Raumes ist überall von Menschen aufgewühlt, die Gold zu finden hofften.

Ich untersuchte auch die Gegend um die Ruinen her und fand den Boden gegen Süden – unmittelbar von der Grundmauer an – sumpfig, auch sollen sich hier Salzquellen befinden. Auf meine Erkundigungen, ob es nicht irgendeine merkwürdige süße Wasserquelle gebe, wies man mich in einen anderthalb Meilen von den Ruinen befindlichen Dattelwald. Die Quelle, die ich hier fand, hat wirklich eine sehr romantische Lage, wodurch sie sich indes den Siwaern nicht so sehr empfiehlt, als durch die Heilkräfte, die sie ihr zuschreiben. Sie ist süß und mehrere Bäche entspringen aus ihr.

Ich weiß sehr wohl, daß meine Beschreibungen zu unvollständig sind, als daß sie jemanden in den Stand setzen könnten, mehr als

Vermutungen zu wagen, ob diese Ruinen Überbleibsel von dem berühmten Tempel Jupiter Ammons sind. Daß ich bei meinen Untersuchungen auf diesen Gedanken kommen mußte, wird jedem einleuchten, der die Beschreibungen, die uns die Schriftsteller des Altertums von diesem Tempel gegeben haben, mit der meinigen vergleichen will.

In der Umgebung von Siwa gibt es vier verschiedene Orte, wo man Katakomben finden kann. Einen davon, den Berg El-Mota, untersuchte ich genauer, er enthält eine Menge Katakomben an den Seiten, die merkwürdigsten befinden sich aber auf dem Gipfel. Jede hat ihren besonderen Eingang, durch den man in einen größeren Raum tritt, dessen Seitenwände die kleineren Höhlen für die Mumien enthalten. Die Steine am Rande der Eingänge sind so behauen, als wären sie mit Türen versehen gewesen.

Die Katakomben sind von verschiedener Größe. Sie sind ohne Ausnahme mit großem Fleiß gearbeitet, besonders diejenige, welche am höchsten liegt. Überall fanden sich mehr oder weniger Überbleibsel von Mumien, ich suchte einen ganzen Schädel, aber vergebens. Einzelne Stücke, besonders Hinterhauptknochen, fand ich in Mengen, aber sie waren alle ihrer Bedeckung beraubt. Ich nahm einige Rippen mit mir, an welchen noch Überreste einer Bekleidung hingen, sie waren aber so verwittert, daß man nichts weiter daran sehen konnte, als daß das Zeug, womit man die Mumien umwunden hatte, ungemein grob war. In den Katakomben, besonders in den kleineren, in denen sich die Mumien befunden hatten, sah man den Boden umgegraben. Mein Führer sagte, es habe in allen diesen Höhlen Gold gegeben, auch finde es sich zum Teil sogar noch jetzt.

Ich bin überzeugt, daß man bei genauerer Nachsuchung wohl noch unversehrte Mumien in den von Siwa westlich gelegenen Katakomben finden würde. Einige, wie es mir schien, glaubwürdige Männer erzählten mir, daß es außer diesen Katakomben in den Bergen noch viele unter der Erde gäbe und daß sich »Häuser der Ungläubigen« an beiden Seiten eines langen unterirdischen Ganges befänden, welcher zwei der Katakombenberge miteinander verbinde.

Wir verließen Siwa nach einem achttägigen Aufenthalt am 29. September nachmittags um drei Uhr und lagerten uns um sechs Uhr am Fuße eines Hügels. Am folgenden Tage brachen wir erst um ein Uhr auf, weil man sich bemühte, den entlaufenen Sklaven eines mit uns reisenden Hofbediensteten des Sultans von Fessan auszusuchen.

Während dies geschah, eilte ich den Katakomben zu, die ich in kleiner Entfernung von uns auf den hohen Bergen entdeckte, aber ein See, der sich durch den Zusammenfluß mehrerer Sümpfe gebildet hatte, schnitt mir den Weg ab.
Der vierte Tag unserer Reise brachte uns zu dem fruchtbaren Tale Schiatha.
Die Ruhe, die wir bisher in unserem Lager genossen hatten, wurde hier in Schiatha plötzlich durch die Ankunft einiger Einwohner Siwas unterbrochen, die uns abends um acht Uhr die Nachricht brachten, es befände sich eine große Anzahl Araber in der Nähe, um uns zu überfallen. Doch hätten die Einwohner Siwas beschlossen, uns zu Hilfe zu kommen und uns zum nächsten Wasserplatz zu geleiten. Sie versicherten uns, ihr kleines Heer werde in einigen Stunden ankommen und alles mit uns wagen, um die Absicht der Beduinen, deren Zahl sie mit 800 bis 1000 angaben, zu vereiteln. Der Scheich der Twater, unser Anführer, berief hierauf die vornehmsten Männer der Karawane vor sein Zelt, und es wurde beschlossen, daß wir alle im Lager standhalten und den Feind erwarten wollten. Die Versammlung war kaum auseinandergegangen, als wir aus der Ferne das Geschrei einiger hundert Esel vernahmen. Daraus schlossen wir, daß sich die Bewohner von Siwa näherten, die sich dieser Tiere in ihren Gebirgen bedienen, wenn sie gegen einen Feind zu Felde ziehen, der in ihr Gebiet einfallen will, und aus Unkenntnis der Wege seinen Marsch durch die breiten Täler nimmt. Einige Männer wurden sofort an die Siwaer abgeschickt, um sie zu ersuchen, eine halbe Meile von uns entfernt ihr Lager aufzuschlagen. Die Nacht wurde in Unruhe und Besorgnis hingebracht; jeder setzte seine Waffen instand und bereitete sich zu dem wahrscheinlichen Gefechte des nächsten Tages vor. – Kurz vor Sonnenaufgang brachen die Siwaer zu Fuß auf, woraus die Karawane schloß, daß sie etwas gegen uns im Sinne hätten. So ritten ihnen einige Männer entgegen, um sie zu fragen, was ihre Absicht sei. Sie kehrten bald mit der Antwort zurück, daß die Karawane nichts zu befürchten habe. Der Scheich war hiermit nicht zufrieden und schickte die Boten nochmals ab, um den Siwaern anzuzeigen, daß er sie als Feinde betrachten würde, wenn sie nicht sogleich haltmachten. Sobald sie diese Nachricht erhielten, bildeten sie einen großen Kreis, lagerten sich und baten einige Mitglieder unserer Karawane, zu ihnen zu kommen.
Ich war während all dieser Begebenheiten ruhig bei meinem Gepäck

geblieben, denn der Dolmetscher hatte sich entfernt, um Nachricht einzuziehen, wie die Sache stehe. Als ich ihn zurückkommen sah, verrieten mir sein schneller Gang und seine Blicke, daß er etwas Wichtiges vorzubringen habe, und so eilte ich ihm entgegen. »Verflucht sei der Augenblick«, redete er mich an, »an dem ich mich zu dieser Reise entschloß! Wir sind beide unvermeidlich verloren, man hält uns für Christen und will uns töten!« – Mit diesen Worten verließ er mich, lief zum Gepäck, wo er seine Flinte mit meiner Doppelflinte vertauschte und zwei Paar Pistolen zu sich steckte. Ich verwies ihm seine Kleinmütigkeit und empfahl ihm, standhaft zu sein, wenn er sich seine Freunde erhalten wolle. Ich erinnerte ihn, daß sein jetziges Betragen uns noch weit verdächtiger machen würde, daß er ja seinetwegen gar nicht besorgt zu sein brauche, da er bei seinem zwölfjährigen Aufenthalt unter den Mohammedanern sich ihre Sitte und Religion durchaus zu eigen gemacht habe; daß ich allein in Gefahr sei und daß ich sie abzuwenden hoffe, wenn er sich nicht eher in meine Verteidigung einmischen wolle, als bis ich ihn dazu auffordern würde. »Sie wollen nie etwas von Gefahr hören«, antwortete er, »aber für dieses Mal werden sie ihren Leichtsinn teuer bezahlen müssen.« Da ich sah, daß die Angst ihm alle Besinnung geraubt hatte, so ließ ich ihn stehen und ging unbewaffnet, aber festen Schrittes auf die lärmende Versammlung zu. Ich trat in den Kreis mit dem gewöhnlichen Gruß der Mohammedaner »Assalam aleikum«, aber keiner der Siwaer erwiderte ihn. Einige riefen sogleich aus: »Ihr seid einer von den neuen Christen aus Kairo und hierhergekommen, um unser Land auszukundschaften.« Hätte ich damals den mohammedanischen Fanatismus und den Charakter der Araber so genau gekannt, wie ich ihn in der Folge noch kennenlernte, so würde ich von der Anklage selbst meine Entschuldigung hergenommen und vorgebracht haben, daß ich vor den Ungläubigen zu Kairo entwichen sei. Ich suchte meine Verlegenheit so gut wie möglich zu verbergen, antwortete nicht auf die Beschuldigungen des großen Haufens, sondern setzte mich nieder und wendete mich an einen der vornehmsten Männer, dessen großen Einfluß ich kannte und der sehr oft in meinem Zelt gewesen war. »Sage mir Bruder« – redete ich ihn an – »sahest du jemals dreihundert bewaffnete Männer eine Reise von drei Tagen machen, um zwei Männer zu verfolgen, die zehn Tage als Freunde unter ihnen lebten, mit ihnen aßen und tranken und deren Zelt jedem offenstand? Du selbst hast uns angetroffen, wie wir beteten und im Koran lasen, nun beschuldigst du uns, wir gehörten zu den Ungläubigen in Kairo, die wir doch jetzt meiden? Weißt du nicht, daß es eine große Sünde ist, einem Rechtgläubigen zu sagen, er sei ein Heide? Von dir erwartete ich mehr Verstand und mehr Gottesfurcht.« Da ich dies mit großem Ernst und viel Fassung vortrug, so schienen viele aus der Versammlung eine günstige Meinung von mir zu bekommen. Der Mann antwortete mir, er wisse gar wohl, daß wir nicht zu den Ungläubigen gehörten, auch habe er niemanden überredet, uns zu verfolgen, und er wolle, wenn es von ihm allein abhinge, sogleich nach Siwa zurückkehren.

Hierauf wendete ich mich an einen einfachen Mann, den ich Beschuldigungen gegen mich vorbringen hörte. »Schweige doch Freund!« sagte ich, »wolle Allah, ich wäre der arabischen Sprache hinlänglich mächtig, ich würde dir und Hunderten deinesgleichen Fragen vorlegen, die euch beweisen sollten, daß ich gründlicher im Islam unterwiesen bin als ihr.« – »Wahrlich«, sagte ein alter Mann, »dieser ist jünger als jener und doch unerschrockener.« – »Mein Begleiter«, nahm ich sogleich wieder das Wort, »fürchtet sich nicht vor euch, denn wir haben Freunde, vor denen ihr euch fürchten müßt! Weißt du wohl, was es heißen will, einem Manne, der mit Sultanen und Prinzen lebt, vorzuwerfen, er sei ein Ungläubiger?«

Man fragte mich jetzt, warum wir denn christliche Briefe bei uns führten. Jetzt wurde es mir klar, daß von meinem Dolmetscher unvorsichtigerweise der Paß vorgezeigt worden war, den ich mir vom General Bonaparte verschafft hatte, um nicht von den französischen Posten, welche die Karawane zu passieren hatte, aufgehalten zu werden.

Mein Dolmetscher kehrte jetzt zurück. Da er mich noch am Leben und die Versammlung in einer sanftmütigeren Stimmung fand als vorher, da er sie durch seine unbesonnenen und verwirrten Antworten noch mehr ergrimmt hatte, so schien er wieder Mut zu fassen. Ich erklärte ihm teils in deutscher, teils in arabischer Sprache und verließ den Kreis, um freiwillig die vermeintlichen Briefe zu holen, mit denen ich dann, wie mit einem Koran sogleich zurückkehrte. Einer der vornehmsten Siwaer nahm den Brief, entfaltete ihn und fragte, ob keiner in der Versammlung ihn lesen könne. Eine Frage, die, so kritisch auch meine Lage war, mir doch ein Lächeln abzwang. Die gleiche Frage tat man auch uns, wir versicherten aber, daß wir den Inhalt nicht verstanden und daß man uns dieses Papier eingehändigt habe,

um frei aus Kairo gehen zu können. »Aber dieses«, rief mein Dolmetscher und nahm mir den Koran aus der Hand, »dieses ist das Buch, welches ich verstehe!«
Man forderte uns auf, darin zu lesen und zu zeigen, daß wir ihrer Religion wirklich angehörten. Glücklicherweise beschränkten sich unsere Kenntnisse nicht auf bloßes Lesen. Mein Dolmetscher konnte den ganzen Koran auswendig, und ich konnte schon damals das Arabische mit ziemlicher Fertigkeit schreiben, welches in jenen Gegenden für tiefe Gelehrsamkeit gilt. Die Häupter der Karawane, welche bis jetzt geschwiegen hatten, nahmen jetzt laut für uns Partei und selbst viele Siwaer verwendeten sich für uns. Kurz, die Untersuchung endete zu unserem Vorteile, wiewohl nicht ohne Murren des großen Haufens, der bei dieser Gelegenheit zu plündern gehofft hatte.

Sand vor Abu Simbel
Giambattista Belzoni

Eine gewisse merkwürdige, aber keineswegs unbedeutende Sonderstellung unter den zahlreichen Afrikareisenden nimmt der Italiener Giambattista Belzoni ein. 1778 zu Padua geboren, führte er schon als junger Mann ein recht bewegtes, abenteuerliches Leben. In Rom zeigte er technische Kunststücke, trat dann in ein Kloster ein, verließ es wieder, reiste nach Holland und von da nach England, wo er als Kraftmensch (Größe 1,98!) im Zirkus auftrat. Schließlich reiste er 1815 nach Ägypten, wo er hoffte, dank seiner technischen Kenntnisse beim dortigen Herrscher eine Anstellung zu finden. Zwar wurde daraus nichts, dafür aber stellte ihn der englische Konsul Salt als Aufseher beim Abtransport von Altertümern ein. Belzoni gewann Interesse an der Archäologie und unternahm auf eigene Faust ausgedehnte Reisen im Niltal bis nach Nubien. Dort untersuchte er als erster Europäer den heute so berühmten Felsentempel von Abu Simbel, ließ ihn öffnen und beschrieb später das Innere. Von Nubien aus ging er ans Rote Meer, wo er das alte Berenike auffand. Dann kehrte er nach Kairo zurück, öffnete bei Gizeh die Chephren-Pyramide und drang bis in die Begräbniskammer vor. Über all seine Erlebnisse, seine Ausgrabungen im Tal der Könige und seine weiteren Reisen in das Faijum und die Libysche Wüste veröffentlichte er ein ungemein lebendiges großes Reisewerk. 1822 fuhr er an die Westküste Afrikas, um von da aus nach Timbuktu und an die Nigerquellen vorzustoßen, aber unterwegs starb er am 3. Dezember 1823, erst fünfundvierzig Jahre alt, an einer Tropenkrankheit. Der nachfolgende Bericht schildert die Aufsuchung des Tempels von Abu Simbel und die Freilegung seines Eingangs.

Am nächsten Morgen überquerten wir das Wasser und fuhren in eine Bucht des Nil ein, wo wir unser Boot in der Nähe des Dorfes Wadi Halfa festmachten. Die Mannschaft setzte es sich in den Kopf, gewaltsam Geld aus uns herauszupressen; aus diesem Grund landeten sie und erklärten, wir sollten doch mit eigener Kraft zurückkehren, wenn wir wollten. Sie wußten nur zu gut, daß wir das nicht ohne Schwierigkeiten ausführen konnten, da das Boot von Sandbänken umgeben war. Wir hatten geplant, von hier aus zu Lande weiterzuziehen, um den Katarakt von der östlichen Seite zu sehen, wie ich es im Jahre zuvor getan hatte. Aber unter den gegenwärtigen Umständen hielten wir es für unklug, das Boot zu verlassen, denn es bestand die Gefahr, daß alles geplündert würde. Schon hatte nämlich die Mannschaft Eingeborene zusammengerufen, die ihnen offenbar bei ihren Unternehmungen helfen sollten.

Wir lenkten ihnen gegenüber aber nicht ein, und sie versicherten, sie würden nicht an Bord kommen, falls sie nicht etwas Geld erhielten. Daraufhin beschlossen wir, uns selbst weiter zu behelfen, aber es war mehr Schein als Wirklichkeit, denn wir hätten das Boot nie von dieser Stelle wegbringen können. Um mit der Strömung wieder in den Fluß hinauszugelangen, mußten wir die Segel streichen. Jedoch schon der Anschein dieses Manövers hatte den beabsichtigten Erfolg; denn diese Burschen schickten sofort einen aus ihren Reihen, um Verhandlungen aufzunehmen. Wir erklärten ihnen, daß sie ein Bakschisch erhielten, wenn sie das Boot hinaus in die Mitte des Stromes bringen würden, nicht aber vorher. Schließlich einigten wir uns und kehrten nach Abu Simbel zurück, nachdem wir den ganzen Tag mit dieser leidigen Angelegenheit verloren hatten. Mehrfach kamen Eingeborene, um allem nachzuspüren, was wir an Bord hatten. Doch sie merkten, daß wir für sie zu gut bewaffnet waren und daß wir im Notfall uns durchaus zu verteidigen vermochten.

Drei Tage später erschienen die beiden Scheichs von Abu Simbel und nahmen ihren Aufenthalt in kleinen Binsenhütten auf einer Sandbank im Fluß. Wir erwarteten sie und wurden von ihnen auch freundlich empfangen, wohl wegen der Geschenke, die wir ihnen mitbrachten. Wir überreichten Scheich Dawud ein schönes Gewehr, Pulver und Kugeln, einen Schal, Seife und Tabak. Diese Auszeichnung rief unglücklicherweise Eifersucht zwischen den beiden Brüdern hervor, denn Scheich Kalil hielt sich seit der Abwesenheit seines Vaters dem Bruder für gleichgestellt. Davon hatte ich jedoch keine Ahnung, weil er im ersten Jahr nur ein Begleiter Dawuds gewesen war. Er geriet in schrecklichen Zorn und ließ uns wissen, daß er ein ebenso mächtiger Scheich sei wie sein Bruder. Sofort erklärte ich, ihm ebenfalls eines unserer Gewehre geben zu wollen, aber unsere Bemühungen, ihn zufriedenzustellen, blieben alle zwecklos. So verbrachten wir den ganzen Tag, ohne etwas über unser Schicksal zu erfahren. Dawud lud uns freundlicherweise zum Essen ein, doch lehnte ich ab, da sich Kalil in seine Hütte zurückgezogen hatte. Dawud ging hinüber, um ihm etwas zu essen zu bringen, aber vergebens. Dann ging ich selbst, um mit ihm zu sprechen, und nach vielem Hin und Her gelang es mir, mit diesem immerhin recht mächtigen Scheich Frieden zu schließen. Er nahm eines unserer Gewehre, etwas Pulver und Munition, und es wurde beschlossen, daß wir die Arbeit am nächsten Morgen mit dreißig Mann beginnen sollten. Am Morgen erschienen die Leute zwar ziemlich spät, doch nahmen wir die Arbeit am Tempel mit viel Begeisterung und guten Hoffnungen auf. Ich erkannte, daß es notwendig war, zuerst den Sand zu beiden Seiten des Eingangs wegzuschaffen, denn hätte man in der Mitte begonnen, dann wäre er fortwährend von den Seiten wieder hereingelaufen. Jahrhundertelang waren von den Winden Sandmassen angehäuft worden; sie alle beiseiteschaffen zu lassen, wäre uns in einem ganzen Jahr nicht gelungen. So mußten wir uns damit zufriedengeben, den Eingang zu erreichen, da es der schnellste Weg war, sich Zutritt zum Tempel zu verschaffen.

Ich teilte deshalb die Leute in zwei Abteilungen und stellte auf jeder Seite der Kolossalfigur, die über dem Eingang stand, eine auf. Sie arbeiteten zwar ganz ordentlich, aber es waren ihrer einfach zu wenig, so daß man das bißchen Sand kaum bemerkte, das sie beiseite räumten. Als ich erkannte, daß auf diese Weise das beschwerliche Geschäft kaum bewältigt werden konnte, machte ich am Abend dem Scheich einen Vorschlag, für das Öffnen des Tempels dreihundert Piaster zu zahlen. Nun setzten die Eingeborenen ihre Arbeit drei Tage lang mit viel Eifer fort, da sie hofften, sie könnten sie in dieser Zeit beenden. Auch hatten die Scheichs ihre Zahl auf achtzig erhöht. Aber am Abend des dritten Tages bestand ebensowenig Aussicht, den Eingang zu sehen wie am ersten. Die Arbeiter wurden schließlich der Sache überdrüssig und verließen uns unter dem Vorwand, daß am nächsten Tag der Fastenmonat Ramadan begonnen werden müsse, und sie begnügten sich damit, die dreihundert Piaster zu behalten, die ihnen im voraus ausbezahlt worden waren.

Wir nahmen in dieser Zeit die Mahlzeiten zusammen mit den Scheichs und ihren Gefolgsleuten ein. Unser Essen bestand aus einem kleinen Stück Hammelfleisch, dem Wasser, in dem es gedämpft war, etwas Brot und ein wenig Butter oder Fett. Kaum stand das Essen auf dem Boden, fand ein allgemeines Gereiße statt. Alle drängten sich um die irdenen Schüsseln. Der Scheich war der erste, der seine Hand hineintauchte, und gleich folgten die übrigen seinem Beispiel. Wir vier, die zwei Kapitäne Irby und Mangels, Mr. Beechy und ich, suchten so nahe wie möglich zusammenzubleiben, um alle auf derselben Seite der Schüssel zu essen und vielleicht auf diese Weise die Chance einer sauberen Mahlzeit zu erlangen. Als der Scheich sah, daß wir gegen seine Leute nicht aufzukommen vermochten, die von allen Seiten ihre Hände in die Schüssel tunkten, suchte er höflich die fleischigsten Stücke aus dem Topf, die er mit dem Druck seiner Hand vom Knochen trennte, legte sie auf den Ärmel seines Gewandes und aß dann weiter, bis der Topf nahezu leer war. Als alle das Essen beendet hatten, überreichte er jedem von uns ein Stück des Fleisches, das er als höfliche Geste reserviert hatte. Wir verschlangen es mit Freuden, da wir bis zum nächsten Morgen keine andere Gelegenheit hatten, auch nur einen Bissen zu essen.

Da am nächsten Tag die beiden Scheichs abreisten und von den Eingeborenen niemand in unsere Nähe kam, faßten wir den Entschluß, mit eigener Kraft im Sand zu arbeiten. Wir waren zusammen nur sechs Mann, aber die Bootsmannschaft bot ihre Dienste an, und so wuchs unsere Gruppe im ganzen auf vierzehn. Als wir bemerkten, daß jeder von uns so viel Sand schaufelte wie fünf eingeborene Arbeiter, zeigten wir uns durchaus zufrieden und beschlossen weiterzumachen.

Einige Tage später beobachteten wir ein Boot auf der anderen Seite des Nil. Als es sich näherte, erkannten wir, daß es voll besetzt war mit gut bewaffneten Männern. Nachdem die Scheichs von Abu Simbel uns verlassen hatten, war nur noch ein Mann aus diesem Dorf zurückgeblieben, der uns gelegentlich bei der Arbeit half. Sein Name war Musmar, was auf deutsch Nagel bedeutet. Herr Nagel war ein bedeutender Mann und erzählte uns wunderbare Geschichten von seinem erstaunlichen Mut. Er gab uns zu verstehen, daß er bei Angriffen von Beduinen auf das Dorf Abu Simbel der erste sei, der ihnen Widerstand leiste, und prahlte, daß er sich vor keinem Menschen auf der Welt fürchte. Wir zeigten uns natürlich begeistert, einen solch tapferen Ritter bei uns zu haben. Als sich nun das Boot näherte, schien er in Aufregung zu geraten und wollte unbedingt erfahren, wer die Leute seien. Gleichzeitig erklärte er, daß keiner es wagen werde, dorthin zu kommen, wo er sei. Als sich das Boot näherte und er genau erkennen konnte, um wen es sich handelte, schien er nicht zu begreifen, was die Männer auf dieser Seite des Flusses wollten. Und als sie das Ufer fast erreicht hatten, erklärte er plötzlich, daß er den Berg besteigen müssse, um sie besser beobachten zu können. Mit diesen Worten gab er Fersengeld und rannte davon, so schnell es ging. Die Männer landeten und stiegen den Sandhügel hinan, auf dem wir warteten. Wir griffen nach unseren Waffen, denn das ist die einzige Möglichkeit, sich bei den Herrschaften Respekt zu verschaffen. Sie kamen heran. Der erste war ein älterer Mann mit Zügen strenger Entschlossenheit. Er streckte die Hand aus, die ich, der Sitte des Landes entsprechend, sofort schüttelte. Es waren die Scheichs von Ibrim, Vater und Sohn. Sie ließen sich auf dem Sand nieder, während die anderen hinter ihnen stehen blieben.

Sie traten weit selbstherrlicher auf als unsere Scheichs von Abu Simbel und verfügten auch über mehr Schwerter und Feuerwaffen. Wir zeigten uns erfreut, in ihnen angeblich Freunde zu finden, besonders als wir erfuhren, daß sie mit Scheich Hassan und seinen Söhnen Dawud und Kalil auf Kriegsfuß standen. Ich bemerkte ihre Enttäuschung, denn unsere Kleidung verhieß keine Reichtümer. Da sie uns außerdem wie gewöhnliche Arbeiter beschäftigt sahen, schlossen sie, daß wir nur arme Leute seien. Sie beschenkten uns mit zwei kleinen, mageren Schafen, doch freute ich mich über dieses Geschenk nicht, denn ich wußte, wie die Höflichkeit eines solchen Geschenks immer endet; wir erwiderten diese Geste damit, daß wir dem Diener, der die Schafe brachte, zweimal soviel zahlten, wie sie wert waren, und erklärten den Scheichs, daß es uns leid tue, ihnen nichts weiter geben zu können, da unsere Mittel erschöpft seien, daß wir uns aber ihrer erinnern würden, wenn wir wieder in dieses Land zurückkehrten.

Sie erwiderten, daß sie nicht hierher gekommen seien, um etwas von uns zu empfangen, daß sie aber hofften, wir würden bei unserer Rückkehr nach Kairo zum Pascha günstig über sie sprechen. Wir antworteten, daß wir nichts über sie sagen könnten, da sie uns nie etwas zuleide getan oder je zuvor besucht hätten. Bald darauf erhoben sie sich, und wir boten ihnen den üblichen Abschiedsgruß. Sie aber erklärten plötzlich, den kleinen Tempel besichtigen zu wollen. Unser Dolmetscher folgte ihnen, da das Boot in der Nähe dieser Stelle lag. Als sie den Tempel erreicht hatten, nahmen sie den Dolmetscher beiseite und sagten ihm, sie seien die Herren des Landes. Wenn die anderen Scheichs einen Mann töteten, dann würden sie zwei töten. Sie könnten uns bei unserer Arbeit aufhalten oder weitermachen lassen, so gut wie die anderen Scheichs, denn sie seien mächtiger. Und sie fügten hinzu, daß sie nur zu gut von den Gewehren, dem Pulver, der Munition und dem Tabak wüßten, die wir den anderen gegeben hätten. Da sie mächtiger seien, erwarteten sie auch, daß wir für sie

mehr täten, und wir sollten uns die Folgen überlegen, wenn wir uns weigerten, ihren Forderungen nachzukommen. Angesichts eines solchen Vorgehens glaubte ich, bei unseren Arbeiten in einer schlimmeren Lage denn je zu sein, denn wir besaßen nichts mehr, was wir diesen Leuten hätten geben können. Deshalb ließ ich ihnen antworten, daß wir zwar im Augenblick nichts für sie hätten, sie sich aber auf unser Wort verlassen könnten, und wir ihnen bei unserem nächsten Besuch in Nubien die entsprechenden Geschenke überreichen würden. Sie aber erwiderten, daß wir ohne eine schriftliche Empfehlung an sie in dem Land überhaupt nichts zu schaffen hätten. Nun schickten wir unseren Dolmetscher mit einem Firman des Paschas zu ihnen. Sie öffneten den Brief, schauten ihn an und gaben schließlich zu, nicht ein Wort lesen zu können. Nebenbei war er gar nicht für sie bestimmt und deshalb auch ohne besonderen Wert. Und selbst wenn wir einen eigenen Empfehlungsbrief für sie gehabt hätten, wäre er doch ohne eine entsprechende Beigabe von wertvollen Geschenken völlig zwecklos gewesen. Schließlich kehrten diese Wüstenpotentanten und ihr ehrenwertes Gefolge zu dem Boot zurück und ließen uns wissen, daß wir uns möglichst bald zu entscheiden hätten.
Wir nahmen unsere Arbeit wieder auf, jederzeit einer Unterbrechung gewärtig. Aber am nächsten Tage hörten wir zu unserer Überraschung, daß sich die Herren in der Nacht aus dem Staub gemacht hatten. So konnten wir in unserem Unternehmen ohne Störung fortfahren, und nach ein paar Tagen stießen wir auf einen mächtigen unbehauenen Felsvorsprung, der vermuten ließ, daß an dieser Stelle kein Eingang zu finden sein würde. Schon begannen bei einigen die Hoffnungen zu schwinden, aber wir bemühten uns trotzdem weiter, und nach drei Tagen entdeckten wir ein zerbrochenes Säulengesims, am Tage danach den Säulenwulst und natürlich den Fries darunter. Nun gab es kaum mehr einen Zweifel, daß wir bald auf den Eingang stoßen würden. Deshalb errichtete ich einen Zaun, um den Sand oben zu halten, und zu meiner äußersten Befriedigung sah ich, als der Abend nahte, den oberen Teil des Eingangs. Wir schaufelten genügend Sand beiseite, um an diesem Abend noch einzusteigen; da wir aber vermuteten, es könnte in der Höhle verdorbene Luft sein, verschoben wir das Unternehmen auf den nächsten Morgen.
Am frühen Morgen des 1. August gingen wir zum Tempel, hochgemut bei dem Gedanken, eine neuentdeckte Stätte zu betreten. Wir bemühten uns nach Kräften, den Eingang zu vergrößern, aber unsere

Bootsmannschaft unterstützte uns nicht wie gewöhnlich. Im Gegenteil, es schien, als ob sie uns zu hindern suchten, so weit es in ihren Kräften stand. Denn als sie sahen, daß wir wirklich den Eingang gefunden hatten, wollten sie uns vom Vordringen in das Innere abschrecken. Als dieser Versuch fehlschlug, gaben sie vor, mit dem Boot nicht mehr länger an dieser Stelle warten zu können, und wenn wir nicht sofort an Bord gingen, würden sie abfahren und uns zurücklassen. Wie wir erfuhren, hatten sie den Scheichs versprochen, irgendeine List zu gebrauchen, um unser Unternehmen zu behindern, falls wir zu dem Eingang gelangen sollten. Aber all dies half nichts. Bald machten wir den Durchgang weiter und betraten die schönste und ausgedehnteste Grabungsstätte Nubiens, einen Ort, der den Vergleich mit jedem ägyptischen auszuhalten vermochte.

Zur »Königin der Wüste« René Caillié

Jahrhunderte hindurch war Timbuktu, die wichtigste Stadt des Sudans, vom Schleier des Geheimnisvollen umgeben. Zwar kannte man sie in Europa aus den Berichten der arabischen Kaufleute, aber keinem europäischen Reisenden gelang es, die Stadt zu besuchen. Deshalb setzte die Geographische Gesellschaft in Paris zu Beginn des 19. Jahrhunderts einen Preis von 10000 Franc für den ersten aus, dem dieses Wagnis gelingen würde. Denn als Wagnis mußte eine solche Expedition angesehen werden, das bewies das Schicksal des englischen Majors Laing, der zwar 1826 Timbuktu erreichte, auf dem Rückweg aber von einem fanatischen Stammesfürsten erdrosselt wurde, weil er nicht zum Islam übertrat. Der Erfolg sollte aber bald danach René Auguste Caillié, dem Sohn eines Bäckers aus dem Poitou/Frankreich (1799–1838), beschieden sein. Schon mit sechzehn Jahren unternahm dieser seine erste selbständige Forschungsreise nach Senegal und Guadeloupe. 1824 kam er wieder nach Senegal, lernte hier acht Monate Arabisch und machte sich mit der Religion des Islam vertraut. Dann ging er als islamischer Kaufmann verkleidet in das Innere des Landes, wobei er sich als Ägypter ausgab, der in seine Heimat zurückkehren wollte. Unterwegs erkrankte er schwer und mußte fünf Monate in Time bleiben, gelangte aber doch im April 1828 nach Timbuktu. Hier hielt er sich unter steter Gefahr, erkannt und erschlagen zu werden, drei Wochen auf und schloß sich dann einer Karawane an, die durch die Sahara nach Marokko zog. Am 12. August 1828 erreichte er Fes und kehrte von hier aus nach Paris zurück, wo man ihn mit Begeisterung empfing und den ausgesetzten Preis zusprach. Caillié zog sich in seine Heimat zurück und erwarb dort ein kleines Gut, starb aber schon sehr jung an den Folgen einer Krankheit, die er sich auf seiner Reise zugezogen hatte. Seinem großen Reisewerk ist der (gekürzte) Bericht über den Aufenthalt in Timbuktu entnommen.

Am 20. April 1828 um halb vier Uhr machten sich die Leute von Sidi Abdallahi Chebir und ich auf den Weg nach Timbuktu. Die Sklaven, die an Bord des Bootes gewesen waren, mit dem wir den Niger herabkamen, begleiteten uns. So bildeten wir eine recht zahlreiche Karawane. Da die Straße sehr sandig und ermüdend war, wurden die jüngsten Sklaven auf die Esel gesetzt. Der Weg, der zeitweilig an Sümpfen vorbeiführte, bot mit seiner geringen Vegetation einen trostlosen Anblick, außerdem war er stellenweise durch den Flugsand verweht, was den Marsch noch besonders erschwerte. Dabei wurden wir auch von einem Tuareg verfolgt, der sich eines unserer jungen Negersklaven bemächtigen wollte. Da ihm aber die Leute Sidi Abdallahis bei der Ankunft in der Stadt ein Geschenk versprachen, hörte er endlich mit seinen Belästigungen wieder auf. Dieser Räuber musterte mich ständig, da man ihm aber versicherte, daß ich sehr arm sei, gab er auch die Hoffnung auf, etwas zu erhalten.

Als es Abend wurde, kamen wir endlich glücklich in Timbuktu an. Im Lichte der untergehenden Sonne lag die Hauptstadt des Sudans, die schon so lange das Ziel meiner Sehnsucht gewesen war, vor meinen Augen. Ein nie gekanntes Gefühl der Befriedigung erfüllte mich, als ich endlich diese geheimnisvolle Stadt betrat, die zu erreichen schon so viele europäische Forscher vergeblich versucht hatten.

Mein erster Gedanke galt nun Gott, dem ich im stillen für seine nie enden wollende Hilfe, für seine Gnade und für den Schutz dankte, den er mir bisher gewährte.

Als aber die erste Begeisterung verflogen war, fand ich doch, daß sich meinen Augen ein ganz anderes Bild darbot, als ich erwartet hatte; denn meine Vorstellungen von Größe und Reichtum der Stadt waren eigentlich ganz andere. Da lagen lauter schlecht gebaute Lehmhäuser und ringsherum wie überall der weißgelbe Flugsand, bis hin zum Horizont, wo der blaßrote Abendhimmel die Erde berührte. Die ganze Natur schien zu trauern, nicht einmal das Lied eines Vogels war zu hören. Dennoch ist es etwas Erhabenes, so eine große Stadt mitten in der Wüste zu sehen, und man muß die Anstrengungen bewundern, die sich wohl einst ihre Begründer machen mußten, um dies alles zu schaffen.

Ich nahm meine Wohnung bei Sidi Abdallahi und muß sagen, daß er mich wirklich väterlich aufnahm. Er lud mich zum Abendessen, es gab Reis und Hammelfleisch. Bestecke waren nicht vorhanden, man benutzte wie üblich die Finger, aber es ging sehr sauber zu. Sidi Abdallahi war ein Mann von 40 bis 45 Jahren, hochgewachsen und von kräftigem Körperbau. Nach Sitte der Araber richtete er beim Mahl keinerlei Fragen an mich.

Nach dem Essen trennte ich mich von meinem Gastgeber und ruhte auf einer Matte, die man auf dem Boden meiner neuen Behausung gebreitet hatte. In Timbuktu sind die Nächte ebenso heiß wie die Tage; so hielt ich es auch nicht im Zimmer aus, sondern richtete mich

im Hof ein. Aber auch hier war es mir nicht möglich, Ruhe zu finden. Die Hitze war erdrückend, kein Luftzug erfrischte mich. Während meiner ganzen Reise hatte ich mich nicht so unwohl gefühlt wie jetzt. Am nächsten Morgen begrüßte ich erst meinen Gastgeber und unternahm dann einen Spaziergang in die Stadt, um sie etwas näher zu besichtigen. Auch jetzt fand ich sie nicht so groß und so bevölkert, wie ich sie mir vorgestellt hatte. Der Handel hat ebenfalls nicht die Bedeutung, die man ihm allgemein bemißt. Man sieht hier nicht den gleichen Zustrom von Fremden wie an anderen Handelsplätzen.
Nur die Kamele, die die Handelsgüter von dem Flußhafen Kabra brachten, durchzogen die Straßen. Einige Bewohner hockten auf Matten und unterhielten sich miteinander, andere wiederum lagen vor der Tür und schliefen im Schatten der Hausmauer. Kurzum, alles atmete tiefe Traurigkeit. Ich war erstaunt über die geringe Aktivität, ja fast möchte ich sagen über die Faulheit und Bequemlichkeit, die hier herrschte. Nur einige Kolanußhändler priesen laut schreiend ihre Ware an.
Gegen vier Uhr nachmittags, als die Hitze endlich etwas nachgelassen hatte, sah ich einige Negerkaufleute, die sich zu einem Spazierritt anschickten. Alle waren sie gut gekleidet und hatten prächtig ausgestattete Pferde. Die Vorsicht gebot ihnen allerdings, sich nicht zu weit von der Stadt zu entfernen, da sie sonst leicht auf einige Tuaregs gestoßen wären, die ihnen kaum einen freundlichen Empfang bereitet hätten.
Wegen der drückenden Hitze wurde auch der Markt erst am späten Nachmittag abgehalten, trotzdem war er wie ausgestorben im Vergleich zu dem an anderen Handelsplätzen. Nur ein paar Araber aus der Umgebung strolchten umher. Meist wurden nur Waren gehandelt, die mit den Booten auf dem Niger gebracht worden waren. Hie und da fanden sich auch einige europäische Dinge, wie Eisenwaren, Bernstein u. ä. Am 22. April teilte mir Sidi Mbark mit, daß in zwei Tagen eine Karawane nach Tafilalet aufbrechen würde und ich mich zu der Reise in die große Wüste bereithalten solle. Dieses Angebot kam mir aber sehr ungelegen, denn ich war keineswegs gewillt, Timbuktu so schnell wieder zu verlassen. Daher besuchte ich am Abend meinen Gastgeber, dem ich den Vorschlag Mbarks mitteilte und hinzufügte, ich sei durch die lange Fußreise so ermüdet, daß ich noch mindestens 14 Tage in Timbuktu zu bleiben beabsichtige. Kaum hatte ich meinen Wunsch geäußert, als mich Sidi Abdallahi schon unter-

brach und höflich erklärte: »Du kannst bleiben so lange du magst, mein Haus ist das deinige, es wird dir an nichts fehlen!« Ich dankte ihm von Herzen, denn ich wußte seine Gastfreundschaft zu schätzen. Bald darauf hatte er eine neue Überraschung für mich. Er gab mir einen Raum für mich allein, so war es mir endlich möglich, einige Notizen zu machen, was ich stets im verborgenen tun mußte. Diese neue Wohnung befand sich nahe am Markt, gegenüber lag das Haus, in dem seinerzeit der unglückliche Major Laing gewohnt hatte. Oft saß ich auf der Schwelle meiner Behausung und dachte an das traurige Los des Reisenden, der vor mir nach so vielen Mühen und Entbehrungen Timbuktu erreichte hatte und dann auf dem Weg in die Heimat hinterlistig ermordet worden war. Dabei konnte ich mich eines Furchtgefühls nicht erwehren, denn wenn auch ich entdeckt würde, so stand mir ein noch viel schlimmeres Schicksal als der Tod bevor, nämlich die Sklaverei. So nahm ich mir vor, möglichst vorsichtig zu sein, um ja keinen Verdacht zu erwecken.
Zweimal täglich schickte mir Sidi Abdallahi durch Sklaven die üblichen Mahlzeiten. Diese Sklaven sind hier in Timbuktu im allgemeinen nicht so unglücklich wie in anderen Gegenden, sie sind gut genährt, werden wenig geschlagen, aber trotzdem wie eine Ware behandelt; man verhandelt sie nach Tripolis, nach Marokko und in andere Küstenorte, wo es ihnen dann meist wenig gutgeht.
Allmählich gelang es mir auch, ein genaueres Bild über die Lage und Größe der Stadt zu bekommen. Sie ist etwa drei Meilen im Umfang und in Form eines Dreiecks angelegt. Die Häuser sind mehr in die Breite als in die Höhe gebaut und haben meist nur ein Stockwerk. Als Baumaterial wurden Lehmziegel verwendet, die man in der Sonne trocknet. Die Straßen sind sauber und breit genug, um drei Reiter nebeneinander hindurchzulassen. Überall in und vor der Stadt sieht man auch kleine runde Strohhütten, die als Behausung für Arme und Sklaven dienen. Timbuktu hatte sieben Moscheen, zwei davon sind etwas größer und mit einem Turm versehen. Die Stadt hat keine Mauer, man kann sie von allen Seiten betreten.
Timbuktu hat etwa 10000 bis 12000 Einwohner, alles Händler. Bisweilen wird ihre Zahl durch die Karawanen etwas vergrößert.
Brennholz ist hier eine große Seltenheit, nur reiche Leute können es sich leisten, das teure Holz zu kaufen; die Armen heizen eben den getrockneten Kamelmist.
Selbst Wasser wird hier auf dem Markt verkauft, so kostbar ist es.

Die älteste Ansicht der Hauptstadt des Königreichs Loango aus dem Afrikawerk des Olfert Dapper. Das Bild entstand etwa fünfzig Jahre nach dem Besuch Brauns

Timbuktu, die „Königin der Wüste", aus dem großen Reisebericht Heinrich Barths

Livingstone und seine Familie an dem neuentdeckten Ngamisee. Nach einer 1850 an Ort und Stelle aufgenommenen Zeichnung

Die Ripon-Fälle des Nils bei seinem Austritt aus dem Victoriasee, wie sie Speke bei seinem ersten Besuch sah

Das wenige Regenwasser wird in große Zisternen aufgefangen, es ist sehr klar, hat aber einen äußerst unangenehmen Geschmack.
Der Handel von Timbuktu wird beträchtlich durch die Nähe der räuberischen Tuaregs gestört. Ein sehr kriegerisches Volk, das zahlreich und stark genug ist, die Handelsverbindungen zwischen der Stadt und den anderen Märkten abzuschneiden. Kein Wunder, daß die Bewohner Timbuktus sie aufs äußerste hassen und sie mit den Christen vergleichen, von denen sie annehmen, daß sie ebenfalls solche Vagabunden seien. Ich selbst habe mich stets bemüht, diese so schmeichelhafte Meinung von unseren Landsleuten zu zerstören. »Aber wenn die Europäer so gut sind, warum bist du denn dann nicht bei ihnen geblieben?« war meist die Antwort. Ich mußte mich dann um Ausreden bemühen und ihnen erklären, daß mich die Sehnsucht nach dem »Land meiner Väter« wieder zurückgeführt habe.
Das Haus meines Gastgebers war meist von einigen Tuaregs besucht, die ihre Forderungen stellten. Die Kaufleute können sich dieser Forderungen nicht erwehren und betrachten sie gleichsam als Tribut an die Räuber. Wenn der Häuptling des Stammes nach Timbuktu kommt, dann wird er zwar von allen gehaßt und gefürchtet, aber die Kaufherren wetteifern miteinander, ihm ihre Dienste zu erweisen.
Das ist ein Musterbeispiel dafür, wie gefürchtet diese Wüstennomaden sind, die auch alle umwohnenden Negerstämme unterworfen und tributpflichtig gemacht haben. Wie die Araber besitzen auch sie sehr schöne und gute Pferde, die ihnen die räuberischen Streifzüge wesentlich erleichtern. Die Furcht vor ihrer Macht geht sogar so weit, daß die Anwesenheit von drei oder vier Tuaregs genügt, um gleich mehrere Dörfer in Schrecken zu versetzen.
In Timbuktu läßt man auch die Sklaven erst nach Sonnenuntergang aus der Stadt heraus, aus Angst, sie möchten von den Tuaregs geraubt werden, die sich aller bemächtigen, die in ihre Hand fallen. Das Los dieser geraubten Sklaven ist dann noch viel bedauernswerter als das der anderen. Sie müssen fast nackt arbeiten und werden von ihren Herren stets mit Schlägen bedroht.
Durch die großen Rinder- und Schafherden sind die Tuaregs auch völlig unabhängig von anderen Stämmen und gerade in der Milch- und Fleischversorgung auf niemanden angewiesen. Ihr Getreide rauben sie von den am Rande der Wüste wohnenden ackerbauenden Stämmen und von den Märkten der Städte.
Die Preise für Lebensmittel sind in Timbuktu sehr hoch, und ich wäre

mit meinen geringen Mitteln bei einem längeren Aufenthalt in arge Verlegenheit gekommen, hätte mich nicht mein Gastgeber auch in dieser Hinsicht unterstützt. Der Wert der Waren, die ich bei mir geführt hatte, betrug nur 35 Piaster. Und dies wenige mußte ich mir für den Kauf eines Kamels aufheben, um überhaupt weiterkommen zu können. Für den Rückweg standen zwei Möglichkeiten offen. Ich konnte mich entweder nach Westen wenden oder die große Wüste nach Norden durchqueren. Aber ich muß gestehen, daß der Gedanke einer Wüstenreise während dieser trockenen und heißen Jahreszeit etwas Bedrückendes für mich hatte. Ich befürchtete, den Strapazen und der unerträglichen Hitze nicht gewachsen zu sein; nach reiflichen Überlegungen entschloß ich mich aber trotzdem zu dem beschwerlichen Weg durch die Sanddünen der Sahara, denn die Rückkehr über die französischen Niederlassungen im Westen konnte leicht den Verdacht meiner Feinde erregen.

Blick auf die Mondberge
J. Krapf/J. Rebmann

Schon im zweiten nachchristlichen Jahrhundert sprach der berühmte Geograph Claudius Ptolemäus davon, daß der Nil in Zentralafrika am Fuße der schneebedeckten »Mondberge« entspringe, und die Lage dieser Mondberge auf seiner Afrikakarte läßt vermuten, daß man schon zu seiner Zeit wahrscheinlich durch Kaufleute und Karawanen ziemlich genaue Nachrichten über den Kilimandscharo besaß. Als dann aber rund siebzehnhundert Jahre später der württembergische Missionar Johannes Rebmann (1820–1876) zum ersten Male den gewaltigen Schneedom erblickte und ein Jahr später sein Amtsbruder und Gefährte Johann Ludwig Krapf (1810–1881) seine Beobachtungen durch den eigenen Augenschein bestätigen konnte und kurz danach auch noch den Kenia, den zweithöchsten Schneeberg Innerafrikas, von weitem sah, stieß die Nachricht von ihren Entdeckungen in Europa auf Ablehnung, ja geradezu auf Hohn. Nach Auffassung der Schreibtischgeographen schien es unmöglich zu sein, daß es unter der Tropensonne Eis und ewigen Schnee gäbe! Krapf ließ sich nicht beirren. Er veröffentlichte die Ergebnisse seiner Beobachtungen in einem großen Reisewerk, in das er auch die Berichte seines Freundes Rebmann mit aufnahm. Aus ihm stammen die denkwürdigen Berichte über die erste Begegnung zweier Europäer mit den äquatorialen Schneebergen.

11. Mai. Inmitten einer großen Wüste, die voll ist von wilden Tieren, wie namentlich Nashörnern, Büffeln und Elefanten, schliefen wir unter Dornbüschen sicher und ruhig unter Gottes gnädigem Schutz. Als wir heute wieder etwa eine halbe Stunde gezogen waren, sahen wir zu unserer Rechten zwei Menschen, die bei unserem Anblick flohen. Mein Führer wollte die Flinte losschießen, die Teitas aber, die vermuteten, daß die Flüchtlinge ihre Landsleute waren, wehrten es ihm und gingen ihnen nach, ohne sie jedoch einholen zu können.
Gegen Nordost sahen wir in einer Entfernung von etwa zwei Tagesreisen den Berg Ongolia, der schon zum Wakambaland gehört und ungefähr so hoch ist wie der Bura. Wieder eine halbe Stunde weiter, und wir traten in eine Wüste ein, die wieder mit Gras bewachsen und wo es daher auch beschwerlicher zu gehen war, zumal da wir nicht den geringsten Fußpfad hatten.

Wir sahen diesen Morgen die Berge von Dschagga immer deutlicher, bis ich gegen zehn Uhr den Gipfel von einem derselben, mit einer auffallend weißen Wolke bedeckt, zu sehen glaubte. Mein Führer hieß das Weiße, das ich sah, schlechtweg »Kälte«; es wurde mir aber ebenso klar als gewiß, daß das nichts anderes sein könne als Schnee, welchen Namen ich meinen Leuten sogleich nannte und die Sache zu erklären suchte; sie wollten mir aber nicht recht glauben, ausgenommen mein Führer, der, wie ich nachher erfuhr, auf seiner letzten Reise nach Dschagga, wo er schon wußte, daß wir beabsichtigten, auch dorthin zu gehen, und daher für das »Silber« in jenem Lande fürchtete, die Sache untersuchen ließ, indem er gegen eine geringe Belohnung einige Dschagga-Leute den Berg hinaufschickte, die ihm des Silbers so viel als möglich bringen sollten, aber dem spekulierenden Suahili nichts als Wasser zurückbrachten. Alle die sonderbaren Geschichten von einem unzugänglichen, weil von bösen Geistern bewohnten Gold- und Silberberg im Innern, die ich mit Dr. Krapf seit meiner Ankunft an der Küste oftmals gehört hatte, waren mir nun auf einmal klargeworden. Natürlich, daß die ungewohnte Kälte die halb nackten Besucher des Schneegebirges bald zur Rückkehr nötigte, oder wenn sie durch Befehl der despotischen Dschagga-Könige genötigt waren, weiter zu gehen, solange ihr Körper nicht gänzlich erstarrt war, sie wirklich tötete, was dann alles in der Unwissenheit der Eingeborenen den bösen Geistern zugeschrieben wurde. Der Schnee fällt natürlich sehr ferne von den Wohnungen.

Als ich bald nachher unter einem Baum etwas ausruhte, las ich den 111. Psalm in der englischen Bibel, an den ich gerade der Ordnung nach kam. Er machte einen doppelten Eindruck auf mich im Angesicht des herrlichen Schneeberges, besonders der 6. Vers, der so herrlich und klar ausdrückte, was ich nur leise ahnte und fühlte. Gegen Nordwesten sahen wir jetzt wieder einen anderen großen Berg in der Nähe von Kikumbulin, der sich etwa zehn Stunden von Ost nach West erstreckt und die südliche Grenze des Wakambalandes bildet.

Um Mittag sahen einige meiner Leute, wie schon gestern, einige Nashörner. Mein kurzes Gesicht veranlaßte dabei ein großes Geschrei, weil, um sie zu sehen, ich weiter vorwärts ging, während meine Leute mich stillstehen hießen. Sie schienen sehr für mich besorgt zu sein, damit mir nichts Übels widerfahre. Sie gehen immer sogleich auf Bäume zu, wenn sie jene Tiere sehen, vor denen sie sich sehr fürchteten. Bald nachher ließen sich auch mehrere Elefanten mit ihren Jungen ganz in unserer Nähe sehen. Mein Führer schoß die Flinte los, um sie fliehend zu machen, sie hatten sich aber schon vorher, obwohl mit sehr langsamen Schritten aufgemacht, um uns ehrerbietigst aus dem Wege zu gehen. Die Wüste, die hier wieder sehr den Charakter einer bloßen Steppe hat, senkt sich seit einer Stunde allmählich gegen Dschagga im Westen hin, um dann im Kilimandscharo, dem schneegekrönten Berghaupt, desto schneller bis hoch über die Wolken emporzusteigen.

Die ganze Gegend umher in der Mitte zwischen Teita und Dschagga hatte etwas Großartiges: Westlich war der hohe Kilimandscharo mit seinem ewigen Schnee, südwestlich lag der einförmige und plumpe Ugonoberg, nordwestlich der ausgedehnte Bergzug von Kikumbulin und östlich die Ketten der Teitaberge mit ihrer höchsten Spitze, Veruga genannt, welche (den Kilimandscharo ausgenommen) 4000 bis 6000 Fuß über die sie umgebende Ebene emporragen.

In meiner Unterredung mit Kiwoi erwähnte ich den Schneeberg Kilimandscharo in Dschagga. Kiwoi sagte, er habe die meisten Gegenden in Dschagga gesehen und kenne den Berg sehr wohl, aber es sei ein zweiter, noch größerer Kiima dscha dscheu (Berg der Weiße, weißer Berg) zwischen den Ländern Kikuyu, Mbe und Uimbu, von welchem Weißberg der Danafluß seinem Ursprung habe. Er sagte dann weiter: »Du wirst beide Berge (den Kilimandscharo und den Kenia oder Kegnia) in einer kleinen Entfernung von meinem Dorfe sehen können, wenn es helles Wetter ist. Es ist zehn Tagreisen von hier bis zum Kilimandscharo in Dschagga, aber nur sechs bis zum Kegnia in Kikuyu.« Den Kilimandscharo sah ich bald nachher südwestlich vom Dorfe Kiwois, aber den Kegnia konnte ich nicht sehen, da es gegen Norden und Nordwesten nicht hell war, indem der Regen bereits von jener Richtung her zu fallen angefangen hatte.

Nach Kiwoi soll ein Reisender, der den Schneeberg Kegnia besuchen will, von Kitui aus am ersten Tag nach Muakini, am zweiten nach Mambidschi, am dritten an den Danafluß, am vierten nach Muea, am fünften nach Uimbu und am sechsten an den Kegnia gelangen, von welchem das Wasser mit großem Geräusch in den Dana fließt, was auf Schneelawinen schließen läßt, die unten schmelzen.

3. Dezember. Die Weiber des Häuptlings bereiteten Mehl für unsere Reise nach der Küste. Er verteilte eine Quantität Welschkorn unter seine Frauen und befahl ihnen, es in Eile zu mahlen. Sie gebrauchten beim Reinigen des Getreides kein Sieb, sondern ließen es aus einem

Korb auf die Erde fallen, wo der Wind dann den Staub und Unrat wegblies. Die Wakamba wollen den Gebrauch des Siebes, das an der Küste angewendet wird, nicht gestatten, aus der abergläubischen Furcht, der Regen möchte aufhören. Aus demselben Grund gebrauchen sie keine Ackergeräte von Eisen. Der Aberglaube hindert sie, die väterliche Sitte zu verlassen und etwas Besseres einzuführen.

Blauer Vitriol (Murdutu) ist sehr gesucht in Ukambani und wird gegen Geschwüre und die Pocken angewendet. Rötel und Luahu (ein indisches Produkt) wird auch von den Wakamba sehr gesucht. Ein Reisender sollte sich mit diesen wohlfeilen Dingen gut versehen, da er damit Lebensmittel kaufen kann. Der Luahu (eine Getreideart) wird gemahlen, mit Rötel vermischt und in den Körper eingerieben, so daß die Wakamba ganz rot aussehen. Man kann daher ebensowohl von roten Afrikanern, als roten Indianern oder Amerikanern reden.

Nachmittags nahmen wir Abschied von Kiwoi, der folgende lange Anrede an mich, an meine und seine Leute hielt: »Ich hatte gewünscht, daß der Msungu bei mir bleibe und im nächsten Monat mit mir nach Kikuyu gehe, wo der Danafluß passiert werden kann; aber der Europäer will nach der Küste zurückkehren. Er kann gehen, wenn er will, ich verhindere ihn nicht. Ich habe ihm einen Elefantenzahn von 4 Fuß Länge und einen andern von 3½ Fuß schenken wollen, denn seine Habe ist mein, und meine Habe ist sein; aber ich habe jetzt kein Elfenbein: Es ist in Kikuyu. Ich werde gehen und es holen, dann werde ich nach der Küste reisen und zwei Elefantenzähne für den Msungu mitbringen; und wenn sein Bruder in Rabbai mit mir nach Ukambani gehen will, so mag er mit mir gehen, aber Elfenbein habe ich jetzt keines. Ich werde nach Kikuyu gehen und zu den Andulobbo und es im nächsten Monat holen. Ich bin ein großer Mann, ich mache nicht viele Worte; aber ich werde bei meinen Worten bleiben. Und ihr, Wanika, höret mich, ich habe euch auch ein Wort zu sagen: Ihr sollt dem Msungu auf dem Weg keine Mühe machen, denn er ist mein Freund. Ihr sollt ihn sicher in sein Haus nach Rabbai bringen, damit ich nicht zornig über euch werde.

Und nun, hier sind 170 Strängelchen Glasperlen und ein Doti Amerikano; dies wird genügen, um in Kikumbuliu Speise zu kaufen und die Küste zu erreichen. Bis Kikumbuliu wird auch mein Mehl und Welschkorn reichen. Und nun habe ich euch mein ganzes Herz gesagt. Grüßet Tangai, den Gouverneur der Festung von Mombas.«

Tangai war dem Häuptling persönlich bekannt, da er sein (Kiwois)

Elfenbein zu kaufen pflegt, wenn Kiwoi nach Mombas kommt. Nach dieser Anrede brachen wir auf, begleitet von Kiwoi, der ein paar 100 Schritte mit uns ging. Nach etwa einer Stunde erreichten wir einen etwas erhöhten Ort, von wo aus ich den Schneeberg Kegnia deutlich sehen konnte, da die Luft rein und klar war. Der Berg erstreckte sich von Ost nach Nordwest bis West. Er erschien mir wie eine ungeheure Mauer, auf dessen Spitze ich zwei große Türme oder Hörner erblickte, welche nicht weit voneinander stehen und welche dem Berg ein imposantes Ansehen gaben. Der Kilimandscharo hat einen kuppelähnlichen Gipfel, der Kegnia dagegen ist mehr dachstuhlartig. Die Säulen oder Hörner werden ohne Zweifel von den nördlichen Bewohnern weithin gesehen werden, weshalb ich mich nicht wundere, daß schon Bruce berichten konnte, der weiße Fluß entstehe von Schnee, nur daß er diesen nach Kaffa versetzt, wo es keine Schneeberge gibt.

Mit Frau und Kind zum Ngamisee
David Livingstone

Einer der bedeutendsten Afrikaforscher war der Schotte David Livingstone. Er wurde am 19. März 1813 in einem kleinen Arbeiterdorf in der Nähe von Glasgow geboren. Schon mit zehn Jahren mußte er als Ansetzer in eine Fabrik, um durch seinen Lohn zur Verminderung der häuslichen Sorgen beizutragen. Seine bescheidenen eigenen Ersparnisse verwandte er dazu, um sich nach Feierabend weiterzubilden. Unter schwierigsten finanziellen Verhältnissen studierte er Medizin und Theologie, um Missionsarzt werden zu können. 1840 ging er nach bestandener Prüfung für die Londoner Missionsgesellschaft nach Südafrika und gründete im Kapland eine Missionsstation. Von 1849 ab wandte er sich aber mehr und mehr der Erforschung des Dunklen Erdteils zu. Als erstes gelang ihm die Entdeckung des Ngamisees. Von 1852 bis 1856 durchquerte er ganz Südafrika vom Indischen zum Atlantischen Ozean und wieder zurück. Dabei erforschte er das Stromsystem des Sambesi und sah als erster Europäer die von ihm so benannten Victoriafälle. Um seine Forschungsergebnisse zu erweitern, führte er in den Jahren 1858 bis 1864 eine zweite große Reise durch, in deren Verlauf ihm die Entdeckung des Njassasees gelang. Dann durchforschte er die Länder am Tanganjika. Hier galt er als verschollen, bis ihn der zu seiner Rettung ausgesandte Stanley in großer Bedrängnis auffinden konnte. Er kehrte aber nicht mit in die Heimat zurück, sondern unternahm noch einige weitere Reisen. Am 1. Mai 1873 ereilte ihn im Innern Afrikas der Tod. Seine schwarzen Begleiter brachten den Leichnam zur Küste, von wo aus er nach England überführt und unter den Größten des Landes in der Westminsterabtei in London beigesetzt wurde. Über seine Fahrt durch die südafrikanische Kalahari-Wüste, die er zusammen mit seiner ganzen Familie und in Begleitung zweier ehemaliger britischer Offiziere mit den in Südwestafrika üblichen Ochsengespannen unternahm, berichtet er:

Am 1. Juni 1849 brachen wir von Kolobeng nach den unbekannten Regionen auf. Wir zogen nordwärts zunächst durch eine Reihe mit Bäumen bestandener Hügel nach Schokuane und gelangten bald auf die große Straße zu den Bamangwatos, welche zumeist im Bett eines ehemaligen Flusses hinführte, dessen Lauf früher die Richtung von Norden nach Süden gehabt haben mußte. Das umliegende Land ist flach, aber mit lichtem Wald und Busch bewachsen. Am sandigen Boden finden sich hie und da Spuren, daß an Stellen, welche jetzt gar

kein Wasser mehr haben, früher Brunnen und Viehstationen waren. Zu Maschue verließen wir den Weg nach den Bamangwato-Hügeln und wandten uns nordwärts in die Wüste. Der Boden bestand jetzt aus weißem, weichen Sand, der für die Ochsen sehr anstrengend war, denn die Räder sanken bis über die Felgen ein und waren kaum vorwärts zu bringen. Zu Serotli, einer Quelle in der Wüste, fanden wir zu unserer Enttäuschung nur einige Löcher. In der Ecke eines solchen Loches entdeckten wir ein wenig Wasser, das unsere Hunde im Nu aufgeleckt haben würden, wenn wir sie nicht hinweggetrieben hätten. Und doch war dies, wie es schien, der einzige Vorrat für einige achtzig Ochsen, zwanzig Pferde und etwa ebenso viele Menschen! Unser Führer Ramotobi aber, der seine Jugend in der Wüste verlebt hatte, erklärte uns, es sei Wasser mehr als genug vorhanden, obschon es nicht danach aussähe. Es war dies der einzige Ort, an dem wir hoffen konnten, auf einer Strecke von drei Tagereisen noch Wasser zu finden. Wir erwarteten nichts Gutes, doch holten wir trotzdem schnell die Spaten herbei. Allein unsere Eingeborenen verschmähten ein solch neumodisches Hilfsmittel und begannen ohne Umstände den Sand mit ihren Händen herauszukratzen. Mit Fingern und Spaten wurden zwei von den Löchern soweit ausgehöhlt, daß Gruben von etwa sechs Fuß Tiefe und ebensoviel Breite entstanden. Unsere Führer empfahlen uns besonders dringend, die harte Sandsteinschicht am Boden ja nicht zu durchbrechen, weil sie wußten, »daß dann das Wasser davonlaufen würde«. Als wir auf die erwähnte Schicht stießen, fanden wir tatsächlich, daß das Wasser dicht an der Linie, wo der weiche Sand mit ihr in Berührung kam, von allen Seiten hereinfloß.
Am zweiten Tage unseres Aufenthaltes in Serotli erregte eine Hyäne, die zwischen dem Grase erschien, plötzlich einen panischen Schrekken unter unserem Vieh. Auf solch tückische Art greift dieses feige Raubtier stets an, sein Mut gleicht dem eines Truthahns. Die Hyäne beißt nur, wenn ein Tier vor ihr ausreißt, bleibt es stehen, so macht sie ebenfalls halt. Siebzehn unserer Zugochsen entliefen und fielen auf ihrer Flucht ausgerechnet in die Hände des Häuptlings Sekomi, zu dessen Besuch wir kein sonderliches Verlangen trugen, weil er unserem Erfolg abhold war. Viehdiebstahl, wie er unter solchen Umstände bestimmt im Kaffernlande vorgekommen wäre, war hier unbekannt, und so sandte uns denn Sekomi unsere Ochsen zurück und ließ uns dringend vor jedem Eindringen in die Wüste abraten.
»Wohin geht ihr? Ihr werdet der Sonne und dem Durst erliegen, und

die weißen Männer alle werden es mir dann zum Vorwurf machen, daß ich euch nicht gerettet habe!«

Wir versicherten den Boten statt aller Antwort, die Weißen würden unseren Tod der eigenen Torheit und Hartköpfigkeit beimessen, »da es nicht unsere Absicht sei, unsere Begleiter und Führer eher zurückkehren zu lassen, als bis sie uns ins Grab gelegt hätten«.

Nachdem der Unterhäuptling, welcher die Boten Sekomis anführte, seine ganze Beredsamkeit in fruchtlosen Versuchen, uns zur Umkehr zu bewegen, erschöpft hatte, fragte er: »Wer führt sie denn an?« Dann blickte er sich um und rief mit einem Gesicht, das den unverhohlensten Widerwillen ausdrückte: »Es ist Ramotobi!« Unser Führer gehörte nämlich zu Sekomis Stamm, war aber zu Setschele entflohen. Da hierzulande Flüchtlinge späterhin sogar den Stamm, von dem sie entlaufen sind, wieder besuchen dürfen, so drohte Ramotobi keinerlei Gefahr, obschon er jetzt etwas tat, das, wie er wohl wußte, den Interessen seines eigenen Häuptlings und Stammes entgegen war.

Rings um Serotli ist das Land vollkommen flach und besteht aus weißem Sand. Aus dem wolkenlosen Himmel fallen die Sonnenstrahlen mit einem eigentümlichen Licht auf die ganze Landschaft, und eine Gruppe von Bäumen und Gebüschen mit freien Stellen dazwischen sieht der anderen ähnlich, daß man sich, wenn man die Brunnen verläßt und in beliebiger Richtung eine Viertelmeile weit fortläuft, kaum wieder zu ihnen zurückfinden kann. Oswell und Murray gingen einmal ein Elen jagen und ließen sich von einem Bakalahari begleiten. Die vollkommen gleichförmige Gegend ließ aber selbst den Sohn der Wüste sich verirren. Die Gesellschaft war vollkommen in der Irre umhergeschweift, bis die Sonne unterging, und da die beiden Jäger ihren Führer nicht richtig verstanden, entspann sich in der bitterkalten Nacht ungefähr folgendes Gespräch:

»Wo sind die Wagen?«

»Ich weiß nicht. Ich bin gewandert. Ich wanderte nie zuvor. Ich habe mich ganz verirrt.«

Dafür verstanden Oswell und Murray: »Ich weiß nicht. Ich brauche Wasser. Ich bin froh, ich bin ganz erfreut. Ich bin euch dankbar.«

»Bring uns zu den Wagen, so sollst du Wasser genug haben.«

Antwort (mit einem gedankenlosen Umherschauen in der Runde): »Wie bin ich gewandert? Vielleicht ist der Brunnen dort, vielleicht nicht. Ich weiß es nicht. Ich bin gewandert.«

Jene verstanden immer wieder, daß der Führer danke, erfreut sei und

immer wieder von Wasser spreche. Sein leeres Hinausstarren, während er sich zu besinnen versuchte, hielten sie für ein Zeichen von Dummheit und sein wiederholtes Danken legten sie so aus, als wolle er damit ihren Zorn beschwichtigen.
»Na, da hat uns Livingstone einen hübschen Streich gespielt, indem er uns der Führung eines blödsinnigen Dummkopfes anvertraute«, sagten sie. Am nächsten Morgen fanden sich die Jäger aber durch ihren eigenen Scharfsinn, welcher durch einen Aufenthalt in der Wüste wunderbar verfeinert wird, wieder zu den Wagen zurück, und wir alle brachen in ein herzliches Gelächter aus, als sich das Mißverständnis bei ihrer nächtlichen Unterredung aufklärte.
Als wir endlich wieder genügend Wasser zur Verfügung hatten, brachen wir an einem Nachmittag von Serotli auf. Da aber die Sonne selbst im Winter – der Jahreszeit, in der wir uns eben befanden – bei Tage immer noch sehr mächtig ist, so bewegten sich die Wagen nur langsam durch den tiefen Sand, und wir kamen bis Sonnenuntergang nur sechs Meilen weit. Wir konnten auch weiterhin nur am Morgen und Abend reisen, da ein einziger Tag in der heißen Sonne und bei dem schweren Sande die Ochsen gänzlich erschöpft haben würde.
Ramotobi war sehr ärgerlich darüber, daß es so langsam vorwärts ging. Er sagte, das nächste Wasser liege drei Tagereisen weit vor uns und wenn wir nicht schneller reisten, so würden wir es gar nicht mehr erreichen. Aber die äußersten Anstrengungen der Diener, Peitschenknall und Schläge brachten die armen Tiere doch nur neunzehn Meilen weit. Wir hatten auf diese mühsame Art nur vierundzwanzig Meilen von Serotli aus zurückgelegt, die Ochsen waren von der weichen Beschaffenheit des Bodens und vom Durst weit mehr erschöpft, als wenn sie die doppelte Entfernung auf einem harten, die nötigen Wasservorräte bietenden Boden zurückgelegt hätten. Und jetzt lagen nach unserer Berechnung noch mindestens dreißig Meilen ebenso trockenen wie beschwerlichen Weges vor uns! In dieser Jahreszeit wird das Gras so dürr, daß es in der Hand zu Staub zerbröckelt. Die armen ermatteten Zugtiere kauten und kauten, ohne nur ein frisches Hälmchen zu finden, und blökten kläglich, als sie das Wasser in unseren Gefäßen auf den Wagen witterten. Wir waren alle fest entschlossen, unser Vorhaben durchzusetzen. Daß Ramotobi sich in dieser pfadlosen Einöde zurechtfand, schien uns wunderbar, denn auf eine Strecke von sechzig bis siebzig Meilen über Serotli hinaus war eine Gruppe von Büschen und Bäumen genau wie die andere.

Nach dem Frühstück kamen einige Männer, die auf einem Fußpfad der Spur wasserliebender Tiere nachgegangen waren, mit der fröhlichen Kunde zurück, daß sie Wasser gefunden hätten, und wiesen zur Bestätigung ihrer Aussage auf den Schlamm an ihren Knien. Es war ein wahrhaft herzerquickender Anblick, die durstigen Ochsen in einen Tümpel köstlichen Regenwassers, wie wir es hier fanden, hineinstürzen zu sehen. Sie gingen so weit ins Wasser, bis es ihnen beinahe an die Kehle reichte, dann standen sie still und schlürften gemächlich in langen erquickenden Zügen, bis ihre zuvor eingefallenen Wammen sich wieder ausdehnten, als ob sie bersten wollten. Sie tranken so viel in sich hinein, daß bei einer plötzlichen Erschütterung, wenn sie an das Ufer herauskamen, ihnen nicht selten das Wasser wieder aus dem Maule lief. Da sie jedoch auch tagelang ohne Futter gewesen waren, so fingen sie bald an zu grasen, und Gras war an solchen Stellen in Überfluß zu finden. Der Tümpel hieß Mathuluani, und wir waren herzlich froh, einen so willkommenen Vorrat an Wasser gefunden zu haben.
Wir gönnten dem Vieh etwas Rast und setzten dann unsere Reise durch das trockene Bett des Flusses Mokoko fort. Ramotobi gab uns nun die Versicherung, daß wir keinen Durst mehr leiden sollten. Mehrmals fanden wir auch tatsächlich Regenwasser.
Als wir den Mokoko verließen, schien Ramotobi zum ersten Male selbst in Verlegenheit zu sein, welchen Weg er einschlagen sollte. Er war nur ein einziges Mal westwärts über den Fluß, den Schauplatz seiner Jugend, hinausgekommen. Oswell bemerkte zufällig ein Buschweib, das zusammengeduckt davonlaufen wollte, um der Beobachtung zu entgehen. Da er einen Löwen vermutete, so galoppierte er darauf los. Das Weib glaubte sich gefangen und begann ihre paar Habseligkeiten auszuliefern. Als ich ihr aber erklärte, wir brauchten nur Wasser und wollten sie bezahlen, wenn sie uns an eine Quelle führe, so war sie gerne dazu bereit. Es war zwar schon spät am Nachmittag, allein sie wanderte noch rüstig acht Meilen weit vor unseren Pferden her und zeigte uns das Wasser von Ntschokotsa. Da es finster wurde, hießen wir das Weib dableiben. Weil sie sich jedoch noch immer für eine Gefangene hielt, glaubten wir, sie möchte bei Nacht entwischen, und um sie nicht mit dem Eindruck gehen zu lassen, daß wir unehrenhaft seien, schenkten wir ihr ein Stück Fleisch und eine ziemlich große Schnur Glasperlen. Beim Anblick der letzteren brach sie in ein fröhliches Gelächter aus und blieb ohne Argwohn bei uns.

Zu Ntschokotsa stießen wir auf die erste einer großen Anzahl von Salzpfannen. Sie mochte ungefähr einen Umfang von zwanzig englischen Meilen haben. Ein dichter Gürtel Bäume entzog sie den Blicken der von Südosten Kommenden. Zu der Zeit, wo sie uns ins Blickfeld kam, warf die untergehende Sonne gerade einen bläulichen Dunst über die weißen Kristalle, so daß das Ganze einem See täuschend ähnlich sah. Oswell warf bei diesem Anblick den Hut in die Luft und stieß ein so lautes Freudengeschrei aus, daß das arme Buschweib und die Bakuene ihn für verrückt hielten. Ich kam etwas später und ward ebenso vollständig getäuscht wie er, und da wir zuvor übereingekommen waren, aufeinander zu warten und gemeinsam den ersten Blick auf den See zu tun, so ärgerte ich mich darüber, daß er, wenn auch ohne Absicht, den Anblick zuerst gehabt hatte. Wir ließen uns nicht im mindesten träumen, daß der langersehnte See noch mehr als dreihundert englische Meilen von uns entfernt war.
Die Luftspiegelung über diesen Salinen war merkwürdig, und es gehörte nicht viel Phantasie dazu, um das genaue Bild großer Wasseransammlungen zu erkennen. Die Wellen tanzten darauf hin, und die Schatten der Bäume spiegelten sich unter der Oberfläche. Eine Herde Zebras sah in einer solchen Luftspiegelung Elefanten so täuschend ähnlich, daß Oswell sein Pferd sattelte, um sie zu jagen; allein plötzlich war es, als wenn ein Nebel zerriß, und sofort verschwand das Trugbild.
Am 4. Juli zogen wir zu Pferd voraus und dem vermeintlichen See entgegen, und glaubten, ihn auch von Zeit zu Zeit wieder zu sehen. Allein endlich gelangten wir an ein Wasser und fanden, daß es der Zouga, ein nach Nordost strömender Fluß, war. Ein Dorf der Bakurutse lag am Ufer, die Bewohner waren freundlich und teilten uns mit, daß dieser Fluß aus dem Ngami komme. Diese Nachricht erfreute uns außerordentlich, denn nun durften wir hoffen, unser Ziel zu erreichen. Wie sie sagten, hätten wir aber noch einen Monat bis dorthin zu reisen; allein wir brauchten ja nur dem Zouga zu folgen und mußten ja auf diesem Wege an das große Wasser kommen.
Am anderen Tage, als wir bei bester Laune waren, kamen zwei von den Bamangwato, welche von dem Häuptling Sekomi vorausgeschickt worden waren, um alle Buschmänner und Bakalahari fortzujagen, damit sie uns nicht helfen oder den Weg zeigen könnten, und setzten sich an unserem Feuer nieder. Wir hatten ihre Fußspuren noch ganz frisch auf dem Wege gesehen, sie aber hatten unser lang-

sames Vorwärtskommen beobachtet und sich gewundert, daß wir ohne Hilfe eines Buschmannes den Weg nach dem Wasser gefunden hatten. Sie hatten Ramotobi früher noch nicht gesehen. »Ihr habt den Fluß erreicht«, sagten sie. Wir lachten darüber, denn wir hatten gewonnenes Spiel und nahmen ihnen nichts übel. Auch sie schienen uns nicht feindlich gesinnt, allein nach einer scheinbar ganz freundschaftlichen Unterredung brachen sie wieder auf, um die Befehle ihres Häuptlings genau durchzuführen.

Sie zogen vor uns her, den Zouga aufwärts und verbreiteten das Gerücht, wir beabsichtigten alle Stämme am Flusse und See zu plündern. Als sie aber ungefähr den halben Weg zurückgelegt hatten, erkrankte der angesehenste von ihnen an Fieber, kehrte eine Strecke zurück und starb. Sein Tod hatte eine gute Wirkung, denn die Dorfbewohner betrachteten ihn als Strafe für die Bosheit, die er an uns hatte verüben wollen. Sie durchschauten alle recht wohl, daß Sekomi den Besuch von Weißen am See verhindern wollte, und unser freundliches, wohlwollendes und friedliches Betragen erweckte ihr volles Zutrauen.

Nachdem wir am Ufer dieses schönen Flusses ungefähr 96 Meilen weit hinaufgegangen waren und fanden, daß wir noch eine bedeutende Strecke vom Ngami entfernt seien, ließen wir alle unsere Ochsen und Wagen bis auf denjenigen Oswells, welcher der kleinste war, und bis auf ein einziges Gespann in Ngabisane zurück in der Hoffnung, sie würden sich für die Heimreise stärken, während wir einen Ausflug nach dem See machten. Der Betschuanenhäuptling des dortigen Landstriches ließ jetzt allen Leuten am Fluß den Befehl zukommen, uns zu unterstützen, und wir wurden auch von ihnen freundlich aufgenommen.

Zwölf Tage nach unserer Abreise von Ngabisane erreichten wir das nordöstliche Ende des Sees Ngami. Am 1. August 1849 zogen wir miteinander weiter, und zum ersten Male zeigte sich dieser prächtig anzusehende große Wasserspiegel europäischen Blicken. Der See schien sich nach dem Kompaß in der Richtung von Nordnordost nach Südwest zu erstrecken. Von dem Punkte aus, wo wir standen, konnten wir nach Südsüdwesten keinen Horizont erkennen. Auch vermochten wir uns nur nach den Schilderungen der Einwohner dieses Landstrichs einen Begriff von der Ausdehnung des Sees zu machen. Da sie nämlich behaupteten, man könne ihn in drei Tagen umgehen, so würde dies ungefähr 75 englische Meilen (120 km) Umfang ergeben. Er ist auch sehr seicht und kann daher als Handelsstraße niemals von großem Wert sein. In den Monaten, die dem großen jährlichen Wasserzufluß aus dem Norden vorangehen, kann sich das Vieh nur mit Mühe durch sumpfige, schilfbewachsene Ufer dem Wasser nähern. Das Wasser selbst ist vollkommen süß, solange der See voll ist, bei niedrigem Wasserstande dagegen wird es salzig.

Harte Tage in Bagirmi
Heinrich Barth

Heinrich Barth, der Pionier der Sahara-Forschung, wurde 1821 in Hamburg geboren, studierte in Berlin Philologie und Geschichte, wandte sich aber bald ganz der Geographie der Mittelmeerländer zu. 1849 wurde er Privatdozent für alte Geographie an der Universität Berlin. Da durfte er schon ein Jahr später durch Vermittlung des preußischen Gesandten in England zusammen mit einem anderen deutschen Gelehrten, Adolf Overweg, an einer britischen Expedition unter der Leitung von James Richardson in die Länder am Tschadsee teilnehmen. Die Reise führte von Tripolis aus nach Bornu; unterwegs starb Richardson, Barth und Overweg zogen allein weiter und besuchten teils gemeinsam, teils in getrennten Unternehmen den Süden und Osten des Tschadseegebiets. Dabei kam Barth als erster Europäer nach Bagirmi. Overweg starb 1852 am Sumpffieber, Barth aber ließ sich durch nichts abschrecken und stieß im Herbst 1853 bis Timbuktu vor, wo er bis zum Frühjahr 1854 verblieb. Auf der Rückreise traf er in Kuka den deutschen Astronomen Vogel, den man zu seiner Rettung augesandt hatte. Beide Forscher blieben noch einige Wochen zusammen, dann kehrte Barth im Herbst 1855 nach fast sechs Jahren in die Heimat zurück. Hier widmete er sich der Herausgabe seines großen Reisewerks, das nach Erscheinen fünf dickleibige Bände umfaßte. Durch vielfache Zurücksetzung wurde er verbittert und erhielt erst 1864 die Professur für Geographie an der Universität Berlin. Aber schon ein Jahr danach starb er – erst 45 Jahre alt – am 25. 11. 1865. Seinem Reisebericht ist die folgende Schilderung des Aufenthalts in Bagirmi entnommen.

Montag, 19. April. Dies war für mich ein denkwürdiger Tag, bestimmt, mich ein größeres Maß unbeugsamer Geduld zu lehren. Nach einer ruhigen Nacht begab ich mich früh zum Vorsteher des Dorfes, um mit ihm über das Überschreiten des Flusses zu sprechen, und ich machte ihm zugleich ein kleines Geschenk. Dann unterhielt ich mich am Vormittag mit verschiedenen von meinen früheren Bekannten. Da kam plötzlich der Vorsteher des Dorfes in mein Zelt und teilte mir mit, daß Boten vom Vizestatthalter angekommen wären, um meine Weiterreise zu verhindern. Da er mich fragte, was ich nun zu tun gedächte, antwortete ich ihm, ich wolle die Zeit, welche ich zu warten haben würde, zwischen diesem Orte, Djogode und Klessem teilen, falls man mich aber gar zu lange warten ließe, lieber nach Logone zurückkehren. Man verwarf meinen Vorschlag und verlangte, daß ich in Mele bleiben solle. Während ich nun dem Dorfvorsteher ruhig meine Einwände gegen solche Anordnungen darlegte, kamen allmählich mehr und mehr Leute in das Zelt – plötzlich ergriff man mich und legte meine Füße in Fesseln.

Es war vielleicht ein Glück, daß die Sache so unerwartet vor sich ging; denn hätte ich ihr Vorhaben vermutet, so würde ich mich vielleicht meiner Waffen bedient haben; aber überrascht und überwältigt wie ich war, unterwarf ich mich geduldig, ohne auch nur ein Wort zu sprechen, dieser gewalttätigen Behandlung. Die Leute schleppten nicht nur meine Waffen, sondern auch mein Gepäck fort, dann schlugen sie mein Zelt ab und führten mich unter einen offenen Schuppen, wo ich von zwei Dienern des Vizestatthalters bewacht wurde.

Nach diesem empörenden Verhalten mußte ich mir noch von einem der Halbheiden Moral predigen lassen, indem er mich ermahnte, mein Geschick mit Geduld zu ertragen, denn alles komme von Gott. Selbst meine Diener waren anfangs gefesselt worden, da sie aber einwendeten, daß ich, wenn man sie nicht freigäbe, ohne alle Bedienung sein würde, nahm man ihnen die Fesseln wieder ab, und sie hielten sich getreulich zu mir, um mein Mißgeschick zu lindern. Am Abend bestieg ein Sklave des Dorfvorstehers mein Pferd, nahm eine meiner Pistolen mit und ritt fort – nach Masena, der Hauptstadt des Landes.

Nachdem ich bis zum Abend ruhig an dem mir zugewiesenen Platz verblieben war, befahl ich meinen Dienern, mein Zelt zurückzuverlangen; zu meiner Freude wurde diese Forderung erfüllt, und ich verbrachte die folgenden vier Tage still und in mein Geschick ergeben, obgleich wie ein Sklave gefesselt, in meinem Zelt. Glücklicherweise hatte ich die Beschreibung von Mungo Parks erster Reise bei mir, und die Schilderung seiner Leiden unter den Ludamar hätte mir nie einen so hohen Genuß gewähren können wie in meiner jetzigen Lage, und sein Beispiel verfehlte nicht, meine Geduld zu stärken.

Am Abend des 23. April kam mein Freund Hadschi Bu-Bakr-Sadik auf meinem Pferde an. Als er meine Fesseln sah, befahl er entrüstet, dieselben unverzüglich abzunehmen. Er lobte mein Benehmen ungemein und erklärte, ich hätte nicht anders handeln können. Dann versprach er mir, ich solle nunmehr ohne Aufschub die Hauptstadt besuchen.

Durch diesen günstigen Wechsel der Dinge beruhigt, dankte ich der Vorsehung dafür, daß sie mich aus dieser widerwärtigen Lage gezogen, und betrachtete meinen Unfall als eine heilsame Lehre für die Zukunft. Meine ganze Habe wurde mir zurückgegeben, ich mußte mich jedoch noch den folgenden Tag gedulden, weil der Hauptdiener des Vizestatthalters noch nicht angekommen war und auch mein Pferd, das die Reise nach der Hauptstadt und zurück mit größter Schnelligkeit gemacht hatte, einiger Ruhe bedurfte.
Früh am nächsten Morgen begaben wir uns nun abermals auf die Reise nach Osten. Obgleich ich in diesem Lande bisher keine sehr freundliche Behandlung erfahren hatte, so war ich doch bereit, lieber alles zu erdulden, als den Besuch der Hauptstadt aufzugeben. Meine armen Diener hingegen waren ganz anders gesinnt, denn da sie ja kein wissenschaftliches Interesse hatten, empfanden sie die materielle Entbehrung desto mehr; sie betrachteten unsere beabsichtigte Reise ostwärts mit Schaudern und warfen wehmütige Blicke auf das jenseitige Ufer des Flusses, welches sie aller Entbehrungen und Verdrießlichkeiten zu entheben versprach.
Am Dienstag, den 27. April, erreichten wir endlich eine mit dem frischesten Grün bekleidete Senkung, in der Ruinen von Lehmwohnungen weit verbreitet umherlagen. Dies war Masena, die Hauptstadt, die ganz den gleichen trümmerhaften verödeten Charakter zeigte wie der Rest des Landes.
Jedoch war es mir nicht vergönnt, die heilige Umschlußmauer dieser verödeten Hauptstadt ohne weitere Belästigung zu betreten. Denn da ich genötigt war, dem Vizestatthalter durch eine Botschaft meine Ankunft anzuzeigen, ließ man mich länger als eineinhalb Stunden vor dem Tore warten, obgleich hier auch nicht der geringste Schatten zu finden war. Nach dieser Demütigung ward es mir endlich gestattet, meinen bescheidenen Einzug zu halten.
Ich hatte kaum von der mir zugewiesenen Wohnung Besitz genommen, als sich schon eine Menge Leute einstellten, die mich im Namen des Vizestatthalters begrüßten. Nachdem ich diesem durch einen seiner Sklaven die Geschenke übersandt hatte, brach ich am Nachmittag mit Bu-Bakr auf, um ihm meinen Besuch abzustatten. Ich fand einen ziemlich wohlwollenden Mann vor, etwas über die mittleren Jahre hinaus, in einfacher dunkelblauer Robe, die schon einen guten Teil ihres früheren Glanzes eingebüßt hatte. Nachdem ich ihn begrüßt, erklärte ich ihm, daß unverdiente Vernachlässigung und Mangel an

gehöriger Nahrung mich bewogen hätten, meinen Rückweg anzutreten.

Der Vizestatthalter entschuldigte dann seine Landsleute damit, daß sie, mit unserem Charakter unbekannt, mich behandelt hätten, wie sie mit jemandem von ihrem eigenen Stamm verfahren sein würden, wenn er sich gegen die Vorschrift des Landes vergangen hätte. Er ließ mir dann angesichts der ganzen versammelten Menge meine Pistole zurückgeben und forderte mich auf, geduldig die Ankunft des Sultans abzuwarten. Ich konnte nichts anderes tun, als seinen wohlgemeinten Rat zu befolgen und mir die Zeit so gut wie möglich zu vertreiben.

Bei der Abwesenheit des Landesherrn und der übrigen vornehmsten Personen gewährte die Stadt zur damaligen Zeit einen ruhigeren und mehr toten Anblick, als es gewöhnlich der Fall ist, denn als ich den ersten Spaziergang machte, war ich betroffen von der Einsamkeit, die sich den Augen auf allen Seiten bot.

Da ich nur wenig Bewegung hatte, wurde ich gegen Ende des Monats sehr unwohl, so daß ich es für ratsam hielt, fünf Tage lang keinerlei Nahrung zu mir zu nehmen, mit Ausnahme eines mit zerhackten Zwiebeln, etwas Honig und einer starken Dosis schwarzen Pfeffers gewürzten Aufgusses von Tamarinden, eine Art Getränk, das dem Europäer abscheulich vorkommen muß, das aber dem fieberkranken Reisenden in jenen heißen Gegenden in seiner erfrischenden und kühlen Beschaffenheit einen wahren Genuß bereitet. Da mir das Unwohlsein bewies, daß der Aufenthalt in der Stadt bei der geringen Bewegungsmöglichkeit meiner Gesundheit zu nachteilig sein würde, so ersuchte ich den Statthalter auf das dringendste, mir die Erlaubnis zur Rückkehr nach Westen zu geben. Er aber wollte unter keiner Bedingung gestatten, daß ich vor der Ankunft des Sultans die Stadt verließe. Diese ungünstige Stimmung des Statthalters gegen mich nahm allmählich einen noch ernsteren Charakter an, denn bei seiner Unfähigkeit, meine Bestrebungen und Forschungen zu verstehen, mußte er notwendig in bezug auf mein hiesiges Treiben Argwohn schöpfen.

Ich saß am 21. Juni ruhig in meiner Wohnung, als einer seiner Diener plötzlich hereintrat und mir nach einigem Zögern eine Botschaft folgenden Inhalts überbrachte: In der Stadt ginge das Gerücht um, daß ich, sobald ein Gewitter aufsteige und das Gewölk am Himmel erscheine, meine Wohnung verließe und den Wolken geböte, sich zurückzuziehen; der Statthalter wolle nun wissen, inwieweit dies auf Wahrheit beruhe, denn die Leute hätten ihm versichert, daß sie öfters bemerkt hätten, wie die Wolken vorüberzögen, ohne Regen zu bringen, sobald ich sie nur mit gebieterischer Miene betrachtete.

Der Inhalt der Botschaft war so abgeschmackt und komisch, daß ich in lautes Gelächter ausbrach. Ich bat den Diener dann, dem Statthalter zu erklären, daß kein Mensch, weder durch Zauberformeln noch durch Gebete, imstande sei, Regen herbeizuführen oder zu verhindern. Ich fügte hinzu, daß er mir doch erlauben möge, mich zu entfernen, wenn er der Ansicht sei, meine Gegenwart stifte im Lande Unheil.

Um mir einen Beweis seiner wohlwollenden Gesinnung zu geben, oder höchstwahrscheinlich, um sich zu überzeugen, ob nicht eine gute Bewirtung einigen Einfluß auf die Menge des Regenfalls haben möge (da er mich für einen Elfenkönig aus höheren Regionen zu halten schien), sandte mir der Statthalter am Abend eine Schüssel voll vortrefflichen Puddings, reich mit Butter übergossen, und einen kleinen Topf Hirsengrütze. Ja, er versprach mir selbst Korn für mein Pferd, da ich ihm jedoch keinen Regen zum Entgelt schickte, wie er erwartet zu haben schien, erstreckte sich seine Gastfreundschaft nicht weiter.

Es war meine Gewohnheit gewesen, wenn sich ein Gewitter sammelte, mich zu überzeugen, von welcher Seite es käme, da dies in den tropischen Gegenden eine Frage von nicht geringerem Interesse ist; aber der absurde Aberglaube der Leute beunruhigte mich so, daß ich kaum diese Gewohnheit fortzusetzen wagte.

Diese Erfahrung in bezug auf den Charakter der Eingeborenen machte mich doch vorsichtiger, als ich von Anfang an gewesen war, sobald ich ihre Schwächen erkannt hatte; und da ich hörte, daß das Vorrecht des Gebrauchs eines Teppichs auf gewisse Beamte beschränkt sei, schaffte ich meinen alten, von den Termiten halb zerfressenen Teppich beiseite, obwohl mein Lager auf dem Erdboden mit bloßer Unterlage einer groben Rohrmatte keineswegs sanft war.

Überzeugt, daß man mir nicht gestatten wolle, den Ort zu verlassen, faßte ich mich in Geduld und suchte mir gelegentlich etwas Bewegung im Umkreis der Stadt zu machen. Indem ich mich so bald zu Fuß, bald zu Pferd umhertrieb, gewann ich allmählich eine allgemeine Übersicht der Stadt.

Sonnabend, 3. Juli. Nach wiederholten falschen Gerüchten von des

Sultans Annäherung rückte er endlich wirklich heran, und die Aufregung der ganzen zurückgebliebenen Bevölkerung war natürlich sehr groß, denn fast alle kampffähigen Männer waren länger als sechs Monate vom Hause entfernt gewesen.
Es war gegen 9 Uhr morgens, als sich das Heer der Südseite der Stadt näherte. Schimmernder Pomp und barbarische Pracht ward in Fülle entfaltet, aber die Truppe war keineswegs zahlreich und nur auf die zur Hauptstadt Gehörigen beschränkt, da sich der Rest schon in alle Richtungen zerstreut hatte.
Der Sultan hielt jedoch an diesem Tage noch nicht seinen Einzug in die Hauptstadt selbst, sondern war durch eine geheiligte Sitte des Landes gezwungen, für die folgende Nacht sein Quartier draußen zwischen den Ruinen des ältesten Viertels auf der Westseite der jetzigen Stadt zu nehmen, erst am Sonntag zog er feierlich in Masena ein, wobei er in seinem Triumphzuge sieben heidnische Häuptlinge als Gefangene mit sich führte.
Der Herrscher erwies mir gleich von Anfang an viel Aufmerksamkeit und sandte mir, obgleich ich ihm meinen Gruß noch nicht dargebracht hatte, noch am gleichen Nachmittag nach seiner Ankunft zwei Boten, um mich wilkommenzuheißen. Diese Boten waren der Bruder und der Sohn eines der ersten Würdenträger des Landes, der den Titel »Maina Belademie« führte. Als ich den Boten des Fürsten mitteilte, wie rücksichtslos ich behandelt worden wäre, versicherten sie mir, daß ihr Herr nichts davon gewußt. Er habe, sobald er von meiner Ankunft gehört, dem Statthalter den Befehl erteilt, mir eine milchende Kuh zu stellen.
Am folgenden Morgen stattete ich dem Maina einen Besuch ab. Er war sehr krank und das Zimmer, wo er lag, so dunkel, daß es mir bei meiner Überzeugung von dem ernsthaften Charakter seiner Krankheit einen Vorwand gab, ihm die Verabreichung von Arzneien zu verweigern, und dies war für mich ein sehr glücklicher Umstand, da sonst sein Tod, der nach wenigen Tagen eintrat, von diesen wild-fanatischen Leuten sicherlich nur mir und meinen Arzneien zugeschrieben worden wäre.
Im Laufe desselben Abends erhielt ich die Nachricht von der Ankunft eines Boten mit Depeschen für mich, weil ich aber schon zu wiederholten Malen mit ähnlichen Berichten getäuscht worden war, überließ ich mich keiner eitlen Erwartung. So brach nach ruhig vollbrachter Nacht der 6. Juli an, der einer der glücklichsten Tage meines Lebens

werden sollte, denn nachdem ich über ein Jahr ohne alle Mittel gewesen war und mit meinem Geschick gekämpft hatte, in dem Bestreben, vor meiner Heimkehr noch so viel wie möglich zu tun, sah ich mich plötzlich beauftragt, die Unternehmungen in größerem Maße fortzuführen, und fand hinreichende Mittel zu Gebote gestellt, um dieselben zu erreichen.

Neben Depeschen vom Außenministerium der englischen Regierung war eine Menge von Privatbriefen da, aus England wie aus Deutschland. Insgesamt enthielten sie die Anerkennung dessen, was ich getan hatte, die größte Belohnung, welche ein Reisender in diesen Gegenden jemals begehren kann. Gewiß aber war auch die Verantwortlichkeit, welche mir auf diese Weise aufgebürdet war, sehr groß, und die Sorge, daß ich nicht imstande sein würde, die vielen übertriebenen Erwartungen, welche von meinen zukünftigen Unternehmungen gehegt wurden, zu erfüllen, war drückend genug. Es war für mich auch eine große Freude, daß die englische Regierung und insbesondere Lord Palmerston mich auf ein ausführbares Projekt hinwies, indem sie mich zu dem Versuch aufforderten, Timbuktu zu erreichen. Diesem Plan wandte ich daher meine volle Aufmerksamkeit zu und schwelgte in meiner Einbildungskraft mit hohem Entzücken bei dem Gedanken, ein Nachfolger in der glorreichen Laufbahn Mungo Parks zu werden.

Für den Augenblick jedoch war ich noch in Bagirmi, das heißt in einem Lande, wo unter dem Schleier des Islams eine größere Menge abergläubischer Vorstellungen obwaltet als in vielen rein heidnischen Ländern des Inneren und wo Argwohn und Unverstand mir noch manche schlimme Lage bereiten konnten. Mitten im Genuß meiner brieflichen Schätze ward ich plötzlich durch einen Diener unterbrochen, der in mein Gemach geeilt kam und mich rasch davon benachrichtigte, daß eine zahlreiche Schar von Hofleuten soeben mein Gehöft betreten habe.

Ich hatte kaum Zeit gehabt, meinen Schatz unter der Matte verbergen zu können, als die Hofleute in mein Gemach eintraten, so daß sich dasselbe in wenigen Minuten mit schwarzem Volk anfüllte. Es konnte keine Frage sein, daß sie von den vielen Briefschaften, die mir zugegangen waren, Nachricht erhalten hatten. Außerdem hatte man schon seit dem ersten Augenblick meiner Ankunft den Verdacht gehegt, daß ich ein türkischer Spion sei, und es fand sich selbst ein Pilger aus dem fernen Westen, welcher sich bemühte, den Leuten zu beweisen, daß ich ein Arnaut, also entschieden ein türkischer Söldling sei; denn dies, so behauptete jener kundige Reisende, seien die einzigen Erdbewohner, welche Strümpfe trügen (ich besaß nämlich damals noch einige Paare dieses europäischen Luxusartikels und trug sie zuweilen).

Jedoch sei dem, wie ihm wolle, die Hofleute scheuten sich, unverhohlen mit dem wirklichen Zwecke ihres Besuchs hervorzutreten, und schützten daher anfangs vor, daß sie gekommen seien, um die Geschenke zu sehen, welche ich für den Sultan mitgebracht hätte. Da ich dieselben schon lang in Bereitschaft gehalten hatte, zeigte ich sie ihnen ohne weiteres. Sie bestanden in einem guten roten Tuchkaftan, einer Nürnberger Repetieruhr, einem Turban mit seidener Borte, einem englischen Messer und anderen Kleinigkeiten.

Dann verlangten sie nach vielem Zusammenducken und leisem Beraten, das mir ein unheimliches Gefühl einflößte, das Buch zu sehen, in das ich alles, was ich sähe und hörte, niederschriebe. Ohne Zaudern nahm ich mein Tagebuch heraus, mußte vorher auch dessen Echtheit betonen. Um Ihren Argwohn zu beseitigen, las ich ihnen dann freiwillig mehrere Stellen daraus vor, die sich auf die Geographie und Ethnographie des Landes bezogen. Sie baten mich dann, das Buch ihrem Herrn vorlegen zu dürfen, und ich genehmigte ihr Gesuch ohne weiteres.

Meine Offenheit machte die Intrigen meiner Feinde vollkommen zuschanden und beschwichtigte den Argwohn der Eingeborenen; denn sie waren überzeugt, daß ich, wenn ich eine böse Absicht beim Niederschreiben meiner Bemerkungen über ihr Land gehabt hätte, sicherlich alles aufbieten würde, das Geschriebene zu verbergen.

Sie gingen davon und nahmen das Tagebuch mit. Man hinterbrachte mir später, daß der Landesherr alle gelehrten Männer der Stadt berufen hätte, um ihre Meinung über das Buch zu hören.

Donnerstag, 8. Juli. Endlich sollte ich vom Sultan eine Audienz erhalten. Nach meiner Ankunft im Palast wurde ich mit meinem Begleiter in einen inneren Hofraum geführt, wo Hofleute zu beiden Seiten einer Tür saßen, die in ein inneres Gemach führte. Die Öffnung dieser Tür war mit einem durchsichtigen Vorhang aus Rohr verdeckt. Gegenüber, inmitten der beiden Reihen der Hofleute, ließ man mich mit meinen Gefährten niedersetzen.

Ich war etwas ungewiß, an wen ich mich wenden sollte. Niemand ließ sich sehen, der sich in irgendeiner Weise vor den übrigen ausgezeichnet hätte. Ich fragte daher, ehe ich meine Anrede begann, mit lauter Stimme, ob der Sultan Abd el Kader anwesend sei, und eine Stimme ließ sich hinter dem Vorhang vernehmen, er sei anwesend. Natürlich hätte ich lieber gewünscht, dem Herrscher von Angesicht zu Angesicht gegenüberzustehen, aber ich war wenigstens nun sicher, daß er es selbst war, den ich anredete.

Ich hielt auf arabisch eine lange Rede, in der ich besonders den Wunsch der englischen Regierung, die mich ausgesandt hatte, hervorhob, mit Bagirmi in freunschaftliche Beziehungen und Handelsverbindungen zu treten.

Mein Begleiter übertrug das Gesprochene Wort für Wort in die Bagirmi-Sprache und gab mir auch gelegentlich, wenn er glaubte, daß ich mich zu starker Ausdrücke bediente, einen Wink. Dann wurden die Geschenke überreicht, und zum Schluß fügte ich noch hinzu, daß mein sehnlichster Wunsch sei, ohne weiteren Aufenthalt zurückzukehren, nachdem ich in diesem Lande fast vier Monate lang wie ein Gefangener zurückgehalten worden sei.

Als erster Weißer in Harrar
Richard Francis Burton

Die Bewohner des Somalilandes erwiesen sich bis weit in das 19. Jahrhundert hinein als ausgesprochen fremdenfeindlich, so daß Entdeckungsreisen in dieses Gebiet mit großen Gefahren verbunden waren. Zu den ersten Europäern, die es bereisten, gehörte der Engländer Richard Francis Burton (1821–1890). Wie eine ganze Reihe englischer Forschungsreisender kam auch er aus dem britischen Militärdienst in Indien. Mit zweiunddreißig Jahren wagte er, als Mohammedaner verkleidet, von Kairo aus nach Mekka und Medina vorzustoßen. Von Arabien aus bereiste er dann 1854 das Somaliland und kam als erster Europäer nach Harrar. Der folgende Auszug ist der deutschen Bearbeitung seines Reisewerkes entnommen und schildert die Begegnung mit dem Emir dieser Stadt. Nach einem militärischen Zwischenspiel – er kämpfte auf türkischer Seite im Krimkrieg – stieß er 1858 zusammen mit Speke (s. d.) von Sansibar aus in das Innere Ostafrikas vor. Die beiden Forscher entdeckten den Tanganjikasee, hier erkrankte Burton und mußte zurückbleiben, während Speke weiterreiste und noch den Victoriasee entdecken konnte. Nach einer Amerikareise im Jahre 1860 bestieg Burton zusammen mit dem deutschen Botaniker Gustav Mann als erster das Kamerungebirge und drang dann nach Dahomey vor. Als britischer Konsul lernte er 1864 Brasilien kennen. Dann wandte er sich der Erforschung der syrischen Ruinenstätten zu. Seine letzte Forschungsreise unternahm er 1881 an die Goldküste in Westafrika.

Am 2. Januar, 10 Uhr morgens, versammelten sich die Leute des Dorfes, beteten die Fatiha und gaben uns die tröstliche Versicherung, daß wir alle tote Männer seien. Wir ritten fort bis zu einem Dorfe auf dem Wege, und nach Verlauf einer Stunde waren wir am Fuße des Tafelberges Kondura. Hier wurden wir von einem halben Dutzend Gallakriegern angehalten, Leute des Häuptlings Rabah, dem dieser Paß gehörte. Sie wollten Zoll erheben, aber wir bewiesen ihnen, daß unser Esel nicht mit Waren beladen sei. Als wir dann um die Nordseite des Kondura herumgebogen waren, befanden wir uns auf dem Gebiet des Emirs. In einer Entfernung von etwa 30 englischen Meilen lag ein dunkler Fleck auf gelbem Grunde hinter einer Reihe blauer Täler. Das war Harrar!

Nachmittags kam ich bei Gafra, einem Dorfe der Midgans, die für Gerad Adan Getreide einheimsten, an Bananen vorüber. Die Leute zündeten sogleich ein Feuer an, führten unsere Maultiere auf die Wiesen und wollten uns gastfreundlich bewirten. Daran wurden sie jedoch durch einige Bürger aus Harrar gehindert, die mit dem Zorn des Emirs drohten, wenn sie es wagen würden, diesem »Türken« – denn für einen solchen hielten sie mich – Speise vorzusetzen.
Auf dem Weitermarsch kamen wir bald nach Mittag auf einen schmalen Pfad, der zu beiden Seiten eingehegt war, und hielten eine kurze Rast unter einem Baum. Zwei englische Meilen von hier, also eine Wegstunde, lag auf einem Hügel die Stadt Harrar, eine lange dunkle Linie, nicht schimmernd weiß, wie sonst die Städte im Orient.
Die letzte Strecke vor der Stadt führte durch eine Art von Laufgraben, der zu beiden Seiten mit Steinen und hohem Kaktus eingefriedet war; dann gelangt man auf eine offene Ebene. Zur Rechten reichen die Durrafelder bis an die Stadtmauer, links liegt eine Begräbnisstätte, geradeaus fällt der Blick auf die Festungswerke. Vor dem Tore schlenderten Bürger umher.
Den Torhüter erkannten wir an seinem langen Amtsstabe. Said redete ihn an und beauftragte ihn, unsererseits dem Emir Salams zu überbringen, wir kämen von Aden und bäten um die Ehre, uns vorstellen zu dürfen. Nachdem jener fortgegangen war, setzte ich mich an eine der runden Bastionen, wo dann neugierige Leute beiderlei Geschlechts uns betrachteten und allerlei spöttische Redensarten führten.
Nach einer halben Stunde kam der Torwächter zurück und gab uns die Erlaubnis, in die Stadt zu kommen. Wir bestiegen unsere Maultiere und ritten durch die Hauptstraße, eine enge, steil anlaufende Gasse, aus deren unebenem Boden viele spitze Felssteine hervorragten. Der lange Guled hatte sein Maultier der Obhut unserer beiden Beduinen anvertraut; wir sahen diese aber erst wieder, nachdem wir beim Emir Audienz gehabt hatten. Von dem Volke war ihnen geraten worden, sich mit dem Tier aus dem Staube zu machen, denn uns werde es sehr schlimm ergehen.
Unser Führer war ein triefäugiger, mürrischer Kerl, der uns durch Zeichen bedeutete, daß wir absteigen müßten. Ich war noch etwa 100 Schritt vom Palast des Emirs entfernt, da fing er an, im Trab zu laufen, und gab uns zu verstehen, daß von unserer Seite dasselbe geschehen müsse; denn so gebiete es die Achtung vor dem Herr-

scher. Wir sahen einander an, der Hammal schwor, er wolle lieber elend umkommen, als auf Befehl zu traben, und ich dachte ebenso. Dem Ärger des Führers zum Trotz führten wir unser Maultier im Schritt, gingen durch das Tor und blieben in der linken Ecke des Hofes unter einem Baum stehen, dicht bei einem niedrigen, aus unbehauenen Steinen aufgeführten Gebäude, in dem Fesseln klirrten; es war das Staatsgefängnis. In diesem Teil des Hofraums trieben sich viele Gallas herum, manche saßen auch an der Palastmauer im Schatten. Diese Männer schienen besondere Vorrechte zu haben, denn sie trugen Speere und Sandalen und schlenderten gemächlich vor der fürstlichen Wohnung einher.

Endlich kam der Führer aus dem Palast, befreite uns von lästigen Knaben, die sich um uns versammelt hatten, und gebot uns, die Fußbekleidung an einem zwölf Fuß vom Palast entfernten steinernen Tritt abzulegen. Meine Einwendungen, daß wir ja nicht vor einer Moschee seien, blieben unbeachtet. Dann folgte in beiderseits unverständlichen Zungen ein Gezänk über das Ablegen der Waffen, das damit endete, daß ich wenigstens meine Dolche und Revolver behielt. Nun wurde ein Türvorhang geöffnet, und ich machte eine Verbeugung, denn mir gegenüber sah ich den gefürchteten Häuptling.

Ahmed ben Sultan Abubekr, Emir oder, wie er sich selbst betitelte, Sultan von Harrar, saß in einem dunklen, weiß ausgetünchten Gemach, an dessen Wänden verrostete Luntengewehre und blanke Fesseln hingen. Er sah aus, wie ein kleiner indischer Radscha und war ein hagerer Jüngling von etwa 25 Jahren, mit dünnem Bart, gelber Hautfarbe und vorstehenden Augen. Sein weites karmesinrotes Gewand war mit weißem Pelz verbrämt; ein schmaler weißer Turban war dicht um eine kegelförmige Kappe von rotem Sammet gewunden. Der Thron war weiter nichts als eine fünf Fuß lange Bank mit einem niedrigen Geländer. Der Emir fühlte sich unwohl; sein Ellbogen ruhte auf einem Kissen, unter dem der Griff eines indischen Säbels hervorsah. Die Hofleute, die Vettern und andere Verwandte des Herrschers standen in doppelter Reihe aufgestellt und trugen nach abessinischer Sitte den rechtem Arm entblößt.

Ich begrüßte den Herrscher mit den Worten: »Friede sei mit dir.« Seine Hoheit antwortete gnädig, streckte seine Hand aus, die gelb und knochig war wie eine Habichtskralle, und schnalzte mit dem Daumen und Mittelfinger. Darauf traten zwei Kämmerlinge vor, faßten meine Vorderarme und waren mir behilflich, als ich eine tiefe

Verbeugung über die Hand machen mußte, ich küßte diese jedoch nicht. Dann kam die Reihe an meine beiden Diener; nachdem sie die Hand geküßt hatten, wurde sie ihnen zum Zeichen des Vertrauens oder der Herablassung noch einmal dargeboten. Jetzt durften wir uns dem Emir gegenüber auf eine Matte setzen; er betrachtete uns mit finsterer Stirn und forschendem Blick.

Nachdem ich mich nach seiner Hoheit Wohlbefinden erkundigt hatte, schüttelte er mit dem Kopf und erkundigte sich nach dem Ziel meiner Reise. Nun zog ich den von mir selbst geschriebenen Brief hervor und übergab ihn einem Kämmerling. Dieser umwickelte seine Hand mit der Robe und überreichte ihn so dem Emir, der das Schreiben auf Kissen legte und weitere Mitteilungen verlangte. In arabischer Sprache setzte ich ihm auseinander, ich sei von Aden gekommen, überbringe Empfehlungen des englischen Gouverneurs und hätte den Wunsch gehabt, in Harrar das Licht vom Antlitz seiner Hoheit zu schauen.

Der Emir lächelte gnädig, und damit fiel mir ein Stein vom Herzen. Ich war auf das Schlimmste gefaßt gewesen, und alles, was ich seither im Palast gesehen hatte, war keineswegs geeignet, mich zu beruhigen. Der Herrscher sprach ganz leise einige Worte mit seinem Schatzmeister, einem kleinen Mann mit kahl geschorenem Kopf, und gab uns ein Zeichen, daß wir uns entfernen möchten. Die Zeremonie des Handkusses wurde wiederholt, und wir verließen die Audienzhalle als Männer, die offenbar in Gunst standen.

Die Leute im Hofe, die uns vorher mit ihren Blicken hätten die Kehle abschneiden mögen, machten jetzt ganz andere Augen. Man führte uns, unter Voraustritt einer Wache, in des Emirs zweiten Palast, den wir als unser Haus betrachten sollten. Dort fanden wir auch die Beduinen, die es für unmöglich gehalten hatten, daß wir mit dem Kopf auf dem Rumpf zurückkommen könnten; jetzt grinsten sie fröhlich. Bald nachher brachte man uns aus des Emirs Küche ein Gericht Schabta, Durrakuchen in saure Milch eingeweicht und dick mit rotem Pfeffer bestreut, der in jenen Gegenden so häufig die Stelle des Salzes ersetzt.

Als ich fragte, warum man meinen Dienern ihre Waffen noch nicht zurückgegeben habe, lautete die Antwort, sie befänden sich im Palast und seien dort gut verwahrt. Nun schickte ich dem Emir ein sechsläufiges Drehpistol und ließ ihm den Gebrauch diese Waffe erklären.

Unser Haus, in dem wir es uns einigermaßen bequem zu machen

suchten, war reinlich, hatte aber schlechte Wände und einen gestampften Fußboden. Dem Eingang gegenüber waren zwei breite steinerne Stufen von etwa zwei Fuß Höhe und drei Fuß über der platten Erde. Darüber lagen Matten. Ich legte aber unsere Decken und Schabracken darauf und bereitete mir ein Lager. Sehr ermüdet und vollkommen durchdrungen von der Eigentümlichkeit der Umstände, in die ich mich versetzt sah, legte ich mich nieder. Ich war unter dem Dache eines fanatischen Fürsten, der Gewalt über Leben und Tod hatte, unter einem Volk, das die Fremden verabscheut, der einzige Europäer, der je diese ungastliche Schwelle überschritten. Hoffentlich war ich auch das Werkzeug des Schicksals zum Niederbrechen dieser Gewalt.

Die Stadt Harrar ist etwa eine englische Meile lang und halb so breit. Die unregelmäßige Mauer ist vor einigen Jahren ausgebessert worden, was allerdings sehr nötig war. Denn die Hyänen krochen durch die Löcher zur Stadt hinein und machten sie bei Nacht unsicher. Jetzt läßt man abends die Tore offen, lockt die Tiere durch Köder an, verschließt dann die Pforten und erlegt die unwillkommenen Gäste mit Speeren. Es sind fünf Tore vorhanden. Sie werden stets sorgfältig bewacht, und abends müssen die Schlüssel dem Emir eingehändigt werden. Nach Torschluß kann niemand die Stadt verlassen. Mauern und Türme sind ohne alle Kunst gebaut. Das größte Gebäude der Stadt ist die Dschami oder Hauptmoschee, ein langer Steinschuppen von ärmlichem Ansehen. Die daneben stehenden zwei Minarette bilden abgestumpfte Kegel, sind weiß getüncht und wurden von türkischen Baumeistern erbaut. Man sieht in der Stadt nur wenig Bäume, auch hat sie keine Gärten, die sonst im Orient auch größeren Ortschaften etwas von ländlichem Reiz geben. Die Straßen, enge Gassen, die bergan und bergab laufen, sind uneben und voll von Schmutzhaufen, bei denen sich hungrige und räudige Hunde in Menge herumtreiben. Die Menschen wohnen in langen steinernen Schuppen mit flachen Dächern. In den Wohnungen der Wohlhabenden findet man besondere Gemächer für die Frauenn und einen Hofraum, dessen Eingangstür aus zusammengebundenen Durrastengeln besteht. Die ärmeren Leute hausen in einer Gambisa, die sich in keiner Weise von den Hütten der Landbewohner unterscheidet. An Moscheen ist kein Mangel, es sind aber nur ganz schlichte Gebäude ohne Minarette.

Der Harrari haßt die Fremden und verachtet sie, ein Haß, der schon sehr alt ist. Der Emir herrscht über seine Untergebenen ganz unumschränkt, nach Laune, Willkür und Belieben. Wer irgend verdächtig ist, oder von wem man meint, daß er einmal nach dem Throne streben könne, wird beiseite geschafft oder eingesperrt. Der Großvater des jetzigen Emirs starb im Kerker, und sein Vater entging nur mit knapper Not demselben Schicksal. Die Somali behaupten, das Staatsgefängnis befinde sich unter dem Palast. Wer einmal darin liege, dürfe weder das Haar kämmen noch die Nägel kürzen; nur der Tod kann ihn befreien.

Die Justiz ist überhaupt sehr rasch. Strafen werden, sobald es sich nicht um Geldangelegeheiten handelt, dem Koran gemäß zuerkannt. Ein Mörder wird auf dem Markt ausgestellt, an Händen und Füßen gebunden, und um die Augen legt man ihm eine Binde. Dann tritt der nächste Verwandte des Ermordeten heran und versetzt ihm mit einem schweren Fleischmesser einen Hieb in den Nacken. Stirbt er nicht an der Wunde, so erfolgt gewöhnlich seine Begnadigung. Wer den Dolch gegen einen anderen zieht oder überhaupt sich kleinere Vergehen zuschulden kommen läßt, wird geprügelt. Zwei Männer müssen ihm Brust und Rücken peitschen. Der Emir ist zugegen und gebietet Halt, wenn er glaubt, daß die Züchtigung ausreichend sei. Dieben hackt man die Hände ab. Wirkliche oder vermeintliche Staatsverbrecher werden mit Fesseln in einen unsauberen Kerker geworfen und müssen dort von ihren Verwandten mit Speise versorgt werden. Konfiskationen sind beim Herrscher sehr beliebt, denn alles eingezogene Gut eignet er sich an.

Emir Ahmed hält viel auf Prunk und Hofetikette. In seiner Gegenwart darf niemand eine Waffe tragen. Als Speibecken dient ihm das Gewand eines Kammerherrn. Was er mit der Hand gibt oder nimmt, muß geküßt werden. Wenn er zu Pferde sitzt, müssen zwei Männer ihm Kühlung mit der Robe zufächeln. Wenn er öffentlich erscheint, hat er stets eine Leibwache bei sich. Auf dem Ritt zur Moschee folgen ihm zwölf Männer zu Pferde, voraus gehen Bewaffnete mit Luntengewehren und Peitschen. Ein Offizier hält ihm einen rotseidenen befransten Sonnenschirm über den Kopf. Selbst wenn er betet, stehen zwei Männer mit Flinten und brennenden Lunten neben ihm. Gewöhnlich besteht sein Geleit aus etwa 50 Mann. Die Vorläufer klatschen mit der Peitsche und rufen den Leuten zu: »Geh fort! Weg!« und die Bürger laufen dann, um den Hieben zu entgehen, ins nächste Haus.

Harrar ist eine Handelsstadt. Die Bürger leben zumeist davon, daß sie die Beduinen betrügen. Der Emir hat es für ein Verbrechen erklärt, nach Maß und Gewicht zu verkaufen. Von jeder Eselsladung, die zum Tor eingeht, erhält er eine Abgabe von acht bis fünfzehn Ellen Baumwollzeug. Es ist also wohl erklärlich, weshalb die Esel so schwer belastet werden, daß sie kaum noch gehen können. Die Bürger sind ungemein träge, selbst wenn es sich um Gewinn handelt.
Die Hauptausfuhr besteht aus Sklaven, Elfenbein, Tabak, Roben und gewebter Baumwolle, Maultieren, Durra, Weizen, Karandschi (ein Brot für Reisende), Butter, Honig, Gummi, Talg, zumeist von Schafen. Eingeführt werden: amerikanisches Baumwollzeug, sowohl gefärbt wie ungefärbt, Musselin, rote Schals, Seidenzeug, Messing, gewalztes Kupfer, wohlfeile deutsche Eisenwaren, namentlich Messer, Glasperlen und Korallen, Datteln, Reis, Hutzucker, Papier, Schießpulver und mancherlei andere Sachen, deren eine Stadt in der Wildnis bedarf.

An den Quellen des Nil
John H. Speke

Seit die Ägypter das regelmäßige Steigen und Fallen des Nil beobachteten, der zum ewigen Segensspender ihres Landes wurde, bewegte sie auch die Frage nach den Quellen dieses Flusses. Aber weder den Karawanen der ägyptischen Könige noch den Expeditionen, die im Auftrage römischer Kaiser durchgeführt wurden, gelang es, diese Quellen aufzuspüren. Man ahnte nur, daß der Fluß seinen Weg aus dem Innern des Erdteils her nahm. Erst in der Mitte des vorigen Jahrhunderts sollte es dem Engländer John Hanning Speke endlich gelingen, dieses Rätsel zu lösen. Zusammen mit Francis Burton (s. d.) drang er von der Ostküste Afrikas aus in das Innere des Erdteils vor und entdeckte 1856 mit ihm zusammen den Tanganjikasee. Als Burton erkrankte, zog er allein weiter und kam an den Ukerewe, oder – wie er später genannt wurde – an den Victoriasee. Als ihm Eingeborene berichteten, daß sich aus diesem See ein großer Strom nach Norden ergieße, glaubte er, darin den Nil erkennen zu dürfen, und bezeichnete den Ukerewe als dessen Quellsee. Da seine Theorie aber auf Widerstand stieß und vor allem Burton das gleiche vom Tanganjikasee behauptete, ging Speke 1860 zusammen mit dem Schotten James Gant erneut nach Ostafrika, zog an das Nordufer des Victoriasees und entdeckte dort 1862 tatsächlich den von den Eingeborenen erwähnten Strom. Er verfolgte ihn dann in nördlicher Richtung bis Gondokoro, wo er seinen Landsmann Samuel Baker traf, der nilaufwärts bis hierher vorgedrungen war. Damit war der Beweis erbracht, daß es sich bei dem Victoriasee tatsächlich um den Quellsee des Nil handelt. Den eigentlichen Quellfluß, den Kagera, entdeckten Jahrzehnte später die Deutschen Oskar Baumann und Richard Kandt. Speke kam wenige Wochen nach seiner Rückkehr in die Heimat bei einem Jagdunfall erst siebenunddreißigjährig ums Leben. Seinem berühmten Reisebericht ist die folgende Schilderung der Ripon-Fälle entnommen, an denen der Nil den Victoriasee verläßt und die Speke als erster Europäer erblickte.

Um 1 Uhr nachmittags traten wir von Bandowarogo, der Königsresidenz am Victoriasee, unsere Reise nordwärts an. Die Wanguana murrten noch immer, schworen, sie würden keine Lasten tragen, da sie keine Rationen erhielten, und drohten, auf uns zu schießen, wenn wir sie zwingen würden. Dabei vergaßen sie aber, daß ihre Nahrung dem König bezahlt worden war, und schließlich die Hauptsache, daß wir die ganze Munition in unseren Händen hatten. Eine zu rechter Zeit angebrachte Drohung mit dem Stock brachte die Sache aber in Ordnung, und wir machten fünf Märsche hintereinander bis nach Kari, wie der Ort später infolge des tragischen unten erwähnten Zwischenfalls genannt wurde. Der Weg führte uns aus dem Bezirk der höheren Berge und von den großen Gräsern weg, welche die südliche, den See einfassende Grenze von Uganda charakterisieren.

Jeder dieser täglichen Märsche wurde in ziemlich gleicher Weise ausgeführt: Nachdem wir eine gewisse Stundenzahl gereist waren, bezeichnete Budja irgendein Dorf zum Aufenthalt. Kaum sahen uns aber die Dorfbewohner, als sie auch schon flüchteten und ihre Häuser, Besitzungen und Gärten im Stiche ließen, eine leichte Beute für die diebischen Gelüste der uns vom König von Uganda gestellten Eskorte. Diesem gemeinen Treiben Einhalt zu tun, überstieg meine Kräfte. Der König erlaubte es, und seine Leute waren die ersten in jedem Hause, nahmen Ziegen, Hühner, Felle, Perlen, Trommeln, Speere, Tabak, kurz alles, woran sie Hand legen konnten, in der ruchlosesten Art.

In Kari war ein Halt von einigen Tagen nötig geworden, um die vom König geschenkten Kühe zusammenzubringen, und da es einer der ausgedehntesten Weideplätze war, schlenderte ich mit meiner Büchse umher, zu sehen, ob ich neue Tiere finden könnte. Ich hatte aber kaum ein Zebra verwundet, als Boten mit der Nachricht zu mir gelaufen kamen, daß Kari, einer meiner Leute, von den Dorfbewohnern drei Meilen von hier ermordet worden sei. Er war mit anderen meiner Leute und mit einigen Knaben der Wagandaeskorte nach einem Töpferdorfe auf Plünderung ausgegangen, da Budja Töpfe brauchte, um Pombe (Negerbier) zu machen, das erste, woran man stets beim Aufschlagen eines Lagers dachte. Beim Annähern an den Ort sahen sie nur Frauen. Statt fortzulaufen, wie unsere Tapferen erwartet hatten, fingen diese zu schreien an und riefen dadurch ihre Männer herbei. Der einzige Gedanke unserer Leute war nun Flucht, und sie würden alle entkommen sein, wenn Kari nicht langsam und seine Flinte leer gewesen wäre. Die Töpfer holten ihn ein, und als er mit seiner Flinte, die sie für ein magisches Horn hielten, zielte, töteten sie ihn mit ihren Speeren und flohen dann sofort. Die Überlebenden brachten die Nachricht ins Lager, und sofort zog eine Partie aus, die am Abend seinen Leichnam und alles, was ihm gehörte, heimbrachte; denn nichts war ihm genommen worden.

In der Nacht verlor Budja zwei Kühe, die er am Abend zuvor seiner Gesellschaft gegeben hatte. Als er die unsrigen ruhig mit den Beinen an Bäume gebunden fand, fragte er, durch welchen Zauber wir sie gesichert hätten, und wollte es nicht glauben, als wir ihm versicherten, daß die Stricke, welche sie gebunden hielten, die einzigen Mittel wären, die wir kannten. Eine der Schwestern der Königin kam, um uns einen Krug Pombe zu bringen, wofür sie ein paar Perlen erhielt. Als sie gefragt wurde, wieviel Schwestern die Königin habe, versetzte sie, sie sei die einzige. Nachdem wir ihr aber versichert hatten, daß sich bereits an die zehn Damen früher als Schwestern der Königin vorgestellt hätten, änderte sie ihren Ton und sagte: »Das ist wahr, ich bin nicht die einzige; wenn ich euch aber die Wahrheit gesagt hätte, könnte ich meinen Kopf verloren haben.« Dies war ein sehr bezeichnender Ausdruck der Gefahr, die darin liegt, Geheimnisse des Hofes zu erzählen.

Als am nächsten Morgen unsere Leute nach Wasser an die Brunnen gingen, warfen die Waganda aus einem Hinterhalt einen Speer nach ihnen, kamen aber diesmal schlecht weg, denn die »Hörner« waren geladen, und zwei von ihnen erhielten Schrotwunden. Bei der Rückkehr am Abend rief eine Gesellschaft Waganda, die gleichfalls im Gebüsch lauerte, uns an, um zu fragen, was wir trieben. Sie sagten: »Ist es nicht genug, daß ihr uns aus unseren Hütten und Pflanzungen vertrieben habt, so daß wir wie Tiere in der Wildnis leben müssen?« Und als wir sagten, daß wir nur hier wären, um Wild zu schießen, wollten sie es nicht glauben, daß wir keine Feindseligkeiten gegen sie beabsichtigten.

Während der Nacht beunruhigten uns die Waganda wieder und steckten die Hütten, in denen meine Leute schliefen, in Brand. Glücklicherweise taten sie sich dabei selbst aber mehr Schaden als uns, denn uns verbrannten nur Kleinigkeiten, während ihre Hütten, die wir am Morgen sowieso verlassen wollten, bis auf den Grund niederbrannten. Um uns aber vor weiteren Überfällen zu schützen, schnitten wir alle ihre Bananen nieder, um eine Boma (Zaun) zu machen.

Am 19. Juli zogen wir alle ab, nach der dritten Meile wendete sich Grant nach Westen, um auf die große Stadt nach Kamrasi zu stoßen, während ich östlich nach Urondogani ging und den Luajerri kreuzte. Es war dies ein drei Meilen breites Binsenrinnsal, das wir mit Booten überquerten, während die Kühe hinüberschwimmen mußten, wobei Männer sich an ihren Schwänzen hielten. Wir brauchten nicht weni-

ger als vier Stunden zur Überfahrt. Während dieser Zeit zerstachen Myriaden von Moskitos unsere bloßen Rücken und Beine.
Man sagte, der Luajerri entspringe im See und falle gerade nördlich von unserem Übergangspunkt in den Nil. Auf dem rechten Ufer sollen der Beschreibung nach wilde Büffel so zahlreich wie Kühe sein; wir sahen aber nicht einen, obgleich das Land mit einem zum Jagen äußerst einladenden Dschungel bedeckt ist, mit dazwischenliegenden Flächen schöner Grasplätze. Von dieser Art war die Natur des Landes bis nach Urondogani, mit Ausnahme einiger begünstigter Plätze, wo Bananen in der größten Üppigkeit wuchsen. Aus Mangel an Führern und von den verschlossenen und böswilligen Wahuma irregeleitet, verloren wir beständig unseren Weg, so daß wir die Bootstation erst am Morgen es 21. erreichten.
Hier stand ich endlich am Rande des Nil; die Szene war äußerst schön, nichts konnte sie übertreffen. Ein prächtiger, breiter Strom, mit Inseln und Felsen bedeckt. Auf den Inseln standen kleine Fischerhütten, auf den Felsen lagen Kähne und Krokodile, die sich in der Sonne lechzten. Ein Strom, der zwischen schönen hohen Grasufern dahinfloß, mit reichen Bäumen und Bananenstauden im Hintergrund, wo Herden von Rindern und Hartebeests grasend gesehen wurden, während Nilpferde im Wasser schnarchten und Florikane und Perlhühner zu unseren Füßen aufstiegen. Aber Schwierigkeiten aller Art dämpften bald unsere freudige Erregung, besonders schwer war es, die nötigen Boote für die Weiterreise zusammenzubekommen.
Wir standen nun Usoga gegenüber, einem Lande, das man den wahren Gegensatz zu Uganda mit seinem Reichtum und seiner Schönheit nennen konnte. Hier brauchten die Leute noch kolossale eisenspitzige Speere mit kurzen Griffen, daß meine Leute meinten, sie paßten besser zum Kartoffelgraben als zum Spießen von Menschen. Elefanten waren sehr zahlreich, das hatten wir aus den Verwüstungen während der letzten beiden Märsche gesehen. Auch Löwen sollen sehr häufig auftauchen und viele Menschen anfallen. Nilpferde haben wir seltener gesehen.
Unser Weg führte uns nun am linken Ufer des Nil entlang aufwärts zu den Isamba-Stromschnellen. Hier empfing uns Nago, ein alter Häuptling, erfrischte uns zuerst mit einem Gericht Bananenmus, getrockneten Fischen und Pombe, dann erzählte er, daß ihn oft Elefanten bedrohten, er halte sie aber eifrigst durch Zauber entfernt; denn wenn es ihnen gelänge, eine Banane zu kosten, so würden sie

die Gärten nicht eher verlassen, als bis diese ausgeleert wären. Er nahm uns dann mit, um die nächsten Nilfälle zu sehen, wunderschön, aber sehr eng beschränkt. Das Wasser floß tief zwischen den Ufern, die mit schönem Gras und weichen wolkigen Akazien bedeckt waren. Hie und da, wo oberhalb der Stromschnellen das Land abgerutscht war, sah man nackte Flecken roter Erde. Auch sah hier das von einem natürlichen Damm aufgestaute Wasser wie ein großer Mühlenteich aus, traurig und dunkel, in dem zwei Krokodile herumschwimmend nach Beute auslugten. Von den hohen Ufern blickten wir auf eine Reihe absinkender bewaldeter Inseln quer über den Strom hinüber, die seine Wasser teilten und dadurch den Damm und die Stromschnellen bilden halfen. Das Ganze war wilder, märchenhafter, romantischer als irgend etwas, was ich je – ich muß gestehen, daß meine Gedanken diese Form annahmen – außerhalb eines Theaters gesehen habe. Es war in der Tat genau der Ort, wo sich in einer Mondscheinnacht Räuber versammeln würden, um irgendeine schauerliche Tragödie aufzuführen. Selbst die Waguana schienen von der neuen Schönheit der Ansicht wie verzaubert, und keiner dachte daran, sich zu rühren, bis der Hunger uns erinnerte, daß der Abend einbreche und es besser sei, uns nach den Wohnungen umzusehen.
Der Marsch wurde wieder begonnen, aber bald zu einem Stillstand gebracht, durch die böswilligen Ausflüchte unseres Führers, der vorgab, es sei zu spät am Tage, um die vor uns liegenden Wälder noch zu durchqueren. Unter dem Vorwand von Geschäften verließ er uns plötzlich, verschwand und wurde nie wieder gesehen.
Der nächste Tag brachte einen langen und beschwerlichen Marsch durch hohes Gras und Wälder. Wir erreichten jetzt einen Distrikt, den ich nicht anders beschreiben kann, als daß ich ihn »Kirchenstaat« nenne. Er ist in einer geheimnisvollen Weise dem Lubari (Allmächtigen) geweiht, und obschon der König eine Autorität über einige Bewohner zu haben scheint, so hatten doch andere anscheinend einen geheiligten Charakter, der sie der Zivilgewalt entrückte. In diesem Gebiet lagen nun an jeder 5. Meile kleine Dörfer, eine Straße gab es nicht, und das Land stieg wieder hoch an. Wären meine Leute nicht unter Kontrolle gewesen, so hätten wir uns hier nicht niederlassen können. Da ich aber dafür verantwortlich war, daß keine Diebereien stattfänden, gaben die Leute freundlich zu, uns mit Wohnung, Essen und Trinken zu versorgen. Ein ältlicher, halb blödsinniger Mann – man sagte, der König habe ihn von Sinnen gebracht, indem er sein

Haus und seine Familie in Beschlag nahm – kam auf die Nachricht unserer Ankunft zu mir, lachte und sang in einer lockeren leichtfertigen Art, brachte kuriose Stäbe und Muscheln, die er vor mir niederlegte, tanzte und sang wieder. Dann zog er sich zurück und kam wieder mit einigen Bananen aus dem Garten, die ich essen sollte. Er war ein genaues schwarzes Exemplar eines englischen Kirchspielnarren.
Am 28. ging es endlich mit einem guten Ruck vorwärts. Wir überschritten die Berge, durchzogen große Grasflächen und ausgedehnte, von Elefanten verwüstete Dorfpflanzungen. Die Tiere hatten alles Eßbare gefressen und was nicht als Nahrung dienen konnte, hatten sie mit Rüsseln zerstört, so daß nicht eine Bananenstaude und eine Hütte ganz geblieben waren. So kamen wir endlich am äußersten Ende unserer Reise an.
Wir wurden gut belohnt, denn die »Steine«, wie die Eingeborenen die Fälle des Nil nannten, wo er den Victoriasee verläßt, waren weitaus der interessanteste Anblick, den ich in Afrika gesehen habe. Alle miteinander rannten sofort hin, sie zu sehen, obgleich der Marsch lang und ermüdend gewesen war, und selbst mein Skizzenstuhl kam in Tätigkeit. Obgleich sehr schön, so war die Szene doch nicht so, wie ich erwartet hatte; denn die breite Fläche des Victoriasees war durch einen Bergausläufer von der Ansicht ausgeschlossen, und die ungefähr 12 Fuß hohen und 400 bis 500 Fuß breiten Fälle waren durch Felsen gebrochen. Doch war es ein Anblick, der stundenlang fesseln konnte: das Getöse des Wassers, die Tausende von wandernden Fischen, die mit aller Gewalt aus den Fällen heraussprangen; die Wasoga- und Waganda-Fischer, die mit Booten herauskamen und sich auf den Felsen mit Ruten und Haken postierten; die Krokodile und Nilpferde, die schläfrig auf dem Wasser lagen; die Fähre, die oberhalb der Fälle im Gange war; Rinder, die zum Tränken an den Rand des Sees getrieben wurden: Dies alles zusammen mit dem hübschen Rahmen des Landes – kleinere mit Gras gegipfelte Hügel und Bäume in den Einsenkungen und Gärten an den unteren Abhängen – machte das Bild zu einem so interessanten, wie man nur zu sehen wünschen konnte.
Der Zweck meiner Expedition war nun erreicht. Ich sah, daß der alte Vater Nil ohne Zweifel in dem Victoriasee entspringe und daß, wie ich vorhergesagt hatte, jener See die große Quelle des heiligen Flusses war, welcher die Wiege des ersten Verkünders unseres Glaubens trug. Ich trauerte indessen, wenn ich daran dachte, wieviel ich

dadurch verloren, daß die Aufenthalte auf der Reise mich des Vergnügens beraubten, nach der nordöstlichen Ecke des Sees zu gehen, um zu sehen, welche Verbinduung dort durch die so oft erwähnte Straße zwischen ihm und dem anderen See existierte. Ich fühlte aber, daß ich damit zufrieden sein sollte, was mir zu erreichen möglich geworden war. Ich hatte eine Hälfte des Sees gesehen und über die andere Erkundigungen eingezogen, aus denen ich alles erfuhr, was von geographischer Wichtigkeit sein konnte.

Ich taufte nun die »Steine« Ripon-Fälle nach dem Edelmann, der Präsident der »Royal Geographical Society« war, als meine Expedition ausgerüstet wurde, und den Seearm, aus dem der Nil entspringt, Napoleon-Kanal, als Beweis meiner Achtung vor der Pariser Geographischen Gesellschaft, die mir, kurz bevor ich England verlassen, für die Entdeckung des Victoriasees auf meiner ersten Reise die goldene Medaille zuerkannt hatte.

Den Brunnen verfehlt
Gustav Nachtigal

Neben Heinrich Barth hat Gustav Nachtigal (1834–1885) einen gewichtigen Beitrag zur Erforschung von Sahara und Sudan geleistet. Wegen eines Lungenleidens war er als junger Arzt 1861 nach Nordafrika gegangen und avancierte hier zum Leibarzt des Beis von Tunis. Bald mit Sprache und Sitte der islamischen Bevölkerung völlig vertraut, schien er der geeignetste Mann zu sein, der anstelle eines verhinderten anderen Forschers im Auftrag der preußischen Regierung eine Reihe von Geschenken an den Sultan von Bornu bringen konnte. Nachtigal übernahm diese Aufgabe um so lieber, als sie seinen Reiseplänen entgegenkam. Mit einer kleinen Karawane ging er im Frühjahr 1869 bis Murzuq. Von da aus unternahm er als erster Europäer einen Abstecher in das Bergland von Tibesti. Die Tibbu, die gefürchteten Bewohner dieses Landstrichs, raubten ihn aus, und Nachtigal rettete nur durch eine abenteuerliche Flucht sein Leben. Dann zog er weiter nach Bornu, erledigte dort seinen diplomatischen Auftrag und kehrte von da über das bisher ebenfalls unerschlossene Gebiet von Ouadaï (Wadai) zum Nil und von da 1875 nach Deutschland zurück. Hier wurde er begeistert gefeiert und erhielt 1882 den Posten eines deutschen Generalkonsuls in Tunis. 1884 hißte er im Auftrag der deutschen Regierung die deutsche Flagge in den neu erworbenen Kolonialgebieten von Togo und Kamerun. In dem tropischen Klima kam sein altes Brustleiden wieder zum Ausbruch, dem er auf der Heimreise an Bord der »Möwe« vor der westafrikanischen Küste erlag. Welche Gefahren den Wüstenreisenden bedrohten, schildert höchst dramatisch sein Bericht.

Wir warteten die Verminderung der Hitze im unzulänglichen Schatten des Zeltes ab und zehrten in dieser Zeit unseren Wasservorrat auf, ohne unseren durstigen Organismus dadurch befriedigt zu haben. Dann strebten wir wieder voran, über Stein und Sand, durch Schluchten und über Felsen unserem fernen Ziele zu, das sich in der hügeligen und felsigen Gegend den Blicken entzog, und wurden nur zu oft durch Terrainschwierigkeiten genötigt, zurückzugehen, die Richtung zu wechseln und Hindernisse zu umgehen. Von Zeit zu Zeit erklomm Kolokomi einen Felsen, um nach dem wasserverheißenden Berge auszuspähen, und dann verrieten seine Züge eine Unsicherheit, die ich nicht mehr allein einer falschen Berechnung der Entfernung zuzuschreiben wagte, sondern in der ich deutlich einen Mangel der Orientierung erblickte.

Stumm wanderten wir einher, Nase und Mund durch Turbanstoff verhüllt, um die Austrocknung der Schleimhäute und dadurch den Durst zu verringern; jeder unserer Blicke hing mit angstvoller Spannung an den Zügen des Führers, den direkt zu fragen, uns die beginnende Mutlosigkeit verhinderte. Wieder suchte er die Höhen, wieder hingen wir sprachlos voll Furcht und Erwartung an seinen Mienen, und immer entmutigender ward die deutliche Antwort seiner unsicheren Blicke, die er höchstens noch verständlicher machte durch das oft gehörte: mâ zâl, noch nicht! Sonnenuntergang kam; die Zeit der größten Durchsichtigkeit der Atmosphäre war vorüber, und: mâ zâl, noch immer nicht!

Immer stiller wurde die Gesellschaft, in der jeder das düstere Gespenst ernstlicher Wassernot vor seinen inneren Augen auftauchen sah. Mit der Energie der Furcht vor dem am meisten gefürchteten Schicksal der Wüstenreisenden folgte jeder dem Führer; doch als eine vollständige Finsternis hereingebrochen war, weigerte ich mich nach der traurigen Erfahrung der verflossenen Nacht und ihrer nutzlosen Kraftvergeudung weiterzumarschieren, sondern drang darauf, den Aufgang des Mondes abzuwarten. Dies trug mir einige Stunden Rast in der erfrischenden Kühle der Nacht ein; doch für einen wirklich erquickenden Schlaf war mein Gemüt zu aufgeregt und mein Körper zu ermüdet. Kurz nach Mitternacht nahmen wir den entsetzlichen Kampf wieder auf; doch jetzt gaben alle, Menschen und Tiere, deutliche Spuren überwältigender Ermattung kund. Der eine blieb zurück und konnte nur durch gewaltsame Aufrüttlung zur Fortsetzung des Marsches gezwungen werden; ein anderer kratzte feuchte Erde aus dem Boden, als wenn sie Aussicht auf lebendiges Wasser eröffnete; ein dritter bat flehentlich um einen kleinen Trunk Wasser, da bekannt geworden war, daß Giuseppe einen kleinen Vorrat für die äußerste Not aufbewahrt hatte, und Alî und Sa'ad flehten vergebens, beritten gemacht zu werden. Solange nicht der beginnende Tag unsere räumlichen Forschritte klargemacht hatte, solange die Hoffnung nicht wuchs, konnten die Kamele nicht noch mehr belastet, durfte der letzte Tropfen Wasser nicht gewissermaßen nutzlos verschleudert werden.

Der Morgen kam, und die Hoffnung Kolokomis schien mit der gehal-

tenen Umschau nicht zu wachsen. Sein Vetter Wolla und Bû Zeïds Diener Galma wurden vermißt und waren wahrscheinlich im Dunkel der Nacht unbemerkt zurückgeblieben. In ernster Beratung waren die wüstenkundigen Männer Kolokomi, Bû Zeïd, Birsa und der alte Qatrûner darüber einig, daß weder Mensch noch Tier in der bisherigen Weise den gesuchten Brunnen zu erreichen vermöchten. Ich mußte mich also entschließen, das Gepäck zurückzulassen und die Leute sämtlich beritten zu machen, um wenigstens das Ziel, wenn der Weg zu ihm gefunden sein würde, erreichen zu können. Der gleichmütige Buï Mohammed suchte vorsorglich eine hochgelegene Stelle für unsere Habe, da man nie wissen könne, ob nicht ein plötzlicher Regen das Tal mit einem rauschenden Wasserstrome anfüllen werde, und die Tiere wurden entlastet. Daß die Sachen ohne Bewachung oder Versteck auf freiem Felde gelassen wurden, hatte in dieser so selten von Menschen besuchten, öden Wildnis durchaus keiner Bedenken.
Giuseppe ging an die Verteilung des Wasserrestes. Jeder erhielt ein volles Glas von sechs bis acht Unzen des köstlichen Naß, das die Frische der Nacht und die Verdunstung von der Oberfläche der Quirba fast eisig gekühlt hatte, und gierig sogen wir, mit schmerzlichem Bedauern, daß es nicht mehr sei, den letzten Tropfen ein. Der letzte war Kolokomi. Er schob seinen Gesichtsschleier von Nase und Mund nach unten über das Kinn zurück, ergriff das Glas, nahm einen Schluck, kühlte die Schleimhaut seines Mundes mit demselben, spritzte es in langem Strahle durch eine Zahnlücke von sich, als ob es nicht heiliges Wasser, sondern der gewöhnliche Inhalt eines Tubumundes, grünlicher Tabaksaft, wäre, und reichte mir den Rest mit dem Bemerken, daß er noch keinen Durst habe, aber wohl begreife, daß wir als Leute des Wassers sogar diesen erst beginnenden Mangel nicht ertragen könnten. Der Mann imponierte mir, wie er, ausgetrocknet gleich den öden Gefilden seiner Heimat, hart und schroff wie die Felsen seines Landes, nichts von seiner Energie eingebüßt hatte.
Ohne Aufenthalt ging es wieder vorwärts. An der Spitze war Kolokomi, der seinen Landsmann Birsa hinter sich auf seine noch rüstige Nâqa (weibliches Kamel) genommen hatte; ihm der nächste war Bû Zeïd auf seinem schlanken Tiere, das ebenfalls nicht durch Belastung erschöpft war und mit zartem Gliederbau die Energie und leichte Beweglichkeit seiner Rasse vereinigte; dann folgte ich, und hinter mir

kam Giuseppe Valpreda, jeder allein auf einem Kamel; Ali Bû Bekr war der nächstfolgende, und Buï Mohammed schloß den Zug, dessen Glieder keineswegs nahe beieinander blieben.
Kolokomi und Bû Zeïd waren Dank der Leichtfüßigkeit ihrer Tubukamele bald unseren Blicken entschwunden, während wir unsere Tiere nur durch unmenschliche Züchtigung bewegen konnten, ihren Spuren zu folgen. Die uns in nächster Nähe umgebenden Felsen verhinderten den freien Umblick und verdeckten uns das lockende, rettende Ziel. Da, etwa eine Stunde nach Sonnenaufgang, eröffnete sich vor uns plötzlich ein weites Flußbett, dessen Anblick unsern Mut wieder anfachte und uns mit neuer Energie belebte. Am Ursprung desselben, zu den Füßen der hohen, finsteren Felsen, die wir aus der Ferne erblickt hatten, sollte der heißersehnte Brunnen liegen. Die Hoffnung wuchs, als in dem reinen Sande des Bettes zahlreiche Fußspuren von Kamelen, Eseln, Antilopen zu beweisen schienen, daß noch in jüngster Zeit Wasser in der Nähe war. Zum ersten Male sah ich hier den kräftigen Eindruck des Straußenfußes im Sande, der stets für ein sicheres Zeichen von Wasser in nicht zu großer Ferne gilt. Allerdings wollte der alte Qatrûner, dessen Natur sich nicht leicht zu sanguinischer Hoffnung fortreißen ließ, dieser Erscheinung nicht den hohen Wert beilegen, den ihr meine Phantasie zuschrieb. Auf meine Verwunderung darüber erklärte er mir, daß bei der großen Ausdehnung des gebirgigen Gebietes und bei dem eng zwischen hohen Felsen eingebetteten Sand solche Spuren sich lange unbedeckt und unverwischt in scheinbarer Frische erhalten können und daß also kein sicherer Schluß aus ihnen zu ziehen ist. So viel schien mir wenigstens klar, daß, wenn überhaupt Wasser am Ursprunge des Flußtales vorhanden war, wir dasselbe erreichen mußten; dem Gedanken, daß der Brunnen leer sein könne, wagte ich nicht Raum zu geben.
Unser Weg war uns jetzt vorgezeichnet, und mit Aufbietung aller unserer Kräfte trieben wir mit unseren eisernen Ladestöcken und mit Knütteln die armen, erschöpften Tiere vorwärts und folgten den Windungen des Flusses. Bald erhob sich der größte Feind des vom Durste Bedrohten oder Gequälten, die Sonne, zu bedenklicher Höhe. Glühend sendete sie ihre Strahlen auf die dunkelfarbigen Felsen der Ufer und auf den hellen Sand zwischen denselben, und Strahlung und Rückstrahlung versetzte uns bald in ein Meer von Feuer und Glut. In ihm erstarb die momentan aufgeflackerte Tatkraft, drohte der kaum angefachte Hoffnungsfunke schnell wieder zu erlöschen. Furchtbarer

Durst stellte sich ein; die Mund-, Rachen-, Nasen- und Kehlkopfschleimhaut wurden ihrer letzten Feuchtigkeit beraubt; um Schläfe und Stirn schien sich ein eiserner Ring enger und enger zu schließen. Kein erfrischender Windstoß erreichte uns im engen Tal; die Augen brannten schmerzhaft; die Ermattung wurde grenzenlos. Außerdem trugen die Kamele der Hoffnung auf Rettung, welche in der Ferne winkte, keinerlei Rechnung, sondern begannen in beunruhigender Weise mit den Sajalakazien zu liebäugeln, welche hier und da im Flußsande durch ihr spärliches, aber kräftiges Grün das Auge erquickten und durch ihren, wenn auch noch so kümmerlichen Schatten zur Rast einluden. Zweimal legte mein ermattes Tier trotz meiner Schläge seine müden Glieder unter einen Baum, und zweimal gelang es mir, durch Verdoppelung der Züchtigung das arme Geschöpf zu qualvollem Weiterschwanken zu bewegen. Doch als es sich in der Mitte des Vormittags zum dritten Male in das Geäst einer Akazie, deren lange, kräftige Stacheln mir die Haut zerrissen, gedrängt und niedergelegt hatte, entfaltete es den ganzen Eigensinn seiner Art und war durch nichts zu bewegen, den sauer errungenen Schatten aufzugeben.

Ich war schon geschwächt genug, um eine geheime Befriedigung über den Entschluß meines Trägers zu empfinden und ohne Rücksicht auf die drohend nahe Zukunft mich am nächsten Genuß des Schattens zu erlaben. Als die Kamele meiner Gefährten nach und nach eintrafen, folgten sie ohne Zaudern dem Beispiel ihres Vorgängers und krochen mit ihrer menschlichen Bürde unter den Baum. Bald waren wir alle vereint und beschlossen, bis gegen Abend im Schatten zu verweilen und dann zu versuchen, mit dem Reste unserer Kräfte den Brunnen zu erreichen, wenn bis dahin Kolokomi und der Muradni kein Wasser gesendet haben sollten. Letzteres hoffte ich natürlich von ganzem Herzen und suchte meinen Gefährten diese Hoffnung so sicher und wahrscheinlich als möglich darzustellen.

Leider gelang es mir nicht, auf diese Weise die Lebensgeister Alîs und Sa'ads aufzumuntern. Der erstere verfiel schnell in einen Zustand halber Bewußtlosigkeit, der mir eine so ernstliche Besorgnis einjagte, als der erwachende Egoismus der eigenen Lebensgefahr zuließ. Der letztere sprach mit entstellten Zügen nur von seinem nahen Tode, mir für den Fall meiner Rettung seine Frau und Kinder auf die Seele bindend, erging sich dann in bitteren Vorwürfen gegen mich, sie trotz der Warnung aller vernünftigen Leute in dies gräßliche Land geführt zu haben, und bereitete sich endlich durch laute, heiße

Gebete zum Eintritt ins Paradies vor. Mohammend klammerte sich ohne Ostentation (Schaustellung) an seine einfache, fatalistische Lebensanschauung und verwies dem törichten Sa'ad ernstlich seine Invektiven (Beleidigungen) gegen mich, indem er ihm klarmachte, daß alles vom allmächtigen Gott so bestimmt sei und daß ich doch unmöglich mehr tun könnte, als mit ihnen zu sterben, wenn es so verhängt sei. Giuseppe Valpreda endlich, ein energischer, heftiger Charakter, brütete stumm vor sich hin, erhob sich dann plötzlich, steckte den Revolver in den Gürtel und erklärte mir mit heiserer Stimme, er sei nicht gewillt, so tatlos den Untergang zu erwarten, sondern werde dem Laufe des Flußbettes folgen und entweder Wasser finden oder mit dem Urheber des Unheils, Kolokomi, mittels des Revolvers abzurechnen wissen. Trotz meiner und Buï Mohammeds Vorstellungen folgte er seinem eigensinnigen Kopfe. Sowohl Giuseppe als ich boten schon frühzeitig die Symptome zunehmender Heiserkeit und eines höchst lästigen Harnzwanges dar, von denen selbst bei Sa'ad und Alî, welche doch erschöpfter zu sein schienen als wir, nichts wahrzunehmen war.

Zweckmäßiger würde es gewesen sein, den Baum zu verlassen und abseits vom Flusse irgendwo einen vollkommeneren und kühleren Felsschatten zu suchen; doch dann hätten unsere weitergeeilten Genossen, wenn sie mit dem rettenden Naß eingetroffen wären, uns erst suchen müssen, und wir wollten in einem solchen Falle keinen Augenblick verlieren. Mit diesem Grunde fand sich unsere Energielosigkeit leicht in das passive Harren. Der Schatten des Baumes war in der Tat sehr unzureichend, und, wo es möglich war, suchte jeder sich eng an eines der Kamele zu schmiegen, um im Schatten seines mächtigen Körpers zu liegen. Doch die Sonne stieg höher, der Schatten der Tiere und der ohnehin sehr kleinen Baumblätter wurde kürzer und kürzer, und die stechenden Sonnenstrahlen zwangen uns oft, Platz oder Körperlage zu ändern. Die Minuten schlichen mit aufreibender Langsamkeit dahin; Furcht und Hoffnung hielten abwechselnd den Rest unserer Lebensgeister wach; doch allmählich wurden wir stiller und stiller. Kein Geräusch störte die Grabesstille der umgebenden Natur; keine Bewegung milderte das starre, tote Aussehen der düsteren Felsen; kein Windeshauch ließ die Zweige und Blätter der wenigen Bäume, dieser kümmerlichen Repräsentanten des Lebens, auch nur erzittern.

Als der Nachmittag herankam, die Sonne sich allmählich zu senken begann und kein Wasser sich zeigte, fing meine Hoffnung an zu erblassen; wahrscheinlich hatten unsere vorausgeeilten Begleiter kein Wasser in dem betreffenden Brunnen gefunden und suchten dasselbe in weiterer Ferne. Kein Schlaf wollte mich der drohenden Gegenwart für Augenblicke entrücken. Bald lehnte sich meine ganze Hoffnungskraft in momentaner Energie gegen ein so frühes Ende meiner innerafrikanischen Laufbahn auf, ehe ich noch den geringsten meiner Pläne ausgeführt zu haben die Genugtuung hatte; bald gedachte ich in schmerzlicher Rührung der zahlreichen Freunde, die mich so ungern zu der gefahrvollen Reise hatten scheiden sehen; bald suchte und fand ich einen vorübergehenden Trost in dem fatalistischen Gefühle der Ergebung in das Unvermeidliche und in dem Bewußtsein, nach bestem Wissen und Willen alle Dispositionen für die verhängnisvolle Reise getroffen zu haben.

Allmählich wurden diese Gedanken zu unbestimmten Empfindungen, verwischten sich in Träumereien, in denen ich meine Umgebung sah, ohne in ihr zu leben, in denen Bilder aus meiner Vergangenheit mit den Erlebnissen der Gegenwart verschmolzen und ich mir nicht mehr klar bewußt war, ob ich in der fernen Heimat, ob am Fuße eines Felsens in der Sahara weilte. Zuweilen ward ich noch aufgerüttelt aus meinem Traumleben, wenn stechende Sonnenstrahlen mein Gesicht trafen oder Sa'ad in neu erwachender Glaubensglut seine Gebete inniger murmelte. Doch bald schwand alles, Gegenwart und Vergangenheit, die drohende Todesgefahr und die nie ganz ersterbende Hoffnung, und ein Zustand umfing mich, von dem ich nicht weiß, ob er ein unvollkommender Schlummer oder die beginnende Bewußtlosigkeit eines nahen Untergangs war. Ich weiß nicht, wie lange dieser, ich kann nicht sagen qualvolle Zustand dauerte, in dem meine Sinnesorgane Eindrücke von außen aufnahmen, ohne daß diese zu richtigem Bewußtsein gelangten.

Da, war es ein Traum, war es ein Spiel meiner krankhaft erregten Sinne? Eilte dort nicht mit schnellen, seltsamen Sprüngen eine mächtige Ziege gerade auf unsere Akazie los und trug sie nicht gar einen Menschen auf ihrem Rücken? Ich hätte nachher darauf schwören mögen, Hörner und Bart gesehen zu haben. Freilich war es ein Mensch, ein heißersehnter Mensch, doch die Ziege verwandelte sich in ein Kamel, auf dem uns Birsa in zwei Schläuchen Wasser zutrug, dessen Anblick uns bei unserer Schwäche und Reizbarkeit Tränen der Rührung auspreßte. Im Nu war Alî Bû Bekr wieder zum Leben erwacht, Sa'ad versparte den Rest seiner Gebete auf eine passendere Gelegenheit, und ich war im Augenblicke voll und ganz zur Gegenwart zurückgekehrt. Der nicht aus dem Gleichgewicht zu bringende Buï Mohammed allein ließ sich zu keiner unwürdigen Lebhaftigkeit der Gefühlsäußerung hinreißen, sondern kramte aus unserem Proviantsäckchen ein Dutzend Zwiebäke, brockte sie in unser Trinkgefäß und meinte, es sei zuträglicher, nach längerem Durste vor der Stillung desselben etwas feste Nahrung zu sich zu nehmen. Erst dann sogen wir uns voll des köstlichsten aller Getränke. Unter anderen Verhältnissen wäre dasselbe freilich schwerlich von vielen angerührt worden, so schmutzig und voll fremder Bestandteile war es. Uns schien es ein Göttertrank, und unsere Lippen bebten keineswegs vor den verwesten Materien zurück.

Nach dem ersten ausgiebigen Trunke hatte die Schleimhaut ihre normale Feuchtigkeit wiedererlangt, der heisere Choleraton der natürlichen Stimme Platz gemacht, und der lästige Harnzwang verschwand wie durch Zauberschlag. Mohammend schob zur Feier des Momentes eine ausgiebigere Prise Tabak in seinen Mund, biß ein entsprechendes Stück Natron mit seinem einsamen Eckzahne ab, und alles war Glück und Freude und Hoffnung.

Geheimnis der Ruinen
Karl Mauch

Ein heute noch immer nicht ganz gelöstes Rätsel des Dunklen Kontinents bilden die Ruinenstätten von Zimbabwe in Südrhodesien. Sie wurden am 5. September 1871 von dem Württemberger Karl Mauch (1837–1874) entdeckt. Mauch war in seiner Heimat Volksschullehrer gewesen, doch hatte ihn die Reiselust hinausgetrieben, und mit seinen bescheidenen Ersparnissen schlug er sich 1865 nach Südafrika durch, wo er sich als Arbeiter den nötigen Lebensunterhalt verdiente. Bald durchstreifte er auf kleineren Forschungsreisen die Burenrepublik Transvaal und entdeckte dabei sogar zwei Goldfelder. Auf einer dieser Reisen erfuhr er auch von geheimnisvollen Ruinenstätten im Innern Südrhodesiens. Tatsächlich gelang es ihm, sie aufzuspüren und erstmals die Kunde davon nach Europa zu bringen. Er vermutete in ihnen Überreste des biblischen Ophir, Bauwerke aus Salomonischer Zeit. Dieser Theorie schloß sich auch der bekannte deutsche Reisende Carl Peters in den temperamentvollen Ausführungen seines großen Reisewerkes »Im Goldlande des Altertums« an. Die moderne Forschung lehnt diese Theorien ab und vermutet in Zimbabwe Bauwerke aus weit jüngerer Zeit. Während die einen heute ihren Ursprung erst in das 18. Jahrhundert verlegen, glauben andere Fachleute, gestützt etwa auf einen C-14-Test, ihn schon in der Zeit zwischen 500 und 700 n. Chr. suchen zu dürfen. Über die Erbauer aber vermag man in all den verschiedenen Theorien nichts Sicheres zu sagen. Wir jedenfalls erleben in dem folgenden Abschnitt mit den Augen des Entdeckers die erste Begegnung eines Europäers mit den Ruinen von Zimbabwe.

Nach zwei Tagen kamen wir in eine malerische Granitgegend. Hohe Kuppen ragten bald als kahle Glocken, bald als zerklüftete und prachtvoll bewachsene Berge empor. Klare Wasser rieselten in Menge herab, der Boden war fruchtbar, und am Fuße von mächtigen Felsblöcken fanden sich einzelne Quellen, beschattet von großen Sizygien (Wasserbäumen) mit ihrem herrlichen Laubdach. Jetzt wurde es wieder lebendig. Wohlgenährte Ziegen und fette Schafe, auch einzelne reinlich aussehende, glänzende Kühe weideten in Gärten oder auf grasigen Halden. Fußpfade, die sich kreuzten, bekundeten eine zahlreiche Bevölkerung, obwohl man ihre Hütten, die sie hoch oben

zwischen den zerklüfteten Felsen errichteten, nicht zu sehen bekam. So sehr mir nun auch die Gegend gefiel, so geriet ich doch bald in eine Situation, die es mich fast bereuen ließ, mich hierher gewagt zu haben. Dumbos Leute, zu denen unterwegs noch einige andere unter der Führung eines zwölfjährigen impertinenten Häuptlingssohnes gestoßen waren, verließen mich bei Sumba, doch nicht ohne die abgefeimteste Spitzbüberei und den raffiniertesten Diebstahl an mir zu begehen. Sie hatten versprochen, mein Gepäck bis zu dem Häuptling Mapansule zu bringen, der noch drei Stunden entfernt wohnte. Hier weigerten sie sich aber und verlangten Bezahlung. Die unverschämte Weise, in der sie das taten, bewog mich zu dem Versuch, sie zum Halten ihres Versprechens zu zwingen. Sie entfernten sich und ließen sich erst des Abends wieder blicken, gelobten aber aufs neue, im folgenden Morgen versprochenermaßen mit mir weiterzuziehen. Dann lagerten sie sich ums Feuer und schliefen.
Während der Nacht brauste ein kalter Wind zwischen den Bergen. Ich hatte Mitleid mit den nackten, vor Kälte zitternden mageren Gestalten und gab ihnen meine eigene Wolldecke, um sie etwas zu schützen. Am frühen Morgen erhoben sie sich, nahmen ihre Waffen, Bogen und Pfeil, und entfernten sich unter dem Vorwande, einige Perlhühner zu schießen. Dagegen konnte ich nichts einwenden, ich ließ sie ziehen. Nun aber befand ich mich völlig allein. Als ich mein Gepäck an einen sicheren Ort bringen wollte, denn es begann zu regnen, entdeckte ich, daß ein runder Korb aus Palmblättern, der verschiedene wichtige Gebrauchsgegenstände enthielt, abhanden gekommen war. Nun mußte ich erkennen, daß ich mich in schlimmer Lage befand. Den ganzen Tag saß ich auf der Wache, nur wenige Bewohner des nahen Dorfes kamen herbei, von Dumbos Leuten zeigte sich keiner. Gegen Abend begab ich mich mit meiner Kürbisflasche an eine nahe Quelle, um Wasser zu schöpfen. Dort aber waren mehrere junge Leute, welche sich im hohen Grase um das Wasser aufstellten, als ob sie einem Tiere darin mit dem Pfeile auflauerten. Ich schaute diesem eigentümlichen, mir fremdartigen Treiben etwas länger zu, nichts zeigte sich, und ich kehrte zu meinem Platz zurück. Hier aber gewahrte ich zu meiner größten Überraschung, daß eines meiner Pakete aufgeschnitten und mein ganzer Vorrat an den teuersten, gangbarsten Perlen entwendet worden war. An eine Verfolgung war gar nicht zu denken, ich mußte überlegen, wie ich meine übrigen Effekten (Wertgegenstände) und vielleicht

Dschedid in der Oase Sebha. Einer der Rastpunkte Nachtigals auf seiner Reise durch die Sahara. Nach einem Bild aus Nachtigals Reisewerk „Sahara und Sudan“

Der Konische Turm in Simbabwe kurz nach der Entdeckung. Die Spitze wurde von Mauch abgetragen

Der Träger Mohammed bringt dem Afrikareisenden Schweinfurth den ersten Urwaldzwerg in das Lager

Gefecht Stanleys mit Eingeborenen auf dem Kongo während seiner großen Entdeckungsfahrt

sogar mein Leben aus dieser Räuberhöhle zu retten vermochte. Das Äußerste befürchtend, hielt ich von nun an mit gespanntem Hahn Wache. Es mochte gegen 9 Uhr sein, da näherten sich zwei schwatzende Gestalten und stellten eine große Kalabasse mit Bier vor mich hin, indem sie mir verständlich zu machen suchten, es sei dies ein Geschenk ihres Häuptlings für mich. Ich forderte sie auf, erst Bescheid zu tun, wie es überall Sitte war. Sie aber weigerten sich, ein nur zu deutliches Zeichen, daß das Bier Gift enthalten mußte. Mit einem Fußstoß vernichtete ich das Gefäß, und eine nicht mißzuverstehende Bewegung mit dem Gewehr veranlaßte die Überbringer zur schleunigsten Flucht. Dadurch hatte sich aber in meiner Situation nichts geändert. In meine Wolldecke gehüllt, saß ich die ganze Nacht auf dem Posten, in der ängstlichen Ungewißheit, ob nicht der nächste Augenblick meinem Leben durch einen vergifteten Pfeil ein Ende machen werde.

Als endlich der Morgen graute, hatten sich trübe Gedanken meiner bemächtigt. Fliehen konnte ich nicht, denn die Gegend war zu bevölkert. Und wenn schon, wohin denn? Nach Westen zu den Matabele? Dort durfte ich sicher sein, daß man mich nicht zum zweiten Male entwischen lassen würde, nachdem sie mich 1868 in diesen Gegenden gefangengenommen hatten. Nach Osten zu den Zulu, wo man bis aufs Hemd ausgeraubt wieder entlassen wird? Zurück nach Süden, wo mir die Leute von Dumbo auflauern würden? In dieser traurigen Lage kam der Häuptling mit mehreren seiner Leute. Es gelang mir nur mit Mühe, ihm verständlich zu machen, daß ich Leute wünschte, um nach Mapansule zu kommen. Ich legte die Bezahlung für jeden einzelnen hin, übergab dem Häuptling selbst ein Geschenk. Er nahm es an, verlangte aber mehr für die Träger. Ich legte zu, es genügte noch nicht, ja er verlangte zuletzt so viel, daß ich nicht einmal genug vorrätig gehabt hätte.

Meine Lage war jetzt verzweifelt, eine zweite Nacht folgte der ersten, und da war es nicht zu verwundern, wenn mir der Gedanke kam, selbst Hand an mein Leben zu legen, bevor ich vielleicht einer langsamen Marter erliegen müßte.

Gegen Nachmittag des dritten Tages erschienen plötzlich sieben kräftige Leute, gebadet im geschmolzenen Fett ihrer Haare und in Schweiß, und setzten sich schweigend vor mir nieder. Bald darauf hinkte ein magerer junger Kerl auf einem Bein, auf einen Stock sich mühsam stützend und fast außer Atem, ebenfalls herbei, und aus den wenigen Worten, die er mir in Setebele sagen konnte, erkannte ich, daß er diese Leute, Söhne von Mapansule, herbeigeholt hatte, da keiner in seinem Dorfe etwas für mich habe tun wollen. Dabei deutete er auf sein gesundes Bein hin, als das einzige, auf dem er den weiten Weg hin und zurück gemacht hatte. Ich belohnte ihn reichlich zu seinem und seiner Mitbürger Staunen. Die sieben aber bepackten sich mit meiner Habe, und mit erfreulicher Eile brachten sie mich von der fatalen Bevölkerung hinweg.

Noch am nämlichen Abend gelangten wir teils auf ebenem Feld, bald über Sättel zwischen Granitkuppen hindurch, zu einem Außendörfchen des Mapansule. Am folgenden Morgen wurde ich vollends auf die Bergspitze hinaufgebracht, wo Mapansule seine Wohnung hatte. Ich erstaunte nicht wenig, auch hier wieder von einer Bande von Seewas Leuten begrüßt zu werden. Ihre Anwesenheit war mir bald sehr unangenehm, als ich erfuhr, daß sie die Absicht hätten, den Häuptling zu veranlassen, mich »als seinen weißen Mann« als Gast und Gefangenen zu behalten. Willigte ich ein, so verurteilte ich mich zu einem elenden Leben, schlug ich es aus, so lief ich doppelt Gefahr, es zu verlieren. Da aber alles auf dem Spiele stand, so sollte auch das Unwahrscheinlichste versucht werden.

Ich erfuhr nämlich, daß ein Weißer in etwa drei Stunden Entfernung bei einem anderen Häuptling wohne und die Tochter desselben geheiratet habe. Es mußte dies derselbe Abenteurer sein, vor dem man mich gewarnt hatte, weil er ein ganz treuloser, schlechter Charakter sei, der sich ebensowohl hüten müsse, seinen zahlreichen Gläubigern in die Hände zu fallen, als dem Gerichte ausgeliefert zu werden, da er eine Frau mit vier Kindern in Transvaal schnöde verlassen hätte. Was konnte ich von einem solchen Menschen erwarten? Und doch konnte nur er mir Hilfe leisten. In einigen Minuten waren ein paar Zeilen zu Papier gebracht und abgesandt. Spät in der Nacht erschien er, wohlweislich einen Spion voraussendend, der Holländisch verstand und also von meinen Zwecken unterrichtet werden konnte. Er erkannte bald das Gefährliche meiner Situation und den Vorteil für sich selbst. Der Sprache der Makalaka ziemlich kundig, wußte er es dahin zu bringen, daß Mapansule mich endlich gegen ein besonderes Geschenk ziehen ließ. Ich ging natürlich mit diesem unerwarteten Helfer in der Not und hatte bald für mich eine Wohnung im nämlichen Dörfchen hergerichtet.

Das war der 31. August 1871. Hier verweilte ich bis zum 21. Mai

1872. Zu diesem langen Aufenthalt bewog mich die gleich am ersten Abend empfangene Nachricht, daß in der Gegend »weiße Menschen« gewohnt haben müßten, daß noch viele Spuren von Schmelzöfen verhanden wären, ganz anders beschaffen als die von ihnen benutzten. Ferner erfuhr ich eine wunderbar fabelhafte Geschichte von einem Topfe, der auf einem Berge in Klüften und Büschen sich verstecke und zeitweilig seinen Standplatz von selbst ändere. Außerdem noch mehrere Spuk- und Geistergeschichten. Den Berg mit seinem wunderbaren Topf mußte ich besuchen, aber nur mit vieler Mühe und Überredungskunst von seiten meines neuen Freundes gelang es, einige Begleiter in den Söhnen seines Schwiegervaters Pika zu finden. Am 3. September wurde der Berg bestiegen, er war in gerader Linie etwa eine Stunde entfernt, von ziemlicher Höhe, mit kahlem Gipfel, von wo aus man eine prächtige Rundsicht hatte. Erst allmählich getrauten sich meine Begleiter auf die Spitze hinauf, und der eine davon, der seine zehn Zehen durch Feuer verloren hatte, deutete plötzlich in östlicher Richtung auf einen etwa zwei Stunden entfernten Hügel und meinte, dort wären große Mauern, die auch von Weißen gebaut worden seien. Bravo! rief ich aus, das ist es, was ich seit 1868 anstrebe, welches Glück! Und wie unerwartet! Vor wenigen Tagen erst mit den ernstlichen Gedanken an den Tod beschäftigt und heute schon vor der glänzendsten Errungenschaft meiner Reise stehend!

Die Ruinen bestanden aus zwei Teilen, die Überreste der einen befanden sich auf der Spitze eines hohen isolierten Granithügels, die des anderen etwa eine halbe Meile südlich davon, durch ein versandetes Tälchen geschieden. Bei der Bergruine ist vor allem die Außenmauer bemerkenswert, sie diente offenbar Befestigungszwecken und ist mit großer Kühnheit auf die abgerundete Kante einer 60 Fuß hohen Felsmasse gebaut. Bei einer Länge von etwa 40 Metern ist sie an die 10 Meter hoch. Innerhalb derselben ist durch weniger dicke Mauern ein viereckig länglicher Raum eingeschlossen, der jedoch an der westlichen Seite bogenförmig begrenzt ist. Die Mauern sind alle ohne Mörtel aufgeführt, allerdings sind die weniger dicken des inneren Gebäudes fast gänzlich eingestürzt, so daß man Mühe hatte, über die Haufen loser Trümmer, bewachsen mit ansehnlichen Bäumen, allerlei Gestrüpp und strauchartigen Nesseln, sich den Weg zu bahnen. Vom inneren Raume, der Spitze des Felsenkopfes zu, führten mehrere bedeckte Gänge wahrscheinlich in Spalten und Klüfte, vielleicht auch in größere unterirdische Räume, die jedoch, offenbar späteren Ursprungs, von Kaffernhänden verbaut worden sind. Der ganze Westabhang des Hügels war mit Trümmern bedeckt, die einen Schluß auf die terrassenförmige Anlage erlaubten.

Die andere Ruine in der Ebene stellte eine großes Rund aus einer etwa acht Meter hohen, am Fuße vier, an der Spitze zwei Meter dikken Mauer dar. Auf der dem Berg zugekehrten Seite schien der einzige, nur für eine Person berechnete Eingang gewesen zu sein. Im Innern verliefen die dünneren Mauern bogenförmig labyrinthartig. Die Räume schienen schon öfters, wie man aus Spuren erkennen konnte, als Zufluchtsstätte von verfolgten Eingeborenen benutzt worden zu sein. Das Merkwürdigste innerhalb des Runds, dem erwähnten Eingang gegenüber, war ein etwa zehn Meter hoher, nach oben konisch verlaufender Turm, an dem jedoch, der am Fuße aufgehäuften Trümmer wegen, kein Eingang wahrzunehmen war. Ich erstieg an einem Rankengewächs seine Spitze, die noch zwei Meter im Durchmesser zeigte, und nahm einige Lagen der Steine ab, ohne jedoch eine innere Höhlung bemerken zu können. An dieses Rund angebaut, auf der Seite gegen den Berg zu, waren ebenfalls Ruinen großer Gebäude.

Weder oben auf dem Berge, noch unten in der Ebene konnte ich irgendeine Inschrift bemerken. Nichts zeigte sich, was mir hätte Aufschluß geben können, wem diese rätselhaften Gebäude zuzuschreiben waren. Ich hatte mich deshalb an die Eingeborenen zu wenden, deren Aussagen jedoch lange Zeit keinen Anhaltspunkt boten. Im Gegenteil drohte das bedeutende Interesse, das ich dafür an den Tag legte, böses Blut machen zu wollen, so daß ein fernerer Besuch nur im geheimen unternommen werden konnte. Dann kam mir zu Ohren, daß ein Mann existiere, der mehr als alle anderen um die Ruinen wissen müsse. Ich besuchte ihn, machte ihn durch Geschenke zutraulich und durch Bier gesprächig. Seine Mitteilungen waren beachtenswert, schon die erste, auf die er kein besonderes Gewicht zu legen schien, brachte Licht in die Sache. Er meinte, man opfere und bete auf dem Berge, und die Ruine in der Ebene werde »das Haus der Großfrau« (oder auch Haus der Königin) genannt. Er erzählte dann von Opferfesten, bei denen ein Hoherpriester (ich kann ihn wohl nicht besser bezeichnen) auf dem Berge Brandopfer darbrachte. Der Mann, von dem ich die Auskunft erhielt, war selbst einer der Söhne des letzten Hohenpriesters Tenga, der vor etwa dreißig Jahren den Gottesdienst versehen hatte, eines Abends aber von einem Feinde überfallen und auf verräterische Weise ermordet worden war, ohne daß seine Söhne vorher erfahren hätten, wo verschiedene Opfergegenstände verborgen waren. Der Mann hoffte auch zuversichtlich, daß er wieder ins Amt treten werde, und hauste deshalb in der Nähe, obgleich er nicht zu den umwohnenden Stämmen zählte und mit seiner Familie ganz abgesondert lebte.

Die Ähnlichkeit dieser Opfer mit jenen vom israelischen Kult vorgeschriebenen ist unverkennbar. Die Grundzüge sind deutlich vorhanden, wenn auch das Detail vieles zu wünschen übrig läßt. Darauf gestützt glaube ich nicht zu irren, wenn ich annehme, daß die Ruine auf dem Berg eine Nachbildung des Salomonischen Tempels auf dem Berge Moria, die Ruine in der Ebene eine jenes Palastes ist, worin die Königin von Saba während ihres Besuchs bei Salomon wohnte. Es ist wohl zu vermuten, daß die gewöhnlich ins Reich der Mythe versetzte Königin von Saba sich während ihres mehrjährigen Aufenthalts in Jerusalem zum Judentum bekehrt hat und im Bewußtsein, daß sie alles Material und alle Schätze, wie sie zu den Bauten Salomons verwendet worden waren, in ihrem eigenen Lande im Gebiete des Sabi-Flusses besitze, den Entschluß faßte, mit Hilfe phönizischer Bauleute ähnliche Gebäude aufführen zu lassen. Mit bekannten phönizischen Bauten stimmen sie übrigens noch am besten überein. Eingeborene und Araber hätten anders gebaut, und die Portugiesen hatten bereits Kunde von der Existenz der Ruinen. Außer diesen Hauptruinen gibt es aber noch viele andere im Lande zerstreut.

Zwerge des Urwalds
Georg Schweinfurth

Das Gebiet des Bahr el-Ghazal, des Gazellenflusses, zwischen Nil und Kongo wurde von dem Botaniker Georg Schweinfurth erforscht. Schweinfurth wurde 1836 in Riga geboren, besuchte dort das Gymnasium und studierte von 1857 bis 1860 in Heidelberg, München und Berlin Naturwissenschaften. Mit siebenundzwanzig Jahren unternahm er seine erste Forschungsreise nach Afrika, die ihn nach Oberägypten und Nubien führte. 1869 ging er dann nach Khartum, der Hauptstadt des Sudans, und von da aus nilaufwärts bis zur Einmündung des Gazellenflusses. Unterstützt von arabischen Elfenbeinhändlern konnte Schweinfurth trotz seiner bescheidenen finanziellen Mittel bis weit in das Quellgebiet des Flusses vordringen und neben botanischen Arbeiten sich auch der Erforschung der dort lebenden Volksstämme widmen. Als erster Weißer brachte er genaue Nachrichten von den Urwaldzwergen. 1872 kehrte er wieder nach Deutschland zurück, wo er die Ausarbeitung seines Reiseberichts in Angriff nahm. Aber 1875 führte er schon wieder neue Forschungen in Ägypten durch. Er ließ sich in Kairo als Privatgelehrter nieder und beschäftigte sich vorwiegend mit botanischen Studien. Weitere Reisen führten ihn in die Libysche Wüste, nach Südarabien und nach Eritrea. Als Mitglied von sechzig wissenschaftlichen Gesellschaften führte Schweinfurth ein unermüdliches Leben als Forscher und Wissenschaftler. Erst 1914 kehrte er von Kairo, dem Ausgangspunkt aller seiner Forschungen, für immer nach Deutschland zurück. Er starb 1925 in Berlin. Von der sensationellen Begegnung mit den Urwaldzwergen – den ersten, die ein Europäer sah – erzählt er selbst:

Während der langen Abende auf den Gewässern des oberen Nil wurde ich von meinem Platz im Hinterteil unserer Barke oft Zeuge der Unterhaltungen meiner Nubier. Sie erzählten sich von den Wundern der Welt, die einen von der Pracht der Kalifenstadt, andere vom Suezkanal und den großen Schiffen der Franken. Der dankbarsten Zuhörerschaft aber hatten sich diejenigen zu erfreuen, die, herangewachsen auf abenteuerlichen Wanderzügen von Jagd und Krieg, von den wilden Tieren und den noch wilderen Bewohnern Zentralafrikas zu berichten wußten. Nicht Märchenerzähler im Sinne von Tausendundeiner Nacht waren diese Nubier, nicht Vorleser wie sie den Kairoer Ramadan verherrlichen in nächtlichem Mokkagenuß geweihten Hallen – die hatte ich längst verlassen. Odysseisch war der ganze Zuschnitt meines damaligen Lebens, zu seiner Ausschmückung gehörte sich nun auch ein homerisches Lied, und ein solches wurde mir in der Tat geboten. Sollte doch der Nil, der mit jedem Tag nach Süden zu breiter und wasserreicher zu werden schien, dem Ozean entströmen, der Afrika umfloß; zu ihm führte uns der Weg, wie die Kraniche, die ausgezogen waren, die Pygmäen zu bekämpfen. Ja, von Zyklopen, Automolern (Mißgeburten) und Pygmäen sprachen diese Nubier, und wenn sie auch andere Namen dafür hatten, so war dies doch tatsächlich Gegenstand ihrer Erzählungen.

Da waren etliche, die mit ihren eigenen Augen das Völklein der unsterblichen Mythe geschaut hatten, und Männer, um deren Bekanntschaft mich Herodot beneidet haben würde, waren meine Diener. In einem südlich vom Gebiete der Niamniam gelegenen Land habe man Männchen gesehen, die nie über drei Fuß Höhe erreichten, einen langen weißen Bart bis an die Knie trügen und mit guten Lanzen bewaffnet dem Elefanten unter den Leib schlüpften und ihn so leicht zu erlegen vermöchten, da er mit seinem Rüssel ihrer nicht habhaft werden könne. Sie verkauften den Händlern viel Elfenbein und wurden Schebr-dhequintu genannt, ein Name, der eigentlich Leute mit spannenlangem Bart bedeutet, denn merkwürdigerweise knüpften die Sudaner, wie wir, an das Bild, das sich ihre Phantasie von Zwergen gestaltet, stets die Vorstellung von Männlein, die mit langen Bärten versehen sind. Je häufiger ich diesen Geschichten zuhorchte, je mehr der weitgereisten Abenteuer ich einer verborgenen Kritik unterzog, zu der mich meine Eigenschaft als Fremdling zwang, dem man so gern Märchen aufbindet, desto häufiger stieß ich auf die Pygmäensage.

Solange ich mich in den Seriben des Bongo-Gebietes aufhielt und so häufig ich Nachrichten über die südlichen Äquatorialländer einzuziehen Gelegenheit fand, beständig begleitete mich der romantische Zauber dieser Sage und sie wurde mir durch die vielen Erzählungen von Augenzeugen immer familiärer. Die Niamniam-Zügler berichteten mir Wunderdinge von der Pracht der kannibalischen Hofhaltung der wilden Könige, von Zwergen, die bei ihnen das Amt von Hofnarren bekleiden, und suchten sich in phantastischen Ausschmückungen der von ihnen entworfenen Schilderungen zu überbieten. Ich war anfänglich davon überzeugt, und meine Reiseberichte geben davon

Kenntnis, daß es sich hier nur um pathologische Erscheinungen handeln könne, die gleichsam als Naturmerkwürdigkeiten von den Königen gehalten würden, denn ich erinnere mich lebhaft der Lebensgeschichte des Zwerges Kimenja, den Speke am Hofe Kamrasis kennenlernte. Daß es aber in der Tat eine Reihe von Völkerstämmen gäbe, deren durchschnittliche Körpergröße weit unter das mittlere Maß der bekannten Bewohner von Afrika zu stehen kommt, davon sollte ich mich erst bei Munsa durch den Augenschein selbst überzeugen.

Schon hatte ich mehrere Tage in der Residenz des Königs verlebt, und noch immer waren mir nicht die vielbesprochenen Zwerge zu Gesicht gekommen, meine Leute aber hatten sie gesehen. »Weshalb habt ihr sie mir nicht gleich mitgebracht?« war meine vorwurfsvolle Frage. – »Sie fürchten sich«, hieß es. Da erscholl eines Vormittags lauter Jubel durch das Lager. Mohammed hatte einige Pygmäen beim König überrascht und schleppte nun trotz seines Sträubens und wilden Gebarens ein seltsames Männlein vor mein Zelt, das hockte auf seiner rechten Schulter, ängstlich hielt es Mohammeds Kopf umklammert und warf scheue Blicke nach allen Seiten. Jetzt saß es vor mir auf meinem Ehrenplatz, zu seiner Seite der königliche Dolmetsch. Ich konnte nun endlich meine Augen weiden an der handgreiflichen Verkörperung tausendjähriger Mythe, ihn zeichnen und ausfragen. Beides war nicht so leicht getan wie gedacht. Ihn vorläufig zum Sitzen zu bringen, war nur dem Erfolge zu verdanken, den die von mir mit großer Eilfertigkeit ausgekramten Geschenke erzwangen. In meiner Angst, es würde sich keine zweite Gelegenheit darbieten, griff ich zu jedem Mittel der Überredungskunst. Ich beschenkte den Dolmetsch und bat ihn, dem Furchtsamen ja doch Mut zuzusprechen und ihm Zutrauen zu mir zu erwecken. Was also in zwei Stunden geschehen konnte, geschah, er wurde gemessen, porträtiert, gefüttert, beschenkt und bis zur Erschöpfung ausgefragt.

Sein Name war Adimoku, und er war das Haupt einer Familie, die eine halbe Stunde von der Residenz eine kleine Pygmäenkolonie darstellte. Aus seinem eigenen Munde erfuhr ich nun die Bestätigung, daß ihr Volksname »Akka« sei. Die Akka bewohnen ausgedehnte Gebiete im Süden der Mangbattu, ungefähr zwischen dem ersten und zweiten Grad nördlicher Breite. Ein Teil der Akka ist dem Mangbattu-König unterworfen, und dieser, indem er die Pracht seines Hofes durch eine Sammlung aller ihm zugänglichen Naturmerkwürdigkeiten zu erhöhen suchte, hatte einige Familien des Pygmäenvolkes in seiner Nähe angesiedelt. Meine Niamniam gaben mir Satz für Satz dasjenige wieder, was der Mangbattu-Dolmetsch, der nur diese Sprache gelernt hatte, von Adimoku erfuhr. Schließlich war Adimokus Geduld erschöpft. Er sprang auf, zum Zelt hinaus und wollte entfliehen, aber da standen die Scharen der neugierigen Nubier und Bongo und vorläufig mußte er noch bleiben. Auf vieles Zureden ließ er sich denn bewegen, einige Waffentänze zum besten zu geben. Er war nach Art der Mangbattu kostümiert und mit Lanze, Bogen und Pfeilen bewaffnet. Alles en miniature (in kleinem Maßstab), denn er hatte nur eine Höhe von 1,5 Meter; dies war jedenfalls das durchschnittliche Körpermaß.

Hatte ich wiederholt bereits den Waffentänzen der Niamniam meine Bewunderung gezollt, so war diesmal der Eindruck zunächst der einer grenzenlosen Heiterkeit. Trotz seines großen Hängebauches, trotz seiner dürren Säbelbeine leistete Adimoku, der, beiläufig gesagt, bereits bejahrt zu sein schien, wahrhaft Unglaubliches an Sprungkraft und Gewandtheit; seine Sprünge waren dabei von einer Lebhaftigkeit des Gesichtsausdrucks unterstützt, daß alle Anwesenden sich den Bauch vor Lachen halten mußten.

Bereits am folgenden Tage erfreute ich mich des Besuchs von zwei jungen Männern, die ich zeichnete. Nachdem ich ihnen alle Furcht genommen hatte, erhielt ich fast täglich Besuche von Akka. Auch größere Exemplare fanden sich ein, und jedesmal, wenn ich mich nach dem Grunde dieser Verschiedenheit erkundigte, erfuhr ich, daß es das Resultat einer Vermischung mit den Mangbattu sei, in deren Mitte sie lebten. Leider kam unser Aufbruch von Munsa unerwartet plötzlich, bevor ich noch die sich mir darbietende Gelegenheit zum Studium dieses Volkes erschöpft hatte. Ich bedauerte namentlich, keines einzigen Weibes dieser Rasse ansichtig geworden zu sein, auch den Besuch ihrer Wohnungen von Tag zu Tag hinausgeschoben zu haben, bis es zu spät war. Unvergeßlich ist mir eine Begegnung, bei der ich Gelegenheit haben sollte, mehrere Hunderte von Akka-Kriegern zu sehen. Ich hätte sie genau in Augenschein nehmen können, wären die Umstände danach gewesen. Mummeri, dem die Akka zunächst zinsbar sind, war an das Hoflager gekommen, und ein ganzes Korps von Pygmäen befand sich in seinem Gefolge. Ich hatte an jenem Tage einen weiten Ausflug gemacht, auf dem mich meine Niamniam begleiteten. Die Sonne war bereits ihrem Untergang nahe, als mich der Rückweg durch das große Residenzdorf führte. Ich wußte nichts von Mummeris Ankunft. Da sah ich mich auf dem weiten Freiplatz vor den königlichen Hallen plötzlich von einem Haufen übermütiger Knaben umringt, die ein Scheingefecht zu meinem Empfang improvisierten, ihre Pfeile auf mich richteten und in einer Weise mich umschwärmten, daß ich diese Zudringlichkeit meiner Person gegenüber zumindest für unziemlich betrachten mußte. »Da sind ja Tikitiki«, riefen meine Niamniam aus (so heißen die Akka bei ihnen), »du glaubst wohl, es seien Kinder, das sind Männer, die zu fechten wissen!« Die Begrüßung Mummeris entzog mir diese denkwürdige Szene; ich nahm mir vor, am folgenden Morgen das Lager der Ankömmlinge zu besichtigen, aber ich hatte mich verrechnet: Mummeri hatte beim frühesten Morgengrauen bereits den Platz verlassen und mit ihm die Pygmäen. Einem phantastischen Traumgebilde gleich waren sie wieder zurückgesunken in die Nacht, die das innerste Afrika umfangen hält, so nah und doch so unerreichbar!

Zwischen Wasserfällen und Kannibalen
Henry Morton Stanley

Seit dem 15. Jahrhundert war zwar die Mündung des Kongo den Europäern bekannt, über seinen Verlauf im Innern des Erdteils aber wußte man überhaupt nichts. Bei ihm sollte es besonders lange dauern, bis seine Erforschung gelang. Sie ist das Verdienst Henry Morton Stanleys. Eigentlich hieß er John Rowlands und wurde als Sohn eines Farmers 1841 in Wales geboren. Seine Kinderjahre verbrachte er unter den ärmlichsten Verhältnissen. Mit fünfzehn Jahren lief er aus dem Armenhaus davon, trieb sich drei Jahre lang in englischen Hafenstädten herum und ging schließlich als Schiffsjunge nach Amerika. Hier wurde er von dem Kaufmann Stanley adoptiert. Im amerikanischen Bürgerkrieg kämpfte er erst im Heer der Südstaaten, dann in der Kriegsmarine der Nordstaaten. Energisch füllte er seine Bildungslücken und wurde schließlich Berichterstatter einer großen amerikanischen Zeitung. In deren Auftrag bereiste er Europa, den Vorderen Orient und Abessinien und suchte schließlich 1871 den verschollenen Forscher Livingstone am Taganjikasee auf. Von 1874 bis 1877 stieß er mit rund sechshundert Mann in einer groß angelegten Expedition von Ostafrika aus zu den zentralafrikanischen Seen vor und erforschte auf einer höchst abenteuerlichen und gefährlichen Fahrt den Kongo vor seinem Quellfluß bis zur Mündung. Dann war er im Auftrag Leopolds II., des Königs der Belgier, von 1882–1884 im Kongogebiet tätig und gründete dort mehrere Niederlassungen. Seine letzte große afrikanische Reise unternahm Stanley 1887–1889 zur Rettung Emin Paschas. Dann ließ er sich in England nieder, wurde Mitglied des Unterhauses und 1899 geadelt. Er starb am 10. Mai 1904 in London.

In der Morgendämmerung schifften wir uns ein und fuhren ungefähr drei Kilometer dicht am rechten Ufer des Stromes hinunter. Ein plötzlich eintretendes Unwetter nötigte uns aber, auf dem Nordufer zu kampieren, und hier befanden wir uns unter dem Schatten des Urwaldes.

Um 10 Uhr, als wir in einer sehr elenden Lage unter den rohen Blätterdächern kauerten, die wir hastig zusammengebaut hatten, kamen Leute vom anderen Ufer herüber, um zu sehen, was denn das für sonderbare Wesen seien, welche die Einsamkeit in einem unbewohnten Walde ihrer eigenen lautlärmenden Gesellschaft vorzögen. Stockstill

blieben wir unter unserm niedrigen Blätterdache hocken, aber wir hörten, wie die milde, klagende Stimme Katembos, unseres Dolmetschers, sich im Interesse des Friedens und guten Einvernehmens abmühte.
Der Friede wurde denn auch schließlich zwischen Katembo und der Kanugesellschaft abgeschlossen, und letztere trat näher heran, um in aller Muße einen blassen, hohlwangigen Weißen anzugaffen, der mit seinen großen Augen unter dem Schirm seiner Mütze hervor diese wohlgenährten, bronzehäutigen Ureinwohner unverwandt ansah.
Um 2 Uhr nachmittags verließen wir unser Lager im Walde von Luru und ruderten nach dem von Irjamba eingenommenen Ufer des Lualaba oder Livingstone, wie ich ihn nannte, hinüber. Gleich nach Aufhören des Regens hatte sich aber ein starker Wind erhoben, der, als wir mitten auf dem Strome waren, sich zu einem Sturme verstärkte und große, schwere Wellen hervorbrachte. Leider wurde dadurch das Untersinken von zwei Kanus veranlaßt, wobei zwei unserer Leute ertranken und vier Flinten sowie ein Sack mit Perlen verlorengingen. Ein halbes Dutzend der anderen Kanus schwebte eine Zeitlang in großer Gefahr, doch kamen keine weiteren Unglücksfälle vor.
Am 31., dem letzten Tage des Jahres 1876, setzten wir unsere Reise wieder weiter fort. Der Morgen war wunderschön, der Himmel blau und klar, der Hochwald still und schwarz, auf dem Strome kräuselte sich nicht die kleinste Welle. Alles verhieß einen schönen Reisetag. Aber von einer der Inseln schallte der Warnungsruf einer Trommel und bald hallten auch von anderen Trommeln dumpfe Signale wider.
»Haltet euch zusammen, Leute«, rief ich, »dort unten dürfte es heiße Arbeit für uns geben.«
Da sowohl die Insel als auch die Ufergegend zur Linken außerordentlich stark bevölkert zu sein schien, so beschlossen wir, uns in der Mitte des Stromes zu halten und langsam und in fester Ordnung den Strom hinabzurudern. Die Kanus der Eingeborenen stießen jetzt hastig von beiden Seiten ab, und alle Vorbereitungen zu einem wütenden Angriff schienen getroffen zu sein. Als wir aber in die Nähe der Wilden kamen, riefen wir ihnen laut zu: »Freunde, Friede! Haltet euch von uns entfernt. Wir werden euch keinen Schaden zufügen; aber erhebt eure Speere nicht, oder wir werden kämpfen.«
Darauf trat auf einen Augenblick eine durch die Unschlüssigkeit der Wilden veranlaßte Pause ein, in der sie ihre Speere an ihren Schilden

erklingen ließen und einige heftige Worte ausstießen, und schließlich zogen sich die Kanus zurück. Da wir immer ruhig fortruderten, so führte uns der Strom mit seiner starken Strömung gar bald an dem volkreichen Distrikt und der Insel vorüber.

Am Abend richteten wir unser Lager in der Waldung auf dem rechten Ufer ein.

Zu Anfang des neuen Jahres 1877 erfreute uns in den ersten drei Stunden nach Sonnenaufgang eine entzückende Fahrt an einem unbewohnten Landstrich vorüber. Mein von täglicher Sorge und Unruhe ermüdeter Geist fand Ruhe und Erholung in stillen, über diese tiefschlummernde Natur nachsinnenden Betrachtungen. Aber bald nach 9 Uhr bemerkten wir, daß wir uns Ansiedlungen näherten, die sowohl auf den Inseln als auf den Stromufern zum Vorschein kamen, und wiederum erweckten die rauhen Klänge der Kriegstrommeln das Echo des Waldes und hallten den Fluß entlang und ließen unsere Pulse schneller schlagen.

In festgeschlossener Ordnung wie zuvor fuhren wir stromab und verfolgten standhaft unseren Weg; aber um uns diesen vorn zu versperren, stürzten ungefähr zehn lange Kanus aus dem Schatten der palmenreichen Flußufer hervor, und die wilde Bemannung fing an, ihre Kriegsgesänge anzustimmen und dann und wann in höhnenden und herausfordernden Stellungen die Speere und Schilde hoch emporzuheben und sie darauf mit einem dröhnenden Stoß zu senken.

Als wir nahe an sie herangekommen waren, riefen wir ihnen laut zu: »Sen-nen-neh, Friede!« Doch diesmal wollten die Wilden nicht antworten. »Wir werden heute Wadjiwa-Fleisch essen. Oho, wir werden euer Fleisch essen!« schrien sie, und dann rief ein alter Häuptling irgendein Kommandowort aus, und plötzlich schlugen hundert Ruder das Wasser zu Schaum, und die Kanus stürmten auf uns los. Aber der Kampf war kurz, und man ließ uns unsere Reise fortsetzen.

Die Breite des Stromes wuchs jenseits dieser Inseln bis über 2700 Meter hinaus; das linke Ufer war hoch, das rechte niedrig. Als wir dann das südliche Ende einer großen unbewohnten Insel erreicht hatten, schlugen wir ein Lager auf, damit wir nicht noch einmal in Feindseligkeiten verwickelt werden möchten.

Am 2. Januar ging es den ganzen Tag sehr lebhaft zu. Wir hatten zuerst bei Kirembuka vorbei Spießruten (eigentlich Spießpfeile) zu laufen, ein aufregender Kampf; darauf wurden wir von Mwana Maras wilden Söhnen, denen sich bald die Leute Mwana Vibondos

anschlossen, zum Kampf herausgefordert, und um 10 Uhr vormittags hatten wir einen Angriff der Eingeborenen von Lombo a Kiriro zurückgeschlagen. Drei Stunden lang hatten wir fast ohne Unterbrechung gekämpft, denn die Stämme vom linken Ufer hatten sich in das Gefecht eingemischt und denen vom rechten Ufer Beistand geleistet. Darauf hatten wir eine Stunde lang Ruhe; dann aber kamen wir an eine Insel, deren Bewohner sich sehr leidenschaftlich zum Kampfe rüsteten. Wir versuchten aber, ob wir nicht durch Unterhandlungen eine friedliche Durchreise erzielen könnten. Die Bewohner hatten sich offenbar nicht erst die Zeit genommen, mit ihrem stromaufwärts wohnenden Freunden zu verkehren, wodurch sie sich eine Enttäuschung erspart hätten, sondern sie kamen sogleich mit sehr unerschrockenen, siegesgewohnten Gebärden auf uns los. Wir hielten ihnen kupferne Armbänder und lange Perlenschnüre entgegen und schrien ihnen laut unser »Sen-nen-neh« zu. Sie lachten uns aus, und ein Kerl mit einem gewaltigen rußgeschwärzten Schild fragte uns, indem er seinen langen Speer wie einen Zeigefinger gebrauchte, ob wir etwa meinten, daß wir sie durch Darreichen einiger Muschelschalen und Kupferringe um so vieles »Fleisch« bringen könnten – so wenigstens verdolmetschte mir Katembo ihre Antwort.
Unsere Kanus lagen jetzt mit ihren Seiten längs der schilfbewachsenen Inselküste, und sobald die ersten Speere geworfen waren, erhielten die Waganda den Befehl, zur Erwiderung statt der Kugeln groben Schrot auf sie abzufeuern. Ein paar solcher Schüsse von jedem unserer Schützen genügten, um unsere Feinde in Schrecken zu setzen und in Verwirrung auseinanderzutreiben. Nach einer Weile erholten sie sich indes von ihrer Panik und begannen nun aus größerer Entfernung ihre vergifteten Pfeile abzuschießen; aber unsere Gewehre erteilten ihnen eine so wirkungsvolle Antwort, daß sie schließlich vom Kampfe abließen und wir somit von unseren »fleischliebenden« Gegnern wieder befreit wurden.
Wir fuhren auf dem Hauptstrome noch einige Kilometer hinab und machten gegen Abend halt, um uns auf einem schon früher gesichteten Landstrich am rechten Ufer zu lagern. Wenn wir es hätten wagen wollen, so hätten wir ganz gut unsere Reise während der Nacht fortsetzen können; aber die Klugheit hielt uns von einem solchen Versuch ab, da die Wasserfälle uns leicht noch verhängnisvoller werden konnten als die Kannibalen.
Am 4. Januar hörten wir nachmittags zum ersten Male das Brausen

von Wasserfällen. Während unsere Fahrzeuge ungefähr 27 Meter weit vom rechten Ufer entfernt waren, sprangen plötzlich hinter einer Gebüschgruppe acht Männer hervor, erhoben ihr Kriegsgeschrei und schleuderten ihre hölzernen Speere. Einige davon trafen die Bootswand und rissen tiefe Furchen hinein, andere flogen darüber hinweg. Sogleich suchten wir uns weiter zu entfernen, und als wir bis in die Mitte des Stromes gelangt waren, fanden wir, daß wir uns unbehutsamerweise den Angriffen des wachsamen Stammes der Mwana Ntaba bloßgestellt hatten. Unmittelbar darauf schlugen auch wieder die großen Kriegstrommeln, und zahlreiche Kanus wurden zum Kampf vorbereitet. Die Eingeborenen erschienen in voller Kriegsbemalung: die eine Hälfte ihres Körpers war mit weißer Farbe überschmiert, die andere rot mit breiten schwarzen Streifen, der Gesamteindruck war einzig in seiner Art und sogar teuflisch. Im Aussehen ihrer mehr als fünfzehn Meter langen Kanus lag etwas Krokodilartiges, das selbst dem mutigsten Gegner einige Besorgnis einflößte; dazu schienen die Kämpfer, welche mit den Ruderern abwechselnd aufstanden, von einem wilden Mut beseelt wie Bergkatzen. Hornsignale, welche von Ufer zu Ufer widerhallten, hellklingendes Getrommel und ganze Chöre gellenden Geschreis setzten die Schlacht in Szene.
Wir bildeten eine Linie, und nachdem wir alle unsere Schilde als Schutzwehren für die nicht streitbare Mannschaft aufgestellt hatten, erwarteten wir den ersten Angriff mit scheinbarer Ruhe. Eins der größten Kanus, das, wie wir später fanden, 26 Meter lang war, tat verwegen den Fehlgriff, mein Boot zu seinem Opfer auszuwählen; wir hielten unser Feuer zurück, bis es nur noch 15 Meter von uns entfernt war, griffen dann, nachdem wir die Mannschaft mit einer vollen Salve überschüttet hatten, das Kanu mit dem Boot an. Die Mannschaft war nicht imstande, dasselbe schnell genug zur Flucht umzuwenden, stürzte sich deshalb in den Fluß und schwamm zu ihren Freunden hinüber, während wir uns des Kanus bemächtigten. Wir tauschten bald darauf zwei unserer kleineren Kanus dagegen aus, bemannten das Ungeheuer mit dreißig Mann und setzten dann unsere Reise in einer Linie fort, mein Boot voran und zugleich als Führer dienend. Diese den Mwana Ntaba gleich zu Anfang zugefügte Schlappe veranlaßte sie, den Strom hinabzueilen und durch Hörnerblasen und Trommelschlagen beide Ufer zu alarmieren, bis wir ungefähr 40 Kanus, welche ohne Zweifel Böses im Schilde führten, wütend den Strom hinabjagen sahen.

Am Nachmittag kamen wir vor der Mündung eines Flusses vorbei, dem ich den Namen Leopoldfluß gab. Das 2300 Meter breite Flußbett zog sich jetzt merklich zusammen, und wir vernahmen das Brausen eines Katarakts, des ersten in der Reihe der Stanleyfälle.
Aber lauter als das Rauschen der Wasserfälle erschallte das durchdringende gellende Geschrei der wilden Mwana Ntaba von beiden Seiten des großen Stromes. Wir standen jetzt der unabwendbaren Notwendigkeit gegenüber, den Entschluß, welchen wir vor unserem Aufbruch zu dieser wilden Reise gefaßt hatten, praktisch auszuführen – wir mußten siegen oder sterben. Was sollten wir tun? Sollten wir uns umwenden und den wutschnaubenden Kannibalen Trotz bieten, oder sollten wir ausrufen: »Mambu kwa mungu« (unser Schicksal ist in Gottes Hand) – und die Fahrt über den Katarakt mit ihren Schrekken wagen?
Mittlerweile gleiten wir sanft dahin, unserem Untergang entgegen: Wir müssen also zu einem Entschluß kommen und zwar augenblicklich. Gott weiß, daß ich und meine Gefährten ihn lieber nicht hätten fassen mögen, weil es möglicherweise doch nur eine Wahl ist zwischen zwei Todesarten – durch grausame Messer oder durch Ertrinken. Wenn wir uns nicht für die Messer entscheiden, die bereits für unsere Kehle geschliffen sind, so ist der Tod durch Ertrinken sicher. Da wir uns so unserm unvermeidlichen Schicksal gegenüberfinden, wenden wir uns dem rechten Ufer zu gegen die Wilden, welche sich in den Wäldern und auf dem Wasser befinden. Wir werfen die Anker aus und beginnen den Kampf, finden aber, nachdem dieser eine Viertelstunde gedauert hat, daß wir sie mit Gewalt nicht wegtreiben können. Wir ziehen darauf die Ankersteine in die Höhe und fahren wieder stromaufwärts, bis wir an einer Krümmung ankommen, worauf wir quer über den Fluß fahren und unsere Streitkräfte teilen. Manwa Sera soll vier Kanus nehmen, eine kurze Strecke weiter stromaufwärts fahren und, während wir die Aufmerksamkeit der Wilden von vorn beschäftigen, seine Leute durch die Waldung führen und jenen in den Rücken fallen. Um 5 Uhr machen wir einen Landungsversuch und halten sie zunächst einige Minuten hin; als wir dann aber einen Schuß im Walde hören, stürzen wir auf die Küste los und landen unter einem Regen von Speeren und Pfeilen. Von Baum zu Baum wird das Gefecht bis Sonnenuntergang fortgesetzt, erst dann gelingt es uns, den Feind zu vertreiben und uns für die Nacht Frieden zu erringen.

Am 5. Januar waren wir schon um 4 Uhr munter und kochten ab, um uns zu stärken für die schwere Arbeit, die noch vor uns lag. Bis 8 Uhr morgens ließ man uns ungestört, dann aber sahen wir die Kanus der Mwana Ntaba nach dem linken Ufer herüberfahren, und infolge ihrer Signale belebte sich der Wald hinter unserm Lager bald mit wilden Männern. Frank verteilte 30 Patronen an jeden der 43 Flintenträger, welche uns jetzt noch blieben. Mit Einschluß meiner eigenen Gewehre besaßen wir im ganzen nur 48. Aber schrecklicher als die Gewehre war für unsere Feinde der Mut der Verzweiflung, der jetzt jedes Herz stark und jeden Kopf frisch und entschlossen machte.

Von der Flußseite her hatten die Kannibalen nur wenig Aussicht auf Erfolg, und das merkten sie nach einigen Salven unserer Scharfschützen sehr wohl. Sie verbündeten sich deshalb mit dem Baswastamm, welcher während der Nacht von seinen Inseln unterhalb der ersten Wasserfälle herübergefahren war. Bis 10 Uhr vormittags hielten wir unsere eigenen Leute im sicheren Lager zurück, aber dann machten wir einen Ausfall und griffen den Feind bis um 3 Uhr nachmittags unablässig an. Zehn unserer Leute erhielten Wunden und zwei wurden getötet. Um zu verhüten, daß sie den Kannibalen zur Speise dienten, übergaben wir die Toten den reißenden Fluten des Stromes.

Endlich zogen sich die Kannibalen zurück, und obgleich wir jeden Augenblick ihren erneuten Besuch erwarteten, blieben wir doch die zwei oder drei folgenden Tage unbelästigt.

Früh am Morgen des 6. Januar fing ich an, den ersten Katarakt der Stanleyfälle genau zu untersuchen. Von einem Baum herab sah ich gleich mit meinem Fernglas, daß es unmöglich war, auf der rechten Seite hinabzufahren, da der Wellenschlag gewaltig stark und die Abdachung so groß war, daß sich die gesamte Oberfläche des Flusses mit Schaum bedeckte. Ferner bemerkte ich, daß sich der Strom an dem Bergrücken, der sich seinem Laufe entgegenstellte, wie in einem Wasserbecken sammelte, aus dem er über einen Wall zu einer Szene voll unbeschreiblicher Wirrnis in schreckliche Strudel und einen ganz tollen Zusammenfluß brausender und sich übereinanderwälzender Gewässer hinabstürzte. Ich beschloß deshalb den linken Stromarm entlang am Lande hinzureisen und nahm acht Mann mit mir, um den besten Weg festzulegen. Innerhalb zweier Stunden hatten wir das Gebüsch genau untersucht und einen Pfad nach der in einer Entfernung von drei Kilometern liegenden Ufergegend unterhalb der Fälle durch Abschälen der Rinde kenntlich gemacht.

Nachdem ich darauf ins Lager zurückgekehrt war, sandte ich Frank mit einer Abteilung von 50 mit Beilen versehenen Männern ab, um einen Pfad lichten zu lassen. Um Mittag des 7. Januar fuhren wir mit den Kanus so nahe an den ersten Wasserfall des linken Stromarmes heran, als die Vorsicht dies erlaubte, und waren nun bereit, die Kanus an Land zu schleppen. Ein vier Meter breiter Weg war durch das dichte Gebüsch und Unterholz ziemlich gerader Richtung geschlagen worden, ausgenommen wo einzelne Riesenbäume unberührt standen. Um 8 Uhr abends hatten wir die Kanus schon zwei Kilometer weit über den Erdboden fortgezerrt.

Am nächsten Morgen wurden die Leute frühzeitig, als sie noch frisch waren, an die Kanus gespannt, und ungefähr um 3 Uhr nachmittags waren wir bereits an den Wasserfällen und Stromschnellen des ersten Katarakts vorüber, und bald schwammen unsere Kähne ganz flott auf einem ruhigen Arm zwischen der Insel Baswa und dem linken Ufer!

Asien

Die Fahrt des Nearchos
Arrian

Neben dem Bericht des Karthagers Hanno über seine Forschungsfahrt nach Westafrika um das Jahr 460 v.Chr. zählt wohl der Rechenschaftsbericht des Nearchos über die Fahrt mit seiner Flotte vom Indischen Ozean bis zurück in den Persischen Meerbusen zu den ältesten »Augenzeugenberichten« der Entdeckungsgeschichte. Nearchos, der Freund Alexanders des Großen, stammte möglicherweise aus Kreta. Er zeichnete sich in den Feldzügen des Makedonenkönigs aus und erhielt 326 v.Chr. von diesem den Befehl, die Flotte Alexanders von der Mündung des Indus in die Heimat zurückzuführen. Der König wollte durch diese Fahrt genauere Kunde über den Indischen Ozean erhalten, waren doch die geographischen Kenntnisse der damaligen Zeit so mangelhaft, daß die Makedonen im Indus zunächst den Oberlauf des Nil vermuteten. Nearchos trat die Fahrt im September 326 von einem westlichen Mündungsarm des Indus aus an und legte die Strecke bis zum Euphrat in wahrscheinlich hundertdreißig Tagen zurück, wovon er etwa die Hälfte auf See verbrachte. Alexander belohnte ihn reich für diese Fahrt und war so interessiert an den Ergebnissen, daß er sich noch auf dem Sterbebett von Nearchos davon erzählen ließ. Dabei hatte dieser gar nicht einmal so viel Besonderes erlebt. Aber alles war doch bedeutsam genug, um aufgezeichnet zu werden. Ein Auszug aus diesem von Nearchos selbst verfaßten Reisebericht ist ziemlich wortgetreu im zweiten nachchristlichen Jahrhundert von dem griechischen Schriftsteller Arrian in seine Lebensgeschichte Alexanders übernommen worden und uns so erhalten geblieben.

Es opfert auch Nearchos vor dem Auslaufen der Flotte Zeus, dem Retter, und auch er veranstaltet einen gymnischen (sportlichen) Wettkampf. Nachdem sie von dem Hafen abgefahren waren, gingen sie am ersten Tage an den Ufern des Indus bei einem großen Kanal vor Anker und blieben dort zwei Tage. Der Ort hieß Stura. Er war von jenem Hafen 100 Stadien[1] entfernt. Am dritten Tage fuhren sie 30 Stadien bis zu einem anderen Kanal, der bereits Salzwasser hatte. Denn das Meer drang bis zu diesem stromaufwärts, besonders bei

[1] 1 Stadion = 184,98 m.

Flut; es blieb aber auch bei Ebbe das See- mit dem Flußwasser vermischt. Der Ort hieß Kaumana. Von da fuhren sie 20 Stadien weiter bis nach Koreestis und gingen noch in dem Fluß vor Anker. Von da fuhren sie weiter, jedoch nur eine kurze Strecke. Denn sie stießen in der dortigen Mündung des Indus auf eine Klippe, und die Wogen brandeten wild an das Gestade. Dies war hier rauh und felsig. Doch machten sie da, wo die Klippe eine sanft abfallende Stelle hatte, einen Kanal in einer Länge von fünf Stadien und hielten die Schiffe dort still, da die Flut vom Meere heraufkam.

Nachdem sie 150 Stadien gefahren waren, gingen sie bei Kokala, einer sandigen Insel, vor Anker und blieben dort auch noch den anderen Tag. Von Kokala fuhren sie, indem sie einen Berg, der von den Eingeborenen Eiron genannt wurde, zur Rechten und zur Linken eine niedrige Insel hatten. Diese Insel, die sich am Gestade entlang erstreckt, bildet einen schmalen Sund. Durch diesen fuhren sie und gingen dann an einem guten Hafen vor Anker. Weil dieser Hafen Nearchos groß und schön schien, nannte er ihn »Alexanderhafen«. Es liegt aber eine Insel am Eingang des Hafens, in einer Entfernung von etwa zwei Stadien. Sie heißt Bibakta; die ganze Gegend heißt Sangada. Diese Insel bildet auch den Hafen, da sie vor dem Meere liegt. Dort wehten dauernd starke Winde vom Meere her. Daher ließ Nearchos, da er fürchtete, daß sich allerlei Barbaren zusammenrotten und eine Plünderung des Lagers versuchen könnten, den ganzen Platz durch eine steinerne Mauer befestigen. 24 Tage währte dieser Aufenthalt. Nearchos sagt auch, daß die Soldaten auf die Meermäuse[2] Jagd machten wie auch auf viele Muscheln und die sogenannten »Messerscheiden«[3], von erstaunlicher Größe, wenn man sie mit denen in unserem Meere vergleicht. Das Wasser, das man trank, war durchaus salzig.

Da legte sich der Wind, und sie liefen aus. Nachdem sie 60 Stadien zurückgelegt hatten, gingen sie an einem sandigen Gestade vor Anker. Vor diesem lag eine unbewohnte Insel. Diese hatten sie als Schutz (vor dem wilden Meer) gewählt und waren dahinter vor Anker gegangen. Die Insel hieß Domai. Trinkwasser gab es an dem Gestade nicht; daher gingen sie etwa 20 Stadien landeinwärts und trafen wirklich auf schönes Wasser. Am folgenden Tage fuhren sie bis in die

[2] irgendein Seekriechtier, wohl Krabbe
[3] Muschelart

Nacht hinein, 300 Stadien, bis Saranga, und ankerten dort am Gestade. Auch Trinkwasser fanden sie etwa acht Stadien vom Gestade entfernt. Dann fuhren sie weiter und ankerten bei Sakala, einer bewohnten Stätte. Dann aber fuhren sie zwischen zwei Klippen hindurch, die einander so nahe waren, daß die Ruderblätter der Schiffe auf beiden Seiten die Felsen berührten, und gingen bei Morontobara vor Anker, nachdem sie wieder 300 Stadien zurückgelegt hatten. Dieser Hafen war groß und schön abgerundet, tief und der Brandung nicht ausgesetzt, denn die Einfahrt in ihn war nur schmal. Diesen nannten die Eingeborenen in ihrer Sprache »Weiberhafen«, weil eine Frau ihn zuerst entdeckt hatte. Wie sie aber zwischen den Klippen hindurchfuhren, stießen sie auf gewaltige Wogen und brandendes Meer. Doch über die Klippen hinaus in die offene See zu fahren, erschien ihnen als eine schwere Arbeit. Am folgenden Tage liefen sie wieder aus. Sie hatten die Insel zur Linken als Schutz vor dem Meere. Diese war dem Gestade so nahe, daß man hätte glauben können, der Sund zwischen dem Gestade und der Insel sei ein Kanal. Die Durchfahrt durch diesen ergab eine Länge von 70 Stadien. An dem Gestade waren viele und dichte Bäume, und die Insel war von allerlei Wald dicht bewachsen. Gegen Morgen fuhren sie außerhalb der Insel bei niedriger Brandung. Denn es war noch Ebbe. Nach einer Fahrt von 120 Stadien ankerten sie an der Mündung des Arabisflusses. Ein großer schöner Hafen war an der Mündung, aber kein Trinkwasser. Denn die Mündungen des Arabis waren mit Meerwasser vermischt. Wie sie aber 40 Stadien landeinwärts gegangen waren, trafen sie auf einen Teich. Daraus schöpften sie Wasser und kehrten an Bord zurück. Bei dem Hafen lag eine hochragende, menschenleere Insel, und rings an ihrem Saum war Gelegenheit zum Fang von Schaltieren und allerlei Fischen.

Bis hierher wohnten Arabier, die äußersten Inder in dieser Gegend; von da an begann das Gebiet der Oreiten.

Als sie aus der Mündung des Arabis ausgelaufen waren, fuhren sie am Lande der Oreiten entlang. Während dieser Fahrt überfiel ein mächtiger Sturm vom Meere her die Schiffe; zwei Trieren und eine Jacht gingen auf der Fahrt unter, doch konnte sich die Besatzung durch Schwimmen retten, da die Fahrt unweit der Küste stattfand. Gegen Mitternacht liefen sie aus und fuhren nach Pokala, das von ihrer letzten Ankerstätte 200 Stadien entfernt war. Die Schiffe ankerten wieder auf offener See, während Nearchos die Mannschaften an

Land gehen und dort biwakieren ließ, weil sie schon auf der See so viel durchgemacht hatten und sich nach einer Ruhepause sehnten. Zur Sicherung gegen die Barbaren umgab er das Lager mit einem Wall.

An dieser Stelle war auf Befehl Alexanders Getreide zur Verproviantierung für die Flotte aufgespeichert, so daß sie Proviant für zehn Tage an Bord nehmen konnten. Von den Schiffen setzten sie die, welche während der Fahrt bis dahin Havarie erlitten hatten, wieder instand. Aber die Leute unter der Schiffsbesatzung, die sich nach Ansicht des Nearchos bei der Arbeit faul gezeigt hatten, gab er Leonnatos zur Teilnahme an dem Landmarsch mit, während er selber von den Truppen Leonnatos' als Ersatz Mannschaften an Bord nahm.

Von dort liefen sie mit günstigem Winde aus und gingen, nachdem sie eine Strecke von 500 Stadien abgefahren hatten, in der Nähe eines Winterflusses[4] vor Anker, der Tomeros hieß. In der Nähe seiner Mündung war ein Landsee. Doch den schmalen Streifen am Gestade bewohnten Menschen in stickigen Hütten. Als diese die Flotte herankommen sahen, waren sie starr vor Staunen. Dann aber verteilten sich die Männer am Gestade entlang und ordneten sich zu einer Art Kampffront, um die Landenden abzuwehren. Sie hatten dicke Lanzen, wohl sechs Ellen lang. Ihre Spitze war nicht aus aus Eisen; diese war vielmehr im Feuer gehärtet und tat dieselben Dienste.

Es waren wohl 600 Männer. Als Nearchos sah, wie sie standhalten wollten und sich zum Kampf aufgestellt hatten, ließ er die Schiffe innerhalb Schußweite haltmachen, so daß die Geschosse von ihnen die Küste bestreichen konnten. Denn die Lanzen der Barbaren waren zwar im Nahkampf gefährlich, konnten aber keinerlei Furcht durch etwaigen Fernwurf einflößen. Er selber ließ von seinen Soldaten die behendesten und am leichtesten bewaffneten, die gute Schwimmer waren, auf ein gegebenes Zeichen ins Wasser springen, um schwimmend das Land zu erreichen. Sie hatten von ihm Befehl, sobald einer beim Schwimmen im Wasser auf festem Grund stehen könnte, sollte er auf seinen Kameraden warten, der sich zu ihm gesellen würde, und nicht eher auf die Barbaren losgehen, als bis sie eine Phalanx von drei Mann Tiefe gebildet hätten. Dann aber sollten sie mit Angriffsgebrüll auf die Leute losstürzen.

Zur gleichen Zeit stürzten sich nun die zu diesem Angriff bestimm-

[4] Ein Fluß, der nur im Winter Wasser führt

ten Mannschaften von den Schiffen ins Meer, schwammen rüstig vorwärts, stellten sich im Wasser in Ordnung auf und bildeten so eine Phalanx und stürzten dann im Lauf auf die Küste zu mit lautem »Alala« zu Ehren des Enyalios[5]. Auch die Truppen an Bord stimmten donnernd ein, und zugleich sausten Wurfgeschosse von den Ballisten auf die Barbaren. Doch diese, von dem Glanz der Waffen und dem Ungestüm des Angriffs erschreckt, dazu von Pfeilen und den anderen Geschossen getroffen – sie waren übrigens halbnackte Menschen –, dachten überhaupt nicht an Widerstand und rannten in Todesangst davon. Die einen wurden auf der Flucht getötet, die anderen gefangen. Einige entkamen auch in die Berge.

Die Gefangenen waren am ganzen Körper und besonders auf den Köpfen dicht behaart und hatten raubtierartige Fingernägel. Sie gebrauchten nämlich – wie man hörte – ihre Nägel gewöhnlich wie eiserne Werkzeuge, schlitzten mit ihnen die gefangenen Fische auf, um sie zu verschlingen, aber auch weicheres Holz zerlegten sie so. Andere Dinge zertrümmerten sie mit scharfen Steinen. Denn Eisen hatten sie nicht. Ihre Kleidung bestand aus Tierfellen; manche benutzten statt dieser die dicken Häute großer Fische.

Dort zogen die Makedonen ihre Schiffe an Land und stellten alle Fahrzeuge, die beschädigt waren, wieder her. Am sechsten Tage liefen sie aus und kamen, nachdem sie gegen 300 Stadien zurückgelegt hatten, nach einem Ort, der der äußerste des Oreitenlandes war. Er hieß Malana. Die Oreiten, die im Inneren des Landes wohnten, waren ganz ähnlich wie die Inder gekleidet und auch als Krieger ebenso ausgerüstet. Aber ihre Sprache und ihre Bräuche waren andere.

Die Länge der Fahrt längs der Küste der Arabier beträgt gegen 1000 Stadien, von der Abfahrtsstelle der Makedonen an gerechnet, und längs der Küste der Oreiten 1600 Stadien.

Wie sie an der indischen Küste entlangfuhren – denn von dort an sind es keine Inder mehr –, da fielen, wie Nearchos sagt, die Schatten nicht mehr in derselben Richtung, sondern es fielen, wenn sie auf die hohe See hinaus nach Süden fuhren[6], auch die Schatten der Gegenstände nach Süden; wenn aber die Sonne mittags im Zenit stand, waren alle Dinge ohne jeden Schatten. Und von den Gestirnen, die sie vorher hoch am Himmel sahen, waren dann die einen völlig

[5] Beiwort für den Schlachtengott Ares
[6] D. h. wenn sie den Wendekreis kreuzten

unsichtbar, die anderen erschienen nur ganz dicht über dem Horizont. Und die ihnen sonst stets sichtbaren Gestirne gingen, nachdem sie eben erst untergegangen waren, gleich darauf schon wieder auf. Diese Beobachtungen scheint mir Nearchos durchaus glaublich berichtet zu haben. Denn auch in Syene[7] in Ägypten gibt es einen Brunnen, der um die Zeit der Sommersonnenwende am Mittag gänzlich schattenlos ist. Es ist daher wahrscheinlich, daß auch in Indien, das nach Süden zu liegt, dieselben Himmelserscheinungen sind und vor allem auf dem Indischen Ozean, je mehr das Meer nach Süden hin liegt. Das wird sich also durchaus so verhalten.

Weiter abwärts von den Gadrosiern wohnen am Meere selbst die sogenannten Ichthyophagen[8]. An deren Küste fuhren sie nun entlang. Am ersten Tage um die zweite Nachtwache liefen sie aus und fuhren bis Bagisara 600 Stadien. Dort war ein großer Hafen und ein Dorf Pasira, das vom Meere 60 Stadien entfernt war. Die Anwohner nannten sich Pasirer. Am folgenden Tage liefen sie aus, bevor die Flut (»Tide«) kam, und umsegelten ein Vorgebirge, das weit ins Meer hinein vorsprang und hoch und steil in die See abfiel. An Land gegangen, gruben sie Brunnen, aus denen sie aber nur wenig und obendrein schlechtes Wasser schöpfen konnten. An diesem Tage lagen sie vor Anker, weil die Brandung am Gestade andauerte. Am folgenden Tage fuhren sie bis Kolta 200 Stadien. Von dort fuhren sie beim Morgenrot ab und kamen nach Durchlaufen von 600 Stadien nach Kalama, wo sie vor Anker gingen. Dies war ein Dorf am Gestade, das einige Dattelpalmen umgaben, deren Früchte noch grün waren. Auch lag ein anderes Dorf 100 Stadien von der Küste, namens Karnine. Dort brachten die Bewohner Nearchos als Gastgeschenk Schafe und Fische. Wie er sagt, schmeckt das Fleisch dieser Schafe tranig, ähnlich wie das der Seevögel, weil auch diese von Fischen leben. Denn Gras gibt es in dem Lande nicht.

Am Tage darauf fuhren sie weiter, gingen aber schon nach 200 Stadien am Gestade vor Anker bei einem Dorf, das vom Meere 30 Stadien entfernt war. Es hieß Kysa, das Gestade selber Karbis. Dort trafen sie kleine Boote, wie sie nur arme Fischer haben. Aber die Fischer bekamen sie nicht zu fassen; denn diese waren geflohen, als sie sahen, wie die Schiffe vor Anker gingen. Korn gab es in dem Dorf

[7] Assuan
[8] »Fischesser«

nicht, und das Heer hatte seine Vorräte fast ganz aufgezehrt. Doch nahmen sie Ziegen an Bord mit und fuhren dann ab. Sie umsegelten ein hohes Vorgebirge, das wohl 150 Stadien ins Meer vorsprang, und liefen danach in einen Hafen ein, der vor der Brandung geschützt war. Dort gab es auch Trinkwasser, und Fischer wohnten da. Der Hafen hieß Mosarna.

Von hier ab fuhr, wie Nearchos, der Führer der Fahrt, sagt, ein Gadrosier mit ihnen, namens Hydrakes. Dieser erbot sich, sie bis nach Karmanien zu bringen. Von hier an bot (daher) die Fahrt keine besonderen Schwierigkeiten mehr; vielmehr waren es im allgemeinen bis zum Persischen Golf günstige Häfen.

Erkundung im Westen
Tschang Kien

Wir sind nur allzuleicht geneigt, die Entdeckung und Erschließung der Erde als alleinige Aufgabe und Leistung der abendländischen Nationen zu sehen. Aber auch der orientalische und der ostasiatische Kulturkreis haben gewichtige Beiträge geleistet. So wie schon in der Antike Reisende vom Abendland aus Verbindungen nach Süd- und Ostasien anzuknüpfen suchten, bemühten sich umgekehrt chinesische Reisende, ihre Kenntnis von den Ländern im Westen zu erweitern. Einer der ersten, zugleich auch einer der bedeutendsten, war der Chinese Tschang Kien, General, Diplomat und Forschungsreisender zugleich. Unter dem Kaiser Wu-ti zog er wahrscheinlich um das Jahr 138 v. Chr. zusammen mit hundert Freiwilligen nach Westen, um Handelsbeziehungen anzuknüpfen. Aber er geriet in die Gefangenschaft der Hunnen und konnte erst 126 v. Chr., also nach zwölf Jahren, mit nur einem seiner Begleiter wieder in die Heimat zurückkehren. Die schlechten Erfahrungen schreckten Tschang Kien keineswegs ab, und schon zwei Jahre später versuchte er nach dem »Elefantenland«, d. h. nach Indien, vorzustoßen, gelangte aber nur bis in das heutige Birma. Dann folgte ein kurzes erfolgloses Zwischenspiel als General im Kampf gegen die Hunnen, die jedoch auch ohne sein Zutun eine Niederlage erlitten. Damit aber war der Weg nach Westen frei, und Tschang Kien, der wegen seiner militärischen Mißerfolge in Ungnade gefallen war, wurde erneut vom Kaiser mit einer Reise nach den Westländern beauftragt. Diesmal kam er bis ins Iligebiet und knüpfte von hier aus Verbindungen mit den Parthern und mit Indien an. Nach etwa drei Jahren kehrte er wieder in die Heimat zurück. Bevor er kurz danach starb, durfte er noch erleben, daß die Chinesen die ersten Handelsverbindungen zu den von ihm erschlossenen Ländern anknüpften. Der Originalbericht über seine Reisen ist leider verschollen, aber wir kennen Teile davon aus den Auszügen des chinesischen Gelehrten Smatsien, dessen Schriften auch die folgenden Seiten entnommen sind.

Die Kunde von Tayüan[1] ist bekannt seit der Zeit Tschang Kiens, des Führers der Han[2], im Jahre kien-yuen (138 v. Chr.). Zu diesem Zeitpunkt erfuhr der Himmelssohn, als er die Hiungnu befragte, die sich unterworfen hatten, daß die Hiungnu die Yüetschi besiegt und aus dem Schädel ihres Herrschers einen Becher gemacht hätten, auch daß die Yüetschi sich entfernt hätten, erbittert gegen die Hiungnu, mit denen sie keinen Frieden schließen wollten.

Der Han-Kaiser, der die umwohnenden Barbaren zu vernichten und seine Pläne für Karawanenverkehr durch die Hiungnu-Länder zu verwirklichen wünschte, suchte auf diesen Bericht hin nach Personen, die einer solchen Aufgabe gewachsen waren. Kien (Tschang Kien), der Führer der Gesandtschaft an die Yüetschi, und Tschang-schikuhunukanfu begaben sich gemeinsam durch Long-si (in Shen-xi) und wandten sich ins Gebiet der Hiungnu. Diese hielten sie fest und lieferten sie an Tschen-yu[3] aus. Er behielt sie bei sich, »denn«, sagt er, »das Land der Yüetschi liegt nördlich von meinem Land. Welchen Grund können die Han haben, dorthin Leute zu schicken? Wenn mich die Lust ankäme, nach Yu (altes Reich in Ostchina) zu schicken, würden die Han dies zulassen?« Er hielt sie zehn Jahre fest und gab ihnen Frauen.

Tschang Kien aber, der seinen Auftrag von den Han hatte und ihn nicht aus dem Auge verlor, erhielt täglich mehr Freiheit unter den Hiungnu und entwich schließlich mit seinen Begleitern zu den Yüetschi. Nach einigen zehn Tagen Marsch kam er nach Tayüan. Die Bewohner des Landes hatten von der Fruchtbarkeit und den Reichtümern des Han-Landes vernommen, aber trotz lebhaften Wunsches noch keine Verbindungen anknüpfen können. Sie sahen Kien mit Wohlgefallen und fragten ihn, was er wolle. Kien sagte ihnen, er sei von den Han zu den Yüetschi gesandt worden, aber durch die Hiungnu festgehalten und von ihnen entwichen; er bäte den König, ihn zu geleiten. Wenn er zu den Han zurückkehren könne, werde der Han-Kaiser dem König so reiche Geschenke machen, wie er sich nur wünschen könne. Auf diese Rede hin stellte ihm der König Führer

[1] Die Hauptnamen der nachfolgenden Literaturstelle in ihrer uns geläufigen Bezeichnung (soweit überhaupt leidlich zu identifizieren):

Ansi = Partherreich (Khorasan)	Shintu = Pandschab (Panjab)
Han = China, Reich der Han	Shu = Tsingtufu (Szetschuan)
Hiungnu = Hunnen	Tahia = Baktrien (N-Afghanistan)
Hoën-sie = Dsungarei (?)	Tawan = Leninabad-Gebiet
Kangkiu = Gebiet um Samarkand	Tayüan = Ferghana
Kiang = Tibet	Tiao-tschi = Mesopotamien
Kilien-Gebirge = Tian-shan	Tien-yue = Pegu
Lan-schi-tsching = Baktra	Wei = Amudarja
Likan = Seleukia (Opis) am Tigris (?)	Wusun = Ili-Gebiet
Pingnan = Westteil des nördlichen Kun-lun-shan	Yentsai = Aralsee-Gebiet
	Yüetschi = Buchara (etwa)

[2] Han, Name der in China von 206 vor bis 221 nach Chr. herrschenden Dynastie, hier allgemein für China und die Chinesen gebraucht

[3] Häuptling der Hunnen

und Postpferde, die ihn nach Kangkiu geleiteten. Von dort wurde er zu den Yüetschi gebracht. Der König der Yüetschi aber war von den Hiungnu getötet worden, und auf dem Thron saß sein Sohn.
Als Sieger über die Tahia hatten sich die Yüetschi in ihrem reichen und fruchtbaren Lande festgesetzt, das nur wenig von räuberischen Stämmen beunruhigt und dessen Bevölkerung friedliebend ist. Zudem wollten sie seit ihrer Trennung von den Han den Barbaren durchaus nicht mehr untertan sein. Kien gelangte durch das Gebiet der Yüetschi nach Tahia und konnte von den Yüetschi nur ein Ergebenheitsschreiben dorthin erlangen. Nachdem er sich dort ein Jahr aufgehalten hatte, kehrte er zum Pingnan-Gebirge zurück, wollte das King-Land durchqueren, wurde jedoch von den Hiungnu abermals festgehalten. Nach Ablauf eines Jahres starb Tschen-yü. Der Koliwang zur Linken (ein Großwürdenträger) beseitigte den Thronerben und setzte sich an seiner Stelle. Das Land war in Verwirrung. Kien entwich in Verbindung mit Hu-toi und Tschong-i-fu und gelangte wieder zu den Han. Er wurde ehrenvoll empfangen und zum Tai-tschong-ta-fu gemacht und Tschong-i zum Fong-sse-kiun. Kien war stark, von hochfliegendem Geist, außerordentlich höflich und wußte sich bei den Barbaren beliebt zu machen; Tschong-i aber vom Lande Ku-hu (Uiguren) war ein vorzüglicher Schütze und traf mit raschem Pfeil das Wild, von dem man sich nährte. So kamen von der Truppe des Kien, die beim Auszug hundert Menschen zählte, nur zwei zurück.
Außer den Ländern, die er persönlich besuchte, Tayüan, Ta-yüetschi, Tahia und Kangkiu, stellte er fest, daß es in der Umgebung fünf oder sechs große Königreiche gebe. – Dies ist der Bericht, den er seinem Herrscher abstattete:
Tayüan liegt südwestlich von den Hiungnu, genau westlich von den Han, ungefähr 10 000 Li entfernt[4]. Es wohnt dort ein seßhaftes, gut kultiviertes Volk. Die Äcker bringen Getreide und Reis hervor. Man findet dort Wein aus Trauben und vorzügliche Pferde, die Blut schwitzen und von einem himmlischen Hengst abstammen. Sie haben ummauerte Städte und Häuser und zählen zu ihren Verbündeten 62 große und kleine Städte. Die Bevölkerung zählt etwa 100 000 Menschen. Ihre Soldaten sind Bogenschützen, Lanzenträger und berittene Scharfschützen. Im Norden liegt Kangkiu, im Westen Ta-yüetschi, im

[4] 1 Li früher = 577 m

Südwesten Tahia, im Nordosten Wusun, im Osten Hansa (Khotan?) und Yüetschi. Im Westen von Yüetschi fließen die Ströme dem Westmeer zu, im Osten dem Salzsee (Lob Nuur oder Lop(b)nor), der sich unterirdisch verliert. Im Süden sind die Quellen des Ho (Huang-he) und viel Yü-Gestein (Nephrit). Der Ho wendet sich zum Reich der Mitte, und die ummauerten Städte von Lou-lan und Kutschi liegen um den Salzsee. Dieser befindet sich etwa 5000 Li von Tschang-ngan (Xi-an) entfernt. Die Hiungnu grenzen rechts an den Salzsee, erstrekken sich ostwärts bis Lang-zhon, westwärts bis Tschang-tsching, stoßen im Süden an die Kiang-Völker und versperren den Weg vom Han-Lande.

Die Wusun, etwa 2000 Li nordwestlich von Tayüan, sind ein Nomadenvolk, auf der Suche nach Weideplätzen und haben die gleichen Sitten wie die Hiungnu. Man zählt bei ihnen etwa 10 000 Bogenschützen, kühn im Kampf. Früher waren sie von den Hiungnu unterworfen.

Die Kangkiu, nördlich (?) von Tayüan, etwa 2000 Li entfernt, sind ein Nomadenvolk, das in seinen Sitten den Yüetschi sehr ähnlich ist. Man zählt dort 80 000 bis 90 000 Bogenschützen. Sie grenzen an Tayüan. Kleine Zwischenreiche schützen sie gegen die Yüetschi im Süden und die Hiungnu im Osten. Yentsai, etwa 2000 Li nordwestlich von Kangkiu, ist ein Land der Nomaden, dessen Sitten denen von Kangkiu sehr gleichen. Man zählt dort 100 000 Bogenschützen. Sie wohnen an einem großen See, dessen Ufer keine Berge aufweisen. Es ist dies das Meer des Nordens.

Das Yüetschi-Land, 2000 bis 3000 Li westlich von Tayüan, liegt im Norden des Flusses Wei. Im Süden wohnen die Tahia, im Westen die Ansi, im Norden die Kangkiu. Es ist ein Nomadenland mit Sitten, die denen der Hiungnu ähneln. Sie haben 100 000 bis 200 000 Bogenschützen. In der Zeit seiner Macht verachtete dies Volk die Hiungnu, aber es wurde unter König Tschanglun besiegt. Der Tschenyü der Hiungnu, Lao-tschang, tötete den König der Yüetschi und ließ sich aus seinem Schädel ein Trinkgefäß machen.

Die Ansi, einige tausend Li westlich vom Yüetschi-Lande, sind ein seßhaftes, kultiviertes Volk. Die Felder bringen Reis und Weintrauben hervor. Ihre ummauerten Städte sind wie die der Tayüan, ihrer Verbündeten, wohl hundert an Zahl, große und kleine. Dieses sehr große Land mag 1000 Li in jeder Richtung messen. Es liegt gegenüber dem Flusse Wei. Man findet dort Marktplätze. Die Händler gebrauchen Wagen und Barken, um die Nachbarländer bis auf einige tausend Li Entfernung aufzusuchen. Sie haben Silbergeld mit dem Bilde ihres Königs, bei seinem Tode wechselt man die Prägung gegen die des neuen Königs. Schräge Zeichen, die verschlungenen Pflanzen gleichen, dienen zur Datierung. Im Westen wohnen die Tiaotschi, im Norden die Yentsai und Likan.

Tiao-tschi, einige tausend Li westlich von Ansi, am Westmeer, ist ein heißes, feuchtes Land. Man bebaut den Boden, der Reis trägt, und findet Vogeleier, die man als große Vase verwenden könnte. Die Volkszahl ist bedeutend und wird in manchen Orten von kleinen Häuptlingen beherrscht. Sie sind den Ansi zinspflichtig, zu deren Außenländern sie gehören. Bei ihnen gibt es geschickte Gaukler.

Auf dem Wege zum Großkhan
Wilhelm von Rubruk

Dem Missionseifer Ludwig IX. (1214–1270) des Heiligen von Frankreich verdanken wir einen farbigen Bericht über Innerasien und die Mongolen in der ersten Hälfte des 13. Jahrhunderts, also noch rund ein Menschenalter vor der großen Reise Marco Polos (1254–1324). Der französische König hatte gehofft, die Mongolen mit dem Christentum vertraut machen zu können, und zu diesem Zweck einen Franziskanermönch namens Wilhelm nach Innerasien geschickt. Wilhelm stammte aus dem flandrischen Dorf Rubroek – Rubruk – und hatte den König schon auf seinem Kreuzzug begleitet und somit bereits Auslandserfahrungen gesammelt, wie wir heute sagen würden. Das mag wohl auch der Grund gewesen sein, warum Ludwig den kaum Dreißigjährigen mit einer so wichtigen Mission beauftragte. Der Mönch reiste von Palästina aus an die Wolga in das Lager des Mongolenkhans Batu, der ihn aber bald an den Hof des Großkhans Mangu in Karakorum weiterschickte. Dort blieb er über ein halbes Jahr. Zwar gelang es ihm nicht, seine Missionsaufgabe zu erfüllen, aber vergeblich war die große und beschwerliche Reise trotzdem nicht, gab doch Willhelm einen ausführlichen Bericht über seine Beobachtungen und Erlebnisse, der als eines der größten geographischen Meisterstücke des Mittelalters bezeichnet wird und eigentlich zu Unrecht über den Schilderungen Marco Polos etwas in Vergessenheit geraten ist. Viele geographische und völkerkundliche Einzelheiten, deren Aufzeichnung man gewöhnlich Marco Polo zuschreibt, finden sich schon bei Wilhelm von Rubruk. 1255 kehrte der Mönch aus Innerasien nach Palästina zurück und trat in Akkon wieder in das Franziskanerkloster ein. Über sein weiteres Schicksal wissen wir nichts. Im folgenden schilderte er seine Aufnahme bei Batu und die Weiterreise zum Großkhan nach Karakorum.

An der Stelle, wo wir über die Wolga setzten, liegt ein neues, von den Tartaren angelegtes Dorf, mit einer gemischten Bevölkerung von Russen und Sarazenen besiedelt. Diese Leute setzen die zum Zeltlager Batus geschickten Gesandten auf ihrem Hin- und Herweg über den Strom; denn Batu hat seinen Sitz am andern, östlichen Ufer. Jenen Ort, wo wir übersetzen, überschreitet er niemals bei seinen Wanderungen im Sommer aufwärts (nach Norden); er war vielmehr damals schon auf seiner Wanderung abwärts (nach Süden) begriffen. Von Januar nämlich bis August zieht er mit allen seinen Leuten hinauf nach den kalten Strichen, und im August machen sie sich auf den Rückweg.

Wir fuhren also auf einem Boot von jener Fährstelle stromabwärts nach dem Zeltlager Batus. Von diesem Orte aus sind es noch fünf Tagereisen bis zu den Weilern von Groß-Bulgarien (an der Wolga) gegen Norden zu. Was für ein Teufel dorthin wohl die Religion Mohammeds gebracht haben mag? Denn vom Eisernen Tor (Derbent, der letzten mohammedanischen Stadt) an, das den Ausgang aus Persien bildet, sind es mehr als dreißig Tagereisen die Wolga aufwärts, quer durch Einöden, bis zu diesem Bulgarien. Auf diesem ganzen Wege findet sich keine Stadt, sondern nur einige Dörfer nahe der Gegend, wo die Wolga ins Meer mündet. Und diese Bulgaren sind Sarazenen der schlimmsten Art, die an der Religion Mohammeds zäher als sonst irgendein anderes Volk hängen.

Als ich nun das Zeltlager Batus sah, war ich ganz erstaunt. Denn seine eigenen Jurten machten auf mich den Eindruck einer weithin in die Länge ausgedehnten großen Stadt, in der es im Umkreis von drei bis vier Stunden von Menschen wimmelte. Und wie bei dem Volk Israel ein jeder wußte, in welcher Richtung von der Stiftshütte aus gerechnet er sein Zelt aufzuschlagen hatte, so wissen sie es auch hier, nach welcher Seite des Lagers sie sich, wenn sie ihre Jurten vom Wagen herunternehmen (und aufstellen), niederlassen dürfen. Daher heißt das Hoflager in ihrer Sprache Orda, was soviel bedeutet wie Mitte, weil es immer in der Mitte der zu ihm gehörigen Untertanen ist, nur daß direkt nach Süden niemand sich niederläßt, weil nach dieser Himmelsgegend die Türen des Hofes gehen. Zur Rechten und zur Linken aber dürfen sie sich ausdehnen, soweit sie wollen und die Lage des Ortes es erlaubt, wenn nur nicht die Jurten direkt vor das Hoflager oder hinter dasselbe zu stehen kommen.

Wir wurden nun zuerst zu einem Sarazenen geführt, der uns gar nichts zu essen gab. Am nächsten Tag wurden wir zum Hof geführt; er hatte ein großes Zelt aufschlagen lassen, weil die Jurte soviel Männer und Frauen, als da zusammengekommen waren, nicht hätte fassen können. Unser Führer ermahnte uns, ja nicht zu sprechen, bis uns Batu dazu auffordern würde, und uns dann kurz zu fassen. Er (der Führer) fragte auch, ob Ihr schon einmal Gesandte zu ihnen geschickt hättet. Ich erklärte ihm, welcher Art die Gesandtschaft war, die Ihr an Këu-khan geschickt hattet, und daß Ihr weder an diesen selbst Boten, noch auch an Sartach ein Schreiben geschickt haben würdet, wenn Ihr

nicht der Meinung gewesen wäret, daß sie Christen geworden seien; denn nicht etwa aus Furcht hättet Ihr Botschaft geschickt, sondern um zu gratulieren, weil Ihr gehört hattet, sie seien Christen. Dann führte er uns zu dem Pavillon, und wir wurden gewarnt, ja nicht die Zeltstricke zu berühren, weil diese nach ihrer Ansicht die Türschwelle des Hauses vertreten. So standen wir dort barfuß und barhäuptig in unserer Mönchstracht und waren in ihren Augen ein richtiges Schaustück. Darauf wurden wir bis in die Mitte des Zeltes geführt, ohne daß man von uns verlangte, daß wir zur Bezeugung unserer Ehrerbietung die Knie beugten, wie das sonst Gesandte zu tun pflegen. Wir standen nun vor ihm so lange, als man Zeit braucht, ein »Miserere mei, Deus!« zu sprechen, und alles verharrte in tiefstem Schweigen. Er selbst aber saß auf einem Thron, der über und über vergoldet und so lang und breit wie ein Bett war und zu dem man drei Stufen emporstieg. Neben ihm saß eine seiner Gemahlinnen. Die Männer aber saßen zerstreut zur Rechten, die Herrinnen zur Linken, und was nicht ihrerseits die Frauen von dem Platze ausfüllten, da nur die Gemahlinnen Batus zugegen waren, das füllten die Männer aus. Am Eingang des Zeltes stand eine Bank mit Kumys und großen goldenen und silbernen Bechern, die mit kostbaren Steinen geziert waren. Batu nun betrachtete uns aufmerksamst und wir wiederum ihn.
Endlich forderte er mich auf zu reden, worauf unser Führer uns gebot, die Knie zu beugen und zu sprechen. Ich beugte, da es doch bloß einem Menschen galt, nur das eine Knie. Da nickte der Führer mir zu, ich sollte beide Knie beugen. Das tat ich denn auch, da ich keinen Streit darüber anfangen wollte. Dann hieß er mich reden. Ich aber, indem ich bei mir dachte, daß ich, da ich doch beide Knie gebeugt hatte, zu Gott bete, begann meine Rede mit einem Gebete also: »O Herr, wir bitten zu Gott, von dem alles Gute kommt und der Euch diese irdischen Güter gegeben hat, er wolle Euch nach diesen die himmlischen geben, dieweil doch jene ohne diese nichtig sind.« Und er hörte aufmerksam zu, während ich hinzufügte: »Seid dessen gewiß, daß Ihr der himmlischen Güter nicht teilhaftig werdet, es sei denn, Ihr werdet ein Christ; denn Gott spricht: Wer da glaubet und getauft wird, der wird selig werden, wer aber nicht glaubt, der wird verdammt werden.« Zu dieser Rede lächelte er fein gelassen, und die andern Mongolen klatschten uns zum Spott mit den Händen, so daß mein Dolmetscher ganz kopfscheu wurde und ich ihm zusprechen mußte, er solle doch nur keine Angst haben. Als dann wieder Schwei-

gen eingetreten war, sagte ich: »Ich bin zu Euerem Sohne gekommen, weil wir gehört haben, er sei ein Christ, und habe ihm ein Schreiben meines Herrn, des Königs der Franken, gebracht. Er hat mich hierher zu Euch geschickt; Ihr müßt wohl wissen, warum.«
Darauf hieß er mich aufstehen, fragte mich nach Eurem und nach meinem Namen sowie nach dem Namen meines Reisegefährten und des Dolmetschers und ließ alles aufschreiben. Und da er vernommen hatte, daß Ihr mit einem Heere aus Eurem Lande gezogen wart, fragte er auch, gegen wen Ihr im Kriege lebt. Ich erwiderte: »Gegen die Sarazenen, die das Haus Gottes zu Jerusalem entweihen.« Er fragte ferner, ob Ihr je Gesandte zu ihm geschickt hättet. »Zu Euch«, antwortete ich, »niemals.« Darauf hieß er uns niedersitzen und ließ uns von seiner Milch zu trinken geben. Das halten sie für eine ganz besonders große Ehre, wenn jemand mit ihm in seiner Jurte Kumys trinkt.
Dann gingen wir hinaus, und bald danach kam unser Führer zu uns; und indem er uns zu unserer Herberge brachte, sagte er zu mir: »Dein Herr und König bittet, Du sollst in diesem Lande bleiben dürfen; das aber kann Batu ohne Wissen und Zustimmung Mangu-khans nicht erlauben. Deshalb müßt Ihr, Du und Dein Dolmetscher, Euch zu Mangu-khan begeben. Dein Reisegefährte aber und der andere Mann sollen zum Zeltlager Sartachs zurückkehren, um dort Deine Rückkehr abzuwarten.« Da hob der Dolmetscher an zu jammern, indem er meinte, es sei um ihn geschehen; mein Gefährte aber beteuerte, eher würden sie ihm den Kopf abhauen, als daß er sich würde von mir trennen lassen. Ich aber erklärte, daß ich ohne meinen Gefährten nicht gehen könne, und auch, daß wir recht gut zwei Diener benötigten: Denn wenn etwa einer krank würde, so könnte dieser nicht allein zurückbleiben. Daraufhin kehrte der Führer nochmals an den Hof zurück und richtete Batu unsere Worte aus. Dieser ordnete darauf an: »Die zwei Priester und der Dolmetscher mögen gehen, der Kleriker aber soll zu Sartach zurückkehren.« Der Führer meldete uns nach seiner Rückkunft den Bescheid, und als ich noch ein gutes Wort für den Kleriker einlegen wollte, daß er doch mit uns gehen dürfe, sagte er: »Nun kein Reden weiter! Denn Batu hat seine Entscheidungen getroffen, und ich wage nicht mehr, an den Hof zurückzukehren.«
Am Feste der Kreuzerhöhung (14. September 1253) kam ein reicher Mongole zu uns, dessen Vater ein Befehlshaber über 1000 Mann war,

was bei ihnen etwas Großes ist, und sagte: »Ich soll Euch zu Mangukhan führen; es ist das ein Weg von vier Monaten, und die Kälte ist dort so groß, daß Stock und Stein vor Kälte splittern und bersten. Seht zu, ob Ihr es werdet aushalten können.«

Ich antwortete ihm: »Im Vertrauen auf Gottes Kraft hoffe ich, daß wir aushalten werden, was andere Menschen aushalten können.« Da sagte er: »Wenn Ihr es nicht werdet aushalten können, muß ich Euch unterwegs liegen lassen.« Worauf ich antwortete: »Das wäre nicht recht; sind wir doch nicht aus eigenem Interesse gegangen, sondern entsandt von Euerem Herrn; nachdem wir Euch anvertraut worden sind, geht es nicht an, daß Ihr uns im Stiche laßt.« Darauf er: »Nun, es wird schon gehen.« Alsdann ließ er sich von uns all unsere Kleidungsstücke zeigen, und was ihm davon weniger notwendig erschien, das hieß er uns unter die Obhut unseres Gastgebers stellen. Am nächsten Morgen brachte man jedem von uns einen Pelzrock aus zottigem Schaffell und Beinkleider vom demselben Stoff, ferner Stiefel oder Schuhe, wie sie bei ihnen gebräuchlich sind, nebst Socken aus Filz und Kapuzen aus Pelz, wie man sie bei ihnen trägt.

Zwei Tage nach der Kreuzerhöhung machten wir uns zu Pferd auf den Weg, wobei wir zu dritt zwei Saumtiere für unser Gepäck hatten. Wir ritten beständig in östlicher Richtung bis Allerheiligen (1. November 1253), fast jeden Tag nach meiner Schätzung eine Wegstrecke wie von Paris bis Orléans, manchmal darüber, je nach der Zahl der Pferde, die wir zur Verfügung hatten. Manchmal nämlich konnten wir an einem Tage zwei- oder dreimal Pferdewechsel vornehmen, manchmal dagegen ritten wir zwei oder drei Tage lang (ohne die Pferde zu wechseln), weil wir eben auf keine menschliche Niederlassung stießen, und dann mußten wir denn langsamer reisen.

Von zwanzig bis dreißig Pferden erhielten wir, weil wir Fremde waren, stets die schlechtesten; alle anderen nämlich nahmen, uns zuvorkommend, die besten Pferde für sich. Für mich sah man immer ein starkes Pferd vor, weil ich sehr gewichtig war. Ob es freilich einen angenehmen Gang hatte oder nicht, darnach wagte ich nicht zu fragen, und ebensowenig wagte ich mich zu beklagen, wenn es mich schwer trug; ein jeder mußte sich eben in sein Los schicken. Daraus entstanden uns die größten Mühsale. Denn oft wurden die Pferde müde, ehe wir eine Station erreichen konnten; dann mußten wir auf die Pferde einschlagen und sie anspornen, auch wohl unsere Kleiderbündel auf andere Packpferde abladen, unsere Reittiere mit den Packgäulen vertauschen, ja manchmal zu zweien auf einem Pferd reiten. Gar nicht aufzuzählen ist, was alles an Hunger und Durst, Kälte und Strapazen auszuhalten war; denn zu essen gibt man bei ihnen bloß abends; am Morgen dagegen bekommt man nur etwas zu trinken oder Hirsebrei zu schlürfen. Am Abend aber gaben sie uns Schaffleisch, ein Schulterstück mit den Rippen daran, sowie Fleischbrühe, wovon wir ein bestimmtes Maß zu trinken bekamen. Wenn wir uns einmal an Fleischbrühe satt trinken konnten, so fühlten wir uns bestens gestärkt, und sie schien mir ein sehr gesundes und höchst nahrhaftes Getränk zu sein. Freitags hielt ich mich nüchtern bis in die Nacht hinein und trank nichts. Dann mußte ich betrübt und mit Schmerz Fleisch essen. Manchmal mußten wir, weil es an Brennmaterial mangelte, daß Fleisch halbgekocht oder fast roh verzehren, dann nämlich, wenn wir auf freiem Feld lagerten und bei Nacht abstiegen; denn dann konnten wir nicht gut Kuh- oder Pferdemist sammeln. Anderes Feuermaterial fanden wir selten, höchstens hie und da ein paar Dornsträucher. Auch gibt es an den Ufern einiger Flüsse manchmal Wälder, aber das ist nur selten der Fall.

Anfangs verachtete uns unser Führer gar sehr, und es war ihm zuwider, so geringe Leute führen zu müssen. Nachher aber, als er uns allmählich besser kennenlernte, richtete er es so ein, daß unser Weg über die Zeltlager reicher Mongolen führte, und wir mußten dann für diese beten. Darum hätte ich hier eine gute Gelegenheit gehabt, viel guten Samen auszustreuen, wenn ich nur einen guten Dolmetscher besessen hätte.

Der berühmte Dschingis, der erste Khan der Mongolen, hatte vier Söhne, deren Nachkommen sehr zahlreich waren. Diese alle besitzen jetzt große Lager, vermehren sich von Tag zu Tag immer mehr und breiten sich über jene ungeheure Einöde aus, die sich einem Meere gleich ausdehnt. Über viele derselben führte uns also unser Führer. Diese Leute wunderten sich über die Maßen, daß wir weder Gold noch Silber noch kostbare Gewänder annehmen wollten. Sie fragten auch nach dem großen Papst, ob er wirklich ein so alter Mann sei, wie man ihnen gesagt hatte. Sie hatten nämlich gehört, er sei 500 Jahre alt. Sie fragten nach unseren Ländern, ob es da viele Schafe, Rinder und Pferde gebe. Was sie nicht begreifen konnten, war, daß der Ozean ohne Grenzen oder Ufer sein solle.

Am Tag vor Allerheiligen (31. Oktober 1253) schwenkten wir von der bisherigen östlichen Richtung unseres Weges ab, weil die Bevölkerung schon ein gutes Stück nach Süden gewandert war. Wir wandten uns direkt nach Süden und behielten diese Richtung acht Tage lang ununterbrochen bei, wobei wir mehrere Steppenrinnsale überschritten. In dieser Steppe sah ich viele Wildesel, die bei ihnen Culan heißen und die mehr den Maultieren gleichen. Unser Führer und sein Begleiter machten eifrig Jagd auf sie, freilich ohne jeden Erfolg, weil die Tiere viel zu flink waren.

Am siebenten Tag tauchten im Süden sehr hohe Berge vor unseren Blicken auf, und wir kamen in eine Ebene, die wie ein Garten bewässert war, und fanden da bebautes Gelände. Acht Tage nach Allerheiligen gelangten wir zu einem sarazenischen Dorf namens Kinchac, dessen Bürgermeister unserem Führer mit Bier und Speise bis vor das Dorf entgegenkam; denn es ist hier Sitte bei ihnen, daß man aus allen Dörfern, die ihnen unterworfen sind, den Gesandten Batus und Mangu-khans mit Speise und Trank entgegenkommt. In dieser Jahreszeit ging man dort bereits über Eis, und schon vorher vom Michaelistage an (29. September) hatten wir in der Steppe Frost gehabt. Ich erkundigte mich nach dem Namen dieser Provinz. Aber da wir schon in einem anderen Landgebiet waren, wußten sie mir diese nur nach dem Namen jener Stadt, die sehr klein war, zu benennen.

Die Wunder von Quinsai
Marco Polo

Der wohl bekannteste Entdeckungsreisende des Mittelalters, ja wohl einer der berühmtesten Entdeckungsreisenden überhaupt, ist der Venezianer Marco Polo. Er wurde um 1254 geboren. Schon 1271, also als Siebzehnjähriger, begleitete er seinen Vater Nicolo und seinen Onkel Maffeo auf ihrer zweiten Reise an den Hof des Mongolenkaisers Kublai-Khan nach China. Dreieinhalb Jahre brauchten die drei, bis sie auf dem Wege über Vorderasien und quer über das Hochland von Pamir nach dem heutigen Peking gelangten, wo sie der Kaiser sehr freundlich aufnahm. Während die beiden älteren Männer ihren Geschäften als Kaufleute nachgingen, bereiste Marco, der rasch die Gunst des Kaisers gewonnen hatte, in dessen Auftrag das ungeheure chinesische Reich. Überall sah er sich genau um, sammelte, beobachtete kritisch. 1292 endlich erbaten die Polos von Kublai-Khan ihren Abschied, erhielten von ihm reiche Geschenke und kehrten nach vierundzwanzigjähriger Abwesenheit 1295 wieder nach Venedig zurück. Marco Polo geriet drei Jahre später als Kommandant einer Galeere während eines Krieges in die Gefangenschaft der Genuesen. Die unfreiwillige Muße bis zu seiner Entlassung nutzte er, indem er seine Erlebnisse einem Mitgefangenen diktierte. So entstand jenes Reisewerk, das uns die gründlichsten europäischen Kenntnisse der ostasiatischen Welt im Mittelalter vermittelt. Schon zu seinen Lebzeiten – er starb 1324 – war Marco Polo vielfach als Aufschneider verlacht worden, und selbst spätere Generationen konnten manche seiner Nachrichten nicht ernst nehmen. Heute wissen wir, daß sie durchwegs stimmen. So auch seine Beschreibung der prachtvollen Stadt Quinsai (Quinsey), des heutigen Hang-zhon (Hangt-schon).

Wenn man Vagiu verläßt, kommt man im Laufe von drei Tagereisen an vielen Städten, Schlössern und Dörfern vorüber, die alle gut bevölkert und reich sind. Die Leute sind Götzenanbeter und Untertanen des Großkhans. Nach Verlauf von drei Tagen erreicht man die edle und prächtige Stadt Quinsai, ein Name, welcher »die Himmelsstadt« bedeutet, den sie vor allen anderen Städten in der Welt verdient wegen ihrer Größe und Schönheit und auch wegen der Kurzweil, Freude und Wollust, die man dort findet, so daß die Einwohner glauben können, sie weilten im Paradiese. Diese Stadt wurde öfter von

Marco Polo besucht, der sorgfältig und fleißig alles beobachtete und sich nach allem erkundigte, was sie betraf. Er machte sich Aufzeichnungen, aus denen folgende Einzelheiten wiedergegeben werden sollen. Nach der allgemeinen Schätzung hat die Stadt hundert Meilen im Umfang. Ihre Straßen und Kanäle sind sehr weit, und es gibt daselbst Marktplätze, die eine außerordentlich große Ausdehnung haben, weil sie eine ungeheure Menschenmenge aufnehmen müssen. Auf der einen Seite der Stadt liegt ein See mit frischem, klarem Wasser, auf der andern aber ein Strom, dessen Wasser durch zahlreiche große und kleine Kanäle in die Stadt geleitet wird. Diese führen allen Schmutz in den See und von dort in das Meer, so daß stets eine reine und gesunde Luft in der Stadt vorhanden ist. Überall kann man auf den Gassen gehen, fahren und reiten und daneben auf den Kanälen in Schiffen dahingleiten. Die Straßen und Kanäle sind groß, daß sie Raum bieten für die Boote auf der einen und für die Wagen auf der anderen Seite, welche ganz bequem mit den für die Bedürfnisse der Bewohner nötigen Gegenständen dahinfahren können. Man sagt allgemein, daß die Zahl der Brücken, der großen und kleinen, sich auf zwölftausend belaufe. Die, welche über die Hauptkanäle geschlagen sind und in Verbindung mit den vornehmsten Straßen stehen, haben so hohe und mit solcher Kunst aufgerichtete Bögen, daß Schiffe mit ihren Masten unter ihnen wegfahren können, während zu gleicher Zeit über sie Karren und Menschen hinwegziehen; so gut ist der Auf- und Abstieg von den Straßen der Höhe des Bogens angepaßt. Wären diese Brücken aber nicht so zahlreich, so könnte man nicht so bequem von einem Platze zum andern gelangen.

Außerhalb der Stadt zieht sich ein Graben, der sie auf der einen Seite umfaßt, etwa vierzig Meilen hin; er ist sehr breit und mit Wasser gefüllt, welches aus dem vorerwähnten Flusse kommt. Ihn ließen die alten Könige des Landes ausgraben, damit, wenn der Fluß seine Ufer überströmen sollte, das überflüssige Wasser sich in diesen Kanal ergösse. Zu gleicher Zeit sollte er auch als Verteidigungsmittel dienen. Die Erde, die daraus gehoben ward, wurde nach der einen Seite geworfen, und das sieht nun aus, als wenn viele Hügel den Platz umgäben. Es gibt innerhalb der Stadt zehn Hauptmarktplätze außer den unzähligen Kaufhallen in den Straßen. Jede Seite dieser viereckigen Plätze ist eine halbe Meile lang, und an ihnen läuft die Hauptstraße hin, die vierzig Schritt breit ist und in einer geraden Linie von einem Ende der Stadt zum anderen geht. Es durchschneiden sie viele niedrige und bequeme Brücken. Diese viereckigen Marktplätze, deren Ausdehnung je zwei Meilen beträgt, sind einer von dem anderen vier Meilen entfernt. In paralleler Richtung mit der Hauptstraße, aber auf der anderen Seite der Plätze, läuft ein sehr breiter Kanal, auf dessen näherer Seite geräumige Warenhäuser von Stein aufgeführt sind; und das geschah zur Bequemlichkeit der Kaufleute, die mit ihren Gütern aus Indien und anderen Gegenden kommen, damit sie einen zweckmäßigen Stand für den Markt haben. Auf jedem der Plätze versammeln sich an drei Tagen in jeder Woche vierzig- bis fünfzigtausend Personen, welche auf den Markt kommen, um sich mit jeglichem Vorrate zu versehen. Da gibt es eine Menge Wild aller Art, wie Rehböcke, Hirsche, Damhirsche, Hasen und Kaninchen mit Rebhühnern, Fasanen, Birkhühnern, Wachteln, Haushühnern, Kapaunen und eine unbeschreiblich große Zahl von Enten und Gänsen; denn diese werden sehr leicht auf dem See aufgezogen, so daß man zum Werte eines venezianischen Silbergroschens ein Paar Gänse und zwei Paar Enten kaufen kann. Da gibt es auch Schlachthäuser und Fleischbänke, wo das Vieh geschlachtet wird, wie Ochsen, Kälber, Böcke und Lämmer, um die Tische der reichen Leute und der hohen Magistratspersonen zu versorgen. Das Volk der niederen Klassen macht sich kein Bedenken daraus, jede andere Art von Fleisch ohne Auswahl, auch wenn es unrein ist, zu verzehren. Zu allen Jahreszeiten gibt es auf den Märkten eine Menge von Kräutern und Früchten aller Art und besonders Birnen von so außerordentlicher Größe, daß eine zehn Pfund wiegt; sie sind innen weiß wie Teig und von angenehmem Geruch. Auch sind zur Zeit der Reife Pfirsiche von lieblichem Geschmack vorhanden, gelbe und weiße Trauben wachsen hier nicht; sie werden jedoch in gut getrocknetem Zustande aus anderen Gegenden eingeführt. Dasselbe gilt auch von dem Weine, den die Einwohner nicht sehr hochhalten, da sie an ihr eigenes Getränk aus Reis und Gewürzen gewöhnt sind. Von dem Meere, welches fünfundzwanzig Meilen entfernt ist, wird täglich den Fluß aufwärts nach der Stadt eine ungeheure Menge Fische gebracht; auch im See gibt es Fische im Überfluß, und eine Menge Menschen haben keine andere Beschäftigung, als sie zu fangen. Es gibt verschiedene Arten, je nach der Jahreszeit, und durch den Genuß der Abfälle, die sie aus der Stadt erhalten, werden sie groß und fett. Wenn man die Menge der eingeführten Fische sieht, könnte man glauben, es sei unmöglich, sie zu verkaufen, und doch sind sie in Zeit von wenigen Stunden verschwunden; so groß ist

die Zahl der Einwohner, und zwar der Leute, die sich solchen Luxus erlauben können; denn Fisch und Fleisch wird bei einer Mahlzeit gespeist. Jeder von den zehn Marktplätzen ist mit hohen Wohngebäuden umgeben, in deren unteren Teilen sich Kaufläden befinden, wo alle Arten von Waren lagern und verkauft werden; so unter anderem Spezereien, Gewürze, Tand aller Art und Perlen. In gewissen Läden wird nichts anderes verkauft als der Wein des Landes, den sie beständig brauen und den Leuten frisch zu einem mäßigen Preise ablassen. Die Straßen, die mit den Marktplätzen in Verbindung stehen, sind zahlreich, und in einigen von ihnen gibt es kalte Bäder, in denen Diener beiderlei Geschlechts bereit sind, die Abwaschung bei Männern und Frauen vorzunehmen. Die Besucher dieser Anstalten sind von Kindheit an gewohnt, in kaltem Wasser zu baden, was sie der Gesundheit für sehr zuträglich halten. Doch haben sie an diesen Badeplätzen Zimmer, die mit warmem Wasser versehen sind, zum Gebrauch der Fremden, die, weil sie nicht daran gewöhnt sind, den Schauer des kalten Wassers nicht vertragen können. Alle pflegen sich täglich zu baden und besonders vor ihren Mahlzeiten.
In anderen Straßen liegen die Wohnungen der Ärzte und der Astrologen, die auch Unterricht im Lesen und Schreiben sowie in vielen anderen Künsten erteilen; ihre Zimmer liegen in den Häusern, die den Marktplatz umgeben. Auf den entgegenstehenden Seiten eines jeden dieser Plätze stehen zwei große Gebäude, wo sich die von Sr. Majestät bestellten Beamten befinden, um sogleich Kenntnis zu nehmen von irgendwelchen Mißhelligkeiten, die sich zwischen den fremden Kaufleuten oder unter den Einwohnern der Stadt erheben können. Es ist auch ihr Amt, darauf zu sehen, daß die Wachen auf den verschiedenen Brücken, die in ihren Bezirk gehören, pflichtmäßig besetzt werden, und im Fall der Nachlässigkeit die Ungehorsamen nach ihrem Gutdünken zu bestrafen.
Auf jeder Seite der Hauptstraße, die, wie schon erwähnt, sich von einem Ende der Stadt bis zum anderen erstreckt, befinden sich große Paläste und Häuser mit ihren Gärten, und neben diesen die Wohnungen von Handwerkern, die in ihren Läden arbeiten; zu jeder Stunde des Tages sieht man große Menschenmassen, die den verschiedensten Berufszweigen angehören, kommen und gehen, so daß es unmöglich erscheint, die Nahrung für den Unterhalt so vieler herbeizuschaffen; aber man wird gleich auf andere Gedanken kommen, wenn man sieht, wie jeder Marktplatz mit Verkäufern besetzt ist, die

den Raum mit den Vorräten, die sie auf Karren und Booten herbeigeschafft haben, bedecken und alles verkaufen. Wenn man zum Beispiel den winzigen Gegenstand, den Pfeffer, nimmt, so kann man sich einen Begriff machen von der Menge von Vorräten an Fleisch, Wein, Gewürzen und ähnlichen Dingen, die zum Unterhalte der Einwohner Quinsais verbraucht werden; da erfuhr Marco Polo von einem Beamten, der bei Sr. Majestät Zoll angestellt ist, daß der tägliche Bedarf an Pfeffer sich auf dreiundvierzig Lasten beläuft, jede Last zu zweihundertdreiundvierzig Pfund.

An den Ufern des Sees stehen viele schöne und geräumige Gebäude, die Leuten von Rang und hohen Magistratspersonen gehören. Auch sind viele Götzentempel mit ihren Abteien vorhanden, in denen sich zahlreiche Mönche aufhalten, die den Dienst bei den Idolen verrichten. Ziemlich in der Mitte liegen zwei Inseln, auf denen ein prächtiger Palast steht, mit einer unglaublichen Zahl von Zimmern und besonderen Pavillons. Wenn die Einwohner der Stadt eine Hochzeit feiern oder ein großes Bankett geben wollen, so gehen sie auf eine dieser Inseln, wo sie alles bereit finden, was sie nur verlangen können, Gefäße, Schüsseln, Tellertücher usw., welche auf allgemeine Kosten der Bürger, die auch die Paläste erbauen ließen, angeschafft und unterhalten werden. Es kann wohl geschehen, daß dort gleichzeitig hundert Partien zu Hochzeiten und anderen Festen versammelt sind; diese erhalten aber trotzdem alle ihre besonderen Zimmer und Pavillons, die so zweckmäßig liegen, daß keine Gesellschaft mit der anderen zusammentrifft und sie stört. Außerdem gibt es noch auf dem See eine Menge von Lustkähnen oder Gondeln, von denen eine zehn, fünfzehn bis zwanzig Personen aufnehmen kann, da sie fünfzehn bis zwanzig Schritt lang, mit einem weiten und ebenen Boden versehen ist und sich nicht auf eine Seite neigt, wenn sie durch das Wasser geht. Die Leute nun, die ihre Lust an solchem Vergnügen haben und sich daran erfreuen wollen, entweder in Gesellschaft ihrer Frauen oder in der von Herren, mieten eine dieser Barken, die immer in bester Ordnung erhalten werden, mit Sitzen und Tischen und mit jeder Art Gerät, das zur Unterhaltung nötig ist. Die Kajüten haben ein flaches Dach oder Oberdeck, auf dem die Schiffsleute ihren Platz einnehmen und mit Hilfe langer Stangen, die sie bis auf den Boden des Sees stoßen, der nicht mehr als einen oder zwei Faden tief ist, die Barken an den Bestimmungsort führen. Diese Kajüten sind immer mit verschiedenen Farben und Figuren ausgemalt; auch sind alle Teile des

Fahrzeuges mit Malereien verziert. Auf beiden Seiten sind Fenster angebracht, die geschlossen und geöffnet werden können, um der Gesellschaft, wenn sie an der Tafel sitzt, Gelegenheit zu geben, nach jeder Richtung hinauszuschauen und ihre Augen an dem Wechsel und der Schönheit der Szenerie, die an ihnen vorüberzieht, zu ergötzen; und wahrlich, der Genuß, der auf solche Weise auf dem Wasser geboten wird, übertrifft jeden anderen, der auf dem Lande gewährt werden kann; denn da sich der See auf der einen Seite längs der ganzen Stadt ausbreitet, so hat man, wenn man in dem Boote steht, in einer gewissen Entfernung vom Ufer eine Aussicht auf ihre ganze Größe und Schönheit, ihre Paläste, Tempel, Klöster und Gärten, mit Bäumen von mächtiger Größe, die an des Ufers Rande sich erheben, während man sich zu gleicher Zeit an dem Anblicke der anderen Boote ergötzen kann, die, ebenso eingerichtet, beständig vorüberziehen und in gleicher Weise mit Gesellschaften gefüllt sind, welche ihrem Vergnügen nachgehen. Es denken aber die Einwohner dieses Platzes, sobald ihr Tagewerk vorbei und ihre Handelsgeschäfte vollzogen sind, an nichts anderes, als wie sie die übrigen Stunden mit ihren Frauen oder Geliebten auf Lustpartien zubringen können, entweder den Barken oder bei einer Fahrt durch die Stadt in Wagen, von welchen letzteren eine Beschreibung zu geben hier wohl der Platz ist, da sie einen Teil der Vergnügungen dieses Volkes ausmachen.

Zunächst muß man wissen, daß die Straßen von Quinsai alle mit Kieseln und Backsteinen gepflastert sind, und dasselbe gilt auch von den Landstraßen, die durch die Provinz Manji führen und auf denen die Reisenden nach jeder Gegend hinziehen können, ohne ihre Füße zu beschmutzen; aber da die Kuriere Sr. Majestät, die mit großer Eile zu Pferde reiten, das Pflaster nicht gebrauchen können, so hat man einen Teil des Weges auf einer Seite ihretwegen ungepflastert gelassen. Die Hauptstraße der Stadt, die, wie bereits erwähnt, von einem Ende zum anderen geht, ist auf jeder Seite zehn Schritt breit mit Kieseln und Backsteinen gepflastert, während der zwischenliegende Teil mit Sand bedeckt und mit gewölbten Rinnen versehen ist, um das Regenwasser in die benachbarten Kanäle zu leiten, so daß die Straße immer trocken bleibt. Auf diesem Sande fahren die Wagen beständig hin und her. Sie sind lang, bedeckt, haben Vorhänge und Kissen von Seide und können sechs Personen aufnehmen. Männer und Frauen, die eine Lustfahrt machen wollen, mieten sie wohl täglich zu diesem Zweck, und da kann man zu jeder Stunde zahlreiche Wagen sehen, die in der

Mitte der Straße dahinfahren. Einige von ihnen besuchen Gärten, wo die Gesellschaft von den Verwaltern des Platzes eingeführt und an schattigen Orten, welche die Gärtner dazu hergerichtet haben, freundlich empfangen wird, und hier bringen die Männer mit ihren Frauen den ganzen Tag zu und kehren, wenn es spät wird, in derselben Weise nach Hause zurück, wie sie gekommen sind.

Besuch bei »Adams-Fuß«
Ibn Battuta

Ibn Battuta, der neben Marco Polo wohl bedeutendste Reisende des Mittelalters, wurde 1304 zu Tanger in Marokko geboren. Den Anstoß zu seinen Reisen gab der Wunsch, eine Pilgerfahrt nach Mekka zu unternehmen. Als Einundzwanzigjähriger verließ er die Heimat, die er zweieinhalb Jahrzehnte nicht mehr wiedersehen sollte. Er durchquerte Nordafrika, besuchte Syrien und Palästina und dann die heiligen Stätten des Islams. Dann unternahm er eine Reise nach Persien, um danach noch einmal Mekka aufzusuchen. Zwar hielt er sich dort zwei Jahre auf, doch dann packte ihn erneut die Reiselust, er besuchte den Jemen und die Ostküste Afrikas, unternahm zwischendurch eine dritte Pilgerreise nach Mekka, wandte sich dann nach Norden und reiste durch Kleinasien auf die Krim und in das Reich der Goldenen Horde an der Wolga. Nach einem kurzen »Abstecher« nach Konstantinopel, wo er vom griechischen Kaiser empfangen wurde, trat er seine größte Reise an. Sie führte ihn durch die Wüsten Innerasiens nach Buchara und dann auf dem Weg, den nach ihm noch mancher Forschungsreisende wählen sollte; über Afghanistan nach Indien. Hier hielt er sich längere Zeit in Delhi auf und trat dann eine Schiffsreise nach China an. Unterwegs nutzte er die Gelegenheit, die wichtigsten Hafenplätze und Sehenswürdigkeiten zu besichtigen. Die letzte Station war Peking, die nördliche Hauptstadt des chinesischen Kaiserreiches. Von da aus kehrte er zur See in seine Heimat nach Nordafrika zurück. Zwar besuchte er später noch Südspanien und übernahm eine diplomatische Mission des Sultans nach Timbuktu im Inneren Afrikas, doch waren das verhältnismäßig kleine Unternehmen. Von 1353 an blieb er endgültig in der Heimat und diktierte hier einem Sekretär des Sultans einen ausführlichen Bericht über alle seine Reisen. 1377 starb er im Alter von dreiundsiebzig Jahren. Seinem Reisewerk ist der Bericht über Ceylon (Sri Lanka) entnommen.

Wir erblickten den Berg Serendib[1], der wie eine Rauchsäule zum Himmel steigt. Als wir an die Insel herankamen, sprachen die Matrosen: »Dieser Hafen liegt nicht in dem Lande eines Sultans, dessen Gebiet die Kaufleute in Sicherheit betreten können, sondern befindet sich im Reiche des Sultans Airi Sakarvati, der ein übermütiger Verbre-

[1] D. h. den Adamspeak

cher ist und Schiffe besitzt, die Seeräuberei betreiben.« Wir fürchteten nun, in seinem Hafen zu landen. Dann nahm aber der Wind an Heftigkeit zu, so daß wir besorgt sein mußten, Schiffbruch zu leiden. Da sprach ich zu dem Kapitän: »Setze mich an die Küste, ich werde dir sicheres Geleit von diesem Sultan erwirken.« Dies tat er und landete mich. Die Ungläubigen kamen an uns heran und riefen: »Wer seid ihr?«, worauf ich ihnen mitteilte, daß ich der Schwager des Sultans von Ma'bar und sein Freund sei, daß ich ihn zu besuchen reiste und daß das, was sich auf dem Schiff befinde, ein Geschenk für ihn sei. Die Leute gingen zu ihrem Sultan und teilten ihm diese Nachricht mit, worauf er mich rufen ließ. Ich begab mich also zu ihm in die Stadt Battala. Das ist seine Residenz, eine kleine hübsche Stadt, die Holzmauern und Holztürme umgeben. Die ganzen Küsten des Landes sind mit den Stämmen der Zimtbäume bedeckt, die die Bergströme herabschwemmen. Sie häufen sich an der Küste wie Hügel auf. Die Bewohner von Ma'bar und Malabar tragen dieses Holz davon, ohne dafür zahlen zu müssen; nur beschenken sie den Sultan – als Äquivalent dafür – mit Kleiderstoffen u. dgl. Zwischen dem Lande Ma'bar und dieser Insel liegt eine Entfernung von einem Tag und einer Nacht. Auf Ceylon wächst auch viel Brasilholz und indische Aloe, die unter dem Namen el-Kalahi bekannt ist, aber weder dem Kumari noch dem Kakuli gleichkommt.

Der Sultan von Ceylon heißt Airi Sakarvati und ist ein mächtiger Herrscher zur See. Ich sah einstmals, als ich mich in Ma'bar befand, hundert seiner Schiffe, große wie kleine, die dort ankamen. Im Hafen lagen acht Schiffe, die dem Sultan von Ma'bar gehörten und für eine Reise nach Jemen bereit waren. Der Sultan befahl, Zurüstungen zu treffen, und sammelte Leute, um seine Schiffe vor den Ankömmlingen zu bewahren. Als diese die Hoffnung aufgaben, eine Gelegenheit zu finden, sich der Schiffe zu bemächtigen, sagten sie: »Wir sind nur gekommen, um Schiffe zu beschützen, die uns gehören und auch nach Jemen reisen sollen.« – Als ich vor diesen heidnischen Sultan trat, stand er auf, mir entgegen zu gehen, hieß mich an seiner Seite Platz nehmen und sprach mich aufs gütigste an: »Deine Kameraden mögen in Frieden landen und meine Gäste sein, bis sie abreisen, denn zwischen dem Sultan von Ma'bar und mir herrscht Freundschaft.« Dann befahl er, mir eine Wohnung anzuweisen; ich blieb bei ihm durch drei Tage und fand äußerst gastliche Aufnahme, die sich noch täglich steigerte. Er verstand die persische Sprache und hörte gerne,

was ich ihm über Herrscher und Länder erzählte. Ich kam eines Tages zu ihm, während vor ihm eine Menge Perlen lagen, die ihm als Ertrag der Perlenfischerei gebracht worden waren, welche sich in seinem Lande befindet. Seine Leute trennten die kostbaren Perlen von den weniger wertvollen. Der Sultan sprach zu mir: »Hast du die Perlenfischerei in den Ländern gesehen, aus denen du gekommen bist?« – »Jawohl«, erwiderte ich, »ich habe sie auf der Insel Kais und auf der Insel Kis gesehen.« – Er sprach zu mir: »Ich habe auch davon gehört.« Dann nahm er einige Perlen davon und fragte: »Gibt es auf dieser Insel solche wie diese hier?« – Ich erwiderte ihm: »Ich habe nur mindere gesehen.« – Das gefiel ihm und er sprach: »Sie gehören dir, geniere dich nicht und verlange von mir, was du willst.« – Ich erwiderte ihm: »Ich habe keinen anderen Wunsch, seit ich auf diese Insel gekommen bin, als den ehrwürdigen Adams-Fuß zu besuchen. (Die Bewohner Ceylons nennen den Adam »Baba« und die Eva »Mama«.) – »Das ist leicht«, sagte er, »wir werden jemanden mit dir schicken, der dich führen soll.« – »Das wünsche ich«, erwiderte ich und fuhr dann fort: »Dieses Schiff, in dem ich gekommen, wird unter freiem Geleit nach Ma'bar reisen können und wenn ich zurückgekommen, wirst du mich auf deinen Schiffen wegsenden.« – »Gewiß«, sagte er. Als ich das dem Schiffskapitän mitteilte, sagte er zu mir: »Ich werde nicht absegeln, bis du zurückkehrst, und wenn ich selbst ein Jahr deinetwegen warten sollte.« – Ich teilte dem Sultan diese Antwort mit, worauf er sagte: »Er wird bis zu deiner Rückkehr mein Gast sein.« – Er gab mir eine Sänfte die seine Sklaven auf ihren Schultern trugen, und schickte vier jener Jogis mit mir, die alljährlich die Reise zu unternehmen pflegen, um den Adams-Fuß zu besuchen. Ferner gab er mir drei Brahmanen, zehn andere seiner Leute und fünfzehn Männer mit, die den Reiseproviant tragen sollten. Was das Wasser betrifft, so ist auf diesem Wege viel davon vorhanden.
Über den Berg Serendib. Er ist einer der höchsten Berge der Welt; wir erblickten ihn vom Meere aus, obwohl sich zwischen uns und ihm eine Entfernung von neun Tagen befand. Als wir ihn bestiegen, sahen wir die Wolken unter uns, die sich zwischen uns und den Tiefblick schoben. Auf ihm gibt es eine Menge Bäume, die ihre Blätter nicht verlieren, vielfarbige Blumen und eine rote Rosenart von der Größe einer Hand. Man behauptet, daß auf dieser Rose sich eine Schrift zeigt, aus der der Name des allerhöchsten Gottes und der seiner Propheten herausgelesen werden kann. Auf dem Berge gibt es zwei

Wege zum »Fuße«, der eine ist bekannt unter dem Namen »Weg des Baba«, der andere unter dem Namen »Weg der Mama«, womit die Eingeborenen Adam und Eva bezeichnen. Was den Weg der Mama betrifft, so ist das ein leichter Pfad, auf dem die Pilger zurückkehren, wenn sie auf dem Heimweg begriffen sind. Wer ihn aber am Hinweg einschlüge, würde bei ihnen nicht als jemand angesehen werden, der die Pilgerfahrt gemacht. Der Weg des Baba ist schwer und beschwerlich zu ersteigen. Am Fuße des Berges, wo sich sein Zugang befindet, liegt eine Grotte, die auch nach Iskender benannt ist, und eine Wasserquelle. Die Alten haben in den Berg eine Art von Stufen geschlagen, auf denen man emporsteigt, Eisenpfähle eingeschlagen und an ihnen Ketten befestigt, damit sich der Kletterer an ihnen anhalten kann. Es sind deren zehn Ketten: Zwei am Fuße des Berges, wo sich die »Pforte« befindet, hierauf sieben ununterbrochen aufeinanderfolgende und schließlich die zehnte, die »Kette des Glaubensbekenntnisses«, weil der Pilger, der zu ihr gelangt ist und in die Tiefe schaut, von Schwindel erfaßt wird, so daß er, aus Furcht zu fallen, das Glaubensbekenntnis hersagen wird: »Es ist kein Gott außer Gott und Mohammed ist sein Prophet.« Bist du an diesen Ketten vorüber, so triffst du einen vernachlässigten Pfad. Von der zehnten Kette zur Hidrgrotte sind sieben Meilen. Sie liegt an einem geräumigen Ort; bei ihr befindet sich eine Wasserquelle, die ebenfalls nach Hidr benannt und voll von Fischen ist. Niemand fängt diese Fische. In der Nähe der Grotte, zu beiden Seiten des Weges, befinden sich zwei Zisternen, die in den Felsen eingemeißelt sind. Bei Hidrs Grotte lassen die Pilger ihre Habseligkeiten zurück und klimmen von dort zwei Meilen zum Gipfel des Berges empor, wo sich der »Fuß« befindet.

Über den »Fuß«. Die Spur des verehrungswürdigen Fußes, des Fußes unseres Vaters Adam nämlich, befindet sich auf einem schwarzen, hohen Felsen an offener Stelle. Der Fuß drang in den Felsen ein, so daß die Stelle vertieft blieb. Seine Länge beträgt elf Spannen. Die Bewohner Chinas kamen vor alters dorthin. Sie brachen aus dem Felsen den Platz der großen Zehe und den Fels, der sich herum befand, heraus und legte ihn in einem Tempel der Stadt Zaitun nieder, wohin sie aus den entferntesten Ländern wallen. In den Felsen, wo sich der Fuß befindet, sind neun Löcher gemeißelt, in die die heidnischen Pilger Gold, Edelsteine und Perlen legen. Du kannst sehen, wie die Fakire, wenn sie zur Hidrgrotte angelangt sind, nun einander zu überholen trachten, um das zu nehmen, was sich in den Löchern befindet.

Wir fanden nichts, außer ein paar kleine Edelsteine und Gold, was wir dem Führer gaben. Es ist gebräuchlich, daß sich die Pilger drei Tage in der Hidrgrotte aufhalten und während dieser Zeit den »Fuß« des Morgens und des Abends besuchen. So taten auch wir. Als die drei Tage vorüber waren, kehrten wir auf dem Wege der »Mama« zurück.

Ein Venezianer in Indien
Niccolo Conti

Der weisen Entscheidung eines Papstes verdanken wir einen wichtigen Beitrag zur Entdeckungsgeschichte. Als nämlich der venezianische Kaufmann Niccolo Conti nach einem fünfundzwanzigjährigen Aufenthalt im Orient wieder nach Europa zurückgekehrt war, bat er Papst Eugen IV. (1431–1447) um Absolution, weil er auf seinen Reisen unter den fanatischen Mohammedanern um seiner Sicherheit willen vom Christentum abgefallen sei und den islamischen Glauben angenommen habe. Der Papst gewährte ihm die Absolution unter der Bedingung, daß er seinem Sekretär einen Bericht über seine Reisen diktiere. Nun bereiste zwar Conti keine damals völlig unbekannten Gebiete, gelangte aber doch als erster Europäer überhaupt nach Indien und auf die Sundainseln. Daß er auch, wie er behauptet, bis nach China gekommen sei, dürfte unwahrscheinlich sein. Leider blieben uns nur unvollständige Teile seines Berichts erhalten, aber schon das wenige ist aufschlußreich genug. Er erwähnt beispielweise als erster Europäer das Vorkommen des Zimts auf Ceylon, auch kannte er sich auf den Sundainseln gut aus. So steht sein verhältnismäßig kurzer Reisebericht, der im folgenden auszugsweise in einer neuen deutschen Übertragung wiedergegeben wird, ebenbürtig neben den Werken eines Marco Polo oder eines Ibn Battuta.

Ein Venezianer namens Niccolo, der bis nach Zentralindien gelangte, wandte sich an Papst Eugen – dieser weilte damals zum zweiten Mal in Florenz –, um Verzeihung dafür zu erlangen, daß er auf der Rückreise von Indien nach Ägypten im Roten Meer sich habe zwingen lassen, seinem katholischen Glauben abzuschwören; er habe sich zu diesem Schritt weniger aus Furcht um sein eigenes Leben als aus Besorgnis um das Schicksal seiner ihn begleitenden Frau und seiner Kinder entschlossen. Begierig von dessen Erlebnissen zu hören, habe ich ihn sowohl bei Zusammenkünften gelehrter Männer als auch privat bei mir zu Haus sorgfältig darüber befragt, was er für einen schriftlichen Bericht Bemerkenswertes erlebt und gesehen habe.
Nach mehreren Land- und Seereisen gelangte er auch zur Gangesmündung und von dort nach einer fünfzehntägigen Reise flußauf-

wärts zur prächtigen und reichen Stadt Cernomem. Der Fluß ist dort so breit, daß man von seiner Mitte aus die Ufer nicht mehr sieht. An den Ufern wächst Schilf von so unglaublicher Länge und Dicke, daß man es mit den Armen nicht umfassen kann. Aus einzelnen Stengeln stellt man Fischerkähne her; ebenso stellt man Flußschiffe her aus seinem Holz, weil die Stämme dicker als Palmen sind. In dem Fluß, der an beiden Ufern von Gebüsch, Gärten und anmutigen Landhäusern gesäumt wird, leben Krokodile und viele verschiedene, uns unbekannte Fischarten. In den Gärten wächst die Musenfrucht, süßer als Honig und der Feige ähnlich. Nachdem er drei Monate den Ganges aufwärts gefahren und so an vier weiteren Städten von großer Pracht vorbeigekommen war, gelangte er zur überaus mächtigen Stadt Maarazia[1], wo es sehr viel Aloeholz, Gold und Silber sowie Edelsteine und Perlen gibt.

Von dort reiste er wegen der Rubinvorkommen dreizehn Tage in die im Osten gelegenen Berge und kehrte dann nach Cernomem zurück.

Als er dann zu Beginn des nächsten Monats zur See zur Mündung des Flusses Racha[2] gekommen war und von dort aus eine oberhalb des Flusses gelegene Stadt gleichen Namens für sechs Tage besucht hatte, reiste er siebzehn Tage durch menschenleere Berge, danach fünfzehn Tage durch große Ebenen und gelangte so zu einem Fluß noch größer als der Ganges namens Dava[3].

In dieser Provinz gibt es überaus viele Elefanten. Der König dort hält sich zehntausend Stück und verwendet sie im Krieg. Die Elefanten tragen auf ihrem Rücken kleine Türme, von denen herab acht oder zehn Schützen mit Bogen, Spießen oder Schleudern kämpfen. Die Elefanten würden auf die gleiche Weise gefangen, wie schon der lateinische Schriftsteller Plinius berichtet: Gezähmte Elefantenkühe werden in den Dschungel gebracht und dort ausgesetzt, bis sich wilde Elefanten mit ihnen angefreundet haben. Diese zahmen Kühe ziehen dann auf der Futtersuche allmählich in eine Lichtung, die ein starker Palisadenzaun umgibt. Diese Umzäunung hat zwei stark bewehrte Tore; die Kuh kommt zum einen herein und verläßt sie durch das andere. Der wilde Elefant, so er ihr folgt, wird zwar zum einen Tor herein-, beim anderen aber nicht mehr herausgelassen.

[1] Wahrscheinlich Radschmahal
[2] Arakan (auch Gebirge in Birma)
[3] Irawadi

Sodann betreten die Fänger in großer Zahl und mit Wurfschlingen ausgerüstet die Umzäunung, fesseln den Elefanten, binden ihn an eine Steinsäule und lassen ihn dort mehrere Tage hungern. Dann beginnen sie ihn zunächst mit kleinen Portionen zu füttern und machen ihn so binnen fünfzehn Tagen halbzahm.
Dann werden die Elefanten in ein kleines Gehege geführt, wo sie, nachdem die zahmen Elefantenkühe weg sind, also bald der Hunger völlig zähmt. Vier Tage darauf werden sie in ganz enge Boxen getrieben, wo sie nun die Fertigkeiten lernen, deretwegen sie der König kauft. Die zahmen füttert man mit Reis und Butter, die wilden fressen Gras und Baumlaub. Geführt werden sie von ihrem Lenker durch einen gekrümmten Eisenhaken. Das Tier entwickelt eine solche Schlauheit, daß es Wurfgeschosse des öfteren mit der Fußsohle auffängt, um seine Reiter zu schützen. Der König reitet auf einem weißen Elefanten, dem eine edelsteinbesetzte, bis auf die Erde hängende goldene Kette um den Hals geschlungen ist. – Die Landesbewohner begnügen sich mit einer Ehefrau. Männer und Frauen pflegen sich am ganzen Körper mit einem eisernen Griffel zu tätowieren. Alle beten sie Götterbilder an. Jeden Morgen, wenn sie aufgestanden sind, beten sie mit gefalteten Händen nach Osten gewendet: »Ihr höchsten drei Götter und euer Gesetz schützet uns!« – Es gibt dort auch äußerst gefährliche Schlangen, so dick wie ein Mann und mehrere Meter lang. Die Eingeborenen rechnen gebratene Schlange zu den ausgesprochenen Leckerbissen; sie verspeisen auch rote Ameisen, so groß wie Krebse, wobei sie sie mit Pfeffer würzen. Es gibt dort auch ein Tier mit schweineähnlichem Kopf, einem kurzen Horn und sonst dem Elefanten recht ähnlich, mit dem es übrigens in ständigem Kampf liegt[4]. Sein Horn gilt als Heilmittel gegen Gift und steht hoch in Ehren. Rinder gibt es weiße und schwarze; es gelten die für wertvoller, die Haar und Schwanz ähnlich wie Pferde haben und deren Haar bis zur Erde reicht. Die ganz feinen Schwanzhaare, federleicht und flauschig wie Federn, wiegen sie mit Silber auf. Man stellt daraus Fächer her für Könige und Götter. Die Ritter tragen an den Spitzen ihrer Lanzen ähnliche Haarbüschel als Zeichen ihres Adels.
Jenseits der eben geschilderten Provinz Mangi kommt man in eine noch reichere namens Chathi[5]; ihr Herrscher wird von den Eingebore-

[4] Nashorn
[5] China

nen Großkhan genannt. Seine Residenzstadt, die Cambala[6] heißt, hat einen Umfang von 28 Meilen. In ihrer Mitte befindet sich der Palast des Khans als eine Stadt und Zitadelle für sich. An jeder Ecke der (viereckigen) Stadt befindet sich ein Kastell mit einem runden Grundriß und einem Umfang von vier Meilen; diese Kastelle dienen als Arsenale für eine Riesenmenge von Angriffs- und Verteidigungswaffen. Jedes dieser Kastelle hat einen eigenen Zugang zum Kaiserpalast. Vom Golf von Ava bis zur Mündung des Flusses Zaiton reiste er 15 Tage; er fuhr in die Flußmündung ein und erreichte nach 10 Tagen eine große und volkreiche Stadt namens Pauconia[7]. Dort blieb er vier Monate. Allein in dieser Gegend wächst Wein, während es sonst in ganz Indien keinen Wein gibt. Es wird jedoch auch dort kein Wein gekeltert. Es gibt im Inneren dieser Weltregion zwei Inseln, beide mit Namen Java, von denen sich die eine 3000 und die andere 2000 Meilen nach Osten hin erstreckt[8]; man unterscheidet sie jedoch an ihren Beinamen. Vom Festland sind sie eine Monatsreise und voneinander 100 Meilen entfernt. Auf diesen Inseln blieb er mit seiner Frau und seinen Kindern – sie begleiteten ihn nämlich auf allen seinen Reisen – neun Monate.

Diese Inseln bewohnen überaus barbarische und grausame Menschen. Sie verspeisen Mäuse, Hunde (besonders gern junge) und noch vielerlei anderes abscheuliches Getier; an Grausamkeit übertreffen sie alle übrigen Menschen. Einen Menschen umzubringen ist für sie ein Spaß, eine offizielle Todesstrafe gibt es nicht, Schuldner werden den Kreditgebern als Sklaven übergeben; wenn aber manche lieber sterben als Sklave sein wollen, nehmen sie ein Schwert und metzeln jeden, der ihnen begegnet, nieder, bis sie auf jemand stoßen, der stärker ist als sie und sie dann niederhaut. Wenn die Kreditgeber dann jenes stärkeren habhaft werden, halten sie sich an ihm schadlos. Wenn sich jemand ein neues Buschmesser oder Schwert gekauft hat, so probiert er dessen Schärfe an irgend jemand aus, der ihm gerade in den Weg kommt, und niemand wird für den Tod dieses Unglücklichen zur Rechenschaft gezogen. Die Passanten betrachten sachverständig die Wunde und loben die Kunst des Totschlägers, wenn dieser sein Schwert kunstgerecht geführt hat. Frauen nehmen sie sich,

[6] Peking
[7] Pegu in Hinterindien?
[8] Java und Sumatra

soviel sie wollen. Das beliebteste und verbreitetste Vergnügen dort ist der Hahnenkampf. Getrennt bringt ein jeder seinen Kampfhahn mit und preist dessen Kampfqualitäten; bei den verschiedenen Wetten, die auf den Sieger abgeschlossen werden, wechselt viel Geld den Besitzer. In Sumatra findet sich in großer Zahl eine Vogelart ohne Füße; diese Vögel sind so groß wie Tauben, haben einen langen Schwanz und ruhen sich nur auf Bäumen aus. Ihr Fleisch ist nicht eßbar, ihr Balg und ihr Schwanzgefieder gilt als sehr wertvoll – man verwendet beides als Kopfschmuck[9].

Hinter Java und Sumatra im Osten liegen in einer Entfernung von 15 Tagereisen zwei Inseln; die eine heißt Sandai[10], auf ihr gibt es Muskat und allerlei andere Gewürze. Die andere trägt den Namen Banda. Auf Banda gibt es drei verschiedene Papageienarten mit rotem Gefieder und gelbem Schwanz; andere wiederum haben ein schillerndes Gefieder. Die einen werden Noros, die anderen Cachi genannt. Beide haben ungefähr die Größe von Hühnern oder Tauben. Die größeren Cachi übertreffen die anderen in der Fähigkeit, die menschliche Stimme in wunderbarer Weise nachzuahmen. Beide Inseln bewohnen Menschen von schwarzer Hautfarbe. Über diese Insel hinaus ist das Meer nicht schiffbar, da die Schiffahrt zu sehr von Stürmen behindert wird.

[9] Paradiesvogel

[10] Sunda?

Beim Samorin von Kalikut
Vasco da Gama

Seit der ersten Hälfte des 15. Jahrhunderts begannen portugiesische Seefahrer sich mit ihren Schiffen an der Westküste Afrikas entlang nach Süden vorzutasten. Nimmermüder Spiritus rector dieser Unternehmen war der portugiesische Prinz Heinrich, dem die Geschichte den Ehrennamen »der Seefahrer« zubilligt, obgleich er selbst nie als Seefahrer hervorgetreten ist. 1434 überwanden die ersten Karavellen das Kap Bojador, zehn Jahre später gelangten sie schon bis zum Kap Verde, 1486 umschiffte Bartolomeu Diaz die Südspitze Afrikas, die König Johann II. von Portugal »Kap der Guten Hoffnung« benannte, der Hoffnung nämlich, nun bald den Seeweg nach Indien erschließen zu können. Tatsächlich gelang diese Tat schon zwölf Jahre später Vasco da Gama, einem erst neunundzwanzigjährigen Seefahrer, der mit vier Schiffen den neuerschlossenen Weg um die Südspitze Afrikas herum verfolgte. Er segelte an der Ostküste entlang nordwärts bis Melinde und dann mit Unterstützung eines einheimischen Piloten nach Kalikut an der indischen Malabarküste, wo er am 19. Mai 1498 anlegte. Damit war endlich die Seeverbindung zwischen Europa und Indien hergestellt, Knapp fünf Monate blieb Vasco da Gama in Indien, dann kehrte er wieder nach Lissabon zurück, wo ihm der portugiesische König den Rang eines »Admirals von Indien« verlieh. Ein zweites Geschwader unter Cabral hatte weniger Glück, es konnte nur einige Orte aufsuchen, und vierzig Portugiesen, die in Kalikut zurückblieben, wurden bald getötet. Nun fuhr Vasco da Gama ein zweites Mal aus, besiegte den Samorin, den Herrscher von Kalikut, erzwang einen Handelsvertrag und kehrte mit dreizehn vollbeladenen Schiffen – für die damalige Zeit ein ungeheurer Wert – nach Lissabon zurück. Und noch ein drittes Mal führte ihn das Schicksal nach Indien: 1524 wurde er zum Vizekönig der portugiesischen Besitzungen ernannt, aber diesmal gab es keine Rückkehr. Er starb noch im gleichen Jahre. Erst 1558 wurden seine sterblichen Überreste nach Portugal zurückgebracht. Unser Bericht über die Ankunft der Portugiesen in Kalikut und die erste Audienz beim Samorin, den er in Unkenntnis des Hinduismus für einen Christen hielt, ist dem »Roteiro« entnommen, dem Augenzeugenbericht eines an der Expedition beteiligten Matrosen.

Der König befand sich in einem kleinen Hof. Er saß zurückgelehnt auf einem Ruhebett, das mit einem Tuch aus grünem Samt bedeckt war. Darauf lag eine goldene Matratze und auf dieser wieder ein Baumwolltuch, sehr weiß und fein, mehr noch als irgendein Leinen.

Die Kissen waren von der gleichen Art. In der linken Hand hielt der König ein sehr großes goldenes Gefäß, in das er die Hülsen eines gewissen Krautes warf, das die Menschen dieses Landes wegen seiner beruhigenden Wirkung kauen. Sie nennen es Atambor[1]. Zur Rechten des Königs stand eine Schale aus Gold, so groß, daß ein Mann sie gerade mit seinem Arme umfassen konnte. Sie enthielt diese Kräuter. Es standen dort ebenfalls viele Krüge aus Silber. Der Baldachin über dem Ruhebett war ganz vergoldet.

Der Kapitän grüßte beim Eintreten in der Art des Landes: indem er nämlich die Hände zusammenlegte und dann zum Himmel erhob, so wie es die Christen tun, wenn sie zu Gott beten, und sie gleich darauf öffnete und die Fäuste schnell schloß. Der König forderte den Kapitän mit einem Wink auf näherzutreten, aber der Kapitän näherte sich ihm nicht; denn es ist Sitte des Landes, daß sich keiner dem König nähert außer dem Diener, der ihm die Kräuter reicht. Und wenn jemand den König anspricht, dann hält er die Hand vor den Mund und bleibt in einiger Entfernung stehen. Als der König den Kapitän heranwinkte, sah er uns andere an und befahl uns, auf einer Steinbank in seiner Nähe Platz zu nehmen, wo er uns sehen konnte.

Dann richtete er den Blick auf den Kapitän, der ihm gegenüber saß, und forderte ihn auf, sich an die umstehenden Herren des Hofes zu wenden. Er sagte ihm, sie seien Männer von hohem Ansehen, mit denen er besprechen könne, was er wolle. Sie würden es dann ihm, dem König wiederholen. Der Kapitän erwiderte, daß er der Gesandte des Königs von Portugal sei und der Überbringer einer Botschaft, die er nur ihm persönlich ausrichten dürfe. Der König sagte, das sei gut, und er forderte ihn sogleich auf, sich zu einem anderen Gemach geleiten zu lassen. Nachdem der Kapitän dort eingetreten war, folgte ihm auch der König, während wir an unseren Plätzen warteten. All dies trug sich bei Sonnenuntergang zu.

Ein alter Mann, der in dem Hof wartete, nahm das Ruhebett weg, als sich der König erhob. Das goldene Geschirr durfte dableiben. Der König warf sich in dem Gemach, in das er dem Kapitän gefolgt war, auf ein anderes Bett und erkundigte sich nach seinen Wünschen.

Und der Kapitän erklärte ihm, daß er der Gesandte des Königs von Portugal sei, der Herr sei über viele Länder und Besitzer ungeheurer

[1] Betelnuß

Reichtümer jeder Art, die alles überstiegen, was ein König dieser Gegenden besitze. Er erzählte ihm, daß die Vorgänger dieses Königs seit sechzig Jahren alljährlich Schiffe ausgesandt hätten, die den Seeweg nach Indien suchen sollten, da die Portugiesen gewußt hätten, es gebe dort christliche Könige. Dies, so erklärte er, sei der Grund dafür, daß der König befohlen hätte, dieses Land aufzusuchen; nicht aber weil er Gold oder Silber wünsche, denn davon hätte er selbst einen solchen Überfluß, daß er nichts von dem benötige, was man in diesem Lande finde. Er erzählte ferner, die Kapitäne seien ein oder zwei Jahre unterwegs gewesen, bis ihre Vorräte erschöpft waren, und immer hätten sie nach Portugal zurückkehren müssen, ohne daß es ihnen gelungen sei, den gesuchten Seeweg zu entdecken. Es regiere dort nun ein König mit Namen Dom Manuel, der ihm befohlen habe, drei Schiffe zu bauen, zu deren Befehlshaber er ernannt worden sei. Und er habe ihm ferner bei Todesstrafe befohlen, erst dann wieder nach Portugal zurückzukehren, wenn er diesen König der Christen in Indien entdeckt habe. Auch solle er zwei Briefe überreichen. Und schließlich sei er angewiesen, noch mündlich hinzuzufügen, daß der König von Portugal der Freund und Bruder des indischen Herrschers zu sein begehre.

In seiner Antwort hieß der König den Kapitän willkommen. Er betonte, daß er ihn als seinen Freund und Bruder betrachte und daß er Gesandte mit ihm nach Portugal schicken wolle. Letzteres war als ein besonderer Gnadenerweis erbeten worden, da der Kapitän vorgab, er werde es nicht wagen, vor seinen König und Herrn hinzutreten, wenn er ihm nicht gleichzeitig einige Leute dieses Landes vorstellen könne.

Dies und vieles andere ereignete sich zwischen den beiden in dem Gemach, und es war schon spät am Abend, als der König den Kapitän fragte, bei wem er wohnen wolle. Der Kapitän bat um die Gunst, ein Quartier für sich allein zu bekommen. Dann verabschiedete er sich von dem König und kam zu der Veranda, wo wir warteten.

Wir begleiteten dann alle den Kapitän, um unsere Quartiere aufzusuchen, und mit uns kam eine ungezählte Menschenmenge. Der Regen strömte so heftig herunter, daß auf den Straßen das Wasser lief. Der Kapitän saß in einer Sänfte, die von sechs Männern getragen wurde. Der Weg durch die Stadt war aber so lang, daß er endlich der Sache überdrüssig wurde und sich bei dem Beauftragten des Königs beschwerte, der ihn zu seinem Quartier begleiten sollte. Dieser nahm ihn dann mit zu seinem eigenen Hause, und wir wurden in einen Hof eingelassen, an den sich eine ziegelgedeckte Veranda anschloß. Man hatte viele Teppiche ausgebreitet, und es standen zwei Leuchter da, ähnlich denen im königlichen Palast. Auf jedem steckten oben große eiserne Lampen, die mit Öl oder Butter gespeist wurden, und jede Lampe hatte vier Dochte, die viel Licht verbreiteten.

Der indische Edelmann ließ dann dem Kapitän ein Pferd bringen, das ihn zu seinem Quartier tragen sollte, aber es hatte keinen Sattel und der Kapitän weigerte sich, es zu besteigen. Wir brachen nach unseren Quartieren auf, und als wir ankamen, fanden wir dort einige von unseren Leuten, die von den Schiffen das Bett des Kapitäns und zahllose andere Dinge gebracht hatten, die als Geschenke für den König vorgesehen waren.

Am Dienstag, den 29. Mai, ließ der Kapitän folgende Dinge vorbereiten, um sie dem König zu übersenden: zwölf Stück Lambel (gestreiftes Baumwolltuch), vier Scharlachkappen, sechs Hüte, vier Korallenschnüre, einen Kasten mit sechs Handwaschbecken, einen Kasten mit Zucker, zwei Fässer Öl und zwei mit Honig. Da es nicht Sitte ist, dem König etwas zu übersenden, ohne daß es sein Beauftragter weiß, gab ihm der Kapitän die Nachricht von unserer Absicht. Als dieser die Geschenke sah, lachte er darüber und sagte, das sei keine Gabe, die man einem König anbieten könne. Der ärmste Kaufmann aus Mekka oder aus einem anderen Teil Indiens gebe mehr. Wenn der Kapitän ein Geschenk machen wolle, müsse das in Gold sein, da der König solche Dinge wie diese nicht annehmen werde. Als der Kapitän dies hörte, wurde er traurig und erklärte, er habe kein Gold mitgebracht und sei auch kein Kaufmann, sondern ein Gesandter. Er könne nur von dem geben, was er mit sich führe. Dies sei sein eigenes privates Geschenk, nicht das des Königs. Wenn er wieder nach Indien zurückkehrte, werde ihn der König von Portugal mit weit reicheren Geschenken versehen. Aber der Beauftragte des Königs erklärte, die Geschenke nicht weiterreichen zu wollen und auch nicht seine Zustimmung dazu zu geben, daß sie der Kapitän selbst überreiche. Als er fort war, kamen eingeborene Kaufleute und sie alle äußerten sich abfällig über das Geschenk, das der Kapitän dem König hatte übersenden wollen.

Als der Kapitän sah, daß sie entschlossen waren, seine Geschenke nicht weiterzuleiten, erklärte er, selbst mit dem König sprechen und dann zu den Schiffen zurückkehren zu wollen. Diener des Königs sagten, daß sie ihn zum Palast begleiten würden, wenn er eine kurze Zeitspanne warte. Und der Kapitän wartete den ganzen Tag, aber sie kamen nicht mehr zurück. Er ärgerte sich sehr darüber, daß er bei so phlegmatischen und unzuverlässigen Leuten war, und beabsichtigte zuerst, ohne sie zum Palast zu gehen. Nach weiterer Überlegung jedoch hielt er es für das beste, bis zum nächsten Tag zu warten.

Auf Japans Straßen
Engelbert Kämpfer

Zwei Männer waren maßgebend an der wissenschaftlichen Erschließung und Erforschung Japans beteiligt. Im 17. Jahrhundert Engelbert Kämpfer und im 19. Jahrhundert Philipp Franz von Siebold. Mit Recht wird Kämpfer (1651–1716) zu den größten deutschen Reisenden des 17. Jahrhunderts gezählt. Zehn Jahre lang war er unermüdlich in verschiedenen Ländern Asiens als Arzt und Naturforscher unterwegs. Nach einem kürzeren Aufenthalt in Rußland ging er nach Persien, Vorderindien, Java und Siam. Dann nahm er den Posten eines Gesandtschaftsarztes bei der holländischen Faktorei in Nagasaki an. In den zwei Jahren, die er dort von 1690 bis 1692 tätig war, gelang es ihm, trotz erheblicher Schwierigkeiten das Land zu bereisen und seine eingehenden Beobachtungen aufzuzeichnen. In seine Heimatstadt Lemgo zurückgekehrt, sah er aber keine Möglichkeit, das von ihm gesammelte Material auch zu veröffentlichen. Erst nach seinem Tode konnte der Schweizer Scheuchzer wenigstens einen kleinen Teil davon in zwei Bänden in englischer Sprache herausgeben. Danach erschien eine holländische und eine französische Übersetzung. Erst 1777, sechs Jahrzehnte also nach dem Tod des Forschers, wurde aus Manuskripten des Nachlasses auch eine deutsche Ausgabe zusammengestellt, der unsere Impressionen und Begegnungen aus seinem Bericht über eine Reise in die Kaiserstadt Jedo (Edo, Tokio) entnommen sind. Sie lassen deutlich werden, daß man Kämpfer nicht zu Unrecht als den »Alexander von Humboldt Japans« bezeichnet.

Das japanische Reich hat man in sieben Landschaften eingeteilt und jede mit einer Haupt- oder Heerstraße gebahnt, auf welcher man durch das Reich zu einer jeden dieser Landschaften gelangen kann, indem von den anliegenden Provinzen besondere Wege zu eben den Heerstraßen geleitet sind. Es sind diese Heerstraßen so breit und geräumig, daß zwei Reisetrains, ohne sich zu hindern, nebeneinander vorbeiziehen können. Wer – nach Art der Bewohner des Landes zu reden – hinaufreiset, d. i. nach Miaco reiset, muß die linke, und wer so abziehet, d. i. von Miaco kommt, die rechte Seite des Weges halten. Der eingeführte Gebrauch hat dies zum Gesetz gemacht. Damit nun ein Reisender seinen Fortgang wissen könne, so sind diese Heerstraßen mit Meilenzeigern abgemessen und bezeichnet. Die Jedosche

Hauptbrücke, die vorzugsweise die Brücke von Japan genannt wird, hat man hierbei zum allgemeinen Standpunkt angenommen, so daß man daher allerorten auf der Reise gleich wissen kann, wie weit man von dieser Brücke und der Residenz entfernt sei. Zu einem Meilenzeichen dienen zwei einander gegenüberliegende Hügel, welche zu beiden Seiten des Weges aufgeworfen und mit einem oder mehreren Bäumen bepflanzt sind.
Auf dem ersten Teil unserer Reise sind die Wege über Saikaido zum Teil, über Tokaido aber allenthalben, wo es die dazwischenliegenden Städte und Dörfer nicht verhindern, zu beiden Seiten mit einer dichten geraden Reihe Tannenbäume besetzt, zum Schatten und zur Lust des Reisenden. Dem Regen sind bequeme Ablässe nach den niedrigen Feldern angewiesen und gegen die Höhe zierliche Erddämme aufgeführt, um dadurch das anfließende Regenwasser abzuwehren, weshalb denn ein Reisender zu allen Zeiten einen guten Weg vor sich hat, es wäre denn bei anhaltend nasser Witterung auf lehmigem Boden. Wenn ein vornehmer Herr reist, wird der Weg kurz vorher mit Besen gereinigt, auch werden zu beiden Seiten desselben einige Tage zuvor kleine Sandhaufen herbeigefahren, um diese auszustreuen und den Weg damit abzutrocknen, wenn es etwa bei seiner Ankunft regnen sollte. Ist es ein Prinz von kaiserlichem Geblüt oder ein Gouverneur, so setzt man alle zwei oder drei Meilen Laubhütten an die Wege, wobei ein heimlicher Nebengang abgezäunt ist, in welche sie dann zur Lust oder auch zur Notdurft absteigen können.
Die Wegewärter haben beim Unterhalten reinlicher Wege wenig Mühe, da sich der zunächst wohnende Landmann die Unsauberkeit mit Begierde alsbald zunutze macht. Die täglich abfallenden Blätter und Tannenzapfen sammeln sie zum Verbrennen und helfen damit dem Mangel an Holz ab. Die Bauernkinder sind gleich dahinter her, um den Pferdemist, wenn er noch warm ist, aufzuraffen und auf ihre Äcker zu tragen. Selbst die menschlichen Exkremente der Reisenden heben sie zu eben derselben Absicht auf. Auch die abgenutzten und weggeworfenen Strohschuhe von Menschen und Pferden werden gesammelt, verbrannt und die Asche davon unter die Exkremente gemischt, was dann überall den Dünger abgibt. Von dieser übelriechenden Masse wird ein Vorrat gemacht, den man auf den Feldern und an einem Aborte in den Dörfern in großen Fässern verwahrt, die offen und unbedeckt in die Erde eingegraben sind. Da der faule Geruch von Rettichen noch hinzukommt, die der Landleute tägliche

Kost sind, so kann man sich denken, daß zwar die schönen Wege das Auge ergötzen, die Nase hingegen viel Unangenehmes zu empfinden hat.

Wege über Gebirge kommen zuweilen auch vor. Diese sind so steinig, steil und mühsam zu ersteigen, daß man keine Pferde benutzen kann und sich in Cangos oder Sitzkörben hinübertragen läßt. Unter den Flüssen, die wir überqueren mußten, gibt es verschiedene, die wegen der nahen Schneegebirge, besonders wenn es geregnet hat, mit großer Gewalt zur See eilen. Da sie die Schranken ihrer steinigen Fläche überschreiten, nützen weder Brücken noch Fahrzeuge etwas, sondern das Wasser muß durchwatet werden. Hier gibt es denn gewisse dazu bestellte ortskundige Leute, denen man sich auf ihre Gefahr anvertraut, und die auch Pferde und Reiter wider die Macht des Stromes und der abrollenden Steine mit den Armen sorgfältig zu unterstützen und durchzuführen wissen. Andere zwar ebenso schnelle, doch nicht so breite Ströme lassen zum Übersetzen Fahrzeuge zu, die nach Beschaffenheit des Flusses gebaut und mit plattem, dünnem Boden versehen sind, damit sie sich biegen, wenn sie auf hohe Steine geraten, und ohne Gefahr und Mühe davon heruntergebracht werden können. Die übrigen tiefen Flüsse, die ein festes Ufer haben, sind allemal mit breiten starken Brücken von Zedernholz belegt, die so fleißig unterhalten werden, daß sie stets wie neu anzusehen sind.

In den an den Landstraßen der großen Insel Nipon gelegenen Dörfern trifft man wenig Ackerleute, mehr aber sonst Einwohner von verschiedenem Stande an, die davon leben, daß sie im Taglohn arbeiten oder Knechtsdienste verrichten, auch wohl den Reisenden allerhand Kleinigkeiten verkaufen. Diese Dörfer bestehen daher nur aus einer langen Gasse, durch welche die Landstraße hindurchgeht. In allen Orten sieht man auf der öffentlichen Straße ein begittertes Plätzchen für den hohen Willen, wie man es hier nennt, d. i. für die kaiserlichen Edikte, die der Gouverneur jeder Provinz unter seinem Namen publiziert. Sie sind auf eine vierseitige, etwa eineinhalb Ellen lange Tafel geschrieben, die an einem zwei Klafter hohen Pfahle befestigt ist. Die vornehmsten, ältesten und größten dieser Tafeln enthalten das Verbot der katholischen Lehre und die ausgesetzten Prämien für die Verräter der christlichen Pfaffen und Laien. Die Edikte, die der Gouverneur erläßt, sieht man an eben diesen Schranken angeheftet, weshalb denn so viele neben- und übereinander hervorstehen, daß sie kaum Raum genug haben. Zuweilen sind die Prämien für diejenigen, die eine

gewisse Sache, eine Person oder einen Täter ausfindig machen, gleich daneben gehängt.
Unter den geistlichen Gebäuden leuchten besonders die vielen Tira, das sind die buddhistischen oder ausländischen Götzenhäuser nebst ihren Klöstern mit ihrer ansehnlichen Höhe, den künstlichen Dächern und anderen Schönheiten, vorzüglich hervor. In Städten und Dörfern sind sie auf der stärksten Anhöhe, außer denselben am Fuße der Berge, gemeiniglich bei einem quellenden Bach und einem kleinen Lustwald erbaut, weil, wie die Japaner glauben, den Göttern dergleichen hohe und angenehme Orte am besten gefielen. Ich glaube aber, auch den Pfaffen, indem sie da mehr Vergnügen und Zeitvertreib haben. Es sind diese Tempel von dem schönsten Zedern- und Tannenholze gezimmert und inwendig mit vielen geschnitzten Bildern geziert. In der Mitte befindet sich ein geschmückter Altar mit einem oder mehreren vergoldeten Götzen, und vor demselben stehen einige wohlriechende Kerzen. Nach dem ganzen Aufputz sollte man glauben, man komme in eine römische Christenkirche, wenn nur keine ungestalten Götzen darin wären. Das ganze Reich ist mit diesen Tira erfüllt, und der Pfaffen gibt es eine unzählbare Menge. Bloß um und in der Stadt Miaco werden der Tempel 3893 und der dazugehörigen Pfaffen 37 093 gezählt.
Die vornehmsten Flecken und Dörfer an unserer Landstraße sind für die Reisenden mit einem herrschaftlichen Posthause versehen, wo man eine Menge Pferde und Menschen zu allen Zeiten haben und die ermüdeten oder nicht weiter gemieteten Pferde und Menschen auswechseln kann. Weil an solchen Wechselorten oder Postflecken die benötigten Dinge und bequeme Herbergen anzutreffen sind, so werden sie gern zur Einkehr gewählt. Sie liegen je anderthalb bis vier Meilen voneinander. Die Häuser selbst sind nicht zur Wirtschaft, sondern nur zur Stallung der Pferde gebaut. Viele Schreiber und Buchhalter besorgen die Unterhaltung des Postwesens. Mit Herbergen ist unsere Heerstraße ebenwohl ziemlich versehen. Die ansehnlichsten findet man in den Postflecken. Sie haben wie andere wohlgebaute Häuser ein Stockwerk. Das Vorhaus ist dunkel und unansehnlich, mit schlechten weichen Matten belegt und mit gemeinen Schiebtüren abgeteilt. In selbigem befindet sich die Küche, aus welcher öfters alles mit Rauch überzogen wird, weil kein Schornstein, sondern nur ein Rauchloch im Dache vorhanden ist. Die gemeinen Passagiere haben denn hier bei dem Haus- und Küchengesinde ihr Quar-

Marco Polo im Pfefferland

Japanischer Tempel aus dem Reisebericht Engelbert Kämpfers

Lhasa im 18. Jahrhundert. So mag auch Desideri die Stadt bei seinem Besuch in Tibet gesehen haben

Stadt und Kastell von Jerîm, wie sie Niebuhr bei seiner Reise durch Jemen skizzierte

tier. Das Hinterhaus dagegen wird zur Bewirtung vornehmer Gäste jederzeit so sauber unterhalten, daß man auf den Fußmatten, an Türen, Wänden, Schirmen und Fensterjalousien nicht den geringsten Flecken sieht, sondern alles wie neu ist. Auch gibt es unzählbare schlechtere Herbergen, Garküchen, Bierschänken, Küchen und Zukkerbuden, die an unserem Weg, selbst in Wäldern und Tälern aufgerichtet sind, wo selbst ein ermüdeter Fußgänger und geringer Mensch gegen Erlegung weniger Heller einen warmen, wiewohl schlechten Imbiß, Teewasser oder Sacki haben kann. Da in diesen Buden oder Garküchen geringe Leute Wirte sind, die ihre Nahrung kümmerlich suchen müssen, so fallen sie etwas armselig und schlecht aus. Doch ist immer etwas da, womit sie die Vorbeireisenden an sich zu locken wissen: Bald ist es ein grüner Hinterhof oder auch nur ein ausgestellter Blumentopf, mit blühenden Baumzweigen (denn ordentliche Blumenpflanzen werden dafür für zu gut gehalten) aufs beste geschmückt, bald eine wohl aufgeputzte junge Hausdirne, die dem Vorbeigehenden zuruft und ihm ihre warme Kost liebkosend anbietet. Dieser hat denn auch nicht nötig, lange zu warten, sondern kann mit dem Kuchen, Gebratenem oder was er fordert, gleich wieder seines Weges gehen, weil alles auf einem besonderen Spieße oder Stöckchen von Bambus in der offenen Bude vor dem Feuer steckt, zumalen da die Wirtinnen, sobald sie Leute von ferne kommen sehen, die Kohlen fleißig in die Glut bringen, als ob sie soeben ihre Eßwaren frisch gekocht oder gebraten hätten. Andere hingegen beschäftigen sich mit der Zubereitung des Teewassers oder eines warmen Süppchens, die sie dem Reisenden nach Begehren zureichen, währenddem ihnen nie der Mund geschlossen ist, um ihre Ware anzupreisen und vor ihren Nachbarn, die auf gleiche Art ihre Nahrung suchen, den Vorzug zu gewinnen.

Außer Tee, den man allzeit haben kann, sind die gewöhnlichen Speisen in diesen Garküchen folgende: die Mansje, eine portugiesische Art runder kleiner Kuchen in der Größe eines Hühnereis, die aus Weizenmehl in einem zugehaltenen Wasserdampfe gekocht und inwendig bisweilen mit einem bezuckerten schwarzen Bohnenteig gefüllt sind; ferner geröstete Kuchen von der Gallerte einer Waldwurzel, scheibenweise durchschnitten; gebratene Stücke Aal, gebratene, gekochte oder roh eingemachte Schnecken, Muscheln und kleine Fische; chinesischer Laxa, dünner gerollter und sodann in lange schmale Riemen zerschnittener und gekochter Weizenteig;

Farne und junge Kräuter und Wurzeln aus der See und den Wäldern, wie es die Jahreszeit mit sich bringt, die nach vorheriger Reinigung und Zubereitung mit Wasser und Salz abgekocht werden; und noch sehr viele andere inländische schlechte Gerichte, die vorzeiten der unkultivierte Boden und der Hunger den Einwohnern angewiesen und die aus verschiedenem Samen und Wurzelmehl in mancherlei Figur und Farbe gekocht werden. Auch findet man in den schlechten Buden und auf den aufgestellten Tischen mancherlei Zuckerwaren von verschiedener Figur und Farbe, die zwar etwas Lüsternes für das Auge, nicht aber für den Geschmack haben, indem sie sparsam bezukkert und gewöhnlich so zäh sind, daß man beim Kauen die Zähne nicht voneinander bringen kann. Ein armer Reisender kann es aus seinem bei sich geführten gedruckten Wegweiser wissen, an welchem Orte er diese und dergleichen Speisen und wo er sie am besten und wohlfeilsten bekommt, und also einen Appetit danach einrichten.

Durch die Wüste nach Lhasa
Ippolito Desideri

Kaum ein anderes Land der Erde hat sich bis zum heutigen Tage infolge der verschiedenen Umstände als so fremdenfeindlich erwiesen wie gerade Tibet. Nicht nur, daß es von Natur aus schon schwer zugänglich, abgeschlossen von den Gebirgen, im Herzen Asiens liegt, auch seine Bewohner haben sich vielfach gegen den Besuch von Fremden gewehrt; und nicht zuletzt haben die Chinesen, denen das Land jahrhundertelang tributpflichtig war und die es auch heute wieder besetzt halten, Europäer an Reisen nach Tibet gehindert. Nur vereinzelt gelang es deshalb europäischen Reisenden seit dem 14. Jahrhundert, in diesen merkwürdigen und geheimnisvollen Mönchsstaat vorzudringen, den ein Priesterfürst, der Dalai-Lama, regierte. Aber immerhin vermochten Kapuzinerpatres in der ersten Hälfte des 18. Jahrhunderts vorübergehend eine Missionsstation in der Hauptstadt Lhasa zu errichten. 1716 erreichte auch der Jesuitenpater Ippolito Desideri (1684–1733) Lhasa, wo er fünf Jahre verweilte. Während dieser Zeit studierte er gründlichst Lebensweise und Religion der Tibeter, so daß sein Reisebericht, den er nach der Rückkehr in die Heimat verfaßte, zu den farbigsten und zugleich bedeutungsvollsten Schilderungen Tibets gehört. Der folgende Abschnitt bringt ein Kapitel aus dem I. Buch dieses Berichts mit einer Beschreibung von Reiseerlebnissen auf dem Wege nach Lhasa.

Taschigong liegt am Rande einer unermeßlich öden und schrecklichen Wüste, die zu durchqueren drei Monate dauert. Wir konnten keinen Führer finden, und der Versuch, die Fahrt allein zu wagen, hätte für uns den sicheren Tod bedeutet. Der Lama, der Statthalter und der Kastellan scheuten keine Mühe, jemanden zu finden, der die Wüste kannte oder sowieso nach Osten, in das Innere Tibets zurückkehren wollte. Zwar verstrich einige Zeit, dann aber schenkte uns Gott, der diejenigen niemals verläßt, die ihr Vertrauen auf ihn setzen, die beste Begleitung, die man sich nur denken kann. Zwei Tagereisen südöstlich von Taschigong liegt ein großer Distrikt, der Garthog heißt, mit einer Stadt gleichen Namens, die eine starke Garnison tatarischer und tibetischer Truppen beherbergt. Sie unterstehen dem König von Tibet und haben nicht nur Taschigong und einige Dörfer zu verteidigen, sondern auch die bewaffneten Banditen fernzuhalten, die auf schmalen unbekannten Pfaden anrücken und das Land zu überfallen drohen. An der Spitze dieser Truppen stand ein tatarischer Prinz, aber nach seinem Tode vor zwei Jahren war das Kommando an seine Frau übergegangen. Sie hatte jetzt die Erlaubnis erhalten, mit ihren Soldaten nach Lhasa zurückzukehren, denn die Garnison sollte nun durch neue Truppen unter einem anderen Befehlshaber ersetzt werden. Anfang Oktober kam sie nach Taschigong, um die letzten Vorbereitungen zu treffen. Wir wurden ihr vorgestellt und baten sie um die Erlaubnis, unter ihrem Schutz nach Lhasa reisen zu dürfen. Mit sehr freundlichen Worten erwiderte die Prinzessin, daß sie alles in ihrer Macht Stehende tun werde, um uns zu helfen, die lange und schwierige Reise so angenehm wie möglich zu gestalten. Sie fügte hinzu, daß es für sie eine große Ehre sei, zwei Lamas aus einem fernen Land beistehen zu können. Während der kurzen Zeit, die sie in Taschigong verbrachte, speisten wir auf ihren ausdrücklichen Wunsch täglich mit ihr.

Nachdem wir alle nötigen Vorbereitungen getroffen hatten, verließen wir am 9. Oktober 1715 Taschigong und trafen am 11. in Garthog ein, wo wir warteten, bis die Prinzessin zur Abreise fertig war.

An der Spitze unserer Karawane ritten eine Anzahl von Dienern der Prinzessin und einige Schwadronen tatarischer Reiterei. Dann folgten die Prinzessin und ihre tatarischen Begleiterinnen, alle zu Pferd, ihre Minister und die Offiziere ihres Heeres. Danach kam weitere tatarische Reiterei, bei der auch wir uns im allgemeinen befanden. Die Nachhut setzte sich zusammen aus teils tatarischer, teils tibetischer Reiterei, aus dem Gepäck, den Vorräten, aus einer Menge von Leuten zu Fuß und aus den Handpferden. Wir verließen Garthog in der zweiten Oktoberhälfte und erreichten am 9. November den höchsten Punkt unserer ganzen Reise durch diese Wüste, der den Namen Ngari-Khorsum trägt. Dieser Ort wird wegen eines gewissen Urgyen, des Gründers der jetzigen tibetanischen Religion, vom ganzen Volke hoch verehrt. In der Nähe liegt ein Berg von außerordentlicher Höhe und gewaltigem Umfang, der stets in Wolken gehüllt, mit Eis und Schnee bedeckt, gefahrdrohend, öde, steil und entsetzlich kalt ist. In einer aus dem gewachsenen Fels gehauenen Höhle soll dort dieser Urgyen einige Zeit in völliger Einsamkeit, in Selbstkasteiung und beständiger religiöser Meditation gelebt haben. Die Höhle liegt jetzt in einem Tempel, der ihm geweiht ist und der zu einem elenden Kloster gehört, wo ein Lama mit ein paar Mönchen lebt, die den Tempel-

dienst verrichten. Wenn die Tibetaner dieser Höhle, der sie immer Opfergaben bringen, einen Besuch abstatten, dann gehen sie in tiefer Andacht um den Fuß des Berges. Das dauert einige Tage, und sie glauben, daß sie dadurch große Gnade empfangen.
Durch den Schnee auf diesem Berg entzündeten sich meine Augen so, daß ich beinahe meine Sehkraft einbüßte. Ich hatte keine Brille, und meine Begleiter lehrten mich, die Augen mit Schnee zu reiben. Der Winter ist die beste Jahreszeit für eine Reise in diesen Ländern, denn der Schnee gibt Trinkwasser, und im Sommer sind die Wege drei Monate lang wegen des Regens unbegehbar. Natürlich braucht man nicht diesen Weg zu nehmen, es sei denn, daß man – wie wir – von Kaschmir nach Tibet reist.
Am 1. Dezember erreichte wir eine flachere Gegend, die fast schneefrei war. Sie heißt Toscioa. Dort machten wir für zwei Tage halt, um den Menschen und Pferden Ruhe zu gönnen. Wir fanden an diesem Platz mehrere Zelte von Hirten, die durch die Wüste streifen, um die Pferde-, Maultier- und vor allem Bergrinderherden zu weiden, die dem Großen Lama und dem König gehören. Dann kamen wir zu einer Ebene, die Manasarowar heißt und in der ein See von solcher Ausdehnung liegt, daß man mehrere Tage braucht, um ringsherum zu wandern. Dieser See soll die Quelle des Ganges sein, aber nach meinen eigenen Beobachtungen und nach dem, was ich von verschiedenen Leuten hörte, die dieses Land und die ganze Mongolei kannten, muß wohl der obenerwähnte Berg Ngari-Khorsum als der Ort betrachtet werden, wo nicht nur der Ganges, sondern auch der Indus entspringt. Da dieser Berg der höchste Punkt der Gegend ist, bildet er zugleich eine Wasserscheide. In westlicher Richtung fließt das Wasser nach Klein-Tibet, bis es die Berge von Kaschmir erreicht und schließlich den breiten schiffbaren Indus bildet. Auf der Ostseite fließt ein weiterer breiter Wasserlauf in den Manasarowarsee und bildet schließlich den Ganges. Das deckt sich auch mit den ausführlichen Berichten alter Schriftsteller über den Goldsand, den man im Ganges gefunden hat. Sie müßten gelogen haben, wenn die Quelle des Stromes woanders läge; denn nur an den Ufern und im Sand des Manasarowarsees wird eine größere Menge Gold gesammelt, das von heftigen Regenfällen und dem Schmelzwasser des Schnees vom Ngari-Khorsum herabgespült wird. Wenn man gelten läßt, daß der Ursprung des Ganges auf diesem Berg zu suchen sei, dann sagen die alten Schriftsteller die Wahrheit, und meine Beobachtungen bestäti-

gen ihre Worte. Tibeter und Kaufleute kommen von Zeit zu Zeit hierher, um nach Gold zu suchen und den Goldsand einzusammeln; und sie tun das mit großem Gewinn.
Am 22. Dezember erreichten wir wieder eine weite Ebene und fanden noch mehr Zelte, die den Hirten gehörten. Ich darf nicht vergessen hinzuzufügen, daß diese große Wüste, so unfruchtbar und menschenleer sie auch ist, dem König und dem Großen Lama doch einen ansehnlichen Gewinn einbringt. Und zwar nicht nur das Gold, sondern auch die zahllosen Ladungen hervorragender Butter aus der Milch dieser Bergrinder, ferner die Abgaben der Kaufleute und vieles andere.
Am 4. Januar 1716 ließen wir die Wüste endlich hinter uns und erreichten den großen Ort Saka Dzong, der wohlbefestigt war, wie es sich für eine Grenzstadt gehört. Dort residierte ein mächtiger Statthalter, das Oberhaupt der Provinz Tsang-To.
Da ich nur eine kurze Beschreibung unserer Reise durch die Wüste gegeben habe, muß ich nun noch einige Einzelheiten hinzufügen, um die Schwierigkeiten besser verständlich zu machen. Drei Monate lang findet der Reisende kein Dorf oder irgendein lebendes Geschöpf. Er muß deshalb alle nötigen Vorräte mitnehmen: Tee, Butter, Mehl oder gedörrte Gerste, und Fleisch, das so fest gefriert, daß es wie unser geräucherter Schinken lange Zeit hält. Außerdem muß man nicht nur die Vorräte für die Menschen, sondern auch Nahrung für die Pferde mitführen; denn der Boden ist im allgemeinen so fest gefroren, daß sie kein Futter finden können. Das Wasser ist ebenfalls gefroren, so daß man zum Kochen den Schnee oder das Eis über einem Feuer auftauen muß. Ferner findet man in der Wüste kein Holz, höchstens hier und da ein paar Dornenbüsche. Um Feuer zu machen, muß man erst den Pferde- und Rinderdung zusammensuchen. Das Bett zur Nacht ist die Erde, von der man oftmals erst den Schnee wegkratzen muß, und das Dach ist der Himmel, von dem Schnee und Hagel fällt. Man kann zwar Lagerzelte nach Art der Tataren haben, die wie runde Hütten aussehen und transportabel sind, doch braucht man Tiere, um sie zu befördern, und Diener, die sie aufstellen. Die gewöhnlichen Leinenzelte bieten zwar einige Bequemlichkeit, sie sind aber außerordentlich unpraktisch, denn es ist schwierig, die eisernen Dübel, die den Zelten bei den herrschenden heftigen Stürmen Standfestigkeit verleihen, in den sandigen oder gefrorenen Boden zu treiben. Schnee und Frost machen sie außerdem steif und sehr schwer. Die Kleider-

frage ist ebenfalls sehr schwierig zu lösen. Wenn man sich sauber und anständig kleiden will, dann setzt man sich der schneidenden Kälte aus und läuft Gefahr, Nase, Finger, Zehen oder gar das Leben einzubüßen. Wenn man mehr auf die Zweckmäßigkeit als auf die Sauberkeit schaut, muß man die schweren Schaffelle mitschleppen und sich mit dem Schmutz und dem Ungeziefer abfinden, das sich bei längerem Tragen stark vermehrt. Bevor wir Taschigong verließen, kauften wir, unsere drei christlichen Diener und der heidnische Dolmetscher, Tatarenmäntel, die auch von den Tibetern und den Priestern auf Reisen benutzt werden. Sie sind aus Schafhäuten und reichen bis zum Knie. Das Fell ist nach innen gekehrt, und die Haut außen ist mit feinem wollenem Tuch oder mit gefärbter Baumwolle bedeckt, die aus China kommt. Da diese Mäntel aber die Beine und den Kopf nicht bedecken, ließ ich in Taschigong für uns und unsere Leute lange Stiefel aus Schafhäuten verfertigen und Mützen, die nicht nur den Kopf, sondern auch die Ohren und den Hals bedecken. Hinterher merkte ich, daß meine Erfindung, die teils der Eigenliebe, teils dem Wunsch entsprungen war, unsere Diener vor der schneidenden Kälte oder sogar vor dem Erfrierungstod zu schützen, bei unserer Begleitung ganz allgemein in Gebrauch war. Tataren und Tibeter bedecken auch das Gesicht mit einer Art Halbmaske aus feiner Lammhaut, die ich mir ebenfalls kaufte. Um die Augen vor den Sonnenstrahlen zu schützen, die der Schnee so stark reflektiert, tragen sie einen konkaven Schirm aus schwarzem Pferde- oder Ochsenhaar. Obwohl diese Reise zu Pferd und nicht zu Fuß durchgeführt wird, ist sie doch überaus beschwerlich, denn man bricht des Morgens noch vor Sonnenaufgang auf, steigt bis Sonnenuntergang nicht vom Pferd. Viele Pferde gehen in den Bergen, im Eis, aus Mangel an Weide und im tiefen Schnee zugrunde. Wir verließen Lhata mit sieben Pferden, nur zwei erreichten Lhasa, eines völlig erschöpft und mit vielen Wunden, das andere in so schlechter Verfassung, daß es ein paar Tage nach unserer Ankunft verendete. Man muß sich dann noch die gefahrenreichen Wege in diesem fürchterlichen Land vorstellen, die mitten durch Schnee und Eis ununterbrochen die schrecklichen Berge hinauf und hinab führen, dem unbarmherzigen Wetter und den beißend kalten Winden ausgesetzt sind.

Ich will nun noch kurz unser Leben beschreiben. Bei Tagesanbruch standen wir zwei Väter auf, brachen das gefrorene Zelt ab und luden es auf ein Pferd, dazu unser Geld und einige nowendige Dinge. Dann sattelten wir unsere Pferde und die unserer Diener und unseres Dolmetschers, tranken unseren Tee und trugen unsere Kochutensilien zusammen. Danach ritten wir bis Sonnenuntergang. Wenn wir den für das Lager geeigneten Platz erreichten und eine möglichst schneefreie Stelle ausgesucht hatten, stellten wir unser Zelt auf, suchten nach großen Steinen, um es zu befestigen, sattelten die Pferde ab, packten unsere Bündel aus und liefen dann umher, um trockenen Pferde- und Kuhmist für das Feuer zu finden. Während unsere Diener dann das Essen vorbereiteten, sprachen wir Väter unsere Gebete. Wenn wir dann noch dafür gesorgt hatten, daß unsere Pferde gut geschützt, getränkt und gefüttert waren, zogen wir uns zur Ruhe zurück. Die Nacht bildete mehr eine Pause zwischen den Strapazen als eine wirkliche Ruhe, denn die durchdringende Kälte und die unerträgliche Plage durch das Ungeziefer, das unsere Kleider beherbergte, machten jeden wirklichen Schlaf unmöglich.

Tod im Jemen
Carsten Niebuhr

Um die Mitte des 18. Jahrhunderts war das Innere Arabiens noch weitgehend unbekannt, blieb europäischen Reisenden verschlossen. Zwar hatte der Nürnberger Johann Wild schon 1623 in einem Buch von seinen abenteuerlichen Schicksalen in Mekka berichtet, an grundlegenden Zeugnissen eines Forschungsreisenden mangelte es. Deshalb schlug ein Göttinger Gelehrter 1756 dem dänischen König vor, eine Expedition zur wissenschaftlichen Erforschung des Landes nach Arabien zu schicken. Zu den Mitgliedern dieser Expedition gehörte auch der 1733 zu Lüdingworth an der Niederelbe geborene Carsten Niebuhr. 1761 reisten die Expeditionsteilnehmer nach Konstantinopel und von da weiter nach Kairo, wo sie sich etwa ein Jahr aufhielten und vorbereitende Studien trieben. Dann ging es weiter mit einem Pilgerschiff nach Djidda, dem Hafen Mekkas. Die heilige Stadt selbst durften die Reisenden aber wegen der feindseligen Haltung der Bevölkerng nicht betreten. Ziel der Expedition war der Jemen, den sie im Dezember 1762 erreichten. Nach und nach erlagen hier alle Expeditonsmitglieder dem Klima, nur Niebuhr und der Arzt Dr. Cramer blieben am Leben und nahmen alle Forschungsaufgaben auf sich. Als auch sie erkrankten, wollten sie über Indien nach Europa zurückkehren, unterwegs starb auch Dr. Cramer, so daß Niebuhr der einzige Überlebende der Expediton war. Auf dem Landweg kehrte er von Indien über Persien, Syrien und Palästina 1767 nach Kopenhagen zurück. Hier ging er sofort an die Veröffentlichung seines Reiseberichts, der ihm einen hervorragenden Platz unter den Forschungsreisenden seiner Zeit sicherte. Er starb 1815. Seinem heute sehr seltenen Reisewerk ist der Abschnitt über den Aufenthalt im Jemen entnommen.

Den 4. Juli blieben wir zu Mensil. Mich überfiel des Nachmittags ein kleines Fieber, und da überdies Forskals Krankheit mehr zu- als abzunehmen schien, so waren wir entschlossen, hier so lange zu bleiben, bis er sich wieder etwas besser befinden würde. Allein unsere Kamel- und Eseltreiber gaben vor, daß sie an diesem kleinen Orte keinen Unterhalt für ihr Vieh und so viele Menschen finden könnten. Sie versicherten uns, daß die Stadt Jerîm gleich hinter dem Gipfel von Sumâra, und nicht weiter von Mensil nach Osten als Barkên nach Westen läge. Sie versprachen, Leute zu bestellen, die unsern Kranken

bis auf den Gipfel des Berges tragen sollten, und daß ihm dann die übrige kurze Reise von da bis Jerîm auf einem Kamel gar nicht beschwerlich fallen würde.
Durch alle diese schönen Versicherungen ließen wir uns überreden, am 5. Juli aufzubrechen. Herr Baurenfeind und ich gingen des Morgens ganz früh mit einem Eseltreiber voraus, um in der Kühle zu reisen. Aber dies mußte ich teuer bezahlen. Ich war für dies Klima zu leicht gekleidet und zog mir dadurch eine heftige Erkältung zu. Auf der großen Ebene zwischen dem Berge Sumâra und Jerîm überfiel mich ein starkes Brechen. Wir sahen von Táás bis Mensil so viel Wasser am Wege, daß es uns gar nicht einfiel, wir könnten daran heute Mangel leiden. Wir hatten also nicht einmal so viel Wasser mit uns genommen, daß ich meinen Mund spülen konnte. Der Tag fing schon an heiß zu werden, und wir mußten noch über eine Stunde reiten, bis wir endlich einen Bauern auf dem Felde antrafen, der mir seine Wasserkruke reichte. Niemals habe ich einen solchen Durst ausgestanden. Indessen kamen wir glücklich nach Jerîm. Ich fand die Entfernung dieser Stadt von Mensil in gerader Linie ungefähr drei deutsche Meilen, und also viel weiter als die Kameltreiber uns hatten versichern wollen.
Herr Cramer war mit unserm europäischen Bedienten zurückgeblieben, um die Leute zu erwarten, die unsern Kranken bis auf den Berg Sumâra tragen sollten. Allein diese waren entweder gar nicht bestellt, weil unsere Araber wußten, daß der Weg, welcher ihrem Vorgeben nach nur eine Meile sein sollte, die Umwege nicht mit gerechnet, bei drei Meilen war, oder die Araber hatten keinen Christen tragen wollen. Man hatte deswegen, auf gut arabisch, das Bett auf ein Kamel und unsern Kranken darauf gebunden. Aber ob man gleich sehr langsam mit ihm gereist war und ihm sonst alles so bequem als möglich gemacht hatte, so kam er doch gegen Abend sehr schwach und in einem elenden Zustand zu Jerîm an. Wir waren schon so sehr nach der arabischen Manier zu leben und zu reisen gewohnt, daß wir es gar nicht mehr unbequem fanden, solange wir gesund waren. Allein jetzt lernten wir, wie betrübt es sei, in jenen Ländern krank zu werden, ohne etwas auf europäisch zu essen oder zu trinken erhalten zu können, ja sogar auf dem Wege krank zu werden, und nicht zeitig genug zu einem Ort kommen zu können, wo man sich etwas wieder erholen kann.
Wir waren zu Jerîm in einer öffentlichen Herberge eingekehrt. Weil

wir aber daselbst gar zu sehr von Zuschauern beunruhigt wurden, die alle begierig waren, Europäer zu sehen und sprechen zu hören, so mieteten wir ein Haus, um in dieser Stadt einige Zeit zu bleiben und die Wiederherstellung unsres Reisegefährten abzuwarten. Hier merkten wir, daß die Araber zu Mensil wohl nicht Lust gehabt haben mochten, unsern Forskal bis oben auf den Berg zu tragen; denn zu Jerîm wollten nicht einmal unsere arabischen Bedienten ihn von einem Hause ins andere bringen. Wir selbst mußten ihn dahin schaffen.

Jerîm ist nur eine kleine Stadt, oder vielmehr ein großes Dorf. Indessen wohnt hier der Regierungsbeamte in einem kleinen Kastell auf einem steilen Felsen mitten in dem Flecken. Die Häuser sind zwar zum Teil von Steinen gebaut, zum Teil aber auch nur von ungebrannten Ziegelsteinen mit Lehmerde und Kuhmist vermischt, überschmiert.

Eine kleine halbe Tagereise (also zwei bis zweieinhalb deutsche Meilen) nach SW von Jerîm, stand ehemals, nach dem Berichte verschiedener Araber, eine Stadt Dhafâr, wovon zwar kein Haus mehr übrig sein soll; doch findet man daselbst, wie der Scheich el Belled (Bürgermeister von Jerîm) mich versicherte, einen großen Stein mit der Inschrift, die weder Juden noch Mohammedaner lesen können. Diese Stelle verdient also vielleicht von einem in diese Gegend kommenden Europäer besucht zu werden; denn hier war vermutlich die berühmte Stadt Tdaphar, welche die älteren Geschichtsschreiber die Residenz der Hamjaren nennen: Und wenn man irgendwo hamjarische Inschriften erwarten kann, so ist es wohl unter diesen Ruinen. Findet einer bloß kufische oder andere nicht merkwürdige Inschriften, so mag er sich damit trösten, daß man auch mir oft vergebliche Hoffnung gemacht hat, alte und unbekannte Inschriften zu sehen. Die Araber wollten behaupten, daß dieses Dhafâr jetzt vor 1800 Jahren in seinem größten Flor (seiner größten Blüte) gewesen sei, als Sáad el Kammel, welcher die ganze Halbinsel von dem arabischen bis an den persischen Meerbusen beherrschte, hier seine Residenz hatte.

Wir fanden an der Ostseite des Berges Sumâra ein ganz anderes Klima als wir an der Westseite gehabt hatten. Zu Táás, Äbb, ja noch in dem hier nahe gelegenen Dorfe Mensil regnete es schon seit einiger Zeit fast alle Nachmittage. Wir sahen da die schönsten Kornfelder, und überhaupt alles war grün und wohl bebaut. Dagegen war zu Jerîm seit drei Monaten kein Regen gefallen, ob man gleich fast alle

Abend ein Donnerwetter in der Ferne hörte. Die Heuschrecken hatten sich dergestalt vermehrt, daß sie fast alle Früchte auf dem Felde verzehrten. Die Einwohner zu Jerîm beschlossen deswegen, den 8. Juli des Nachmittags eine Prozession zu einem zum öffentlichen Gebete bestimmten Platz außerhalb der Stadt anzustellen, um sich da gemeinschaftlich den Regen von Gott zu erbitten. Die meisten Teilnehmer dieser Prozession waren Geistliche, und alle sehr schlecht gekleidet, wie es sich an einem Bußtage schickt. Voran gingen zwei ehrwürdige Scheichs, wovon jeder einen offenen Kasten mit Büchern auf dem Kopf trug. Die übrigen Scheichs und andere Leute, welche folgten, sangen und wiederholten beständig kleine Gebete, wovon ich weiter nichts verstehen konnte als La Allah, illah Allah. Alles geschah mit der größten Demut. Diese Andacht schien dem Allmächtigen angenehm zu sein; denn kaum war die Prozession wieder nach der Stadt zurückgekommen, so stieg ein Donnerwetter auf, und wir hatten noch diesen Abend starken Hagel und einen ziemlichen Regen. Den 9. Juli hielten die Einwohner zu Jerîm ihr Gebet wieder außerhalb der Stadt, und es erfolgte zwar nicht gleich Regen, wie an dem vorhergehenden Tage, aber doch wenige Tage nachher, es mag nun geschehen sein, weil Gott das Gebet der andächtigen Mohammedaner erhört hat oder weil die Regenzeit auch hier alle Jahre so regelmäßig eintritt als an der Westseite des Berges Sumâra und in andern Gegenden unter den Wendekreisen.

Die Heuschrecken waren in dieser Jahreszeit auf allen Märkten in Jemen sehr wohlfeil. Aber nigends habe ich sie in größerer Menge gesehen als auf der dürren Ebene zwischen dem Berge Sumâra und Jerîm; denn da konnte man sie an einigen Stellen mit Händen greifen. Wir sahen einen Araber, der einen ganzen Sack voll davon gesammelt hatte und sie dörren und zur Winterspeise aufheben wollte. Wenn es an der Westseite des Gebirges nur in einigen Stunden nicht regnete, so kamen sie in so großen Heeren aus Osten, daß die Bauern zu Mensil genötigt waren, mit großen Tüchern an Stöcken gebunden, auf ihren Kornfeldern herumzulaufen und zu schreien, um sie zu verjagen, damit sie ihre Früchte nicht ganz verzehrten. Dies würde in der Gegend von Jerîm wenig geholfen haben, weil sie hier, so lange es noch nicht regnete, gleichsam zu Hause waren.

Nachdem ich einige Tage zu Jerîm gewesen war, ohne aus dem Hause gekommen zu sein, besuchte ich hier den Suk an einem Martkttage, um meine traurigen Gedanken ein wenig zu zerstreuen. Es hatten sich

hier viele Leute aus den benachbarten Dörfern versammelt, zum Teil bloß um Lebensmittel und andere in der Haushaltung nötige Sachen zu kaufen und zu verkaufen.
Ich sah hier also keine reiche Kaufmannsläden, sondern Schneider, Schuster, Schmiede und andere Handwerksleute saßen an der Straße oder auf einer Stelle, welche sie mit einer schlechten und niedrigen Mauer umgeben hatten, und arbeiteten unter freiem Himmel. Hier sah ich auch einige Schröpfer, welche den Arabern die Haut mit einem schlechten Messer zerschnitten und hernach abgesägte Bockshörner über die Wunden setzten.
Die Krankheit des Herrn Forskal schien in den ersten Tagen nach unserer Ankunft zu Jerîm abzunehmen. Sie ward aber bald wieder so heftig, daß wir alle Hoffnung auf seine Genesung verloren. Er fiel endlich am 10. Juli des Abends in einen tiefen Schlaf, und in diesem starb er am 11. des Morgens halb zehn Uhr. Wir bedauerten seinen Verlust gar sehr; denn er hatte durch den vielen Umgang mit den gemeinen Leuten bei seinem fleißigen Botanisieren nicht nur am besten von der ganzen Gesellschaft die arabische Spache und ihre verschiedenen Dialekte gelernt und war deswegen sehr oft unser Fürsprecher, sondern er nahm sich auch überhaupt des glücklichen Fortgangs unserer Reise sehr eifrig an. Er war gleichsam zu einer arabischen Reise geboren. Nicht leicht war er mißvergnügt, wenn es ihm an Bequemlichkeiten fehlte. Er gewöhnte sich gleich, nach der Manier der Landeseinwohner zu leben, und dieses ist notwendig, wenn man mit Nutzen und Vergnügen in Arabien reisen will. Sonst wird auch der Gelehrteste nicht imstande sein, in diesen Ländern viele Entdekkungen zu machen.
Der Tod unseres Reisegefährten mußte nunmehr der Obrigkeit angezeigt und ein Platz zu seiner Beerdigung gekauft werden. Wir schickten den Bedienten zum Kadi. Dieser war so höflich, ihn an einen Araber zu weisen, von dem er glaubte, daß er uns wohl eine Stelle zum Begräbnis unseres Toten verkaufen würde. Wir kauften sie auch wirklich von dem Mann, aber der Handel ging wieder zurück. Der Platz war nahe an einer Rinne, worin man das Waser zu den umliegenden Feldern leitete, und die Nachbarn hatten dem Eigentümer gedroht, daß sie es ihn würden entgelten lassen, wenn das Wasser des Franken wegen künftig ausbleiben würde. Weil der Mann lieber den kleinen Gewinn verlieren als sich den Unwillen seiner unwissenden Nachbarn zuziehen wollte, so mußten wir einen andern Platz suchen, der uns

aber auch für dasselbe Geld bald angewiesen ward. Nachher verlangte der Dola mit einem von unserer Gesellschaft zu sprechen. Er sagte mir, daß er als Gouverneur von diesem Amte allezeit Erbe wäre, wenn ein durchreisender Jude oder Banian (Inder) in seinem Gebiete sterbe. Ich antwortete ihm, daß der Verstorbene weder Banian noch Jude gewesen wäre, sondern ein Europäer, und daß der Dola zu Mochha nichts von dem Nachlaß eines meiner Reisegefährten, der zu Mochha verstorben wäre, verlangt hätte. Hierauf erklärte mir der Sohn des Dola die Meinung seines Vaters dahin, daß er wenigstens ein ansehnliches Geschenk erwarte. Allein als ich ihm sagte, daß die Europäer ohne eine Quittung nichts bezahlten und daß er uns deswegen schriftlich anzeigen möchte, wieviel er dafür verlangte, daß unser Reisegefährte in seinem Amte gestorben wäre, so ward nichts weiter von uns gefordert. Der Dola wußte, daß wir nach Sana reisen wollten. Er befürchtete also vielleicht, daß wir ihn dort bei dem Staatsminister des Imams verklagen würden, wenn er etwas Unbilliges von uns verlangte.

Die größte Schwierigkeit, welche wir bei der Beerdigung unseres Freundes fanden, war die, daß wir keine Träger bekommen konnten, ob wir gleich reichlich dafür zu bezahlen versprachen und es uns gefallen lassen wollten, daß sie ihn des Nachts zum Grabe trügen. Endlich erboten sich hierzu sechs Mann. Allein sie kamen nicht eher als (am 12. Juli) des Morgens zwischen drei und vier Uhr, da alles im tiefen Schlaf war, und eilten so sehr, ihre Arbeit geschwind und heimlich zu verrichten, daß wir bloß daraus schon schließen konnten, es werde für einen Mohammedaner nicht anständig gehalten, einen fremden Religionsverwandten zu tragen. Ich selbst durfte so spät in der Nacht nicht wagen, der Beerdigung beizuwohnen, weil ich noch etwas unpäßlich war. Es waren bei derselben Herr Cramer, Herr Baurenfeind, die Bedienten, welche mit uns von Táás gekommen waren, und zwei Bediente des Kadi und des Scheichs el Belled zu Jerîm.

Wir glaubten der Pflicht, welche wir unserm Reisegefährten schuldig waren, kein Genüge zu tun, wen wir ihn nicht in einem Kasten begrüben. Wir würden aber besser getan haben, wenn wir ihn bloß in schlechter Leinwand eingewickelt und so in die Erde gelegt hätten. Der Kasten gab dem arabischen Pöbel Gelegenheit zu glauben, daß die Europäer Schätze mit ihren Toten vergrüben. Es ward schon davon gesprochen, als wir den Kasten machen ließen. Man erzählte uns nachher zu Sana, daß man unsern Verstorbenen bald nach unserer Abreise von Jerîm des Nachts ausgegraben, den Kasten erbrochen und die Leinwand, in die wir den Toten gewickelt hatten, weggenommen habe. Als der Dola davon unterrichtet worden sei, habe er die Juden genötigt, unsern Reisegefährten wieder zu begraben, und ihnen, da sie für ihre Bemühungen bezahlt sein wollten, die Erlaubnis gegeben, den Kasten dafür zu nehmen.

Nach der Beerdigung unseres Freundes machten wir Anstalt, unsere Reise am 13. Juli von Jerîm nach Sana fortzusetzen. Es regnete aber in der vorhergehenden Nacht so stark, daß wir an diesem Morgen erst spät aufbrechen konnten. Wir gingen eindreiachtel Meilen bis Robâd, nachher eineinachtel Meilen bis Dikesûb, und weiter eineinhalb Meilen nach Norden über einen kleinen Berg Numara bis Damâr. Also sind es von Jerîm bis Damâr vier deutsche Meilen, und auf diesem Wege brauchten wir sechs Stunden. Der Weg ist steinig, und die ganze Gegend scheint nicht sehr fruchtbar zu sein.

Durch unsern langen Aufenthalt zu Jerîm war es zu Damâr bekanntgeworden, daß wir dasselbst durchkommen und nach Sana reisen würden. Weil nun in sehr vielen Jahren kein Europäer in diese Gegend gekommen war, so war der hiesige Pöbel sehr begierig, uns zu sehen, und kam uns schon über eine viertel Meile außerhalb der Stadt entgegen. Der Zulauf ward immer größer. Weil wir befürchteten, in einer öffentlichen Herberge gar zuviel von Zuschauern beunruhigt zu werden, so mieteten wir ein lediges Haus, um die folgende Nacht ruhig zubringen zu können; allein da wir deswegen noch länger als sonst auf der Straße bleiben mußten, so hatte fast aller Pöbel aus der Stadt sich um uns versammelt, und wir mußten uns durchdrängen, um nur ins Haus zu kommen. Herr Cramer, welcher den Maulesel ritt, den er von dem Dola zu Mochha erhalten hatte, ließ sich es einfallen, zwischen dem Pöbel herumzureiten und Platz zu machen. Bei dieser Gelegenheit mochten etwa einige fallen. Man fing an, über die Insolenz der Ungläubigen zu murmeln. Wir eilten, ins Haus zu kommen. Man warf einige Steine in unsere Türen und Fenster, nämlich in die Fensteröffnungen, denn Glasscheiben hat man in diesen Gegenden nicht. Wir schickten unsere Bedienten auf die Straße, um den Pöbel auseinanderzubringen. Aber dies half nur für eine kurze Zeit. Wir wollten zu dem Dola schicken und eine Wache verlangen lassen; allein man sagte uns, daß er nicht mehr als dreißig Soldaten hätte und sich selbst vor dem Pöbel fürchtete. Man glaubte auch nicht, daß wir im geringsten in Gefahr wären. Es wären, sagte man uns, auf der Straße viele Studenten, die uns zu sehen verlangten und uns dadurch, daß sie Steine ins Haus würfen, ans Fenster locken wollten. Endlich hatten wir einen Besuch von dem Scheich el Belled, welcher Arzneien von Herrn Cramer verlangte, und wir hofften, daß man aus Hochachtung für diesen Bürgermeister aufhören würde mit Steinen zu werfen. Dem ungeachtet fuhr man damit fort, und weil der Scheich el Belled sowohl als unser Hauswirt glaubten, daß es am besten sein würde, den jungen Leuten ihren Willen zu lassen, so hielten wir Türe und Fenster geschlossen, und so wurden sie endlich ihres Spiels überdrüssig.

Damâr liegt in einer ebenen und fruchtbaren Gegend, welche in Jemen wegen der schönen Pferdezucht berühmt ist. Sie ist die Hauptstadt in Mechâreb el Anes und also die Wohnung des Dola von diesem Amte. Sie hat eine berühmte Akademie für die Sekte Mohammedaner, welche sich Zéidi nennet, auf welcher, wie man mich versicherte, etwa 500 junge Leute studieren, d. i. den Koran lesen und verstehen lernen. Nahe bei der Stadt ist ein großes Kastell. Die Stadt selbst ist offen, sehr groß und ziemlich wohl, aber weitläufig gebaut. Ich zweifle, daß sie 5000 Häuser hat, wie der Scheich el Belled behaupten wollte. Die hiesigen Juden leben nach der Gewohnheit des Landes in einem besondern Dorfe außerhalb der Stadt; einige Banianen aber wohnen sowohl hier als in andern Städten in Jemen unter den Mohammedanern. Nirgends ward unser Arzt in so kurzer Zeit von so vielen Kranken beunruhigt als hier. Da er nicht aus dem Hause gehen wollte, weil man bei unserer Ankunft Steine in unsere Fenster geworfen hatte, so brachte man uns sogar einen Kranken in seinem Bette ins Haus, und ein anderer reiste bloß unseres Arztes wegen mit nach Sana.

Im fernsten Sibirien
Simon Pallas

Nicht nur in überseeischen Ländern, auch gleichsam vor den Toren Europas gab es im 18. Jahrhundert noch Gebiete, die zwar nicht einer Entdeckung, so doch einer sorgfältigen geographischen Erschließung harrten. Dazu gehörten weite Landstriche Sibiriens. Zwar waren hier die Kosaken 1610 schon bis zum Jenissei vorgedrungen, hatten 1643 den Baikalsee und 1697 Kamtschatka erreicht, aber die Zeit der wissenschaftlichen Erschließung begann erst mit den Reisen von Gmelin und Owyzin in der ersten Hälfte des 18. Jahrhunderts und erreichte mit der Reise des Naturforschers Simon Peter Pallas einen ersten Höhepunkt. Dieser wurde am 22. September 1741 zu Berlin als Sohn eines ostpreußischen Chirurgen geboren. Wie sein Vater sollte er sich dem Arztberuf zuwenden, doch reizten ihn weitaus stärker die Naturwissenschaften. Schon als Zwanzigjähriger veröffentlichte er eine Reihe bedeutender wissenschaftlicher Untersuchungen. Sie gründeten seinen Ruf auch im Ausland, und 1768 forderte die russische Akademie der Wissenschaften in St. Petersburg ihn auf, eine umfassende wissenschaftliche Expedition durch Sibirien zu organisieren und zu leiten. Sie dauerte insgesamt sechs Jahre und führte ihn zum Kaspischen Meer, dann über den Ural in das eigentliche Sibirien bis zum Baikalsee und zum Oberlauf des Amur. Überall leistete Pallas gründlichste Arbeit, notierte sich jede erdenkliche Einzelheit über die Landschaft, über Tiere, Pflanzen und Menschen. 1774 endlich nach Petersburg zurückgekehrt, ging er an die Auswertung des Materials und veröffentlichte ein großes dreibändiges Reisewerk. 1793 unternahm er noch eine zweite, allerdings nicht mehr so ausgedehnte Reise wolgaabwärts bis Astrachan. Die Kaiserin schenkte ihm die Einkünfte aus zwei Dörfern und ein Haus, aber nach zweiundvierzig Jahren intensiven Wirkens verließ Pallas dann seine Wahlheimat Rußland wieder und kehrte nach Berlin zurück, wo er wenige Tage vor seinem siebzigsten Geburtstag am 8. September 1811 starb. Wir entnahmen seinem oben genannten großen Werk die Beschreibung der Ruinenstadt von Saratschik, den hochinteressanten Hinweis auf einen Rhinozeros-Fund im sibirischen Eis bei Irkutsk und die Schilderung einer russisch-chinesischen Grenzfestung.

22. August 1769. Der Vorposten Saratschik liegt etwas abwärts vom Jaik an der östlichen Seite des verfallenen Grabens, der von der ehemals hier erbaut gewesenen volkreichen tatarischen Stadt Saratschik übrig ist. Wall und Graben sind noch deutlich zu sehen und sollen

vier bis fünf Werst im Umkreis haben. Er fängt an bei dem Winkel, den ein starkes, aus der Steppe trägfließendes Wasser, Saratschik genannt, mit dem Jaik etwa anderthalb Werst unterhalb des heutigen Vorpostens macht, zieht sich längs diesem Wasser herauf und endlich mit einigen unregelmäßigen Ausbuchtungen um den Vorposten herum wieder zum Jaik. Mitten durch diesen Raum ist ein trockener Kanal gezogen, der vielleicht dazu gedient haben mag, das Wasser abzuleiten. Innerhalb des Walles befinden sich viele Spuren, Grundlagen und Gewölbe von gemauerten Gebäuden, nach welchen mitten in der Stadt einige sehr ansehnliche Wohnungen gestanden haben müssen. Die Ziegel, deren man sich bedient hat, sind länglich und ziemlich groß gestrichen. Von altem Geschirr findet man jetzt fast nichts mehr als Stücke von zerbrochenem porzellanartigem Irdenzeug, welches eine starke und schöne Glasur hat und teils weiß, teils von einer schönen blauen oder gelben Farbe oder doch damit bemalt ist. Weil der ganze Boden dieser Stadt höchst salzig und dabei feucht ist, so hat alles Eisenwerk, wovon man Überbleibsel findet, vom Rost dergestalt gelitten, daß es nicht mehr kenntlich ist. So geht es auch den kupfernen und silbernen kleinen Münzen, die man innerhalb des Walles, obgleich ziemlich sparsam, findet. Die kupfernen sind fast gänzlich von Grünspan verzehrt, und die silbernen haben sich oft bis in ihr Innerstes in eine weiße, kaum noch glänzende ganz brüchige Materie verwandelt. Ich habe bei den dort wohnenden Kosaken auch Glaskorallen verschiedener Farbe und einige wohlgeschliffene und polierte kleine Topase und karneolartige Steinchen gesehen, die an diesem Ort aufgelesen worden sind.

In dem Vorposten Saratschik war auch ein aussätziger Kosak, etwa vierzig Jahre alt, und schon ins sechste Jahr mit der Krankheit behaftet. Bei ihm hatte sich der Aussatz zuallererst mit einem großen hochroten Fleck an der Stirn gezeigt, der nach einiger Zeit wieder verschwunden war. Bald darauf hat sich der ganze Körper mit roten und gräßlich blauen Flecken bedeckt, und die Haut ist so schmerzhaft gewesen, daß der Kranke die geringste Berührung hat kaum mehr ertragen können. Allein auch dieser Aussatz ist nach Verlauf eines halben Jahres wieder vergangen; dagegen haben die Arme und Hände zu schmerzen angefangen und sind dergestalt geschwunden, daß sie jetzt fast gefühllos und zu allem untüchtig geworden sind. In den folgenden Jahren hat der Kranke auch in den unteren Gliedmaßen die heftigsten Schmerzen bekommen, wobei die Beine geschwollen sind und die Haut hart und dick geworden ist. Dabei hat seine Schwäche dergestalt zugenommen, daß er sich seiner Glieder gar nicht mehr zu bedienen imstande ist. Es soll auch in dieses Menschen Verwandtschaft schon jemand an dieser Krankheit gestorben sein. Gleichwohl gehen alle Kosaken mit ihm ohne Scheu um, berühren ihn auch, ohne daß noch jemand angesteckt worden ist; nur allein mit dem Kranken aus einem Geschirr zu essen oder zu trinken, hütet sich jeder.

14. März 1772. Den 13. März legten wir hunderteinunddreißig Werst zurück und übernachteten wegen der heftigen nächtlichen Kälte in Tscheremnoi Pad. So behielten wir auf den 14. gerade eine Tagesreise bis Irkutsk, welche ansehnliche Stadt wir abends um elf Uhr mit sehr abgetriebenen und matten Pferden erreichten.

Viele Merkwürdigkeiten, die ich hier zu sehen Gelegenheit hatte, nützliche Nachrichten, welche ich über die mir noch größtenteils unbekannten Gegenden jenseits des Baikals einsammeln konnte, unterhielten mich eine Woche lang so geschäftig, daß ich an die Beschreibung der Stadt nicht denken konnte.

Eine höchst außerordentliche Seltenheit, die mir hier durch die Gunst des Herrn Statthalters zuteil ward, verdient erwähnt zu werden. Es war diesen Winter am Wiluifluß von den dort auf die Jagd gehenden Jakuten der Körper eines unbekannten großen Tieres gefunden worden, wovon der Amtmann in Wiluiskoje Simowie den Kopf nebst einem Hinter- und Vorderfuß wohlbehalten nach Irkutsk überschickt hatte. In dem beigefügten Bericht, der vom 17. Januar dieses Jahres datiert war, wurde gemeldet, daß man diese tote und schon sehr verweste Tier im Dezember etwa vierzig Werst oberhalb Wiluiskoje Simowie auf dem Ufersand etwa ein Klafter vom Wasser und vier Klafter von einem höheren Steilufer entfernt, halb im Sande vergraben angetroffen hätte. Man habe es auf der Stelle gemessen und dreidreiviertel russische Ellen lang befunden. Der ganze Körper des Tieres habe noch die natürliche dicke und lederartige Haut gehabt, sei aber so verwest gewesen, daß man nichts Ganzes als die Füße und den Kopf hätte davonbringen können. Diese Teile zeigten beim ersten Anblick, daß sie zu einem erwachsenen Rhinozeros gehört haben mußten. Der Kopf war noch ganz mit dem natürlichen Leder bekleidet und daher desto kenntlicher. Auf der einen Seite hatten sich auf der Haut kurze Haare sehr wohl erhalten. Sogar die Augenlider schienen nicht völlig ausgefault zu sein. Unter der Haut lag hin und wieder um die Knochen, ingleichen in der Hirnhöhle, ein lehmiges

Wesen, welches von verwesten weichen Teilen übrig schien. Aber an den Füßen waren außer der Haut noch starke Überbleibsel von den Gelenkbändern und Sehnen sichtbar. Das Horn vom Rüssel und die Hufe der Füße fehlten.

6\. April 1772. Am 6. April bei Tagesgrauen erreichten wir die Grenzfestung Kjachta. Dieser berühmte Grenz- und Handelsplatz, wo gegenwärtig fast der ganze Handel zwischen Rußland und China getrieben wird, liegt in einem weiten Tal. Die Besatzung von Kjachta besteht aus einer Kompanie Soldaten und einer Anzahl Kosaken, die hier wohnhaft sind. Der Kommandant ist ein Stabsoffizier, der zugleich die kleinen Grenzangelegenheiten zu besorgen und mit dem Vorgesetzten der chinesischen Kaufmannschaft anfallende Unterhandlungen und kleine Händel zu schlichten hat; in wichtigeren Fällen aber an die Grenzkanzlei in Selenginsk und an den Irkutsker Statthalter Bericht zu erstatten und Befehle zu erwarten hat. Die besten Einwohner von Kjachta sind russische Kaufleute oder auch Vertreter großer russischer Kontore, die sich nach und nach ansässig gemacht haben. Es herrscht hier überall ein gesittetes und gastfreies Wesen, das man – außer in Irkutsk – in keiner sibirischen Stadt findet. Der Umgang mit den kjachtischen Einwohnern würde noch angenehmer sein, wenn man nicht in allen Gesellschaften so unmäßig mit dem Teetrinken geplagt würde; weil ein jeder Kaufmann sich eine Ehre daraus macht, einen Gast so viele Teesorten als er nur hat probieren zu lassen. Die Grenze ist von Kjachta westlich bis an den Selenga und östlich bis zum Tschikoi mit spanischen Reitern besetzt, was sonderlich wegen des Schleichhandels mit Vieh seinen Nutzen hat.

Gegenüber Kjachta liegt ein chinesisches Grenz- und Handelsstädtchen. Dieser Ort hat eigentlich keinen Namen. Die Russen nennen ihn nur den chinesischen Flecken oder auch Naimatschin. Die chinesische Benennung, aus welcher diese verderbte, auch bei Mongolen gebräuchliche entstand, ist eigentlich Maimatschin und soll aus den beiden Worten Maima und Tschin zusammengesetzt sein, deren erstes soviel als Handel, letzteres aber einen jeden mit Mauern umgebenen Ort bedeuten soll. Der Ort liegt nicht viel über sechzig Faden von der südlichen Wand der Festung Kjachta entfernt, ungefähr parallel zu dieser und scheint etwa zweihundert dicht aneinander gebaute Gehöfte zu enthalten. In der Mitte zwischen dem Ort und der russischen Festung stehen zwei zehn Fuß hohe Grenzpfähle nebeneinander, deren einer mit russischer, der andere mit mandschurischer Aufschrift geziert ist. Der chinesische Flecken hat keine andere Befestigung als eine ins Viereck um die äußersten Linien der Häuser gezogene Bretterwand, um die im Jahre 1756, zur Zeit des Kalmückischen Krieges, da dieser Grenzort von den aufständischen Mongolen mit Feuer und Schwert bedroht wurde, in der Eile ein kleiner kaum drei Fuß breiter Graben gezogen worden ist. Jede Wand der Befestigung hat in der Mitte ein Haupttor auf die Hauptstraßen, die nördliche aber überdies zwei Nebenpforten, welche sich auf Nebenstraßen öffnen. Über einem jeden Haupttor ist ein hölzernes Wachthäuschen gezimmert, wo die chinesische Besatzung, welche aus zerlumpten Mongolen mit Knütteln besteht, hauptsächlich des Nachts Wache hält.

Krank in Medina
Johann L. Burckhardt

Kaum dreiunddreißig Jahre alt wurde der Schweizer Reisende Johann Ludwig Burckhardt. Und doch hat er in seinem kurzen Leben mehr Abenteuerliches erlebt und größere wissenschaftliche Leistungen vollbracht als viele andere Forschungsreisende. Er stammte aus einer angesehenen und wohlhabenden Patrizierfamilie Basels, wurde 1784 in Lausanne geboren, studierte schon ab 1800 in Leipzig und Göttingen und ging als Zweiundzwanzigjähriger nach London, wo er sich intensiv mit der arabischen Sprache beschäftigte, um als Forschungsreisender unerkannt in orientalische Gebiete gehen zu können. Nachdem er seine Studien in Aleppo fortgesetzt hatte, unternahm er seine erste Forschungsreise in das Ostjordanland. Dann ging er, als mohammedanischer Kaufmann verkleidet, nach Nubien und von da über Berber nach Suakin am Roten Meer. Dann setzte er nach Djidda, dem Hafen Mekkas an der arabischen Westküste, über. Bevor er die heilige Stadt des Islams besuchen durfte, mußte er sich einer Prüfung durch zwei arabische Gelehrte unterziehen, und er bestand so glänzend, daß man ihn nun überall als einen strenggläubigen Mohammedaner ansah. Mit einer Pilgerkarawane erreichte er Mekka. Zwar war er nicht, wie so oft behauptet wird, der erste Europäer, der Mekka besuchte, aber doch der erste Wissenschaftler. Es gelang ihm sogar, bis Medina zum Grabe des Propheten Mohammed zu pilgern. Hätte man ihn als Europäer erkannt, wäre sein Tod sicher gewesen. Fieberanfälle und Dysenterie bedrohten ebenfalls sein Leben, aber er gesundete und konnte im Sommer 1815 nach Kairo zurückkehren. Da dort die Pest wütete, ging er einige Monate zu den Beduinen am Sinai. Dann wollte er von Kairo aus mit einer Karawane an den Niger vorstoßen, doch mitten in den Vorbereitungen erlag er einem neuen schweren Fieberanfall. Mit den Ehren eines Mekkapilgers wurde er auf dem mohammedanischen Friedhof bestattet. Aus seinem bescheiden-zurückhaltenden, etwas nüchternen Reisebericht bringen wir das Kapitel über seinen Besuch in Medina.

Nach zehn Stunden, mitten in der Nacht, eben als sich das Wetter aufgeklärt hatte und auf den Regen ein starker Frost folgte, langten wir vor dem Tore Medinas an. Es war geschlossen, und wir mußten bis zu Tagesanbruch warten, bis es geöffnet werden konnte. Da wir auf dem nassen Boden mit nassem Brennholze kein Feuer anzünden konnten und alle von dem Regen ganz durchnäßt waren, wurde für uns der scharfe Morgenfrost sehr empfindlich und war wahrscheinlich die Ursache des Fiebers, welches mich so lange in dieser Stadt festhielt, denn während der ganzen Reise erfreute ich mich einer vollkommenen Gesundheit.

Wir betraten Medina bei Sonnenaufgang des 28. Jänners erst am dreizehnten Tage nach unserer Abreise von Mekka, indem wir zwei Tage auf der Straße anhielten. Die Haddsch-Karawane[1] macht die Reise gewöhnlich in elf, und wenn die Zeit drängt in zehn Tagen.

Die Karawane hielt in einem großen Hofe in der Vorstadt, wo die Ladungen abgepackt wurden, und all die Reisenden, welche mit ihr angekommen waren, zerstreuten sich gleich darauf, um Wohnungen zu suchen. Mit Hilfe eines Mezowar, eine den Delyls in Mekka ähnliche Klasse Menschen, erhielt ich nach einiger Mühe ein gutes Zimmer in der Hauptmarktgasse der Stadt, etwa fünfzig Schritte von der großen Moschee. Ich brachte mein Gepäck nach dieser Wohnung, von wo ich von meinem Mezowar abgerufen wurde, die Moschee und Mohammeds heiliges Grab zu besuchen, indem es hier wie zu Mekka Gesetz ist, daß ein in der Stadt angekommener Reisender diese Pflicht erfüllen muß, bevor er das geringste Geschäft unternimmt.

Die Zeremonien sind hier viel leichter und kürzer als zu Mekka. In einer Viertelstunde hatte ich sie abgemacht und konnte nach Hause zurückkehren, um meine häusliche Einrichtung zu treffen. Mein Mezowar half mir beim Einkauf aller nötigen Lebensmittel, die schwierig zu erhalten waren; Tousoun Pascha, der Statthalter der Stadt, hatte durch seine unbedachtsamen Maßregeln alle Beduinen und Kameltreiber, welche sonst Lebensmittel zu bringen pflegten, aus der Stadt verscheucht. Mehl und Butter, diese Hauptartikel in einer orientalischen Küche, konnte man, obgleich sie auf dem öffentlichen Markte nicht zu finden waren, vor Sonnenuntergang erhalten; aber es dauerte drei Tage, bevor ich Kohlen bekommen konnte, deren Mangel ich bei dieser kalten Jahreszeit sehr empfand. Als ich hörte, daß Yahia Effendi, der Arzt Tousoun Paschas, derselbe, welcher im vergangenen Juli meinen Wechsel in Djidda annahm, hier sei, machte ich ihm am nächsten Tage meinen Besuch und zeigte ihm einen Brief von meinem Bankier aus Kairo, den ich in Mekka erhielt, bevor ich diese Stadt verließ, worin er mir die Bezahlung des Wechsels meldete, eine

[1] Pilgerkarawane

Nachricht, die Yahia selbst noch nicht erhalten hatte. So groß der Dienst war, den die Bekanntschaft dieses Mannes mir bei jeder Gelegenheit leistete, so wurde jetzt ein guter Teil davon in Abzug gebracht. Bei einem Besuche, den er mir bald darauf machte, sah er zufällig meinen kleinen Vorrat an Arzneimitteln, dieselben, welche ich auf meiner nubischen Reise bei mir hatte und die während derselben nie berührt wurden; einige Brech- und Abführmittel hatte ich während meines Aufenthalts zu Djidda und Mekka gebraucht; ich hatte daher noch ein halbes Pfund guter Chinarinde in meinem Arzneisack. Einige Personen am Hofe des Paschas hatten das Fieber, Tousoun Pascha war selbst in einem zweifelhaften Gesundheitszustande, und sein Arzt hatte für solche Fälle wenig Arzneimittel in Bereitschaft. Er bat um meine Chinarinde, welche ich ihm gab, da ich mich wohl befand und mich selbst bald in Ägyptens Nachbarschaft dachte, wo ich etwa in zwei Monaten anzulangen hoffte. Überdies war ich ihm einige Verbindlichkeit schuldig und erfreut, ihm meine Dankbarkeit zu bezeigen. Zwei Tage darauf hatte ich Ursache, meine Freigebigkeit zu bereuen, denn ich wurde von einem Fieber ergriffen, das bald eine sehr ernstliche Wendung nahm. Da es ein intermittierendes Fieber war, so wünschte ich Chinarinde zu nehmen, aber als ich den Arzt darum bat, versicherte er mir, daß er sie bereits bis auf die letzte Drachme ausgeteilt habe, und brachte mir statt derselben Gentianapulver, das vor Alter alle Kraft verloren hatte. Das Fieber nahm also zu und war von täglichem und wiederholtem Erbrechen und starkem Schwitzen begleitet und trat den ganzen ersten Monat täglich ein. Die Brechmittel, welche ich nahm, leisteten keinen Dienst, und nachdem ich aus Mangel an Chinarinde alle Arzneimittel, welche ich auf meinen Zustand anwendbar glaubte, versucht hatte und mich mein Freund Yahia Effendi selten besuchte, überließ ich meine Krankheit der Natur.

Nach dem ersten Monat hatte ich eine Woche lang Ruhe, und meine Krankheit würde, wenn ich in diesem Zwischenraume hätte Chinarinde nehmen können, ohne Zweifel vorübergegangen sein; aber das Fieber hatte nachgelassen, um mit größerer Heftigkeit wiederzukehren, und jetzt wurde es ein Tertianfieber, während das Erbrechen noch immer anhielt, von zufälligen Ohnmachten begleitet, und endete mit einer gänzlichen Hinfälligkeit der Kräfte. Ich war unvermögend, von meinem Teppich ohne die Hilfe meines Sklaven aufzustehen, eines armen Kerls, der durch Gewohnheit und Natur mehr dazu geschickt war, ein Kamel zu besorgen, als seinen hinschmachtenden Herrn zu pflegen.

Ich hatte zu dieser Zeit alle Hoffnungen aufgegeben, nach Ägypten zurückzukehren, und hatte mich vorbereitet, hier zu sterben. Verzweiflung ergriff mich aus Furcht, daß, wenn die Nachricht von meinem Tode nach England kommen würde, meine ganze Hedschas-Reise vielleicht als die unautorisierte Handlung eine unklugen oder wenigstens zu eifrigen Missionärs getadelt werden möchte. Ich hatte weder Bücher noch irgendeine Gesellschaft, um mein Gemüt von solchen Betrachtungen abzuziehen; ein einziges Buch nur war in meinem Besitz, eine Taschenausgabe des Milton, welche mir der Kapitän Boag zu Djidda freundlich aus seiner Kajütenbibliothek mitzunehmen erlaubte, und dieses, muß ich hinzusetzen, war nun würdig, ein ganzes Brett voll anderer zu ersetzen. Meine Hauswirtin, ein altes schwaches Weib, von Geburt eine Ägypterin, die während meines Aufenthaltes im oberen Stock wohnte, von woher sie mit mit sprechen konnte, ohne gesehen zu werden, indem eine Öffnung nach meinem Zimmer unten ging, pflegte mit mir jeden Abend eine halbe Stunde lang zu sprechen.

Im Anfang des April setzte die zurückkehrende Wärme des Fruhlings meiner Krankheit Schranken; aber es dauerte beinahe noch 14 Tage, bis ich es wagen konnte auszugehen, und jeder Wind ließ mich die Rückkehr des Fiebers befürchten. Das schlechte Klima dieser Stadt, die schlimme Witterung und die große Zahl der jetzt herrschenden Krankheiten machte es mir sehr wünschenswert, Medina zu verlassen. Meine ursprüngliche Absicht war, hier höchstens einen Monat zu bleiben und dann einige Beduinen als Führer zu mieten und mit ihnen die Wüste von Akaba am Ende des Roten Meeres in einer geraden Richtung zu durchziehen, von wo ich meinen Weg nach Kairo leicht gefunden hätte. Auf dieser Route wünschte ich Hedjer an der syrischen Haddsch-Straße zu besuchen, wo ich einige Reste des grausten Altertums zu finden hoffte, die noch von keinem andern Reisenden beschrieben wurden, während das Innere des Landes eine Menge anderer Gegenstände der Untersuchung und Neugierde dargeboten haben möchte. Es war mir jedoch in dem Zustande meiner Rekonvaleszenz gänzlich unmöglich, diese Reise zu machen, auch hatte ich keine Hoffnung, vor zwei Monaten zu so vielen Kräften zu gelangen, als zu einer solchen beschwerlichen Reise notwendig sind. So lange zu warten und beständig diesem Klima ausgesetzt zu bleiben, war sehr unratsam, und ich sehnte mich nach einer Luftveränderung, indem ich überzeugt war, daß ohne eine solche mein Fieber wieder zurückkehren werde. Unter solchen Gefühlen gab ich den lange entworfenen Plan meiner Reise auf und entschloß mich jetzt, nach Yembo an der Seeküste zu gehen und mich da nach Ägypten einzuschiffen; ein Entschluß, der einigermaßen durch den Zustand meiner Börse, welche bei dem langen Aufenthalt in Medina sehr abgenommen hatte, nötig gemacht wurde. Als ich mich stark genug fühlte, ein Kamel zu besteigen, sah ich mich nach einiger Begleitung nach Yembo um und schloß einen Kontrakt mit einem Beduinen, der mit seinen Kameraden, welche eine kleine Karawane bildeten, am 21. April von dieser Stadt aufbrach, sechs Tage weniger als drei Monate nach meiner Ankunft in Medina. Acht Wochen von dieser Zeit mußte ich das Bett hüten.

Buchara
Alexander Burnes

Sir Alexander Burnes wurde am 16. Mai 1805 in Schottland geboren. Mit sechzehn Jahren trat er in ein indisches Regiment ein und hatte während der folgenden zehn Jahre Gelegenheit genug, sich mit Land, Leuten und Sprache vertraut zu machen. Dann beschloß er, auf eigene Faust Forschungsreisen in die nordwestlich von Indien gelegenen Länder zu unternehmen. Ein Vorhaben, das die britischen Behörden zu diesem Zeitpunkt ablehnten, da sie unnötige Schwierigkeiten mit den dortigen einheimischen Fürsten befürchteten. Schließlich aber schaffte er Burnes, doch die Genehmigung zu einer Reise nach Zentralasien zu erhalten. Das war um diese Zeit keine ungefährliche Angelegenheit, war doch nur wenige Jahre zuvor ein Landsmann von ihm, W. Moorecroft, in den Gebieten getöten worden, die Burnes nun näher erkunden wollte. Aber er ließ sich nicht abhalten und trat 1832 seine Expedition an, begleitet von einem ehemaligen Militärarzt und einigen Eingeborenen. Es gelang ihm, bis zu dem damals in Europa noch wenig bekannten Buchara vorzudringen, die Stadt zu besuchen und über Persien nach Indien zurückzukehren. Burnes übernahm in den folgenden Jahren mehrere wichtige diplomatische Missionen in Indien und Afghanistan. Schon 1841 fand er bei einem Aufstand in Afghanistan den Tod. Wir begleiten ihn auf seiner Reise nach Buchara und lernen mit ihm die geheimnisvolle Stadt kennen, so wie er sie in seinem Reisewerk beschrieben hat.

Beim Eintritt in die Stadt wurden wir von den Behörden nicht einmal durchsucht. Nachmittags aber wurden wir durch einen Beamten zu dem Minister entboten. Mein Reisegefährte litt noch immer am Fieber und konnte mich nicht begleiten; ich begab mich daher allein nach der Arche oder dem Palaste, wo der Minister mit dem Könige zusammenwohnte. Ich war ganz in Erstaunen verloren über die sich mir darbietende Szene, indem wir etwa zwei Meilen durch die Straßen von Buchara zu gehen hatten, bevor wir das Schloß erreichten. Ich wurde sogleich eingeführt bei dem Minister, oder dem Koosch Begee (Herr aller Begs), wie er genannt wird.
Es war ein ältlicher Mann von großem Einfluß, und er saß in seinem Zimmer, vor dem sich ein abgesonderter Hof befand. Er ersuchte

mich, mich draußen auf dem Steinpflaster niederzusetzen, legte dabei übrigens eine Güte und Rücksicht gegen mich an den Tag, durch die mein Gemüt unbefangen gemacht wurde. Die Härte meines Sitzes und die große Entfernung von dem Minister erregte mir keinen übermäßigen Verdruß, da sein Sohn, der während der Audienz herbeikam, sich sogar noch weiter als ich von ihm niedersetzte. Ich überreichte eine silberne Uhr und ein Kaschmirgewand, Dinge, die ich zu diesem Zwecke mitgebracht hatte; allein der Minister weigerte sich, irgend etwas anzunehmen, mit der Bemerkung, daß er nur der Sklave des Königs sei. Er befragte mich dann zwei Stunden lang über meine eigenen Angelegenheiten und über die Ursachen, die mich in ein so entlegenes Land wie Buchara geführt hätten. Ich brachte unsere gewöhnliche Erklärung vor, daß wir nämlich nach unserem Geburtslande zu reisten, und zeigte meinen von dem Generalgouverneur von Indien ausgestellten Paß vor, den der Minister mit besonderer Aufmerksamkeit durchlas. Ich fügte hinzu, daß Buchara von solcher Berühmtheit im Morgenlande sei, daß ich hauptsächlich zu dem Zwecke, es zu sehen, veranlaßt worden sei, Turkestan zu besuchen. »Aber worin besteht Euer Gewerbe?« sprach der Minister. Ich erwiderte, daß ich ein Offizier der indischen Armee sei. »Erzählt mir doch«, fuhr er fort, »etwas von Euren Kenntnissen«, und alsbald machte er verschiedene Bemerkungen über die Sitten und politischen Verhältnisse Europas, insbesondere aber Rußlands, worüber er gut unterrichtet war. Bei Beantwortung einiger Fragen über unser Gepäck hielt ich es für klug, ihn zu benachrichtigen, daß ich im Besitz eines Sextanten sei; denn ich vermutete, daß wir durchsucht würden, und so war es besser, aus der Notwendigkeit sich ein Verdienst zu machen. Ich äußerte daher, daß ich Vergnügen an den Beobachtungen der Sterne und anderer Himmelskörper fände, indem solches ein höchst anziehendes Studium wäre. Als der Wesier dies vernahm, wurde seine Aufmerksamkeit gespannt, und er bat mit einigem Ernst und in einem leiseren Tone, ich möge ihm von einer günstigen Planetenkonjunktion und dem dadurch angedeuteten Getreidepreise des folgenden Jahres in Kenntnis setzen. Ich antwortete ihm daß unsere astronomischen Kenntnisse nicht zu einer solchen Kunde führten, worüber er getäuschte Erwartung äußerte. Im ganzen schien er jedoch hinsichtlich unserer Lage und Verhältnisse zufriedengestellt und versicherte mich seines Schutzes. Indessen erklärte er, daß er uns für die Dauer unserer Anwesenheit in Buchara den Gebrauch von Feder und

Tinte untersagen müsse, da sonst unser Betragen dem Könige in einem falschen Lichte dargestellt werden möchte und wir als gefährlich erscheinen könnten. Auch äußerte er, daß der Weg nach dem Kaspischen Meere über Khiwa im verflossenen Jahre gesperrt worden sei, und daß, wenn wir nach Rußland zu reisen beabsichtigten, wir entweder die von Buchara nordwärts führende Straße einschlagen, oder uns durch die turkmenische Wüste unterhalb Orgunji nach Astrabad an jenem Meere wenden müßten.

Zwei Tage nach unserer Audienz wurde ich aufs neue zu dem Wesir entboten, den ich dieses Mal von einer großen Zahl achtbarer Personen umgeben fand. Es wurden Fragen in einer Art an mich gerichtet, die mich glauben ließ, daß unsere Personen und Verhältnisse nicht ganz frei von Verdacht wären; jedoch äußerte der Wesir scherzend: »Ich vermute, Ihr habt über Buchara geschrieben.« Da ich das erste Mal mich mit solcher Offenheit und Wahrheit ausgesprochen hatte, so hegte ich jetzt keine Besorgnisse vor Widersprüchen und erzählte den anwesenden Personen unverhohlen, daß ich gekommen sei, die Welt und die Wunder Bucharas zu sehen, und daß ich, vermöge der Gnade des Wesiers, bereits die Stadt durchwandert und die Gärten außerhalb der Mauern derselben gesehen habe. Der Minister war der einzige, dem meine Offenheit zu gefallen schien, und er versicherte mir, es würde ihm stets angenehm sein, mich abends bei sich zu sehen. Er fragte mich, ob ich ihm einige Merkwürdigkeiten entweder aus Indien oder meinem eigenen Vaterlande zu zeigen habe; allein ich mußte ihm zu meinem Bedauern erklären, daß ich nicht imstande sei, seinen Wünschen zu entsprechen. Als ich nach meiner Wohnung zurückgekehrt war, stieß mir der Gedanke auf, ob den wißbegierigen Wesir nicht der Anblick eines ganz neuen Patentkompasses mit dessen Gläsern, Schrauben und Reflektoren erfreuen möchte; wogegen andererseits der Gedanke entstand, daß der Minister den Umstand, daß ich im Besitz eines so komplizierten mechanischen Kunstwerkes sei, in einem mir nicht günstigen Lichte betrachten könnte. Nichtsdestoweniger machte ich mich mit dem Instrument in meiner Tasche auf und befand mich bald wieder vor dem Wesir. Ich sagte ihm, ich sei der Meinung, daß ich doch eine Merkwürdigkeit besitze, welche ihn erfreuen werde, und zog bei diesen Worten den Kompaß hervor, der noch ganz neu und von außerordentlich schöner Arbeit war. Ich beschrieb den Nutzen desselben und machte auf dessen Schönheit aufmerksam, bis der Wesir völlig vergessen zu haben schien, »daß er nur ein Sklave des Königs war und nichts annehmen dürfte«. In der Tat, er fing schon an, mit mir wegen des Preises in Unterhandlung treten zu wollen, als ich ihn mit der Versicherung unterbrach, daß ich das Instrument aus Hindustan mitgebracht, um es ihm zu überreichen, da ich von seinem Eifer in Religionssachen gehört, und dieser Kompaß ihn in den Stand setzen werde, nach der heiligen Stadt Mekka hinzuzeigen und den »Kiblu« der großen Moschee, die er in Buchara damals erbauen ließ, zu berichtigen. Ich könnte ihn also, setzte ich hinzu, nicht zurücknehmen, zumal wir bereits durch seinen Schutz übermäßig belohnt würden. Der Koasch-Begee griff nach dem Kompaß mit aller Hast und Lebhaftigkeit eines Kindes und erklärte, er wolle in gradewegs zu Sr. Majestät tragen und die wundersame Erfindungskraft unserer Nation schildern. So ging denn einer meiner Kompasse fort.

Mein gewöhnlicher Besuchsort des Abends war der Registan von Buchara, eine Benennung, die einem geräumigen freien Platze vor dem königlichen Palaste beigelegt wird. Auf zwei anderen Seiten des Platzes befinden sich massive Gebäude für gelehrte Schulen, und auf der vierten ist ein von hohen Bäumen beschatteter Springbrunnen, wo sich Müßiggänger und Neuigkeitskrämer um die hier zum Verkauf ausgestellten Waren aus Asien und Europa versammeln. Ein Fremder braucht sich nur auf einer Bank des Registan niederzusetzen, um die Usbeken und die Bewohner Bucharas kennenzulernen. Er kann sich hier mit Eingeborenen aus Persien, der Türkei, Rußland, der Tatarei, China, Indien und Kabul unterhalten und wird mit Turkmenen, Kalmücken und Kuzzaks[1] aus den benachbarten Wüsten wie mit Eingeborenen aus gesegneten Ländern zusammentreffen. Er kann die feinen Manieren der Untertanen des »großen Königs« mit den rohen Sitten eines nomadisierenden Tatars vergleichen. Er kann die Usbeken aus allen Staaten des Mawur-ul-nur sehen.

Ein roter Bart, graue Augen und eine weiße Haut werden dann und wann die Aufmerksamkeit eines Fremden auf sich lenken, und seine Blicke wird ein armer Russe fesseln, der sein Vaterland und seine Freiheit verloren hat und hier ein elendes Sklavenleben dahinschleppt. Hin und wieder kann man auch einen Eingeborenen aus China in derselben einsam und abgesonderten Lage gewahren, wie ihm sein langer Haarzopf abgeschoren worden ist und er seine Glatze

[1] Kosaken

unter einem Turban verdeckt trägt, da sowohl er wie der Russe als Mohammedaner auftreten. Dann folgt ein Hindu in einer ihm selbst und seinem Vaterlande fremden Tracht. Eine kleine viereckige Mütze und eine Schnur, statt eines Gürtels, unterscheiden ihn von den Mohammedanern und verhindern diese, wie die Moslems selbst sagen, die vorschriftsmäßigen Begrüßungen in ihrer Sprache dadurch zu profanieren, daß sie dieselben an einen Götzenanbeter richten. Auch ohne diese äußeren Abzeichen ist der Eingeborene aus Indien an seinem ernsten Blick und der Sorgfalt zu erkennen, mit der er alle Gemeinschaft mit der Menge vermeidet. Der Jude ist ein ebenso scharf bezeichnetes Wesen wie der Hindu, nur daß er eine etwas abweichende Kleidung und eine kegelförmige Mütze trägt. Jedoch ist kein Merkmal so unterscheidend wie die wohlbekannten Gesichtszüge des hebräischen Volkes. In Buchara bildet dieses Volk eine auffallend schöne Menschenrasse, und ich erblicke auf meinen Wanderungen mehr als eine Rebekka. Die Gesichtszüge werden gehoben durch Ringellocken von schönem Haar, die an den Wangen und über den Nacken herabhängen. Es befinden sich in Buchara etwa 4000 Juden, Auswanderer von Meschhed in Persien und hauptsächlich mit Tuchfärberei sich beschäftigend. Sie werden auf dieselbe Weise wie die Hindus behandelt. Ein verlaufener oder verirrter Armenier in einer noch abweichenderen Tracht repräsentiert diese herumwandernde Nation, von der sich jedoch nur wenige in Buchara befinden. Diese Ausnahmen abgerechnet, erblickt der Fremde in den Basaren eine stattliche, schöne und wohlbekleidete Volksmenge aus Mohammedanern von Turkestan bestehend. Ein großer weißer Turban und ein »Chogha« oder Pelz von etwas dunkler Farbe, der über drei bis vier andere von der nämlichen Art gezogen ist, machen die allgemeine Tracht aus; der Registan führt zum Palaste, und die Usbeken finden ihre Freude daran, vor ihrem Könige in einem buntscheckigen seidenen Gewande, »Udrus« genannt, zu erscheinen – ein Gewand von den lebhaftesten Farben, welches jedem andern als einem Usbeken unerträglich sein würde. Einige der vornehmeren Personen sind in Brokat gekleidet, und man kann die verschiedenen Grade der Staatsbeamten dadurch unterscheiden, daß die begünstigsten in die Burg reiten, während andere vor dem Torwege absteigen. Fast ein jeder, der dem Könige seine Aufwartung macht, ist von seinem Sklaven begleitet; und obgleich diese letztere Klasse von Leuten großenteils aus Persern oder deren Nachkommen besteht, so besitzt sie doch ein eigentümliches Äußeres. Es wird in der Tat behauptet, daß drei Viertel der Bewohner Bucharas von Sklaven abstammen; denn von den aus Persien nach Turkestan gebrachten Gefangenen erhalten wenige die Erlaubnis zur Rückkehr, und es haben auch, wie einstimmig versichert wird, viele dazu gar keine Neigung. Ein großer Teil der Bewohner Bucharas erscheint zu Pferde; es mögen nun aber die Leute beritten sein oder zu Fuß gehen, so sind sie dennoch mit Stiefeln bekleidet, und die Fußgänger stolzieren mit hohen und schmalen Absätzen einher, mit denen es mir schwer wurde, zu gehen oder selbst nur aufrecht zu stehen. Die Absätze sind etwa anderthalb Zoll hoch und die untere Spitze hält nicht den dritten Teil im Durchmesser. Dies ist die Nationaltracht der Usbeken. Einige Personen von Rang tragen über die Stiefel Schuhe, welche sie ablegen, sobald sie ein Zimmer betreten. Bei meiner Schilderung der Einwohner darf ich die Frauen nicht vergessen. Diese lassen sich in der Regel zu Pferde blicken und reiten nach Art der Männer; nur wenige gehen zu Fuß, und alle tragen ein schwarzes Haartuch als Schleier. Die Schwierigkeit, durch dasselbe gut zu sehen, ist die Veranlassung, daß die Schöne jedermann anstarrt wie auf einer Maskerade. Hier aber darf man keine anreden, und wenn Frauen aus dem königlichen Harem vorüberkommen, so wird man ermahnt, nach einer anderen Richtung zu blicken, und an den Kopf geschlagen, wenn man der Aufforderung nicht Folge leistet. So heilig sind die Schönen des »heiligen Buchara«.

Die Leser werden sich jetzt vielleicht einen Begriff von der äußeren Erscheinung der Bewohner Bucharas machen können. Vom Morgen bis zum Abend macht die versammelte Menge ein murmelndes Getöse, und man ist ganz erstaunt über die sich bewegende Masse menschlicher Wesen. In der Mitte des oben erwähnten freien Platzes werden die Früchte der Jahreszeit unter dem Schatten einer viereckigen Matte, die nur von einem einzigen Pfahl schwebend erhalten wird, verkauft. Man muß sich wundern über die nimmer ruhende Beschäftigung der Fruchthändler im Verkauf ihrer Trauben, Melonen, Aprikosen, Äpfel, Pfirsiche, Birnen und Pflaumen, zu denen sich fortwährend Käufer einfinden. Nur mit Mühe kann man sich durch die Straßen einen Weg bahnen, und es kann nur mit der jeden Augenblick sich erneuernden Gefahr geschehen, von irgend jemand überritten zu werden, der auf einem Pferde oder Esel sitzt. Diese letzteren Tiere sind ausnehmend schön und traben mit ihren Reitern und Bür-

Das Palasttor in Buchara (rechts)

Ansicht der Ortschaft Beresow zur Zeit der Reisen von Simon Peter Pallas durch Sibirien (unten)

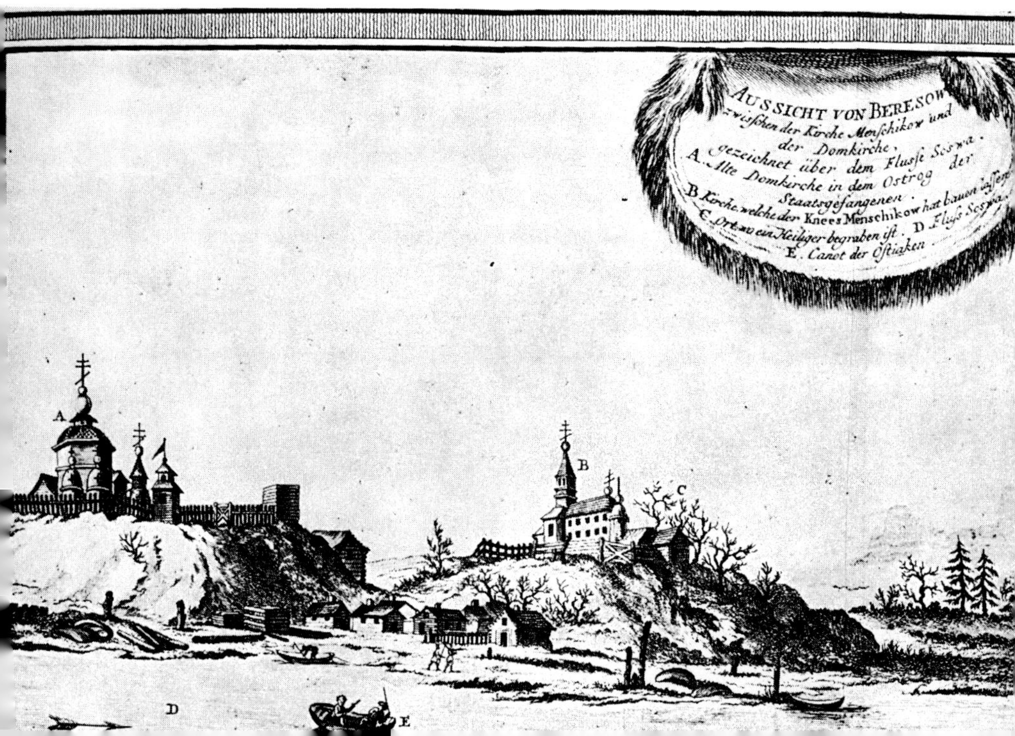

Ansicht des Karakash-Tales aus dem Reisewerk Schlagintweits

Sven Hedins Kamelkarawane im Gebiet des Kuruk-darja. Mit einer kleinen Karawane, wie sie diese eigenhändige Zeichnung Sven Hedins zeigt, zog der Forscher 1896 von Khotan zum Kerija-darja

den rasch einher. Auch Karren von leichter Bauart bewegen sich vorüber, da die Straßen die Passage von Räderwagen gestatten. In allen Teilen des Basars sind die Leute mit dem Bereiten des Tees beschäftigt, wozu man sich großer europäischer Teemaschinen (Urns), statt der Teetöpfe, bedient und den Tee mittels einer Metallröhre warm erhält. Die Vorliebe der Bucharen für Tee ist, wie ich glaube, beispiellos; denn diese Leute trinken ihn zu allen Zeiten und an allen Orten und auf ein halb Dutzend Arten: mit und ohne Zucker, mit und ohne Milch, mit Fett, mit Salz usw. Zunächst bei den Verkäufern dieses heißen Getränks kann man »Rahut i jau« oder die Wonne des Lebens – Traubengallerte oder -sirup mit zerhacktem Eise vermengt – kaufen. Diese Fülle von Eis gehört zum größten Luxus in Buchara. Er wird im Winter in Gruben gesammelt und zu einem Preise verkauft, der es auch dem Ärmsten zugänglich macht. Es fällt in Buchara niemandem ein, Wasser zu trinken, ohne es mit Eis vermischt zu haben, und so kann man einen Bettler in demselben Augenblicke kaufen sehen, wo er seine Armut zu erkennen gibt und die Mildtätigkeit des Vorübergehenden in Anspruch nimmt. Es gewährt einen erfrischenden Anblick, wenn man bei 90 Grad Fahrenheit Hitze die ungeheueren, farbigen, geschabten und wie Schnee in Haufen aufgestapelten Eismassen sieht. Es würde ins unendliche führen, wollte man den ganzen Kaufmannsverein beschreiben; es genüge daher die Bemerkung, daß in dem Registan fast alles zu haben ist: Juwelier- und Schwertfegerarbeiten aus Europa (freilich grob genug gearbeitet), Tee aus China, Zucker aus Indien, Gewürze aus Manila usw. Auch kann man seine Weisheit durch das Türkische sowohl wie das Persische in den Bücherläden vermehren, wo die Gelehrten oder vermeintlich Gelehrten die zerrissenen Bücher durchblättern. Wenn man am Abend aus diesem lärmenden Gedränge in die entlegeneren Teile der Stadt sich fortbegibt, windet man sich durch gewölbte, um diese Zeit leere Basare und kommt an Moscheen vorbei, die mit schönen Kuppeln versehen und mit dem bei den Mohammedanern geduldeten Zierat ausgeschmückt sind. Nach den Basarstunden sind die Moscheen mit Menschen angefüllt, die ihr Abendgebet verrichten. An den Türen der in der Regel den Moscheen gegenüberliegenden Schulgebäude kann man die Studenten nach den Arbeiten des Tages sich ausruhen sehen, die übrigens nicht so fröhlich oder so jung wie die Schüler auf einer europäischen Universität sind, sondern unter denen sich viele ernste und ehrbare alte Leute befinden, welche scheinheiliger sind, aber keineswegs weniger Torheiten oder Ausschweifungen begehen als die Jünglinge in anderen Teilen der Welt. Mit eintretendem Zwielicht nimmt die Geschäftigkeit ein Ende, die königliche Trommel wird gerührt und findet Nachhall in allen übrigen Teilen der Stadt, und zu einer gewissen Stunde darf niemand ohne eine Laterne mehr ausgehen. In solchen Anordnungen ist die Polizei der Stadt vortrefflich, und in jeder Straße bleiben große Güterballen in den Buden während der Nacht in vollkommener Sicherheit liegen. Es herrscht nunmehr überall Ruhe und Stille bis zum Morgen, wo das Getöse in dem Registan aufs neue beginnt. Der Tag wird wie der vorhergehende mit Zechen und Teetrinken begonnen, und Hunderte von Knaben und Eseln eilen mit Milch beladen dem geschäftigen Gedränge zu. Die Milch wird, mit dem Rahm oben schwimmend, in kleinen Näpfen verkauft, von denen ein Knabe zwanzig bis dreißig auf Brettern, die durch einen auf seine Schulter gelegten Stock unterstützt und gehalten werden, nach dem Markte zu tragen imstande ist. Wie viel Milch auch herbeigeschafft werden mag, sie verschwindet schnell unter die teetrinkende Bevölkerung dieser Stadt. Nicht lange nach unserer Ankunft stattete ich unseren ehemaligen Reisegefährten, den Teehändlern, welche in einer Karawanserei ihren Wohnsitz aufgeschlagen hatten und mit dem Auspacken, Anpreisen und Verkauf ihres Tees beschäftigt waren, einen Besuch ab. Sie ließen Eis und Aprikosen aus dem Basar holen und wir setzten uns nieder und unterhielten uns miteinander. Einer der Käufer hielt mich für einen Teehändler, weil ich mich in der Gesellschaft solcher Leute befand, und fragte nach meinem Gewinn. Seine Frage belustigte sowohl die Kaufleute wie auch mich selbst; der Mann ließ sich jedoch hinsichtlich seiner Meinung, daß ich der handeltreibenden Klasse angehöre, dadurch nicht irre machen, und wir setzten das angeknüpfte Gespräch fort. Er sprach von den Tagesneuigkeiten, den neuesten Eroberungen des Königs in Schuhr Sabz und den Drohungen der Perser, Buchara anzugreifen, und dies alles, ohne im geringsten daran zu zweifeln, daß ich ein Asiate sei. Wir unsererseits erhielten Gegenbesuche von jenen Kaufleuten und wurden noch von vielen anderen Personen besucht, welche ihre Neugierde auf unsere Kosten zu befriedigen kamen. Wir durften uns mit dem Schreiben nicht beschäftigen, und so war dies eine angenehme Weise, die Zeit zu vertreiben, da die Leute sehr mitteilend waren. Die Usbeken sind ein einfaches Volk, und man wird sehr leicht mit ihnen bekannt, obgleich sie sich in einem seltsamen Tone äußern, als wenn man von ihnen verachtet würde oder sie erzürnt hätte. Sie grüßten uns nie auf eine bei den Mohammedanern gebräuchliche Weise, sondern schienen eine andere Form sich auszudrücken zu haben, und die gewöhnlichsten dieser Ausdrücke waren: »Möge Euer Reichtum wachsen« (doulut zyada) oder: »Möge Euer Leben von langer Dauer sein« (oomr duraz). Nichtsdestoweniger sprachen sie stets das »Fatha« oder Gebet aus dem Koran, wobei sie ihre Hände ausstreckten und ihre Bärte abwärtsstrichen, worauf sie, nachdem wir dasselbe getan, mit uns sich niedersetzten. Manche der uns besuchenden Personen ließen Argwohn über unsere Verhältnisse und Absichten blicken, ohne sich dadurch im mindesten abhalten zu lassen, über alle Gegenstände, von der Politik ihres Königs an bis zu dem Stande ihrer Märkte, sich mit uns zu unterhalten. Beschränktes Volk! Sie glauben, ein Spion müsse ihre Festungen und Wälle ausmessen, und haben keinen Begriff von dem Wert mündlicher Unterredungen. Bei solchem bereitwilligen Beraten unserer Gäste ließ ich mir die Mühe nicht verdrießen, meinerseits über die europäischen Sitten und Gebräuche Bericht zu erstatten, und es sei mir bei dieser Gelegenheit erlaubt, jedem Reisenden, der das Morgenland besuchen will, den Rat zu erteilen, sich mit Kenntnissen dieser Art gehörig auszurüsten, bevor er sich in die orientalischen Länder wagt. Man muß eine wenigstens oberflächliche Kenntnis von dem Handel, den Künsten und Wissenschaften, den Religionsangelegenheiten, der Arzneikunde, kurz, von allem haben; und irgendeine Antwort ist besser als eine Erklärung des Nichtwissens, indem Nichtwissen, sei es nun in der Wirklichkeit gegründet oder nicht, als absichtliche Verheimlichung ausgelegt wird.

Reisen in Sulawesi
James Brooke

»Seine Berichte vermitteln Europa zum ersten Male Einzelheiten über die großen unabhängigen Königreiche einer schönen, bisher weitgehend unbekannten Insel . . .«, urteilte 1848 ein Fachmann über James Brookes Beschreibung seines Aufenthalts auf der Insel Sulawesi. Dabei war James Brooke, dem dieses Lob gilt, alles andere als einer der gelehrten Forschungsreisenden des 19. Jahrhunderts. Er wurde 1803 bei Benares geboren, als junger Mann diente er in der britischen Kolonialarmee in Indien. Von da aus unternahm er seine erste größere Reise nach China und den Sundainseln. 1839 erwarb er ein eigenes Schiff, fuhr von Singapur aus nach Sarawak auf Borneo und unterstützte mit seiner Mannschaft den Statthalter des Sultans von Brunei gegen eine Meuterei. Dafür wurde er vom Sultan mit der Provinz Sarawak belehnt und nahm den Titel Radscha an. Schließlich erreichte er es, daß der Sultan die Insel Labuan an England abtrat. Brooke selbst wurde britischer Generalkonsul in Borneo. Sein Auftreten war in der Folgezeit so wenig korrekt, daß man ihn in der britischen Presse und im Parlament heftig angriff und er sich schließlich sogar vor einer Untersuchungskommission wegen angeblicher Grausamkeiten und Habgier verantworten mußte. Doch erzielte er in dem Verfahren einen Freispruch. Schließlich warf er sich erneut zum Herrn von Sarawak auf und wurde sogar von den europäischen Großmächten offiziell als solcher anerkannt. Er starb 1868. Seine Tagebücher vermitteln – wie schon eingangs betont – lebendige Eindrücke von Landschaft und Kulturen der Sundainseln und zählen deshalb auch zu den Zeugnissen der Entdeckungsgeschichte. Ihnen ist der folgende Bericht aus Sulawesi entnommen.

Bevor ich Padschaleleh verlasse, darf ich nicht versäumen, meinen Freund, den Nekodah Pelewo zu erwähnen, einen Mann von aufrechtem Sinn und liberalen Prinzipien. Jede Nation könnte stolz darauf sein, ihn ihr eigen zu nennen, und ich persönlich fühle das wärmste Interesse an seinem Wohlergehen, nachdem ich seine Einfachheit, seine Ehrenhaftigkeit und Gastfreiheit kennengelernt habe. Er ist sehr reich; man kann annehmen, daß er an der Spitze der Mittelklasse steht, die sich in Wajo aus dem durch Handel erworbenen Reichtum emporgearbeitet hat, eine Klasse, die das Feudalsystem einschränken und überwinden wird.

Seine Söhne und Töchter sind alle vornehm verheiratet, erstere an Radschafamilien, die letzteren mit Leuten vornehmster Abstammung. Und dieser patriarchalische alte Mann lebt, von seinen Verwandten umgeben, in Padschaleleh, der glücklichsten und am besten regierten Stadt in Wajo. Der Unterschied zwischen Padschaleleh und Tempe ist besonders augenfällig. Tempe, unter der Herrschaft des jungen Radscha Karaino, ist ein Schlupfwinkel von Räubern und Dieben; und der Herrscher selbst ist umgeben von einem Haufen Schurken, denen er seine Gunst und seinen Schutz gewährt. Ganz im Gegensatz dazu ist Padschaleleh unter dem rechtschaffenen Nekodah Palewo eine friedliche, ehrliche und fleißige Stadt.
Ein erstaunliches Beispiel für diesen Unterschied trug sich während meines Aufenthaltes dort zu. Ein Mann aus dem Gefolge des Radscha Karaino, der sich die Stellung eines Arztes angemaßt hatte, kam zum Hause eines Verwandten des Nekodah. Nachdem er eine Zeitlang mit der Frau des Hauses im Gespräch dagesessen war, sagte er: »Ich habe den Wunsch, daß du jemanden mein Bündel nach Nepoh tragen läßt, wohin ich gehe.« (Nepoh war ungefähr drei Meilen entfernt.) Die arme Frau sagte sogleich: »Mein Neffe soll es für dich tun.« Der Junge, der etwa zehn Jahre alt war, ging mit dem angeblichen Arzt, wie er meinte, nach Nepoh. Als aber einige Tage verstrichen waren und er nicht zurückkam, wurde seine Tante unruhig. Nach einigen Nachforschungen, die sie angestellt hatte, fand sie heraus, daß der Mann, mit dem er gegangen war, in Tempe lebte. Als man sich an diesen Schurken wandte, antwortete er kühl, der Junge werde noch an diesem Abend zurückkehren. In Wirklichkeit aber hatte er ihn als Sklaven verkauft, und niemand wußte wohin. Unter diesen Umständen wandte sich der Nekodah an mich, um sich meines Einflusses bei dem Datu Lampola zu bedienen, damit er den Jungen wieder zurückerhalte. Ich wandte mich sofort an ihn und erhielt die vollste Zusicherung, daß man den Jungen finden werde, wenn er noch am Leben sei. Als aber eine Woche verging und keine neuen Nachrichten zu erhalten waren, erneuerte ich meine dringenden Vorstellungen mit größerem Eifer. Ich bestand darauf, daß der Mann in Haft genommen werden solle, wenn er nicht bekenne, was er mit dem Jungen getan habe. Ein solch einfaches Verfahren schien aber überhaupt nicht in Frage zu kommen, denn er war ja aus dem Gefolge des Radscha Karaino! Nach weiteren Erkundigungen erfuhr ich, daß gerade dieser Lump, der den Knaben gestohlen und verkauft hatte,

abgeschickt worden war, ihn für fünfundzwanzig Reis vom Geld des Datu wieder zurückzukaufen. Ich ärgerte mich damals sehr, hatte aber später die Genugtuung, vom Nekodah zu erfahren, daß der arme Knabe doch wieder nach Hause zurückkehrte. Der gemeine Übeltäter aber ging straflos aus, und wahrscheinlich wäre überhaupt keine Untersuchung angestellt und keine Abhilfe geschaffen worden, wenn ich nicht zur Stelle gewesen wäre und wenn es sich um einen anderen Mann als den Nekodah gehandelt hätte.

1. März. Tempe. Ritt zu einigen Ruinen in der Nähe von Palipu, von denen ich erfahren hatte. Palipu liegt östlich von Bontosok und ist ein ansehnlicher Ort. Es stellte sich aber heraus, daß die Ruine nichts anderes war als eine große Hütte mit einem dichten Wald, in der die Leute Opfer darbringen. Auf dem Altar fanden wir Kokosnüsse, Wasser, geschnitzte Holzstückchen und ähnliches, ringsherum liefen ein paar Hühner, um den bösen Geist günstig zu stimmen. Dieser Brauch existiert, wenn auch in bescheidenerem Maße, im ganzen Lande. Jedes Dorf hat in einiger Entfernung ein kleines Heiligtum, wo Opfer dargebracht werden. Das sind offenbar Überreste einer Religion, die vor dem Islam da war. Die Eingeborenen scheinen ganz wirre Ansichten über den Zweck dieser Heiligtümer zu hegen. Aber die Gebildeten deuten, während sie über den Aberglauben lachen, nach Bali als den Sitz dieser Religion. Die Mehrzahl glaubt an die Existenz böser Geister, und die Heiligtümer sind an den Plätzen aufgestellt, wo sie ihren Wohnsitz haben sollen, um sich ihres Wohlwollens zu versichern und ihre Rache abzuwenden. Bei dem größeren Altar von Palipu fand ich aber einen Beweis dafür, daß es sich hier um Überreste der Hindureligion handelte.

In einer kleinen Hütte, ein paar Meter von der größeren entfernt, stand ein gerundeter Stein, nach Form und Erscheinung der gleiche, wie man ihn in so vielen Hindutempeln sieht. Und wie in Hindustan waren die Opfer in der Form dargebracht worden, daß man den Stein mit Öl und Wasser besprengt hatte. Es ist merkwürdig, wie lange nach dem Verschwinden der Religion noch die verschiedenen kultischen Bräuche weiter existieren, und es ist bejammerswert, wenn man darüber nachdenkt, daß das verfälschte Zeremoniell überlebt, während die Wahrheiten, die alle Glaubensbekenntnisse lehren, so leicht ausgetilgt werden können.

Die Menschen hier hängen im allgemeinen in hohem Maße dem Glauben an Vorzeichen an. Zeichen von gutem oder schlimmem

Schicksal nimmt man von belebten und unbelebten Gegenständen. Pferde, Hunde, Katzen bedeuten je nach ihren besonderen Zeichen oder nach der Richtung des Haares das eine oder das andere. Boote, Häuser und Dolche, alle tragen irgendwelche Zeichen, durch die das Schicksal enträtselt wird. Bei den Booten künden manche Astknorren im Holz den unvermeidlichen Schiffbruch an, andere sind dazu verurteilt, durch Seeräuberei, durch Feuer oder durch Meuterei zugrunde zu gehen, während wieder andere, glücklichere, dem Eigentümer Reichtum und Sicherheit bringen sollen. Das sind aber, nur auf andere Art, die allen Zeiten und allen Völkern gemeinsamen abergläubischen Vorstellungen, die aus Quellen stammen, wie sie früher einmal auf religiösen Glaubensvorstellungen beruhten, sich aber jetzt davon unterscheiden.

Mein Ritt nach Palipu hatte mich stark ermüdet, denn der Tag war sengend heiß, und der schlechte Zustand meines Beins verschlimmerte sich durch die Anstrengungen beträchtlich.

2. März. Wageh. Eine erfolglose Hirschjagd brachte uns hierher. Mit meinem wunden Bein hatte ich aber kein besonderes Interesse für dieses Vergnügen; denn das Reiten durch das hohe Gras bereitete mir Schmerzen und warf mich zurück. Unser Jagdgelände lag zwischen der Sandsteinkette und dem Sadang-Fluß, auf dessen linkem Ufer. Das Land ist reizvoll, oberhalb Wageh liegt die Stadt Chalako, die aus ungefähr hundert Häusern besteht. Ein Stück Rotwild wurde ganz in meine Nähe getrieben, und ich hielt fünf Minuten Galopp unter den übrigen durch. Die Eingeborenen hier sind alle sehr kühne Reiter.

3. März, Tempe. Während meines Aufenthaltes war ich ständig eifrig auf der Suche nach Manuskripten, aber ohne Erfolg. Ich neige zu der Annahme, daß Dr. Leyden bei der Aufzählung der Werke, die sich in dieser Gegend finden lassen sollen, durch die Übertreibung der Eingeborenen sich hat irreführen lassen. Musik gibt es auch nicht in Wajo, die Leute scheinen keinen Geschmack für den Gesang zu haben, den die Malaien pflegen. Ein gewöhnliches Tam-tam bzw. eine Trommel und ein kleiner Gong waren die einzigen Instrumente, die ich zur Begleitung von vier tanzenden Frauen hörte. Diese tanzenden Mädchen waren einfach und sehr bescheiden gekleidet. Den Sarong hatten sie mit einem Gürtel um die Taille befestigt, und ein rechteckiger Schal von roter oder gelber Farbe lag über ihre Schultern und bedeckte gänzlich ihre Brust. Auf dem Kopf trugen sie einen hohen Aufputz aus Pappe, der vergoldet und bemalt war. Vier oder

fünf Bänder hingen bis zur Taille herab. Ihre Augen waren schwarz geschminkt, ihre Lippen und Fingernägel rot, und über das Gesicht waren mehrere rote Tupfen verteilt. Sie standen in einer Reihe und bewegten sich langsam, wobei jede der Reihe nach den Gesang aufnahm und den Fächer, den sie alle in der Hand trugen, schlug und herumwirbelte. Hin und wieder wurde ein Mann bestimmt, der mit ihnen tanzen sollte. Der wählte dann eine aus und umkreiste sie in einer Art, die an Veitstanz erinnerte, und zeigte seine verliebte Leidenschaft dadurch, daß er wie ein Satyr sich ihr näherte und sie beroch. Nichts konnte langweiliger, dümmer oder – was fast am schlimmsten war – ermüdender sein.

Gefährliche Nacht im Kun-lun
Hermann Schlagintweit

Wer im folgenden den Bericht Hermann Schlagintweits (1826–1882) über eine gefahrvolle Nacht auf einer einsamen Paßhöhe im Kun-lun-Gebirge liest, mag für den ersten Augenblick vielleicht etwas enttäuscht sein über den sachlich referierenden Ton, der die Gefahren des Unternehmens nur erahnen läßt. Dabei gehört Schlagintweit zusammen mit seinen Brüdern Robert (1833–1885) und Adolf (1829–1857) zu den bedeutendsten Forschungsreisenden durch Zentralasien im 19. Jahrhundert. 1854 waren die drei aus München stammenden Brüder, die in den bayerischen Bergen ihre bergsteigerischen Erfahrungen gesammelt hatten, zu ihrem Unternehmen aufgebrochen. In zweieinhalb Jahren durchforschten sie auf vielfach getrennten Unternehmungen weite Teile des Karakorum und des Kun-lun und drangen ins Himalaja-Gebiet vor. Als Adolf 1857 nach Kaschgar ging, wurde er dort getötet. Seine Brüder kehrten wohlbehalten in die Heimat zurück, Hermann wurde Dozent in Berlin, Robert unternahm noch mehrere Reisen durch Nordamerika. 1869 begann Hermann Schlagintweit sein großes vierbändiges Reisewerk, das ein bedeutsamer Beitrag zur Entdeckungsgeschichte Zentralasiens werden sollte. Dem 4. Band ist der Bericht über die Paßüberquerung im Kun-lun durch Hermann Schlagintweit entnommen.

Schon bei dem Einschlagen des Seitenweges durch die Hochwüste in der Richtung nach dem See Kiuk Kiöl hatte uns Mohammad Amin davon gesprochen, daß er von Sumgal aus – außer den Wegen nach Yarkand in nordwestlicher Richtung – auch einen kürzeren Weg über den Kun-lun nach Khotan (He-tian) wisse. Erstere hätten zwar gleichfalls geboten, die damals Europäern ganz neue Kun-lun-Kette zu überschreiten, hätten aber erst in ziemlicher Entfernung bewohnte Orte erreicht. In unserer gegenwärtig so bedrängten Lage blieb nur der Weg nach Khotan zu wählen, obwohl die Terrainschwierigkeiten ungleich größer waren.

Eigentlichen Pfad gab es hier gegen Norden nirgends; man mußte zufrieden sein, die eine oder andere Stelle zu finden, wo die Schwierigkeiten relativ die geringsten sind und wo zugleich ein gewisser Grad absoluter Leistungsfähigkeit im Vorwärtskommen für Menschen und womöglich auch für Tiere zu erwarten ist. Und doch hing jetzt so viel von dem Erfolg ab, sehr verschieden darin von einer Bergbesteigung, die man, wenn zu schwierig, ohne Nachteil abbrechen kann.

Die Route, die Mohammad Amin vorschlug, war jene über den Elchi-Davan-Paß. Er war früher einmal über diesen Paß gegangen, aber »seit 20 Jahren nicht mehr«, wie er sogleich beifügte.

Neben diesem, etwas östlich davon, wäre noch ein anderer möglich gewesen, den uns Mohammad Amin als Yurungkash-Paß bezeichnete. »Sehr hoch«, meinte er, »wäre jener nicht; doch da er die Gegend dort gar nicht kenne, rate er davon ab.« Mit Recht. Als mehrere Jahre später, 1865 von Johnson, der Versuch des Überschreitens jenes Passes, auch Yangi-Davan benannt, gemacht wurde, ergab sich bei größerer Länge des Weges selbst die Höhe als eine um fast 2000 Fuß größere. Der Punkt, den Mohammad Amin als »ungefähr so wie der Paß gelegen« zeigte, war zu nah und zu niedrig.

An ein Aufbrechen mit unserer ganzen Karawane war nicht zu denken. Doch da einige Hoffnung vorhanden war, schon in Bushia neue Pferde, Yaks sowie Lebensmittel für uns und Futter für die Tiere zu erhalten, so ließ sich erwarten, auch einige der Leute zu bewegen, das nicht ferne Bushia-Tal zu besuchen, obwohl Gletscher und Firne überstiegen werden mußten und die Witterung sehr ungünstig war.

Wir nahmen nur drei Begleiter mit. Nebst Mohammad Amin wählten wir Makshut, obwohl er bejahrt und körperlich nicht sehr rüstig war und schon auf dem Marsche von Nubra bis Sumgal bei jeder irgend ungewöhnlichen Schwierigkeit uns zum Aufgeben unseres Unternehmens veranlassen wollte, war er uns als Dolmetscher für Hindustani (Hindi) und Türkisch sehr notwendig, um uns gut zu verständigen, da Mohammad Amin gar nicht Hindustani konnte.

Als dritter ging mit uns einer der kräftigsten unter den Yarkandi-Dienern namens Adil. Bei den fünf anderen blieb Mani, der Bhot-Rajput, als Obmann und Aufseher für Gepäck und Pferde zurück.

Von Pferden wurden vier mitgenommen, zwei, die bepackt wurden, aber sehr sorgfältig beladen und nicht zu schwer, und zwei andere, welche für Robert und mich oder – wenn für jene nötig, wie es sehr bald sich zeigte – abwechselnd auch für Mohammad Amin und Makshut als Reitpferde dienen sollten. Instrumente zu Höhen- und Winkelmessungen wurden ebensowohl als Waffen unter uns und die Begleiter verteilt; auch mit festem Stocke und mit Stricken zum

Schutze auf den uns drohenden frisch angewehten Schneedecken ließ ich alle sich wohl versehen.
Von Sumgal ließ ich am 23. August um 8 Uhr morgens aufbrechen; um 10 Uhr wurden wir von einem starken, mit heftigem Wind begleiteten Schneegestöber überfallen, das bis 6 Uhr abends ohne Unterbrechung fortwährte. Der selbst beim schönsten Wetter sehr schlechte Weg war unter den gegenwärtigen Verhältnissen sehr erschwert. Auch der Einfluß des verminderten Luftdrucks machte sich bei solchem Wind sehr bald fühlbar, für Menschen und für Tiere. Eine gute Strecke noch unter der Paßhöhe geschah es, daß eines der Pferde, eine schöne Turkestani-Stute, offenbar taumelnd, sich legte. Aber nachdem sie mit einiger Nachhilfe wieder zum Aufstehen gebracht war, reihte sie sich sogleich wieder der Gruppe der Pferde an und stieg zum Paß empor.
Die Übergangsstelle, hier die Berührung der Firnmeere des südlichen oder Sumgal-Gletschers und des nördlichen oder Bushia-Gletschers, erreichten wir um 1 Uhr nachmittags. Die Höhenmessung (mit Hypsometer) hatte 17 379 Fuß ergeben. Für den Paß erhielt ich nur einen Namen, und zwar Elchi Davan, darauf sich beziehend, daß er vom Süden her den nächsten Weg nach Elchi bietet.
Die Lufttemperatur am Paß war um 1 Uhr, als wir ankamen, – 1,1 Grad C; sie sank aber während eines Aufenthaltes von Dreiviertelstunden, welcher der Erschöpfung der Pferde wegen nicht zu vermeiden war, auf – 3,6 Grad C. Für die relative Feuchtigkeit mit dem Psychrometer bestimmt ergab sich keine Änderung. Sie war ungeachtet des Schneefalles mit Nebel nicht volle Sättigung, sondern 90 Prozent; nichts Ungewöhnliches auch in den Firnregionen der Alpen.
Hier erschwerte zugleich der nur 15 817 Zoll hohe Luftdruck und der heftige Wind das Vorrücken gegen Norden. Doch es war Gefahr im Verzuge. Auf der gegen Norden abfallenden Seite des Passes waren wir selbst und Mohammad Amin mit Seilen verbunden vorausgegangen, um Weg zu suchen, da hier im Firne und mehr noch im weiter abwärts zu Tage tretenden Gletscher sich sehr viele Spalten zeigten. Wir fanden uns hindurch und waren auch glücklich im Weiterbringen der beiden an langem Zügel leer geführten Pferde, obwohl sie einige Male über nicht zu breite Spalten, die aber ihrer Lage wegen nicht wohl umgangen werden konnten, springen mußten. Aber Makshut und dem Yarkandi Adil war es nicht möglich, die beiden anderen Pferde, gleichfalls beladen, über die Gletscherspalten hinüber zu brin-

gen. Sie ließen das Zelt, die Bettdecken und den Koffer mit Geld und einigen Instrumenten (die nötigsten trugen glücklicherweise Mohammad Amin und wir selbst) auf dem Gletscher zurück und nahmen nur einige Lebensmittel und ein wenig Holz mit. Dennoch folgten sie, erschöpft durch das steile Gefälle und den rauhen Schneesturm, der bis gegen 6 Uhr währte, so langsam mit den beinahe ganz leeren Pferden, daß sie bei der rasch eintretenden Dunkelheit nicht mehr über die steile Endmoräne herabkommen und uns jenen Abend nicht das geringste liefern konnten. Wir hatten sie nicht einmal mehr herankommen sehen, nur das Geräusch bei ihren letzten Versuchen, sich fortzuhelfen, machte uns auf ihre Nähe aufmerksam, und jetzt konnten wir uns wenigstens gegenseitig durch Zurufen verständigen.
Ohne Nahrung, ohne Feuer, selbst ohne eine Decke zum Schutze legten wir uns für jene Nacht in unseren nassen Kleidern in den Schnee. Das Holz half auch den Zurückgebliebenen oben auf dem Eise nichts; aber wenigstens fanden sie noch etwas gebratenes Fleisch vor und diesmal auch einen Rest Chapati (ungesäuertes indisches Brot, das eigentlich zu jeder Mahlzeit frisch bereitet und warm gegessen wird, von dem wir aber für ungewöhnliche Märsche ebenso wie von gekochtem Fleisch stets etwas Vorrat mitnehmen ließen).
Schon des Abends kurz vor 6 Uhr, als es eben noch hell genug war, ein Minimumthermometer, das wir bei uns hier unten hatten, aufzustellen, war die Temperatur der Luft – 0,5 Grad C. Obwohl wir nachts bedeckten Himmel behielten, der in solchen Höhen durch Verminderung des Wärmeverlustes durch Strahlung bisweilen merklich schützen kann, war doch die Kälte sehr bedeutend geworden. Die Marke des Thermometrographen stand auf – 11,4 Grad C und um 7 Uhr noch war die Lufttemperatur – 10,1 Grad C. Und dabei waren zwei unserer so ungewöhnlich geschwächten Pferde erfroren, das eine oben bei unseren Leuten am Gletscher, das andere, eines unserer besten Pferde, das wir schon im vergangenen Jahre im Himalaja hatten, zu unseren Füßen.
Der Morgen des 22. August gehörte wohl zu den peinlichsten der Reisen. Was wir jetzt – ohne Habe in Geld oder in Ware – in Khotan für unsere so dringenden Bedürfnisse uns verschaffen konnten, war unbestimmt genug. Ein Herabholen und Weiterschaffen selbst nur eines Teiles der ziemlich weit oben noch zurückgelassenen Gegenstände wäre bei dem Verluste von zwei Pferden um so weniger zu unternehmen gewesen. Die Sättel nahmen wir mit; sie waren nicht

schwer und hatten im Notfall selbst als Ware guten Wert. Auch der kleine Rest des Holzes, der uns nach dem Tee und Imbiß des Morgens blieb, wurde nicht vergessen, und wir hatten dies für den Abend jenes Marsches nicht zu bereuen.

Bei unserem Aufbruch war der Himmel noch grau bedeckt; doch die Bewölkung, wie an den Umgebungen unseres Lagers sich erkennen ließ, war hoch, und infolge der Decke frischen Schnees, die in den Morgenstunden mehrere tausend Fuß noch tiefer als unser Lager herabreichte, verbreitete sich über die ganze Landschaft ein ungewohntes grelles und doch gleichartiges Licht.

Nach Bushia, dem ersten Orte, wo wir Begegnungen mit Menschen erwarten konnten, hatten wir, wie Mohammad Amin es annahm, noch eine gute Tagreise. Zugleich schlug er aber vor, diese nicht ganz auszuführen. »Denn«, meinte er, »es müßte jedenfalls ungünstig, selbst Verdacht erregend wirken, wenn wir etwa noch heute spät des Abends in Bushia ankommen sollten.«

Ritt ins »Land des Propheten«
Charles M. Doughty

»In diesem Werk lebt die ganze Wüste«, urteilte der berühmte britische Oberst T. E. Lawrence über das Buch seines Landsmanns Charles M. Doughty, in dem dieser über seine Reisen durch Innerarabien berichtet. Doughty unternahm als Dreiunddreißigjähriger von 1876 bis 1878 ausgedehnte Reisen durch Westarabien. Allein und ohne jede Unterstützung, häufig krank und geschwächt durch Klima und schlechte Ernährung, zog er oft in Gewaltmärschen durch die unwirtlichsten Gegenden der Wüste. Er gelangte nach Hail, ritt dann nach Khaybar, dem »Land des Propheten«, etwa fünfhundert Kilometer nördlich von Mekka, wo man ihn als Gefangenen behandelte und nach Haïl zurückschickte. Als er mit einer Karawane nach Mekka ziehen wollte, wurde er kurz vor der Stadt von einem fanatischen Scherif überfallen und ausgeraubt. Doch der Emir von Mekka nahm sich seiner an und sorgte dafür, daß er sicher nach der Hafenstadt Djidda am Roten Meer geleitet wurde. Gerade weil Doughty wie ein einfacher Beduine das Land bereiste, sind seine Erlebnisse und Beobachtungen von seltener Eindringlichkeit. »Seine Vollständigkeit ist nicht zu übertreffen«, urteilte der schon erwähnte Oberst Lawrence, der selbst als ein hervorragender Kenner Arabiens galt. Sein 1888 erschienenes Buch ist zugleich ein stilistisches Meisterwerk. Im folgenden Abschnitt erzählt der Forscher von seinem Ritt nach Khaybar, den er von Haïl aus in Begleitung des Beduinenscheichs Ghroceyb unternahm.

Zwei Stunden nach Sonnenaufgang überschritten wir die Grenzen der Harra und kamen aus dem Lavafeld auf Sandsteinboden. Die vulkanische Gegend, die wir in siebzehn Stunden überquert hatten, heißt Harrat el Ethnan, nach dem großen Krater gleichen Namens, dem Dschebel Ethnan. Das Gebiet gehört den Noamsa Heteym. Wir kamen nach einer Stunde Weges über eine abfallende Ebene aus rotem Sandstein nach einer tiefen Schlucht es Shotb, durch die wir das Dromedar mit kurzen Schritten über Riffe und Klippen hinuntertrieben. Im Tal standen Gummiakazien und ein Baum, den ich nicht kannte, mit Blättern, die etwas der Eberesche glichen. »Der Baum heißt thirru«, sagte Ghroceyb, »soweit wir wissen, ist er von keinerlei Nutzen.« Jenseits des Haines waren dünne Lavazungen von dem vul-

kanischen Plateau über den Sandsteinbboden herabgeflossen. Um Mittag hatten wir die Sandsteingegend hinter uns und kamen wieder jenseits auf den Hauptzug der Harra. Ostwärts bildet er eine Einheit mit der vorher durchquerten Harra. Dort kamen wir an wenigen niedrigen Kratern vorbei. Das ganze Gebirge – es ist die Harrat Khaybar – erstreckt sich von Nordwesten bis Südosten in einer Länge von vier Tagereisen.
Ghroceyb sagte jetzt: »Mußt du denn durchaus nach Khaybar? Tuahi, verstehst du, soll ich dich nicht lieber nach el Hayat bringen?« Mein Gefährte hatte Angst, nach Khaybar zu gehen, weil die Dowla[1] dort saß. Ihre korrupten Beamten (ich habe das erst später begriffen) konnten ihn für einen Feind erklären, das Kamel des armen Nomaden beschlagnahmen und ihn ins Gefängnis werfen. Aber el Hayat war noch ein freies, unter der Gerichtsbarkeit von Ibn Raschid stehendes Dorf. Ghroceyb war ein Totschläger, wie ich später erfuhr. Es lag eine schwere Blutschuld auf ihm. Darum war er für vier Rials bereit gewesen, diesen mühsamen Weg mit mir zu machen. Von Eyadas Lager aus hätten wir die Harra auch zur linken Hand lassen und den leichteren Weg über die Sandebenen unterhalb der Granitberge reiten können (den ich später im Frühling machte). Aber Ghroceyb wollte es nicht, denn der offene Weg barg mehr Gefahren für ihn als unser Weg durch die Klippen der Harra.
Eine Stunde hinter der Shotb maß ich eine Höhe von fünftausend Fuß. Vor Nachmittag tauchte zu unserer Rechten, jenseits der Seiten der Harra und der tiefen, darunterliegenden Sandebene, ein wilder Bergzug auf, der Dschebel Hejjur, der fünfundzwanzig Meilen von dem Gebiet der Wuld Ali entfernt liegt. Wir ritten den ganzen Tag über ohne Unterbrechung wie Flüchtlinge durch das vulkanische Land. Der Sonnenuntergang kommt früh im Winter, wir machten darum in einem flachen lehmigen Tal mit hohen Akazien und gelben Regenwasserteichen halt. Ghroceyb fesselte dem Kamel mit einem Strick die Knie und ließ dann das seit zwei Tagen hungernde Tier frei laufen, damit es die grünen Zweige abfressen konnte. Dort kochten wir auch etwas Reis ab und legten uns dann auf den moorigen, steinigen Boden in dem nächtlichen Sprühregen zum Schlafen nieder.
Als der Tag zu dämmern begann, brachen wir auf und überschritten einen aus den Teichen des Lavafeldes entspringenden Bach. Das Wet-

[1] die Regierung des Sultans, also die türkischen Beamten

ter klarte auf, die Wolken zerteilten sich und stiegen über uns empor. Von hier ab ist das sich ständig mehr senkende vulkanische Land eben und von vielen jiddran (Kamelpfaden) durchzogen. Vor und unterhalb unseres Weges tauchte jetzt der spitze, dreigipfelige Berg Atwa auf, der sich in der Nähe von Khaybar erhebt. Ghroceyb begrüßte diese Landmarke voll Freude. Jenseits des Atwa sei es für Dromedarreiter nur noch eine Nacht bis nach Medina. Zur linken Hand von uns glänzte ein entfernterer Teil der Harra weiß in der Sonne auf.

Schon bemerkten wir die ersten Fliegen der Oase. Khaybar selbst aber war noch von dem großen abfallenden Rand der Harra verdeckt. Wir fühlten die Luft mit jedem Augenblick wärmer und, wie uns schien, schwüler und drückender werden. Dieses ganze Land bis zum Dschebel Hejjur führt seine Wasser talwärts durch die Wadis el Khafutha und Gumm'ra nach dem Wadi el Humth. Ghroceyb zeigte mir in dem vulkanischen Sand die Fußabdrücke eines Wolfes. Am frühen Nachmittag näherten wir uns Khaybar, das drüben im Tal noch vor uns verborgen lag. Dann entdeckten wir die frischen Spuren eines Ghrazzus (Raubzuges). Er war in der Richtung nach Khaybar abgezogen. Wir ritten auf demselben Kamelpfad hinter ihm. Die Fußspuren stammten von zwei Stuten und zwei Kamelen. Ghroceyb machte mir sofort ein Zeichen anzuhalten. Er kam und nahm schweigend sein Gewehr, entzündete die Lunte und lief fort, um zu rekognoszieren. Er versteckte sich hinter einen Schlupfwinkel in der Lava, von wo er zurückkehrte und mir sagte, es wären zwei Reiter zu Pferde und zwei Hinterreiter auf den Dromedaren, die eine gute Schußlänge entfernt vor uns ritten. Sie hätten uns nicht gesehen. Während er seine Lunte anblies, fragte er mich sehr eindringlich, ob ich imstande wäre, ihnen Widerstand zu leisten. Gegen den Willen Ghroceybs hatte ich heute mittag zehn Minuten angehalten, um etwas zu mir zu nehmen. Nur deswegen waren wir jetzt mit jenen zusammengetroffen, als sie von Westen her unseren Weg kreuzten, und es war auch sehr wahrscheinlich, daß es zwischen uns zum Blutvergießen gekommen wäre. Wir warteten noch eine Weile, um ihnen einen Vorsprung zu lassen. Als sie dann von dem unebenen Lavafeld verdeckt wurden, ritten wir langsam weiter. Die Sonne stand schon tief im Westen, und wir wollten in Khaybar sein, ehe das Dorftor geschlossen wurde.

Heuschrecken flogen neben unserem Wege auf, und ich sah einen unendlichen Schwarm in der Höhe über uns im Abendwind treiben.

Ghroceyb fragte mich wieder, ob ich vor der Dowla Angst hätte. »Bin ich nicht selbst ein Dowlani? Es sind meine Freunde.« – »Bei Gott, mein Namensvetter, könntest du mich befreien und mein Kamel auslösen, wenn sie mich gefangennehmen?« – »Sei unbesorgt, die Leute von der Dowla stehen auf meiner Seite.«
Jetzt ritten wir nach einem breiten Tal des Lavafeldes, el Hurda, hinab, das voll grünem Getreide stand: Ich sollte es reifen sehen, bevor ich Khaybar wieder verließ! Ghroceyb fürchtete hier, dem Raubzug zu begegnen, die Räuber konnten vielleicht ihre Stuten in den grünen Kornfeldern der Siedlung grasen lassen. Wo wir an suanis (Schöpfräderwerken) vorbeikamen, flogen wilde Tauben unter lautem Flügelschlagen von den Brunnen auf. Es mußten meiner Meinung nach schon die Felder von Khaybar sein, und ich sagte Ghroceyb, er solle mich nach Jeriat Wuld Ali bringen.
Ghroceyb dachte nur immer an mein unangebrachtes Zögern, während er um sein Dromedar zitterte und an jeder Wegbiegung ausspähte, ob wir auch nicht mit den Feinden zusammenstießen, die vor uns hinabgeritten waren. Ich hielt an und bat meinen Gefährten – er lief immer zu Fuß ein kleines Stück voraus –, mich nach keinem anderen als dem Wuld-Ali-Dorf zu bringen. Mein Besuch in Khaybar, das sie zum »Land des Propheten« rechnen, konnte allem Anschein nach ein gefährliches Abenteuer werden, und in dem Aufruhr, der entstehen mußte, wenn man mich schlecht aufnahm, konnte ich in der Nacht leicht ermordet werden. In dem Weiler der Wuld Ali dagegen würde ich der Gast der Anhänger von Motlog und Mehsan sein, zweier Hauptscheichs dieses Stammes. Ghroceyb sah mich haltmachen und, wie ein Mensch, der ganz von Sinnen ist, stürzte er auf mich zu, um das Kamel beim Halfter zu packen. Dann richtete er verzweifelt sein Gewehr auf mich und rief: »Pfui, warum zwingst du mich dir ein Leid anzutun?« – »Du darfst deinen Reisegefährten nicht töten! Erst versprich mir und dann vorwärts.« Er versprach, aber nur zum Schein. Monate später erfuhr ich, er hätte seinen Freunden, als er wieder zu Hause war, erzählt, der Fremde sei ein guter Reisegefährte gewesen, nur am Ende der Reise, als wir schon im Begriff standen einzureiten, habe ich ihm sein Dromedar stehlen wollen.
Wir ritten an den Kornfeldern der Hurda ohne weitere Zwischenfälle vorbei und kamen auf den Basaltkamm der Harra, der über den Tälern der Oase liegt und el figgera Khaybar heißt. Ghroceyb stieg jetzt zu mir herauf und ließ das Dromedar schnell dahinfliegen, denn

der Tag begann schon zu sinken. Ich sah auf der Figgera Ruinen von alten, ohne Kalk errichteten Bauten und Ringwällen. Einige sind kleine, aus losen Basaltsteinen gebaute Höfe, wie sie die Beduinen gebrauchen, um darauf ihre Datteln in der Sonne zu trocknen, bevor die Früchte in die Säcke gestopft werden. Nach einer Weile kamen wir auf einen Kamm, von dem aus wir unter uns einen Palmenwald in einem grünen, zu Khaybar gehörenden Tal liegen sahen, aber das Dorf selbst sahen wir noch nicht. Die Sonne ging schon unter, als wir auf einem steilen Pfad hinabritten. Zur linken Hand stand ein leerer Wachtturm, einer von den sieben, welche die neue Regierung von Medina auf dieser Seite vor kurzem gebaut hat, um die feindlichen Annezy (Bishr und Fejr) in Schach zu halten. Diese menschliche Landmarke erschien mir unmenschlicher als die ganze Harra hinter uns. Denn sie erinnerte mich an Medain Salih und seine gefährliche, lange nicht entlohnte und darum oft zu fürchtende türkische Soldateska. Wie freundlich erschien mir dagegen die sonnenverbrannte Wüste, wie gesegnet die Sicherheit ihrer Wollzelte in den wandernden Dörfern! Die Forts sind nur im Sommer und Herbst besetzt.

Wir kamen durch Palmenhaine in ein Tal, das Wadi Jellas, das seinen Namen nach jenem alten Unterstamm der Annezy bekam, der Khaybar schon seit langem verlassen hat und jetzt, wie wir gesehen haben, mit den Ruwalla im Norden wandert. Der tiefgelegene Grund besteht aus Schlamm, Binsen und stehendem Wasser; der feuchte, ungesunde Brodem des Moores legte sich schwer auf unsere Lebensgeister. In der Mitte überquerten wir einen Bach, der durch ein Feld von grüner Kresse floß. Modrig war das Erdreich auf beiden Seiten, in dem nur wenige schiefe und zurückgebliebene Palmen wuchsen. Der schmutzige Boden zeigte eine weißliche Kruste von bitterem Salzschlamm (summakha; geschrieben: subbakha), die mit rostfarbenem Schimmel gefleckt war, woraus die Fabel entstand: Die Erde reinige sich selbst von dem vielen Blut der Juden, das bei der Eroberung von Khaybar vergossen wurde. Das Dromedar, das unter seinen ausgleitenden Sohlen keinen Halt fand, blieb oft vor Angst stehen. Dann stiegen wir wieder aufwärts zwischen rohen Mauern, die aus Basaltsteinen, morschen Palmenstämmen und schwarzen Lehmklumpen erbaut waren. Wie fremd wirken diese feuchten Täler von Khaybar in dem wasserlosen Arabien! Ein schweres Vorgefühl kommenden Unheils lastete auf meinem Herzen, als wir in den Bannkreis dieser tödlich erstickenden Atmosphäre gelangten.

Wir ritten auf festem Boden bis zum Eingang von Khaybar (das Jeriat Bishr) hinauf, das unter dem langen Basaltrücken der alten Zitadelle el Husn liegt. In dem abfallenden Grund zur Linken steht ein antiker viereckiger Steinbau, die alte Moschee, die noch aus Mohammeds Zeit stammen soll. In ihrem Bezirk liegen die Ashab en Néby begraben – jene wenigen ersten Moslemin, die Anhänger und Freunde des lebenden »Apostels«, die bei dem »armen Gewinn« von Khaybar fielen.

Am Tor des Dorfes trafen wir im Zwielicht eine Negerin, die ich fragte, ob Bou (Abu) Ras in der Stadt wohnte. Ich hatte durch die maurischen Kaufleute in Haïl von ihm als einem zuverlässigen Mann sprechen hören. Er war ein maurischer Neger, der sich als Händler in dieser Gegend niedergelassen hatte, und ich hoffte, sein Gast zu werden. Doch er hatte den Ort seit dem Einzug der despotischen Dowla verlassen, da er jetzt shebbaan war, wie man dort sagt, das heißt, sich aus ihrer Armut (die auch ihr Reichtum war) genügend bereichert hatte und nun lieber unter der freien Nedschder Regierung in el Hayat leben wollte. Sie antwortete ängstlich, indem sie dem Fremden einen guten Abend wünschte, sie könne es ihm nicht sagen, sie wisse von nichts.

Panik am Menam
Auguste Pavie

Über dem politischen und militärischen Geschehen im Krisenherd Indochina vergißt man ganz den Namen jenes Mannes, der einen wichtigen Beitrag zur Erforschung der hinterindischen Landzunge leistete und zugleich auf friedlichem Wege Frankreich seine indochinesischen Besitzungen erwerben half: Auguste Jean-Marie Pavie, geboren zu Dinan in Nordfrankreich am 31. Mai 1847. Schon 1868 wurde er Telegrafenbeamter in Südostasien und kam 1871 nach Kambodscha. Hier beschäftigte er sich so gründlich mit der Landeskunde, daß man ihn 1880 beauftragte, das damals weitgehend unbekannte Gebiet zwischen dem Golf von Siam und dem Großen See zu erkunden. Schon fünf Jahre später ernannte ihn die französische Regierung zum Vizekonsul in Luang Prabang. In seiner neuen Eigenschaft unternahm er zahlreiche ausgedehnte Forschungsreisen, die zugleich der politischen Befriedung dieses Raums dienten. Wenn er später sein Reise- und Erinnerungswerk »À la Conquête des Cœrs« nennen konnte, dann kann man heute kaum mehr glauben, daß Laos tatsächlich »mit dem Herzen«, nur durch die Tatkraft, durch das entschlossene aber zugleich gewinnende Auftreten eines einzigen Mannes in wenigen Jahren – wenigstens vorübergehend – für Frankreich gewonnen wurde. Schon 1895 kehrte Pavie nach Frankreich zurück und hatte das Glück, hochgeehrt und angesehen, sich noch dreißig Jahre seinen wissenschaftlichen Arbeiten widmen zu können. Er starb 1925. Die folgenden Seiten über Expeditionserlebnisse am Menam sind seinem Reisebericht entnommen.

26. August. – Nur langsam bewegt sich die Karawane des Königs vorwärts, wie er mir übrigens vorausgesagt hatte. Die zahlreichen Kleinkinder, die mitgeführt werden, sowie er selbst fürchten die heftigen Schaukeleien für die Reiter, die jedes Antreiben der Elefanten zur Folge hat. Diese in der Mehrzahl jungen Tiere dürfen schon darum nicht zu größerem Tempo angetrieben werden, weil das ihrer weiteren Entwicklung schaden könnte. Ich selbst brach eine Stunde nach der königlichen Karawane auf und holte sie vor der ersten Etappe ein. Unser Weg führt am Nam Lai, einem Sturzbach, entlang; nach ihm heißt das Dorf – denn es liegt an seiner Mündung –, das wir soeben verlassen haben. Der Weg führt über Höhen und durch Täler und ist

außerordentlich beschwerlich, denn oben geht es über Fels, unten durch Schlamm.
Muong Hua, in sechshundert Meter Höhe, erste Stufe der Wasserscheide, liegt inmitten von Baumwoll-, Reis-, Mais-, Zucker- und Wassermelonenfeldern. Der Ort zählt siebzig Hütten, und seine vierhundert Einwohner sind nicht steuerpflichtig, weil sie mit ihren dreißig Elefanten Transportdienste leisten müssen; außerdem betreuen sie einen kleinen Wachtposten auf dem ersten Gebirgspaß, der gegen die Räuber eingesetzt wurde, welche die Grenze oft unsicher machen. Da die zahmen Elefanten von Luang Prabang häufig die Verbindung zwischen den beiden Flüssen herstellen müssen, leben sie gewöhnlich im nahen Wald; die Banditen kennen ihre Pferche gut, und weil die Tiere häufig gestohlen und von den Räubern schonungslos behandelt werden, sinkt in diesen Fällen ihr Wert.
27. August. – Trotz gegenteiliger Voraussagen der Astrologen geht seit gestern ein Regenschauer nach dem anderen nieder. Ich sitze auf meinem Elefanten, das Gehäuse schützt mich nur wenig, und ich kann allenfalls die Reiseroute festhalten, mehr ist bei den pausenlosen Wolkenbrüchen nicht möglich. – Der Transport des königlichen Gepäcks hat sich verspätet, und wir müssen noch in Muong Hua Station machen.
28. August. – Wir sind in das Becken des Nam Pan eingedrungen, eines anderen großen Waldbaches, der südlich von Pak Lai den Mekong erreicht. Eine Schranke sperrt die Straße auf dem Paß ab; dort befindet sich der erwähnte Wachtposten, den die Räuber selbstverständlich zu umgehen wissen. Auf dem feuchten Grund habe ich wunderschöne Krabben gefunden, die das Naturwissenschaftliche Institut interessieren werden; ihre prächtige goldgelbe Farbe ist pechschwarz gesprenkelt. Wir marschieren wie am ersten Tage jeweils acht Stunden. Das gleiche sehr bergige Gelände, die gleiche Vegetation. Wir machen an einer einsamen Stelle halt. Um meine nackten Füße vor dem feuchten Boden zu schützen, breite ich in meinem Zelt eine dichte Lage Zweige aus, die auch die fünf kleinen Kisten meines spärlichen Gepäcks trockenhalten. Die Kistenmaße sind so berechnet, daß sie mit ihren 0,60 Meter Länge auf 0,35 Meter Breite bequem auf dem Packsattel der Tiere Platz finden. Aneinandergereiht und mit meiner Matte bedeckt, dienen sie mir als Liege und zugleich als Sitz.
30. August. – Von einer kleinen Hochfläche zur anderen geht es spürbar bergab. Rechts sieht man das Dam-Chang-Gebirge, in dessen

Wäldern man häufig auf wilde Elefanten trifft. Alle Pfade sind von Bambusdickicht gesäumt.

Nach acht Stunden ununterbrochenen Marsches machen wir Rast an einem einsamen Ort in sechshundert Meter Höhe, Peunh Pao genannt. Ich bin müde und fühle mich fiebrig.

31. August. – An mehreren Wildbächen entlang verlassen wir das Gebirge und betreten das eigentliche Nam-Pat-Tal mit seinen reichen Kulturen. Wie üblich bricht der König als erster auf. Obwohl ich mich krank fühlte, hoffte ich, ihn bald einzuholen und ihm sogar vorauszureiten.

In einem Engpaß zwischen nahe aneinanderliegenden Hügeln, die den Rändern einer gigantischen Furche gleichen, schlängelt sich unser Pfad immer schmaler dahin. Karawanen haben den Lehmboden wieder und wieder zerfurcht, Regenfälle, die kleine Bäche bilden, schwemmen ihn fort. Der zähe Schlamm verlangsamt unsere Reise noch mehr.

Unwillkürlich blicken wir besorgt nach links und nach rechts die steilen Hänge hinauf, die so dicht mit Bambus bewachsen sind, daß niemand daran denken kann, sie zu erklimmen. Welch prächtiger Hinterhalt! Denn mit Elefanten kann man hier nur geradeaus weiterziehen, ein Zurückweichen wäre unmöglich in dieser Enge, in der zehn Mann ausreichen, um einer Karawane den Weg zu versperren.

Der Kornak, dem ich meine Gedanken mitteile, sagt: »Wenn man an einer solchen Stelle Ochsen zwischen unsere Tiere triebe, würde eine derartige Panik entstehen, daß niemand unverletzt davonkäme. In unseren Wäldern greifen die Banditen manchmal zu diesem Mittel, um die überraschten Elefanten in alle Winde zu zerstreuen. Diese werfen in furchtbarer Verwirrung Reisende und Gepäck ab. Dann rückt die Räuberbande an, um die Beute einzusammeln.«

Gegen neun Uhr erreiche ich das Ende der Kolonne. Da ich es eilig habe, am Rastplatz anzukommen, und der Weg breiter wird, überhole ich einen Elefanten nach dem anderen.

Es sind größtenteils junge Lasttiere; die alten, gut abgerichteten werden zu hohem Preis zum Transport von Teakbäumen verkauft.

Gelassen schreiten die Tiere vorwärts und erhaschen hie und da ein Bananenstämmchen, ein junges Bambusrohr oder ein Büschel feuchten Grases; ihre sanften, immer wachsamen Augen nehmen jede ungewohnte Bewegung wahr.

Seit beinahe zehn Jahren lege ich ständig derartige Strecken zu Elefant zurück, und so ist mir dieses verläßliche Tier lieb geworden. So manche beschwerliche Reise ist mir auf seinem Rücken zu einem traumhaft schönen Spazierritt geworden. Jetzt bin ich mit der Wesensart des Elefanten vertraut; es macht mir Spaß, bei jeder Gelegenheit mein Tier zum Kornak zu lenken. Ich bemühe mich, die verschiedenen Elefantenlaute zu verstehen: den ihnen eigenen Schrei und ihr Pfeifen, alle ihrer Rufe, ihre Rüsselbewegungen, eine richtige Sprache, die nur ein unerfahrener Laote mißversteht, so vielfältig ist sie; sie drücken durch bestimmte Töne ihre Wahrnehmungen und Empfindungen aus: Ungeduld, Müdigkeit, Schmerz, Angst, Schrekken, Liebesgeflüster, Freude und mütterliches Empfinden.

Die Hälfte der Kornaks sind Opiumraucher, die in friedlichem Halbschlummer auf dem Hals ihres Tieres sitzen und den Haken beiseite gelegt haben. Andere gehen zu Fuß und überlassen es den kleinen Prinzen, die Elefanten zu lenken; diese Beschäftigung ist ihnen ein willkommenes Vergnügen, und gleichzeitig lernen sie mühelos, die Tiere zu führen.

Vier oder fünf Elefantenjunge trotten neckend, stichelnd zwischen den Beinen der Mütter oder der männlichen Tiere des Trupps dahin, die schwer beladen und offensichtlich bemüht sind, den Elefantenjungen auszuweichen. Um sie zu verscheuchen, stoßen sie fürchterliche Schreie aus und brüllen und schnauben unaufhörlich.

Kinderstimmen, weinende oder lachende Stimmen klingen aus den Sänften, die nach der Bewegung der Elefanten hin und her geschaukelt werden; die jungen Mütter in den Sänften werden sacht gewiegt und wiegen so ihre Kinder mit.

Auf seinem Reittier ist jeder – nach seinem Rang – in die Kolonne eingereiht; die Kleinen folgen vergnügt, sorgenvoll die Erwachsenen. Man begrüßt mich mit einem Blick oder einer Handbewegung – wie liebenswürdig ist das Lächeln, wie graziös die Geste –, und da ich schnell vorankommen will, beeilt sich jeder, mir Platz zu machen.

Schon seit vier Stunden erwarte ich die Karawane am sandigen Ufer des Flusses Nam Pat und kann mir die Verspätung nicht erklären. Da erscheinen plötzlich sechs Elefanten in raschem Tempo. Ihre geringe Zahl und ihre hastvolle Eile beunruhigen mich, und ich gehe ihnen entgegen. Pang, ein junger Sohn des Königs, führt sie an und ruft mir zu: »Im Zug des Königs brach eine entsetzliche Panik aus, die furchtbares Unglück verursacht hat. Mein Vater ist unverletzt. Aber hier sind Verwundete, bitte nehmen Sie sich ihrer an! Meiner Frau wurde

ein Bein vom Knöchel bis zum Knie aufgeschlitzt, mir selbst wurde ein Fuß gebrochen, unser Kind und wir alle haben Quetschwunden. Die unverletzten Kornaks bringen die übrigen Verwundeten auf geflochtenen Bahren.«
Während er noch spricht, erscheint ein anderer Elefant bei uns mit dem Phya Sukhothai, der den König bringt. Alle begeben sich in mein Zelt, und ich folge ihnen.
Sobald er abgestiegen ist, erzählt der bedauernswerte Greis mit tränenvollen Augen, was er erlebt hat. Er befand sich an der Spitze der Karawane, als sein Elefant im Halbschlaf plötzlich an einer Biegung des sich ständig schlängelnden Weges gegen das riesige Tier des Phya Sukhothai prallte. Dem verängstigten Elefanten zitterten die Beine, und mit einem Schreckensschrei brach er zusammen. Der König selbst konnte von dem armen Tier auf den Elefanten, der den ganzen Trubel verursacht hatte, hinübersteigen und sich neben den Kommissar setzen. Zu gleicher Zeit brach eine unbeschreibliche Panik unter den Tieren aus. Sie schüttelten sich, um sich von den Rückensänften zu befreien, und warfen so die Menschen samt Gepäck mit voller Wucht zu Boden oder ins Gestrüpp; sie zertrampelten alles, was ihnen unter die Füße kam, ehe sie im Dickicht verschwanden. Nur den Reisenden an der Spitze und am Ende der Karawane gelang es, ihre wertvollsten Dinge hinunterzuwerfen und sich zu retten, ohne zu versuchen, die Tiere zurückzuhalten, von denen bisher erst sechs wieder eingefangen wurden. Der Sohn des Königs, der Chao Ratchabut, ist an Ort und Stelle geblieben, um den Schaden zu beheben, so gut es geht.
1. September. – Mit Rücksicht auf die Opfer des Unglücks müssen wir wenigstens drei Tage am Ufer des Nam Pat verweilen und während dieser Zeit versuchen, Tiere und Gepäck wiederzufinden.
Welch herzerschütternden Abend hatten wir gestern erlebt! Zwanzig Verwundete, von denen fünf im Sterben liegen, Verwandte oder Bedienstete des Königs, meistens Frauen, kamen mit ihren verzweifelten Familien im Lager an. Leichtere Verwundungen rühren von einem Sturz her oder vom heftigen Anprall gegen einen Baumstamm; wer von einem Fuß getroffen wurde, ist gefährlicher verletzt.
Die Kornaks haben Angst um ihre Tiere, und jeder sucht das seine im Wald; es fehlen noch zweiunddreißig.
2. September. – Bis auf zwei oder drei wurden alle Elefanten wiedergefunden. Schutzdächer und Sänften werden ausgebessert; man zählt

das Gepäck. Morgen reisen wir weiter.
Zwei Verwundete sind gestorben. Die anderen werden auf Tragbahren oder zu Elefant transportiert.
4. September. – Ein plötzlicher Ruhranfall hat meine Kräfte erschöpft. Geschwächt durch alle Entbehrungen und die langen Fahrten zu Wasser, bin ich der Krankheit widerstandslos ausgeliefert. Die Feuchtigkeit der Wälder, die unerträgliche Hitze nach den Regengüssen, der allzu reichliche Obstgenuß, das heimtückische Wasser aus den Bächen statt des gereinigten Flußwassers, die Notwendigkeit, auf nassem Boden barfuß zu gehen, all das hat ein übriges getan. Sobald ich wieder auf dem Elefanten sitze, wickle ich meine Füße warm ein und überlege, wie ich mich verhalten solle. Es ist nicht das erste Mal, daß ich gegen diese stets gefürchtete Krankheit anzukämpen habe. Strengste Diät, kaum etwas Reis, schnell aufeinanderfolgende schwache Dosen von Brechwurzelpulver werden mir hoffentlich Besserung verschaffen, ohne daß ich diese Reise nach Fang unterbrechen muß.

Verschollene Stadt in der Wüste
Sven Hedin

Wenn die Entdeckungsgeschichte Asiens auch so alt ist wie die Geschichte der menschlichen Zivilisation, so wurden doch eine Reihe besonders wichtiger Entdeckungen erst im 20. Jahrhundert gemacht. Sie sind auf immer verbunden mit dem Namen des schwedischen Forschers Sven Hedin. 1865 in Stockholm geboren, erhielt er mit zwanzig Jahren 1885 einen Posten als Hauslehrer bei einem Landsmann in Baku am Kaspischen Meer. Mit dem dort verdienten Geld unternahm er schon im folgenden Jahr seine erste große Reise, einen Ritt quer durch Persien. Die hier gewonnenen Erfahrungen und Sprachkenntnisse sollten ihm bei seinen weiteren Reisen zugute kommen. Auf eine zweite größere Persienreise im Jahre 1890 folgte 1893 ein Ritt von Taschkent zum Pamir. 1894 bis 1897 durchquerte Hedin zweimal die gefürchtete zentralasiatische Wüste Takla-Makan, er erforschte das Tarimbecken, das Gebiet des Lop-nor (Lobnor, Lob-Nuur) und das Kun-lun. Doch gelang es ihm nicht, Lhasa, die Hauptstadt Tibets, zu erreichen. 1905 unternahm er deshalb einen erneuten Vorstoß, der ihn von Teheran aus nach Indien in das Quellgebiet des Indus und von da aus 1906 nach Norden führte. Dabei entdeckte er jenseits des Himalaja einen bis dahin völlig unbekannten riesigen Gebirgszug, den Transhimalaja. Der Weg nach Lhasa blieb ihm jedoch erneut verschlossen. Erst nach dem Ersten Weltkrieg konnte Hedin erneut nach Zentralasien gehen. 1928 stellte er eine große chinesisch-schwedische Expedition zusammen, die durch die Wüste Gobi nach Turfan zog. Noch einmal bereiste er dabei das Becken des Tarim und des Lop-nor, dann kehrte er über die Dsungarei und Rußland in die Heimat zurück. Seine letzte Expedition unternahm der Achtundsechzigjährige 1933 bis 1935 im Auftrag der chinesischen Regierung, dann widmete er sich bis zu seinem Tod 1952 in Stockholm der Auswertung seiner Forschungsergebnisse.

In Kaschgar (Kashghar, Ke-shi) hielt mich ein Fieber lange fest. Inzwischen langte die neue Ausrüstung aus Europa an, und am 14. Dezember 1895 brach ich wieder mit einer Karawane auf, die aus Islam und drei anderen Männern und neun Pferden bestand. Bis Chotan (Khotan, Ho-tian) hatten wir 492 Kilometer. Dieser Weg war schon bekannt, und seine Schwierigkeiten durften uns jetzt nicht aufhalten. Er führt über Jarkent (Yarkand, Suo-che), der größten Stadt Ostturkestans mit 150 000 Einwohnern, von denen 75 vom Hundert an einer

eigentümlichen Geschwulst, Boghak genannt, litten, die sich auf der Vorderseite des Halses bildet und oft so groß wie der Kopf wird.
Östlich von Kargalik (Charkhlik, Ruo-qiang), wo ich Weihnachten verbrachte, wird das Land öder, aber der uralte Karawanenweg ist dennoch stets durch oben abgeplattete Lehmpyramiden bezeichnet, die Potai heißen. Wir übernachteten in einigen großen Karawansereien, wo man das Trinkwasser aus tiefen Brunnen heraufholt; einer war 38 Meter tief. In Kumrabatpaschahim, »Meines Königs Herberge im Sand«, erfüllten Tausende von heiligen Tauben die Luft mit ihren rauschenden Flügelschlägen und ihrem Girren. Es ist ein alter Brauch, daß die Reisenden den Tauben eine Opfergabe in Maiskörnern spenden. Wir hatten für diesen Zweck einen ganzen Sack mitgenommen. Wenn man die schönen graublauen Tiere fütterte, verschwand man gleichsam in einer Wolke von Tauben, die sich einem ganz furchtlos auf Schultern, Mütze und Arme setzten. Hohe mit Lappen behängte Stangen stellten Opfergaben dar und sollten gleichzeitig Raubvögel verscheuchen. Aber die frommen Leute des Ortes behaupteten, wenn ein Falke eine Taube fange, müsse er selbst unfehlbar sterben.
Am 5. Januar 1896 langten wir in Chotan an. Diese alte Stadt, deren Sanskritname Kusthâna lautet, stand mit den Chinesen seit Jahrtausenden in Handelsbeziehungen und wurde in Europa durch Marco Polo bekannt. Der berühmte chinesische Mönch F-hien (400 n. Chr.) schildert Chotan als prächtige Stadt, in der der Buddhismus blühte.
Aus dem Jahr 632 n. Chr. stammt eine Legende, die von einer alten Stadt erzählt, die im Wüstensand begraben ist. Danach soll sich ehemals in dem Dorf Pi-ma, westlich von Chotan, ein sechs Meter hohes Buddhabild aus Sandelholz befunden haben, das Licht ausstrahlte. Es hatte früher in der weiter nördlich gelegenen Stadt Ho-lao-lo-kia, gestanden. Einst kam ein weiser Mann nach Ho-lao-lo-kia, das Buddhabild anzubeten. Die Einwohner der Stadt behandelten ihn hartherzig, nahmen ihn fest und gruben ihn bis zum Hals ein. Doch ein frommer Mann speiste ihn heimlich und rettete ihn schließlich. Ehe der Weise hinwegeilte, sagte er zu seinem Retter: »In sieben Tagen wird ein Sandregen vom Himmel fallen und Ho-lao-lo-kia begraben, und nur du wirst entkommen.« Der fromme Mann warnte die Leute in der Stadt, aber alle machten sich über ihn lustig. Er flüchtete darauf in eine Grotte. Am siebenten Tage kam ein Sandregen, der die Stadt begrub und alle Einwohner erstickte. Dann kroch der fromme Mann aus der Grotte heraus und begab sich nach Pi-ma.

Aber kaum war er dort angelangt, als das heilige Bild durch die Luft geflogen kam und Pi-ma zu seinem Heiligtum erwählte statt des begrabenen Ho-lao-lo-kia.

In derselben Zeit, der Zeit der Thangdynastie (T'ang, Tang) (618 bis 907 n. Chr.), schreibt ein chinesischer Reisender über die Wüstengegenden nördlich von Chotan: »Dort gibt es weder Wasser noch Vegetation, doch oft erhebt sich ein heißer Wind, der Menschen, Pferden und Tieren den Atem raubt und nicht selten Krankheiten verursacht. Man hört fast immer scharfe Pfiffe oder laute Schreie, und wenn man ausfindig zu machen sucht, woher sie kommen, erschrickt man darüber, daß man nichts erblickt. Es geschieht sogar sehr oft, daß Menschen dort umkommen, weil die Gegend der Aufenthaltsort böser Geister ist. – Nach 400 Li (1 Li = 644,4 m) kommt man nach dem alten Königreich Tu-ho-lo. Es ist schon lange her, daß dieses Land in eine Wüste verwandelt wurde. Alle seine Städte liegen in Trümmern und sind von wilden Kräutern überwuchert.«

Ist es da zu verwundern, daß es mich trotz der unglücklichen Wüstenfahrt im letzten Jahr unwiderstehlich lockte, in das geheimnisvolle Land unter dem ewigen Sand einzudringen! Die Leute in der Oase Chotan, die sich um die Stadt gleichen Namens ausbreitet, erzählten von begrabenen Städten, und einige Männer erboten sich, mich gegen angemessenes Entgelt an einen solchen Ort zu führen.

In Chotan wie in dem uralten Dorf Borasan kaufte ich den Eingeborenen Altertümer ab, kleine Terrakottagegenstände. Sie stellten zweihöckrige Kamele dar, Gitarre spielende Affen, Greifen, die dem indischen »Garuda« ähnlich sind, Löwenköpfe, die als Verzierungen von Vasen gedient haben, der gräko-buddhistischen oder indohellenischen Kunst angehörten und den griechischen Einfluß nach Alexander verrieten, ferner sehr schön ausgeführte Krüge und Schalen aus Terrakotta und Buddhabilder aus Bronze. Meine Sammlung belief sich auf 523 Nummern, ungerechnet einige alte Handschriften und zahlreiche Münzen. Ich kaufte auch christliche Goldmünzen, ein Kreuz und eine Medaille, die vorn »St. Andrea Avelin« vor einem Kruzifix und auf der Rückseite »Sta. Jren« mit einem Heiligenschein um den Kopf zeigt. Marco Polo erzählt, daß er 1275 in Kaschgar und Jarkent nestroianische und jakobitische Gemeinden angetroffen habe, die ihre eigenen Kirchen hatten.

Der Gouverneur von Chotan, Liu Darin, war ein älterer, liebenswürdiger und wohlwollender Chinese. Er erleichterte mir alle Unternehmungen und Einkäufe und hatte nichts dagegen, daß ich die Nephritfundorte in einem alten Flußbett besuchte. Hier findet man den schönen, von den Chinesen so hochgeschätzten Jadestein, der gewöhnlich in nierenförmigen Stücken von meist grüner Farbe im Geröll vorkommt. Sind die Steine gelb oder weiß mit braunen Flecken, dann haben sie bedeutend höheren Wert.

Als ich am 14. Januar wieder aufbrach, zog ich mit der kleinsten Karawane los, die ich je gehabt habe, mit nur vier Mann, drei Kamelen und zwei Eseln. Ich hatte ja nur einen ganz kurzen Ausflug zu der im Sand begrabenen Stadt vor, von der wir hatten sprechen hören. Daher nahmen wir nur Proviant für einige Wochen mit, während wir das große Gepäck, den größten Teil der Reisekasse, den chinesischen Paß, Zelte und anderes mehr bei einem Kaufmann in Chotan zurückließen. Ich wollte wie meine Diener unter freiem Himmel schlafen, obgleich die Temperatur auf 21 Grad unter Null sank. In Wirklichkeit dauerte es viereinhalb Monate, ehe wir nach Chotan zurückkehrten, und dieser Ausflug wurde eine wahre Robinsonade. Als ich mich von Liu Darin verabschiedete, wollte er mir zwei Kamele schenken, da er meine Karawane für gar zu klein hielt; ich lehnte jedoch sein freundliches Anerbieten ab.

Außer meinen vier Dienern Islam Bai, Kerim Dschan und den beiden Jägern Ahmed Mergen und seinem Sohn Kasim Achun, die im vergangenen Frühjahr nach dem Schiffbruch in der Wüste an Islams Rettungsexpedition teilgenommen hatten, begleiteten mich auch die zwei Männer, die uns zu der alten Stadt führen sollten.

Wir zogen am Jurun-kasch, dem östlichen der beiden Quellflüsse des Chotan-darja, entlang zum Dorf Tavek-kel, wo mein schwedischer Offiziersrevolver gefunden worden war. Die Nachforschungen führten zu nichts; sie wurden freilich auch nicht mit besonders großer Energie betrieben, da ich ja für alles Verlorene, außer den photographischen Apparaten, Ersatz hatte.

Am 19. Januar verließen wir den Fluß und drangen wieder in die mörderische Sandwüste ein. Aber jetzt war es Winter. Das Wasser in unsern vier Ziegenschläuchen fror zu Eisklumpen. An den Lagerplätzen konnten wir überdies in eineinhalb bis zwei Meter Tiefe Wasser graben, und wenn wir nach Osten gingen, hatten wir nicht weit zum Fluß Kerij(y)adarja, der parallel zum Chotan-darja nach Norden fließt. Die Dünen waren in diesem Teil der Wüste nicht so hoch wie in der Gegend, wo im vorigen Jahre unsere Karawane untergegangen war.

Sie erhoben sich nur bis zu zehn bis zwölf Meter Höhe.
Am vierten Tage schlugen wir das Lager in einer Niederung auf, wo uns ein toter, vertrockneter Wald mit dem herrlichsten Brennholz versah. Am Tage darauf begaben wir uns zu den Ruinen der alten Stadt, die unsere Führer Takla-makan oder Dandonnilik, »die Elfenbeinhäuser«, nannten. Die meisten Häuser waren im Sand begraben, aber hier und da ragten Pfähle und Holzwände aus den Dünen hervor. An einer Wand, die vielleicht einen Meter hoch war, fanden wir mehrere künstlerisch ausgeführte Gipsfiguren, die teils stehende, teils auf den Blättern einer Lotosblume sitzende Buddhas und andere buddhistische Heilige in faltenreichen Mänteln und mit flammenden Heiligenscheinen um den Kopf darstellten. Alle diese Funde nebst verschiedenen anderen Altertümern wickelten wir gut ein und verpackten sie in meine Kisten; in meinem Tagebuch machte ich ausführliche Aufzeichnungen über die alte Stadt, ihre Lage, ihre versandeten Kanäle, toten Pappelalleen und vertrockneten Aprikosengärten. Für eine gründliche Ausgrabung war ich nicht gerüstet, und überdies bin ich ja kein Archäologe. Die wissenschaftliche Untersuchung überließ ich ohne Neid den Fachleuten, und in der Tat griffen diese einige Jahre später den losen Sand mit ihren Spaten an. Mir genügte es, die wichtige Entdeckung gemacht und mitten in der Wüste der Altertumsforschung ein neues Feld erobert zu haben. Endlich hatte ich eine Belohnung und Aufmunterung erhalten, nachdem ich im vergangenen Jahr vergebens im Sand nach den Spuren einer alten Kultur gesucht hatte.
Sowohl die alten chinesischen Geographen als auch die heutigen Eingeborenen am Rand der Wüste hatten also die Wahrheit gesprochen.
Wie erfreut ich über die erste Stadt war, der später noch einige ähnliche Entdeckungen folgten, geht aus meiner Aufzeichnung an Ort und Stelle hervor:
»Von dem Dasein der alten Stadt hat bisher kein Forscher die leiseste Ahnung gehabt. Ich stehe hier wie der Prinz in dem verzauberten Wald und habe die seit tausend Jahren schlafende Stadt zu neuem Leben erweckt.«
Während mehrerer Sandstürme maß ich die Geschwindigkeit, mit der die Dünen wandern; anhand dieser Zahlen sowie aufgrund der Richtung der vorherrschenden Winde berechnete ich dann, daß die Sandwüste an zweitausend Jahre gebraucht hatte, um sich von der Gegend der alten Stadt bis zu ihrem jetzigen Südrand auszuweiten. Spätere Funde haben dieses Alter tatsächlich bestätigt.

Nachdem die beiden Führer ihren wohlverdienten Lohn erhalten hatten, kehrten sie zurück, während wir am nächsten Morgen durch den ewigen Sand nach Osten weiterzogen.
Die Atmosphäre war mit feinstem Staub erfüllt, und man ahnte in der undurchsichtigen Luft kaum, wo die Sonne am Himmel stand. Der Sand nahm an Höhe zu. Wir stiegen auf den Kamm einer fast 40 Meter hohen Dünenwoge und fragten uns, ob wir etwa in ein Labyrinth derselben mörderischen Art wie voriges Jahr geraten würden. Infolge des Staubnebels war nichts zu unterscheiden. Es war, als sei ein Vorhang vor uns niedergegangen und als wanderten wir einem unbekannten Abgrund entgegen. Wir zogen jedoch weiter. Alles ging glücklich. Die Dünen wurden niedriger und gingen allmählich in ebenen weichen, mit Sand vermengten Boden über. Am Abend des 25. Januar lagerten wir im Wald am Ufer des Kerija-darja! Der Fluß war hier 32 Meter breit und mit dickem Eis bedeckt. Die Kamele konnten nach Herzenslust weiden und nach dem Zug durch die Wüste richtig ihren Durst löschen. Menschen waren zwar nicht zu sehen, wohl aber eine verlassene Hirtenhütte. Am Abend machten wir ein riesiges Feuer an, das die ganze Nacht unterhalten wurde. Die Winterkälte konnte uns also nichts anhaben, und es war schön, im Freien zu schlafen.
Bisher war kein Europäer dem Lauf des Kerija-darja bis an sein Ende im Wüstensand gefolgt, und keiner wußte, wo die letzten Wassertropfen nach einem hoffnungslosen Kampf gegen die Dünen versiegten. Ich beschloß, längs des Flusses nordwärts zu ziehen, so weit er reichte. Er wies uns selbst den Weg, und wir waren daher von Menschen unabhängig. Kein einziger Hirt ließ sich blicken, und wir hatten unser letztes Schaf geschlachtet. Aber es gab hier Unmengen von Hasen, Rehen und Hirschen; Hunger brauchten wir nicht zu fürchten. Dann und wann stöberten wir am Ufer ganze Familien von Wildschweinen auf, die geräuschvoll in das dichte Schilf flüchteten. Auch einen Fuchs überraschten wir, der geschmeidig und flink über eine Waldlichtung flitzte.
Am 26. machte der ältere Jäger, Ahmed Mergen, einen Abstecher in den Wald und kehrte mit einem Hirten zurück. Dieser erzählte, er habe geglaubt, wir seien Räuber und sein letztes Stündchen sei gekommen. Wir lagerten bei seiner Schilfhütte, und alles, was er und seine Frau wußten, holte ich aus ihnen heraus und trug es in mein Tagebuch ein.

»Wie heißt du?« fragte ich.
»Hussein und Hassan«, antwortete er.
»Wie? Hast Du zwei Namen?«
»Ja, aber Hassan ist eigentlich mein Zwillingsbruder, der in Kerija wohnt.«
Auf der Wanderung nach Norden durch die Wälder trafen wir mehrmals Hirten. Um über die verschiedenen Waldgegenden und ihre Namen Aufschlüsse zu erhalten, nahmen wir stets einen oder zwei Hirten mit. Der gefrorene Kerija-darja erstreckte sich viel tiefer in die Wüste hinein, als man hätte glauben sollen. Ich maß seine Breite auf dem Eis und fand, daß sie über 100 Meter betrug. Weiter flußabwärts, wo der Strom an Breite zunahm, machte er oft einen majestätischen Eindruck zwischen seinen bewaldeten Ufern. Jeder Morgen brachte neue Spannung. Wie weit würden wir noch ziehen können, ehe der Fluß im Sand starb, der auf allen Seiten lauerte und dessen Dünen bisweilen bis zum Ufer reichten? Schließlich reifte in mir der gewagte Plan, wenn der Fluß weit genug nach Norden ging, die Wüste bis zum Tarim zu durchqueren, der sie im Norden begrenzt.
In der Gegend Tonkus-baßte (das aufgehängte Wildschwein) erzählte ein Hirt, wenn man im Sand nach Nordwesten gehe, komme man bald zu den Ruinen einer alten Stadt, die Kara-dung (schwarzer Hügel) genannt werde.
Den 2. und 3. Februar benutzte ich, diese Stätte zu besuchen. Auch hier fand ich im Sand begrabene Häuser – das größte maß 76 mal 85 Meter – und zahlreiche Spuren anderer menschlichen Anlagen aus der Zeit, als die Lehre Buddhas über Innerasien herrschte. Wiederum stellte ich die Lage dieser Stadt sorgfältig fest, um es den Fachleuten zu ermöglichen, sie später wiederzufinden.
Als wir dann durch Wälder und Schilffelder weiterzogen, zeigte der Kerija-darja Neigung, sich in Arme zu teilen und ein Inlanddelta zu bilden. Am 5. Februar trafen wir vier Hirten, die achthundert Schafe und sechs Kühe weideten. Zwei Tage später erfuhren wir von dem alten Waldmann Mohammed Bai, wir hätten nur noch anderthalb Tagemärsche bis zu dem Punkt, wo der Fluß im Sand versiege. Mohammed Bai lebte hier so abgeschlossen von der Außenwelt, daß er nicht wußte, ob Jakub Bek († 1878) oder der Kaiser von China über Ostturkestan herrschte. Wie er erzählte, hatte sich seit drei Jahren kein Tiger mehr in dieser Gegend blicken lassen. Der letzte, der einen Besuch machte, hatte eine seiner Kühe zerrissen und war dann nach

Norden gegangen, aber nur, um wieder zurückzukommen und sich schließlich ostwärts in die Wüste zu begeben.
»Wie weit reicht die Sandwüste von dem Punkt, wo der Fluß endet, nach Norden?« fragte ich, und Mohammed Bai antwortete:
»Bis ans Ende der Welt, und bis dorthin sind es drei Monate.«

Nordamerika

Wikinger in Weinland
Chronik

Nur wenige Ereignisse der Entdeckungsgeschichte haben die Gemüter der Wissenschaftler so bewegt, haben ein so heftiges Für-und-Wider ausgelöst wie die erste Entdeckung Amerikas durch die Wikinger. Was noch vor ein paar Jahrzehnten vielfach in das Reich der Fabel verwiesen wurde, darf heute als gesichert gelten: Schon rund fünfhundert Jahre vor Kolumbus entdeckten seefahrende Wikinger die Küsten Nordamerikas. Als im Jahre 1002 Leif, der Sohn Erichs des Roten, in Grönland Kunde von einem fremden Land im Westen erhielt, das ein gewisser Bjarni auf einer Fahrt gesichtet haben wollte, rüstete er ein Schiff aus und segelte mit fünfunddreißig Mann nach Westen, bis er tatsächlich Land entdeckte, das waldreich und so fruchtbar war, daß dort sogar Wein gedieh. Leif nannte die neu entdeckten Gebiete »Vinland« – Weinland, baute dort Häuser, überwinterte mit seinen Leuten und kehrte im folgenden Frühjahr glücklich wieder in die Heimat zurück. Sein Bruder Thorvald, der nach ihm die gleiche Fahrt antrat, hatte weniger Glück. Er wurde im Gefecht mit Indianern getötet. Über diese Unternehmen berichten zwei grönländische Sagas in einer Mischung aus sachlicher Berichterstattung und bunter Fabulierlust. Wenn sie auch nicht unmittelbare Augenzeugenberichte sind, so tragen sie doch so starken persönlichen Charakter, daß sie hier als einzige vorhandene Aussagen über diese entdeckungsgeschichtliche Großtat stehen dürfen. 1963 erfuhr der Bericht eine sachliche Bestätigung durch die aufsehenerregenden Funde des norwegischen Forschers Helge Ingstad, der an der Küste Neufundlands Spuren von Wikingersiedlungen entdeckte, in denen er die Überreste von Leifs Siedlung vermutete. Trotzdem bleiben noch eine Reihe von Fragen offen: Der genaue Weg der Wikinger ist nicht geklärt, ebensowenig die Frage, ob sie wirklich Wein fanden oder nur Beeren zu Wein vermosteten.

Nun ist zu berichten, daß Bjarni Herjulfssohn von Grönland nach Norwegen fuhr und dort Jarl Erich besuchte. Der Jarl empfing ihn freundlich. Bjarni erzählte von seinen Fahrten. Er berichtete, daß er Neuland gesehen habe. Die Leute am Hofe aber meinten, er müsse doch wohl wenig wißbegierig gewesen sein, da er nichts aus jenen Gegenden zu berichten habe, und man machte ihm deshalb Vorwürfe. Bjarni ward nun Hofmann beim Jarl und fuhr im nächsten Sommer wieder nach Grönland.

Damals sprach man viel davon, neue Länder aufsuchen zu wollen. Leif, der Sohn Erichs des Roten von Steilhang, ging zu Bjarni Herjulfssohn, kaufte sich ein Schiff von diesem und verschaffte sich Mannschaft dazu. Im ganzen waren es fünfunddreißig Mann. Leif bat seinen Vater Erich, wieder ihr Führer auf der Fahrt zu sein. Doch Erich wollte davon nichts Rechtes wissen. Er sagte, er sei zu alt dazu, und meinte, er könne nicht mehr solche Anstrengungen wie früher ertragen. Leif dagegen sagte, Erich würde auch jetzt noch von ihrem Geschlechte der beste Führer für eine solche Fahrt sein. So gab denn Erich nach und ritt, sobald sie fahrbereit waren, von daheim fort. Nahe beim Schiff aber strauchelte Erichs Pferd. Er fiel herunter und verletzte sich den Fuß. Da sagte Erich: »Es soll mir nicht mehr vergönnt sein, weiteres Neuland zu entdecken denn das, was ich jetzt bewirtschafte. Wir werden nicht mehr alle zusammen weiterfahren.« So kehrte Erich nach Steilhang zurück, aber Leif ging mit den fünfunddreißig Mann aufs Schiff.

Es war ein Deutscher mit auf der Fahrt namens Tyrkir[1]. Sie rüsteten nun ihr Schiff, und sobald sie seefertig waren, fuhren sie aufs Meer und trafen zuerst auf das Land, das Bjarni und seine Leute zuletzt gesehen hatten. Sie segelten nach der Küste, ankerten, setzten ein Boot aus und fuhren an Land. Nirgends sahen sie Gras dort. Oben im Lande waren gewaltige Gletscher. Alles vom Strand bis zu diesen sah aus wie flaches Gestein, und das ganze Land erschien ihnen höchst unwirtlich. Da sagte Leif: »Uns ist's mit dem Lande anders ergangen als Bjarni, der es gar nicht betrat. Ich werde ihm nun einen Namen geben. Es soll Flachsteinland[2] heißen.«

Nun kehrten sie zum Schiff zurück und fuhren weiter. Sie fanden da ein zweites Land. Sie segelten wieder zur Küste, ankerten, setzten ein Boot aus und gingen ans Ufer. Das Land war eben und waldbestanden. So weit sie gingen, sahen sie weiße Sandstrecken, und das Ufer fiel nicht steil ab nach der See. Da sagte Leif: »Auch diesem Lande werde ich einen Namen geben, den es verdient. ›Waldland‹[3] soll es heißen«. Dann fuhren sie schleunigst wieder zum Schiff.

Nun stachen sie wieder bei Nordost in See. Sie waren zwei Tage unterwegs und sahen dann wiederum Land. Sie segelten nach der

[1] In diesem Wort, das an nordisch Tysk (Deutscher) anklingt, birgt sich ein niederdeutscher Name.
[2] Labrador, wo freilich keine derartigen Gletscher sind.
[3] Neufundland, das im Mittelalter noch viel stärker bewaldet war als jetzt.

Küste und kamen zu einem Eiland nördlich vom Lande. Sie gingen dies hinauf, sahen sich bei gutem Wetter um und fanden Tau auf dem Grase. Sie netzten zufällig ihre Hände darin, führten sie zum Munde und meinten, nie etwas so Süßes gekostet zu haben.

Sie fuhren jetzt zu ihrem Schiffe zurück und segelten in den Sund zwischen der Insel und dem Vorgebirge, das sich nordwärts vom Lande her wies. Sie steuerten westlich an dem Gebirge vorüber. Da waren zur Ebbezeit große Untiefen am Seestrand, und ihr Schiff saß fest. Die Flut war vom Schiff in der Ferne zu sehen, doch sie waren so gespannt, ans Ufer zu kommen, daß sie nicht warten mochten, bis das Wasser ihr Schiff wieder hob. Sie gingen an Land. Dort kam ein Fluß aus einem See.

Sobald die Flut wieder ihr Schiff hob, nahmen sie ihr Boot, ruderten zum Schiff zurück, führten dieses stromaufwärts und schließlich in den See. Dort ankerten sie, trugen ihre Hängematten vom Schiff und schlugen Landzelte auf. Dann beschlossen sie, sich für den Winter daselbst anzusiedeln, und erbauten sich dort große Hütten[4]. Weder im Fluß noch im See fehlte es an Lachsen, und größere Lachse denn diese hatten sie früher nie gesehen. Das Land war so reich, daß sie keine Winterfütterung für das Vieh nötig zu haben glaubten. Keinen Frost gab es dort im Winter, und das Gras wurde kaum welk. Tag und Nacht waren nicht so verschieden lang wie auf Grönland oder Island. Im Mittwintertage sah man die Sonne von halb acht Uhr vormittags bis halb fünf Uhr nachmittags[5]. Als der Hausbau fertig war, sprach Leif zu seinen Fahrtgenossen: »Nun will ich unsere Schar teilen und das Land auskundschaften lassen. Die eine Hälfte bleibe daheim in der Hütte, die andere erforsche das Land, gehe aber nie so weit, daß sie nicht abends zurück sein kann, und sie zersplittere sich ja nicht.« Das taten sie denn auch eine Zeitlang. Leif selbst zog bald mit aus, bald blieb er daheim in der Hütte. Er war groß und stark, von höchst mannhaftem Aussehen. Dazu ein in jeder Hinsicht kluger und maßvoller Mann.

Eines Abends fehlte einer aus der Schar, und das war Tyrkir, der Deutsche. Leif war darüber in großer Unruhe. Denn Tyrkir war lange

[4] Die Leifshütten.

[5] Die Stelle ist nicht klar. Von den Auslegungen kommt diese der südlichen Lage von Weinland, auf das die Mitteilungen der beiden Sagas über Klima, Flora, Fauna und Bevölkerung weisen, noch am nächsten.

bei ihm und schon bei seinem Vater gewesen und hatte ihn in seiner Kindheit sehr geliebt. Leif machte seinen Fahrtgenossen darob heftige Vorwürfe. Er brach auf, ihn zu suchen, und zwölf Männer begleiteten ihn. Sie waren aber erst kurze Zeit unterwegs, da kam ihnen Tyrkir schon entgegen. Man empfing ihn voller Freude. Leif merkte bald, daß sein Ziehvater nicht recht bei sich war. Der hatte eine steile Stirn, flackernde Augen und Sommersprossen im Gesicht. Er war klein von Wuchs und unansehnlich, doch höchst geübt in allerlei Kunstfertigkeiten. Da sagte Leif zu ihm: »Wo weiltest du so lange, lieber Ziehvater, und warum trenntest du dich von den Gefährten?« Tyrkir sprach zuerst lange deutsch, rollte die Augen und fletschte die Zähne, und keiner verstand, was er sagte. Nach einer Weile aber sagte er dann auf nordisch: »Ich ging nicht viel weiter denn ihr. Doch habe ich eine Neuigkeit für euch. Ich fand Weinranken und Weintrauben.« »Ist das richtig, lieber Ziehvater?« fragte Leif. »Gewiß«, erwiderte Tyrkir, »wo ich daheim bin, fehlt es doch weder an Weinranken noch an Weintrauben.« Nun schliefen sie die Nacht, und am Morgen sagte Leif zu seiner Schiffsmannschaft: »Nun wollen wir uns mit zweierlei beschäftigen. An einem Tage immer mit Weinlese, am andern mit dem Abhacken der Weinranken und dem Fällen von Bäumen als Fracht für mein Schiff.« Und so ward's beschlossen.

Nun war, heißt es, ihr Schleppboot bald voll mit Weintrauben beladen und auch die Fracht für das Schiff selbst zurechtgehauen. Im Frühjahr rüsteten sie ihr Schiff und segelten ab. Leif gab dem Lande einen Namen nach seiner Beschaffenheit und nannte es Weinland[6]. Sie stachen nun in See und hatten Fahrwind, bis sie Grönland sehen konnten und die Berge dort unterhalb der Gletscher. Da kam ein Mann zu Leif und frug: »Was steuerst du denn so sehr wider den Wind?« Leif erwiderte ihm: »Ich achte auf mein Steuer, doch auch auf anderes. Seht ihr denn nichts?« Sie sagten alle, sie sähen nichts, das des Aufsehens wert wäre. »Ich weiß nicht«, versetzte Leif, »ist das dort ein Schiff oder eine Schäre?« Nun sahen's auch die andern und sagten, eine Schäre sei es. Doch Leif sah schärfer denn sie und entdeckte dort zugleich Menschen. »Kreuzen wir nun wider den Wind«, sagte Leif, »um ihnen nahe zu kommen, falls sie in Not sind. Wir müssen an sie heran, um ihnen zu helfen. Sind jene aber nicht fried-

[6] Die Halbinsel Neuschottland in Nordamerika.

lich gesinnt, dann können wir uns noch immer gegen sie stellen, wie wir wollen. Sie aber haben das nicht in der Hand.«

Sie fuhren nun an die Schäre, zogen die Segel ein, ankerten und setzten ein kleines Boot aus, das sie außerdem bei sich hatten. Dann frug Tyrkir jene, wer ihre Schar befehligte. Die Antwort war, er hieße Thorir und wäre aus Norwegen. »Wie aber«, frugen jene, »heißt du?« Leif nannte seinen Namen. Thorir frug weiter: »Bist du der Sohn Erichs des Roten von Steilhang?« Leif bejahte es. »Jetzt will ich euch alle auf mein Schiff nehmen«, sagte er, »auch euer Gut, so viel das Schiff fassen kann.« Jene nahmen das Anerbieten an, und sie segelten dann mit ihrer Last zum Erichsfjord bis nach Steilhang. Dort trugen sie die Fracht vom Schiffe.

Darauf bot Leif dem Thorir und dessen Weibe Gudrid sowie noch drei von seinen Begleitern Aufenthalt bei sich an. Den andern Schiffsleuten Thorirs und seinen eigenen aber schaffte er woanders Quartier. Leif hatte fünfzehn Mann von der Schäre gerettet und hieß fortan Leif der Glückliche. Er hatte dabei Gut und Ansehen gewonnen. In diesem Winter brach ein schweres Siechtum aus unter Thorirs Leuten. Thorir selbst starb und manch anderer aus seiner Schar. Im gleichen Winter starb auch Erich der Rote. Nun ward viel über Leifs Fahrt nach Weinland gesprochen, und dessen Bruder Thorvald dünkte es, jener habe das Land zu wenig untersucht. Da sprach Leif zu Thorvald: »Du magst, wenn du willst, auf meinem Schiffe nach Weinland fahren, Bruder. Zunächst jedoch muß es das Holz holen, das Thorir auf der Schäre hatte.« Und das geschah denn auch.

Nun rüstete sich Thorvald zur Fahrt nach Weinland mit dreißig Mann nach den Anweisungen seines Bruders Leif. Sie machten das Schiff fahrtfertig und stachen in See. Von ihrer Fahrt wird nichts berichtet, bis sie nach Weinland kamen zu den Leifshütten. Dort bargen sie ihr Schiff am Ufer und verhielten sich ruhig den Winter über. Sie fingen sich Fische zur Mahlzeit.

Im Frühjahr aber sagte Thorvald, sie wollten ihr Schiff rüsten, ihr Schleppboot aber sollte mit einigen Männern nach Westen hin die Küste abfahren und dort den Sommer über weiter das Land untersuchen. Sie fanden, das Land war schön und bewaldet, und nur auf den kurzen Zwischenräumen zwischen Wald und See zogen sich weiße Sandstrecken hin. Auch zahlreiche Eilande und manche Untiefen waren dort. Sie stießen weder auf menschliche Siedlungen noch auf Tiere. Nur auf einem Eiland im Westen trafen sie auf einen hölzernen

Kornschober[7]. Sonst fanden sie nirgends menschliche Spuren, kehrten um und kamen im Herbst zu den Leifshütten zurück.

Im Sommer danach aber fuhr Thorvald auf dem Handelsschiff nach Osten an der Küste entlang und dann auch an der Nordküste. Da überfiel sie bei einem Vorgebirge ein schwerer Sturm und trieb sie dawider, so daß ihnen unten der Kiel abbrach. Sie mußten dort lange zur Ausbesserung ihres Schiffes verziehen. Da sagte Thorvald zu seinen Gefährten: »Jetzt wollen wir den Kiel auf diesem Vorgebirge aufrichten und es Kielspitz nennen.« Und das taten sie.

Dann segelten sie weiter nach Osten an der Küste entlang und dann in die nächsten Fjordmündungen hinein, und sie stießen auf ein Vorgebirge, das dort heraussprang und ganz bewaldet war. Da verankerten sie ihr Schiff und schoben die Brücke aufs Land. Thorvald ging ans Ufer mit all seinen Gefährten. Er sagte: »Hier ist's schön, und hier möchte ich mir einen Hof bauen.« Dann gingen sie wieder aufs Schiff, und nun sahen sie auf dem Strande einwärts des Vorgebirges drei Höcker. Und als sie dahinkamen, sahen sie, es waren drei Fellboote, und drei Männer lagen unter jedem. Da ordneten sie ihre Schar und ergriffen sie alle außer einem, der auf einem der Fellboote entwich. Die übrigen acht erschlugen sie, und sie gingen dann wieder auf das Vorgebirge, um Umschau zu halten. Da sahen sie einige Erhöhungen im Fjord, und sie vermuteten Wohnstätten in diesen.

Nun überfiel sie eine solche Schläfrigkeit, daß sie sich nicht wach halten konnten und allesamt einschliefen. Da ertönte ein Ruf über ihnen, daß sie alle aufwachten. So aber klang dieser Ruf: »Wach auf, Thorvald, mit allen deinen Gefährten, willst du dein Leben retten. Geh mit all deinen Leuten an Bord des Schiffes und verlaß schleunigst dieses Land.«

Indem kamen eine Unmenge Fellboote aus dem inneren Teil des Fjordes auf sie zugefahren und griffen sie an. Da sagte Thorvald: »Nun Schanzen aufgerichtet auf unserm Schiff! Wehren wir uns, so gut wir können. Doch angreifen wollen wir nicht.« Das taten sie. Aber jene – die Skrälinger[8] – schossen auf sie eine Zeitlang. Dann flüchteten sie, jeder, so schnell er konnte. Thorvald frug seine Gefährten, ob sie verwundet seien. Sie sagten: »Nein.« »Ich habe eine Wunde unter dem

[7] Seltsam, da sonst nur von wildem Weizen die Rede ist.

[8] Der Name (die Schwächlinge) bezeichnete zunächst die Eskimos auf Grönland und in Kanada, dann auch die Indianer Neufundlands und namentlich Neuschottlands: die Micmacindianer.

Arm«, sagte er, »ein Pfeil flog mir zwischen der Schiffsschanze und dem Schilde in den Arm. Hier ist der Pfeil. Er wird mein Tod sein. Nun rate ich euch, macht euch schleunigst auf die Heimfahrt. Mich aber tragt auf das Vorgebirge, wo es mich so schön dünkte, mich niederzulassen. Ich sprach wohl wahr, als ich äußerte, daß ich da einmal hausen würde. Dort bestattet mich. Setzt mir ein Kreuz zu Häupten und zu Füßen. ›Kreuzspitz‹ soll diese Stelle fortan heißen.«

Grönland war damals schon christlich, doch Erich der Rote war vor der Einführung des Christentums gestorben. Nun starb auch Thorvald. Seine Leute taten nach seinen Anweisungen. Dann kehrten sie um zu ihren Gefährten, und sie teilten einander ihre Erlebnisse mit. Sie überwinterten dort noch und beluden ihr Schiff mit Weintrauben und Weinranken. Im Frühjahr rüsteten sie zur Fahrt nach Grönland, kamen auf ihrem Schiff wieder zum Erichsfjord und konnten Leif viel Neues erzählen.

Land für den König von Frankreich
Jaques Cartier

Fast einem Zufall, oder besser gesagt seinen verwandtschaftlichen Beziehungen verdankte es der dreiundvierzigjährige Jaques Cartier (1491–1557), daß er zum Kommandanten einer kleinen Flotte von nur zwei Schiffen ernannt wurde, die König Franz I. von Frankreich 1534 zur Erforschung der westlichen Hemisphäre ausschickte. Und doch rückte ihn schon diese Reise in die Reihe der großen Seefahrer und Entdecker. Mit günstigem Wind erreichte er innerhalb von zwanzig Tagen die Küste Neufundlands und segelte weiter bis zur Küste Labradors, das er nach den Wikingern als erster europäischer Seefahrer sichtete. Er nahm Südkurs und hoffte, eine Durchfahrt nach Westen zu den damals so ersehnten Reichtümern Chinas zu entdecken. Als dieses Vorhaben aber scheiterte, ergriff er noch im Namen des französischen Königs von dem neu entdeckten Land Besitz. Es war die Geburtsstunde des französischen Kolonialreiches in Kanada. Dann trat er die Rückreise an und erreichte nach insgesamt hundertsiebenunddreißig Tagen wieder den französischen Heimathafen St. Malo. Doch er wollte unbedingt die Passage nach Westen finden und setzte es durch, daß ihm schon im folgenden Jahr 1535 das Kommando über drei Schiffe übertragen wurde, mit denen er erneut Kanada ansteuerte und den St.-Lorenz-Strom hinaufsegelte. Hier kam er bis zu der Indianersiedlung Hochelaga, dem heutigen Montreal. Die Rückfahrt verlief diesmal nicht so glatt. Er mußte unter großen Entbehrungen und ständig bedroht von Indianern mit seinen Leuten in Kanada überwintern und konnte erst im nächsten Frühjahr mit nur zwei Schiffen wieder nach Frankreich zurückkehren. Die dritte Expedition 1541 war ein reines Kolonialunternehmen und sollte dem Ausbau der von Cartier für Frankreich erworbenen Landstriche dienen; doch stand sie unter keinem guten Stern, und Cartier kehrte bald in die Heimat zurück, die er dann bis zu seinem Tode nicht mehr verließ. Im folgenden schildert Cartier selbst in einer etwas trocken-sachlichen Art den Höhepunkt der ersten Reise.

Am folgenden Tag kam ein Teil der Wilden mit neun ihrer Boote zu der Landzunge, von wo unsere Schiffe weggefahren waren. Da wir von ihrem Kommen unterrichtet wurden, fuhren wir mit unseren Booten bis zu der Landspitze, doch sobald sie uns sahen, wandten sie sich zur Flucht, wobei sie durch Zeichen andeuteten, daß sie gekommen seien, um Handel zu treiben. Sie zeigten Felle von geringem

Wert, mit denen sie sich bekleiden. In gleicher Weise machten wir ihnen Zeichen, daß wir ihnen keineswegs übel wollten. Zwei der Unseren stiegen an Land, um ihnen entgegenzugehen und ihnen Messer, andere Gerätschaften und einen roten Hut zu bringen, den sie ihrem Häuptling geben sollten. Als sie dies sahen, gingen sie auch an Land und brachten ihre Felle. Dann begannen sie mit uns zu feilschen, zeigten eine große und wunderbare Freude an diesen Gegenständen, tanzten fortwährend und machten mehrere weihevolle Bewegungen, unter anderem gossen sie sich mit ihren Händen Meerwasser über den Kopf. Sie gaben uns alles, was sie besaßen, und behielten nichts zurück, so daß sie ganz nackt zurückkehren mußten, und sie machten uns Zeichen, daß sie am nächsten Tag zurückkommen und weitere Felle mitbringen würden.

Am Donnerstag, dem 7. Tag des Monats, da der Wind nicht gut war, um auf unseren Schiffen hinauszufahren, machten wir unsere Boote segelfertig, um den Golf zu erforschen, und fuhren fünfundzwanzig Meilen an diesem Tag. Am folgenden Tag hatten wir gutes Wetter und fuhren bis zur Mittagszeit, dann hatten wir Kenntnis von einem großen Teil dieses Golfs. Aber da wir sahen, daß es keine Durchfahrt gab, begannen wir umzukehren und nahmen unseren Weg längs der Küste. Während der Fahrt sahen wir Wilde am Ufer des Sees, der im Tiefland liegt. Wir fuhren dorthin und fanden, daß es einen Kanal gab, der zu diesem See führte, und wir brachten unsere Boote an eines der Ufer dieses Kanals. Die Wilden näherten sich uns mit einem ihrer Boote und brachten uns gekochte Stücke von Seewölfen, die sie auf Holzstücke legten. Dann zogen sie sich zurück und gaben uns zu verstehen, daß sie uns diese schenkten. Wir schickten Männer an Land mit Fausthandschuhen, Messern, Rosenkränzen und anderen Gegenständen. Über all dies freuten sie sich unendlich und kamen unverzüglich zum Ufer, wo wir warteten. Sie brachten mit ihren Booten Felle und andere Dinge, die sie besaßen, um unsere Waren einzutauschen. Es waren mehr als 300, Männer und auch Frauen und Kinder. Und wir sahen einen Teil der Frauen, die nicht vorbeikamen, die hüpfend und singend bis zu den Knien im Meer standen. Die anderen kamen zutraulich zu uns, rieben ihre Arme mit ihren Händen und hoben sie dann zum Himmel, hüpfend und Zeichen der Freude von sich gebend, und so sicher fühlten sie sich schließlich bei uns, daß sie von Hand zu Hand mit allem, was sie besaßen, zu handeln begannen. Und es verblieb ihnen nichts als der völlig nackte Körper, weil sie alles hergegeben hatten, was sie besaßen. Wir erkannten, daß dieses Volk sich leicht zu unserem Glauben bekehren könnte. Sie ziehen von einem Ort zum andern und ernähren sich vom Fischfang. Ihr Land ist heißer als Spanien; es ist das schönste, das man sehen kann, ganz gleichmäßig und einheitlich. Es gibt keinen Ort, der zu klein ist, um nicht so viele Bäume wie Sandkörner zu besitzen, wo es nicht wilden Weizen gibt, dessen Ähre wie die des Roggens und dessen Körner wie die des Hafers sind, und von so schwerem Gewicht, als wäre er gesät und gepflegt worden; weiße und rote Trauben mit weißer Blüte oben, Erdbeeren, Brombeeren, rote und weiße Rosen und andere Blumen von angenehmer Süße und lieblichem Duft. Auch gibt es dort viele schöne Wiesen und gute Kräuter und Seen, in denen Lachse in überreicher Zahl gedeihen. Wir nannten diesen Golf den »Golf der Wärme«.

Am 23. Tag des Monats ließen wir ein dreißig Fuß hohes Kreuz anfertigen, und es wurde in Gegenwart jener Wilder auf der Landzunge an der Einfahrt zu dem Hafen gemacht. In der Mitte des Kreuzes brachten wir das Relief eines Wappenschilds mit drei Lilien an, und darüber steht in großen, in Holz eingekerbten Lettern geschrieben: »Es lebe der König von Frankreich«. Dann pflanzten wir das Kreuz in ihrer Gegenwart auf besagte Landzunge, und sie betrachteten es lange, während wir es anfertigten und als wir es aufstellten. Und nachdem wir es hochgehoben hatten, knieten wir alle mit gefalteten Händen nieder und beteten es vor ihren Augen an. Wir schauten zum Himmel und bedeuteten ihnen durch Zeichen, daß von dem Kreuz unsere Erlösung abhinge, worüber sie sich sehr verwunderten, sich einander zuwandten und dann dieses Kreuz betrachteten. Aber nachdem wir zu unserem Schiff zurückgekehrt waren, kam ihr Häuptling in einem Boot zu uns, bekleidet mit dem alten Fell eines schwarzen Bären, zusammen mit seinen drei Söhnen und einem seiner Brüder.

Sie näherten sich nicht so weit dem Ufer, wie sie es gewöhnlich taten, und er hielt eine lange Rede, während er auf dieses Kreuz deutete und das Zeichen des Kreuzes mit zwei Fingern machte. Dann wies er auf das ganze Land ringsumher, als wolle er sagen, daß alles ihm gehöre und daß wir dieses Kreuz nicht ohne seine Erlaubnis einpflanzen dürften. Als seine Rede beendet war, zeigten wir ihm einen Fausthandschuh und taten so, als wollten wir ihm diesen zum Tausch gegen sein Fell geben. Er näherte sich nach und nach dem Rand unseres Schiffes. Plötzlich legte einer unserer Gefährten die Hand auf sein Boot und sprang mit zwei oder dreien hinein, und sie zwangen ihn sofort, unser Schiff zu besteigen, worüber sie alle verwundert waren. Aber unser Kapitän versicherte ihnen, daß man ihnen kein Leid antun werde, und zum Zeichen des Willkommens und der Freundschaft gab er ihnen zu essen und zu trinken. Hierauf gab man ihnen durch Zeichen zu verstehen, daß dieses Kreuz dort errichtet war, um irgendein Zeichen und Kenntnis davon zu geben, daß man in ihren Hafen einfahren könne, und daß wir binnen kurzem hierher zurückkehren wollten und wir Gerätschaften und andere Dinge bringen würden, daß wir aber zwei seiner Söhne mitnehmen wollten. Und so ließen wir jedem seiner Söhne ein Hemd anziehen, einen bunten offenen Waffenrock, und einen roten Samthut mit schmaler Krempe aufsetzen, legten auch jedem eine Messingkette um den Hals, worüber sie sich sehr freuten und ihre alten Kleider jenen gaben, die damit zurückkehrten. Dann gaben wir einem jeden der drei, die wir zurückschickten, einen Fausthandschuh und einige Messer, was ihnen große Freude bereitete. Nachdem diese an Land zurückgekehrt waren und die Neuigkeit den anderen erzählt hatten, kamen gegen Mittag sechs ihrer Boote zu unserem Schiff, in denen jeweils fünf oder sechs Männer saßen, die sich von jenen verabschieden wollten, die wir zurückgehalten hatten, und ihnen Fisch brachten und mit ihnen Worte wechselten, die wir nicht verstanden, wobei sie durch Zeichen andeuteten, daß sie dieses Kreuz bestimmt nicht beseitigen würden.

An Kaliforniens Küste
Francis Drake

Über den kühnen Piratenstückchen des bekannten Seefahrers Francis Drake im Seekrieg zwischen England und Spanien übersieht man nur zu leicht, daß er sich auch als Entdeckungsreisender auszeichnete. Er wurde 1545 als Sohn eines Matrosen geboren, begann seine seemännische Laufbahn auf einem Küstenfahrer und diente sich allmählich empor. Schon als Zweiundzwanzigjähriger erhielt er den Oberbefehl über ein Schiff und zeichnete sich in der Folgezeit bei den Kämpfen gegen die Spanier durch besondere Tapferkeit aus. 1577 trat er auf Befehl der Königin Elisabeth mit einem Geschwader von fünf Schiffen eine Reise an, die ihn auf den Spuren Magellans um Amerika herum in den Pazifik führte, wo er die Spanier überraschend und daher um so empfindlicher zu treffen hoffte. Allerdings wurde das Geschwader schon bei der Durchfahrt durch die Magellanstraße auseinandergetrieben, so daß Drake mit seinem Schiff »Pelikan« ganz auf sich allein gestellt war. Er kämpfte gegen die Spanier, kaperte erfolgreich einige Schiffe, machte reiche Beute und segelte dann nordwärts an der Westküste Amerikas entlang bis etwa zur Höhe von 42 Grad nördlicher Breite, dann zwang ihn das einsetzende kalte Wetter zur Umkehr. Möglicherweise in der Gegend des heutigen San Francisco gingen die Seefahrer an Land, und Drake nahm das Gebiet, das er Neu-Albion nannte, für die englische Krone in Besitz. Dann überquerte er den Pazifik und erreichte nach einer Fahrt um Afrika herum 1580 wieder England. Die folgenden Jahre waren für Drake angefüllt mit Kämpfen gegen die Spanier, er wurde geadelt und stieg auf bis zum Rang eines Vizeadmirals. Nach einer mißglückten Expedition gegen Panama starb er am 5. Januar 1595 an einem Fieber und fand im Karibischen Meer ein Seemannsgrab. Der folgende Bericht über die Begegnung mit Eingeborenen in Kalifornien und die Besitznahme des Landes stammt aus der Feder des Predigers Francis Fletcher, der Drake auf seiner großen Weltreise begleitete.

Nach etwa drei Tagen hatte sich die Nachricht von unserer Ankunft überall verbreitet, und von allen Seiten strömten die Eingeborenen herbei. Am 26. Juni 1579 kam zusammen mit den anderen auch der König, um uns zu besuchen. Zuvor waren schon zwei Gesandte oder Boten zu unserem General geschickt worden, um anzuzeigen, daß ihr Hioh, d. h. König, im Begriff sei zu kommen. Als sie ihre Botschaft vortrugen, sprach der eine mit leiser Stimme zu seinem Gefährten, während der andere Wort für Wort lautstark und vernehmlich wiederholte, so daß die Übermittlung ihrer Botschaft ungefähr eine halbe Stunde dauerte. Als sie damit zu Ende waren, forderten sie durch Gebärden von unserem General, er solle durch sie ihrem König ein Friedenszeichen übersenden, als Versicherung dafür, daß er freundlich aufgenommen werde. Unser General erfüllte willig ihren Wunsch, und sie eilten glücklich zu ihrem König zurück.

Es dauerte auch gar nicht mehr lange, bis dieser mit seinem ganzen Troß herankam. Alle sangen sie dabei lautstark und übermütig, aber je näher sie auf uns zukamen, um so mehr bemühten sie sich, bei allen ihren Handlungen eine gewisse Anmut und Würde zu zeigen. Ganz vorn schritt ein Mann von bedeutender Körpergröße und von gutem Aussehen, der das Szepter oder den königlichen Amtsstab vor dem König einhertrug. Es war eine Art Keule aus schwarzem Holz, etwa eineinhalb Yard lang, daran hingen zwei Kronen, eine größere und eine kleinere, mit drei Ketten von erstaunlicher Länge mehrfach umschlungen, und außerdem ein Beutel mit dem Kraut Tabah. Die Kronen bestanden aus zierlich geknüpften Bändern, an denen verschiedenfarbige Federn sehr kunstvoll angebracht waren. Die Ketten schienen aus Knochen zu bestehen, wobei die einzelnen Glieder sehr klein, dünn und äußerst sorgfältig poliert waren. Solche Ketten werden bei den Eingeborenen sehr verehrt, und es gibt nur wenige Personen, die sie tragen dürfen.

Nach dem Szepterträger schritt der König selbst, umgeben von seiner Leibwache. Sein Kopfschmuck bestand aus einem geknüpften Netz, das ähnlich wie die Kronen gefertigt war, sich aber in Form und Vollkommenheit der Arbeit von diesen stark unterschied. Um seine Schultern trug er einen Mantel aus Kaninchenfellen, der ihm bis zu den Hüften reichte. Auch die Männer seiner Leibwache trugen Mäntel von der gleichen Form, aber aus anderen Fellen. Manche besaßen Kopfbedeckungen, die ebenfalls mit Federn besteckt oder mit einem bestimmten Flaum verziert waren, der in dem Land auf einem Kraut gedeiht, das sehr stark unserem Lattich gleicht, und der durch seine Feinheit jeden anderen Flaum in der Welt übertrifft. Dieser Leibwache folgte dann ein Zug nackter, einfacher Leute. Ihr Haar trugen sie lang, hinten zu einem Schopf zusammengebunden, in dem ein paar Federn staken; vorne aber hatten sie nur einzelne Federn wie Hörner, und jeder freute sich an seinem eigenen Einfall.

Wie wir beobachten konnten, schienen sie alle ihr Gesicht bemalt zu

haben, die einen weiß, andere schwarz und wieder andere mit anderen Farben. Auch brachte jeder in der Hand den einen oder anderen Gegenstand als Geschenk. Das Gefolge, das den letzten Teil ihres Zuges ausmachte, bestand aus Frauen und Kindern. Jede Frau trug einen oder zwei runde Körbe, in denen sie verschiedene Dinge mit sich führten, wie beispielsweise Beutel mit Tabah, Wurzeln, die sie Petah nennen und aus denen sie eine Art Speise machen oder die sie in Brot backen, ferner gebratene Fische und verschiedene Pflanzen.
Um jeder möglichen Gefahr vorzubeugen, versammelte unser General seine Leute und schickte sich nun an, einen günstigen Platz zu beziehen, damit wir jederzeit zu unserer Verteidigung gerüstet seien, falls sich irgend etwas ereignen sollte.
Die kampfbereite Mannschaft ließ er innerhalb seines umzäunten Platzes aufmarschieren und bot so den Anrückenden einen höchst kriegerischen Anblick, so wie er es immer tat, wenn er mit Eingeborenen zusammentraf. Sobald diese nah an uns herangekommen waren, entboten sie uns ihren Gruß, verhielten sich sonst aber schweigend. Danach wiederholte sich das gleiche Zeremoniell, das wir schon bei den Boten kennengelernt hatten, einer der Männer, der vom König damit beauftragt worden war, flüsterte dem Szepterträger etwas zu, und dieser wiederholte die Worte mit vernehmlicher Stimme. Am Ende dieser Rede, die sich mindestens wieder eine halbe Stunde hinzog, erfolgte ein allgemeines »Amen« zum Zeichen der Billigung. Dann blieben die kleinen Kinder zurück und der König schritt mit einer ganzen Anzahl von Männern und Frauen in der früheren Marschordnung den Hügel herab auf uns zu. Sobald sie nun am Fuß des Hügels zu unserem befestigten Lager gekommen waren, begann der Szepterträger mit ernstem Gesichtsausdruck und in würdevoller Haltung einen Gesang anzustimmen und vollzog dabei im Rhythmus des Gesanges eine Art von Tanz. Ihm folgten der König mit der Leibwache und die übrigen Leute, gleich welchen Ranges. Sie sangen und tanzten auf dieselbe Art, mit Ausnahme der Frauen, die zwar tanzten, sonst aber Schweigen bewahrten. Auf diese Weise kamen sie immer näher an uns heran, und der General, der ihre friedfertige Absicht erkannte, befahl, sie unbehindert unsere Festung betreten zu lassen. Da tanzten sie noch eine beträchtliche Weile weiter. Nachdem sie zufriedengestellt oder vielmehr ermüdet waren, machten sie unserem General Zeichen, um ihn zum Niedersitzen zu veranlassen. Dann hielten der König und verschiedene andere Leute mehrere Reden

oder brachten vielmehr – wenn wir sie richtig verstanden hatten – die demütige Bitte vor, der General möge das Königreich in seine Hand nehmen und ihr Schutzherr werden. Sie machten ihm durch Zeichen deutlich, daß sie ihre Rechte und Titel ihm übertragen und für sich selbst und ihre Nachfahren seine Untertanen sein wollten.
Damit wir ihren Beteuerungen auch Glauben schenken sollten, setzte der König dem General die Federkrone auf und schmückte seinen Hals mit all den Ketten, während die anderen unter einhelliger Zustimmung und mit großer Ehrenbezeigung einen fröhlichen Gesang anstimmten und ihn mit dem Namen »Hyo« ehrten. Daran schlossen sie, wie es scheinen mochte, einen Triumphgesang und einen Triumphtanz; denn sie waren ja nicht nur von den Göttern besucht worden, für die sie uns immer noch hielten, sondern der größte und höchste Gott sollte nun ihr eigener König und Schutzherr werden und sie selbst zum glücklichsten und gesegnetsten Volk auf Erden machen.
Unser General hielt es nicht für passend, diese Dinge zurückzuweisen, die ihm so demütig angeboten wurden; denn zum einen wollte er ihnen keinen Grund für Mißtrauen oder Abneigung geben, und zum anderen wußte er auch nicht, zu welch gutem Zweck Gott dies geschehen ließ oder welche Ehre und welchen Vorteil dies in künftiger Zeit unserem Land bringen konnte. Deshalb übernahm er im Namen und zum Vorteil Ihrer Allergnädigsten Majestät das Szepter, die Krone und die Herrscherwürde über das genannte Land. Er wünschte nichts sehnlicher, als daß die Schätze dieses Landes zur Freude Ihrer Majestät dienen sollten und daß ein so williges und freundliches Volk seinen bereitwilligen Gehorsam ihr gegenüber besonders beweisen könne. Zugleich aber sollte das Volk durch das Zutun Ihrer Majestät, die eine Mutter und Schützerin der Kirche Christi ist, durch die Predigt des Evangeliums zur rechten Erkenntnis und zum Gehorsam gegen den wahren ewigen Gott gebracht werden.
Als nun die Feierlichkeiten der Abdankung und der Herrschaftsübernahme auf diese Weise vollzogen waren, ließen die einfachen Leute, Männer und Frauen, den König und die ihn begleitende Leibwache bei unserem General, verteilten sich unter unsere Mannschaft und betrachteten jeden Mann sehr sorgfältig und genau. Wenn sie dann jemanden fanden, der ihren Vorstellungen entsprach (gewöhnlich waren es die Jüngsten von uns), dann schlossen sie sogleich einen Kreis um ihn, boten ihm ihre Opfergaben an, stießen jämmerliche

Schreie und Seufzer aus, weinten und zerkratzten sich mit ihren Nägeln die Gesichter.
Wir seufzten im Geist, als wir sahen, daß Satan so mächtig war, diese harmlosen Seelen zu verführen. Wir zeigten ihnen zuerst unser Mißfallen, und als das nichts half, bemühten wir uns mit allen Mitteln und mit aller Kraft, ihre Hände von dieser Verrücktheit abzuhalten. Wir erhoben unsere Augen und Hände zum Himmel und versuchten auf diese Weise, ihre Blicke auf den lebendigen Gott zu richten, dem sie dienen sollten. Sie aber waren so versessen auf ihre Abgötterei, daß man sie auch mit Gewalt nicht hätte abhalten können, denn sobald sie ihre Hände wieder freibekamen, zeigten sie sich stets so hitzig wie zuvor, bis endlich diejenigen, die sie anbeteten, sich in ihre Zelte zurückzogen. Die Eingeborenen waren aber ganz außer sich und versuchten weiterhin wütend und mit Gewalt, diese Männer wieder hervorzuzerren.
Nachdem unsere notwendigen Angelegenheiten günstig erledigt waren, machte unser General mit seinen Edelleuten und vielen anderen aus seiner Begleitung einen Abstecher in das Hochland hinauf, um die Beschaffenheit ihrer Wohnungen zu sehen und um sich besser mit der Natur und den Gütern des Landes vertraut zu machen. Ihre Hütten bildeten hier und dort verschiedene Dörfer. Wir fanden, daß das Innere des Landes ganz anders war als die Küste; ein gutes Land mit einem fruchtbaren Boden, versehen mit vielen Gütern für den Gebrauch des Menschen. Unbegrenzt war die Menge an großem und fettem Rotwild, das wir dort in einer Herde nach unserer Schätzung zu Tausenden sahen. Ferner gab es massenhaft Kaninchen von einer fremden Rasse, das Rotwild an Zahl weit übertreffend. Die Eingeborenen essen ihr Fleisch und schätzen ihre Häute sehr hoch ein; denn die Feiertagsgewänder ihrer Könige sind aus diesen Fellen gemacht.
Das Land nannte unser General »Albion«, und zwar aus zwei Gründen: einmal wegen der weißen Klippen, die am Ufer liegen, und zum anderen, damit es eine gewisse Verwandtschaft auch in der Bezeichnung zu unserem eigenen Land habe, das bisweilen so genannt wird. Bevor wir von dort wieder abfuhren, ordnete der General an, daß zur Erinnerung an unseren Besuch und zur Betonung des Rechtsanspruchs Ihrer Majestät und deren Nachfolger auf dieses Königreich dort ein Denkmal errichtet werde. Es war eine Platte aus Erz, festgenagelt an einen großen, starken Pfosten. Auf ihr war der Name Ihrer

Gnaden und der Tag und das Jahr unserer Ankunft eingegraben sowie die Nachricht von der freiwilligen Übergabe der Provinz und des Königreichs durch den König und das Volk in die Hände Ihrer Majestät. Auch wurde durch die Platte ein Loch gebohrt und darin ein Sixpencestück gängiger englischer Währung eingefügt, so daß man das Bild und das Wappen Ihrer Majestät deutlich erkennen konnte. Darunter stand der Name unseres Generals.

Auf dem Mississippi
Jacques Marquette

Schon 1541 waren erstmals spanische Konquistadoren unter der Führung Hernando de Sotos bis an den Mississippi vorgestoßen und hatten seinen Lauf etwa tausend Kilometer flußabwärts bis zum Golf von Mexiko verfolgt. Aber erst mehr als hundert Jahre später begannen sich französische Reisende genauer für den gewaltigen Fluß zu interessieren, den die Indianer »Vater der Gewässer« (= Mississippi) nannten. Drei Expeditionen lösten dann von 1673 bis 1682 das Rätsel seines Laufs. Den ersten Vorstoß unternahmen Louis Jolliet (1645–1700) und der Jesuitenpater Jaques Marquette (1637–1675). Sie erreichten zusammen mit fünf Begleitern 1673 den Wisconsin, einen Nebenfluß des Mississippi, und fuhren dann flußabwärts in den Hauptstrom und von da bis zum Arkansas. Zwar sind die Originalaufzeichnungen Pater Marquettes verlorengegangen, aber schon fünf Jahre nach der Expedition verfaßte ein anderer Jesuit aufgrund damals noch vorhandenen Materials einen Bericht, der dem Original ziemlich nahe kommen dürfte, zumal er Marquette selbst zu Wort kommen läßt. Diesem Journal ist auch die folgende Stelle von der ersten Begegnung der Reisenden mit dem Mississippi und den dort lebenden Indianern entnommen. Schon 1680 drangen zwei andere Franzosen, der Franziskaner Hennepin und J. Accault, bis zu den Fällen von St. Antoine vor, während zwei Jahre später Cavelier de La Salle den letzten Teil des Flußlaufes bis zum Meer genauer erkundete.

Am nächsten Tag gingen wir mit zwei Miami-Indianern, die uns als Führer dienen sollten, in die Boote. Dies geschah vor den Augen einer großen Menschenmenge, die sich nicht genug darüber wundern konnte, daß sieben Franzosen es wagten, allein in zwei Kanus eine so unerhörte und waghalsige Fahrt zu unternehmen. Wir hatten gehört, daß etwa drei Meilen von Maskoutuens entfernt ein Fluß in den Mississippi mündete. Wir wußten auch, daß wir eine west-südwestliche Richtung einschlagen mußten, wenn wir dorthin gelangen wollten. Aber der Weg ist so sehr von Sümpfen und kleinen Seen durchschnitten, daß man sich leicht verirren kann, zumal der Fluß, der dorthin führt, so unter wilden Wasserpflanzen verschwindet, daß sich nur schwer eine Fahrtrinne finden läßt. Deshalb konnten wir unsere Füh-

rer gut brauchen, und sie brachten uns auch sicher zu einem günstigen Platz am Fluß und überließen uns allein der Vorsehung.
Bevor wir uns einschifften, begannen wir zusammen neue Andachtsübungen, die der Heiligen Unbefleckten Jungfrau galten. Wir übten diese Andacht von nun an jeden Tag aus und richteten unsere besonderen Gebete an die Gottesmutter, daß sie uns auf dieser Fahrt in ihren Schutz nehmen solle. Nachdem wir uns gegenseitig ermutigt hatten, bestiegen wir dann unsere Kanus. Der Fluß, den wir nun befuhren, heißt Wisconsin. Er war sehr breit, hatte sandigen Grund und bildete zahlreiche Untiefen, die eine Navigation sehr erschwerten. Er war voller Inselchen, an den Ufern tauchten fruchtbare Landstreifen auf, abwechselnd Wald, Prärie und Anhöhen. Unsere Fahrt führte uns in südwestliche Richtung; und nach etwa dreißig Meilen bemerkten wir eine Stelle, die alle Merkmale einer Eisenmine zeigte. In der Tat behauptete einer unserer Gefährten, der schon früher einmal eine gesehen hatte, daß diese sehr gut und sehr reich sein müsse. Nach etwa vierzig Meilen erreichten wir die Mündung unseres Flusses und fuhren bei 42,5 Grad Nord am 17. Juni zu unserer unbeschreiblichen Freude in den Mississippi ein.
Hier waren wir nun auf dem berühmten Fluß, und ich habe mich bemüht, seine Besonderheiten aufmerksam in mich aufzunehmen. Der Mississippi hat seinen Ursprung in mehreren Seen im Gebiet der nördlichen Stämme. Er ist an der Einmündung des Wisconsin noch schmal, seine Strömung, die nach Süden führt, meist langsam und sanft. Zur Rechten zeigte sich eine ansehnliche Kette hoher Berge, und zur Linken war schönes Land. An vielen Stellen war der Fluß von Inseln übersät. Beim Loten fanden wir eine Wassertiefe von zehn Faden. Die Breite war sehr ungleichmäßig: sie betrug manchmal eine dreiviertel Meile, manchmal nur zweihundertzwanzig Yard. Wir folgten der Strömung, die uns in südlicher und südöstlicher Richtung bis zum 42. Grad trug. Hier bemerkten wir, daß sich das Aussehen der Gegend gründlich änderte. Es gab jetzt kaum mehr Wald oder Berge, die Inseln waren lieblicher und mit schöneren Bäumen bedeckt. Wir sahen nichts als Rotwild, Krabben und Schwäne. Von Zeit zu Zeit stießen wir auf gewaltige Fische, von denen einer so heftig gegen unser Boot schlug, daß ich ihn für einen großen Baum hielt, der uns leck zu schlagen drohte. Ein anderes Mal erblickten wir auf dem Wasser ein Ungeheuer mit einem Tigerkopf, einer spitzen Schnauze wie der einer Wildkatze, einem Bart und aufgerichteten

Ohren, mit einem graugetönten Kopf und einem ganz schwarzen Hals[1]. Von dieser Art sahen wir sonst keines mehr. Wenn wir unsere Netze auswarfen, fingen wir immer wieder Störe und eine ganz ungewöhnliche Fischart, die an die Forelle erinnerte. Als wir bis 41 Grad 28 Minuten in der gleichen Richtung hinunter gelangt waren, bevölkerten sich die Ufer jetzt an Stelle von Kleinwild mit Truthühnern und wilden Rindern[2]. Wir nannten sie wilde Rinder, weil sie unseren Hausrindern glichen. Sie haben aber einen weit mächtigeren Körperbau; unsere Männer erlegten eines der Tiere, und drei von uns hatten beträchtliche Mühe, es von der Stelle zu bewegen. Der Kopf ist sehr groß, die Stirne flach und zwischen den Hörnern eineinhalb Fuß breit. Die Hörner sind genau wie bei unseren Rindern, aber schwarz und viel größer. Unten am Hals hängt eine Art Kropf, auf dem Rükken haben sie einen ziemlich hohen Höcker. Kopf, Hals und ein Teil der Schultern sind mit einer mächtigen Mähne bedeckt. Der übrige Körper weist gelocktes Haar auf, das der Wolle unserer Schafe gleicht, aber viel stärker und dicker ist. Es fällt im Sommer aus und die Haut ist dann so weich wie Samt. Zu dieser Zeit verwenden die Indianer die Häute, um daraus schöne Gewänder zu machen, die sie mit verschiedenen Farben bemalen. Fleisch und Fett dieser Rinder sind ausgezeichnet und bilden bei Schmausereien das beste Gericht. Die Tiere sind sehr wild, und es vergeht kein Jahr, in dem sie nicht einige Indianer töten; denn wenn sie angegriffen werden, dann nehmen sie einen Menschen mit den Hörnern an, heben ihn empor und schleudern ihn dann auf den Boden, trampeln ihn nieder und töten ihn. Wenn man aus der Ferne mit Gewehr oder Bogen auf sie schießt, muß man sich auf den Boden werfen und im Gras verbergen. Wenn sie den Schützen erspähen, rasen sie auf ihn zu und greifen ihn an. Da ihre Füße breit und ziemlich kurz sind, bewegen sie sich im allgemeinen nicht sehr schnell, sondern nur wenn sie gereizt werden. Sie sind über die Prärien verstreut wie Viehherden. Ich habe eine Herde von vierhundert Stück gesehen.

Wir drangen beständig weiter vor und hatten schon mehr als hundert Meilen zurückgelegt, ohne etwas anderes als Tiere und Vögel gesehen zu haben. Da wir aber nicht wußten, wohin unser Weg führte, waren wir stets auf der Hut. Am Abend machten wir am Ufer nur ein

[1] Möglicherweise eine nordamerikanische Tigerkatze.
[2] Bisons.

kleines Feuer an, um unser Mahl zuzubereiten; und nach dem Essen hielten wir uns so weit wie möglich vom Ufer entfernt und brachten die Nächte in unseren Kanus zu, die wir im Fluß verankerten. Trotzdem stellten wir aus Furcht vor Überraschungen immer noch eine Wache auf.

Am 25. Juni entdeckten wir am Flußufer die Fußspuren eines Menschen und einen ausgetretenen Pfad, der in eine schöne Prärie hineinführte. Da wir vermuteten, daß er zu einem Indianerdorf führe, beschlossen wir, ihn näher zu erkunden. Wir ließen unsere beiden Kanus im Schutz einiger Leute zurück und ermahnten sie eindringlich, vor Überraschungen auf der Hut zu sein. Dann unternahmen Jolliet und ich diesen für zwei einzelne Männer ziemlich riskanten Erkundungsmarsch und setzten uns so der Gnade oder Ungnade eines unbekannten und unzivilisierten Volkes aus. Wir verfolgten schweigend den schmalen Pfad und entdeckten nach etwa zwei Meilen ein Dorf am Ufer des Flusses und zwei weitere auf einer Anhöhe, etwa zwei Meilen vom ersteren entfernt. Da allerdings empfahlen wir uns mit ganzem Herzen Gott.

Ohne entdeckt zu werden, gingen wir weiter und kamen so nahe an das Dorf heran, daß wir die Indianer sogar sprechen hörten. Nun schien es uns an der Zeit, uns bemerkbar zu machen. Wir riefen so laut wir konnten, blieben aber an unseren Plätzen stehen. Auf unseren Ruf hin eilten die Indianer aus ihren Hütten. Da sie uns an unseren schwarzen Mänteln wahrscheinlich als Franzosen erkannten und auch sahen, daß wir nur zu zweit waren, bestimmten sie vier alte Männer, die zu uns kommen und mit uns sprechen sollten. Zwei trugen Tabakspfeifen, die schön verziert und mit vielerlei Federn geputzt waren. Sie kamen langsam heran, wobei sie ihre Pfeifen gegen die Sonne emporhoben, als ob sie ihr den Rauch darbringen wollten, äußerten aber kein einziges Wort. Für den kurzen Weg zum Dorf bis zu uns benötigten sie ziemlich viel Zeit, und als sie uns endlich erreicht hatten, blieben sie stehen, um uns aufmerksam zu betrachten. Jetzt faßte ich mir ein Herz, sprach sie an und erkundigte mich, wer sie seien. Sie erwiderten, daß sie zum Stamm der Illinois gehörten, und überreichten uns als Friedenszeichen ihre Pfeifen zum Rauchen. Dann luden sie uns in ihr Dorf ein, wo uns der ganze Stamm bereits mit Ungeduld erwartete. Diese Pfeifen zum Rauchen nennt man in dem Land Kalumets.

Vor einer Hütte, in der wir empfangen werden sollten, erwartete uns ein alter Mann in einer höchst merkwürdigen Stellung, die zu dem Zeremoniell beim Empfang von Fremden gehört. Er stand völlig nackt da, hatte die Hände ausgestreckt und zur Sonne erhoben, als ob er sich vor ihren Strahlen schützen wolle, die aber trotzdem zwischen den Fingern hindurch sein Gesicht trafen. Als wir auf ihn zutraten, entbot er uns folgenden Gruß: »Wie schön ist die Sonne, Franzose, wenn du uns besuchst! Unser ganzes Dorf erwartet dich, und du sollst in Frieden in alle unsere Hütten eintreten.« Dann nahm er uns mit in seine Hütte hinein, wo zahlreiche Menschen versammelt waren, die uns mit Blicken verschlangen, aber völliges Stillschweigen bewahrten. Gelegentlich hörten wir aber doch die Worte: »Schön, daß ihr uns besucht, ihr Freunde!«

Sobald wir unsere Plätze eingenommen hatten, erwiesen sie uns die landesübliche Höflichkeit, indem sie uns das Kalumet anboten. Man darf es unter keinen Umständen zurückweisen, wenn man nicht als Feind oder wenigstens als unhöflicher Mensch gelten will. Während die Alten alle nach uns rauchten, um uns zu ehren, traten einige auf uns zu, um uns im Namen des großen Häuptlings aller Illinois einzuladen, seine Stadt zu besuchen, wo er mit uns Rat abhalten wolle. Wir gingen mit einem stattlichen Gefolge, denn alle Stammesangehörigen, die noch keinen Franzosen gesehen hatten, wurden nicht müde, uns anzugaffen. Sie warfen sich neben dem Weg ins Gras, dann liefen sie wieder voraus, wandten sich um und gingen zurück, um uns wieder zu sehen. Das geschah aber alles ohne Lärm und mit Zeichen großer Achtung.

Bei unserer Ankunft in der Stadt des großen Häuptlings erblickten wir diesen an der Tür seiner Hütte zwischen zwei alten Männern. Alle drei waren nackt und richteten ihr Kalumet gegen die Sonne. Der Häuptling redete uns mit ein paar Worten feierlich an und beglückwünschte uns zu unserer Ankunft. Dann überreichte auch er uns sein Kalumet und ließ uns rauchen. Gleichzeitig traten wir in seine Hütte ein, wo wir auf die übliche Art begrüßt wurden. Als ich alle versammelt sah und Schweigen eingetreten war, sprach ich zu ihnen von vier Geschenken, die ich ihnen überbrachte: erstens, so sagte ich, seien wir auf einem friedlichen Zug, um alle Stämme am Fluß bis zum Meer zu besuchen. Zweitens erklärte ich ihnen, daß Gott, ihr Schöpfer, Erbarmen mit ihnen habe, da er allen Stämmen, die so lange nichts von ihm wußten, bekannt werden wolle. Und ich erklärte ferner, daß ich in seinem Auftrage ausgesandt sei und es nun ihre Sache sei, ihn anzuerkennen und ihm zu gehorchen. Drittens teilte ich ihnen mit, daß der große Häuptling der Franzosen sie wissen lasse, er habe überall Frieden verbreitet und die Irokesen überwältigt. Und viertens bat ich sie schließlich, uns alles zu sagen, was sie vom Meer wüßten und von den Stämmen, durch deren Gebiet wir auf dem Wege dorthin zu ziehen hätten.

Als ich mit meiner Rede zu Ende war, erhob sich der Häuptling, legte seine Hand auf den Kopf eines kleinen Sklaven, den er uns übergeben wollte, und sprach folgendermaßen zu uns: »Ich danke dir, Schwarzkittel, und dir, Franzose« – dabei wandte er sich an Jolliet – »daß ihr so viele Mühen auf euch genommen habt, um zu uns zu kommen und uns zu besuchen. Nie war die Erde so schön und die Sonne so hell wie heute. Nie war unser Fluß so ruhig und so frei von Steinen, die eure Kanus aufhielten, als sie vorüberfuhren. Nie schmeckte unser Tabak so würzig, und nie erschien der Mais unseren Augen so schön wie heute. Hier ist mein Sohn, den ich dir übergebe, damit du mein Herz erkennst. Ich bitte dich, Erbarmen mit mir und meinem Volk zu haben. Du kennst den großen Geist, der uns alle erschaffen hat, du sprichst zu ihm und hörst seine Worte. Bitte ihn, mir Leben und Gesundheit zu geben, zu kommen und bei uns zu wohnen, damit wir ihn erkennen.« Mit diesen Worten stellte er den kleinen Indianer zu uns und machte uns ein zweites Geschenk, ein höchst geheimnisvolles Kalumet, das sie höher schätzen als einen Sklaven. Durch diese Geschenke zeigte er die hohe Meinung, die er aufgrund unseres Berichtes von unserem Gouverneur hegte. Schließlich bat er uns im Namen seines ganzen Stammes, nicht weiterzugehen, da wir uns sonst großen Gefahren aussetzen würden.

Ich erwiderte, daß ich den Tod nicht fürchte und daß ich keine Glückseligkeit höher schätze als zu Ehren dessen zu sterben, der uns alle erschaffen hat. Dies aber konnte der arme Mensch nicht verstehen. Nach der Ratsversammlung folgte eine große Schmauserei, die aus vier Gängen bestand und die wir ganz nach ihrer Sitte zu uns nehmen mußten. Der erste Gang bestand aus einer großen Holzschüssel voll Mais, in Wasser gekocht und mit Fett angemacht. Der Zeremonienmeister schob mir drei- oder viermal einen Löffelvoll in den Mund, wie wir es bei einem kleinen Kind tun würden. Ebenso machte er es bei Jolliet. Als zweiten Gang brachte er eine Schüssel herein, die drei Fische enthielt. Er gab sich einige Mühe, die Gräten herauszulösen, dann blies er auf die Fische, um sie zu kühlen, und steckte sie mir in den Mund, wie wir einen Vogel füttern würden. Der dritte Gang bestand in einem großen Hund, den sie gerade geschlachtet hatten. Als sie aber erfuhren, daß wir ihn nicht essen würden, wurde er wieder abgetragen. Der vierte Gang schließlich war ein Stück von einem wilden Ochsen, von dem die fettesten Portionen uns in den Mund geschoben wurden.

Nach diesem Mahl mußten wir das ganze Dorf besichtigen, das aus etwa dreihundert Hütten bestand. Während wir durch die Straßen gingen, hielt ein Sprecher ununterbrochen Reden, um alle zu veranlassen, uns anzusehen, ohne dabei aber beschwerlich zu fallen. Überall wurden wir mit Gürteln, Bändern und anderen Dingen beschenkt, die sie aus den Haaren von Bären oder wilden Rindern herstellen und rot, gelb oder grau färben. Dies sind ihre Kostbarkeiten. Da sie aber wertlos waren, belasteten wir uns nicht damit.

Wir schliefen in der Hütte des Häuptlings. Am nächsten Morgen verabschiedeten wir uns von ihm und versprachen, in vier Monaten wieder durch seine Stadt zu kommen. Er begleitete uns mit fast sechshundert Leuten zu unseren Kanus. Und alle sahen zu, wie wir in die Boote gingen. Beim Abschied versprach ich persönlich, daß ich im nächsten Jahr wiederkehren wolle, um bei ihnen zu bleiben und sie das Christentum zu lehren.

Nur ein Tag in Alaska
V. Bering / G. W. Steller

Die Meerenge zwischen Alaska und Sibirien erhielt ihren Namen nach dem Seefahrer und Entdecker Vitus Bering. Er stammte aus Jütland, wo er 1680 geboren wurde. Seine Laufbahn begann er in der dänischen Marine, dann trat er in russische Dienste und zeichnete sich so aus, daß ihn Zar Peter der Große, der es gut verstand, die geeigneten Leute an die richtigen Plätze zu stellen, mit dem Kommando über eine Expedition betraute, die die Nordostküste Sibiriens erkunden sollte. Dazu mußte erst einmal das gesamte Ausrüstungsmaterial quer durch Sibirien nach Kamtschatka transportiert werden, wo dann ein Schiff gebaut werden sollte. Diese mühsamen Vorbereitungen zogen sich von 1725 bis 1728 hin. Dann konnte Bering endlich an der Küste entlangfahren. Er durchquerte die Meerenge, ohne jedoch wegen des nebligen Wetters die gegenüberliegende amerikanische Küste zu sichten. Nachdem er bis weit ins Polarmeer vorgestoßen war und sich damit von einer Durchfahrt zwischen den beiden Kontinenten überzeugt hatte, kehrte er wieder zurück. Da man seinen Aussagen aber in St. Petersburg mit Mißtrauen begegnete, setzte er alles daran, eine zweite Expedition unternehmen zu dürfen, die beweisen sollte, daß Kamtschatka gegenüber wirklich das amerikanische Festland liege. Die Vorbereitungen zogen sich diesmal über sieben Jahre hin. Am 29. Mai 1741 endlich lief er mit zwei Schiffen von der Awatschabucht aus und landete unter 59 Grad nördlicher Breite an der Nordwestküste Amerikas. Wie der deutsche Naturforscher Steller berichtet, der als Wissenschaftler an der Expedition teilnahm, hielt sich Bering aber nur wenige Stunden in Amerika auf und ließ Steller keine Zeit zu wissenschaftlichen Beobachtungen. (Stellers Buch ist auch der Text über den kurzen Landbesuch entnommen.) Die Heimfahrt stand unter einem ungünstigen Stern. Widrige Winde trieben sein Schiff auf die kleine, heute nach ihm benannte Insel vor der Küste Kamtschatkas. Dort starb der an Skorbut erkrankte Seefahrer am 8. Dezember 1741. Ein Teil seiner Mannschaft – darunter unser Augenzeuge Steller – konnte sich in einem selbstgezimmerten Boot schließlich auf das Festland retten.

Wir sahen das Land bereits am 15. Juli, genauer jedoch erst tags darauf bei sehr klarem Wetter. Man sah ein so hohes Gebirge sich landeinwärts ziehen, daß man es auf sechzehn holländische Meilen aus der See ganz deutlich erkennen konnte. Ich erinnere mich nicht, ein höheres Gebirge in ganz Sibirien und Kamtschatka gesehen zu haben.

Die Ufer waren allenthalben sehr zerklüftet und daher hart am festen Land mit vielen Einbuchtungen und Häfen versehen. Man kann leicht erraten, wie freudig alle beim Anblick des Landes waren. Niemand unterließ es, dem Kapitän-Kommandeur[1], den der Ruhm der Entdekkung am meisten anging, Glück zu wünschen. Dieser aber hörte nicht nur alles sehr gleichgültig und ohne sonderliche Freude an, sondern zuckte sogar in Gegenwart aller, nach dem Lande sehend, die Schultern. Falls er am Leben geblieben wäre und gegen die Offiziere wegen ihres Verhaltens hätte etwas unternehmen wollen, hätten ihm das einige leicht als ein Zeichen übelgesinnten Herzens ausgelegt. Aber der gute Kapitän-Kommandeur war in der Vorausschau auf die Zukunft allen seinen Offizieren weit überlegen und äußerte sich mir gegenüber in der Kajüte: »Wir meinen nun, wir haben alles gefunden, aber man bedenkt nicht, wie weit wir nach Hause haben und was sich noch zutragen kann. Wer weiß, ob nicht Passatwinde einfallen, die uns nicht zurück lassen. Das Land kennen wir nicht, mit Proviant zum Überwintern sind wir nicht versehen!«

Nicht wenig Vergnügen bereitete es, die sich widerstreitenden Meinungen zu hören. Einige wollten sogleich sich dem Land nähern und einen Hafen aufsuchen, andere stellten sich dies sehr gefährlich vor. Ein jeder wollte für sich handeln, niemand aber unterbreitete dem Kapitän-Kommandeur einen Vorschlag. Die Beratungen, die man am Lande sonst wegen jeder Kleinigkeit gepflogen hatte, wurden hier beim wichtigsten Ereignis der nun zehnjährigen Kamtschatka-Expedition ganz unterlassen, und man sah nichts Gemeinschaftliches und Einiges unter uns, als daß wir in einem Fahrzeug zusammen eingeschlossen waren. Am 17. Juli näherten wir uns allmählich bei leichtem Wind dem Land. Am Sonnabend, den 18., kamen wir ihm so nahe, daß man die schönen Wälder mit größtem Vergnügen betrachten konnte. Das Ufer selbst war flach und, so viel man wahrnehmen konnte, sandig. Wir ließen aber das feste Land zur Rechten und versuchten nordwestlich hinter eine hohe Insel zu kommen. Wegen des widrigen Windes mußte das mit viel Lavieren geschehen, womit wir die folgende Nacht zubrachten. Am Montag, den 20. Juli, kamen wir endlich zwischen lauter Inseln vor Anker. Die äußerste dieser Inseln mußte unbedingt Kap Eliä benannt werden, denn die Offiziere wollten ja durchaus ein Kap auf ihrer Karte haben, ungeachtet man ihnen

[1] Bering.

noch so deutlich vorstellen konnte, daß eine Insel nicht Kap genannt werden dürfe.

Nun hätte sowohl die Ordnung als auch die Wichtigkeit der Sache erfordert, einmütig zu beraten, was zu tun sei, wie man sich der Zeit und Gelegenheit zum besten Vorteil bedienen und was man an Land erkunden solle. Ferner, ob man im Hinblick auf den Proviant und die schon späte Jahreszeit das Land untersuchen, überwintern oder auf geradem Weg nach Hause fahren solle. Aber all das wurde nicht besprochen. Man war sich nur einig, frisches Wasser einzunehmen, so daß ich mich nicht enthalten konnte zu sagen, wir wären wohl nur wegen des amerikanischen Wassers von Asien aus hierher gekommen. Man entschied, das kleinere Boot zum Transport des Wassers zu benutzen. Mit dem größeren Boot sollten Meister Chytrew und genug Matrosen an Land gehen, um es zu erkunden. Als ich bat, mich mitgehen zu lassen, da Chytrew doch nicht alles allein wußte, wurde mir das abgeschlagen. Man versuchte, mir erst mit Erzählungen grausamer Mordgeschichten angst zu machen; da ich aber erwiderte, ich sei niemals so weibisch gewesen, mich vor Gefahren zu fürchten, und könne auch nicht verstehen, warum man mich nicht an Land lassen wolle, da dies doch mein Beruf und meine Schuldigkeit sei, nannte man mich einen wilden Menschen, der sich auch nicht durch Bewirtung mit Schokolade, die man eben vorbereitete, von seinen Verrichtungen wolle abhalten lassen. Da ich sah, daß man mich mit Gewalt und wider meinen Willen zur Vernachlässigung meines Dienstes zwingen wollte, ließ ich alle Achtung beiseite und betete ein gar besonderes Gebet, wodurch sich der Herr Kommandant sogleich erweichen ließ, mich mit den Wasserträgern, aber ohne besondere Hilfe und nur in Begleitung des Kosaken Lepechin, den ich selbst auf die Reise mitgenommen hatte, auch die Insel besuchen zu lassen.

Ich sah wohl ein, daß die Zeit teuer und kostbar war, und bemühte mich daher, an Land in aller Eile so viel zu tun, wie nur immer möglich war. Deshalb nahm ich sofort meinen Weg in das Landesinnere, um Menschen und Wohnungen zu entdecken. Kaum war ich eine Werst gegangen, als ich Spuren von Einwohnern entdeckte. Ich fand unter einem Baum einen alten, wie einen Trog ausgehöhlten Stamm, in dem die Wilden mangels Geschirr und Kessel ein paar Stunden zuvor nach kamtschadalischer Art Fleisch auf glühenden Steinen gekocht hatten. An den herumliegenden Knochen erkannte ich deutlich, daß sie von keinem See-, sondern von einem Landtier stammen mußten. Mich dünkte, daß es Rentierknochen waren, obgleich man solche Tiere hier auf der Insel nicht sah und sie vermutlich vom festen Land hierher gebracht worden waren. Außerdem lagen Überbleibsel von Jukola oder getrockneten Fischbrocken umher, die auf Kamtschatka bei allen Mahlzeiten das Brot ersetzen müssen. Schließlich entdeckte ich noch zahlreiche Schalen großer Jakobsmuscheln. In einigen lag nach kamtschadalischer Art zubereitetes süßes Kraut. Neben dem Baum entdeckte ich ein hölzernes Feuerzeug, wie es ebenfalls in Kamtschatka gebräuchlich ist. Aus all dem glaube ich schließen zu können, daß die Bewohner dieser amerikanischen Küste von gleicher Herkunft wie die Kamtschadalen sind. Wenn das aber stimmt, so läßt sich auch vermuten, daß sich Amerika weiter gegen Westen erstreckt und dem Lande Kamtschatka gegenüber im Norden viel näher liegt. Denn bei einem Abstand von fünfhundert Meilen, den unsere Fahrt betrug, ist nicht anzunehmen, daß die Kamtschadalen hätten mit ihren elenden Fahrzeugen dorthin gelangen können.

Nachdem ich alles kurz angesehen hatte, setzte ich meinen Weg fort und fand nach etwa drei Werst einen Weg, der in einen nahe am Ufer gelegenen Wald führte. Ich beriet mich kurz mit meinem Kosaken, der über ein geladenes Rohr nebst einem Messer und einem Beil verfügte, wie wir zu Werke gehen wollten, wenn wir einen oder mehrere Menschen treffen würden, und befahl ihm, nicht das geringste ohne meinen Befehl vorzunehmen. Sobald wir den Weg einschlugen, bemerkte ich, daß ihn die Wilden hatten verdecken wollen, aber durch unsere rasche Ankunft daran gehindert worden waren und so alles nur noch augenfälliger gemacht hatten. Da von unserem Pfad mehrere kleinere in den Wald abzweigten, untersuchten wir einige und kamen nach einer halben Stunde an eine Stelle, die mit abgeschnittenem Gras bestreut war. Ich räumte es sogleich weg und fand darunter ein Verdeck von Steinen. Nachdem auch die beiseite geschafft worden waren, stießen wir auf Baumrinden, die über Stangen gelegt worden waren. Und diese wiederum bedeckten einen zwei Faden tief gegrabenen Keller, in dem ich folgende Dinge fand: Lukoschken oder aus Baumrinden gemachte Gefäße, alle gefüllt mit geräuchertem Fisch. Eine Portion Süßkraut, aus dem auf Kamtschatka Branntwein gebrannt wird. Verschiedene Sorten von Gras und getrocknetem Rinderbast sowie große Packen Riemen von Seekraut und schließlich noch einige Pfeile.

Obgleich ich fürchten mußte, im Keller überfallen zu werden, untersuchte ich doch alles genau, fand aber nichts weiter. So nahm ich einige Proben von den Fischen, die Pfeile, Riemen und Baumrinde mit mir und schickte sie durch meinen Kosaken an den Platz, wo das Wasser eingeladen wurde, mit dem Befehl, sie sogleich dem Kapitän-Kommandeur zu bringen. Gleichzeitig ließ ich nochmals um zwei oder drei Leute zu meiner Unterstützung bitten und warnte die andern, sich nicht allzu sicher zu fühlen. Dann deckte ich den Keller wieder zu und richtete alles so her, wie es gewesen war. Meinen Weg mußte ich nunmehr allein fortsetzen. Nachdem ich aber ungefähr sechs Werst zurückgelegt hatte, gelangte ich an einen steilen Felsen, der in die See hinausragte, so daß ich nicht mehr weiter konnte. Ich wandte mich daher nach Süden, in der Hoffnung, auf die andere Seite der Insel zu gelangen, aber als ich den Berg hinabging, kam ich in einen dichten Wald, in dem keine Spur eines Weges zu finden war. Da ich befürchtete, daß mein Kosak mich hier nicht entdecken würde, ich mich auch nicht zu weit absondern und vor der Nacht zurückkommen wollte, machte ich kehrt, stieg den Berg wieder hinauf und dachte betrübt an die Grenzen, die meinen Untersuchungen gesetzt waren.

Als ich wieder auf der Spitze des Berges war und meine Augen nach dem festen Land richtete, um wenigstens die Gegend gut in Augenschein zu nehmen, sah ich in einigen Werst Entfernung auf einem mit Tannen besetzten Hügel Rauch aufsteigen. Nun konnte ich hoffen, Menschen anzutreffen und von ihnen das zu erfahren, was ich zu einer vollständigen Beschreibung benötigte. Deshalb ging ich in größter Eile den Weg zurück und kam wieder zu dem Platz, wo ich ans Land gestiegen war. Ich ließ durch die Leute, die eben mit dem Boot zum Schiff ruderten, dem Kapitän-Kommandeur Nachricht geben und bat mir das kleine Boot nebst etlichen Leuten für einige Stunden aus. Indessen beschrieb ich, ganz abgemattet, am Ufer die seltenen Pflanzen, die ich gesammelt hatte und die zu verwelken drohten.

Nach etwa einer Stunde erhielt ich die patriotische und höfliche Antwort, ich solle mich nur geschwind nach dem Schiff packen oder man würde – ohne zu warten – mich an Land lassen. Da es schon Abend wurde, schickte ich meinen Kosaken aus, noch rasch einige Vögel zu schießen, die ich bemerkt hatte. Ich selbst ging noch einmal nach Westen und kehrte bei Sonnenuntergang mit verschiedenen Kleinigkeiten zurück, die ich gesammelt hatte. Jetzt erteilte man mir nochmals den strengen Befehl, wenn ich nicht sofort an Bord komme, werde man nicht mehr weiter auf mich achten. Demnach verfügte ich mich endlich mit dem, was ich gesammelt hatte, auf das Schiff und wurde hier jedoch zu meiner größten Verwunderung mit Schokoladen bewirtet.

Der Weg zum Pazifik
Alexander Mackenzie

Alexander Mackenzie (1755–1820) stammte aus Schottland. Als er zehn Jahre alt war, wanderte sein Vater nach Amerika aus, er selbst trat schon als Fünfzehnjähriger in die Dienste einer kanadischen Pelzhändlerkompanie. Bald begann er vor allem die Nachrichten der Pelztierjäger und Händler über den Nordwesten Kanadas zu sammeln und unternahm schließlich 1789 selbst eine erste große Reise, um eine Landverbindung zum Pazifischen Ozean aufzusuchen. Er gelangte bis zum Ufer des Großen Sklavensees, von wo ihn ein Trupp Indianer an den Fluß weitergeleitete, der heute seinen Namen trägt. In vierzehn Tagen fuhr er ihn abwärts, mußte aber zu seiner großen Enttäuschung feststellen, daß er in das nördliche Eismeer und nicht, wie erhofft, in den Pazifik mündete. Auf dem gleichen Weg, auf dem er gekommen war, kehrte er wieder zu seinem Stützpunkt nach Kanada zurück. Er hatte im Verlauf eines Sommers fast fünftausend Kilometer im Kanu zurückgelegt und den Lauf des zweitlängsten amerikanischen Flusses erforscht. Nach einem mehrjährigen Aufenthalt in England ging er 1792 erneut nach Kanada und brach ein Jahr später zu seiner zweiten großen Reise durch den amerikanischen Westen auf. Diesmal gelang es ihm, in einem kühnen und gefährlichen Unternehmen quer durch den Kontinent bis an den Pazifik vorzustoßen. Siebenundfünfzig Tage benötigte er für den Hinweg, in nur dreiunddreißig schaffte er die Rückfahrt. Auch diese Daten sprechen für die Energie, aber auch für das Glück des Forschers. Die folgenden Seiten stammen aus seinem einst viel gelesenen Reisebericht; sie berichten von dem strapazenreichen Marsch zur Westküste 1793 und seinen Bemühungen, die Gefährten bei der Sache zu halten. Mackenzie selbst unternahm keine weitere Entdeckungsreise mehr. Er ließ sich in Montreal als Vertreter der Pelzhandelskompanien nieder.

Am 13. fingen meine Leute sehr zeitig an, einen Weg auszuhauen, um Canot[1] und Ladung über die Stromschnelle zu bringen. Um sieben Uhr waren sie damit fertig, und nun war das Tragen bald abgetan. Das Canot wurde nun wieder beladen, um mit dem sehr schnellen Strome weiterzugehen. Um unser Fahrzeug zu erleichtern, wollte ich mit einigen andern zu Fuß wandern; meine Leute verlangten aber

[1] Kanu.

sehr ernsthaft, daß ich mich einschiffen sollte, mit der Erklärung, daß, wenn sie ihren Untergang fänden, ich mit ihnen umkommen müßte. Ich dachte damals nicht, daß ihre Besorgnisse so bald gerechtfertigt werden würden. Wir stießen nun vom Ufer und waren noch nicht weit gekommen, als das Canot sich wendete und trotz aller unserer Anstrengungen durch die Heftigkeit des Stroms seitwärts den Fluß hinabgetrieben und an der ersten Ruderstange zerbrochen wurde. Ich sprang sogleich in das Wasser und meine Leute folgten mir; ehe wir aber das Canot gerade richten oder nur aufhalten konnten, kamen wir in ein tieferes Wasser, so daß wir schleunigst wieder einsteigen mußten. Einer der Canotführer, der nicht geschwind genug war, mußte, so gut er konnte, ans Ufer zu kommen suchen. Wir waren kaum wieder im Canot eingerichtet, als wir an einen Felsen getrieben wurden, der das Hinterteil des Fahrzeugs so zerschmetterte, daß es bloß noch am Dollbord[2] hing, so daß der Steuermann nicht länger auf seinem Platze bleiben konnte. Die Gewalt dieses Stoßes trieb uns nach der entgegengesetzten Seite des nur schmalen Flusses. Hier hatte der Bug des Canots dasselbe Schicksal, welches das Hinterteil gehabt hatte. Sogleich ergriff der Vordermann einige Zweige eines kleinen Baumes, in der Hoffnung, das Canot anzulegen; ihre Elastizität war aber so groß, daß er in einem Augenblicke ans Ufer geschleudert wurde, und zwar mit einer Gewalt, daß wir ihn für verloren hielten. Unsere Lage erlaubte es aber nicht, uns nach ihm umzusehen; denn in wenigen Augenblicken kamen wir über einen Wasserfall, der mehrere große Löcher in den Boden des Canots riß und alle Ruderstangen zerbrach, eine hinter dem Schaufelsitz ausgenommen. Indessen hätte ohne diesen Zufall das Fahrzeug unvermeidlich umschlagen müssen. Sobald das Wrack wieder flach aus dem Wasser stand, sprangen wir eben alle heraus, als der Steuermann, der seinen Platz hatte verlassen müssen und sich noch nicht von seinem Schrekken erholt hatte, seinen Gefährten zurief, sie möchten sich zu retten suchen.

Meine entscheidenden Befehle besiegten jedoch die Wirkungen seiner Furcht, und sie hielten sich alle fest an das Wrack. Dieser glücklichen Entschlossenheit dankten wir unsere Rettung, da wir sonst durch die Gewalt des Wassers an dem Felsen zerschmettert oder über die Fälle getrieben worden wären. In dieser Lage wurden wir

[2] obere Planke der Außenhaut.

mehrere hundert Ruten[3] fortgetrieben, und auf jedem Schritte waren wir am Rande des Abgrundes. Endlich langten wir jedoch sehr glücklich in seichtem Wasser und in einem leichten Wirbel an, wo wir mehr durch die Schwere des auf Steinen ruhenden Canots als durch den Aufwand unserer erschöpften Kräfte stehenzubleiben vermochten; denn so kurz auch unsere Anstrengungen waren – da der beunruhigende, schreckliche und gefährliche Auftritt nur einige Minuten gedauert hatte –, so groß waren sie auch, da es dabei um Leben und Tod ging. Jetzt, da wir wieder ein wenig Atem schöpften, riefen wir die am Ufer gehenden Leute zum Beistand herbei, und sie kamen sogleich; von allen aber zuerst der Vordermann, der dem außerordentlichen Sturze ans Ufer ohne Schaden entgangen war. Die Indianer weinten, statt uns zu helfen. Ich blieb, bis alles ans Ufer gebracht war, in einem sehr unangenehmen Zustande im Canot, da ich so sehr erfroren war, daß ich mich endlich vor Erstarrung kaum mehr aufrecht erhalten konnte.

Der Verlust, den wir bei diesem Unfalle des Canots erlitten hatten, war beträchtlich und wichtig; denn wir vermißten unsern ganzen Vorrat von Kugeln und einige Gerätschaften. Aber der Gedanke daran verlor sich in dem Eindrucke, den unsere wunderbare Rettung auf uns machte; auch hatten wir keinen persönlichen Schaden von Bedeutung erlitten; meine Quetschungen schienen die beträchtlichsten. Endlich kam auch der Canotführer, der in dem ersten Augenblick der Gefahr ans Ufer hatte gehen müssen, in wenigen Minuten zu uns.

Jetzt wurden alle ans Ufer gebrachten Vorräte getrocknet. Glücklicherweise hatte das Pulver keinen Schaden gelitten, und auch meine Instrumente waren gerettet. Übrigens waren einige meiner Leute, nachdem sie sich von ihrem Schrecken erholt hatten und sich ihrer Rettung zu freuen anfingen, keineswegs über den eben erlittenen Unfall traurig, weil sie hofften, daß er unserer Reise ein Ende machen würde, um so mehr, da wir kein Canot hatten und alle Kugeln versunken waren. Unter solchen Umständen die Reise fortzusetzen, schien ihnen unmöglich. Ich erwiderte indessen auf alle diese Bemerkungen nicht eher etwas, als bis sie sich von ihrem panischen Schrekken ganz erholt, durch eine derbe Mahlzeit und Rum in Menge erwärmt und neuen Mut bekommen hatten.

Jetzt aber hielt ich eine Rede an sie. Ich ermahnte sie, ihre wunderbare

[3] 1 Rute entspricht etwa 3,50 m.

Errettung mit Dank anzuerkennen; zeigte aber zugleich, daß die Beschiffung dieses Flusses nicht unmöglich, sondern nur wegen unserer Unkenntnis von dessen Lauf schwierig wäre, und daß unsere letzte Erfahrung uns Mittel an die Hand geben würde, unsere Reise mit größerer Sicherheit fortzusetzen. Ich erinnerte sie daran, daß sie nicht getäuscht, sondern mit den bevorstehenden Schwierigkeiten und Gefahren bekannt gemacht worden wären, ehe sie sich anheischig gemacht hätten, mich zu begleiten. Auch machte ich die Ehre geltend, Schwierigkeiten zu besiegen, und den Schimpf, das Ziel unserer Unternehmung nicht zu erreichen, so wie ich auch nicht ermangelte zu erwähnen, daß die Nordmänner sich immer Mut und Entschlossenheit vorzüglich zur Ehre angerechnet hätten und daß ich mich jetzt darauf verließe, daß sie diesen Charakter zu behaupten wissen würden. Ihre Sorge wegen der verlornen Kugeln beruhigte ich durch den Hinweis, daß wir noch Material genug zur Verfertigung anderer hätten; und wenn ich einerseits die Schwierigkeit der Wiederherstellung des Canots zugeben mußte, so äußerte ich dagegen andererseits die gewisse Hoffnung auf unsere Geschicklichkeit und Anstrengung, es so instand gesetzt zu sehen, daß wir damit bis zu einer Gegend kämen, wo wir uns Rinde verschaffen und ein neues bauen könnten. Diese Anrede tat die gewünschte Wirkung; sie willigten alle ein, mich zu begleiten, wohin ich sie führen würde.

Es wurden nun mehrere Meinungen über unsere gegenwärtige Lage geäußert; doch ging der allgemeine Wunsch mehr dahin, das Wrack aufzugeben und die ganze Ladung nach dem Fluß zu tragen, der nach der Aussage unseres Wegweisers nicht weit entfernt sein sollte, in dessen Nähe wir Holz und wahrscheinlich auch Birkenrinde genug finden würden. Dieser Vorschlag schien mir aber nicht die Gewißheit zu versprechen, die ich zu meinen gegenwärtigen Operationen brauchte, und überdies traute ich meinem Wegweiser nicht. Ich schickte daher zwei meiner Leute früh um neun Uhr mit einem jungen Indianer ab (den Wegweiser glaubte ich nicht aus dem Gesichte lassen zu dürfen), um Rinde zu suchen und womöglich noch an demselben Tage bis an den großen Fluß vorzudringen, in welchen sich der vor uns liegende in der von unserem Wegweiser angegebenen Richtung ergießen sollte.

Es wurde jetzt spät, und noch waren meine ausgeschickten Leute nicht zurückgekommen. Endlich hörte ich um zehn Uhr Hollah rufen, und erwiderte das Signal sehr freudig. In kurzem kam unser junger

Indianer mit einer kleinen Rolle schlechter Rinde, abgemattet und hungrig und mit zerrissenen Kleidern an. Er hatte sich von den beiden andern gegen Sonnenuntergang getrennt, nachdem sie den ganzen Tag in einer schrecklichen Gegend umhergewandert waren, ohne gute Rinde zu finden oder an den großen Fluß zu gelangen. Sein Bericht von dem Flusse, an dessen Ufern wir uns befanden, konnte nicht ungünstiger und abschreckender sein; er war ihnen beinahe nur als eine zusammenhängende Folge von Fällen und Stromschnellen mit Unterbrechungen von hineingerollten Bäumen erschienen.

Jetzt wurde unser Wegweiser so mißvergnügt und unruhig, daß wir ihm keinen ordentlichen Bericht über die Gegend vor uns ablocken konnten. Alles, was wir von ihm erfuhren, war, daß der Fluß, in welchen dieser sich ergieße, selbst nur der Arm eines großen Flusses wäre, der sich nicht weit von dem Zusammenflusse mit diesem in zwei große Arme teile; und daß er in der Nähe dieser Flüsse keinen See und keine große Wassermasse kenne. Diesem Berichte fügte er noch einige sonderbare Beschreibungen der Eingeborenen hinzu.

Wir entgingen an diesem Tage noch einer großen Gefahr; ein Umstand, der zu den vielen Glücksfällen gehört, die ich auf dieser gefährlichen Reise erlebte. Wir hatten an achtzig Pfund Pulver zum Trocknen ausgebreitet, und alle meine Leute hätten demnach äußerst vorsichtig sein sollen; einer aber ging mit einer brennenden Tabakspfeife sorglos und ruhig dazwischen umher, ohne daß seine strafbare Nachlässigkeit schlimme Folgen hatte. Ich brauche nicht erst hinzuzusetzen, daß ein Funke aller meiner Angst und meinem Ehrgeiz ein Ende gemacht haben würde.

Am 14. gingen wir bei schönem, hellem und warmem Wetter sehr früh wieder an die Ausbesserung des Canots. Um halb sieben Uhr kamen die gestern abends weggebliebenen Canotführer, die seit 24 Stunden nichts gegessen und nicht geschlafen hatten, hungrig und erfroren und mit zerfetzten Kleidern und zerrissener Haut zurück. Ihr Bericht war derselbe, den der Indianer erstattet hatte, mit der Ausnahme, daß sie den Fluß oder den Arm, den unser Wegweiser erwähnt hatte, gesehen zu haben glaubten; sie waren aber der Meinung, daß wir bei den häufigen Hemmungen des Stroms den ganzen Weg über alles durch eine fürchterliche Gegend würden tragen müssen, durch die wir uns nur mit viel Zeit und Mühe einen Weg würden bahnen können.

So abschreckend auch diese Berichte waren, so ließen wir uns doch

dadurch nicht einen Augenblick in der Ausbesserung des Canots stören und suchten heute noch damit fertig zu werden. Die von dem Indianer überbrachte Rinde, nebst einigen Stücken Wachstuch und einer Menge Gummi, machte es unmöglich, unser Canot in einen zu unserem Zwecke brauchbaren Stand zu setzen.
Am 15. war das Wetter wie tags zuvor. Meinem vorläufigen Auftrage zufolge fingen meine Leute sehr früh an, einen Weg auszuhauen, über den wir einen Teil unserer Ladung tragen könnten, um nicht das Ganze in dem Canot bei seinem gegenwärtigen schwachen Zustande auf einem von Untiefen und Stromschnellen so vollen Flusse der Gefahr des Untergangs auszusetzen. Vier Mann wurden zur Leitung desselben gebraucht, nachdem es um zwölf Ballen erleichtert war. Sie kamen über mehrere gefährliche Stellen und trafen auf verschiedene andere, die von Treibholz und von hineingefallenen Bäumen verstopft waren, so daß wir nach harter Arbeit von vierzehn Stunden nicht mehr als drei Meilen gemacht hatten. Unsere Richtung war SO zu O, und da uns kein Unfall traf, so schienen die Leute neuen Mut zur Fortsetzung der Reise zu fühlen. An diesem Morgen weigerte sich jedoch einer namens Beauchamp entschlossen, sich in das Canot einzuschiffen. Da dies das erste Beispiel eines gänzlichen Ungehorsams auf dieser Reise war, so würde ich es nicht ungestraft gelassen haben, um von der Nachahmung abzuschrecken, hätte nicht Beauchamp unter seinen Gefährten allgemein für einen einfältigen Menschen gegolten und hätte er nicht das bißchen Verstand, das er noch besaß, durch den Schrecken über unsere letzten Gefahren verloren. Ich schlug daher lieber den Weg ein, ihn für unwürdig zu erklären, uns weiter zu begleiten, und sein kleinmütiges Benehmen dem Spotte und der Verachtung seiner Gefährten preiszugeben, wiewohl er ein sehr nützlicher, tätiger und arbeitsamer Mann war.
Am Ende dieser Tagesreise setzten wir uns um ein helloderndes Feuer, und alle meine Leute vergaßen, durch den bei dergleichen Fällen gespendeten Rum belebt, ihre Anstrengungen und Besorgnisse; ja sie genossen schon im voraus das Vergnügen, das sie zu finden hofften, wenn sie nach Besiegung der gegenwärtigen Schwierigkeiten auf einem starken und beständigen Strome, der unserm Führer zufolge den bald zu treffenden großen Fluß auszeichnen sollte, eine leichte Fahrt haben würden.
Am 16. dauerte das schöne Wetter fort, und wir begannen unsere Arbeit wie gestern; einige bahnten den Weg, andere trugen, und die

übrigen führten das Canot. Ich war bei den ersten und entdeckte bald, daß wir nur eine halbe Meile oberhalb mehrerer Fälle gelagert hatten, über die wir selbst mit dem so sehr erleichterten Canot nicht kommen konnten. Dieser Umstand machte es notwendig, den Weg breit genug für das Canot zu machen; eine langwierige und mühselige Arbeit. Bald darauf aber erfuhr ich, daß das Canot, bei der Fahrt über eine Stromschnelle, auf dem Boden ein Leck bekommen hatte; ein Umstand, der uns bei dem Mangel an nötigen Materialien zu einer ordentlichen Ausbesserung sehr aufhielt. Unterdessen schickte ich Herrn Mackay mit zwei Indianern ab, um den großen Fluß in der von unserm Wegweiser angegebenen Richtung aufzusuchen, ohne auf den Lauf des Flusses vor uns die geringste Rücksicht zu nehmen.
Als das Canot so gut als möglich ausgebessert war, brachten wir es bis an die Spitze der Fälle, wo es aus dem Wasser genommen und eine beträchtliche Strecke über niedrigen, morastigen Boden getragen wurde. Ich brauchte zu diesem mühsamen Geschäfte vier Mann, die es auch unter Lebensgefahr vollzogen; denn das Canot war jetzt, bei der zum Ausbessern gebrauchten Menge von Rinde und Gummi, so schwer geworden, daß zwei Menschen es nicht über hundert Ruten tragen konnten, ohne abgelöst zu werden; und da ihr Weg durch tiefen Morast ging, der durch Wurzeln und Baumstämme noch beschwerlicher wurde, so waren sie alle Augenblicke in Gefahr zu fallen, und unter einer solchen Last wäre jeder Fehltritt von verderblichen Folgen gewesen. Die beiden andern und ich folgten mit der Ladung, so schnell wir konnten. Auf diese Art strengten wir uns bis sieben Uhr abends an, um bis an das Ende des am Morgen gehauenen Weges zu gelangen. Hier kamen Herr Mackay und die Indianer zu uns, nachdem sie den obgedachten Fluß aufgefunden hatten, den sie als sehr groß schilderten. Auch hatten sie bemerkt, daß der untere Teil des vor uns liegenden Flusses so voll von hineingefallenem Holze wäre, daß der Versuch, sich einen Weg durch dasselbe zu bahnen, eine vergebliche Arbeit sein würde. Unser Hund, der sie begleitet hatte, war an einer solchen Stelle ins Wasser gefallen und vom Strome so unter das Treibholz geführt worden, daß er nur mit Mühe gerettet werden konnte. Die Gegend, durch die sie gekommen waren, bestand aus Morast und fast undurchdringlichem Gehölze. Sie brachten zwei Gänse mit, die sie auf ihrer Streiferei geschossen hatten. Um unsere Schwierigkeiten noch zu vergrößern, wurden wir den ganzen Tag über von Moskitos und Sandfliegen gequält.

Nachdem ich in der folgenden Nacht – wie ich es seit der Annahme unseres gegenwärtigen Wegweisers immer getan hatte – bis zwölf Uhr aufgeblieben war, schlief ich, während Herr Mackay wachte, bis drei Uhr, dann wurde ich durch die Nachricht aufgeweckt, daß der Wegweiser entflohen wäre. Herr Mackay, mit dem ich bei dieser Ungelegenheit unzufrieden war, suchte ihn in Begleitung unseres Hundes, aber er hatte einen längst überdachten Plan zur Flucht ausgeführt, – ungeachtet ich alles getan hatte, was in meiner Gewalt stand, um ihn zum Bleiben zu bewegen.

Dies Mißgeschick änderte indessen an unserm Plane nichts. Sehr früh am 17. gingen wir alle an die Arbeit, einen Weg von dreiviertel Meilen auszuhauen. Nachdem wir über diesen das Canot nebst Ladung getragen hatten, ließen wir es mit der Ladung ins Wasser; aber nicht lange nachher wurden wir so durch Treibholz aufgehalten, daß wir wiederum landen und tragen mußten. So setzten wir unsere Reise wechselweise zu Lande und zu Wasser bis mittags fort. Jetzt aber konnten wir wegen der vielen kleinen unschiffbaren Kanäle, in die sich der Fluß in jeder Richtung teilte, nicht weiter, und es blieb uns zur Fortsetzung der Reise kein anderes Mittel übrig, als uns einen Weg über eine Landenge zu hauen.

Ich schickte daher die Leute ab, um die Gegend genau zu besichtigen, während wir das Canot ausluden und aus dem Wasser brachten. Es war acht Uhr abends, als wir an das Ufer des großen Flusses kamen. Die Entfernung betrug dreiviertel Meilen ONO, und der Weg führte durch einen beständigen Morast, in den wir an vielen Stellen bis an die Mitte der Schenkel versanken. Unsere Fahrt im kleinen Flusse war SO zu S drei Meilen.

So hatten wir denn endlich nach so vieler Anstrengung und Angst das unaussprechliche Vergnügen, uns an den Ufern eines schiffbaren Flusses auf der Westseite der ersten großen Gebirgsreihe zu befinden.

Die Quelle des Missouri
M. Lewis / W. Clarke

Noch zu Beginn des 19. Jahrhunderts zeigten die Landkarten Nordamerikas zwischen dem Mississippi und dem Stillen Ozean einen riesigen weißen Fleck. »Die große amerikanische Wildnis. Noch unerforscht!« heißt es auf einer der Karten. Es gehörte zu den großen Aufgaben der jungen Vereinigten Staaten, diesen Fleck zu beseitigen. Deshalb sandte die Regierung schon 1804 die beiden Kapitäne Meriwether Lewis und William Clarke mit dem Auftrag nach Westen, eine Verbindung zwischen dem Mississippi und dem Columbia-Gebiet zu erkunden, auf das die Vereinigten Staaten Anspruch erhoben, und darüber hinaus Freundschaftsbündnisse mit den Indianerstämmen in diesem Raum anzuknüpfen. Die beiden Offiziere fuhren zusammen mit dreiundvierzig Begleitern den Missouri aufwärts, verfolgten ihn bis zu seiner Quelle (über diesen denkwürdigen Augenblick berichten im folgenden ihre Aufzeichnungen), überschritten dann das Felsengebirge und gelangten in das Stromgebiet des Columbia, den sie bis zu seiner Mündung in den Pazifik verfolgten. Nach mehr als sechstausend Kilometern Stromfahrten und gefährlichen Märschen hatten sie ihr Ziel erreicht und konnten 1806 wohlbehalten an die Ostküste zurückkehren. Ihre begeisternden Schilderungen wurden für viele zum Anlaß, ebenfalls nach dem Westen zu ziehen, um dort das große Glück zu suchen.

Sonntag, 11. August 1805. Kapitän Lewis marschierte frühzeitig weiter, fand aber zu seinem Verdruß, daß sich die gestern verfolgte Spur bald verlor. Er entschloß sich deshalb, bis zu der Engstelle des Flusses weiterzugehen, die er vom Lager aus gesehen hatte; denn er hoffte, dort den Indianerpfad wiederfinden zu können. Deshalb durchwatete er den Fluß, der jetzt etwa zwölf Yard breit und an mehreren Stellen durch die Dämme der Biber gesperrt war. Dann ging er direkt auf die Engstelle zu, während er einen Mann zu seiner Linken und einen zu seiner Rechten am Fluß entlangschickte, mit dem Befehl, nach dem Pfad Ausschau zu halten. Wenn sie ihn fanden, sollten sie es ihm melden, indem sie einen Hut auf ihrem Gewehre in die Höhe hielten.
In dieser Ordnung liefen sie etwa fünf Meilen, als Kapitän Lewis zu seiner größten Freude in der Entfernung von zwei Meilen einen

Mann zu Pferd erblickte, der über die Ebene auf sie zukam. Lewis richtete prüfend sein Glas auf ihn und erkannte, daß er zu einem ganz anderen Indianerstamm gehören mußte, als sie bisher angetroffen hatten. Er war mit einem Bogen und mit einem Köcher voll Pfeilen bewaffnet, saß auf einem trefflichen Pferd ohne Sattel, und eine dünne Schnur am Unterkiefer des Pferdes diente ihm als Zügel. Da Kapitän Lewis überzeugt war, daß es ein Schoschone sei, und da er wußte, wie sehr unser Erfolg von der freundlichen Bereitwilligkeit dieses Stammes abhing, war er besonders sorglich darauf bedacht, sich ihm zu nähern, ohne ihn zu erschrecken, und ihn zu überzeugen, daß er es mit einem Weißen zu tun habe. Er ging deshalb im bisherigen Tempo auf den Indianer zu; als sie etwa eine Meile voneinander entfernt waren, hielt der Indianer plötzlich an, und Kapitän Lewis folgte seinem Beispiel. Er nahm die Decke von seinem Tornister, hielt sie mit beiden Händen an zwei Ecken fest, schleuderte sie in die Höhe und entfaltete sie, als er sie auf den Boden legte, als ob er sie ausbreiten wolle. Dieses Zeichen hat seinen Ursprung in dem Brauch, ein Kleid oder ein Fell als Sitzgelegenheit für Gäste auszubreiten, denen man besondere Freundschaft zeigen will. Es ist bei den Indianern am Missouri und in den Rocky Mountains ganz allgemein das Zeichen der Freundschaft. Wie üblich wiederholte Kapitän Lewis das Signal dreimal; aber immer noch behielt der Indianer seine abwartende Stellung bei und blickte mißtrauisch auf Drewyer und Shields, die nun auf beiden Seiten herankamen.
Lewis scheute sich, ihnen ein Zeichen zum Anhalten zu geben, damit er nicht das Mißtrauen des Indianers vermehrte, der bereits unruhig zu werden begann. Leider waren sie noch zu weit entfernt, um sich mit ihm durch Zurufe verständigen zu können. Er nahm deshalb aus seinem Bündel ein paar Perlen, einen Spiegel und ein paar Schmuckstücke, die er zu diesem Zweck mitgeführt hatte, ließ sein Gewehr zurück und ging unbewaffnet auf den Indianer zu. Der verharrte in der gleichen Stellung, bis der Kapitän auf zweihundert Yards herangekommen war. Dann wandte er das Pferd und begann langsam davonzureiten. Da rief ihm Lewis so laut er konnte wiederholt das Wort »Tabba bone« nach, das in der Sprache der Schoschonen »Weißer Mann« bedeutet. Der Indianer aber blickte nur über seine Schulter und richtete dann seine Aufmerksamkeit auf Drewyer und Shields, die immer noch näher herankamen, ohne zu erkennen, wie unmöglich ihr Verhalten in diesem Augenblick war, bis ihnen Lewis

endlich ein Zeichen gab zu halten. Drewyer leistete dem Folge, aber Shields beachtete es nicht und ging weiter. Als der Indianer sah, daß Drewyer angehalten hatte, wandte er sein Pferd, als ob er auf Kapitän Lewis warten wolle, der nun bereits auf hundertfünfzig Schritt herangekommen war. Dabei wiederholte Lewis das Wort »Tabba bone«, hielt die Schmuckstücke empor und streifte gleichzeitig den Ärmel seines Hemdes hinauf, um seine Hautfarbe zu zeigen. Der Indianer ließ es zu, daß er sich ihm bis auf hundert Schritt näherte, dann wandte er plötzlich sein Pferd, setzte über den Bach und verschwand augenblicklich unter den Weidenbüschen.

Obwohl Lewis durch die Unvorsichtigkeit seiner beiden Leute zutiefst verärgert war, beschloß er doch, aus dem Zwischenfall einen Nutzen zu ziehen, und rief die Männer heran. Zusammen folgten sie nun der Spur des Pferdes, die sie, wie sie hofften, zu dem Lager des geflohenen Indianers führen sollte. Wenn dieser aber eine kleine Gruppe alarmiert hatte, dann konnten ihre Spuren auch zum Hauptlager des Stammes führen. Deshalb befestigten sie eine kleine Fahne der Vereinigten Staaten an einer Stange, die einer der Männer als Zeichen ihrer freundlichen Absicht vorantrug, für den Fall, daß die Indianer sie beim Näherkommen beobachten sollten. Die Spur führte auf der rechten Seite des Baches entlang. Als sie offenes Gelände erreicht hatte, bog sie aber in Richtung auf einige hohe Berge, die etwa drei Meilen entfernt lagen. Da Lewis das Lager der Indianer in diesen Bergen vermutete und er befürchtete, daß er bei einem zu raschen Vorrücken bei ihnen Alarm auslösen könnte, suchte er an dem Bach eine günstige Stelle, ließ aus Weidengestrüpp Feuer machen und nahm sein Frühstück ein. Gleichzeitig breitete er eine kleine Auswahl an Perlen, Schmuckstücken, Pfriemen, dazu etwas Farbe und einen Spiegel vor und legte alles auf einen Baumstumpf neben dem Feuer, damit die Indianer bei ihrer Rückkehr merken sollten, daß es sich bei dieser Gruppe um Weiße und Freunde handle. Während dieser Vorbereitungen kam ein heftiger Regen- und Hagelschauer, der sie bis auf die Haut durchnäßte. Zwanzig Minuten später war alles vorüber, und Lewis nahm die Verfolgung wieder auf. Da aber der Regen das vom Pferd niedergetretene Gras wieder aufgerichtet hatte, war die Spur nur noch schwer zu erkennen. Beim Weitermarsch kamen sie an mehreren Stellen vorüber, wo der Indianer offenbar nach Wurzeln gegraben hatte, und sie sahen die frischen Spuren von acht oder zehn Pferden. Diese waren aber so regellos durcheinander gelaufen, daß sich kein einzelner Pfad erkennen ließ. Schließlich verlor Lewis die Spur des flüchtigen Indianers völlig, nachdem er ihr vier Meilen durch ein Tal am Fuß der Berge gefolgt war.

Montag, 12. August. Sobald es am Morgen hell war, sandte Kapitän Lewis Drewyer aus, um den Weg der Indianer erkunden zu lassen. Nach etwa eineinhalb Stunden kehrte dieser zurück und meldete, daß er die Spur des Pferdes gegen die Berge hin erneut verloren habe. Nun beschloß Kapitän Lewis, eine Kreislinie rings um den Fuß des Gebirges beschreiben zu lassen, da er hoffte, auf diese Weise einen Weg über die Berge zu finden. Er schickte Drewyer in die eine Richtung, Shields in die andere. So überquerten sie vier kleine Wasserläufe, die nahe beieinander lagen. An ihnen fanden sie ein paar Hütten oder spitz zulaufende Indianerbehausungen aus Weidengestrüpp, die allem Anschein nach erst kürzlich gebaut worden waren. Der aufgewühlte Boden ließ darauf schließen, daß die Indianer Wurzeln gesammelt hatten. Sie näherten sich dann in spitzem Winkel wieder dem Missouri, den sie gestern verlassen hatten. Nach fünf Meilen überquerten sie einen breiten Bach, einen Hauptzufluß des Missouri, in den er mündet. Hier hielten sie an und verzehrten den Rest des Wildbrets, behielten aber ein kleines Stück Schweinefleisch für alle Fälle in Reserve. Dann zogen sie weiter durch das tiefliegende Tal am Missouri entlang, nahe dem Fuß des Gebirges zur Rechten. Nach etwa fünf Meilen bog der Missouri, der von der linken Seite zwei kleine Zuflüsse empfangen hatte, jäh nach Westen ab und floß durch ein enges Tal zwischen zwei Gebirgsketten. Allmählich begann er sich immer mehr zu verschmälern und hatte nur noch die Breite eines Bächleins. Einer der Männer stellte sich in plötzlicher Begeisterung breitbeinig darüber und dankte Gott dafür, daß er es erleben durfte, mit gespreizten Beinen über dem Missouri zu stehen. Nach weiteren vier Meilen erreichten sie bei einer jähen Biegung des Flusses eine enge Schlucht zwischen den hohen Bergen, die zu beiden Seiten zurückwichen und für die Indianerstraße Platz ließen. Am Fuße eines der niedrigsten dieser Berge entsprang die Quelle des Missouri.

Sie hatten nun die entlegenste Quelle dieses Flusses erreicht, die nie zuvor ein weißer Mann gesehen hatte. Sie stillten ihren Durst an dem reinen, eiskalten Wasser, ließen sich am Rande des kleinen Bächleins nieder und fühlten sich in diesem Augenblick reich belohnt für alle ihre Mühen und Strapazen.

Nur zögernd verließen sie diese bedeutsame Stelle und folgten dem Indianerpfad auf die Höhe des Bergsattels, von wo aus sie noch weiter im Westen hohe Berge erblickten, die teilweise mit Schnee bedeckt waren. Der Sattel, auf dem sie standen, bildete die Wasserscheide zwischen dem Atlantischen und dem Pazifischen Ozean. Der Abstieg, dem sie folgten, war viel steiler als die Neigung auf der Ostseite, und nach einer dreiviertel Meile kamen sie zu einem schönen raschen Bachlauf, der kaltes klares Wasser führte, das nach Westen floß. Sie hielten an, um zum erstenmal das Wasser des Columbia zu kosten. Dann suchten sie auf einer ganz trockenen Stelle ein geeignetes Lager für die Nacht.

Dienstag, 13. August. Sehr früh am Morgen zog Kapitän Lewis den Indianerpfad in westlicher Richtung weiter talabwärts. Nach einigen Meilen sahen sie plötzlich vor sich zwei Frauen, einen Mann und ein paar Hunde auf einer Anhöhe. Die Fremden beobachteten sie zuerst für einige Minuten mit großer Aufmerksamkeit, dann ließen sich zwei von ihnen nieder, als ob sie die Ankunft des Kapitäns erwarten wollten. Dieser ging weiter, bis er etwa eine halbe Meile herangekommen war, und befahl dann seinen Begleitern anzuhalten. Er selbst legte seinen Tornister und seine Büchse ab, entfaltete die Flagge und ging allein auf die Indianer zu. Die Frauen zogen sich sogleich hinter die Anhöhe zurück, aber der Mann blieb, bis Lewis etwa auf hundert Yard an ihn herangekommen war. Dann verschwand auch er plötzlich, obwohl der Kapitän laut genug ausrief: »Tabba bone!« Er eilte auf den Gipfel der Anhöhe. Aber sie waren alle verschwunden. Die Hunde zeigten sich jedoch weniger scheu und kamen nahe an ihn heran. Deshalb dachte er daran, ihnen ein Taschentuch mit ein paar Perlen um den Hals zu binden und sie dann loszulassen, um die Flüchtigen von seiner freundlichen Absicht zu überzeugen. Sie duldeten aber nicht, daß er sie festhielt. Nun gab Lewis seinen Leuten ein Zeichen, sie schlossen sich ihm wieder an, und dann folgten sie gemeinsam der Spur der Indianer.

Nach etwa einer Meile erblickten sie plötzlich nur etwa dreißig Schritte entfernt drei Indianerinnen, die ihnen durch eine Geländefurche verborgen geblieben waren. Eine von ihnen, eine junge Frau, ergriff sofort die Flucht, die anderen beiden, eine ältere Frau und ein kleines Mädchen, setzten sich, als sie sahen, daß sie nicht mehr fliehen konnten. Sie senkten den Kopf, als ob sie sich in den scheinbar unvermeidlichen Tod schickten. Kapitän Lewis legte sogleich seine

Büchse nieder, ging auf sie zu, nahm die Frau bei der Hand, hieß sie aufstehen und wiederholte das Wort »Tabba bone!«. Gleichzeitig streifte er den Ärmel seines Hemdes hinauf, um zu beweisen, daß er ein Weißer sei, denn seine Hände und sein Gesicht waren durch Sonne und Wetter so dunkel wie die ihren geworden. Sie schien sofort von ihrer Furcht befreit, und als Drewyer und Shields nun herangekommen waren, gab Lewis den beiden Indianerinnen ein paar Pfriemen, Zinnspiegel und etwas Farbe. Dann sagte er zu Drewyer, er solle die Frau auffordern, ihre Gefährtin zurückzurufen, ehe diese durch ihr Geschrei die übrigen Indianer alarmieren könnte. Tatsächlich kam die junge Frau fast atemlos zurück, Lewis gab ihr die gleichen Geschenke und rieb die gelbbraunen Wangen aller drei Indianerinnen mit Zinnober ein, eine Zeremonie, die bei den Schoschonen als Symbol des Friedens gilt.

Nachdem sie sich beruhigt hatten, teilte er ihnen durch Zeichen seinen Wunsch mit, ihr Lager aufzusuchen und dort ihre Häuptlinge und Krieger zu sehen. Sie führten bereitwillig die Männer auf derselben Straße flußabwärts, marschierten etwa zwei Meilen, als sie auf einen Trupp von fast sechzig berittenen Kriegern stießen, die in voller Geschwindigkeit auf sie zujagten. Sogleich legte Kapitän Lewis sein Gewehr nieder und ging mit der Flagge etwa fünfzig Schritte weiter. Der Häuptling, der mit zwei anderen Männern vor dem übrigen Heer ritt, sprach die Frauen an, die nun erklärten, daß der Trupp aus weißen Männern bestehe, und begeistert die Geschenke vorzeigten, die sie erhalten hatten. Sogleich sprangen die zwei Indianer von ihren Pferden, traten auf Lewis zu, umarmten ihn mit großer Herzlichkeit und riefen unablässig mit lauter Stimme: »Ah hi e, ah hi e!« – »Ich freue mich sehr, ich freue mich sehr!« Inzwischen waren auch die übrigen herangekommen, und unsere Leute bekamen durch die Umarmungen nicht wenig von Fett und Farbe ihrer neuen Freunde ab. Danach entzündete Lewis eine Pfeife und bot sie den Indianern an, die sich jetzt in einem Kreis um die Gruppe niederließen. Bevor diese aber das Zeichen der Freundschaft annehmen wollten, zogen sie ihre Mokassins aus. Wie wir später erfuhren, sollte diese Sitte die heilige Aufrichtigkeit ihrer Versicherungen anzeigen. Sie bedeutet gleichzeitig für die Indianer einen Fluch, für immer barfuß gehen zu müssen, falls sie ihrem Wort untreu würden.

Nachdem einige Pfeifen geraucht und ein paar wertlose Geschenke verteilt worden waren, über die sich die Indianer trotzdem sehr erfreut zeigten, ließ Lewis dem Häuptling die Friedfertigkeit seines Besuches betonen und bat, mit in das Lager der Krieger genommen zu werden. Dann übergab er ihm die Flagge und erklärte, daß sie bei den weißen Männern das Zeichen des Friedens sei. Daraufhin bestiegen die Indianer ihre Pferde, der Häuptling ritt voran, Lewis und seine Leute folgten ihm, und die übrigen Krieger bildeten in geschlossener Formation den Schluß.

Nach etwa vier Meilen Marsch erreichten sie das Lager und wurden hier in ein altes Zelt geführt, das man rasch für ihren Empfang hergerichtet hatte. Sie ließen sich auf ein paar Antilopenfellen nieder, und ein junger Krieger riß das Gras in der Mitte der Hütte auf, so daß ein freier Kreis von zwei Fuß Durchmesser entstand, auf dem er ein Feuer entzündete. Der Häuptling zog dann seine Pfeife und Tabak heraus, die Krieger legten wieder ihre Mokassins ab, und die Weißen wurden aufgefordert, das gleiche zu tun. Dann entzündete der Häuptling seine Pfeife am Feuer im magischen Kreis, trat zurück und hielt eine Ansprache, die mehrere Minuten dauerte. Danach deutete er mit dem Stiel seiner Pfeife in die vier Haupthimmelsrichtungen und reichte nach dieser Zeremonie den Pfeifenstiel in gleicher Weise an Kapitän Lewis. In der Annahme, es sei eine Aufforderung zu rauchen, streckte dieser seine Hand aus, um die Pfeife zu empfangen, aber der Häuptling zog sie zurück und wiederholte diese Aufforderung dreimal. Danach richtete er den Stiel zuerst gen Himmel, dann gegen den Mittelpunkt des kleinen Kreises, nahm selbst drei Züge und reichte die Pfeife dann wieder Kapitän Lewis. Da dieser erkannte, daß die letzte Aufforderung ernst gemeint sei, rauchte er ein wenig; danach wurde die Pfeife jedem seiner Begleiter hingehalten, und als diese ein paar Züge getan hatten, erhielten sie die übrigen Krieger.

Jetzt erst konnte Lewis dem Häuptling den Zweck seines Besuches erklären. Da sich inzwischen alle Frauen und Kinder des Lagers vor dem Zelt versammelt hatten, um den Anblick der ersten weißen Männer zu genießen, die sie je gesehen hatten, verteilte Lewis den Rest seiner Geschenke unter sie.

Lewis erzählte jetzt dem Häuptling, daß er und seine Begleiter seit dem Abend zuvor nichts mehr gegessen hatten, der Indianer konnte ihm aber nichts anderes bieten als ein paar Kuchen aus Vogelbeeren und Kirschen, die in der Sonne getrocknet worden waren. Dann ging der Kapitän zum Fluß unterhalb des Lagers. Der Häuptling berichtete ihm, daß der Fluß sich in einer Entfernung von einem halben Tages-

Bisonherden am Ufer des Mississippi wie auf diesem Bild Bodmers sahen auch Marquette und Jolliet, als sie erstmals zum Fluß vorstießen

Das Lager John Fremonts am Pyramidensee, Illustration aus dem Reisebericht des Forschers

Der Skalptanz der Mönnitarris, wie ihn der Maler Bodmer, ein Begleiter des Prinzen zu Wied, im Bild festgehalten hat

Plan der Stadt Tenochtitlan (Mexiko) nach einem Holzschnitt der im Jahre 1524 zu Nürnberg gedruckten Ausgabe von Cortez' Berichten an Kaiser Karl V.

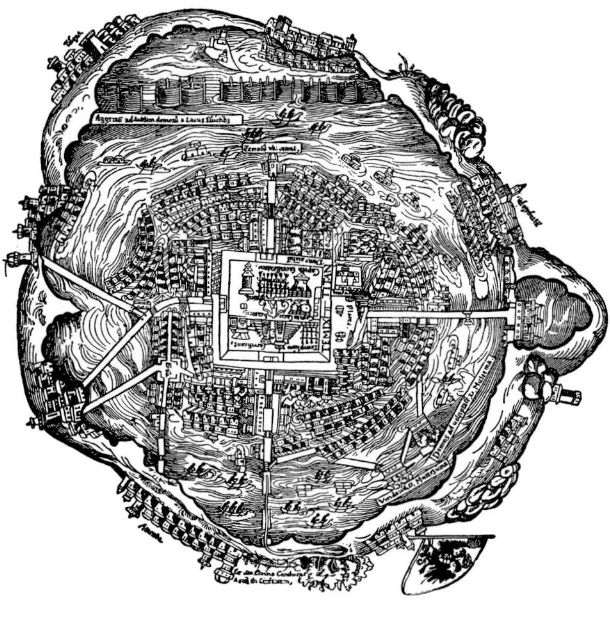

marsch in einen anderen, zweimal so großen ergieße, der aus dem Südwesten komme. Auf weitere Fragen fügte er noch hinzu, daß es unterhalb des Zusammenflusses der beiden Wasserläufe kaum mehr Bäume gebe und der Fluß von engen steilen Felsufern eingeschlossen werde. Man könne auf ihm unmöglich hinunter bis zu dem großen See, wo die weißen Männer lebten. Lewis kehrte daraufhin zu seiner Hütte zurück, unterwegs aber lud ihn ein Indianer in seine Behausung ein und gab ihm ein kleines Stück gekochtes Antilopenfleisch und ein Stück frischen gebratenen Lachs. Dies war der erste Lachs, den Lewis gesehen hatte, und er wußte jetzt, daß er an einem Wasser war, das in den Pazifik fließt. Als er seine Hütte erreicht hatte, nahm er das Gespräch mit dem Häuptling wieder auf. Es stellte sich heraus, daß der Indianer, den sie am Morgen als ersten getroffen hatten, zum Lager zurückgekehrt war und die alarmierende Nachricht verbreitet hatte, die Mönnitarris, ihre Feinde, rückten heran. Die Krieger bewaffneten sich sofort und waren in Erwartung eines Angriffs ausgeritten, dann aber auf uns gestoßen. Die meisten von ihnen führten Bogen, Pfeile und Schilde mit sich, ein paar aber hatten kleine Flinten, wie sie von den Händlern der Nordwest-Company geliefert werden, und die sie von den Indianern des Yellowstone erhalten hatten, mit denen sie in Frieden lebten. Das Anrücken der Mönnitarris aber mußten sie fürchten, da diese sie schon einmal im Laufe des Frühjahrs angegriffen und bei dieser Gelegenheit zwanzig ihrer Krieger getötet oder gefangengenommen hatten.
Um ihn zu unterhalten, führten die Indianer jetzt Tänze vor, die bis in die Nacht hinein dauerten. Gegen zwölf Uhr zog sich Kapitän Lewis aber zur Ruhe zurück, um nach den Anstrengungen des Tages endlich Schlaf zu finden.

Am Pyramidensee
John Charles Fremont

An der Erschließung des amerikanischen Westens im 19. Jahrhundert hatte John Charles Fremont (1813 bis 1890) einen so gewichtigen Anteil, daß man ihm den Ehrennamen »Pfadfinder des Westens« verlieh. Und das mit Recht. Schon als Neunundzwanzigjähriger begann er im Auftrag des amerikanischen Kriegsministeriums mit einigen Leuten die Rocky Mountains zu erforschen und die besten Übergangswege nach Kalifornien zu erkunden. 1843 unternahm er eine Expedition nach Oregon und schlug als erster jenen berühmten Weg ein, auf dem später die zahllosen Siedler nach dem Westen zogen und auf dem auch die Eisenbahntrasse zum Pazifik geführt wurde. Von Fort Vancouver aus trat er zu Beginn des Winters den Rückweg an und überquerte unter großen Entbehrungen zum ersten Male die schneebedeckten Berge der Sierra Nevada. Eine Szene von diesem Marsch, die Entdeckung des Pyramidensees schildert auch der folgende Ausschnitt aus seinem Reisebuch. Eine dritte Reise führte ihn 1845 mit sechzig Begleitern abermals in das Felsengebirge. In den folgenden Jahren widmete sich der nun schon berühmte Reisende weitgehend der Politik. Nach der Eroberung Kaliforniens wurde er erster Gouverneur des neuen Staates, verlor diesen Posten aber bald wieder infolge politischer Wirren. Am Ufer des Sacramento kaufte er sich dann eine Besitzung, die sich als eine der goldreichsten von ganz Kalifornien erweisen sollte. 1849 schickten ihn seine kalifornischen Mitbürger als Senator in den Kongreß, dann kandidierte er für die Präsidentschaftswahlen, beteiligte sich an verschiedenen Eisenbahnunternehmen und wurde schließlich Gouverneur von Arizona.

6. Januar. Der Nebel blieb weiterhin unverändert, und mit Mr. Preuss und Carson bestieg ich den Berg, um zur Orientierung für unsere weitere Route die hervorstechenden Merkmale des Landes zu skizzieren, während Mr. Fitzpatrick das Land erforschte. Nach einem kurzen Anstieg waren wir über den Nebel hinausgekommen, aber der Blick, den wir gewannen, war nicht sehr erfreulich. Der Nebel hatte sich von unten her teilweise gelichtet, als wir den Gipfel erreichten; und in der Südwestecke einer Senke sahen wir in einer Entfernung von sechzehn Meilen eine aufsteigende Rauchsäule, ein Zeichen, daß dort heiße Quellen waren.

Wir drangen in das benachbarte Tal ein und überquerten das Bett eines weiteren Sees. Dann erreichten wir nach einem schweren Tagesmarsch über nachgiebigen Lehm- und Sandboden die Quellen, wo wir tatsächlich genügend Gras vorfanden.

Dies ist die ungewöhnlichste Stelle mit heißen Quellen, auf die wir während der Reise gestoßen sind. Das Becken der größten hatte einen Umfang von einigen hundert Fuß. Es ist aber an einem Ende eine kreisrunde Stelle von etwa fünfzehn Fuß Durchmesser, die ganz mit kochendem Wasser angefüllt ist. In unregelmäßigen Zwischenräumen brodelt es mit lautem Geräusch auf. Das Wasser ist klar und die Quelle tief. Ein Pfahl von ungefähr sechzehn Fuß Länge konnte in der Mitte leicht eingetaucht werden, aber die genaue Tiefe vermochten wir nicht auszumessen. Nahe am Ufer betrug die Wassertemperatur 206 Grad (94 Grad Cels.). Als wir das Wasser aber mit einem Pfahl durcheinanderwirbelten, stieg die Temperatur am Rande, und in der Mitte war sie zweifellos höher. Sobald wir den Pfahl auf den Grund hinabtrieben, wurde das Wasser mit größerer Macht und mit lauterem Lärm zum Kochen gebracht. Es ist mit gewöhnlichem Salz gesättigt, eignet sich aber noch recht gut zum Kochen. Mit Schnee vermischt, läßt es sich ganz angenehm trinken.

An diesem Abend machte ich einige astronomische Beobachtungen. Unsere Lage erforderte nun Vorsicht. Die Tiere hatten alle Wunden an den Beinen und waren am Ende ihrer Kräfte. Seit unserem Aufbruch hatten wir schon fünfzehn verloren. Einige waren von den Indianern gestohlen worden, neun hatten wir in den letzten paar Tagen zurücklassen müssen. Ich faßte daher den Entschluß, unseren Weg vorsichtig zu erkunden, bis wir eine Gegend mit Wasser und Vegetation erreichen würden. Und zwar wollte ich unsere Marschroute immer etwa fünfzehn oder zwanzig Meilen im voraus erforschen lassen und das gegenwärtige Lager nur dann verlassen, wenn das folgende bekannt war.

Deshalb nahm ich Godey und Carson mit, um die umliegenden Täler sorgfältig zu erforschen. Dabei fand ich in einer Schlucht in den angrenzenden Bergen einen guten Lagerplatz, wo es Quellwasser und eine genügende Menge an Gras wenigstens für eine Nacht gab. Über die Quellen warfen einige Bäume ihren Schatten. Wir sahen sie, die uns so lange gefehlt hatten, mit großer Freude wieder und betrachteten sie als Vorboten eines besseren Landes. Sie sprachen zu uns von grünen Prärien und Büffeln.

Hier entdeckten wir auch eine breite und deutlich markierte Fährte, auf der auch die Hufabdrücke von Pferden zu erkennen waren. Offenbar hatten wir wieder einen der Durchgangswege gefunden, der an den Wasserplätzen des Landes vorüberführt. Auf den westlichen Bergen über dem Tal bemerkten wir einige verstreute Zedern – wahrscheinlich ein Zeichen, daß wir an den Grenzen der Baumregion waren, die sich bis zum Pazifik ausdehnt. Wir erreichten das Lager bei Sonnenuntergang nach einem Tagesritt von ungefähr vierzig Meilen.

Mr. Preuss hatte einen der Berge bestiegen und den Tag damit verbracht, das Land zu zeichnen. Es schien hier überall Indianer zu geben, die das Land wie wilde Tiere durchstreiften, denn im nahegelegenen Tal ging eine ganz frische Spur über den Schnee.

Am 9. zogen wir in das am Vortag erkundete Lager, während Carson und ich bereits wieder vorausritten und tatsächlich einen weiteren guten Lagerplatz entdeckten.

10. Januar. Wir setzten unsere Vorauserkundungen weiter fort, wobei wir in der Senke am Bergrücken entlang in südlicher Richtung vordrangen. Die übrigen folgten uns langsam nach. Auf einer breiten Fährte gibt es keinen Zweifel, daß man geeignete Lagerplätze findet. Wir erreichten auch das Ende der Talsenke, wo wir in einer Mulde gutes Büschelgras in reichen Mengen vorfanden.

Hier hinterließen wir für die Gesellschaft ein Zeichen, daß sie sich lagern sollten und setzten unseren Weg in der Mulde aufwärts weiter fort, da wir sehen wollten, was jenseits des Berges lag. Die Mulde war einige Meilen lang und bildete einen guten Paß. Der Schnee wurde, als wir uns dem Gipfel näherten, bis zu einem Fuß tief. Auf der anderen Seite fiel ein Engpaß zwischen den Bergen rasch zweitausend Fuß ab. Alles, was unter uns lag, war von einer weiten Fläche grünen Wassers ausgefüllt, die sich etwa zwanzig Meilen breit hinzog. Unseren Augen erschien es wie der Ozean. Die umliegenden Gipfel erhoben sich hoch über uns, und wir erstiegen einen, um einen besseren Ausblick zu gewinnen. Unten kräuselten sich die Wellen im leichten Wind, und ihre dunkelgrüne Farbe ließ darauf schließen, daß das Wasser tief sein müsse. Lange Zeit saßen wir da und genossen den Blick, denn wir waren der Berge überdrüssig geworden, und die freie Fläche des bewegten Wassers bildete eine willkommene Abwechslung. Es war wie ein Edelstein in den Bergen, die es – von unserem Standpunkt aus gesehen – fast ganz einzuschließen schie-

nen. Am westlichen Ende war es verbunden mit jenen Talsenken, die wir ein paar Tage vorher verlassen hatten, und auf der gegenüberliegenden Seite berührte eine Kette von Schneebergen den Fuß der großen Sierra. Die Lage dieses Wassers veranlaßte uns zunächst, es für den Marysee zu halten, aber die schroffen Berge stimmten so wenig zu den Beschreibungen seiner niedrigen, binnenbewachsenen Ufer und zu der offenen Landschaft, daß wir zu dem Schluß gelangten, es müsse ein unbekanntes Gewässer sein.
Am nächsten Tag sahen wir auf dem Weg abwärts Herden von Bergschafen, und wir schlugen das Lager an einem kleinen Fluß am Ausgang des Passes auf, ungefähr eine Meile vom Ufer des Sees entfernt, wohin wir sogleich hinabeilten. Sein Wasser hat einen so geringen Salzgehalt, daß wir es zunächst für süß hielten, und im Notfall ließe es sich ganz angenehm trinken. Das Ufer war felsig, eine schöne Küste erinnerte uns an das Meer. Der Platz, an dem wir gehalten hatten, schien ein bevorzugtes Lager für die Indianer zu bilden.
13. Januar. Wir folgten wieder einer breiten Indianerfährte am Seeufer entlang in südlicher Richtung. Für eine kurze Wegstrecke hatten wir im Talgrund genug Platz, bald aber bespülte das Wasser den Fuß der steil abfallenden Berge, deren Gipfel ungefähr dreitausend Fuß über den See emporragen. Unten an den Klippen, gegen die das Wasser schlug, zog sich die Indianerfährte entlang, doch war dieser Weg für unsere Haubitze[1] nahezu ungangbar. Am Morgen verhüllte ein dichtes Schneegestöber fast die meiste Zeit über den See, und die Wogen brachen sich an der schmalen Küste in einer langen Linie schäumender Brandung, die fünf oder sechs Fuß Höhe erreichte. Tagsüber war es unangenehm kalt, und der Wind trieb uns den Schnee heftig ins Gesicht. Nachdem wir nur zwölf Meilen vorangekommen waren, schlugen wir unser Lager auf dem Grund einer Schlucht auf, in der sich wenigstens frisches und grünes Gras fand. Wir brachten die Haubitze nicht ins Lager, sondern mußten sie bis zum Morgen auf dem Felsen lassen. Zwar erblickten wir einige Schafherden, aber es gelang uns nicht, eines der Tiere zu töten. Gegen Abend begann der Schneefall heftiger zu werden, und das Land bot ein winterliches Bild.
Am nächsten Morgen schmolz der Schnee unter einer warmen Sonne rasch weg. Einen Teil des Vormittags brachten wir damit zu, die

[1] Das von der Expedition mitgeführte Geschütz.

Kanone heraufzuschleppen. Nachdem wir nur neun Meilen zurückgelegt hatten, lagerten wir am Ufer gegenüber einem besonders bemerkenswerten Felsen im See, der unsere Aufmerksamkeit schon seit vielen Meilen auf sich gezogen hatte. Er ragte nach unserer Schätzung sechshundert Fuß[2] aus dem Wasser und bot von unserem Blickpunkt aus einen ziemlich genauen Umriß der großen Pyramide des Cheops in Ägypten. Wie andere Felsen am Ufer schien er mit kalkartigem Zement überzogen. Die auffallende Gestalt legte einen Namen für den See nahe, und ich nannte ihn Pyramidensee. Und mögen es auch manche nur für eine eingebildete Ähnlichkeit halten, so wage ich doch zu behaupten, daß auch künftige Reisende zwischen diesem Felsen und den Pyramiden von Ägypten eine höchst erstaunliche Ähnlichkeit entdecken werden.

Dieser See liegt viertausendachthundertneunzig Fuß über dem Meeresspiegel und damit fast siebenhundert Fuß höher als der Große Salzsee, von dem aus gesehen er fast genau im Westen zu suchen ist.

[2] Etwa zweihundert Meter.

Skalptanz der Mönnitarris
Maximilian zu Wied

In der ersten Hälfte des 19. Jahrhunderts waren schon weite Teile des nordamerikanischen Kontinents geographisch erschlossen, doch mangelte es gerade für diese Zeit an natur- und völkerkundlichen Beschreibungen. Es ist das besondere Verdienst des deutschen Prinzen Maximilian zu Wied, diese Lücke mit einem gewichtigen Beitrag geschlossen zu haben. 1782 geboren, hatte er schon 1815, gleich nach Beendigung der napoleonischen Kriege, eine erste Forschungsreise nach Südamerika unternommen, wo er in Brasilien mit den bis dahin weitgehend unbekannten Stämmen der Puris und Botokuden zusammentraf. 1832 trat er dann, fünfzigjährig, seine große Reise nach dem Westen Nordamerikas an, die ihn vor allem in das Missourigebiet und zu den dortigen Indianerstämmen führte. Seine Reisebeschreibungen vermitteln ein sehr lebendiges, kulturgeschichtlich und völkerkundlich sehr bedeutsames Bild vom Leben der Prärie-Indianer. Die folgenden Seiten bringen die Beschreibung eines Skalptanzes, den Prinz zu Wied in einem Grenzfort beobachten konnte.

Am 3. Februar morgens war der Anblick der Gegend sehr verändert, der Schnee zur Hälfte verschwunden, und das Thermometer zeigte um acht Uhr 39 Grad, große Strecken waren vom Schnee entblößt, nur die Hügel noch fleckweise mit demselben bedeckt; dennoch wurde bei diesem starken Tauwetter der Boden nicht naß, denn der anhaltende Wind trocknete die Feuchtigkeit sogleich weg. Die Raben und Elstern strichen wieder frei in der Prärie umher, um ihre Nahrung zu suchen. Auf der Eisdecke des Flusses stand viel Wasser. Am Nachmittage ging die Nachricht ein, daß von den verfolgenden Mönnitarris eine kleine Kriegspartei der Assiniboins ereilt und ein junger Mensch derselben getötet worden sei; sie hatten ihn schlafend gefunden, mit Peitschenhieben aufgeweckt und dann getötet. Diese Assiniboins sind sehr kühn. Besonders im Herbst und Frühjahr nähern sie sich den Dörfern der Mandans und Mönnitarris, aber auch im Sommer und Winter oft einzeln oder in geringer Anzahl, und erschießen zuweilen unvermutet einzelne Menschen. Ein Assiniboin schoß auf diese Art in einen Haufen junger Leute, die an der Umpfählung des Dorfes standen, und tötete einen von ihnen. Die übrigen machten Lärm, währenddessen nahm der Mörder den Skalp des Erschossenen, flüchtete sich das steile Ufer hinab nach dem Fluß, wo viele Menschen badeten, und entfloh glücklich zwischen allen diesen Feinden hindurch. Andere Assiniboins stahlen aus einer Mönnitarrihütte elf Pferde, und erst bei dem letzten bemerkte man sie. Man schloß schnell das Dorf ein, allein sie waren entflohen. Aus einer Hütte stahlen sie vier Pferde, und niemand bemerkte die Diebe. An diesem Tage fand man in den Hütten und Pfosten des Ortes Pfeile stecken, welche die Feinde nach den Menschen während der Nacht abgeschossen hatten.

Am 4. Februar früh kam ein junger Mönnitarri in das Fort, welcher an einem langen Stocke eine Hand des gestern erlegten Feindes mit einem Bindfaden aufgehängt trug, ein Haufen von Kindern zog hinter ihm her. Sih-Sä, der junge, stets bei Herrn Kipp[1] befindliche Mandan nahm die Trophäe mit Wohlgefallen und trug sie überall umher. Um neun Uhr abends zeigte das Thermometer 45,5 Grad, die Schähäckes oder Präriewölfe bellten während der Nacht heftig neben dem Fort, sie hatten jetzt ihre Ranzzeit wie unsere Füchse. Am 5. Februar war das Wetter noch gelinde, um 8 Uhr morgens 40 Grad, dennoch hatte es während der Nacht ein wenig gefroren. Die Pferde weideten schon wieder in der Prärie, und ich bemerkte einige kleine Spinnen an dem Grase. Unsere Wagen fuhren aus, um Gras aus der Prärie zu holen, es war gegen Mittag beinahe heiß und mäßige Bewegung des Körpers verursachte Ausdünstung. Der Bach hinter dem Fort floß stark mit Wasser ab, Belhumeur, welcher mit einigen Leuten und Pferden mehrere Tage auf der Bisonjagd abwesend gewesen war, kehrte ohne ein Lot Fleisch zurück, er hatte gar keine Bisons angetroffen. Aus Mangel an Talg entbehrten wir die Lichter und saßen den halben Abend am Kaminfeuer. Die Mandans waren auf die Bisonjagd geritten, allein sie kamen unverrichteter Sache zurück.

In den nächstfolgenden, noch immer gelinden Tagen war es sehr interessant, die Tätigkeit der Indianer auf dem Flusse mit anzusehen. Eine Menge von Weibern trugen von dem untern Walddorfe schwere Lasten mit Mih-Tutta-Hangkusch, besonders schwere Bürden Holz. Sie hatten gegenüber dem Fort einen dort im Eise entstandenen flie-

[1] Der Kommandant des Forts.

ßenden Kanal zu passieren, der jetzt wieder mit dünnem Eise belegt war; dieses brachen sie mit Pfählen entzwei und wateten alsdann hindurch. Einige brachten ein Lederboot auf jenen Kanal, legten das Holz darauf und schoben dasselbe hinüber. Merkwürdig war es zu sehen, wie sie die schweren Lasten aufladen. Eine Frau legte sich mit dem Rücken auf das zusammengebundene Holz und eine andere lüftete nun die Bürde mit der Trägerin so viel in die Höhe, bis diese ihren Körper vorwärts neigen und mit der Last aufstehen konnte. Eine Menge von Weibern war auf diese Arbeit beschäftigt; denn die Indianer wollten in ihr Sommerdorf einziehen, da sie bei der Nähe ihrer Feinde gegenwärtig zu sehr zerstreut sein würden.
Am 10. Februar kamen zwei unserer Leute von Picotte mit einem Schlitten und zwei Hunden zurück und meldeten uns, daß dort viele Bisons in der Nähe und kein Mangel sei. Zu Fort Pierre am Teton River war es so kalt gewesen, wie man dies lange nicht beobachtet hatte; denn eine geraume Zeit hindurch hatte das Thermometer zwischen 30 und 40 Grad unter Null gestanden. Am Nachmittag des erwähnten Tages kam der Mönnitarri-Chef Lachpitzi-Sihrisch (der gelbe Bär) an. Er hatte hinter sich auf dem Pferd Fleisch und ein kleines neugeborenes Bisonkalb befestigt, womit er ein Geschenk zu machen beabsichtigte.
Ein solches ekelhaftes, ganz schwarzes junges Tier ist bei ihnen ein großer Leckerbissen. Seine Robe war mit Sonnen bemalt, und auf dem Rücken trug er seinen Bogen mit schön verziertem Köcher von Panterfell. Charbonneau nahm ihn sogleich in seinem Schlafraum auf. Am folgenden Tage, nachdem die Jäger Contois und Bourguá nach Fort Union mit Briefen an Herrn Mackenzie abgesendet worden waren, füllte sich das Fort nach und nach immer mehr mit Mönnitarris an, welche wegen des von ihnen erlegten Assiniboin den Skalptanz vor uns tanzen wollten. Eine Menge von großen, starken, schön geputzten Männern, sämtlich mit geschwärzten Gesichtern, füllten bald alle Räume an. Auch das Affengesicht Itsicháichä wie die übrigen Chefs waren angekommen, und diese Indianer, welche nicht so wohlgezogen sind als die Mandans, nahmen alle unsere Feuerplätze und Sitze in Beschlag. Bei verriegelten Türen hielten wir uns stille in unserem Zimmer und gestatteten nur wenigen Indianern den Zugang. Nach zwei Uhr kamen die Mönnitarri-Weiber in Prozession angezogen; viele Kinder und einzelne Mandans begleiteten sie. Achtzehn Weiber zogen gepaart in gedrängter Kolonne in den Hofraum

des Forts ein. Ihr Schritt war kurz und langsam. Sieben Männer von der Bande der Hunde bildeten die Musik. Sie waren im Gesicht schwarz bemalt, einige rot und schwarz gestreift, drei von ihnen führten Trommeln, vier andere die Schischikués. Die Köpfe dieser Männer waren unbedeckt, meist mit Uhu- oder anderen Federn verziert, welche zum Teil hinten herabhingen; dabei waren sie in ihre Bisonroben eingehüllt. Die Weiber hatten das Gesicht teils schwarz, teils rot bemalt, einige rot und schwarz gestreift, sie trugen Bisonroben oder bunte wollene Decken, ein Paar von ihnen weiße Bisonfelle. Auf dem Kopfe trugen die meisten eine aufgerichtete Kriegsadlerfeder und nur eine unter ihnen die große Federhaube (Máhchsi-Akub-Háschka bei den Mandans). Im Arme hielten sie Streitäxte oder eine mit rotem Tuch und kurzgeschnittenen schwarzen Federn verzierte Flinte, die sie während des Tanzes mit dem Kolben auf die Erde setzten; kurz, bei diesem Skalptanz, oder dem Zúhdi-Arischi der Mönnitarris, sind die Weiber mit allen Waffen und dem Kriegsanzuge der Männer ausgerüstet. Die Frau des Chefs Itsicháichä (das Affengesicht) stand am rechten Flügel. Sie trug in der Hand eine lange Stange, an welcher oben der Skalp des erlegten Feindes hing, über welchem noch eine förmlich ausgestopfte Elster mit ausgebreiteten Flügeln saß. Weiter abwärts an derselben Stange hingen ein zweiter Skalp, ein Luchsfell und eine Menge Federn. Gegenüber der genannten Frau trug eine andere einen dritten Skalp an einer ähnlichen Stange. Die Weiber marschierten in einem Halbzirkel auf, die Musik am rechten Flügel, und die letztere begann nun ihren Lärm, indem mit allen Kräften auf die Trommel geschlagen, gesungen und gerasselt wurde. Jetzt begannen die Weiber den Tanz. Sie wackelten mit kleinen Schritten wie die Enten, indem sie die Füße parallel einwärts setzten, den linken immer etwas vor. So rückten beide Flügel oder die Hörner des Halbmondes gegeneinander vor und wieder zurück, wobei sie in hell schneidendem Tone sangen; ihr Konzert war dem Katzengeheul zu vergleichen. Nachdem der Tanz eine Weile gedauert hatte, ruhte man, begann dann aufs neue und fuhr so mit dieser Festlichkeit etwa zwanzig Minuten lang fort. Der Direktor des Forts ließ nun aus dem Store der Compagnie Tabak, kleine Spiegel und Messer in die Mitte des Zirkels auf den Boden werfen; sie tanzten dann noch einmal in raschem Takte, die Musikanten stellten sich dicht zusammen, die Instrumente in ihre Mitte gerichtet, worauf der Tanz endete und die ganze Bande nach dem unteren Walddorfe der Mandans abzog. Während der

Nacht fiel Schnee, so daß wir am 12. Februar das ganze Land wieder weiß bedeckt sahen. Herr Bodmer hatt Máhchsi-Nihka, den taubstummen Mandan, in seinem kriegerischen Anzuge sehr treffend gemalt. Derselbe Indianer trat heute mit zornigen Gebärden in unsere Wohnung und beklagte sich bitter über uns, so daß ich besorgt war, dieser nur halb vernünftige Mensch könne sich vielleicht an dem Maler vergreifen. Herr Kipp wurde gebeten, die Sache aufzuklären, und es fand sich, daß der Zorn dieses Mannes durch ein feindseliges Gerede des falschen alten Garreau entstanden war, der den Taubstummen darauf aufmerksam gemacht hatte, Bodmer habe ihn allein in so schlechtem Anzuge gezeichnet, da alle übrigen Indianer in ihren schönsten Anzügen abgebildet worden seien. Diese boshafte Bemerkung hatte den rohen eingeschränkten Kopf bis zur Wildheit aufgereizt, und wir suchten ihn dadurch zu besänftigen, daß wir ihm sagten »wir hätten ihn in einem recht kriegerischen Aufzuge der Welt bekannt machen wollen«, welches aber nicht fruchtete. Herr Bodmer ersann nun den Ausweg, schnell eine Kopie seiner Zeichnung zu machen, und diese in Gegenwart des Indianers zu zerreißen und in das Feuer zu werfen, welches ihn beruhigte. Am Nachmittag kehrten die Mönnitarris aus dem Walddorf der Mandans zurück und überschwemmten von neuem alle Räume des Forts. Das Affengesicht mit einem neuen roten Filzhut auf dem Kopfe, ein falscher schlauer Indianer, ist jetzt wohl derjenige Chef dieser Nation, der den Ton angibt; auch folgten ihm alle Indianer, sobald er Abschied nahm. In unserem Zimmer hatte lange Zeit der petit garde flèche rouge mit seiner Familie gesessen, welchem Herr Bodmer seine Zeichnungen zeigte, woran sie sämtlich großes Interesse nahmen, sowie sie auch die Spieldose im höchsten Grade in Erstaunen setzte. Ein Mandan, welcher sie hörte, meinte, »es müsse darin ein kleiner Waschi (ein Weißer) verborgen sein, welcher die Musik mache«. Alle wollten etwas geschenkt haben, und sie würden gewiß mancherlei Gegenstände entwendet haben, hätten wir nicht zu genau auf ihre Bewegungen geachtet.

An dem nächstfolgenden Tage blies ein heftiger, sehr kalter Wind, welcher die Eisdecke des Flusses von dem Schnee befreite, so daß man die Lasten schleifenden Indianerweiber auf dem glatten Spiegel häufig fallen sah. Die Mandans hatten in der Prärie eine früher verwundete, jetzt tote Bisonkuh gefunden und dieselbe, obschon sie in Fäulnis übergegangen war, dennoch gänzlich aufgezehrt. Am 17.

Februar waren morgens 8 Uhr bei einer Temperatur von 1 Grad über Null die Wälder sämtlich dicht mit Rauhreif überzogen, der Wind blies aus Süd, nachher aus Südwest. Der Fluß war sehr gewachsen, in allen Vertiefungen bildete er Kanäle, die Ufer hatte er etwas überströmt. Die Holzschlitten mußten sich auf dem Eis einen Weg suchen, um nicht in das Wasser zu geraten; auch brach einer dieser Schlitten auf dem Eis ein. Am Mittag hatten wir eine Temperatur von 10 Grad, worauf es später stark schneite. Dreidoppel hatte einen schönen roten Fuchs in der Prärie gesehen, ihn gereizt und geschossen, mit den Wölfen war er in diesen Tagen nicht glücklich gewesen. Die von der Jagd zurückkehrenden Mandans erzählten uns folgende Geschichte. Sie waren vor einigen Tagen auf die Bisonjagd ausgeritten und hatten eine Herde gegen den Berg getrieben, wo man einen guten Pfeilschuß hat, und die Tiere wurden deshalb schnell verfolgt; allein als man oben ankam, fand man nur noch eine kleine Anzahl der Bisons und behauptete, die übrigen seien in die Erde versunken; sie hatten sich ohne Zweifel in die nächsten Schluchten geworfen. Als Ursache jenes plötzlichen Verschwindens gaben die Indianer an, es habe ein Mann an der Spitze der Jagdpartie gestanden, der im vergangenen Jahre fünf Assiniboins habe töten lassen, welche als Friedensabgesandte zu ihnen gekommen waren, und wegen dieses Unrechts soll er nun auf allen seinen Jagden unglücklich sein.

Die Nordwestpassage entdeckt
John MacClure

Seit dem 16. Jahrhundert suchen die Seefahrer die »Nordwestpassage«, den Seeweg um die Nordküste von Amerika herum nach dem Stillen Ozean. Welche Bedeutung dieser Suche im Laufe der Zeit zugemessen wurde, erhellt sich aus der Tatsache, daß das britische Parlament 1743 die beachtliche Summe von 20 000 Pfund als Preis für ihre Entdeckung aussetzte. Verschiedene Versuche in der ersten Hälfte des 19. Jahrhunderts brachten zwar einige Teilerfolge und halfen, die Kenntnis vom amerikanischen Eismeer zu erweitern, führten aber zu keinem Erfolg. 1845 brach Sir John Franklin zu seiner berühmten Reise auf, die so tragisch endete. Auf der Suche nach den Spuren der verschollenen Schiffe Franklins unternahm es 1850 der dreiundvierzigjährige Ire Robert John Le Mesurier MacClure, von der Beringstraße aus in das Polarmeer einzudringen. Er entdeckte auf seiner Fahrt das Prinz-Albert-Land, doch fror sein Schiff in etwa 73 Grad nördlicher Breite ein. Daraufhin erkundete MacClure mit Schlitten das Gebiet und erblickte am 26. Oktober 1850 den Melville-Sund. Damit hatte er zwar die nordwestliche Durchfahrt entdeckt, doch gelang es ihm nicht, sie auch zu durchfahren. Zwar vermochte er mit seinem Schiff wieder freizukommen, aber immer neue Eisbarrieren versperrten ihm den Weg und zwangen ihn, an der Nordküste von Banksland anzulegen. Hier entdeckte ihn im Frühjahr 1853 eine andere Expedition und rettete ihn und die Mannschaft. MacClure erhielt in London den ausgesetzten Preis und wurde geadelt. Später kämpfte er als Seeoffizier in den chinesischen Gewässern. Er starb 1873. Seine berühmte Entdeckungsreise hat er zwar nicht selbst beschrieben, seine Tagebücher aber Kapitän Osborn zur Verfügung gestellt, der sie in seinem Auftrag und unter seiner Redaktion in einem Werk verarbeitete, das damit den Rang eines Augenzeugenberichts erhält. Ihm sind die folgenden Seiten mit der Schilderung von MacClures Entdeckung der Nordwestpassage entnommen.

Der Morgen des 26. Oktober 1850 war schön und wolkenlos. Mit nicht alltäglichen Gefühlen der Freude und der Dankbarkeit brachen Kapitän MacClure und seine Leute noch vor Sonnenaufgang auf, um von den benachbarten Hügeln einen Überblick über das Meer zu gewinnen.

Sie erstiegen eine Anhöhe von sechshundert Fuß über dem Meeresspiegel und warteten dann geduldig, bis sich das Licht ausbreitete, das ihnen die lange gesuchte Nordwestpassage vom Atlantischen zum Pazifischen Ozean enthüllen sollte.

Während die Sonne aufging, entschleierte sich langsam das Panorama. Zuerst zeigte sich bei einem Blick nach Osten das Land, das nach Seiner Königlichen Hoheit Prinz Albert benannt war; von einem Punkt aus, der seitdem nach dem verstorbenen Sir Robert Peel benannt war, wandte es sich offenbar nach Osten und bildete auf dieser Seite den nördlichen Eingang zur Durchfahrt.

Die Küste von Banks Land bildete die Grenze etwa zwölf Meilen von der Stelle entfernt, wo die Gruppe stand. Fern im Norden, jenseits der Einfahrt der Prince-of-Wales-Straße, lagen die zugefrorenen Gewässer der Barrow-, oder wie sie jetzt heißt, der Melville-Straße. Da die Männer sechshundert Fuß über dieser Fläche standen, umfaßte ihr Blick eine Entfernung, die die Möglichkeit ausschloß, daß in dieser Richtung zwischen ihnen und der Melville-Insel noch irgendein Land lag.

Die Nordwestpassage war gefunden! Alle Zweifel an einer Verbindung zu Wasser zwischen den beiden großen Ozeanen waren zerstreut, und es lag jetzt nur noch an Kapitän MacClure, seinen Offizieren und Männern, das Werk zu vollenden, indem sie die paar tausend Meilen bekannten Wegs zwischen sich und ihrer Heimat durchqueren.

Man kann sich die Gefühle von Kapitän MacClure und seinen Gefährten leicht vorstellen, wenn man daran denkt, was sie durchgemacht hatten, um diesen Erfolg zu erzielen, und wie die Hand des Allmächtigen sie bei ihren wagemutigen Unternehmungen in nicht geringen Gefahren beschützt hatte. Aber keine hochmütige Selbstüberschätzung beeinflußte die mannigfachen stürmischen Gefühle, die ihre Herzen so hochschlagen ließ, und nie kam von den Lippen eines Menschen ein innigeres »Gott sei Dank« als in diesem Augenblick.

Und wir glauben, daß sie Grund hatten, stolz und auch dankbar zu sein, wenn wir an die Zeit, das Geld und an die Menschen denken, die England vorher erfolglos aufgeboten hatte, um dieses große geographische Problem zu lösen.

Franklin und seine heldenmütigen Genossen waren tatsächlich nicht gefunden worden, aber bei der Suche nach ihnen hatte sich das große Geheimnis enthüllt, das ihnen nicht zu lösen vergönnt gewesen war. Kapitän MacClure wußte, daß er trotz allem nicht mit leeren Händen

in sein Heimatland zurückkehren werde, wenn es ihm nicht gelingen sollte, die vermißte Expedition zu entdecken.
Die genaue Lage des Beobachtungspunktes wurde wie folgt festgestellt: 73 Grad 30 Minuten 39 Sekunden nördlicher Breite, 114 Grad 14 Minuten westlicher Länge. Die Männer errichteten in dieser Nacht ihr Lager am Kap Lord John Russell und jubelten laut, als sie die Gestade der Barrow-Straße erreichten. Zur Feier des Ereignisses wurde ein kleines Freudenfeuer entfacht und ein Glas Grog getrunken.
Da nun die Frage der Nordwestpassage allem Zweifel entrissen war, gemahnte das rasche Fallen der Temperatur Kapitän MacClure daran, ohne Verzögerung zu seinem Schiff zurückzukehren und die Prüfungen zu beenden, denen sich die ganze Gruppe ausgesetzt sah. Ihre Pelzkleidung war zu einer festen Masse zusammengefroren, die sich nur dadurch auftauen ließ, daß die Leute sich stundenlang darauf legten. Die Bettenbündel waren aus dem gleichen Grund so steif, daß sie aufrecht standen. Und ihre Kleider, Mützen, Backen- und Kinnbärte waren zusammengefroren und mußten erst bei der Rast im Zelt wieder aufgetaut werden. Ausgezogene Kleidungsstücke mußten sie unter den Körper legen, damit sie nicht wieder gefroren.
Von Kap Lord John Russell sah man, wie sich die Küste von Banksland nach Westen hin erstreckte und wie Umrisse und Höhen immer kühner wurden. Trotz der hohen Breiten gab es erstaunlich viel Vegetation und Spuren von Tieren, wie Ren, Hase und Schneehuhn, ebenso die Spuren ihrer Verfolger, Fuchs und Wolf. Aber von den Tieren selbst war nichts zu sehen. Die Männer errichteten einen großen Steinhaufen und hinterlegten dort einen genauen Bericht von dem Besuch der Gruppe. Dann beschlossen sie unter dem Eindruck eines kalten Windes aus Südosten die Rückkehr zur »Investigator«.
Dieser Rückmarsch hätte für den Führer der Gruppe ein böses Ende nehmen können. Am 30. Oktober um zwei Uhr nachmittags verließ Kapitän MacClure, nachdem er die Princess-Royal-Inseln gesehen hatte und danach nun auch die Position der »Investigator« kannte, seinen Schlitten mit der Absicht, bis zum Schiff vorzudringen, um für seine Leute bei deren Ankunft eine warme Mahlzeit bereit zu haben. Als er noch sechs Meilen vom Schiff entfernt war, brach die Nacht herein, und zugleich kam ein dichter Nebel mit Schneetreiben auf, der sich über die Wasserstraße herwälzte und alle Gegenstände verschluckte. MacClure war nicht mehr in der Lage, seinen Weg zu

erkennen, doch versuchte er, mit Hilfe des Windes den Kurs zu halten, und eilte weiter, bis wiederholt schwere Stürze zwischen dem zerbrochenen Eis ihn gemahnten, von seinem Vorhaben abzulassen, wenn er nicht noch die zusätzliche Gefahr zerbrochener Glieder auf sich nehmen wollte. »Ich stieg dann«, berichtet er, »auf eine Masse hochgedrückten Eises, in der Hoffnung, meine Gruppe zu sehen, falls sie in der Nähe vorbeiziehen sollte, oder die Aufmerksamkeit einiger Leute an Bord dadurch auf mich zu lenken, daß ich meine Vogelflinte abfeuerte. Unglücklicherweise hatte ich nur die Munition, die gerade im Lauf war, denn als ich meinen Schlitten verließ, meinte ich, aller Wahrscheinlichkeit nach nicht mehr als die beiden Kugeln im Gewehr zu brauchen. Nachdem ich eine Stunde geduldig gewartet hatte, freute ich mich, durch den Nebel einen blauen Lichtschein zu sehen, der offenbar in der Richtung brannte, in der ich meinen Schlitten verlassen hatte. Sofort feuerte ich meine Flinte ab, um so die Position anzugeben, aber mein Feuer blieb offenbar unbeachtet, und nachdem ich beide Kugeln abgeschossen hatte, konnte ich das Signal auch nicht mehr wiederholen. Meine einzige Hoffnung beruhte nun auf der Antwort des Schiffes, aber nichts war zu sehen. Ich erkannte zwar noch einmal, diesmal in größerer Entfernung, den Schein eines weiteren blauen Lichts vom Schlitten her, doch schien es mir unwahrscheinlich, für die Nacht ein anderes Unterkommen zu finden, als das mir die Eisscholle bot. Zwei Stunden verstrichen. Ich bemühte mich, meinen Taschenkompaß beim Licht eines einzelnen Streichholzes zu beobachten, das ich zufällig in der Tasche hatte. Aber in dieser Hoffnung wurde ich grausam enttäuscht, denn es zischte nur, verlosch und ließ mich in völliger Dunkelheit. Es war nun einhalb neun Uhr, vor mir lagen elf Stunden Nacht, eine Temperatur von fünfzehn Grad unter Null, Bären, die herumstreiften, und ich hatte nur eine ungeladene Büchse in der Hand. Immerhin konnte die Gruppe mit dem Schlitten das Schiff erreichen. Wenn sie dort sahen, daß ich noch nicht angekommen war, würden sie suchen und Hilfe schicken. So ging ich auf meinem Eisklotz hin und her, bis es nach meiner Vermutung elf Uhr sein mußte. Da erlosch die Hoffnung allmählich. Ich stieg von er Eisplatte herab, auf die ich geklettert war, fand unten an der Leeseite ein treffliches Bett aus weichem trockenem Schnee und warf mich, da ich richtig müde war, dort nieder und schlief vielleicht drei Stunden lang, bis ich die Augen öffnete und mir einbildete, das Aufleuchten einer Rakete zu sehen. Ich sprang auf die Füße, erkannte, daß sich der Nebel verzogen hatte und die Sterne und das Nordlicht in der ganzen Pracht einer arktischen Nacht schienen. Obwohl ich weder die Inseln noch das Schiff sehen konnte, ging ich bis zu Tagesanbruch in verschiedene Richtungen. Da merkte ich zu meinem großen Verdruß, daß ich das Schiff nicht weniger als vier Meilen verfehlt hatte.«

Kapitän MacClure ging auf seinen eigenen Spuren zurück und erreichte die »Investigator« am 31. Oktober, war sehr müde, aber sonst wohlbehalten, wenn man bedenkt, daß er der rauhen Kälte einer Winternacht in 73 Grad nördlicher Breite ausgesetzt gewesen war. Ein paar Stunden später traf auch der Schlitten unter Mr. Court ein. An Bord herrschte große Freude und herzlich waren die Glückwünsche nach ihrer sicheren Rückkehr und den glänzenden Nachrichten, die sie mitbrachten.

Ich glaube, nichts kann denen, die keine Vorstellung von Schlittenfahrten in der Arktis haben, die Härten und Mühen, denen sich Offiziere und Leute ausgesetzt sahen, besser klarmachen, als der folgende Auszug aus dem Tagebuch Kapitän MacClures: »Das Gewicht, das wir nach einer Abwesenheit von neun Tagen auf dem Schlitten zum Schiff zurückbrachten, betrug neunhundertdreiundsiebzig Pfund, was im Vergleich zu unserer Abfahrt eine Zunahme von über hundert Pfund bedeutete. Der Grund lag darin, daß sich auf den Pelzen, dem Zelt, den Decken, dem Schlitten infolge des Dampfes, der von unseren Körpern und unserem Kochgerät stammte, Eis angesammelt hatte. Es kondensierte sich und fror auf jedem Gegenstand, der damit in Berührung kam. Und, so merkwürdig es scheinen mag, der gesamte Verbrauch an Nahrungsmitteln von acht Mann in neun Tagen betrug, außer Schokolade und Spiritus, nur achtzehn Pfund Pemikan, einunddreißig Pfund Zwieback und zwei Pfund Hafermehl – eine fast unglaublich geringe Menge, die nur dadurch zu erklären ist, daß die Mannschaft jeden Abend zu sehr erschöpft war, um sich um mehr als nur um Wasser zu kümmern. Das Wasser allerdings konnte man nur dadurch gewinnen, daß man es auftaute. Da wir aber mit dem Brennstoff sparen mußten, gab es für jeden einzelnen nur eine tägliche Ration von fünf viertel Pinten zu trinken. Eine halbe Pinte zum Frühstück, eine viertel Pinte mittags und eine halbe Pinte am Abend.«

Mittel- und Südamerika

Karavellen am Perlengolf
Christoph Kolumbus

Nur zu häufig wird die Wiederentdeckung Amerikas durch Christoph Kolumbus einer Entdeckung des nordamerikanischen Kontinents gleichgesetzt. Dabei ist er eigentlich der Entdecker Südamerikas. Er stammte aus Italien, wo er 1451 in Genua geboren wurde. Schon als junger Mann ging er zur See. Als er in den Schriften einiger Gelehrter gelesen hatte, daß man auch auf dem Westwege nach Indien gelangen müsse, entschloß er sich, die Richtigkeit dieser Auffassung zu beweisen. In Spanien konnte er nach jahrelangen Bemühungen das Königspaar überzeugen und erhielt 1492 drei Schiffe, mit denen er auf dem Atlantik nach Westen segelte. Am 12. Oktober landete er glücklich auf einer der Bahamainseln, nicht ahnend, daß er die Inseln eines neuen Kontinents entdeckt hatte. Nach seiner Rückkehr wurde er in Spanien mit Ehren überhäuft, und schon 1493 unternahm er, diesmal mit einer großen Flotte, eine zweite Entdeckungsreise nach Westen, die ihn zu den Antillen führte. In der Heimat versuchten Neider, seinen Ruf zu untergraben und Mißtrauen gegen ihn zu säen, dennoch erreichte er es, daß ihn das spanische Königspaar 1498 zu einer dritten Reise ausschickte, und dabei entdeckte er als erster die Küste Südamerikas, wiederum allerdings, ohne die wirkliche Bedeutung seiner Entdeckung zu ahnen. Das geht auch deutlich aus seinen nachfolgenden Aufzeichnungen hervor, die einem Brief an die spanischen Könige entnommen sind. Inzwischen hatten seine Verleumder in der Heimat endlich Erfolg. Kolumbus wurde durch einen ihm nachgesandten Richter von dieser Reise in Ketten nach Spanien zurückgeschickt. Aber er konnte seine Unschuld beweisen und durfte von 1502 bis 1504 noch eine vierte Reise nach Mittelamerika unternehmen. Erneute Intrigen führten dazu, daß er sich verbittert in die Heimat zurückzog, wo er 1506 einsam starb. Er glaubte bis zum letzten Augenblick seines Lebens, den Seeweg nach Ostindien gefunden zu haben.

Ich steuerte nach Norden bis zu einem sehr hohen Berg, der etwa sechsundzwanzig Seemeilen von der Punta del Arenal entfernt lag, und ich entdeckte zwei hohe Landvorsprünge, einen im Osten, der zur Insel Trinidad gehörte, den andern im Westen, der zu dem Land gehörte, das ich de Gracia genannt hatte. Zwischen ihnen erblickte ich einen engeren Kanal als jenen bei der Punta del Arenal, und es gab hier ebensolche Strömungen und ein ebensolches Getöse des Wassers

wie in der Meerenge bei der Punta del Arenal, und auch hier war das Wasser süß. Bis dahin hatte ich mit keinem Bewohner dieses Landes gesprochen. Ich wünschte glühend, es zu tun. Deshalb steuerte ich der Küste entlang nach Westen, und je weiter ich kam, um so süßer fand ich das Meerwasser und um so schmackhafter. Nachdem ich eine sehr lange Strecke gefahren war, kam ich zu einer Stelle, wo mir die Erde bebaut zu sein schien. Hier ging ich vor Anker und schickte die Boote an Land. Die Matrosen stellten fest, daß die Einwohner erst vor kurzem den Ort verlassen hatten, und sie fanden den ganzen Berg von Affen bevölkert. Sie kehrten zurück. Und da die Gegend, die wir sahen, Gebirge war, nahm ich an, daß das Land weiter im Westen flacher und somit bevölkert sein müßte. Ich ließ die Anker lichten und fuhr die Küste entlang bis zur äußersten Spitze jener Berge und hier gelangte ich in das Mündungsgebiet eines Flusses. Bald liefen viele Leute herbei. Von ihnen erfuhr ich, daß dieses Land Paria genannt wurde und daß ich es dichter bevölkert finden würde, wenn ich noch weiter nach Westen führe. Ich nahm vier Eingeborene an Bord, dann segelte ich nach Westen.
Acht Seemeilen weiter westlich gelangte ich zu einer Landspitze, die ich Punta del Aguja nannte. Hier fand ich die schönsten Ländereien der Welt, sehr dicht bevölkert. Ich kam morgens um neun Uhr an, und um die Schönheit und den grünen Pflanzenwuchs der Gegend und die Einwohner zu beobachten, beschloß ich, vor Anker zu gehen. Alsbald kamen Eingeborene auf ihren Kanus, um mich im Namen ihres Königs zu bitten, an Land zu gehen. Aber als sie sahen, daß ich ihnen nicht Folge leistete, kamen sie mit zahllosen Kanus zum Schiff, viele trugen Goldplatten um den Hals, einzelne hatten Perlen an den Armen. Ich freute mich sehr, als ich dieses sah, und gab mir große Mühe, zu erfahren, woher sie diese Gegenstände hätten. Sie sagten mir, sie fänden sie an Ort und Stelle und im nördlichen Teil des Landes.
Gern wäre ich länger geblieben, aber die Lebensmittel, die ich für die Männer auf Española an Bord hatte – Getreide, Wein und Fleisch, die ich mit so viel Mühe in Kastilien erhalten hatte –, verdarben von Tag zu Tag mehr, und ich mußte mich deshalb beeilen, sie in Sicherheit zu bringen, und durfte mich durch nichts mehr aufhalten lassen. Immerhin sandte ich Leute an Land, um mir jene Dinge zu verschaffen. Die Bevölkerung dieser Gegend ist sehr zahlreich, schön gewachsen und von der gleichen Farbe wie jene, die wir zuerst gesehen

haben. Sie ist sehr umgänglich. Die Männer, die an Land gingen, fanden sie freundlich; sie wurden mit großen Ehrenbezeugungen empfangen. Kaum stießen die Boote an Land, kamen ihnen, wie sie erzählten, zwei Häuptlinge entgegen, die sie für Vater und Sohn hielten, gefolgt von der ganzen Bevölkerung. Sie wurden dann in ein sehr großes Haus geführt, das nicht rund war nach Art der Feldzelte wie die sonstigen Wohnhäuser hier sind. Es gab dort viele Stühle. Sie wurden zum Sitzen eingeladen, und auch die Häuptlinge setzten sich. Sie ließen dann Brot, verschiedene Früchte, roten und weißen Wein bringen; der Wein war aber nicht aus Trauben gemacht, sondern aus Früchten, der Rote von einer Sorte, der Weiße von einer anderen[1], und ebenso einen anderen Wein, der aus mahiz[2] hergestellt war, das ist ein Same, der in einer Ähre wächst, ähnlich unserem Buchweizen; ich brachte ihn auch nach Kastilien, wo schon viel davon wächst. Die beste Sorte wird sehr geschätzt und soll großen Wert haben. Die Männer waren alle im einen Teil des Raumes versammelt, die Frauen im andern. Da sie sich miteinander nicht verständigen konnten, hatten beide Teile große Mühe: die Eingeborenen, weil sie die Unsrigen über unsre Heimat befragen wollten, die Unsrigen, weil sie gerne etwas über ihr Land erfahren hätten. Nachdem die Unsrigen im Hause des Älteren mit Speise und Trank erquickt worden waren, führte sie der Jüngere in sein Haus, um sie ebenfalls zu bewirten. Nachher stiegen sie wieder in ihre Boote, kehrten zum Schiff zurück, und ich ließ unverzüglich die Anker lichten, da ich Eile hatte, die Lebensmittel, die ich mit so großer Mühe erhalten hatte, abzuladen, denn sie fingen schon an zu verderben. Auch wollte ich meine Gesundheit wiederherstellen, meine Augen waren infolge der langen Nachtwachen erkrankt, und auf der Reise war ich dreißig Tage ohne Schlaf geblieben und für lange Zeit des Augenlichtes beraubt worden.

Wie ich schon sagte, sind diese Eingeborenen schön gewachsen, groß, haben anmutige Bewegungen, ihre Haare sind sehr lang und glatt, sie tragen schön gearbeitete Tücher auf dem Kopf, die von weitem wie Seide aussehen. Ein anderes Tuch, ein breiteres, tragen sie um die Hüften gebunden an Stelle von Hosen, und zwar die Männer

[1] Es war vielleicht cozuica, der aus Agavenblättern hergestellt wird.
[2] Die chica, ein schweres, weißes Getränk, das auch heute noch in Venezuela durch Vergärung des Maises hergestellt wird.

ebenso wie die Frauen. Die Hautfarbe dieser Leute ist heller, als ich sie bisher in Indien gesehen hatte.
Ich nannte diesen Ort Jardines, denn es schien mir, daß dieser Name paßte. Ich gab mir alle Mühe, die Stelle kennenzulernen, wo sie ihr Gold holten, und alle bezeichneten mir ein gegenüberliegendes Land im Westen, das sehr gebirgig, aber nicht weit entfernt gelegen war. Alle aber rieten mir ab, dorthin zu gehen, weil dort Menschenfresser waren. Ich glaubte zu verstehen, daß sie mir sagten, jene seien Kannibalen ähnlich den anderen, von denen ich schon gesprochen habe, aber dann dachte ich, sie wollten sagen, sie äßen Tiere, die es dort gab. Ich fragte sie auch, wo sie die Perlen holten, und sie deuteten wieder nach Westen und Norden über jene Länder hinweg, die sie bewohnten. Ich hielt mich wegen der Lebensmittel und des Zustandes meiner Augen nicht damit auf, die Richtigkeit ihrer Aussagen zu prüfen, auch ist das große Schiff, das ich führe, für eine solche Forschungsreise ungeeignet. Da die Zeit bemessen war, mußte ich mich mit Fragenstellen begnügen. Meine Männer kehrten um die Vesperstunde wie gesagt zu den Schiffen zurück; alsbald lichtete ich die Anker und nahm Kurs nach Westen.
Denselben Weg fuhr ich am folgenden Tag weiter, bis ich bemerkte, daß das Wasser nur noch drei Ellen tief war. Deshalb nahm ich an, auch dieses Land sei eine Insel und ich könne an ihr entlang nach Norden fahren. Ich schickte eine leichte Karavelle voraus, um feststellen zu lassen, ob es dort eine Durchfahrt gab oder ob es sich vielmehr um Festland handelte. Das Schiff legte einen langen Weg zurück bis zu einem sehr großen Golf, in den, wie es uns schien, vier andere von mittlerer Größe mündeten und in deren einen sich ein mächtiger Fluß ergoß[3]. Die Matrosen stellten beständig eine Tiefe von fünf Ellen fest und sehr süßes Wasser in großer Menge. Ich trank aber trotzdem nicht davon. Als ich begriff, daß ich keine Durchfahrt nach Norden finden und auch nicht nach Süden oder Westen weiterfahren konnte, war ich sehr unzufrieden, da ich sah, daß mich das Land auf allen Seiten umgab. So lichtete ich die Anker und fuhr zurück, um durch die Meerenge, von der ich gesprochen habe, nach Norden auszufahren. Ich konnte aber nicht an der bewohnten Küste entlangfahren, an der ich vorher gewesen, da mich die Strömungen von ihr abgetrieben hatten. Und immer fand ich klares Süßwasser, das mich stürmisch nach

[3] Der Rio de Paria in dem Golf, den Kolumbus den Perlengolf, Golfo de las perlas, nannte.

Osten abtrieb, in der Richtung auf die beiden Meerengen zu, von denen ich oben gesprochen habe. Ich fuhr also durch die nördliche Meerenge aus, und ich fand, daß das Süßwasser immer noch vorherrschte, und als ich mit der Kraft des Windes hindurchfuhr und mich auf einer jener großen Wogen befand, stellte ich fest, daß in den Strömungen das Wasser auf der inneren Seite süß, auf der äußern salzig war.

Mundus novus
Amerigo Vespucci

Man sagt heute häufig, daß Amerika seinen Namen einem Irrtum verdanke. Es hätte eigentlich nach seinem Entdecker Christoph Kolumbus benannt werden müssen und nur fälschlich sei diese Ehre dem Italiener Amerigo Vespucci zuteil geworden. Wer aber war dieser Mann? Er wurde 1451 zu Florenz geboren, ging 1490 als Kaufmann nach Sevilla, wo er in der Folgezeit auch Kolumbus kennenlernte, mit dem ihn bald gute Beziehungen verbanden. Angeregt durch die Bekanntschaft mit dem Admiral, faßte er den Entschluß, selbst nach den neuentdeckten Ländern im Westen zu reisen. Merkwürdigerweise bestehen bis zum heutigen Tage gewisse Unklarheiten über die genauen Datierungen seiner Reisen. Aller Wahrscheinlichkeit nach unternahm er die erste Fahrt von 1499 bis 1500 unter spanischer Flagge, noch in unbedeutender untergeordneter Stellung. Bekannt wurde er durch die zweite und dritte Reise von 1501 bis 1502 und von 1503 bis 1504 auf portugiesischen Schiffen. Über die zweite Reise, die ihn an die südamerikanische Küste führte, gab er einen Bericht, angeblich an Lorenzo Pietro Medici in Florenz gerichtet, der bald in ganz Europa Aufmerksamkeit erregte und von vielen Druckern ab- und nachgedruckt wurde. Darin sprach er auch die Überzeugung aus, daß es sich bei den eben entdeckten Ländern um einen neuen Kontinent handeln müsse. Sein Bericht wurde deshalb auch »Mundus novus« genannt. Dieser Bericht war wohl auch die Ursache dafür, daß der deutsche Kosmograph Martin Waldseemüller 1507 vorschlug, den neuentdeckten Erdteil nach ihm Amerika zu nennen. Mit Recht schreibt Stefan Zweig von ihm: »Amerika braucht sich seines Taufnamens nicht zu schämen. Es ist der eines rechtschaffenen und mutigen Mannes, der noch in seinem fünfzigsten Jahr sich dreimal auf winzigem Schiff über den noch nicht ergründeten Ozean ins Unbekannte wagte als einer jener ›unbekannten Matrosen‹, die damals zu Hunderten ihr Leben wagten an Abenteuer und Gefahr.«

Amerigo Vespucci an Lorenzo Pietro Medici, Gruß.
In vergangenen Tagen schrieb ich Dir sehr ausführlich von meiner Rückkehr aus den neuen Ländern, die auf Kosten und mit Hilfe der Schiffe und unter dem Befehl des allerdurchlauchtigsten Königs von Portugal gefunden und erforscht worden waren. Und mit Recht nennt man sie eine Neue Welt, denn keines dieser Länder war unseren Vorfahren bekannt, und allen, die von ihnen hören, werden sie völlig neu

sein. Denn die Meinung der Alten ging dahin, daß der größte Teil der Welt jenseits der Äquatorlinie nach dem Süden hin nicht aus Land bestehe, sondern aus Meer, das sie Atlantik nannten. Und wenn sie zugaben, daß dort ein Kontinent liege, dann fanden sie doch viele Gründe zu leugnen, daß er bewohnt sei. Aber diese ihre Meinung ist falsch und vollkommen gegen die Wahrheit. Meine letzte Reise hat es bewiesen, denn ich habe in diesem südlichen Teil der Welt einen Kontinent gefunden; stärker mit Menschen bevölkert und von Tieren belebt als unser Europa oder Asien oder Afrika, ja sogar gemäßigter und angenehmer als irgendeine andere uns bekannte Gegend, wie weiter unten noch erklärt werden soll. Ich werde in gedrängter Kürze nur von den hauptsächlichsten Dingen erzählen, die besonders bemerkenswert sind, wie ich sie durch eigenen Augenschein oder vom Hörensagen in dieser Neuen Welt erfuhr, wie es jetzt offenbar werden soll.
Wir stachen zu einer günstigen Fahrt am 14. Mai 1501 von Lissabon aus in See, auf Befehl des oben erwähnten Königs, mit drei Schiffen, um neue Länder im Westen zu entdecken. Und wir segelten zwanzig Monate lang fortwährend nach Süden. Unser Kurs war folgender: Wir fuhren nach den Glückseligen Inseln, wie sie früher hießen; jetzt nennt man sie die Großen Kanarischen Inseln; sie liegen im dritten Himmelsstrich und an der Grenze der bewohnten Welt im Westen. Von dort segelten wir schnell über den Ozean, entlang der afrikanischen Küste und eines Teils Äthiopiens und des äthiopischen Vorgebirges, wie es Ptolemäus nannte; jetzt heißt es Kap Verde. Dann ging es vorbei am Lande Madraga, 13 Grad innerhalb der Glutzone, an der Nordseite der Äquatorlinie. Das Land wird von einer schwarzen Rasse bewohnt. Nachdem wir an Bord genommen hatten, was wir brauchten, lichteten wir die Anker und setzten Segel mit Kurs quer über den ungeheuren Ozean nach dem Antarktischen Pol mit einer leichten Abweichung nach Westen. Von dem Tag an, an dem wir das oben erwähnte Vorgebirge verlassen hatten, segelten wir ununterbrochen zwei Monate und drei Tage. Und während dieser Zeit war in der weiten See kein Land aufgetaucht. Wahrhaftig, was wir ertragen hatten, welche Gefahren des Schiffbruchs, das zu beurteilen überlasse ich denen, denen die Erfahrung in diesen Dingen nicht fremd ist. Man muß nämlich wissen, daß wir von den siebenundsechzig Tagen, die unsere Fahrt dauerte, vierundvierzig ununterbrochen segelten. Wir hatten häufig Stürme und unruhige See, und es war so finster,

daß wir weder am Tage die Sonne noch in der Nacht den Mond sehen konnten. Das bereitete uns große Furcht, so daß wir alle Hoffnung auf Überleben aufgaben. In diesen schrecklichen Todesgefahren zur See gefiel es dem Allerhöchsten, uns den Kontinent zu zeigen und die neuen Länder, die eine weitere unbekannte Welt bilden. Als all das in Sicht kam, freuten wir uns so sehr, wie es sich nur einer vorstellen kann, der nach Trübsal und Mißgeschick wieder Sicherheit gewonnen hat.

Es war am 7. August, daß wir diese Länder erreichten. Wir dankten Gott dem Herrn feierlich im Gebet und feierten eine Choralmesse. Wir erkannten an der unbegrenzten Zahl der Bewohner, an den vielen Stämmen und Völkern, an den zahllosen Arten wilder Tiere, die man in unserem Lande nicht kennt, daß dieses Land ein neuer Kontinent sein mußte und es sich nicht um eine Insel handelte. Die Güte Gottes zeigte sich uns darin, daß er uns in diese Gegenden geführt hatte, denn die Schiffe waren bereits leck, und ein paar Tage später wäre unser Leben vielleicht schon im Meer verloren gewesen.

Wir beratschlagten und beschlossen, an der Küste des Kontinents weiter ostwärts zu fahren und das Land nicht mehr aus der Sicht zu verlieren. Wir segelten weiter, bis wir zu einem Punkt kamen, wo die Küste sich südwärts wandte. Die Entfernung von der Stelle unserer ersten Landung bis hierher betrug fast dreihundert Meilen. Unterwegs gingen wir oftmals an Land und nahmen freundliche Beziehungen zu den Eingeborenen auf. Ich hatte vergessen, Dir zu erzählen, daß von Kap Verde bis zum ersten Land dieses Kontinents die Entfernung ungefähr siebenhundert Meilen beträgt. Doch schätze ich, daß wir mehr als achtzehnhundert zurücklegten, teils weil wir die Route nicht kannten, teils wegen der Stürme und widrigen Winde, die uns von unserem Kurs abbrachten und uns in verschiedene Richtungen jagten. Wenn mir meine Gefährten nicht Vertrauen geschenkt hätten, der ich in Kosmographie bewandert bin, hätte keiner, auch nicht der Führer unserer Fahrt, nach einem Weg von fünfhundert Meilen gewußt, wo wir waren.

Wir trieben umher und waren voller Irrtümer, und nur die Instrumente, mit denen man die Höhe der Himmelskörper feststellt, zeigten uns unsere Position, nämlich der Quadrant und das Astrolabium, wie wir alle wissen. Diese Instrumente wurden von mir so benutzt, daß ich viel Ansehen daraus gewann; denn ich zeigte ihnen, daß die Kenntnis der Seekarte und dessen, was man aus ihr lernen kann,

mehr wert ist als alle Steuerleute in der Welt; denn diese kennen nur jene Wege, die sie selbst oft gefahren sind.
Wo uns die bereits erwähnte Stelle an Land zeigte, daß sich die Küste südwärts wandte, beschlossen wir, unsere Fahrt fortzusetzen und festzustellen, was in diesen Gegenden sein könnte. Wir fuhren fast fünfhundert Meilen an der Küste entlang, gingen oft an Land und nahmen Beziehungen zu den Eingeborenen auf, die uns freundlich empfingen. Manchmal blieben wir fünfzehn oder zwanzig Tage ohne Unterbrechung als Freunde und Gäste bei ihnen. Ein Teil des Kontinents liegt in der heißen Zone unterhalb der Äquatorlinie in Richtung auf den Südpol. Wir fuhren an der Küste entlang, bis wir den Wendekreis des Steinbocks überquerten, und dann weiter auf den südlichen Polarkreis zu und noch 17 Grad 30 Minuten darüber hinaus.
Was nun die Völker angeht: Wir haben in diesen Ländern eine solche Menge vorgefunden, daß niemand sie aufzählen könnte, wie wir in der Apokalypse lesen. Es sind sanfte, umgängliche Leute; alle, Männer und Frauen, gehen nackt und bedecken ihren Körper an keiner Stelle, und so gehen sie bis zum Tode. Sie sind groß, vierschrötig gebaut und gut proportioniert. Ihre Hautfarbe ist rötlich, und ich glaube, daß es daher kommt, weil sie nackt gehen und sich der Sonne aussetzen. Ihr Haar ist üppig und von schwarzer Farbe. Sie sind beim Gehen gewandt und haben einen raschen Blick. Sie haben in ihrer Gesichtsbildung einen freien, hübschen Ausdruck, den sie allerdings selbst zerstören, indem sie die Nasenlöcher und Lippen, die Nase und Ohren durchbohren. Du darfst nicht glauben, daß diese Durchbohrungen klein sind oder daß sie nur eine haben, denn ich habe Leute gesehen, die im Gesicht nicht weniger als sieben Durchbohrungen hatten, wobei jede einzelne so groß wie eine Pflaume war. Sie verstopfen diese Perforationen mit blauen Steinen, Marmor- und Kristallstückchen oder sehr feinem Alabaster, auch mit ganz weißen Knochen und anderen Dingen, die nach ihrem Brauch kunstvoll bearbeitet sind. Einer hatte in seinen Nasenlöchern allein sieben Steine, von denen einige die Länge einer halben Handfläche hatten. Es wird Dich überraschen zu hören, daß sich das Gewicht von sieben solchen Steinen auf mehr als sechzehn Unzen veranschlagt. Dieser Brauch ist nur für die Männer, denn die Frauen durchbohren ihr Gesicht nicht, sondern nur ihre Ohren.
Sie kennen keine Stoffe, weder aus Wolle oder Flachs noch aus Baumwolle, weil sie es einfach nicht brauchen. Sie haben auch kein

privates Eigentum, denn alles gehört der Gemeinschaft. Sie leben miteinander ohne König oder Herrscher. Jeder Mann ist sein eigener Herr und besitzt so viele Weiber wie er will. Sie haben keine Tempel und keine Gesetze, sie verehren nicht einmal Götzen. Was soll ich sonst noch sagen! Sie leben ganz nach den Gesetzen der Natur, sie neigen mehr zum Epikuräertum als zum Stoizismus. Sie treiben keinen Handel untereinander, und sie führen Krieg ohne Ordnung und ohne Kunst. Die Alten lassen die Jungen tun, was sie wollen, und sie feuern sie zu Kämpfen an, bei denen sie sich gegenseitig mit großer Grausamkeit umbringen. Sie schlachten ihre Gefangenen ab, und die Sieger verspeisen die Besiegten; denn Menschenfleisch ist bei ihnen eine ganz gewöhnliche Nahrung. Man kann das um so eher glauben, als ich gesehen habe, wie ein Mann seine Kinder und seine Frau auffraß. Ich kannte einen Mann, von dem man allgemein annahm, er habe dreihundert Menschen aufgefressen. Einmal war ich siebenundzwanzig Tage lang in einer Stadt, wo Menschenfleisch an den Häusern hing, genauso wie bei uns das Fleisch beim Metzger ausgestellt ist. Sie waren erstaunt, daß wir unsere Feinde nicht aufessen und ihr Fleisch als Nahrungsmittel schätzen; denn es sei, wie sie sagten, sehr gut. Ihre Waffen sind Bogen und Pfeile, und wenn sie in den Kampf ziehen, dann schützen sie sich nirgends an ihrem Körper; darin sind sie wie die Tiere. Wir versuchten alle unsere Überredungskünste, um sie von ihren üblen Sitten abzubringen, und sie versprachen es uns auch.

Sie leben hundertfünfzig Jahre und sind selten krank. Wenn sie von einer Krankheit befallen werden, heilen sie sich mit den Wurzeln verschiedener Kräuter. Das sind die bemerkenswertesten Dinge, die ich von ihnen weiß.

Das Klima in diesem Land ist gemäßigt und gut. Wir konnten aus ihren Erzählungen erkennen, daß es dort nie Pestilenz und Seuchen gibt, die von schlechtem Klima verursacht werden. Wenn sie nicht gewaltsamen Todes sterben, dann leben sie sehr lange. Ich glaube, das kommt daher, daß immer ein Südwind weht, wobei der Südwind für sie das bedeutet wie für uns der Nordwind. Sie sind erfahrene Fischer, und das Meer ist voll von allen Fischarten. Sie sind keine Jäger. Ich glaube, das hängt damit zusammen, weil es hier zu viele Arten wilder Tiere gibt, vor allem Löwen und Bären, zahllose Schlangen und andere schreckliche Geschöpfe und ungestalte Tiere, wohl auch deshalb, weil es ungeheure Wälder und Bäume von riesiger

Größe gibt. Die Eingeborenen haben nicht den Mut, nackt und schutzlos solchen Gefahren entgegenzutreten. Das Land ist sehr fruchtbar, besitzt zahlreiche Hügel, Berge, Täler und große Flüsse und wird von vielen erfrischenden Quellen bewässert. Es ist bedeckt mit weiten, dichten Wäldern, die fast undurchdringlich und voll von allen Arten wilder Tiere sind. Große Bäume wachsen, ohne daß man sich um sie kümmert. Sie tragen viele wohlschmeckende und für den menschlichen Körper nahrhafte Früchte. Diese sind ganz anders als in unserem Land. Es gibt unzählige verschiedene Arten von Früchten und Kräutern, aus denen sie Brot und andere ausgezeichnete Nahrung machen. Sie haben auch viele Samen, die ganz anders sind als bei uns. Kein Metall außer Gold wurde jedoch gefunden. Darin hat das Land Überfluß, wenn wir auch bei dieser unserer ersten Fahrt keines mitgebracht haben. Die Eingeborenen versicherten uns jedoch, daß unter der Erde eine ungeheure Menge lagere.

Blutige Herzen vor Huitzilopochtli
Bernal Diaz del Castillo

Schon 1511 waren die ersten schiffbrüchigen Spanier an der Küste Mexikos gelandet, hatten dort aber den Tod gefunden. Auch zwei in den folgenden Jahren von anderen Konquistadoren unternommene Versuche, in Mexiko Fuß zu fassen, scheiterten an der Kriegstüchtigkeit der Eingeborenen. Da rüstete 1519 der Statthalter von Kuba eine neue Expedition aus, an deren Spitze er den vierunddreißigjährigen Hernando Cortez (geb. 1485) stellte. Mit sechshundertsiebzig Mann – rund fünfhundert davon Soldaten – segelte Cortez zur mexikanischen Ostküste und landete dort am 21. April 1519. Noch wußte er nichts von der hochentwickelten Kultur des indianischen Aztekenreiches, in das er sich einzudringen anschickte. In knapp drei Monaten zog er bis zur Hauptstadt Tenochtitlán, dem heutigen Mexiko. Dort wurde er von dem Aztekenkaiser Montezuma zuvorkommend empfangen, da dieser aufgrund einer alten Weissagung in den Spaniern die Nachfahren eines aztekischen Gottes vermutete. Cortez nahm den Kaiser gefangen. Aber bald sah er sich nicht nur in Kämpfe mit den Eingeborenen verwickelt, sondern auch von spanischen Truppen bedroht, die ihm der Statthalter von Kuba nachgeschickt hatte, weil er in ihm einen Verräter vermutete. Cortez zog sich in einem höchst gefahrvollen Unternehmen aus der Hauptstadt zurück, besiegte an der Küste seine Landsleute und unterwarf dann die Azteken endgültig. Kaiser Karl V. ernannte ihn daraufhin zum Vizekönig des eroberten Landes, aber nach fünf Jahren wurde er auf Betreiben seiner Gegner wieder abgesetzt. Die folgenden zwei Jahrzehnte bis zu seinem Tode 1547 unternahm Cortez noch verschiedene Feldzüge und Fahrten, entdeckte 1536 die Halbinsel Kalifornien, lebte dann aber verbittert und zurückgezogen in Spanien bis zu seinem Tod 1547. Cortez hat selbst einen ausführlichen Bericht über die Eroberung Mexikos gegeben. Eine andere, ungemein farbige Schilderung stammt aus der Feder seines Gefolgsmannes Bernal Diaz del Castillo. Aus seinem Buch stammt das folgende Kapitel über den Besuch der berühmten Tempel in Tenochtitlán.

Wir waren nun schon vier Tage in Mexiko, und niemand von uns hatte bis jetzt das Quartier verlassen. Cortez wollte aber den großen Marktplatz der Stadt und den Haupttempel besichtigen. Er schickte deshalb seine Dolmetscher, die Donna Marina und Aguilar und einen seiner Pagen, den Ortega, der schon etwas Mexikanisch gelernt hatte, zu Montezuma und ließ ihn um sein Einverständnis bitten. Der Fürst antwortete zwar, daß wir überall willkommen seien, hatte aber doch Sorge, daß wir seine Götzen in irgendeiner Form beleidigen könnten, und begleitete uns daher zusammen mit vielen seiner Großen. Es war ein prachtvoller Aufzug. Auf halbem Weg stieg er aus der Sänfte; denn er hielt es für unehrerbietig, sich den Götzen anders als zu Fuß zu nahen. Die ersten Männer seines Hofes führten ihn unter den Armen; andere gingen vor ihm her und trugen zwei Stöcke, die wie Szepter aussahen und die Nähe des Fürsten ankündigten. In der Sänfte trug er immer einen kleinen Stab, halb Gold, halb Holz, der wie ein Richterstab aussah. Er bestieg den Tempel in Begleitung von vielen Priestern und brachte dem Huitzilopochtli, dem Kriegsgott, Rauchopfer dar. Unser Generalkapitän aber und wir anderen Berittenen waren wie üblich bewaffnet. Wir ritten, begleitet von zahlreichen Kaziken, über den großen Marktplatz von Tlatelolco.

Dort fanden wir eine unerwartet große Menge Menschen, zahlreiche Verkaufsstände und eine ausgezeichnete Ordnungspolizei. Die Kaziken machten uns auf alle Besonderheiten aufmerksam. Jede Warengattung hatte ihre Plätze. Da gab es Gold- und Silberarbeiten, Juwelen, Stoffe aller Art, Federn, Baumwolle und Sklaven. Der Sklavenmarkt war hier genauso groß wie der Negermarkt der Portugiesen in Guinea. Damit sie nicht fliehen konnten, waren sie mit Halsbändern an lange Stangen geschnallt. Nur wenige durften frei herumgehen.

Dann kamen die Stände mit einfacheren Waren, mit grobem Zeug, mit Zwirn und Kakao zum Beispiel. Ganz Neuspanien bot hier seine Erzeugnisse an. Ich kam mir vor wie auf der großen Messe zu Hause, in meinem Geburtsort Medina del Campo, wo auch jede Ware ihre eigene Straße hat. Da gab es Sisalstoffe, Seile und Strickschuhe. Dort wurden gekochte süße Yucawurzeln und andere aus dieser Pflanze gewonnene Produkte angeboten. Es gab rohe und gegerbte Häute von Tigern, Löwen, Schakalen, Fischottern, Rotwild, wilden Katzen und anderen Raubtieren. Wir fanden aber auch Stände, an denen Bohnen, Salbei und vielerlei andere Gemüse und Gewürze verkauft wurden. Es gab einen besonderen Geflügel- und Wildbretmarkt, einen für die Kuchenbäcker und einen für die Wursthändler. In den Ständen der Töpfer fanden wir von großen irdenen Gefäßen bis zum kleinsten Nachttopf alles. Wir gingen an Verkäufern von Honig, Honigkuchen und anderen Leckereien vorbei, an Möbel-, Holz- und Kohlenhändlern. Ganze Kähne mit menschlichen Fäkalien lagen am Ufer. Die Mexikaner brauchten sie zum Gerben. Ich finde kein Ende mit dieser

Aufzählung, und doch habe ich das Papier, die Röhren mit dem flüssigen Eukalyptusöl und mit dem Tabak, die wohlriechenden Salben und die Hallen mit den Sämereien noch gar nicht genannt, ganz zu schweigen von den Heilkräutern. Und nun hätte ich doch fast die Handwerker vergessen, welche die Feuersteinmesser machen, das Salz, den Fischmarkt und die Brote, die aus getrocknetem Schlamm gemacht werden, den man in den Seen fischt. Sie schmecken wie Käse. Schließlich gab es noch Instrumente aus Messing, Kupfer und Zinn, handgemalte Tassen und Krüge aus Holz, kurz so vielerlei Waren, daß mein Papier nicht ausreicht, sie alle zu nennen.

Wir wollten aber den großen Cue besteigen. Als wir auf dem Weg dorthin an den Vorhöfen des Marktes vorbeikamen, sahen wir noch Kaufleute, welche die Goldkörner aus den Bergwerken verkauften. Sie schütteten ihre wertvolle Ware in große Gänseknochen, deren Wände sie so lange bearbeiteten, bis das Gold durchschien. Je nach der Länge und Dicke dieser Röhren konnte man davor soundso viele Packen Zeug oder andere Waren eintauschen.

Vom Markt aus kamen wir bald in die großen Höfe, die den Haupttempel der Hauptstadt Mexiko umgaben. Sie waren größer als der Marktplatz von Salamanca. Um den riesigen Hof lief eine doppelte Mauer aus Kalk und Stein. Er war durchweg mit weißen, sehr glatten Platten gepflastert, die in einem bestimmten Wechsel von einem bräunlichen Estrich unterbrochen wurden. Alles war so sauber, daß man nirgends einen Strohhalm oder ein Stäubchen sah.

Montezuma war bei seinen Opferzeremonien hoch oben auf dem Tempel. Er schickte uns über die vielen Stufen sechs Priester und zwei vornehme Staatsbeamte entgegen, die Cortez hinaufführen sollten. Es waren einhundertundvierzehn hohe Stufen. Die Mexikaner fürchteten, daß der Aufstieg unserem Cortez ebenso schwerfallen werde wie ihrem Montezuma. Sie wollten ihm deshalb den Arm reichen. Er lehnte aber jede Hilfe ab. Die stumpfe Spitze des Cue war eine breite Plattform mit großen Steinen, auf welche die armen Opfer gelegt wurden. Darüber stand ein großes Götzenbild, ein Drache, umgeben von anderen abscheulichen Figuren. Überall sahen wir Spuren von frischem Menschenblut. Montezuma trat mit zwei Priestern aus einer Art Kapelle, in der seine verfluchten Götzen standen, und empfing Cortez mit großer Höflichkeit. Er sagte: »Der Aufstieg wird dich wohl ermüdet haben, Malinche?« Cortez antwortete, daß uns nichts ermüden könne. Daraufhin nahm der Fürst ihn an der Hand und forderte ihn auf, von hier oben aus seine Hauptstadt, die anderen in den See gebauten Städte und die zahlreichen Ortschaften ringsherum zu betrachten, nicht zuletzt auch den großen Marktplatz, den man von hier aus besonders gut übersehen konnte.

Dieser Teufelstempel beherrschte wirklich die ganze Gegend. Wir sahen die drei Dammstraßen, die nach Mexiko führten: die von Iztapalapa über die wir eingezogen waren, die von Tacuba, über die wir acht Monate später unter großen Verlusten fliehen mußten, und die von Tepeaquilla. Wir sahen die große Wasserleitung, die von Chapultepec kommt und die ganze Stadt mit süßem Wasser versorgt, und die langen hölzernen Brücken, von denen die Dammstraßen unterbrochen waren, um die Verbindung zwischen den vielen Teilen des Sees zu ermöglichen. Auf dem See wimmelte es von Fahrzeugen, die Waren und Lebensmittel aller Art geladen hatten. Wir stellten einwandfrei fest, daß man Mexiko nur über die Zugbrücken oder in Kähnen erreichen konnte. Aus allen Orten ragten die weißen Opfertempel wie Burgen über die Häuser mit ihren Söllern, über kleinere kapellenartige Bauten und über die Befestigungstürme hinaus. Es war ein einmaliger Blick.

Lange staunten wir dieses herrliche Gemälde unter uns an. Dann besahen wir uns von hier oben aus noch einmal den Marktplatz mit seinem Gewimmel von Menschen, die einen Lärm machten, den man über eine Stunde weit hören konnte. Leute, die Konstantinopel und Rom gesehen hatten, erzählten, daß sie noch nirgendwo einen so großen und volkreichen Marktplatz gefunden hätten.

Bei dieser Gelegenheit fragte Cortez den Pater Bartolome, ob er nicht auch finde, daß man jetzt den Montezuma um die Erlaubnis zum Bau einer Kirche bitten solle. Der Pater meinte, es sei wohl jetzt noch etwas zu früh, so schön dieser Plan wäre. Er glaube nicht, daß der Fürst darauf eingehen werde. Daraufhin sagte Cortez zu Montezuma: »Ihr seid fürwahr ein großer Monarch, und es käme Euch zu, ein noch größerer zu sein! Es war für uns eine ganz besondere Freude, all eure Städte von hier oben aus betrachten zu dürfen. Nachdem wir nun schon einmal hier sind, habe ich noch eine Bitte: Zeigt uns auch eure Götter und Teufel!« Der Fürst besprach sich erst mit seinen Priestern. Dann führte er uns in einen Turm. Dort war ein großer Saal mit zwei altarähnlichen Postamenten und einer reichgeschmückten Decke. Auf diesen Postamenten standen zwei riesige, dicke Figuren. Die eine stellte den Kriegsgott dar, den Huitzilopochtli. Das Götzenbild zeigte ein breites Gesicht, mißgestaltete grausige Augen und war über und über mit Edelsteinen, Gold und Perlen bedeckt, die mit einem Kleister befestigt waren, den die Indianer aus einer besonderen Wurzel gewinnen. Riesige goldene, juwelengeschmückte Schlangen wanden sich um den Leib des Ungeheuers, das in der einen Hand einen Bogen, in der anderen Pfeile trug. Ein kleiner Götze stand neben ihm und trug ihm einen kurzen Spieß und einen goldenen, mit Edelsteinen besetzten Schild. Mit blauen Steinen verzierte Masken und Herzen aus Gold und Silber hingen dem Kriegsgott um den Hals. Vor ihm standen mehrere Kohlenbecken mit Kopal, dem uns schon bekannten Weihrauch des Landes, und mit drei Herzen von Indianern, die an diesem Tag für ihn geschlachtet worden waren und nun hier als Opfer verbrannt wurden. Die Wände und der Boden waren schwarz von Menschenblut. Es stank abscheulich in diesem Tempelraum.

Auf dem anderen Postament stand der Gott der Hölle mit einem Bärengesicht und mit leuchtenden Augen, die aus einem Spiegelglas gemacht waren, das sie in Mexiko Tezcat nennen. Auch dieser Huichilobos war über und über mit Juwelen bedeckt. Um seinen Leib wand sich ein Kreis von Figuren, die wie Teufel aussahen und lange nackte Schwänze hatten. Dem Ungeheuer waren an diesem Tag schon fünf Menschenherzen geopfert worden. Auf der höchsten Spitze des Opfertempels stand wieder ein kapellenartiger Bau aus Holz, der ganz besonders schön und kostbar war. Er war der Fruchtbarkeitsgöttin gewidmet. Auch sie saß erhaben da, halb Mensch, halb Eidechse. Die untere Hälfte mit den Samen aller Pflanzen der Erde war vor den Augen der Besucher verhüllt. In dem Raum war ein Gestank, schlimmer als in jedem schlechtgelüfteten Schlachthaus. Wir konnten es kaum erwarten, wieder an die frische Luft zu kommen. Dort stand auch die Höllenpauke, eine ungeheure Trommel, die einen sehr schwermütigen Ton von sich gab, den man zwei Stunden weit hörte. Das Trommelfell war aus der Haut einer Riesenschlange. Es gab dort oben auf der Plattform noch mehr Hölleninstrumente: große und kleine Höllentrompeten, riesige Schlachtmesser und die Reste von verbrannten Menschenherzen. Unser Generalkapitän sagte lächelnd zu Montezuma: »In der Tat, ich kann nicht begreifen, wie ein so großer und weiser Herrscher wie Ihr an diese Götzen glauben kann, die doch keine Gottheiten sein können, sondern böse Geister, Teufel. Erlaubt uns, auf die Spitze dieses Tempels ein Kreuz und in einen

Raum neben eurem Kriegs- und Höllengott ein Muttergottesbild zu setzen. Ihr und eure Priester, Ihr werdet sehr bald sehen, welche Angst diese Götzen ergreifen wird.«
Montezuma kannte das Madonnenbild. Er antwortete Cortez in Gegenwart von zwei Priestern, die sehr böse dreinblitzten, mit nur schlecht verhaltenem Zorn: »Malinche! Hätte ich gewußt, welche Schmähreden du hier halten würdest, ich hätte dir meine Götter keineswegs gezeigt. In unseren Augen sind es gute Götter. Sie schenken uns Leben und Gedeihen, Wasser und gute Ernten, gesundes und fruchtbares Wetter, und wenn wir sie darum bitten, auch Siege. Deshalb beten wir zu ihnen, und deshalb opfern wir ihnen. Ich muß dich bitten, kein unehrerbietiges Wort mehr gegen sie zu sagen!« Cortez hörte die zornigen Worte und sah die Erregung, in der sie gesprochen wurden. Darum erwiderte er nichts, sondern sagte nur: »Ich glaube, es ist für uns beide Zeit zu gehen.«
Montezuma antwortete, daß er ihn nicht länger aufhalten wolle. Er müsse nun hierbleiben und seine Götter wieder versöhnen; denn er habe uns auf den Tempel geführt und sei mit schuld an diesen Beleidigungen. Cortez erwiderte: »Wenn es so steht, dann bitte ich um Verzeihung.« Dann stiegen wir die Stufen wieder hinunter.
Die Ausmaße des Tempels waren ungeheuer. Ich kann sie aber nicht mehr genau angeben. Basis hundertmal hundert Meter, Höhe dreißig Meter. Zu der Zeit, in der wir in Mexiko waren, dachte ich an ganz andere Dinge als an das Bücherschreiben. Ich weiß aber noch, daß er über tausend Jahre alt war und daß die Einwohner Gold, Silber und Edelsteine abliefern mußten, die in die Fundamente eingemauert wurden. Der Baugrund wurde mit dem Blut von zahllosen Kriegsgefangenen gedüngt und mit den Samen aller Pflanzen des Landes bestreut; denn die Götter sollten dem Land Siege und ergiebige Ernten schenken. In der Nähe des Haupttempels stand ein kleiner Turm, ein Götzen-, nein, ein Höllentempel. Über dem einen Tor öffnete sich ein mit riesigen Hauzähnen bewaffneter Rachen, ein Höllenrachen, der die Seelen verschlang; Teufels- und Schlangengestalten standen um einen dick mit Blut verkrusteten Altar, der wie alle diese Opferstellen mit frischem Blut bedeckt war. In einem Haus daneben standen viele große Töpfe und Gefäße, in denen das Fleisch der unglücklichen Opfer für die Priester gekocht wurde. Auf zahlreichen Fleischbänken lagen Dolche und Haumesser bereit. Das notwendige Feuerholz war abseits aufgestapelt, das Wasser aber floß aus einer verbor-

genen Röhre in einen großen Behälter. Ich kann dieses Haus nur das Haus des Satans nennen.
Es gab noch viele andere Tempel in Mexiko. Jeder war einer anderen Gottheit gewidmet, die Tore und die Teufelsgestalten waren dementsprechend auch verschieden. Die Opfer waren überall gleich abscheulich, und die Opferpriester trugen überall lange schwarze Mäntel mit Kapuzen wie unsere Dominikaner; sie hatten alle durchbohrte Ohren und lange, struppige, mit Blut verklebte Haare. Sie wohnten in Häusern um den großen Tempelplatz.
Nur in Cholula habe ich einen größeren Tempel gesehen, zu dem die Indianer von weither Wallfahrten machten. Er hatte einhundertzwanzig Stufen. Jede Stadt hatte ihren eigenen Götzen, und kein Götze kümmerte sich um den anderen, und allen wurden Menschenopfer gebracht. Wir hatten bald genug von diesen scheußlichen Opferstätten und kehrten in Begleitung zahlreicher Kaziken wieder in unser Quartier zurück.

Durchfahrt zum Stillen Ozean
Fernando Magellan

Am 20. September 1519 verließ ein Geschwader von fünf Schiffen mit einer Besatzung von insgesamt zweihundertsechsunddreißig Mann den spanischen Hafen San Lucar und segelte nach Westen. Sein Kommandant war der neununddreißigjährige Portugiese Fernando de Magellan (eigentlich portugiesisch Magalhães). Er hatte sich in portugiesischen Kriegsdiensten ausgezeichnet, sah sich aber zurückgesetzt und war in die Dienste des spanischen Königs und gleichzeitigen römisch-deutschen Kaisers Karl V. getreten. Nach Erreichen der südamerikanischen Küste überwinterte er in Patagonien. Am 21. Oktober 1520 entdeckte er den Eingang der später nach ihm benannten Magellanstraße zwischen Südamerika und Feuerland. Mit drei ihm verbliebenen Schiffen – das vierte hatte er verloren, das fünfte war desertiert – durchfuhr er sie als erster und erreichte den Stillen Ozean. Im März 1521 entdeckte er die Philippinen. Hier fand er beim Kampf gegen einen einheimischen Fürsten am 27. April den Tod. Die Flotte segelte weiter, unterwegs gingen noch zwei Schiffe verloren, und nur eines kehrte am 6. September 1522 nach Spanien zurück. Die Gewürzladung, die es von den Molukken mitbrachte, reichte aus, um die Kosten des gesamten Unternehmens dieser ersten Weltumseglung zu decken und noch einen Überschuß zu erzielen. Aber mehr als zweihundert Mann hatten den Tod gefunden! Chronist dieser Reise war der achtundzwanzigjährige Italiener Antonio Pigafetta. Obgleich bei dem unglücklichen Gefecht auf den Philippinen ebenfalls schwer verwundet, gehörte er doch zu den wenigen Glücklichen, die 1522 Spanien wieder erreichten. Auf Veranlassung von Papst Clemens VII. verfaßte er eine Beschreibung der Reise, der die folgende Schilderung der Fahrt durch die Magellanstraße entnommen ist.

Wir fuhren bis zum 52. Grad auf den Pol zu und fanden dort am Tag der 11 000 Jungfrauen eine enge Durchfahrt, deren Beginn wegen dieses unbegreiflichen Wunders »Kap der 11 000 Jungfrauen« genannt wurde. Die Durchfahrt ist hundertzehn Leguas oder vierhundertvierzig Meilen lang und, mit Schwankungen nach oben und unten, eineinhalb Leguas breit. Sie führt hinüber in ein anderes Meer, den Pazifischen Ozean. Sie ist eingerahmt von sehr hohen, schneebedeckten Bergen. Es war dort unmöglich, Ankergrund zu finden, vielmehr mußten die Ankertaue am Ufer befestigt werden. Wäre nicht der Generalkapitän gewesen, wir hätten die Durchfahrt nicht gefunden. Wir alle dachten nämlich und sprachen es auch aus, daß wir an allen Seiten eingeschlossen seien. Der Generalkapitän wußte aber wohl, wo man segeln mußte, um eine verborgene Durchfahrt zu finden, denn er hatte im Besitz des Königs von Portugal eine Karte gesehen, die von einem hervorragenden Mann namens Martin Behaim geschaffen worden war. Er schickte zwei Schiffe aus, die »San Antonio« und die »Conception«, um zu erkunden, was hinter dem Kap innerhalb der Einfahrt lag. Wir blieben mit den anderen beiden Schiffen, dem Flaggschiff »Trinidad« und dem zweiten, der »Victoria«, vor Anker, um auf sie zu warten. In dieser Nacht brach ein mächtiger Sturm über uns herein, der bis zur Mitte des nächsten Tages anhielt. Er zwang uns, die Anker einzuholen und uns in der Bucht hin- und hertreiben zu lassen. Die anderen beiden Schiffe hatten mit starkem Gegenwind zu kämpfen, als sie zu uns zurückkehren wollten, und konnten ein Kap nicht umfahren, das die Bucht ganz an ihrem Ende bildete. Deshalb befürchteten sie schon, sie würden stranden, als sie sich aber dem Ende der Bucht näherten, entdeckten sie eine schmale Öffnung, die zunächst gar keinen Durchgang zu bilden schien, sondern nur eine scharfe Kehre. In ihrer Verzweiflung steuerten sie darauf zu und entdeckten so durch Zufall die Durchfahrt. Als sie sahen, daß es sich nicht um eine scharfe Kehre, sondern tatsächlich um eine Durchfahrt handelte, drangen sie weiter vor und entdeckten eine Bucht. Hier fanden sie wieder eine Durchfahrt und wieder eine Bucht, größer als die beiden ersten. Hocherfreut wendeten sie sofort, um den Generalkapitän zu unterrichten. Wir befürchteten schon, sie hätten Schiffbruch erlitten, zum einen wegen des heftigen Sturmes, zum anderen, weil schon zwei Tage vergangen und sie noch nicht aufgetaucht waren. Auch hatten zwei ihrer Leute, die ans Ufer gegangen waren, damit sie uns benachrichtigen sollten, falsche Rauchzeichen gegeben. Während wir uns noch in unserer Ungewißheit ängstigten, sahen wir plötzlich die beiden Schiffe mit vollen Segeln und im Wind flatternder Fahne auf uns zukommen. Als sie sich uns näherten, feuerten sie plötzlich eine Anzahl Schüsse ab und brachen in Jubelgeschrei aus. Mit dem Dank an Gott und die Jungfrau Maria brachen wir alle zusammen auf, um die weitere Durchfahrt zu suchen.

Nachdem wir in diese enge Meeresstraße eingelaufen waren, entdeckten wir zwei Öffnungen, eine nach Südosten, die andere nach

Südwesten. Der Generalkapitän sandte die »San Antonio« zusammen mit der »Conception« aus, um feststellen zu lassen, ob die Einfahrt nach Südwesten zugleich eine Ausfahrt in den Pazifischen Ozean böte. Die »San Antonio« wollte nicht auf die »Conception« warten, denn die Besatzung hatte die Absicht zu fliehen und nach Spanien zurückzukehren – was auch geschah. Der Steuermann dieses Schiffes war ein gewisser Stefan Gomez. Er haßte den Generalkapitän aufs äußerste, weil der Kaiser vor Ausrüstung dieser Flotte angeordnet hatte, daß er selbst einige Karavellen erhalten sollte, um neue Länder zu entdecken. Dann aber gab sie ihm der Kaiser doch nicht, weil der Generalkapitän gekommen war. Aus diesem Grunde verschwor er sich mit einigen Spaniern, und in der nächsten Nacht nahmen sie den Kapitän ihres Schiffes fest, einen Vetter des Generalkapitäns namens Alvaro de Meschita, den sie verwundeten und in Eisen legten. So brachten sie ihn nach Spanien. Die »Conception« wartete auf das Schiff, als sie es nicht finden konnte, und segelte hin und her. Die »San Antonio« aber kehrte in der Nacht um und floh durch die bekannte Durchfahrt.
Wir waren aufgebrochen, um die andere Ausfahrt nach Südwesten zu erforschen. Während wir nun bemerkten, daß die Durchfahrt stetig weiterging, stießen wir auf einen Fluß, den wir den Sardinenfluß nannten, weil es in seiner Nähe viele Sardinen gab. Wir verweilten dort vier Tage, um auf die zwei Schiffe zu warten. Während dieser Zeit schickten wir ein gut ausgerüstetes Boot aus, das die Ausfahrt zum Pazifischen Ozean auskundschaften sollte. Die Leute kehrten innerhalb von drei Tagen zurück und berichteten, daß sie das Kap und das offene Meer gesehen hätten. Der Generalkapitän weinte vor Freude und nannte das dortige Kap »Kap Dezeado«, denn wir hatten uns lange danach gesehnt. Wir kehrten um, um nach den beiden Schiffen zu sehen, fanden aber nur die »Conception«. Auf unsere Frage, wo das andere sei, antwortete Johann Seranno, der Kapitän und Steuermann des Schiffes, daß er es nicht wisse und daß er die »San Antonio« nicht mehr gesehen habe, seit er in die Einfahrt eingelaufen sei. Wir suchten in allen Ecken der Meeresstraße bis hin zu der Durchfahrt, durch die das Schiff entflohen war. Der Generalkapitän schickte die »Victoria« bis zur Einfahrt der Straße, um nachsehen zu lassen, ob man dort die »San Antonio« finde. Die Besatzung erhielt die Anweisung, im Falle daß ihre Fahrt erfolglos verlaufe, ein Banner auf dem Gipfel einer kleinen Bodenerhebung aufzupflanzen und

daneben in einem irdenen Topf einen Brief zu vergraben. Er hoffte so, daß Banner und Brief vielleicht gefunden würden und das Schiff den Kurs erfahre, auf dem wir weitersegelten. Dies war nämlich eine Abmachung zwischen uns für den Fall, daß wir auseinandergerieten. So wurden zwei Banner mit den dazugehörigen Briefen aufgepflanzt, das eine auf einer kleinen Anhöhe in der ersten Bucht und das andere auf einem Inselchen in der dritten Bucht. Der Generalkapitän wartete mit seinem eigenen Schiff in der Nähe des Isleo-Flusses und ließ auf einer kleinen Insel in der Nähe dieses Flusses, der sich nicht weit entfernt vom Sardinenfluß ins Meer ergoß, ein Kreuz errichten. Wenn wir die Durchfahrt nicht entdeckt hätten, wäre er entschlossen gewesen, bis zum 75. Grad in Richtung auf den Südpol vorzudringen. Auf dieser Breite gibt es im Sommer keine Nacht, und wenn, dann ist sie nur sehr kurz. Als wir diese Durchfahrt durchquerten – es war damals Oktober – dauerten die Nächte nur zwei Stunden. Das Land zur Linken der Meeresstraße wandte sich nach Südosten und war flach. Wir nannten diese Durchfahrt die Straße von Patagonien. Man findet dort jede halbe Legua[1] die sichersten Häfen, Wasser, das schönste Holz, Fische, Sardinen und rings um die Quellen wohlschmeckende Kräuter. Wir aßen viele Tage davon, da wir nichts anderes hatten. Ich glaube, daß es auf der ganzen Welt keine schönere und bessere Durchfahrt gibt als diese.

Am Mittwoch, den 28. November 1520, segelten wir aus der Durchfahrt hinaus und wagten uns auf den Pazifischen Ozean. Wir lebten nun auf dem Pazifik drei Monate und zwanzig Tage, ohne irgendeine frische Nahrung zu erhalten. Wir aßen Zwieback, der eigentlich kein Zwieback mehr war, sondern Zwiebackpulver, das von Maden wimmelte, die das Zeug schon aufgefressen hatten. Es stank heftig nach Rattenurin. Wir tranken fauliges gelbes Wasser. Wir aßen auch Ochsenhäute, die die Hauptrahe bedeckten, damit sie nicht das Segeltuch aufreiben. Diese Häute waren in Sonne, Regen und Wind außerordentlich hart geworden. Wir ließen sie vier oder fünf Tage im Meer, legten sie dann für ein paar Augenblicke auf die glühende Asche und aßen sie so. Und oft aßen wir sogar die Sägespäne von Brettern. Ratten wurden für einen halben Dukaten das Stück verkauft, und man konnte sie nicht einmal bekommen. Aber neben allen anderen Mißgeschicken war am schlimmsten das folgende: Das Zahnfleisch der

[1] Eine Legua entspricht etwa 5 km.

unteren und oberen Zähne schwoll bei einigen Leuten an, daß sie unter gar keinen Umständen essen konnten und deshalb sterben mußten. Neunzehn Mann erlagen dieser Krankheit, fünfundzwanzig oder dreißig erkrankten in dieser Zeit an den Armen, Beinen oder an anderen Stellen, so daß nur wenige wohlauf blieben. Ich aber litt durch Gottes Gnaden an keiner Krankheit. Wir legten in diesen drei Monaten und zwanzig Tagen rund viertausend Leguas auf dem offenen Pazifischen Ozean zurück.

Deutsche Landsknechte im Urwald
Nikolaus Federmann

El Dorado – dieses geheimnisumwobene Wort wurde zur Triebfeder zahlreicher Entdekkungsfahrten in Südamerika. Die spanischen Konquistadoren bezeichneten damit ein sagenhaftes Goldland im Innern Südamerikas, dessen angeblich unermeßliche Schätze immer wieder aufs neue Männer in den Urwald – und in den Tod – lockten. Zu ihnen gehörte auch Nikolaus Federmann aus Ulm, der im Dienste der Welser 1530 nach Südamerika kam. Dieses Augsburger Handelshaus hatte wenige Jahre zuvor von Kaiser Karl V. das Gebiet des heutigen Venezuela als Pfand für eine Anleihe erhalten und gedachte nun, das Land und vor allem die dort erhofften Goldschätze ausbeuten zu können. Federmann zog mit hundertsechsundzwanzig Soldaten und hundert indianischen Trägern in das Landesinnere, um nach dem Dorado zu suchen. Anfangs verstand er es recht geschickt, durch Verhandlungen Kämpfe mit den Eingeborenen zu vermeiden, ließ sie gleich massenweise taufen, ohne sie im geringsten im Christentum zu unterrichten. Je weiter sie in das Innere vordrangen, um so häufiger wurden sie in kriegerische Auseinandersetzungen verwickelt. Federmann kam in das Gebiet des Tacariguasees und von da in die fruchtbare Tallandschaft von Barquisimeto. Hier erhielt er eine vage Kunde von einem Meer, das im Süden liegen solle. Aber die Konquistadoren konnten nicht mehr weiter vorstoßen. Krankheit und Fieber forderten ihren Tribut, und Federmann mußte sich zur Umkehr entschließen. Nach einer strapazenreichen Rückkehr gelangte die Expedition im März 1531 wieder an die Küste. Federmann hat über diesen Zug durch den Urwald in seiner »Indianischen Historia« einen ausführlichen Bericht gegeben. 1538 nahm er noch an einer Expedition in das Hochland von Bogotá teil. Dann kehrte er nach Europa zurück und wurde von den Welsern der Unterschlagung bezichtigt. Noch war der Prozeß nicht abgeschlossen, als er 1542 in Valladolid an Fieber starb. Unser Augenzeugenbericht schildert seine Begegnung mit den Indianern im Tal von Barquisimeto.

Wir verließen den letzten Flecken der Xaguas und reisten zu den Caquetios, die das flache Land bewohnen und die nach Aussagen der Xaguas ein sehr streitbares Volk sein sollten. Als wir uns ihnen auf etwa eine Meile genähert hatten, konnten wir etwa zwanzig ihrer Dörfer sehen, die in einer sehr schönen Ebene an einem großen Fluß lagen[1]. Wir ließen uns dort nieder und beratschlagten, was wir nun unternehmen sollten; denn es wäre für uns von großem Nachteil gewesen, wenn die Indianer in den vielen Pueblos[2] unsere Freundschaft nicht erwidern würden. Wir hatten nämlich einiges über die Stärke, Frechheit und Geschicklichkeit dieses Stammes erfahren. Um unserer Sicherheit zu genügen, beschlossen wir deshalb, diese Indianer nicht wie andere zu überfallen, denn es waren ihrer zu viele, und wir hätten nur wenig auszurichten vermocht. Deshalb schickten wir einen Indianer von ihrem Stamme, den wir aus Coro mitgebracht hatten, und einige Xaguas mit Geschenken zu ihren Pueblos und ließen den Kaziken oder Häuptlingen unsere Ankunft und den Grund unserer Anwesenheit vermelden. Auch ließen wir ihnen sagen, daß sie uns entgegenziehen und mit uns Frieden schließen möchten, so sie unsere Freunde sein wollten. Da wir aber nicht hoffen konnten, dieses Volk so rasch und gütlich zufriedenzustellen, hielten wir in guter Wache und Wehr an diesem Tag und in der gleichen Nacht ungefähr eine Meile von den Pueblos entfernt. Denn es war bereits spät gewesen, als wir die Indios ausgesandt hatten, und deshalb waren sie am gleichen Abend nicht mehr mit einer Antwort zurückgekehrt. Wir hatten an dieser Stelle auch den Vorteil, notfalls die Pferde gut einsetzen zu können, die unsere beste Waffe sind und vor denen die Indios die meiste Furcht haben. Am nächsten Morgen kamen unsere Boten mit etwa vierzig Caquetios zurück, brachten Wildbret und andere Speisen mit und sagten mir, daß ihre Kaziken uns in den Pueblos erwarteten und auch gern mit uns Freundschaft schließen würden. Also sendete ich sie wieder zurück mit der Nachricht, daß ich ihnen sogleich nachfolgen wollte. Sie wünschten aber auf uns zu warten und erboten sich, uns den Weg zu zeigen. Das schlug ich ihnen jedoch ab, da ich in ihrer Abwesenheit von den Gesandten zu erfahren hoffte, was die Caquetios planten. Doch hörte ich nichts anderes, als daß wir von ihnen nicht betrogen oder unfreundlich behandelt werden sollten, da der Caquetio oder Dolmetscher, der mit uns von Coro hergekommen war, bei seinen Stammesbrüdern unsere Wohltaten gegenüber allen Stämmen, die unsere Freunde waren, hoch gerühmt hatte. Er hatte aber auch von unserer Macht und Stärke gegenüber denjenigen gesprochen, die sich uns widersetzt hatten. Hierauf hatten die Caquetios beschlossen, unsere Freunde zu werden und uns alles zu bewilli-

[1] Tal von Barquisimeto
[2] Indianische Dörfer

gen, was wir benötigten. Ich beschenkte den Dolmetsch und gab ihn frei, denn ich hatte ihn bis dahin einem Christen als Diener zugeteilt. Aus seinen Reden konnte ich aber deutlich entnehmen, daß eine der Ursachen für ihren Entschluß, uns freundlich zu begegnen, ihr Verlangen bildete, Menschen zu sehen, von denen sie bisher nie etwas gehört hatten. Vielleicht meinten sie aber auch, sie seien weit zahlreicher und stärker als wir und könnten daher gar leicht Widerstand leisten, falls wir sie angreifen sollten.

Als ich nun den ersten Pueblo dieser Provinz Barquisimeto erreichte, fand ich darinnen eine große Zahl Indios, etwa viertausend, alle gut proportioniert und ein starkes Volk, von denen ich sehr freundlich empfangen wurde. Um die Sache kurz zu machen: Ich verweilte in diesen Pueblos, deren dreiundzwanzig an diesem Wasser liegen, jeweils eine halbe oder höchstens eine Meile voneinander entfernt, etwa vierzehn Tage, um die Flecken zu besichtigen und die Einwohner als Freunde zu gewinnen. Auch erkundigte ich mich nach den anderen Ortschaften des Landes, die wir auf unserem Wege noch aufsuchen wollten. In allem bewiesen sie uns gute Freundschaft und gaben uns freiwillig Geschenke im Wert von dreitausend Goldpesos, das sind etwa fünftausend rheinische Gulden. Denn es ist ein reiches Volk, das viel Gold besitzt, es verarbeitet und damit handelt. Macht man ihnen Geschenke aus Eisen, wie beispielsweise Hacken, Äxte, Messer und dergleichen, die sie sehr dringend benötigen, wären sie durchaus bereit, viel Gold dafür zu geben, wie man sich leicht vorstellen kann. Ihre Geschenke aber machten sie uns aus freien Stükken, nur um ihr Ansehen zu beweisen und nicht wie in den anderen Flecken, die wir bisher besucht hatten, aus Furcht. Denn wir konnten deutlich verspüren, daß sie sich – wie ich schon zuvor anzeigte – auf ihre große Zahl verließen, wäre es ihnen doch möglich gewesen, aus diesen dreiundzwanzig Flecken in einem halben Tag rund dreißigtausend kampfgeübte Krieger zu versammeln. Auch verfügen sie über feste und gut geschützte Dörfer, die man nicht wie die anderen Pueblos überfallen kann. Sie sind mit vier Stämmen, die sie an vier Seiten umgeben, verfeindet und müssen daher jederzeit Krieg und Überfall ihrer Gegner befürchten. Und obwohl sie mit einigen umliegenden Flecken der Xaguas Handel treiben, so sind sie doch eigentlich ihre Feinde. Auf der anderen Seite wohnen die Cyparicotes, auf der dritten die Cuibas, und alle diese drei Völker essen Menschenfleisch und metzeln und schlachten ihre Feinde nieder, die sie im Kriege oder bei anderen Gelegenheiten fangen. Auf der vierten Seite wohnen zwar ihre eigenen Stammesgenossen, auch Caquetios, in einem dicht besiedelten Tal, aber auch diese sind ihre Feinde. Deshalb meine ich, daß sie gerade wegen dieser Feinde so eng beieinander wohnen, damit sie ihnen desto besser Widerstand leisten können. Denn sie sind nämlich das größte Volk, das wir auf unserer bisherigen Reise auf einem so kleinen Raum in so gut bewaffneten und starken Flecken zusammenwohnend gefunden haben.

In dieser Provinz hörte ich auch von einem anderen Meer, das Südmeer oder mittägliches Meer genannt wird. Es war eben jenes, das wir zu erreichen hofften und das die Hauptursache für unsere Reise gewesen ist. Denn dort erhofften wir, einen großen Reichtum an Gold, Perlen und Edelsteinen zu finden, wie man sie bereits in anderen indianischen Ländern an diesem Südmeer gefunden hat. Und obwohl uns die Einwohner dieser Pueblos davon erzählten, so wollten sie doch selbst niemals dort gewesen sein und behaupteten nur, durch ihre Vorfahren davon gehört zu haben.

In den vierzehn Tagen, in denen ich mich in den Flecken dieser Provinz aufhielt, wurden etwa sechzig Christen krank, davon einige so schwer, daß sie weder zu Pferd noch zu Fuß weggebracht werden konnten. Und obwohl es nötig gewesen wäre, hier länger stillzuliegen und auf die Genesung der Kranken zu warten, wollten die Spanier doch aufbrechen, denn sie hielten die ungesunde und feuchte Luft dieser Gegend für die Ursache dieser Krankheit und hofften gesund zu werden, sobald sie diesen Ort verließen. Deshalb brach ich am nächsten Tage auf, um das erwähnte Südmeer zu finden. Ich ließ etliche der Kranken in Hamacos tragen, so heißen die indianischen Betten. Dazu benötigte ich aber die Indios unseres Trosses, und den Einwohnern des Pueblo sagte ich, sie würden getragen, weil sie große Herren seien. Dann befahl ich den Gesunden, von ihren Pferden abzusitzen, und ließ Kranke reiten, und zwar einen hinter dem anderen sitzend. Auf diese Weise täuschten wir so gut wie möglich die Indios, damit sie uns Christen nicht krank sahen, die sie doch für unsterblich hielten. Denn wenn sie das gemerkt hätten, wäre es ein großer Nachteil für uns gewesen. Ohne Zweifel hätten sie versucht, uns anzugreifen. Das aber wäre denkbar ungelegen gekommen, da ich mich so weit in unbekanntem Land mit kranken Leuten befand, die sich nicht zu verteidigen vermochten. Auch sah ich keinen geeigneten Weg, zurück- oder weiterzureisen, wußte auch nicht, welches

Volk wir als nächstes antreffen würden. Doch war wohl zu ermessen, daß sie kriegerisch sein mußten, wenn sie Feinde dieses Volkes in der Provinz Barquisimeto waren, das wir doch als mächtig und stark kennengelernt hatten. Dies alles konnte mich aber nicht daran hindern, meine Reise fortzusetzen, zumal wir auch kaum etwas Gutes erfahren hätten, wenn wir wieder zu den Xaguas zurückgekehrt wären, um dort die Genesung der Kranken abzuwarten. Das hätten uns die Indios nur als Furcht und Zaghaftigkeit angerechnet. Unser Ansehen wäre geschmälert worden, und sie hätten sich gegen uns erhoben. Um also unter zwei Übeln das kleinere zu wählen, zog ich also, wie schon berichtet, mit mehr Zigeunern und Krüppeln denn mit Kriegsleuten meiner Wege. Von den Pueblos wurden mir etwa zweihundert Indios mitgegeben, die unsere Sachen tragen und den Weg bis in die Nähe ihrer Feinde, der Cuibas, zeigen sollten. Ich versprach ihnen, sie aus der Feinde Land wieder zurückbegleiten zu lassen. Wir ließen diese Indianer, die unsere Sachen trugen, vorangehen und achteten nicht weiter auf sie, da wir von ihnen keinen Betrug fürchteten. Auch glaubten wir, sie eilten voran, da sie so schwer beladen waren und sich der Last so schnell wie möglich entledigen wollten. Aber sie trugen diese Lasten nicht weiter als zwei Meilen Wegs und ließen dann alles in einem weiten Feld stehen, an dem wir vorüberziehen mußten. Sie selbst liefen davon, vielleicht in der Furcht, wir möchten sie in das Land ihrer Feinde bringen und sie dann zwingen, uns weiter zu dienen. Nun verfügten wir aber nicht über genügend Leute, um unsere Lasten zu tragen, und wir hätten alles unter die wenigen gesunden Christen aufteilen müssen. Die aber wiederum hätten, ermüdet durch die Last, beim Überfall den Feinden keinen Widerstand leisten können. Deshalb suchten wir das Nötigste, was wir brauchten, heraus und teilten es unter die Christen auf. Den Rest ließ ich abseits des Weges vergraben und hoffte, es bei der Rückkehr wieder mitnehmen zu können. Die Indios, die uns den Weg zeigen sollten, waren ebenfalls entlaufen, doch zum Glück waren ein kleiner Junge und eine Indiofrau zurückgeblieben, die den Indios hatten nicht folgen können. Die Frau war der Cuiba-Sprache etwas mächtig, wollte aber nicht zugeben, daß sie den Weg wüßte.

Die Gefangennahme Atahualpas
Francisco Pizarro

Francisco Pizarro, der Entdecker und Eroberer Perus, wurde um 1476 in Spanien geboren. In seiner Jugend war er Schweinehirt, eine Schulbildung oder militärische Ausbildung hat er nie genossen. Als Sechsundzwanzigjähriger verließ er seine Heimat und ging in das neuentdeckte Amerika, um dort sein Glück zu machen. Nachdem er sich an verschiedenen Expeditionen beteiligt hatte, unternahm er zwischen 1524 und 1527 zwei Fahrten, in deren Verlauf er die Küsten von Ecuador und Peru erforschte. Dann erhielt er schließlich von der spanischen Regierung den Auftrag, das neuentdeckte Peru zu erobern. Mit nur hundertachtzig Kriegern segelte er 1531 von Panama ab, landete an der Küste Ecuadors und zog etwa dreizehnhundert Kilometer weit nach Süden in das Inkareich. Obgleich die Inka als ungemein tapfer und kriegstüchtig galten und sich im Verlaufe von mehreren Jahrhunderten einen verwaltungstechnisch hervorragend organisierten Staat aufgebaut hatten, gelang es Pizarro, das Überraschungsmoment auszunutzen und sich in Caxamalca festzusetzen und hier sogar den Inkaherrscher Atahualpa festzunehmen. Dieser bot den Spaniern einen ungeheueren Gold- und Silberschatz als Lösegeld. Obgleich er tatsächlich dieses Lösegeld bezahlte, wurde er trotzdem 1533 hingerichtet. Pizarro nahm ganz Peru in Besitz und gründete Lima als neue Hauptstadt, aber er konnte sich seiner Eroberung nicht lange erfreuen; in den folgenden Jahren kam es zu schweren Auseinandersetzungen mit spanischen Rivalen. Zwar besiegte er 1538 seinen Nebenbuhler Almagro, aber schon 1541 wurde er – fünfundsechzig Jahre alt – von dessen Freunden in Lima ermordet. Kaiser Karl V. ernannte zwar gleich einen neuen Vizekönig, aber es sollte noch ein Jahrzehnt vergehen, bis die Kämpfe zwischen den Konquistadoren endlich ein Ende fanden. Über die dramatischen Ereignisse in Peru gab der Sekretär Pizarros, Francisco de Xeres, der die Eroberung des Landes als Augenzeuge miterlebte, einen ausführlichen Bericht, den er schon 1534 veröffentlichte. Ihm ist die folgende Schilderung von der Gefangennahme Atahualpas entnommen.

Sehr bald sahen die Spanier, daß die Ebene voll von Indianern war, die in kleinen Trupps anhielten, um auf jene zu warten, die aus dem Lager herausmarschierten. Der Zug der indianischen Truppen auf der Straße dauerte bis zum Nachmittag; denn sie kamen in getrennten Abteilungen. Als sie die Engstellen der Straße passiert hatten, erreichten sie das Gelände nahe am Lager der Christen, und immer noch

ergossen sich Truppen aus dem indianischen Lager. Nach kurzer Zeit befahl Pizarro den Spaniern, sich in ihren Unterkünften zu bewaffnen und die Pferde gesattelt und gezäumt zu halten. Er unterstellte sie dem Befehl von drei Hauptleuten, aber keiner durfte sich auf dem freien Platz zeigen. Der Hauptmann der Artillerie wurde angewiesen, seine Kanonen auf den Feind in der Ebene richten zu lassen, um jederzeit das Feuer eröffnen zu können. Auf den Straßen, die zu dem freien Platz führten, stellte Pizarro Posten aus, er selbst nahm zwanzig Mann mit sich und begab sich in sein Quartier. Diese Leute erhielten den Auftrag, sich der Person des Inkaherrschers Atahualpa zu bemächtigen, wenn er – wie es den Anschein hatte – mit einer größeren Streitmacht anrücken sollte. Die Truppen erhielten den ausdrücklichen Befehl, nicht eher ihre Quartiere zu verlassen, als bis sie das Feuer der Kanonen hörten. Den Wachen wurde besondere Vorsicht geboten. Falls sie erkannten, daß die heranrückenden Indianer Verrat im Schilde führten, sollten auf ihr Alarmsignal hin alle aus den Unterkünften stürzen, die Reiter aber erst vorrücken, wenn sie den Schlachtruf »Santiago« hörten.
Als alle diese Vorbereitungen getroffen waren, wartete Pizarro auf das Erscheinen Atahualpas. Von den Christen zeigte sich niemand außer den Posten, die Nachricht über die Bewegung des indianischen Heeres gaben. Pizarro und sein Feldhauptmann besuchten die Quartiere der Spanier und überzeugten sich, daß alle bereitstanden, auf ein Zeichen hin sofort hinauszustürzen. Dann hielt er eine kurze Ansprache, er riet ihnen, guten Mutes und standhaft zu sein und auf Gott zu vertrauen, der denen auch in größter Not helfen werde, die sich in seinem Dienst bemühten. Er verhehlte ihnen nicht, daß zwar auf jeden Christen fünfhundert Indianer kämen, hob aber hervor, daß sie auf Gott vertrauen müßten, der auf ihrer Seite kämpfen werde. Dann befahl er ihnen, bei einem Angriff mit verzweifelter Wut hinauszustürmen und die Reihen der Feinde zu durchbrechen, wobei sie nur darauf achten sollten, daß die Pferde einander nicht behinderten.
Als Pizarro sah, daß der Tag zur Neige ging und Atahualpa keine Anstalten machte, das Lager zu verlassen, aus dem immer noch Truppen ausrückten, sandte er einen Spanier zu ihm mit der Bitte, er möge ihn doch noch vor Einbruch der Dunkelheit aufsuchen. Als der Bote vor Atahualpa hintrat, verbeugte er sich und deutete ihm durch Zeichen an, er solle dorthin kommen, wo der Statthalter auf ihn warte. Sogleich setzte sich der Inka mit seinen Truppen in Bewegung, und

der Spanier kehrte eilends zurück und berichtete, daß sie heranrückten und die vorausmarschierenden Männer Waffen unter ihren Gewändern verborgen trügen. Es waren feste Mäntel aus Baumwolle, unter denen sie Steine, Beutel und Schleudern hielten. Das alles ließ ihre verräterischen Absichten deutlich erkennen. Bald erreichte der Vortrab des Gegners den offenen Platz[1]. Zuerst kam eine Abteilung Indianer in buntfarbigen, livreeartigen Gewändern, die schachbrettartig gemustert waren. Sie räumten beim Heranrücken den Unrat vom Boden weg und säuberten den Weg. Dann kamen drei Abteilungen in verschiedenartiger Kleidung, die tanzten und sangen. Danach eine Anzahl von Leuten in Rüstungen, großen Metallplatten und Kronen aus Gold und Silber. Schließlich erschien Atahualpa in einer Sänfte, die mit Büschen aus den vielfarbigen Federn indianischer Papageien besteckt und mit Gold- und Silberplatten geschmückt war. Diese Sänfte wurde von Indianern auf ihren Schultern getragen. Es folgten noch einige Sänften mit bedeutenden Häuptlingen, und den Abschluß bildeten mehrere Abteilungen von Indianern mit goldenen und silbernen Kronen.
Als die ersten den großen freien Platz erreicht hatten, stellten sie sich an die Seiten, um den Nachfolgenden Raum zum Vorrücken zu lassen. Atahualpa blieb, sobald er die Mitte des Platzes erreicht hatte, mit den anderen in der Sänfte, während seine Truppen weiter einrückten. Dann trat ein Anführer vor, erstieg die Befestigung neben dem freien Platz, wo die Artillerie aufgestellt war, und erhob zweimal die Lanze, als ob er ein Zeichen geben wolle. Als Pizarro dies sah, fragte er den Pater Valverde, ob er mit einem Dolmetscher zu Atahualpa gehen und mit ihm sprechen wolle. Der Pater bejahte und ging mit einem Kreuz in der einen und der Bibel in der anderen Hand durch die indianischen Truppen auf dem Platz auf Atahualpa zu und sprach ihn folgendermaßen an: »Ich bin ein Priester Gottes und lehre die Christen die göttlichen Dinge. So komme ich zu dir, um dich gleichermaßen zu lehren. Was ich dich lehre, sagt uns Gott in diesem Buch. Deshalb bitte ich dich im Namen Gottes und der Christen dringend, unser Freund zu sein; denn es ist Gottes Wille und es wird auch für dich gut sein. Geh und sprich mit dem Statthalter, der dich erwartet.«
Atahualpa bat um das Buch, damit er es ansehen könne. Der Priester

[1] In der Stadt Caxamalca.

reichte es ihm, doch wußte der Inka nicht, wie er es öffnen sollte, und der Priester streckte seine Hand aus, um ihm behilflich zu sein. Da geriet Atahualpa in großen Zorn, gab ihm einen Schlag auf den Arm, öffnete es selbst und warf es dann, ohne wie andere Indianer vorher in Erstaunen über die Buchstaben und das Papier zu geraten, fünf oder sechs Schritte von sich weg. Auf die Worte, die der Mönch mit dem Dolmetscher zu ihm gesprochen hatte, antwortete er mit viel Geringschätzung: »Ich weiß sehr wohl, wie ihr euch auf dem Weg hierher benommen und meine Häuptlinge behandelt habt. Ihr habt das Tuch aus meinen Vorratshäusern geplündert.« Der Mönch antwortete: »Das taten nicht die Christen, sondern einige Indianer haben das Tuch ohne Wissen des Statthalters genommen, er aber befahl, daß es zurückerstattet werde.« Darauf Atahualpa: »Ich will diesen Platz nicht verlassen, bis sie mir alles wiederbringen.« Mit dieser Antwort kehrte der Mönch zu Pizarro zurück.

Der Mönch berichtete dem Statthalter, was zwischen ihm und Atahualpa vorgefallen war, und daß dieser die Heilige Schrift auf den Boden geworfen habe. Da nahm Pizarro sein Schwert und seinen Dolch und trat mit den Spaniern, die ihn begleiteten, höchst unerschrocken unter die Indianer. Und mit nur vier Leuten, die ihm zu folgen vermochten, drang er bis zu der Sänfte vor, wo Atahualpa stand, packte ihn furchtlos am Arm und schrie laut: »Santiago«. Da wurden die Kanonen abgefeuert, die Trompeten ertönten, und die Truppen stürmten zu Fuß und zu Pferde hervor. Als die Indianer die angreifenden Reiter sahen, flüchteten viele von ihnen, die auf dem freien Platz standen, und sie liefen so überstürzt davon, daß sie einen Teil der Mauern niederbrachen, die den Platz umgaben. Die Berittenen ritten sie nieder, töteten und verwundeten sie und machten sich auf, sie zu verfolgen. Die Fußsoldaten griffen die Zurückgebliebenen so heftig an, daß in kurzer Zeit die meisten von ihnen mit dem Schwert niedergemacht waren. Pizarro hielt Atahualpa noch immer am Arm fest, konnte ihn aber nicht aus der Sänfte herauszerren, weil er so hoch über ihm stand. Da aber richteten die Spanier unter den Trägern ein solches Blutbad an, daß die Sänfte zu Boden fiel. Wenn der Statthalter Atahualpa nicht geschützt hätte, hätte dieser stolze Mann den Preis für all die Grausamkeiten zahlen müssen, die er begangen hatte. Pizarro empfing, während er Atahualpa schützte, eine leichte Wunde an der Hand. Während der ganzen Zeit erhob kein Indianer seine Waffen gegen einen Spanier. So gewaltig war ihr

Schrecken, als sie sahen, wie der Statthalter sich seinen Weg durch ihre Reihen bahnte, das Kanonenfeuer hörten und den Angriff der Reiter erblickten, etwas wovon sie niemals vorher gehört hatten, daß sie mehr an Flucht und an Rettung ihres Lebens dachten als an den Kampf. Alle Sänftenträger Atahualpas schienen bedeutende Häuptlinge zu sein. Sie wurden ebenso getötet wie die Träger der anderen Sänften. Pizarro ging zu seiner Unterkunft, und mit ihm sein Gefangener Atahualpa, der seiner Kleider beraubt war, denn die Spanier hatten sie heruntergerissen, als sie ihn aus der Sänfte zerrten. Es war etwas Wundervolles, zu sehen, wie ein so mächtiger Herr, der in solcher Machtfülle gekommen war, in so kurzer Zeit zum Gefangenen gemacht wurde.

Kampf mit Amazonen
F. de Orellana, G. de Carbajal

Francisco de Orellana, der Entdecker des Amazonas, wurde um 1505 in Truxillo in Spanien geboren. Wie viele andere Spanier ging auch er als junger Mann in das neuentdeckte Amerika, um dort sein Glück zu machen. Er begleitete Francisco Pizarro nach Peru und wird sich dort gut bewährt haben, denn er durfte als Hauptmann an der Expedition des jüngeren Gonzales Pizarro nach dem sagenhaften Zimtland im Osten Perus teilnehmen. Die Expedition überquerte die Anden und zog bis in das Stromgebiet des Coca und des Napo. Hier befahl Pizarro, Orellana solle mit fünfzig Mann auf einer Brigantine vorausfahren und Lebensmittel besorgen. Der aber verließ einfach die bedrängten Gefährten und fuhr mit seinen Leuten flußabwärts bis an die Stelle, da der Napo in den Maranon, den Oberen Amazonas, mündet. Dem neuentdeckten Strom folgten sie in achtmonatiger Fahrt flußabwärts und legten dabei – allein der Luftlinie nach gemessen – eine Strecke von rund zweitausendachthundert Kilometern zurück, bis sie die Mündung des Amazonas in den Atlantischen Ozean erreichten. Der glückliche Ausgang der kühnen Fahrt auf einem Strom, der heute noch in weiten Strecken für den Reisenden höchst gefährlich ist, gleicht einem Wunder. Unterwegs mußten die Spanier immer wieder gegen feindliche Indianer kämpfen. Darüber berichtet Pater Gaspar de Carbajal, der sich mit auf der Brigantine befand. Er schildert auch die merkwürdigen Ereignisse des 24. Juni 1542, an dem die Konquistadoren erstmals kämpfenden Frauen begegneten, die dann den Anlaß zu den Gerüchten vom Amazonenstaat im Urwald und damit auch dem Fluß seinen Namen gaben. Orellana selbst ging nach Spanien, um bei Hofe über seine Fahrt zu berichten. 1545 kehrte er aber nach Südamerika zurück, um erneut nach dem sagenhaften Goldland El Dorado zu suchen. Bei diesem Unternehmen ist er im Urwald verschollen.

Am folgenden Donnerstag fuhren wir an anderen Dörfern von mittlerer Größe vorüber, unternahmen aber keinen Versuch, dort anzuhalten. Alle diese Dörfer sind Unterkünfte für Fischer aus dem Inneren des Landes. Wir aber fuhren weiter auf der Suche nach einem friedlichen Ort, an dem wir das Fest des gesegneten hl. Johannes des Täufers, des Herolds Christi, feiern und uns daran freuen konnten. Da war es Gottes Wille, daß wir, als wir um eine Biegung des Flusses fuhren, am Ufer vor uns viele Dörfer sehen sollten, und zwar sehr

große, die weiß leuchteten. Hier stießen wir plötzlich auf das Land und den Herrschaftsbereich der Amazonen. Die genannten Dörfer waren gewarnt worden und wußten von unserem Kommen. Deshalb eilten auch die Bewohner heraus zum Wasser, aber keineswegs, um uns in freundlicher Absicht zu treffen. Als sie nahe an den Kapitän herangekommen waren, hätte sie dieser gerne so weit gebracht, daß sie Frieden hielten. Deshalb begann er auf sie einzureden, sie aber lachten und machten sich über uns lustig. Sie kamen nahe zu uns heran und sagten uns, wir sollten weiterfahren. Auch fügten sie hinzu, daß sie dann weiter unten auf uns warten, uns alle ergreifen und zu den Amazonen bringen wollten. Der Kapitän, der über das dreiste Auftreten der Indianer verärgert war, gab den Befehl, mit Armbrüsten und Arkebusen auf sie zu schießen, damit sie darüber nachdenken und der Tatsache gewärtig werden könnten, daß auch wir etwas in den Händen hätten, womit wir sie angreifen könnten. Auf diese Weise wurde ihnen Schaden zugefügt, und sie wandten sich dem Dorf zu, um zu melden, was sie gesehen hatten. Wir hingegen säumten nicht, weiterzufahren und nahe an die Dörfer heranzusteuern. Bevor wir jedoch noch auf eine halbe Meile an das Ufer herangekommen waren, standen am Ufer entlang in Abständen ganze Scharen von Indianern, und je weiter wir vordrangen, desto näher rückten sie allmählich zusammen und zogen sich auf ihre Wohnstätten zurück. In der Mitte eines Dorfes stand eine große Schar von Kriegern in guter Ordnung aufgestellt. Der Kapitän gab den Befehl, die Brigantinen direkt dorthin zu steuern, wo diese Männer standen, da er nach Lebensmitteln suchen wollte.
Als wir dem Ufer immer näher kamen, begannen die Indianer zur Verteidigung ihres Dorfes mit Pfeilen nach uns zu schießen, und da es zahlreiche Krieger waren, schien es, als regne es Pfeile. Aber unsere Arkebusiere und Armbrustschützen waren auch nicht träge. Obwohl sie viele töteten, schienen es die Indianer gar nicht zu merken, denn trotz des Schadens, der ihnen zugefügt wurde, machten sie unermüdlich weiter, indem die einen kämpften, die anderen Kriegstänze vollführten. Hier waren wir alle dem Untergange nahe, denn weil so viele Pfeile flogen, hatten unsere Gefährten alle Hände voll zu tun, sich davor zu schützen, und konnten nicht rudern. Deshalb fügten die Indianer uns so viel Schaden zu, verwundeten fünf von uns, darunter auch mich, noch ehe wir an Land springen konnten. Sie trafen mich mit einem Pfeil direkt in die Seite, wenn meine Kleider nicht

so dick gewesen wären, hätte das mein Ende bedeutet. Angesichts der Gefahr, in der wir schwebten, begann der Kapitän die Leute an den Rudern zu ermuntern und anzufeuern, eiligst die Schiffe auf den Strand laufen zu lassen. So gelang es uns, wenn auch unter großen Mühen, die Boote an Land zu bringen, und unsere Gefährten sprangen ins Wasser, das ihnen bis zur Brust reichte. Hier kam es nun zu einem harten Gefecht, da die Indianer sich unter unsere Spanier mischten, die sich wiederum so tapfer verteidigten, daß es ein wundervoller Anblick war. Über eine Stunde dauerte dieser Kampf, und die Indianer verloren nicht den Mut, ja es schien, als verdopple er sich, als sie viele ihrer eigenen Leute fallen sahen. Sie schritten über deren Leichen hinweg, zogen sich etwas zurück und stießen dann wieder vor. Ich will, daß man erfährt, warum diese Indianer sich auf solche Weise verteidigten. Es muß erklärt werden, daß sie die tributpflichtigen Untertanen der Amazonen sind.

Als sie von unserem Kommen erfahren hatten, wandten sie sich mit der Bitte um Hilfe an diese, und es kamen so etwa zehn oder zwölf von ihnen; denn wir selbst sahen diese Frauen, die als weibliche Hauptleute in vorderster Front vor allen Indianermännern kämpften. Diese Frauen waren so tapfer, daß die indianischen Männer es nicht wagten, sich zur Flucht zu wenden, und jeden vor unseren Augen mit Keulen töteten, der uns den Rücken kehrte. Das ist auch der Grund dafür, daß die Indianer die Verteidigung so lange aufrechterhielten. Die Frauen sind sehr hellhäutig und groß und tragen sehr langes Haar, das sie geflochten und um den Kopf gewickelt haben. Sie sind sehr kräftig und gehen ganz nackt, wobei allerdings ihre Schamteile bedeckt sind. In den Händen tragen sie ihre Pfeile und Bogen, und sie leisten im Kampf so viel wie zehn Indianermänner. Es war unter ihnen ungelogen eine Frau, die einen Pfeil eine Spanne tief in eines unserer Boote schoß; andere trafen weniger tief, aber unsere Briganinen sahen bald aus wie Stachelschweine.

Um auf unsere eigene Lage und unseren Kampf zurückzukommen: Dem Herrn gefiel es, unseren Gefährten Kraft und Mut zu geben, so daß sie sieben oder acht von den Amazonen töteten, worauf dann die Indianer den Mut verloren. Sie wurden besiegt, in die Flucht geschlagen und erlitten beträchtliche Verluste. Weil aber viele Krieger da waren, die aus anderen Dörfern stammten und Hilfe gebracht hatten und die jetzt ihre Kriegsrufe ausstießen, gab der Kapitän unseren Leuten den Befehl, eilends in die Boote zu gehen, denn er wollte nicht das Leben aller aufs Spiel setzen. Deshalb gingen sie nicht ohne Schwierigkeiten in die Boote, da die Indianer bereits wieder zu kämpfen begannen. Außerdem näherte sich auf dem Wasser eine große Kanuflotte. So stießen wir rasch ab, hinaus auf die Mitte des Flusses.

Wir waren nun von der Stelle unseres Aufbruchs, an der wir Gonzalo Pizarro verlassen hatten, vierzehnhundert Meilen[1] gefahren, eher mehr als weniger, und wir wußten nicht, wie weit es von hier noch bis zum Meer war. In dem eben erwähnten Dorf wurde ein indianischer Trompeter gefangen, der zu den kämpfenden Truppen gehört hatte. Er war ungefähr dreißig Jahre alt. Nach seiner Gefangennahme begann er dem Kapitän vielerlei über das Gebiet weiter landeinwärts zu erzählen, und der Kapitän nahm ihn mit.

Als wir nun – wie ich berichtet habe – draußen auf dem Fluß waren, ließen wir uns, ohne zu rudern, weitertreiben, denn unsere Gefährten waren so müde, daß sie nicht die Kraft hatten, die Ruder zu halten. Kaum waren wir auf der Fahrt flußabwärts ungefähr einen Armbrustschuß weit gekommen, da entdeckten wir ein nicht besonders kleines Dorf, in dem keine Leute zu sehen waren. Deshalb baten alle Gefährten den Kapitän, doch dorthin zu steuern. Sie hofften, wir könnten uns vielleicht Nahrungsmittel beschaffen, die man uns in dem letzten Dorf verweigert hatte. Der Kapitän lehnte ab und meinte, wir müßten hier noch mehr auf der Hut sein, als an einer Stelle, an der wir die Indianer deutlich sehen könnten. So berieten wir wieder miteinander, und ich schloß mich den Bitten aller Gefährten an, uns in dieser Sache entgegenzukommen. Der Kapitän gewährte endlich unseren Wunsch, und obwohl wir an dem Dorf schon vorüber waren, gab er den Befehl, die Brigantinen an das Ufer zu steuern. Die Indianer hielten sich aber in einem mit Bäumen bedeckten Gelände verborgen, aufgeteilt in kleine Gruppen, und warteten nur darauf, aus dem Hinterhalt über uns herzufallen. Als wir nahe genug ans Ufer herangekommen waren, ergriffen sie deshalb die Gelegenheit, uns anzugreifen, und begannen so wütend mit Pfeilen auf uns zu schießen, daß wir einander nicht sehen konnten. Da aber unsere Spanier von Machiparo an mit guten Schilden ausgerüstet waren, fügten sie uns nicht so viel Schaden zu als sie wohl getan hätten, wenn wir nicht mit den genannten Schutzwaffen ausgerüstet gewesen wären. Und von uns allen trafen sie in diesem Dorf niemanden außer mich, denn sie setz-

[1] In Wirklichkeit eintausendvier, d. h. etwa eintausendsechshundert Kilometer.

ten mir einen Pfeil direkt in eines meiner Augen, und zwar so, daß der Pfeil durchging bis auf die andere Seite. Durch diese Verwundung habe ich das Auge verloren, und selbst jetzt leide ich noch daran und bin nicht ohne Schmerzen, obwohl unser Herr so gütig war, mir das Leben zu erhalten, so daß ich meinen Lebenswandel bessern und ihm besser dienen konnte, als ich es bis dahin getan hatte. Mittlerweile waren die Spanier aus dem kleineren Boot an Land gesprungen. Die Indianer umzingelten sie aber, und wäre nicht der Kapitän mit der großen Brigantine zu Hilfe gekommen, es wäre um sie geschehen gewesen, und die Indianer hätten sie getötet. Bei der Verteidigung aber hatten unsere Gefährten eine so glänzende Geschicklichkeit und Tapferkeit bewiesen, daß sie nun erschöpft waren und dadurch in eine sehr ernste Lage gerieten. Der Kapitän rief sie zurück, und als er sah, daß ich verwundet war, befahl er den Leuten, auf die Boote zurückzukehren. Und so gingen sie denn an Bord, weil die Indianer zahlreich und hartnäckig waren, so daß unsere Gefährten ihnen nicht standhalten konnten. Der Kapitän fürchtete, einige von ihnen zu verlieren, er wollte sie nicht einem solchen Risiko aussetzen, zumal er ganz offensichtlich annehmen mußte, daß die Indianer angesichts des dichtbesiedelten Landes hier auf jeden Fall Hilfe erhalten würden. Hier lag nämlich ein Dorf neben dem anderen, keine halbe Meile entfernt, und an der ganzen rechten Flußseite, dem südlichen Ufer, lagen sie sogar noch dichter. Und ich kann hinzufügen, daß abseits vom Fluß, in einer Entfernung von rund zwei Meilen landeinwärts, einige sehr große Städte zu sehen waren, deren weiße Farbe von weitem glänzte. Im übrigen ist dieses Land so fruchtbar und so normal in seinem äußeren Bild wie unser Spanien. Wir betraten es am St.-Johannistag, und die Indianer begannen schon, ihre Felder abzubrennen. Es ist ein Land mit gemäßigtem Klima, in dem man Weizen ernten und alle Sorten von fruchttragenden Bäumen anbauen kann. Außerdem ist es geeignet für die Aufzucht verschiedener Vieharten, weil es dort, gerade wie in unserem Spanien, vielerlei Grassorten gibt, wie wilden Majoran und Disteln von einer farbigen Art. In den Wäldern dieses Landes gibt es immergrüne Eichen und Korkbäume. Das Land liegt hoch und bildet gewellte Savannen, deren Gras nicht weiter als bis zu den Knien reicht, und es gibt dort Wild von allen Arten.

Vernichtung auf Kuba
Bartolomé de las Casas

Wer sich mit der Entdeckung Mittel- und Südamerikas beschäftigt, wird sich auch mit den Folgen der Erschließung des Landes durch die spanischen Eroberer, die Konquistadoren, beschäftigen müssen. Freilich ist es geradezu unmöglich, hier mit wenigen Worten die vielfältigen Strömungen aufzeigen und differenzieren zu wollen, die für die Haltung dieser Männer bestimmend waren. Kreuzzugsgeist, religiöses Sendungsbewußtsein, politisches Machtstreben, Abenteuerlust und bei vielen allein die Gier nach Reichtümern, die man doch in der Neuen Welt so bequem erwerben konnte. Der Zusammenprall der Entdecker mit den alten indianischen Kulturen und Reichen führte zu deren Untergang. Weniger augenfällig aber als die Vernichtung des Azteken- oder des Inkareiches ist die Ausrottung der indianischen Bevölkerung auf den Antillen. Sie vollzog sich stiller, doch ist vielleicht die Tragik des Geschehens noch viel ungeheuerlicher. Gab es doch hier keinen Vernichtungskampf und schließlichen Ausgleich mit den Überlebenden, sondern nur den schleichenden Tod für ein ganzes Volk in den Plantagen und Bergwerken der europäischen Eroberer. Und doch fanden die rechtlosen Indianer einen glühenden Anwalt in der Person des Dominikanerpaters und nachmaligen Bischofs Bartolomé de Las Casas (1474–1566). Mit achtundzwanzig Jahren kam er nach Amerika und erlebte hier als Augenzeuge die Ausrottung der Indianer mit. Mit allen ihm zur Verfügung stehenden Kräften kämpfte er für die Indianer. Seinem »Kurzgefaßten Bericht von der Verwüstung der Westindischen Länder«, einem erschütternden Dokument, ist die folgende Schilderung der Lage auf Kuba entnommen.

Im Jahr 1511 kamen die Spanier auf die Insel Kuba, die, wie ich bereits sagte, so lang ist als der Weg von Valladolid nach Rom und eine Menge starkbevölkerter Provinzen hatte. Hier begannen und endigten sie nicht allein auf oben beschriebene Weise, sondern gingen sogar noch weit grausamer zu Werke. Hierbei ereignete sich unter anderen folgender merkwürdiger Fall:

Ein Kazike, der einer der vornehmsten im Lande war und den Namen Hatuey führte, hatte sich nebst mehreren seiner Leute von der Insel Hispaniola nach Kuba in der Absicht geflüchtet, dem barbarischen und unmenschlichen Verfahren der Christen zu entgehen. Als er sich auf dieser Insel befand, brachten verschiedene Indianer die Botschaft, die Christen kämen dahin. Er versammelte hierauf alle seine Leute, oder doch die meisten derselben, und redete sie folgendergestalt an: Ihr wißt bereits, daß es heißt, die Christen kämen hierher. Ihr habt es erfahren, wie sie mit diesem und jenem von euern Herren und mit den Leuten auf Haiti (Hispaniola) umgegangen sind. Hier werden sie das nämliche tun. Wißt ihr auch wohl, warum sie es tun? – Sie sagten nein! Es müßte denn sein, daß sie von Natur boshaft und grausam wären. – Sie tun es nicht bloß deswegen, sagte er, sondern sie haben einen Gott, welchen sie anbeten und den auch wir mit aller Gewalt anbeten sollen; um deswillen peinigen, unterdrücken und töten sie uns. Seht, sagte er – indem er auf ein Körbchen voll Gold und Edelsteine wies, das neben ihm stand – dies ist der Christen Gott! Dünkt es euch gut, so wollen wir ihm zu Ehren Areytos – eine Art von Balletten oder Tänzen – anstellen. Vielleicht ist er uns gnädig und befiehlt den Christen, daß sie uns nichts zuleide tun. Freudig schrien sie alle: Recht gut! Recht gut! Und sogleich tanzten sie vor ihm, bis sie sämtlich müde waren. Nun sagte Hatuey: Seht, wenn wir ihn bei uns behalten, so nehmen sie ihn uns doch, wir mögen es machen, wie wir wollen, und schlagen uns nachher tot. Werfen wir ihn lieber in jenen Fluß! Alle waren es zufrieden, daß er hineingeworfen würde; und sie warfen ihn auch wirklich in einen dort befindlichen großen Strom.

Als die Christen auf der Insel Kuba landeten, floh dieser Kazike sie überall, als einer, der sie kannte, und wehrte sich, wenn sie ihm etwa zu nahe kamen; endlich aber ward er gefangen. Weil er nun vor diesen grausamen und ruchlosen Menschen floh und sich gegen diejenigen wehrte, die ihn ums Leben zu bringen oder ihn wenigstens neben allen seinen Leuten und Blutsfreunden bis auf den Tod zu peinigen suchten, so beschlossen sie, ihn lebendig zu verbrennen. Als er bereits an den Pfahl gebunden war, sagte ihm ein Geistlicher vom Orden des heiligen Franziskus, ein gottseliger Mann, der sich dort aufhielt, verschiedenes von Gott und unserm Glauben, wovon der Kazike noch nie das geringste gehört hatte. Der Geistliche suchte sich die wenige Zeit, welche ihm die Henkersknechte verstatteten, so gut als möglich zunutze zu machen, und versicherte ihm endlich, wenn er dasjenige, was er ihm da sage, glauben wolle, so werde er in den Himmel kommen und ewige Freude und Ruhe daselbst genießen; widrigenfalls aber werde er in der Hölle ewige Qual und Pein leiden müssen. Der Kazike dachte hierüber ein wenig nach und fragte

sodann den Geistlichen, ob denn auch Christen in den Himmel kämen. Allerdings, sagte der Geistliche, kommen alle guten Christen hinein! Sogleich, und ohne weiteres Bedenken erwiderte der Kazike, dort wolle er nicht hin, sondern lieber in die Hölle, damit er nur dergleichen grausame Leute nicht mehr sehen, noch da sich aufhalten dürfe, wo sie zugegen wären. So beförderten die Spanier, welche sich nach Indien begaben, die Ehre unserer Religion!
Einst, als wir uns wohl noch zehn Meilen von einem großen Flecken befanden, kamen uns die Indianer zum Empfang entgegen und brachten uns Lebensmittel und andere Geschenke. Ihre Abgeordneten hatten eine große Menge Fische, Brot und andere Speisen bei sich und gaben uns von allem, so viel sie nur konnten. Aber plötzlich fuhr der Teufel in die Christen, so, daß sie in meinem Beisein, ohne die mindeste Veranlassung oder Ursache, mehr als dreitausend Menschen, Männer, Weiber und Kinder, darniederhieben, die rings um uns her auf der Erde saßen. Hier nahm ich so unbeschreibliche Grausamkeiten wahr, daß andere Sterbliche dergleichen wohl schwerlich gesehen haben oder sie für möglich halten möchten.
Wenige Tage nachher schickte ich Boten an alle Großen der Provinz Havanna; denn ich stand bei ihnen in gutem Ruf und ließ ihnen sagen, sie sollten sich weder fürchten noch flüchten, sondern sich vielmehr aufmachen, uns zu bewillkommen; es werde keinem von ihnen das mindeste Leid widerfahren. Ich tat dies mit ausdrücklicher Bewilligung des Befehlshabers: denn die begangenen Mordtaten hatten das ganze Land in Furcht und Schrecken gesetzt. Als wir nun in die Provinz kamen, wurden wir unterwegs von einundzwanzig Kaziken und andern Großen empfangen, die der Befehlshaber sogleich in Verhaft nehmen ließ, ohne sich an das sichere Geleit zu kehren, das ich ihnen versprochen hatte. Tags darauf wollte man sie sämtlich verbrennen; man gab sogar vor, dies sei recht wohl getan, denn sonach bliebe diesen Herren keine Zeit übrig, uns zu schaden. Es kostete mir sehr viel Mühe, sie vom Scheiterhaufen zu retten, und es so weit zu bringen, daß sie entwischten.
Nachdem nun die Spanier die meisten Eingeborenen dieser Insel unterjocht oder umgebracht hatten, die übrigen aber sahen, daß sie ohne Rettung verloren seien und umkommen müßten, so flüchteten sich einige ins Gebirge, andere hängten sich aus Verzweiflung auf. Männer und Weiber nebst ihren Kindern taten eben das. Unter andern knüpften sich mehr als zweihundert Indianer auf, um nur den

Grausamkeiten eines einzigen – mir wohlbekannten – Spaniers zu entgehen, welcher der ärgste unter allen übrigen Barbaren war.
Es befand sich ein Königlicher Beamter auf dieser Insel, der bei der Verteilung dreihundert Indianer bekam. In Zeit von drei Monaten hatte er deren 270 durch Arbeit in den Bergwerken totgemartert.
Während meines Aufenthaltes starben binnen drei oder vier Monaten siebentausend Kinder vor Hunger.
Man beschloß nachher, Jagd auf die Indianer zu machen, die sich im Gebirge befanden, und ging entsetzlich mit ihnen um. Kurz, die Spanier entvölkerten und verheerten diese ganze Insel.

Auf der Suche nach dem Goldland
Walter Raleigh

Wie Francis Drake so war auch sein jüngerer Zeitgenosse und zeitweiliger Rivale um die Gunst der Königin Elisabeth ein Seefahrer, Abenteurer und Entdecker zugleich. Er wurde 1552 geboren, kämpfte von 1569 an sieben Jahre lang in Frankreich auf seiten der Hugenotten und unternahm 1578 seine erste große Entdeckungsreise nach Nordamerika. Auf einer zweiten Fahrt gründete er 1584 an der Ostküste eine englische Niederlassung, die er zu Ehren der Königin »Virginia« nannte, aber obgleich er 40 000 Pfund in das Unternehmen steckte und selbst mehrfach versuchte, die dort siedelnden Kolonisten zu unterstützen, erwies sich das ganze als ein Mißerfolg. Die Indianer töteten die Kolonisten, und die Siedlungen verödeten. 1595 trat Raleigh mit fünf Schiffen seine erste Entdeckungsreise nach Südamerika an. Auch ihn lockten wie so viele andere die sagenhaften Goldschätze von El Dorado und die geheimnisvolle Stadt Manoa, die ein Spanier angeblich im Urwald besucht haben wollte. Im Vorbeifahren überfiel er die Stadt St. Joseph auf Trinidad, dann drang er mit vier Booten in die Wildnis des Orinokodeltas ein, hier begegneten sie indianischen Kannibalen. Es gelang ihnen zwar, bis an die grandiosen Wasserfälle des Rio Caroni vorzustoßen, dann aber hinderte ihn die reißende Strömung, den Weg flußaufwärts fortzusetzen. Unverrichteterdinge mußte Raleigh wieder umkehren. In England verfaßte er eine ausführliche und packende Schilderung seiner Reisen, der auch unser Bericht entnommen ist. Erst nach zwei wechselvollen Jahrzehnten konnte er 1617 noch einmal nach Guayana zurückkehren. Die Spanier hatten aber inzwischen eine Stadt an der Mündung des Caroni gegründet und hinderten ihn erfolgreich an einem neuen Vorstoß in das Innere. Raleigh ließ die Stadt trotz des Friedensschlusses mit Spanien angreifen und niederbrennen. Als die Spanier sich daraufhin bei König Jakob I. von England beklagten, wurde Raleigh nach seiner Rückkehr in die Heimat verhaftet und hingerichtet. Die Suche nach Manoa war damit keineswegs beendet – noch in unserer Zeit wollte es der englische Forscher Oberst Fawcett im Amazonasurwald entdecken, blieb aber auf seiner Expedition verschollen.

Am nächsten Morgen verließen wir den Hafen und fuhren in westlicher Richtung flußaufwärts, um den berühmten Fluß Caroli zu sehen, einmal weil er an sich ganz erstaunlich war, zum anderen, weil ich meinte, daß er zu den mächtigsten Völkern aller Grenzgebiete führte, welche die Feinde der Epuremei, der Untertanen Inkas, des Kaisers von Guayana und Manoa, waren. An diesem Abend ankerten wir an einer weiteren Insel und gelangten am nächsten Tag bis an die Mündung des Caroli. Schon in einiger Entfernung, noch auf der Höhe des Hafens von Morequito, hörten wir das mächtige Getöse und den Fall des Flusses. Als wir aber mit unserem Flußschiff und unseren Fährbooten flußaufwärts vordringen wollten, in der Absicht, etwa vierzig Meilen zu den Völkern der Cassipagotos hinaufzufahren, waren wir mit einer Flußbarke von acht Rudern nicht imstande, in einer Stunde auch nur einen Steinwurf weit voranzukommen. Dabei ist der Fluß so breit wie die Themse bei Woolwich. Wir versuchten es auf beiden Seiten und in der Mitte des Flusses und schlugen schließlich am Ufer unser Lager auf. Dann schickten wir einen unserer indianischen Begleiter fort, damit er den Völkern am Fluß von unserer Anwesenheit Kunde gebe und ihnen mitteile, daß wir die Häuptlinge der Canuria zu empfangen wünschten, die in dem Land an diesem Fluß lebten. Wir wollten sie auch wissen lassen, daß wir Feinde der Spanier seien, denn an diesem Fall waren der Mönch und die neun Spanier erschlagen worden, die von Manoa, der Stadt des Inkas, kamen, und man hatte ihnen vierzigtausend Goldpesos abgenommen. Am nächsten Tag erschien ein Häuptling oder Kazike namens Wanuretona mit vielen Leuten und brachte allerlei Lebensmittelvorräte zu unserer Bewirtung mit. Ich legte auch diesem Kaziken die Gründe für unser Kommen dar und erklärte ihm, daß ich von Ihrer Majestät ausgesandt sei. Im Verlauf des Gesprächs versuchte ich, Einzelheiten über die Zustände am Fluß in Erfahrung zu bringen, und fand heraus, daß die Leute hier nicht nur den Spaniern, sondern auch den Epuremei sehr feindlich gesinnt waren. Wanuretona berichtete mir, daß es oben am Fluß drei mächtige Völkerschaften gebe, die an einem großen See ihre Wohnsitze haben, aus dem der Caroli herabfließt. Ich erfuhr ferner, daß diese alle sich mit uns entweder gegen die Spanier oder gegen die Epuremei zusammentun würden. Sobald wir nur über die Berge von Curaa in dieses Land einrückten, könnten wir alle unsere Wünsche nach Gold und anderen guten Dingen vollauf befriedigen.

An diesem Fluß sollte es auch eine große Silbermine geben, aber um diese Zeit waren sowohl der Orinoko, wie der Caroli und die übrigen Flüsse vier oder fünf Fuß gestiegen, so daß es sich als unmöglich erwies, mit Menschenkraft oder mit irgendeinem Boot gegen die Strömung flußaufwärts voranzukommen. Ich schickte deshalb die

Kapitäne Thyn, Clarke und Greenville sowie meinen Neffen Gilbert und meinen Vetter Butshead mit dreißig Schützen aus, die zu Lande am Flußufer entlang ziehen und bis zu einer Stadt namens Amnatapoi vordringen sollten, die rund zwanzig Meilen über das Tal hinaus lag. Wenn sie dort Führer fanden, dann sollten sie weiter in Richtung auf den Fuß der Berge bis zu einer anderen großen Stadt vorrücken, die Capurepana heißt. Unterdessen marschierte ich mit den Kapitänen Gifford, Calfield und Hancocke und etwa einem halben Dutzend Schützen über Land, um die berühmten Wasserfälle des Flusses Caroli zu sehen, deren Getöse so weit zu hören war. Zwei weitere Kapitäne schickte ich mit etwa acht Schützen aus, die sehen sollten, ob sie am Fluß entlang irgendwelche Mineralien finden könnten. Als wir zu den Bodenerhebungen am Fluß gelangten, erblickten wir den wundervollen Durchbruch der Wassermassen, die den Caroli herabströmen. Von der Anhöhe aus konnten wir den Fluß sehen, wie er mehr als zwanzig Meilen in drei Strombetten dahinfloß; und vor unseren Augen tauchten zehn oder zwölf Wasserfälle auf, jeder so hoch wie ein Kirchturm. Sie stürzten mit einer solchen Wucht herab, daß der Aufprall der Wassermassen den Eindruck erweckte, als wäre alles von einem mächtigen Regenguß bedeckt. An manchen Stellen hielten wir ihn zunächst für Rauch, der über einer großen Stadt aufgestiegen war. Ich für meinen Teil war durchaus entschlossen, von hier aus den Rückmarsch anzutreten, da ich sehr schlecht zu Fuß war, die übrigen aber zeigten sich so begierig, näher an die donnernden Wassermassen heranzukommen, daß sie mich Schritt für Schritt weiterzogen, bis wir das nächste Tal erreichten, wo wir den gleichen Anblick noch besser genießen konnten. Ich habe niemals ein schöneres Land gesehen, auch keine abwechslungsreicheren Ausblicke: Hügel, die sich hier und dort über die Täler erhoben; der Fluß, der sich in verschiedenen Verzweigungen dahinzog; die angrenzenden Ebenen mit ihrem schönen grünen Gras; der feste Sandboden, auf dem man leicht zu Fuß oder zu Pferd marschieren konnte; das Wild, das über jeden Pfad wechselte; die Vögel, die gegen Abend auf jedem Baum in tausend verschiedenen Weisen sangen; Kraniche und Reiher in Weiß, Hochrot und Rosa, die am Flußufer aufflogen. Dazu eine angenehm frische Luft, und jeder Stein, den wir aufhoben, verhieß nach seinem Aussehen Gold oder Silber. Leider hatten wir außer unseren Dolchen keine Hilfsmittel, um Felsbrocken hier und dort herauszuwühlen, denn das Gestein ist hart wie Flint oder noch härter, und außerdem liegen die Erzadern ein oder zwei Faden tief im Fels. Als unsere beiden Abteilungen zurückkehrten, brachten auch sie beide verschiedene Arten von Steinen mit, die sehr schön zu sein schienen. Es waren aber nur solche, die sie lose auf dem Boden gefunden hatten und die zwar eine schöne Farbe aufwiesen, aber keinen Goldgehalt. Die Leute behielten aber trotzdem alles, was glitzerte und glänzte, und wollten sich nicht überzeugen lassen, daß diese Stücke keinen Wert hatten. Sie schleppten sie mit und ließen sie an vielen Orten prüfen, und so entstand die Auffassung, daß alles Gestein hier von der gleichen nutzlosen Art sei. Doch ich zeigte einige Stücke einem Spanier, der mir sagte, es sei »El madre del oro«, und die Mine selbst müsse tiefer im Erdboden liegen. Man soll mich ruhig für einen Narren halten, wenn ich entweder mich selbst oder mein Land mit phantastischen Vorstellungen betrüge; aber obwohl ich weder begeistert von dem Unterkommen, den Gefahren, den Krankheiten, den üblen Gerüchen, der schlechten Kost und den vielen anderen Mißhelligkeiten einer Seefahrt bin, würde ich trotzdem wieder eine hierher wagen, denn ich bin überzeugt, daß die Sonne nirgends auf Erden über solch großen Schätzen scheint[1]. Einer der Kapitäne und unser Wundarzt brachten mir eine Art von Steinen wie Saphire, doch ich weiß nicht, um was es sich bei ihnen in Wirklichkeit handelt[2]. Ich zeigte sie einigen Indianern, die mir versprachen, mich zu einem Berg zu führen, der davon sehr große Stücke aufweise, die dort wie Diamanten zutage träten. Ob das nun Bergkristall ist oder Diamant oder Saphir, weiß ich noch nicht, doch hoffe ich das Beste. Auf der linken Seite des Caroli-Flusses haben Völkerschaften ihre Wohnsitze, die Feinde der Epuremei sind. Und oben am Fluß, nahe an dem großen Cassipa-See, sitzen jene anderen Stämme, die ebenfalls den Inka und den Epuremei Widerstand leisten. Ich hörte ferner, dieser Cassipa-See sei so groß, daß ihre Boote mehr als eine Tagereise benötigen, um ihn zu überqueren. Das bedeutet etwa vierzig Meilen. Auch münden verschiedene Flüsse hinein, und im Sommer, wenn der Spiegel des Sees fällt, werden in seinen Buchten große Mengen an Goldkörnern gefunden.

[1] Kostspielige Schürfungen im 19. Jh. haben übrigens erwiesen, daß Raleigh mit seinen Voraussagen nicht recht hatte und es sich hier überall um wertloses Gestein handelte.

[2] Es waren gewöhnliche Bergkristalle, die hier gefunden wurden.

Auf dem Amazonas
Charles M. de la Condamine

Zu den ersten bedeutenden wissenschaftlichen Forschungsreisenden in Südamerika gehört der Franzose Charles Marie de la Condamine (1701–1774). Als junger Mann widmete er sich nach kurzem Militärdienst in Spanien naturwissenschaftlichen Studien, vor allem der Astronomie, um an der Vermessung eines Meridiangrades unter dem Äquator teilnehmen zu dürfen. Zusammen mit zwei anderen Gelehrten reiste er im Auftrag der Französischen Akademie der Wissenschaften 1735 nach Südamerika, zog von Guayaquil auf schwierigen Wegen nach Quito und begann dann am Doppelkamm der Anden die Meridianmessungen. Die Arbeiten nahmen mehrere Jahre in Anspruch. Erst 1744 konnte er an die Heimkehr denken. Die Rückreise legte er auf dem Amazonas zurück. Er war der erste Wissenschaftler, der den Strom befuhr und der von ihm eine auf astronomischen Bestimmungen basierende Karte entwarf. Er brachte von dieser Fahrt übrigens als erster das Pfeilgift Curare, das schon Orellana und seine Leute hatten fürchten lernen, mit nach Europa. In Paris widmete er sich noch drei Jahrzehnte wissenschaftlichen Arbeiten, die letzten Jahre allerdings schwer erkrankt und total gelähmt. Er starb am 4. Februar 1774.

Am 14. Juli 1743 fuhr ich von Borja ab. Pater P. Magnin, der Missionar und Pfarrer dieses Ortes, begleitete mich freundlicherweise bis nach La Laguna. Am 17. machten wir halt an der Mündung des Pastaca, eines Flusses, der alle Gewässer der Kordilleren östlich von Riobamba aufnimmt. Don Pedro Maldonado war ihn, von Quito kommend, heruntergefahren. An einem Baum befestigt fand ich eine Nachricht vor, die er auf der Durchfahrt am 1. Juni hinterlassen hatte, um mich über seine Fahrt zu unterrichten, so wie wir es vereinbart hatten.

Am 19. Juli traf ich ihn in La Laguna, der Hauptmission von Mainas, wo er mich seit sechs Wochen erwartete. Von dort fuhren wir am 23. gemeinsam auf zwei Booten ab, die jeweils aus einem einzigen Baumstamm bestanden und mit acht Ruderern bemannt waren. Wir fuhren Tag und Nacht in der Hoffnung, noch vor ihrer Abfahrt die Brigantinen zu erreichen, welche die Missionare, portugiesische Karmelitermönche, alljährlich nach Para abschicken, damit sie den Kakao befördern, den sie in ihren Missionen sammeln. Im Austausch dafür erhalten sie aus Lissabon alles, was sie brauchen. Am 25. abends kamen wir nach achtundvierzigstündiger Fahrt in dem kleinen Marktflecken der Yameos an, einem erst in jüngster Zeit befriedeten wilden Stamm, dessen Sprache keine Ähnlichkeit mit irgendeiner anderen aufweist. Am Morgen des 27. liefen wir in Saint-Joachim der Omaguas an. Von allen Wilden, die an den Ufern des Amazonas wohnen, sind die Omaguas die zivilisiertesten, trotz ihrer eigenartigen Gewohnheit, sich die Stirn abzuflachen, und trotz der künstlichen Länge ihrer Ohren und ihrer seltsamen Vorliebe für ihre vermeintlichen Zaubereien und gewisse bizarre abergläubische Vorstellungen, deren Einzelschilderung zu weit führen würde.

Am 31. bestimmte ich die geographische Länge und Breite der Mündung des Napo, der in den Bergen östlich von Quito entspringt und lange als Hauptquelle des Amazonas gegolten hat. Die Portugiesen machen ihre Ansprüche auf das Ufergebiet des Stroms bis zur Stelle dieses Zusammenflusses geltend, obwohl der 1639 von Texeira gesetzte Grenzstein viel weiter abwärts gesetzt wurde, nämlich in Paraguari, gegenüber der ersten Mündung des Yupura. Am folgenden Tag, dem 1. August, landeten wir in Pevas, das jetzt die letzte spanische Missionsstation flußabwärts ist. Die in dieser Gegend ansässigen Wilden, vor allem die Ticounas, bestreichen die Spitze bestimmter kleiner Pfeile aus Palmholz mit Gift und verschießen diese mit Hilfe eines Blasrohrs. Dieses Gift gilt im Land als das heftigste von allen, die für den gleichen Zweck verwendet werden. Man glaubt gemeinhin, daß es seine Wirkung innerhalb weniger Monate verliert, doch habe ich festgestellt, daß es auch nach zwei Jahren kaum weniger wirksam war. Das Tier, das von einem frisch vergifteten Pfeil getroffen wird, wird gelähmt, zuweilen unter Krämpfen, und stirbt gewöhnlich in weniger als einer Minute. Dieses Gift wirkt nur in direkter Verbindung mit dem Blut. Das mit den gleichen Pfeilen getötete Wild ist genausogut eßbar, und wir haben davon während unserer Fahrt auf dem Amazonas gelebt. Bei den Einheimischen gilt die Einnahme von Zucker als wirksames Gegengift gegen diese Verletzungen, doch wird oft dadurch keinerlei Wirkung hervorgebracht. Die Tiere, die von einem vergifteten Pfeil getroffen wurden, waren nur durch Ausbrennen der Wunde oder durch die Amputation des verletzten Gliedes, und zwar unverzüglich, zu retten.

Die Missionsstation Pevas besteht aus Angehörigen verschiedener Volksstämme. Wir sahen mehrere Wilde, die in dem Marktflecken die Verwandten oder Landsleute besuchten, die vor kurzem Christen geworden waren. Die Christen tragen nur ein Kleidungsstück, um ihr Geschlecht zu verdecken. Die anderen, Männer wie Frauen, laufen völlig nackt. Das Gesicht des einen wie des anderen ist meistens mit Löchern übersät, denn bei ihren Festen und Tänzen, denen wir beiwohnten, spicken sie sich das Gesicht mit Vogelfedern in verschiedenen Farben. Es gibt noch einige barbarische Völker im Landesinneren – namentlich an den Ufern des Yupura –, die ihre Gefangenen verzehren, doch wohnen diese Völker nicht an den Ufern des Amazonas.
Noch am Abend fuhren wir von Pevas ab. Wir fuhren auf dem Strom drei Nächte und drei Tage und legten die Strecke von sieben oder acht gewöhnlichen Tagereisen zurück, ohne auf irgendeine Wohnstätte zu stoßen. Nachts ließen wir uns von der Strömung treiben, und unsere Ruderer ruhten sich aus. Lediglich zwei hielten Wache, einer am Heck, der andere am Bug. Außerhalb der Zeit, die wir benötigten, um die Mittagshöhe zu messen und um die Morgen- und Abendweite zu beobachten, hielten wir jeden Tag nur zwei oder drei Stunden an. Während dieser Zeit ruhte ich ein wenig, während der übrigen Zeit war ich ständig damit beschäftigt, mit dem Kompaß die Richtungsänderungen des Flußlaufes zu beobachten, mit der Uhr die Zeit zu nehmen, die wir von einer Biegung bis zur nächsten benötigten, die Geschwindigkeit der Strömung und des Boots, die Breite des Stroms, die Länge seiner Inseln zu messen und schließlich die Einmündung der Flüsse zu verzeichnen, die er aufnimmt, um möglichst nichts auf der Karte auszulassen, die ich von seinem Lauf aufnahm.
Wir vermieden es, in gefährlichen und verdächtigen Gebieten an Land zu gehen, wo man zufällig auf feindselige Wilde stoßen kann, obgleich ein solcher Fall recht selten ist. Ich hatte mich mit Feuerwaffen versehen. Die Wilden fürchteten diese Waffen sehr, obwohl sie weniger schrecklich sind als ihre vergifteten Pfeile. Allein in meinem Boot hatte ich zwei Flinten und vier Paar Pistolen. Ich merkte bald, daß dieser Vorrat nutzlos war, er diente mir für Geschenke unterwegs an unsere Gastgeber und Führer.
Am Morgen des 5. gingen wir in San Pablo an Land, der ersten der fünf portugiesischen Missionsstationen, die ungefähr zweihundert Meilen entlang dem Südufer des Stromes erfassen. Erst seit 1710, als die Portugiesen eindrangen, haben sich diese neuen Niederlassungen

aus den Resten der ehemaligen Mission des P. Samuel Fritz gebildet, eines deutschen Jesuiten, der Missionar der spanischen Krone und erster Lehrer des christlichen Glaubens im Maranon-Gebiet war. Auf seinen Eroberungszügen für den Glauben war er bis in den Bereich des Rio Negro gelangt, sechshundert Meilen von Borja, als er 1689 den Maranon hinabfuhr. Die große spanische Karte über den Lauf dieses Flusses, die er nach seiner Rückkehr vom Para anfertigte, ist ein sehr wertvolles Stück. Sie beweist die Geschicklichkeit ihres Autors angesichts seiner wenigen kümmerlichen Instrumente, seiner Gebrechen und der Beschwernisse der Fahrt. Glücklicherweise fiel mir das Original in die Hände, auf dem die Grade etwa einen Zoll betragen. Ich bekam es in gerade noch brauchbarem Zustand, ehe es von der Zeit, der Feuchtigkeit und den Insekten zerstört wurde, die ja in den heißen Ländern alles vernichten. Ich verdanke sie dem Pater P. Nikolaus Sindlher, einem bayerischen Jesuiten und Superior der Missionsstation von Mainas, dessen Eifer und Mühen mir die Tage verkürzt haben.

Die fünf neuen portugiesischen Missionsstationen werden heute von Karmelitermönchen dieser Nationalität geleitet. Wir fanden dort Boote, die viel größer und bequemer als unsere waren. Obgleich man sich dort im Zentrum des riesigen Kontinents Südamerika befindet, so verspürt man doch in allen Dingen den größeren Wohlstand, den der direkte Handel mit Europa verschafft, da die Flotte jedes Jahr von Lissabon nach Para kommt.

Wir hielten uns sechs Tage in Coari auf, der letzten der fünf Missionsstationen. Wir nahmen dort andere Boote und frische Indios und fuhren am 20. August ab. Am gleichen Tag kamen wir in ein schweres Unwetter an einer Stelle, an der die Breite des Flusses mehr als eine Meile beträgt. Wir hatten noch Zeit, uns in Sicherheit zu bringen; die Mündung eines Baches diente uns als Hafen. Am 23. fuhren wir in den Rio Negro ein, den »schwarzen Fluß«, und gingen bei dem portugiesischen Fort an Land. Von diesem Fluß aus kann man aufwärts in den großen Strom des Orinoko fahren, dessen Mündung gegenüber der Insel Trinidad liegt. Diese Verbindung des Orinoko mit dem Amazonas war einstmals bekannt, wurde dann wieder angezweifelt, ja sogar noch 1742 in Abrede gestellt. Erst kürzlich, im Jahre 1743, wurde sie durch die neuen Entdeckungen der Portugiesen wieder bestätigt. Am 28. August landeten wir am Nordufer des Flusses bei Fort Paouchis, wo die Portugiesen eine Garnison haben. Der Amazonas, der oberhalb von Paouchis ein bis zwei Meilen breit ist, bildet an dieser Stelle eine Enge, die ich nach geometrischer Methode ausmaß. Ich stellte die Breite mit neunhundert Faden fest. Obgleich der Ort zweihundert Meilen vom Meer entfernt liegt, macht sich der Wechsel der Gezeiten bereits fühlbar.

In sechzehnstündiger Fahrt begaben wir uns von hier aus zur Mündung des Flusses Topayos. Am 2. September warfen wir Anker unter dem Fort gleichen Namens, in dem ebenfalls eine portugiesische Garnison liegt. Ich erwarb dort mehrere grüne Steine, die unter dem Namen »Amazonassteine« bekannt sind. Sie werden von den Indios sehr geschätzt, die sich ungern von ihnen trennen, und diese Steine werden alle Tage seltener. Der Stein ist ein echter Jade, ähnlich dem des Orients, doch weiß man nicht, wo er gebrochen wird, noch ist die Kunst bekannt, nach der die alten Indios dieses Material zu bearbeiten verstanden und trotz seiner extremen Härte Löcher in ihn bohren konnten, die zuweilen sechs bis sieben Zoll lang sind.

Am 4. sahen wir im Norden in einer Entfernung von zwölf oder fünfzehn Meilen im Landinnern eine Bergkette, die parallel zum Fluß verlief. Es waren dies die ersten und einzigen Berge, die wir erblickten, seit wir die Kordilleren von Peru aus den Augen verloren hatten. Das Land zwischen dem Fluß und diesen Bergen erschien völlig offen. Nach meiner Streckenberechnung waren wir etwas südlich von Cayenne. Am Abend des 6. fuhren wir in einen der recht engen, natürlichen Kanäle ein, die uns quer durch das Land zum Fluß Xingu führten. Wir durchfuhren ihn am folgenden Tage etwas oberhalb seiner Mündung. Hier hörte endlich die Verfolgung durch Stechmücken verschiedenster Art auf, die für diese Flußfahrt die größte Belästigung darstellen. Als wir uns am nämlichen Tag dem Land näherten, um einige Stücke einer Holzart abzuschneiden, deren gute Eigenschaften gegen die Wassersucht gepriesen werden, stieß uns eine Welle gegen einen verborgenen Teil eines Zweiges, der ein beträchtliches Leck im Kiel unseres Bootes schlug. Es füllte sich zusehends mit Wasser, und wir wären in größte Gefahr geraten, wären wir weniger nahe am Ufer gewesen.

Am Morgen des 9. September hielten wir am Südufer des Flusses an, in Curupa, einer kleinen Stadt und portugiesischen Festung. Ich habe bereits erwähnt, daß alle portugiesischen Gouverneure von meiner Ankunft verständigt waren. Sie hatten mich bereits während der zwei Jahre zuvor erwartet. Erst nach meiner Rückkehr nach Frankreich habe ich erfahren, daß sich die Befehle Seiner Majestät des Königs von Portugal nicht nur auf meine Durchreise beschränkten, sondern daß es besondere Befehle gab, wonach ich und meine Begleiter an allen Orten seines Herrschaftsgebietes freigehalten werden sollten. Davon war jedoch nicht die Rede in dem Befehl, den mich der Gouverneur von Para sehen ließ. Wir wurden überall mit der größten Auszeichnung empfangen und behandelt. Man schoß Salut in den Forts, und als wir in Couroupa landeten, standen die zwei Kompanien der Garnison unter Gewehr, mit dem Statthalter des Königs, dem Kapitän Mor, an der Spitze. Wir verbrachten dort drei Tage unter ständigen Festlichkeiten. Dann fuhren wir weiter und kamen am 19. September ins Blickfeld des Para. Dort wurden wir acht Tage lang zurückgehalten und in einer Niederlassung der Jesuiten gut untergebracht, bis man das uns in der Stadt zugedachte Haus möbliert hatte. So konnten wir es erst am 27. September beziehen.

Besteigung des Chimborazo
Alexander v. Humboldt

Alexander von Humboldt (1769–1859) war nicht nur einer der bedeutendsten Naturwissenschaftler des 19. Jahrhunderts, sondern zugleich auch der Forschungsreisende, der die gewichtigsten Beiträge zur wissenschaftlichen Erschließung Südamerikas geliefert hat. Nach Studienjahren an den Universitäten Frankfurt/Oder, Berlin und Göttingen und mehrjähriger Tätigkeit als Oberbergmeister in Bayreuth trat er 1799 seine große Forschungsreise nach Südamerika an. Sie führte ihn zuerst nach Venezuela und in das Orinokogebiet. Hier gelang es ihm zusammen mit seinem Freund und Reisegefährten Aimé Bonpland, die Verbindung zwischen den Stromgebieten des Orinoko und des Amazonas festzustellen. Dann reisten die beiden Forscher nach Kuba, wandten sich von da aus nach Panama und gingen dann auf dem Landwege nach Bogotá. Monatelang durchwanderten sie dann die eisigen Hochebenen der Anden, um die dortigen Vulkane zu erforschen. Am 23. Juni 1802 bestieg Humboldt den Chimborazo, erreichte zwar nicht den Gipfel, aber doch die absolut höchste bis dahin von Menschen erstiegene Höhe. (Seine Erlebnisse bei dieser Besteigung schildert er im folgenden Bericht.) Dann überquerte er noch einmal die Anden und ging nach Peru, um dort die alten Inkakulturen zu studieren. Von da aus reiste er zu Schiff nach Mexiko. Über die Vereinigten Staaten kehrte er nach Paris zurück. Die gesamte Reise hatte fünf Jahre gedauert. Geradezu ungeheuer war die wissenschaftliche Ausbeute. Die Gesamtausgabe seiner in französischer Sprache erschienenen »Reise nach den Aequinoktialgegenden des neuen Kontinents« umfaßte dreißig Bände. 1827 übernahm er eine Professor an der Universität Berlin. Bald aber trat er eine neue Forschungsreise an, diesmal im Auftrag des Zaren nach Russisch-Asien, die aber nur wenige Monate dauerte. Dann lebte Humboldt bis zu seinem Tode in Berlin, beschäftigt mit seinem berühmten Alterswerk, dem »Kosmos«, in dem er ein groß angelegtes Bild der Welt gab.

Nachdem wir die Nacht in Calpi, nach meiner Barometermessung 9720 Fuß (1620 Toisen[1] hoch) über dem Meer, zugebracht hatten, begannen wir am 23. morgens unsere eigentliche Expedition nach

[1] 1 Toise = ca. 1,95 m

dem Chimborazo. Wir versuchten, den Berg von der südsüdöstlichen Seite zu ersteigen; und die Indianer, welche uns zu Führern dienen sollten, von denen aber nur wenige je bis zur Grenze des ewigen Schnees gelangt waren, gaben dieser Richtung des Weges ebenfalls den Vorzug. Wir fanden den Chimborazo mit großen Ebenen, die stufenweise übereinanderliegen, umgeben. Zuerst durchschritten wir die Llanos de Luisa; dann, nach einem nicht sehr steilen Ansteigen von kaum 5000 Fuß Länge, gelangten wir in die Hochebene (Llano) von Sisgun. Die erste Stufe ist 10 200, die zweite 11 700 Fuß hoch. Diese mit Gras bewachsenen Ebenen erreichen also, die eine den höchsten Gipfel der Pyrenäen (den Pic Nethou), die andere den Gipfel des Vulkans von Teneriffa. Die vollkommene Söhligkeit (Horizontalität) dieser Hochebenen läßt auf einen langen Aufenthalt stehender Wasser schließen. Man glaubt einen Seeboden zu sehen. An dem Abhang der Schweizer Alpen bemerkt man bisweilen auch dies Phänomen stufenweise übereinanderliegender kleiner Ebenen, welche, wie abgelaufene Becken von Alpenseen, jetzt durch enge, offene Pässe verbunden sind. Die weit ausgedehnten Grasfluren (los Pajonales) sind am Chimborazo, wie überall um die hohen Gipfel der Andenkette, so einförmig, daß die Familie der Gräser selten von Kräutern dikotyledonischer Pflanzen unterbrochen wird. Es ist fast die Steppennatur, die ich an dem dürren Teile des nördlichen Asiens gesehen habe. Die Flora des Chimborazo hat uns überhaupt minder reich geschienen als die Flora der andern Schneeberge, welche die Stadt Quito umgeben. Die Lufttemperatur, welche gewöhnlich in dieser Region der Alpengräser (in 1600 und 2000 Toisen Höhe) herrscht, schwankt bei Tage zwischen 4 Grad und 16 Grad C, bei Nacht zwischen 0 Grad und 10 Grad.

Mein Plan war, in der schönen, ganz ebenen Grasflur von Sisgun eine trigonometrische Operation anzustellen. Ich hatte mich vorbereitet, dort eine Standlinie zu messen. Die Höhenwinkel wären sehr beträchtlich ausgefallen, da man dem Gipfel des Chimborazo nahe ist. Es blieb nur noch eine senkrechte Höhe von weniger als 8400 Fuß (eine Höhe wie der Canigou in den Pyrenäen) zu bestimmen übrig. Bei der ungeheuren Masse der einzelnen Berge in der Andenkette ist leider notwendig jede Bestimmung der Höhe über der Meeresoberfläche aus einer barometrischen und trigonometrischen zusammengesetzt. Ich hatte den Sextanten und andere Meßinstrumente vergeblich mitgenommen; der Gipfel des Chimborazo blieb in dichten Nebel gehüllt. Aus der Hochebene von Sisgun steigt man ziemlich steil bis zu einem kleinen Alpensee (Laguna de Yana-Cocha) an. Bis dahin war ich auf dem Maultier geblieben und nur von Zeit zu Zeit abgestiegen, um mit meinem Reisegefährten, Herrn Bonpland, Pflanzen zu sammeln. Yana-Cocha verdient nicht den Namen eines Sees. Es ist ein zirkelrundes Becken von kaum 130 Fuß Durchmesser. Der Himmel wurde immer trüber, aber zwischen und über den Nebelschichten lagen noch einzelne, deutlich erkennbare Wolkengruppen zerstreut. Der Gipfel des Chimborazo erschien auf wenige Augenblicke. Weil in der letzten Nacht viel Schnee gefallen war, so verließ ich das Maultier da, wo wir die untere Grenze dieses frischgefallenen Schnees fanden: eine Grenze, die man nicht mit der ewigen Schneegrenze verwechseln muß. Das Barometer zeigte, daß wir erst 13 500 Fuß hoch gelangt waren. Auf anderen Bergen habe ich, ebenfalls dem Äquator nahe, bis zu 11 200 Fuß Höhe schneien sehen, doch nicht tiefer. Meine Begleiter, Bonpland und Carlos Montufar, ritten noch bis zur perpetuierlichen Schneegrenze, d. i. bis zur Höhe des Montblanc, der bekanntlich unter dieser Breite (1 Grad 27′ südl.) nicht immer mit Schnee bedeckt sein würde. Dort blieben unsere Pferde und Maultiere stehen, um uns bis zur Rückkunft zu erwarten.

Neunhundert Fuß über dem kleinen Wasserbecken Yana-Coha sahen wir endlich anstehendes, nacktes Gestein. Bis dahin hatte die Grasflur jeder geognostischen Untersuchung den Boden entzogen. Große Felsmauern, von Nordost nach Südwest streichend, zum Teil in unförmige Säulen gespalten, erhoben sich aus der ewigen Schneedecke: ein bräunlich schwarzes Augitgestein, glänzend wie Pechstein-Porphyr. Die Säulen waren sehr dünn, wohl 30 bis 60 Fuß hoch, fast wie die Trachyt-Säulen des Tablahuma am Vulkan Pichincha. Eine Gruppe stand einzeln und erinnerte in der Ferne fast an Masten und Baumstämme. Die steilen Mauern führten uns durch die Schneeregion zu einem gegen den Gipfel gerichteten schmalen Grat, einem Felskamm, der es uns allein möglich machte vorzudringen; denn der Schnee war damals so weich, daß man fast nicht wagen konnte, seine Oberfläche zu betreten. Der Kamm bestand aus sehr verwittertem, bröckligem Gestein. Der Pfad wurde immer schmaler und steiler. Die Eingeborenen verließen uns alle bis auf einen in der Höhe von 15 600 Fuß. Alle Bitten und Drohungen waren vergeblich. Die Indianer behaupteten, an Atemlosigkeit mehr als wir zu leiden. Wir blieben allein: Bonpland, unser liebenswürdiger Freund, der jüngere Sohn des Marques de Selvalegre, Carlos Montufar, der in dem späteren Freiheitskampf (auf General Morillos Befehl) erschossen wurde; ein Mestize aus dem nahen Dorf San Juan und ich. Wir gelangten mit großer Anstrengung und Geduld höher, als wir hoffen durften, da wir meist ganz in Nebel gehüllt blieben. Der Felskamm (im Spanischen sehr bedeutsam Cuchilla, gleichsam Messerrücken, genannt) hatte oft nur die Breite von acht bis zehn Zoll. Zur Linken war der Absturz mit Schnee bedeckt, dessen Oberfläche durch Frost wie verglast erschien. Die dünneisige Spiegelfläche hatte gegen 30 Grad Neigung. Zur Rechten senkte sich unser Blick schaurig in einen achthundert oder tausend Fuß tiefen Abgrund, aus dem schneelose Felsmassen senkrecht hervorragten. Wir hielten den Körper immer mehr nach dieser Seite hin geneigt; denn der Absturz zur Linken schien noch gefahrdrohender, weil sich dort keine Gelegenheit darbot, sich mit den Händen an zakkig vorstehendem Gestein festzuhalten und weil dazu die dünne Eisrinde nicht vor dem Untersinken im lockeren Schnee sicherte. Nur ganz leichte, poröse Doleritstücke konnten wir aus dieser Eisrinde herabrollen lassen. Die geneigte Schneefläche war so ausgedehnt, daß wir die Steine früher aus dem Gesicht verloren, als sie zur Ruhe kamen.

Der Mangel an Schnee sowohl auf dem Grat, der uns leitete, als auf den Felsen zu unserer Rechten gegen Osten kann weniger der Steilheit der Gesteinsmassen und dem Windstoß als offenen Klüften zuzuschreiben sein, welche die warme Luft der tieferen Erdschichten aushauchen. Bald fanden wir das weitere Steigen dadurch schwieriger, daß die Bröckligkeit des Gesteins beträchtlich zunahm. An einzelnen sehr steilen Staffeln mußte man die Hände und Füße zugleich anwenden, wie dies bei allen Alpenreisen so gewöhnlich ist. Da das Gestein sehr scharfkantig war, so wurden wir, besonders an den Händen, schmerzhaft verletzt. In noch höherem Maße haben wir, Leopold von Buch und ich, nahe am Krater des obsidianreichen Pics von Teneriffa von diesen Verletzungen gelitten. Ich hatte dazu (wenn es anders einem Reisenden erlaubt ist, so unwichtige Einzelheiten zu erwähnen) seit mehreren Wochen eine Wunde am Fuße, welche durch die Anhäufung der Niguas veranlaßt und durch feinen Staub von Bimsstein, bei Messungen im Llamo de Tapia, sehr vermehrt worden war. Der geringe Zusammenhang des Gesteins auf dem Kamm machte nun größere Vorsicht nötig, da viele Massen, welche wir für anstehend hielten, lose in Sand gehüllt lagen. Wir schritten hintereinander

und um so langsamer fort, als man die Stellen prüfen mußte, die unsicher schienen. Glücklicherweise war der Versuch, den Gipfel des Chimborazo zu erreichen, die letzte unserer Bergreisen in Südamerika, daher die früher gesammelten Erfahrungen uns leiten und mehr Zuversicht auf unsere Kräfte geben konnten. Es ist ein eigener Charakter aller Exkursionen in der Andenkette, daß oberhalb der ewigen Schneegrenze weiße Menschen sich dort in den bedenklichsten Lagen stets ohne Führer, ja ohne alle Kenntnis der Örtlichkeit befinden.
Wir konnten den Gipfel auch auf Augenblicke nicht mehr sehen, und waren daher doppelt neugierig zu wissen, wieviel uns zu ersteigen übrigbleiben möchte. Wir öffneten das Gefäßbarometer an einem Punkte, wo die Breite des Kamms es erlaubte, daß zwei Personen bequem nebeneinander stehen konnten. Wir waren erst 17 300 Fuß hoch, also kaum 200 Fuß höher, als wir drei Monate zuvor, einen ähnlichen Kamm erklimmend, auf dem Antisana gewesen waren. Es ist mit Höhenbestimmungen bei dem Bergsteigen wie mit Wärmebestimmungen im heißen Sommer: man findet mit Verdruß das Thermometer nicht so hoch, den Barometerstand nicht so niedrig, als man es erwartet. Da die Luft trotz der Höhe ganz mit Feuchtigkeit gesättigt war, so trafen wir nun das lose Gestein und den Sand überaus naß. Die Luft war noch 2,8 Grad über dem Gefrierpunkt.
Nach einer Stunde vorsichtigen Klimmens wurde der Felskamm weniger steil, aber leider blieb der Nebel gleich dick. Wir fingen nun nach und nach an, alle an großer Übelkeit zu leiden. Der Drang zum Erbrechen war mit etwas Schwindel verbunden und weit lästiger als die Schwierigkeit zu atmen. Ein farbiger Mensch (Mestize aus San Juan) hatte uns bloß aus Gutmütigkeit, keineswegs aber in eigennütziger Absicht, nicht verlassen wollen. Er war ein kräftiger, armer Landmann, der mehr litt als wir. Wir bluteten aus dem Zahnfleisch und aus den Lippen. Die Bindehaut der Augen war bei allen ebenfalls mit Blut unterlaufen. Diese Symptome der Extravasate in den Augen, des Blutausschwitzens am Zahnfleisch und an den Lippen hatten für uns nichts Beunruhigendes, da wir aus mehrmaliger früherer Erfahrung damit bekannt waren.
Die Nebelschichten, welche uns hinderten, entfernte Gegenstände zu sehen, schienen plötzlich trotz der totalen Windstille, vielleicht durch elektrische Prozesse, zu zerreißen. Wir erkannten einmal wieder, und zwar ganz nahe, den domförmigen Gipfel des Chimborazo. Es war ein ernster, großartiger Anblick. Die Hoffnung, diesen ersehnten

Gipfel zu erreichen, belebte unsere Kräfte aufs neue. Der Felskamm, welcher nur hier und da mit dünnen Schneeflocken bedeckt war, wurde etwas breiter; wir eilten sicheren Schrittes vorwärts, als auf einmal eine Art Talschlucht von etwa 400 Fuß Tiefe und 60 Fuß Durchmesser unserem Unternehmen eine unübersteigbare Grenze setzte. Wir sahen deutlich jenseits des Abgrundes unsern Felskamm in derselben Richtung fortsetzen; doch zweifle ich, daß er bis zum Gipfel selbst führte. Die Kluft war nicht zu umgehen. Am Antisana konnte freilich Herr Bonpland nach einer sehr kalten Nacht eine beträchtliche Strecke des ihn tragenden Schnees durchlaufen. Hier war der Versuch nicht zu wagen, wegen Lockerheit der Masse; auch machte die Form des Absturzes das Herabklimmen unmöglich. Es war 1 Uhr mittags. Wir stellten mit vieler Sorgfalt das Barometer auf, es zeigte 13 Zoll elfzweizehntel Linien. Die Temperatur der Luft war nun 1,6 Grad unter dem Gefrierpunkt, aber nach einem mehrjährigen Aufenthalt in den heißesten Gegenden der Tropenwelt schien uns diese geringe Kälte erstarrend. Dazu waren unsere Stiefel ganz von Schneewasser durchzogen; denn der Sand, der bisweilen den Grat bedeckte, war mit altem Schnee vermengt. Wir hatten nach der La Placeschen Barometerformel eine Höhe von 3016 Toisen, genauer von 18 096 Pariser Fuß, erreicht. Wäre La Condamines Angabe der Höhe des Chimborazo, wie sie auf der noch in Quito im Jesuitenkolleg aufbewahrten Steintafel aufgezeichnet ist, die richtige, so fehlten uns noch bis zum Gipfel senkrecht 1224 Fuß oder die dreimalige Höhe der Peterskirche zu Rom.

Wir blieben kurze Zeit in dieser traurigen Einöde, bald wieder ganz in Nebel gehüllt. Die feuchte Luft war dabei unbewegt. Keine bestimmte Richtung war in den einzelnen Gruppen dichterer Dunstbläschen zu bemerken; daher ich nicht sagen kann, ob auf dieser Höhe, wie so oft auf dem Pic von Teneriffa, der dem tropischen Passat entgegengesetzte Westwind weht. Wir sahen nicht mehr den Gipfel des Chimborazo, keinen der benachbarten Schneeberge, noch weniger die Hochebene von Quito. Wir waren wie in einem Luftballon isoliert. Nur einige Steinflechten waren uns bis über die Grenze des ewigen Schnees gefolgt. Ich muß noch bemerken, daß wir keinem Kondor auf dem Chimborazo begegneten: diesem kräftigen Geier, der auf Antisana und Pichincha so häufig ist und, mit dem Menschen unbekannt, große Dreistigkeit zeigt. Der Kondor liebt heitere Luft, um seinen Raub oder seine Nahrung (denn er gibt toten Tieren den Vorzug) aus der Höhe leichter zu erkennen. Da das Wetter immer trüber und trüber wurde, so eilten wir auf demselben Felsgrate herab, der unser Aufsteigen begünstigt hatte. Vorsicht war indes wegen Unsicherheit des Trittes noch mehr nötig als im Heraufklimmen. Wir hielten uns so lange auf, als wir brauchten, Fragmente der Gebirgsart zu sammeln. Wir sahen voraus, daß man uns in Europa oft um »ein kleines Stück vom Chimborazo« ansprechen würde. Damals war noch keine Gebirgsart in irgendeinem Teil von Südamerika benannt worden; man nannte Granit das Gestein aller hohen Gipfel der Anden. Als wir ungefähr in 17 400 Fuß Höhe waren, fing es an, heftig zu hageln. Es waren undurchsichtige, milchweiße Hagelkörner mit konzentrischen Lagen. Einige schienen durch Rotation beträchtlich abgeplattet. Zwanzig Minuten, ehe wir die untere Grenze des ewigen Schnees erreichten, wurde der Hagel durch Schnee ersetzt. Die Flocken waren so dicht, daß der Schnee bald viele Zoll tief den Felskamm bedeckte. Wir wären gewiß in große Gefahr gekommen, hätte uns der Schnee auf 18 000 Fuß Höhe überrascht. Um zwei Uhr und einige Minuten erreichten wir den Punkt, wo unsere Maultiere standen. Die zurückgebliebenen Eingeborenen waren mehr als nötig um uns besorgt gewesen.

Dürre im Sertao
K. F. von Martius

Zu einer Zeit, da auf den Karten Afrikas noch riesige weiße Flächen eingezeichnet werden mußten und das Innere des Erdteils weitgehend unerschlossen war, konnten in Südamerika schon gründliche wissenschaftliche Forschungen durchgeführt werden, die ein genaues Bild der Landesnatur ergaben. Zu den bedeutendsten Naturforschern und Reisenden neben Condamine und Humboldt gehört Karl Friedrich Philipp von Martius. Er wurde am 17. April 1794 als Sohn eines Apothekers in Erlangen geboren und studierte dort Medizin. Als Dreiundzwanzigjähriger durfte er dann an einer großen wissenschaftlichen Reise nach Brasilien teilnehmen, die drei Jahre, von 1817 bis 1820, dauerte. Während er botanische Forschungen betrieb, war sein Landsmann, der ebenfalls aus Franken stammende Johann Baptist von Spix, als Zoologe bei der Expedition tätig. Brasilien verdankt diesen beiden Gelehrten die wissenschaftliche Erschließung des Landes. Martius beispielsweise hatte dort dreieinhalbtausend Pflanzenarten gesammelt, Spix unter anderem zweitausendsiebenhundert Insektenarten mitgebracht! Die Ergebnisse ihrer Forschung legten die beiden Gelehrten in einem großen dreibändigen Prachtwerk »Reise in Brasilien« nieder. Während Spix schon 1826 an den Folgen einer Krankheit starb, die er sich in Brasilien zugezogen hatte, erhielt Martius eine Professur für Botanik an der Universität München und wurde Direktor des botanischen Gartens. Er starb 1868 in München.

Der Teil unserer Expedition oberhalb des ewigen Schnees hatte nur dreieinhalb Stunden gedauert, während welcher wir trotz der Luftverdünnung nie durch Niedersitzen uns auszuruhen brauchten.

Am 1. März setzten wir die Reise fünf und eine halbe Legoa, bis zu dem Arrayal da Feira de S. Anna, fort. Die Einwohner dieser ärmlichen Ortschaft boten uns schon das vollkommene Bild der Sertanejos dar. Der Zweck unserer Reise, den wir angaben, schien ihnen unglaublich. Der Stimmführer bewies ihnen mit triftigen Worten, daß irgendeine geheime Absicht dieser Expedition zugrunde liegen müsse. »Wie könnt Ihr glauben«, sprach er, »daß man sich um Käfer und Kräuter willen der Gefahr zu verdursten aussetzen werde? – Die Herren suchen die Silberblöcke von Monte Santo auf und werden gewiß die Mühseligkeiten einer solchen Reise nicht umsonst auf sich nehmen.« Diese und ähnliche Bemerkungen überzeugten uns, daß die Sage von dem mineralischen Reichtum jener Gegend sehr weit verbreitet sei, und wir fanden allerdings ein besonderes Interesse dabei, weil wir beschlossen hatten, das Meteoreisen von Bemdegô aufzusuchen, welches, wie wir später erfuhren, Veranlassung zu jenen Gerüchten gegeben hatte. Das Trinkwasser wird hier in Zisternen aufbewahrt, hat gewöhnlich einen salzigen Geschmack und bringt, ohne verbessernden Beisatz getrunken, kaltes Fieber hervor. Dennoch mußten wir unsern Schlauch damit anfüllen; überdies teilten wir, dem Rat der Einwohner gemäß, den Trupp in zwei Abteilungen, damit die später ankommmenden Lasttiere neu angesammeltes Wasser in den fast versiegten Quellen finden möchten. Dr. Spix ging mit dem größeren Teil des Trupps voraus; ich folgte erst nach Sonnenuntergang, indem ich bei Sternenlicht die Reise fünf und eine halbe Legoa[1] fortsetzte. Zwei Legoas nordwestlich von der Feira de S. Anna fanden wir das kleine Arrayal de S. Jozé wegen Wassermangels fast von allen Bewohnern verlassen, und ebenso die folgenden Fazendas: Formigas, S. Barbara und Gravatá, wo sich beide Trupps wieder vereinigten. Nicht ohne Bangigkeit überließen wir uns hier einiger Ruhe, denn es war zu fürchten, daß wir bei Fortdauer ähnlicher Dürre nur mit der Hälfte der Lasttiere das Ende dieser furchtbaren Einöde erreichen würden. Das salzige Wasser, welches wir in den Zisternen von Gravatá (unreinen Gruben in dem Granitsande) fanden, ward mit Zuckerbroten versüßt den Maultieren in einer Kürbisschale ausgeteilt; die armen Tiere schienen aber unbefriedigt und blieben, mit gesenktem Kopf umherschnöbernd, den Rest der Nacht über bei unsern Wachtfeuern stehen. Am folgenden Tage wurde der Marsch sechs Legoas weit fortgesetzt. Die Waldung, zwar großenteils blattlos, aber höher und dichter als bisher und ganz den Catingas von Maracas ähnlich, milderte durch den Schatten, welchen sie gewährte, einigermaßen die Qual der Hitze; Wasser jedoch war nirgends zu finden. Mehrere Bewohner begegneten uns, ängstlich beschäftigt, das Wasser aus der Höhlung zwischen den Blättern der wilden Ananasstauden zusammenzugießen. Dies Wasser war, obgleich von Insekten und von Froschlaich verunreinigt, dennoch ein Labsal für diese armseligen Sertanejos. In der Fazenda Umbäuva kauften wir einen Krug

[1] Eine Legoa entspricht etwa 5 km

Ansicht der Stadt Cuzko in Peru zur Zeit ihrer Eroberung durch Pizarro. Nach einem Kupferstich in Dappers „America" 1673

Marter eines indianischen Kaziken in Neu-Granada. Nach einem zeitgenössischen Stich in dem Bericht des Bischofs Las Casas

Die Serra de Itambé im Hinterland von Bahia aus dem großen brasilianischen Werk des Martius

Der Chimborazo nach einer Zeichnung von Alexander von Humboldt

Wasser um einen Gulden, allein, unter die Equipage verteilt, schien diese kleine Quantität den Durst nicht zu löschen, sondern nur unerträglich zu machen. Unsere Leute gerieten in Erbitterung gegen die Einwohner, von denen sie behaupteten, daß sie weder ihren Vorrat mitteilen, noch die Quellen und Zisternen angeben wollten. In Genipapo, einem andern kleinen Meierhofe, drangen sie, unserer Vorstellungen ungeachtet, in das Haus eines alten Mannes und bemächtigten sich eines Topfes mit Wasser, den er unter dem Bett versteckt hatte. Vergeblich war seine Versicherung, daß er fast blind sei, daß sein einziger Sohn das Wasser täglich drei Stunden weit herbeihole – unser Arieiro und seine Gehilfen leerten das Gefäß, ohne zu achten, daß es von Würmern wimmelte. Doch schon am Abend stellten sich die Folgen ihrer sträflichen Gewalttat ein, indem sie insgesamt von einem heftigen Fieberanfall ergriffen wurden. In der Fazenda Patos, wo wir die Nacht zubrachten, fanden die Tiere eine kleine Pfütze grünen Wassers, über welche sie mit Gier herfielen. Man vertröstete uns, daß jetzt die größte Not überstanden sei, da in der kleinen Ortschaft Coité eine reichliche Quelle aus dem Felsen springe. Am Abend des 4. Mai erreichten wir diesen Ort der Verheißung, aber wie groß war unser Schrecken, als wir ihn besichtigt hatten! Eine Kluft in dem Granitfelsen war durch eine zwölf Fuß tiefe Grube zugängig gemacht worden, und darin stand eine Person, um das tropfenweise fallende Wasser in eine Cuja aufzufangen. Mehr als dreißig Menschen waren um diesen Born der Wüste versammelt, Weiber und Mädchen, um, wie es der anwesende Ortsrichter befahl, der Ordnung nach zur Quelle hinabzusteigen, und die Männer mit Flinten in den Händen, um die Ansprüche der Ihrigen nötigenfalls mit bewaffneter Hand geltend zu machen. Auf hinreichende Tränke für die ermatteten Tiere war hier nicht zu rechnen, ja, als ich für die Menschen um einen Labetrunk bat, war die trotzige Antwort: »Hier gibt es nur Wasser für uns, aber nicht für hergelaufene Engländer!« Ein abgedankter Soldat verschaffte uns um Geld einige Pinten Wassers und riet, noch in dieser Nacht weiterzureisen, weil nordwestlich vor kurzem ein Gewitter niedergegangen sei. Wir beschlossen, diesen Rat zu befolgen, denn obgleich mehrere Lasttiere bereits den Dienst verweigerten, so schien uns doch bei längerem Verweilen ein allgemeineres Unglück zu bedrohen. In der Ungeduld der Verzweiflung trieben wir den Trupp vorwärts und machten endlich bei Cisterna um ein Uhr nach Mitternacht halt. Als die Sonne aufging, fanden wir die Mannschaft in dumpfes Hinbrüten versunken, die meisten Lasttiere traurig um uns herstehend, andere weit zerstreut im Dickicht, wo sie, von Durst gequält, umherliefen. In den Zisternen fand sich aber kein Tropfen Wasser. Wir selbst leckten den Tau von den kahlen Granitplatten auf und stärkten die Tiere durch Zuckerbrote. Zwei derselben waren unvermögend, uns weiter zu folgen, die übrigen trieben wir zu fernerer Anstrengung vorwärts. Endlich, als unsere Not den höchsten Gipfel erreicht zu haben schien, waren wir so glücklich, uns erlöst zu sehen. In Imbuzeiro, einige Legoas von Cisterna, hatte es stark geregnet, und der Bewohner hatte das wohltätige Element in eiligst gemachten Gruben aufgesammelt. Hier stärkten wir uns so, daß wir am 6. Mai glücklich die Fazenda do Uio do Peixe und daselbst die Grenze dieses furchtbaren Distriktes erreichen konnten.

Australien – Südsee

Ein Schiff verschwindet
Diego de Prado

Wer hat Australien entdeckt? Diese Frage ist keineswegs so leicht zu beantworten wie die nach der Entdeckung Amerikas. Ganz eindeutig wird sie wahrscheinlich niemals geklärt werden können. Ohne auf die wissenschaftlichen Kontroversen einzugehen, dürfen wir aber den Ruhm wohl einem spanischen Dreigestirn zuschreiben. Im Dezember 1605 segelte Fernandez de Quiros von Peru aus mit drei Schiffen westwärts, um die Terra Australis, das sagenhafte Südland, zu suchen. Die Reise verlief anfangs recht erfolgreich, die Spanier entdeckten Pitcairn und Tahiti und gelangten bis zu den Neuen Hebriden. Hier aber muß es zu unerwarteten Schwierigkeiten gekommen sein, entweder entstanden Zwistigkeiten zwischen Quiros und den Leuten, oder aber er verlor als Expeditionsleiter die Nerven. Jedenfalls kehrte er allein um und segelte nach Südamerika zurück. Den Ruhm, die Expedition weitergeführt zu haben, beanspruchen gleich zwei Männer, Luis Vaez de Torres und Don Diego de Prado. Sie segelten jedenfalls mit den verbliebenen Schiffen weiter westwärts und durchquerten die nach Torres benannte Meeresstraße zwischen Neuguinea und Australien. Dabei dürften sie auch die schon zu Australien gehörenden Inseln gesichtet haben, ohne – ähnlich wie Kolumbus – zu ahnen, daß sie damit eigentlich an den Toren eines neuen Erdteils standen. Torres gab später einen knappen Bericht über den Verlauf der Reise. Erst vor etwa drei Jahrzehnten wurde auch die ausführliche Reisebeschreibung Prados entdeckt, die zu den farbigsten Reiseschilderungen der Entdeckungszeit gehört. Ihr sind die folgenden Abschnitte entnommen, in denen Prado aus seiner Sicht über die ungeklärten Vorgänge berichtet, die zum Rückzug Quiros führten. Schon wenige Wochen nach den Spaniern kreuzte übrigens ein holländisches Schiff in den gleichen Gewässern, fand aber die von Torres erkundete Durchfahrt nicht. Doch dürfte sein Kapitän der erste gewesen sein, der – ebenfalls ohne es zu ahnen – das australische Festland betrat.

Anfang Juni liefen die Boote aus, um Fische zu fangen, und brachten eine ganze Ladung mit, die von den Herren Alcalden[1] verteilt wurden, indem sie zwei Teile der »Capitana«[2] und den anderen der »Almiranta« und der Barkasse gaben. Auf der »Almiranta« diente ein

[1] Beamte der Krone.
[2] eines der beiden Schiffe.

redlicher Seemann namens Saavedra, der sich an der Küste von Havanna und Neuspanien gut auskannte. Dieser sagte zu Luis Baes und zu mir: »Passen Sie auf, meine Herren, viele von diesen Fischen sind gelbsüchtig, nämlich alle, die schwarze Zähne haben, und das ist das reine Gift. Essen Sie nicht davon, sondern werfen Sie diese ins Meer zurück, und essen Sie nur die mit weißen Zähnen.« So geschah es auch. Die ausgesonderten wurden von zwei Katzen und zwei jungen Schweinen aufgefressen, die dann alle innerhalb von zwei Tagen eingingen. Man gab diesen Rat sofort auch an die Leute der »Capitana«. Die aber schalten uns Fresser, als ob wir die Fische für uns selbst wollten. Sie nahmen alle ihr Abendessen frühzeitig ein, und um Mitternacht kam ein Boot, das uns bat, die Patres und den Wundarzt auf die »Capitana« zu schicken, denn dort lagen alle Leute auf Oberdeck hingestreckt und verlangten nach der Beichte. Sie gingen und taten ihre Pflicht, und der Arzt nahm einen Krug mit Öl und gab den Kranken davon zu trinken, und sie spieen das Essen aus. Das Mittel wirkte günstig. Wenn sie damit gezögert hätten, hätte ihnen das Gift das gleiche Schicksal bereitet wie den Katzen und Schweinen. Dieses Gift schließt nämlich die Verdauungskanäle und ruft sofort Bewußtlosigkeit hervor. Es gab einige Leute, die über vierzehn Tage lang nicht zu sich kamen. Obwohl Quiros keine Fische gegessen hatte und ihm daher auch nichts passierte, war er wegen dieser Sache so furchtsam und aufgeregt, daß er beschloß, diesen Ort sofort zu verlassen.
Er drehte um und erreichte am 11. die Mitte der Bucht. Am Nachmittag wünschten wir ihm gute Fahrt; sie nahmen die Parole, und er befahl uns, im Hafen von Vera Cruz, von wo aus wir in See gestochen waren, vor Anker zu gehen. Um sieben Uhr abends kam ein frischer Südwind auf und zwang uns, die Segel einzuziehen, da wir in Landnähe waren und keinen Ankerplatz finden konnten. Wir ließen nur das Focksegel stehen und blieben weiterhin beigedreht liegen. Um neun Uhr gaben wir mit einer Fackel ein Zeichen, und die vom anderen Schiff antworteten. Um zwölf Uhr wiederholten wir es, und sie antworteten nicht. Um ein Uhr versuchten wir es mit zwei Fackeln, die auf dem Topmast leuchteten, doch sie antworteten wiederum nicht. In der Morgendämmerung fuhren wir mit der Barkasse zum Hafen und ankerten; da wir sahen, daß die »Capitana« nicht auftauchte, vermuteten wir, sie habe Schiffbruch erlitten. Ich sagte ihnen, daß wir nicht erst zu suchen brauchten, denn die Mannschaft war ent-

schlossen zu meutern, sobald sich eine Gelegenheit dazu bot. Der Wind hatte sie eingeladen, und sie hatten gemeutert. Wie es geschah und den Verlauf erfuhren wir zwei Monate später bei unserer Ankunft auf den Philippinen. Als Luis Baes nun sah, daß die »Capitana« nicht mehr auftauchte, fuhr er, wohlausgerüstet, in dem Boot an der Küste der Bucht entlang nordwärts, und die Barkasse fuhr an der anderen Küste entlang, wobei sie sich dicht an Land hielten. Wenn nämlich das Schiff gescheitert war, dann mußten sie zertrümmerte Planken an der Küste entdecken. Fanden sie aber nichts, dann schien es sicher zu sein, daß die Mannschaft gemeutert hatte. Sie fanden nichts und stiegen dann auf den höchsten Punkt der Vorgebirge, konnten aber auch von dort aus nichts entdecken.

Wir beriefen eine Versammlung ein, um zu besprechen, was zu tun sei; denn die Vorräte schmolzen täglich immer mehr zusammen. Wir beschlossen, bis zum 20. des Monats zu warten, waren sie bis dahin nicht erschienen, wollten wir einen weiteren Beschluß fassen. In diesem Zeitraum ereigneten sich zwei schwere Erd- und Seebeben. Man sagte, daß sich das Nahen des Winters drohend ankündige. Da der Termin verrann und wir erkannten, daß wir nur Zeit verloren, beriefen wir eine zweite Beratung ein. Nun wurde beschlossen, von diesem Ort aus in See zu stechen und eine Gegend zu suchen, in der wir Proviant aufnehmen und überwintern konnten. An diesem Tag unternahmen wir einen Streifzug am Ufer, um nach ein paar Schweinen für unsere Verpflegung Ausschau zu halten. Dieses Unternehmen verlief sehr unglücklich für uns, denn es fielen so viele Eingeborene über uns her, daß wir ihnen nur unter großen Schwierigkeiten entkamen. Sie verwundeten vier Mann mit vergifteten Pfeilen, aber auch unsere Gegner hatten Grund zu klagen. An einem der toten Feinde versuchten unsere Leute nun ihre Schwerter, aber so viele Hiebe und Stiche sie ihm auch versetzten, sie konnten sein Fleisch nicht zerhauen, es war so zäh, als ob sie auf einen festen Küraß einhieben. Der Tote trug am Arm ein vier Finger breites Band, das mit Schneckenhäusern eingefaßt war, wohl das Abzeichen des Häuptlings oder das Amulett, das die Schwerter stumpf werden ließ. Wir mußten den Leichnam an der Küste liegen lassen. Am 25., dem Johannistag, berief Luis Baes wieder eine Beratung zusammen, zog ein versiegeltes Papier hervor und erklärte, es handle sich um eine Order des Vizekönigs von Peru. Der Inhalt besagte im wesentlichen, daß die Schiffe, falls sie sich verirren sollten, jede Anstrengung zu unternehmen hätten, um bis zum

20. Grad südlicher Breite hinaufzufahren und zu sehen, ob es in dieser Gegend Land gebe. Wenn sie es nicht fänden, sollten sie nach Manila segeln und dort vier Monate auf die anderen Schiffe warten, die den gleichen Befehl bei sich führten. Im Falle, daß Pedro Fernandez de Quiros ausfalle, sollten sie als Anführer Kapitän Don Diego de Prado nehmen. Er solle dann die Fahrt leiten. Der genannte Don Diego übernahm den Auftrag und übte von da an seinen Dienst aus.
Bevor ich weiter berichte, möchte ich aber erst von den Männern erzählen, die im Kampf mit den Eingeborenen verwundet worden waren. Da diese gleich nach ihrer Verwundung sehr heftig über Schmerzen klagten, sagten einige erfahrene Leute aus Portugiesisch-Indien, es gäbe keine Zweifel, daß sie rasch sterben müßten, wenn man ihnen nicht mit einer chinesischen Mischung helfe. Diese besteht aus menschlichen Exkrementen, verdünnt mit Wasser, eineinhalb Unzen als Dosis. Dies geschah sofort; sie tranken, spieen das Gift aus und erholten sich schnell. Unter den Verwundeten war auch ein Portugiese, der die Mischung durchaus nicht trinken wollte. Er starb, als es ihn einmal erfaßt hatte, und seine Wunde war die kleinste von allen. Die Chinesen wenden dieses Mittel an, es ist aber ein Geheimnis, das man bei unserem Volk nicht kennt.
Wir richteten nun unsere Fahrt nach Südwesten, bis wir die Höhe von zwanzigeinhalb Grad erreichten. Dort fanden wir eine angenehm kühle Temperatur und strichweise viele Vögel und Baumstämme, lauter Zeichen, daß Land nahe sein müsse. Unsere Vorräte erlaubten uns nicht, die Gegend näher zu erforschen. Und nachdem wir dem Befehl gefolgt waren, drehten wir nordwärts und empfahlen uns höchst ergeben Gott und seiner allerheiligsten Mutter. Obwohl der Wind von Südosten wehte und uns nicht sehr günstig war, gefiel es Gott dem Herrn, daß wir bei Tagesanbruch des 14. Juli auf Land stoßen sollten. Wäre die Dämmerung eine halbe Stunde später gekommen, wir wären zweifellos in die Untiefen vor der Küste geraten und zugrunde gegangen. Wir drehten ab und setzten alle Segel, um in östliche Richtung zu gelangen. Aber bei Sonnenaufgang erhob sich eine steife Brise, so daß wir nachgeben und an der Küste entlangfahren mußten. Dort sahen wir von allen Dörfern der Eingeborenen mächtige Rauchsignale, ein Brauch, der von ihnen viel geübt wird, wenn sie in ihren Gewässern Schiffe sehen. Wir fuhren weitere fünf Tage an der Küste entlang. Um fünf Uhr nachmittags hielten wir jedes Mal

hinaus in die offene See, und bei Sonnenaufgang kehrten wir wieder zur Küste zurück. Während der ganzen Zeit aber entdeckten wir keine Bucht, in der wir hätten an Land gehen können. Am sechsten Tag sahen wir endlich zwei steil aufragende Inselchen wie Zuckerhüte und vermuteten, daß dort eine Einfahrt sein müsse, und so war es auch. Wir setzten das Boot aus, und es lotete mit dem Senkblei in acht bis zehn Faden Tiefe sicheren Grund. Wir steuerten dorthin und erreichten das Ufer, wo wir einen schönen Hafen von vierzehn Faden Wassertiefe fanden. Und als wir Anker warfen, kamen Eingeborene zum Ufer. Es ist ein Land mit großen, schönen Bäumen, guten Wasserquellen und außerdem vor allen Winden geschützt. Ich gab ihm den Namen Port Lerma. Das Land beginnt bei einer Höhe von zwölf Grad, und dieser Hafen liegt bei einer Höhe von zehneinhalb Grad.

An der Küste Australiens
James Cook

Eng verknüpft mit der Erforschungsgeschichte der Südsee ist der Name von Kapitän James Cook. Er wurde 1728 zu Marton in Yorkshire geboren. Aus einfachsten Verhältnissen kommend, diente er sich in der britischen Kriegsmarine allmählich empor. Von 1763 bis 1767 kartographierte er die Küste von Neufundland. Dann übertrug ihm die Admiralität das Kommando über ein Schiff, von dem aus englische Gelehrte 1769 in der Südsee astronomische Beobachtungen ausführen sollten. Nachdem dieser Auftrag ausgeführt worden war, segelte Cook mit dem Schiff südwärts erstmals bis zum 40. Grad südlicher Breite, in ein Gebiet also, in das sich bis dahin noch kein Schiff vorgewagt hatte. Dann fuhr er, ohne Land gesichtet zu haben, wieder in nordwestlicher Richtung nach Neuseeland, umschiffte die Inseln und entwarf die erste korrekte Karte von ihnen. Im April 1770 erreichte er die australische Küste, entdeckte die Botany Bay und kehrte schließlich auf dem Wege um das Kap der Guten Hoffnung wieder nach England zurück. Dieser ersten Reise folgte von 1772 bis 1775 eine noch bedeutsamere zweite, auf der er bis in das südliche Eismeer vordrang und damit bewies, daß der hier vermutete Südkontinent nicht existierte. Er erkannte aber richtig, daß sich um den Südpol herum eine Landmasse erstrecken müsse. Die dritte Reise Cooks sollte der Erkundung einer nordwestlichen Durchfahrt vom Pazifischen Ozean um Nordamerika herum in den Atlantik dienen. 1777 entdeckte er dabei die Hawaii-Inseln, mußte aber nach Durchquerung der Beringstraße wegen der Packeismassen wieder umkehren. Bei der Rückfahrt durch den Pazifik wurde er am 14. Februar 1779 im Alter von einundfünfzig Jahren auf einer der Hawaii-Inseln von Einheimischen getötet. Unser Bericht ist den Tagebüchern der ersten Reise entnommen und schildert seine Landung in Australien.

Sonnabend, 7. April 1770. Bestrafte den Seesoldaten Juo Bowies mit 12 Schlägen wegen seiner Weigerung, seine Pflicht zu tun, als er vom Bootsmannsmaat und vom Sergeanten der Marinesoldaten Befehle empfing.
Donnerstag, 18. April. Um 6 Uhr vormittags erblickten wir Land, das sich in einer Entfernung von fünf bis sechs leagues[1] von NO nach W hinzog.

[1] 1 league = 4827 m.

Südlich davon konnten wir kein Land erblicken, und doch war es klar in jener Richtung, und Vandiemensland hätte genau südlich von uns liegen müssen.
Freitag, 20. April. Das klare Wetter gab uns Gelegenheit, das Land zu betrachten, das sehr freundlich und vielversprechend aussah, durch Hügel, Höhenzüge, Ebenen und Täler mannigfach gegliedert und mit einigen kleinen Lichtungen, doch größtenteils ganz und gar mit Waldbedeckung. Wir hielten uns nun längs der Küste nach N. Nachmittags sahen wir an verschiedenen Orten den Rauch von Feuerstellen.
Sonnabend, 28. April. Morgens, bei Tagesanbruch, entdeckten wir eine Bucht, die einigermaßen gegen alle Winde geschützt erschien und in die ich mit dem Schiff einzulaufen beschloß. Als wir hineinfuhren, sahen wir beiderseits an der Bucht Eingeborene und ein paar Hütten. Als wir uns der Küste näherten, entflohen alle bis auf zwei, die entschlossen schienen, sich unsrer Landung zu widersetzen. Weder wir noch Tupia verstanden ein Wort von dem, was sie sagten. Ich feuerte eine Flinte ab, doch das hatte nur die Wirkung, daß sie an eine Stelle zurückliefen, an der ein Bündel ihrer Speere lag. Einer von ihnen nahm einen Stein auf und warf nach uns. Darauf gab ich einen Schrotschuß ab, und obwohl der Mann getroffen wurde, veranlaßte es ihn nur, zu einem Schilde zu greifen. Bald hernach zogen beide ab, doch nicht so schnell, daß wir nicht einen hätten greifen können. Aber Herr Banks meinte, die Speere wären vergiftet, und warnte mich, als ich auf den Wald zutrat. Wir fanden hier ein paar kleine Hütten aus Baumrinde. In einer waren vier bis fünf Kinder, bei denen wir einige Perlketten zurückließen. Drei Kanus lagen am Strande, wohl die schlechtesten, die ich je gesehen habe, aus einem Stück Baumrinde verfertigt.
Dienstag, 1. Mai 1770. Heute nacht starb der Seesoldat Forby Sutherland und wurde vormittags am Wasserplatz begraben. Im Gehölz zwischen den Bäumen hatte Dr. Solander den flüchtigen Anblick eines kleinen Tieres wie ein Kaninchen; wir fanden die Losung eines Tiers, das sich von Gras nähren muß und nicht kleiner sein kann als ein Hirsch[2], auch bemerkten wir die Spur eines Hundes oder eines ähnlichen Tiers[3].

[2] Offenbar handelt es sich um ein Känguruh.
[3] Der Dingo, eine vom Menschen in Australien eingeführte und dort verwilderte Hundeart.

Sonntag 6. Mai. Die große Zahl Pflanzen, welche Herr Banks und Dr. Solander an diesem Platz fanden, veranlaßten mich, ihm den Namen Botany Bay zu geben. Die Eingeborenen, soweit ich sie zu sehen bekam, waren alle sehr dunkelbraun, aber nicht schwarz, auch hatten sie nicht wolliges, krauses Haar, sondern schwarzes und schlichtes wie unseres. Keinerlei Kleidung oder Schmuck war je bei einem von ihnen zu sehen. Wir sahen sie Fische mit Harpunen oder Angelhaken und Leinen fangen, fanden solche auch in ihren Hütten. Von ihren Gebräuchen konnten wir wenig erfahren, da wir nie Beziehungen mit ihnen anknüpfen konnten. Sie berührten nicht einmal die Sachen, die wir für sie in den Hütten zurückließen. Während unseres Aufenthalts ließ ich täglich die englischen Farben am Lande hissen.
Bei Tagesanbruch lichteten wir die Anker und stachen in See. Gegen Mittag befanden wir uns einer Bucht gegenüber, die guten Ankerplatz zu bieten scheint und die ich Port Jackson nannte.
Montag, 14. Mai. Gegen Mittag befanden wir uns in 30 Grad 22′ S. In dem Maße, wie wir weiter nach N kamen, ist die Höhe des Landes angestiegen, so daß wir es hier gebirgig nennen können. Im Boden konnten wir keinen sichtbaren Wechsel erkennen.
Freitag, 18. Mai. Breite 25 Grad 58′ S, Länge 206 G 48′. Das Land wendet sich hier nach NW und bildet eine große, offene Bucht, in deren Hintergrund es sehr niedrig zu sein schien, so daß wir es von Deck nur eben noch erblicken konnten. Das Land in der Umgebung, das mäßig hoch ist, erschien öder als alles andere bisher an dieser Küste Gesehene, der Boden sandiger, denn es gibt einige größere Stellen, wo nichts weiter zu sehen ist. An andern scheinen die Wälder niedrig und buschartig zu sein, auch sahen wir nicht viel Anzeichen von Bewohnern.
Mittwoch, 23. Mai. Wir befanden uns einer großen, offenen Bucht gegenüber, in der ich beabsichtigte, vor Anker zu gehen. Heute nacht (etwa während der mittleren Wache) ist meinem Sekretär Herrn Orton etwas Außergewöhnliches begegnet. Er war gestern abend betrunken, und irgendein Böswilliger oder mehrere machten sich das zunutze und schnitten ihm alle Kleider vom Leibe. Damit noch nicht zufrieden, kamen sie etwas später an seine Kabine und schnitten ihm, während er im Bette schlief, von jedem Ohr ein Stück ab. Sein Verdacht fiel auf einen Midshipman, Herrn Magra, doch leuchtete mir das nicht ein. Als ich indessen bei der Untersuchung erfuhr, daß Magra schon vorher ein- oder zweimal in seinen Betrunkenheitsspäßen seine

Kleidung abgeschnitten hatte und daß man ihn hatte sagen hören, er würde ihn umbringen, wenn das Gesetz nicht wäre, führten mich diese Betrachtungen zu der Annahme, daß Magra nicht so ganz unschuldig war. Ich schickte ihn daher einstweilen ins Hinterdeck und enthob ihn jedes Dienstes im Schiff, da er einer der an Bord königlicher Schiffe häufig zu findenden Ehrenmänner war, die sehr gut zu entbehren sind. Ich sehe derartige Vorgänge auf solchen Reisen als höchst gefährlich und als die größte Beleidigung an, die meinem Ansehen auf diesem Schiff widerfahren kann, da ich jederzeit bereit gewesen bin, jede gegen irgendwen auf dem Schiff vorgebrachte Klage anzuhören und dem Übelstand abzuhelfen.

Vormittags begab ich mich an Land. Die Gegend ist ersichtlich geringwertiger als an unserm letzten Halteplatz.

Donnerstag, 24. Mai. Um 4 Uhr früh lichteten wir die Anker und segelten wieder aus der Bustard Bay.

Dienstag, 29. Mai. Früh um 5 schickte ich den Lotsen mit zwei Booten aus, um die Einfahrt in eine Bucht auszumessen, die westlich von uns lag und in die ich mit dem Schiff zu gehen beabsichtigte, um wenige Tage zu warten, bis der Mond zunahm, und zugleich die Gegend zu untersuchen.

Mittwoch, 30. Mai. Das erste, was ich tat, war, vor Sonnenaufgang einen recht hohen Berg am Nordwesteingang der Bucht zu besteigen, um die Küste mit ihren Inseln usw. übersehen zu können und ihre Lage zu bestimmen. Zu diesem Zweck nahm ich den Azimuthkompaß mit, seine Nadel wich jedoch recht beträchtlich, bis über 30 Grad, an verschiedenen Stellen ab. Ich mutmaßte, daß das von Eisenerz im Berg herrührte, von dem nicht nur hier, sondern auch an mehreren andern Plätzen deutliche Zeichen sichtbar waren. Keine Zeichen von Fruchtbarkeit sind im Lande zu erblicken, der Boden ist meistenteils ein harter, rötlicher Kalk und bringt einige Sorten Bäume hervor. Das niedrige Land wird bei Springfluten völlig überspült.

Donnerstag, 31. Mai. Lichtete die Anker und stach in See.

Montag, 4. Juni 1770. Das Festland und die Inseln, besonders ersteres, sind recht hoch, durch Hügel und Täler ausgezeichnet und durch Wälder und Lichtungen, die ein grünes, freundliches Bild geben, mannigfach gegliedert. Auf einer der Inseln am Sandstrande sahen wir zwei Menschen und ein Kanu mit Ausleger, das größer und anders gebaut erschien als alle, die wir bisher an dieser Küste gesehen haben. Diese Straße nannte ich Weiß-Sonntags-Straße, weil sie an dem Tage entdeckt wurde, an dem die Kirche diesen Festtag feiert, und die Inseln, von denen sie gebildet wird, Cumberland-Inseln zu Ehren Seiner Kgl. Hoheit des Herzogs von Cumberland.

Montag, 11. Juni. Meine Absicht war, die ganze Nacht unter Segel zu bleiben, sowohl um die Gefahr zu vermeiden, die wir vor uns sahen, als um zu sehen, ob Inseln in der offenen See lagen, zumal wir uns jetzt der Breite der von Quiros entdeckten näherten. Während wir unter dem Vorteil eines günstigen Windes und einer klaren, mondhellen Nacht von 6 bis 9 Uhr hinausfuhren, vertiefte sich unser Wasser von 14 auf 21 Faden, fiel aber dann auf einmal auf 12, 10 und 8 Faden. Jetzt hatte ich jedermann auf seinem Posten, um vor Anker zu kommen, hatte aber kein Glück. Da wir nämlich wieder tieferes Wasser bekamen, fürchtete ich beim Weiterfahren keine Gefahr. Vor 10 Uhr hatten wir 20 und 21 Faden, und dabei blieb es bis wenige Minuten vor 11, wo wir 17 hatten, und ehe der Mann am Senkblei einen neuen Wurf tun konnte, rannte das Schiff auf und saß fest. Augenblicklich zogen wir alle Segel ein, ließen die Boote hinab und loteten rings um das Schiff. Wir waren auf die Südostecke eines Korallenriffs gelaufen. Hinten fand ich am meisten Wasser, warf daher am Steuerborddeck einen Anker aus und ließ mit sehr großer Anspannung aufwinden; es nützte nichts – das Schiff saß vollständig fest. Wir machten uns an die Arbeit, es so sehr wie möglich zu erleichtern – das einzige noch übrige Mittel, um es loszubekommen. Um 10 Uhr morgens bei, wie wir meinten, hohem Wasserstand versuchten wir es, ohne Erfolg, abzuschleppen, obwohl wir 40 bis 50 t Gewicht über Bord geworfen hatten. Als das Wasser fiel, begann das Schiff Wasser zu ziehen. Glücklicherweise hatten wir wenig Wind, gutes Wetter und glatte See die ganzen 24 Stunden über. Um 5 Uhr nachmittags beobachteten wir ein Steigen der Flut, und das Leck wuchs, so daß wir die dritte Pumpe ansetzen mußten. Um 9 richtete sich das Schiff auf, und das Leck gewann über die Pumpen bedeutend die Oberhand. Das war ein aufregender und, ich möchte sagen, schrecklicher Umstand. Er drohte uns mit augenblicklicher Vernichtung. Indessen beschloß ich, alles aufs Spiel zu setzen und es wenn möglich abzuschleppen. Ich setzte dementsprechend so viel Leute, wie bei den Pumpen entbehrt werden konnten, an Gangspill und Ankerwinde, und 20 Minuten nach 10 wurde das Schiff flott. Um 11 gingen wir unter Segel und hielten auf das Land zu. Das Leck bekamen wir dahin, daß wir bequem mit einer Pumpe auskamen, ein glücklicher

Umstand, der jedermann an Bord neues Leben gab. Noch wenige Minuten zuvor waren unsere äußersten Wünsche auf einen Platz am Festlande oder auf eine Insel gerichtet, wo wir das Schiff hätten auflaufen lassen und aus seinem Material ein Fahrzeug bauen können, das uns nach Ostindien tragen sollte!

Um 6 Uhr ankerten wir 5 bis 6 leagues vom Land in 17 Faden. Die Mannschaft war in guter Stimmung.

Mittwoch, 13. Juni. Um 6 Uhr früh hoben wir die Anker und steuerten nach NW auf das Land zu. Um 3 sahen wir eine Öffnung, die wie ein Hafen aussah, und ankerten zwei Meilen vor der Küste. Um 8 kam die Pinasse an Bord zurück und meldete, sie hätte einen guten Hafen gefunden.

Donnerstag, 14. Juni. Um 6 Uhr früh hoben wir die Anker und liefen ein. Ich fand den Hafen viel kleiner, als mir berichtet war, aber für unsern Zweck völlig ausreichend.

Heut setzte ich Herrn Magra wieder in seine Dienste ein, da ich ihn der ihm zur Last gelegten Verbrechen nicht schuldig fand.[4]

Montag, 13. August 1770. Falls wir noch länger mit dem Schiff an der Küste blieben, mußte ein zweiter derartiger oder anderer Unfall unfehlbar unsere Fahrt nach Ostindien für dies Jahr vereiteln, und das bedeutete für uns und die Reise den Untergang, da wir jetzt nur noch für wenig mehr als drei Monate Lebensmittel an Bord hatten, und zwar knapp bemessen. Ich beriet deshalb mit den Offizieren und entschloß mich, die Anker zu lichten und diese Küste, wenn möglich, ganz zu verlassen, bis ich mich ihr mit geringerer Gefahr wieder würde nähern können.

Der Lotse fuhr in der Pinasse voraus, um den Kanal zu prüfen, und gab dem Schiff das Zeichen zu folgen. Das taten wir auch und gelangten bald unversehrt hinaus, was uns nicht geringe Freude gewährte. Ich wäre sehr glücklich gewesen, hätte es in meiner Macht gestanden, mich am Lande zu halten, um die Küste bis zum Nord-

[4] Der unfreiwillige Aufenthalt in dieser Bucht, die jetzt die Stadt Cooktown beherbergt und als Hafen eines Goldminendistrikts dient, dauerte vom 14. Juni bis zum 4. August. Das Schiff wurde, so gut es gehen wollte, ausgebessert, ehe man die weitere Fahrt durch fernere unbekannte Meere antrat. Da die Eßvorräte für die Reise noch ausreichen mußten, bildeten Fische und Schildkröten, die mühsam gefangen werden mußten, eine willkommene, wenn auch spärliche Abwechslung der Nahrung. Erstaunen erregten die den Europäern noch unbekannten Känguruhs, deren eines auch erbeutet wurde. Ihren Namen erfuhren die Engländer durch die Eingeborenen, die, anfangs sehr scheu, nach und nach sich an den ungewöhnlichen Besuch gewöhnten. Einmal sah sich Cook sogar genötigt, sein alleräußerstes Hilfsmittel, einen Schrotschuß, anzuwenden, als sie das Gras und Gebüsch rings um die Fremden anzündeten.

ende zu untersuchen, von dem wir, glaube ich, nicht weit entfernt waren; denn ich nehme bestimmt an, daß dies Land nicht mit Neuguinea zusammenhängt. Der starke, hohe Seegang, in den wir nun geraten sind, macht uns mit einem Umstande bekannt, von dem wir bisher nichts wußten: daß nämlich das Schiff stärker beschädigt ist, als wir bemerkt hatten und in glattem Wasser bemerken konnten. Denn jetzt zieht es so viel Wasser, wie eine ständig in Tätigkeit gehaltene Pumpe ausschöpfen kann. Doch das war eine Kleinigkeit im Vergleich mit der Gefahr, der wir soeben entgangen waren.

Die Entdeckung der Osterinsel
J. Roggeveen / C. F. Behrens

Im Jahre 1721 fuhr – wieder einmal – eine holländische Flotte aus, um nach dem Südkontinent, der »Terra Australis«, zu suchen. Ihr Befehlshaber war der zweiundsechzigjährige Admiral Jakob Roggeveen, der sich lange Jahre im niederländisch-indischen Kolonialdienst ausgezeichnet hatte. Unter seinem Kommando diente auch ein junger Deutscher, der 1701 in Mecklenburg geborene Carl Friedrich Behrens. Zu Unrecht ist er eigentlich in Vergessenheit geraten und wird in keinem Lexikon aufgeführt, hat er doch eine recht lebendige und aufschlußreiche Beschreibung dieser Reise gegeben. Die Schiffe segelten durch den Atlantik, umfuhren Kap Hoorn, nahmen dann aber nicht den üblichen nordwestlichen Kurs, sondern segelten auf einer etwas südlicheren Route. Dabei entdeckten sie etwa dreitausendfünfhundert Kilometer westlich der südamerikanischen Küste am Ostersonntag des Jahres 1722 eine unbekannte Insel. Zuerst vermutete Roggeveen, daß es sich um ein schon etwa fünfzig Jahre zuvor von dem Piraten Davis angeblich dort entdecktes Land handle, das seitdem in den Köpfen der Seefahrer spukte. Beim Näherkommen aber bemerkte er, daß die Beschreibung des Piraten nicht auf die Küstenformen der Insel paßte. Einem alten Seemannsbrauch folgend, benannte man die Insel nach dem Tag, an dem sie entdeckt wurde »Osterinsel«. Sowohl Roggeveen in seinem Tagebuch wie auch Behrens in seiner Reisebeschreibung geben eine genaue Schilderung des neuentdeckten Landes. Beide heben sie die merkwürdigen riesigen Steinbilder hervor, mit denen sich – wie die Expedition Thor Heyerdahls beweist – die Forscher bis zum heutigen Tage beschäftigen. Leider verlief der Besuch auf der Insel ganz und gar nicht friedlich, wie uns Behrens berichtet. Für die Inselbewohner war diese erste Begegnung mit Europäern eine bittere Lektion. Die Holländer nahmen reichlich Proviant und Wasser auf und segelten dann weiter. Erst fünfzig Jahre später landeten wieder Schiffe an der Insel, diesmal unter dem Befehl von James Cook.

Wir nahmen unseren Kurs nach dem Lande Davids oder einem Teil des Südlandes. Dieses Land soll 1680 von Kapitän Davids, einem englischen Kaperkapitän, in der Südsee entdeckt worden sein. Wir hatten täglich eine gute Fahrt, weil uns der Südostpassat zugute kam, der uns schon durch die ganze Südsee geführt hatte. Endlich erreichten wir die Höhe von 28 Grad südlich und die Länge von 251 Grad, wo wir das Land anzutreffen vermeinten. Wir sahen auch viele Land-

vögel, und der Wind schlug nach Westen um, was ebenfalls in allen Gegenden, in denen der Passat weht, als Zeichen gilt, daß man nicht weit vom Land entfernt ist. Allein wir sahen jedoch zur größten Bestürzung unseres Admirals kein Davids-Land. Entweder sind wir an dem Land vorbeigefahren oder es ist überhaupt keines da. Da sich nämlich die Küsten der Südländer meistens gegen Ost und West oder gegen Nordost und Südwest erstrecken, ist das wohl eine der Hauptursachen dafür, daß diese Südländer unentdeckt geblieben sind. Denn mit dem West-Nord-West-Kurs segelt man neben dem Lande hin und mit dem Nord-West-Kurs dreht man sich gar davon ab. Wir gingen noch zwölf Grad westlicher, hatten täglich Land- und Seevögel zur Gesellschaft, bis wir endlich eine Insel entdeckten. Es war am 6. April, dem ersten Ostertag, und das freute uns besonders. Wir nannten sie auch sogleich Oster-Land. Unser Schiff ging nahe an die Insel heran, und wir stellten dabei fest, daß sie sehr fruchtbar und auch bewohnt zu sein schien, weil man hie und da Rauch sah.
Am nächsten Tag steuerten wir mit unseren Schiffen näher heran, um einen Hafen zu suchen. Einer der Inselbewohner kam uns mit einem Boot etwa zwei Meilen entgegen. Wir nahmen ihn auf unser Schiff und gaben ihm ein Stück Leinen, damit er seinen Körper bedecken konnte, denn er war ganz nackt. Auch beschenkten wir ihn mit Korallen und anderen Kleinigkeiten, die er alle zusammen mit einem getrockneten Fisch um den Hals hängte. Er war von brauner Körperfarbe, mit allerhand Figuren merkwürdig bemalt und hatte lange, bis auf die Schultern herabhängende Ohrläppchen, die wohl durch irgendwelche Gewichte so in die Länge gezogen worden waren. Auch war er ziemlich groß und von starkem Körperbau, mit einem gutmütigen Gesicht, angenehm in Reden und Gebärden. Wir gaben diesem Südländer ein Glas Wein zu trinken. Er aber nahm es und goß es über seine Augen, worüber wir uns sehr verwunderten. Wir zogen unserem neuen Gast auch Kleider an und setzten ihm einen Hut auf, doch benahm er sich beim Anziehen sehr ungeschickt. Wir gaben ihm zu essen, doch wußte er sich weder mit dem Löffel noch mit Messer und Gabel zu behelfen. Nachdem er sein Mahl eingenommen hatte, mußten unsere Musikanten mit ihren Instrumenten aufspielen. Als man ihn nun bei der Hand nahm, fing er an zu hüpfen und zu springen. Wir freuten uns über seine Zufriedenheit. Da wir aber an diesem Tag noch keinen Ankerplatz fanden, ließen wir ihn mit seinen Geschenken wieder an Land gehen, damit er seinen Stammesbrüdern erzählen

sollte, wie gut man ihn aufgenommen habe. Doch er schien nur ungern von uns zu scheiden, hob seine Hände, blickte zum Land hinüber und fing an laut zu schreien: »O dorroga! O dorroga!« Auch wollte er nicht in sein Boot zurück, sondern wünschte bei uns zu bleiben und hoffte wohl, daß wir ihn mit unserem Schiff zum Land hinüberbringen würden. Ich glaube, mit seinem Geschrei hatte er seinen Gott angerufen, wie man denn einen solchen und andere Götzenbilder später viele am Strand sehen konnte. Wir lagen die Nacht über vor dem Lande und gingen endlich am Morgen in einer Bucht vor Anker. Da schwammen an die tausend Inselbewohner im Wasser herum. Einige brachten uns mit kleinen Kähnen ungekochte und gebratene Hühner nebst vielen Wurzeln. An Land liefen sie wie das Wild den Strand auf und ab, teils hatten sie sich auch zu fünfzig oder hundert niedergelassen und sahen unsere Schiffe mit Verwunderung an. Bei ihren Götzenbildern legten sie viele Feuer an, um zu opfern oder zu beten.
An diesem Tag vermochten wir noch nicht an Land zu gehen. Am nächsten Morgen konnte man von fern sehen, daß sie sich gegen Sonnenaufgang niederwarfen und einige hundert Feuer angelegt hatten, die wohl ein Morgenopfer für ihre Götter bedeuten sollten. Wir machten uns fertig zur Landung, da aber kam unser Gast vom Vortag mit vielen seiner Gefährten zu uns an Bord und brachte uns viele zubereitete Hühner und Wurzeln. Unter den Eingeborenen befand sich auch ein ganz weißer Mann, der hatte faustdicke weiße Klötze in den Ohren und sah sehr fromm aus, so daß wir ihn für einen Götzendiener hielten. Da wurde unversehens ein Schuß abgegeben. Sofort sprangen alle ins Wasser und schwammen teils nach dem Lande, teils ruderten sie in großer Aufregung mit den Booten davon.
Wir gingen nun in Gottes Namen mit hundertfünfzig Mann, Soldaten wie Matrosen, an Land. Unser Admiral war selbst dabei. Ich führte das Kommando über einige Leute und war der erste, der bei der Landung die Insel betrat. Die Bewohner drängten so dicht an uns heran, daß wir unseren Weg mit Gewalt bahnen mußten. Da aber einige versuchten, unsere Gewehre zu ergreifen, wurde Feuer unter sie gegeben. Darüber erschraken sie heftig und liefen auseinander, doch hockten sie sich kaum zehn Schritte von uns entfernt nieder, da sie glaubten, schon aus der Reichweite unserer Gewehre zu sein. Es wurden aber sehr viele erschossen, unter ihnen auch der Mann, der uns tags zuvor besucht hatte. Das jammerte uns sehr. Nun kamen sie

scharenweise, um die Toten abzuholen und brachten uns dabei Früchte und Gewächse als Geschenk, damit wir sie wieder ziehen lassen sollten. Die Verwirrung dieser Leute war überaus groß, und noch ihre Kindeskinder werden von uns erzählen. Sie erhoben ein ungewöhnliches Geschrei, brachten Palmzweige, rote und weiße Fahnen, Weiber und Kinder und allerhand Früchte geschleppt, so indianische Feigen, große Nüsse, Zuckerrohr, Wurzeln, lebendige, gekochte und gebratene Hühner. Sie warfen sich zu unseren Füßen nieder, steckten die Fahnen vor uns auf, rutschten auf den Knien näher und wiesen ihre Palmzweige als Friedenszeichen. Wir taten ihnen kein Leid, sondern beschenkten sie mit einem Stück bunter Leinwand von etwa fünfzig bis sechzig Ellen Länge sowie mit Korallen und kleinen Spiegeln. Daraus konnten sie entnehmen, daß wir ihre Freunde sein wollten. Nun brachten sie uns über fünfhundert lebendige Hühner, die gekochten und gebratenen nicht gerechnet, dazu viele rote und weiße Wurzeln und eine große Menge Erdäpfel, die fast wie Brot schmeckten, einige hundert Zuckerrohre und viele indianische Feigen, so groß wie Gurken, die süß wie Honig schmeckten.

Soweit wir damals auf der Insel herumkamen, sahen wir keine anderen Tiere als verschiedene Arten von Vögeln. Vielleicht gibt es aber weiter im Landesinneren noch anderes Viehzeug, denn die Eingeborenen kannten Schweine, wie wir sie auf den Schiffen mitführten. Ihre Speisen bereiteten sie in irdenen Töpfen. Es schien uns, daß die Haushaltungen und die Ländereien streng untereinander getrennt waren. Die Häuser hatten eine Länge von vierzig bis sechzig und eine Breite von sechs bis acht Schuh und waren mit Palmblättern gedeckt. Ihre Nahrung schienen die Menschen durch Feldbau zu gewinnen; denn ringsum war alles bepflanzt und bewachsen. Die Äcker waren sorgfältig angelegt und abgemessen. Zur Zeit unseres Besuches stand alles in voller Reife. Felder und Bäume trugen reichliche Früchte, und wir würden bei einer genauen Besichtigung der Insel viel Gutes entdeckt haben.

In den Häusern fand sich keine besondere Einrichtung, ausgenommen einige rote und weiße Decken, mit denen sie sich manchmal bekleideten und auf denen sie schliefen. Diese Decken fühlten sich an wie Seide, so daß man daraus schließen konnte, sie müßten über Webstühle verfügen, um sie in dieser Art herstellen zu können.

Die Eingeborenen selbst waren durchweg lebhaft, wohlgestalt und von starken Gliedern, nicht gerade mager, aber doch flink auf den

Füßen, freundlich und anmutig in ihren Gebäuden, demütig, aber auch sehr furchtsam. Wenn sie uns Geschenke, wie etwa Hühner oder Früchte, brachten, warfen sie alles vor uns nieder und liefen rasch wieder davon. Ihre Hautfarbe war bräunlich, ungefähr wie die der Spanier, doch fanden sich auch dunklere oder ganz weiße und sogar einige rothäutige, die aussahen, als seien sie von der Sonne stärker verbrannt. Ihre Ohrläppchen waren so lang, daß sie ihnen bis auf die Schultern hingen. Einige trugen als besonderen Zierat weiße Klötze darin. Auf ihren Leibern hatten sie allerhand Vögel und wunderliche Tiere gemalt, immer einer schöner als der andere.[1] Die Gesichter der Weiber waren vielfach mit roter Farbe bestrichen. Dieses Rot leuchtete weit kräftiger, als wir es sonst jemals gesehen haben, doch wissen wir nicht, wovon sie diese schöne Farbe machen. Die Weiber hüllten sich in rote und weiße Decken. Jede trug einen kleinen Hut aus Stroh oder Rohr. Sie setzten sich vor uns nieder und entkleideten sich, lachten dabei und waren sehr freundlich.
In der Gegend, in der wir uns befanden, lag ein Dorf von ungefähr zwanzig Hütten. Die Bewohner verfügtem allem Anschein nach über keinerlei Waffen. Wie ich bemerkte, verließen sie sich ganz auf ihre Götter und Götzenbilder, die in großer Zahl am Strande aufgerichtet standen und vor denen sie niederfielen und sie anbeteten. Diese Götzenbilder waren sämtlich aus Stein gehauen, zeigten menschliche Gestalten mit langen Ohren und einer Krone auf dem Haupt. Alles war kunstvoll gemacht, worüber wir uns nicht wenig verwunderten. In einem Umkreis von zwanzig bis dreißig Schritt waren um diese Götzenbilder herum weiße Steine gelegt. Einen Teil der Leute hielt ich für Pfaffen, denn sie verehrten diese Götzen mehr als die anderen und zeigten sich auch im Gebet viel unterwürfiger. Auch konnte man sie von den anderen gut unterscheiden, denn sie trugen nicht nur große weiße Klötze in den Ohren, sondern hatten auch ihr Haupt ganz kahlgeschoren.
Als der Abend herannahte, gingen wir wieder auf unser Schiff, beabsichtigten aber, an den beiden folgenden Tagen das Land noch näher zu erkunden. Man konnte bei diesen Leuten nicht bemerken, daß sie einen König hätten. Es waren bei ihnen überhaupt keine großen Rangunterschiede festzustellen. Nur die Ältesten trugen auf dem Haupte weiße Federn, die Straußenfedern ähnelten, auch hielten sie

[1] Tätowierung.

einen Stock in der Hand. Doch konnte man sehen, daß jeder Haushalt für sich lebte und der Älteste darin die Herrschaft führte.
Die Insel liegt sehr günstig, um dort frische Nahrungsmittel aufzunehmen. Alles Land ist bebaut, auch sah man in der Ferne Wälder. Man könnte dort wohl Korn säen und Weinberge anlegen. Das alles würde bei weiteren Entdeckungsfahrten nach dem Süd-Land sehr dienlich sein. Wir bekamen aber einen Sturm aus West, bei dem wir zwei Anker verloren, so daß wir uns genötigt sahen, in See zu stechen. Sonst hätte es nämlich leicht geschehen können, daß alle drei Schiffe gestrandet und wir zu Einwohnern dieser Insel geworden wären!
Wir kreuzten noch einige Tage umher, konnten aber nirgends das Davids-Land entdecken. Wir mußten uns also zufriedengeben und hoffen, über kurz oder lang etwas anderes zu entdecken, verließen das Oster-Eiland und nahmen Kurs nach West-Nord-West.

Überfall am Nassau Creek
Ludwig Leichhardt

Eines der Opfer Inneraustraliens ist der deutsche Forscher Friedrich Wilhelm Ludwig Leichhardt. 1813 zu Trebatsch in Brandenburg geboren, studierte er in Göttingen und Berlin und ging 1841 nach Australien, wo er von Sydney aus gleich mehrere kleine Entdeckungsreisen unternahm. 1844 brach er dann zu seiner ersten großen Expedition auf, während der er im Verlauf von zwei Jahren große Teile der Ost- und Nordküste des Erdteils und unbekannte Gebiete in Queensland erforschte. Seine Reise erschloß erstmals eine Verbindung zwischen der Ostküste und Port Essington im Norden, ohne daß man – wie bisher – die gefährliche und deshalb gefürchtete Torresstraße passieren mußte. Nach dem glücklichen Ausgang dieses Unternehmens, bei dem man ihn wegen der langen Dauer seiner Abwesenheit schon für tot erklärt hatte, nahm er sich nur kurze Zeit, um in Sydney seine Tagebücher zu überarbeiten, dann brach er schon zu seiner zweiten großen Reise auf, diesmal, um in das Innere des Kontinents einzudringen. Krankheit zwang ihn jedoch nach wenigen Wochen zur Umkehr. Ende 1847 wollte er dann mit sechs Begleitern Australien bis zur Westküste durchqueren, aber wir wissen nicht, wie weit er in das unbekannte Innere vordringen konnte, denn er blieb zusammen mit seinen Leuten verschollen. Suchexpeditionen entdeckten keine Spur mehr von ihm. Vielleicht traf ihn das gleiche Schicksal, das auch sein Gefährte Gilbert während der ersten Reise bei einem Überfall der Aborigines, der Ureinwohner, erlitt und von dem er in seiner sachlich-korrekten Art in seinem Tagebuch erzählt. Die Stadt Sydney ehrte seine Verdienste, indem sie dem Verschollenen 1856 ein Denkmal errichtete.

27. Juni. Wir kamen acht Meilen weit WSW über aufeinanderfolgende Ebenen, die von Gürteln aus Blutholz, Buchsbaum, Apfel- und Rostgummi bestehenden Waldes voneinander getrennt waren. Die längs der Ebenen befindlichen Vertiefungen waren während der Regenzeit wahrscheinlich mit Wasser gefüllt. Zu Ende der Tagereise umgingen wir einige dichte Buschstellen. Unser Lager schlugen wir an einer von den Lagunen auf, welche mit einem trockenen Creek parallel liefen. Die Milane waren so keck, daß einer derselben den abgebalgten Körper eines neuen Honigvogels Herrn Gilbert aus einem Zinnkasten nahm. Wenn wir unser Mahl hielten, setzten sie sich auf die Äste der um uns stehenden überhängenden Bäume und

schossen auf unser Geschirr herab, um uns etwas von unserem Essen zu rauben, obwohl wir jenes in der Hand hielten.
Gestern und heute hatten wir einen kalten, trockenen Südwind, welcher bis gegen 11 Uhr a. m. anhielt, sich dann nach Südwest herumdrehte, sich in der Nacht jedoch wieder erhob, die Luft sehr abkühlte und trocken machte, so daß der Tau gänzlich mangelte, was dies hinlänglich bewies. Der Vormittag war sehr hell. Bei Sonnenuntergang war der Himmel prachtvoll gefärbt. Nach Sonnenuntergang zerteilten sich die Wolken, zogen sich jedoch wieder zusammen, als die Nacht vorrückte.
Heute eriegnete sich ein Zufall, welcher mir Sorge verursachte, da ich daraus ersah, daß die Eingeborenen dieser Gegend nicht so freundlich gegen uns gesinnt waren als die, welche wir bisher getroffen. Während nämlich Charley und Brown[1] in der Nachbarschaft unseres Lagers auf die Jagd gegangen waren, bemerkten sie, wie sich ein Eingeborener zu den Ochsen jedenfalls in der Absicht heranschlich, sie einer Gesellschaft seiner schwarzen Genossen zuzutreiben, welche dieselben mit erhobenen Speeren erwarteten. Sobald Charley und sein Begleiter diese Absicht entdeckten, eilten sie hinzu, um dem Wegtreiben der Ochsen zuvorzukommen. Der Eingeborene gab ein Zeichen, und sogleich flohen alle davon mit Ausnahme eines lahmen Schwarzen, der die übrigen zu überreden suchte, standzuhalten und von den Waffen Gebrauch zu machen. Charley schoß indessen sein Gewehr ab, was die beabsichtigte Wirkung, sie zu erschrecken, hervorbrachte. Darauf flohen sie aus ihrem Lager, welches dreihundert Schritte von dem unsrigen entfernt war, in großer Eile und ließen in demselben außer andern Dingen ein kleines Netz voll Wurzeln zurück, welches Charley später mitnahm. Die Weiber hatten sich vorsichtigerweise zurückgezogen, ein Beweis, daß die Feindseligkeit beabsichtigt war.
28. Juni. Wir kreuzten den Creek, an welchem wir unser Lager gehabt hatten, und setzten unsre Reise ungefähr neun Meilen weit gegen Westen durch eine meist schöne Gegend fort, in der Ebenen mit Waldland und Lagunen abwechselten. Es wurde ein breiter Creek oder Fluß überschritten, welchen ich für den bedeutendsten Arm des Nassau hielt. Obwohl nicht fließend, war er doch mit schönen Wasserhältern versehen. Rauch sahen wir in allen Richtungen aufsteigen, was bewies, wie dicht die Gegend bevölkert war. Nahe an den Lagu-

[1] Zwei Aborigines, die L. begleiteten.

nen wurden nackte runde Stellen von ungefähr zehn bis zwölf Fuß Durchmesser bemerkt, um welche herum sich ein Kreis von zehn, zwölf und noch mehr Feuerstellen befanden, eine von der andern nur wenige Fuß weit entfernt. Es scheint, als ob die Eingeborenen gewöhnlich innerhalb des Kreises solcher Feuer liegen; schwer aber bleibt es zu bestimmen, ob dieser einer Familie angehört oder ob jedes Feuer einen besondern Besitzer hat. Längs des Lynd und des Mitchell machten die Eingeborenen das Feuer gewöhnlich auf Steinhaufen an, welche ihnen als Ofen dienen, um sich ihre Nahrungsmittel zu kochen.

Am Ende unserer Tagereise kamen wir an einer Kette seichter Lagunen vorüber, welche durch einen Kanal in geringer Verbindung standen. Einige davon waren trocken. Da ich befürchtete, wir würden bei Fortsetzung der Reise kein Wasser finden, schlug ich an einer von den Lagunen das Lager auf. Sie enthielt etwas Wasser und war von einem schmalen Gürtel kleiner Teebäume mit steifen, breit lanzettlichen Blättern umgeben. Das Wasser füllte nur den untern Teil des Beckens, weshalb ich unser Gepäck an den obern brachte. Die Herren Roper und Calvert schlugen ihr Zelt in dem Streifen Bäume, mit der Öffnung gegen das Gepäck hin auf, während Herr Gilbert und Murphy das ihrige unter kleinen Bäumen mit dem Eingang nach dem Lager zu errichteten. Jenes des Herrn Philipp stand wie gewöhnlich von den andern getrennt auf der entgegengesetzten Seite des Wassers. Unser Feuer wurde außerhalb der Bäume am Ufer angezündet. Brown hatte sechs Laufenten und vier Kriekenten geschossen, welche für uns ein gutes Essen lieferten. Während der Mahlzeit war der Hauptgegenstand unserer Unterhaltung die ungefähre Berechnung unsrer Entfernung von der Meeresküste, da wir hier zum ersten Male Stücke zerbrochener Seemuscheln fanden. Nach dem Essen zogen sich die Herren Roper und Calvert in ihr Zelt zurück, und Herr Gilbert, John und Brown flochten sich aus Palmblättern Hüte, während ich selbst müßig am Feuer stand, ihnen zusah und mich gelegentlich an ihrer Unterhaltung beteiligte. Herr Gilbert freute sich über die Fortschritte, welche er im Erlernen des Flechtens machte. Als er beinahe eine Elle verfertigt, zog er sich mit John ins Zelt zurück. Dies war gegen 7 Uhr. Ich selbst legte mich wie gewöhnlich auf den Erdboden, ein Stück vom Feuer hin und verfiel in Schlaf, aus welchem ich plötzlich durch lautes Geschrei erweckt wurde. Ich hörte Calvert und Roper Hilfe rufen. Eingeborene hatten uns plötzlich überfallen.

Ohne Zweifel hatten sie während des Nachmittags unsere Bewegungen beobachtet, sich die Stellung der verschiedenen Zelte gemerkt, sobald es dunkel geworden war, sich an uns herangeschlichen und einen Hagel von Speeren auf die Zelte Calverts, Ropers und Gilberts, einige auf das Philipps und auch einen oder zwei nach dem Feuer geschleudert. Charley und Brown verlangten Mützen, welche ich ihnen eiligst gab, und schossen, sobald sie mit jenen versehen waren, ihre Gewehre auf den Haufen Eingeborene ab. Diese flohen eiligst, hatten aber Roper und Calvert durch Speere verwundet. Einige der Speere waren mit Widerhaken versehen und konnten nur unter den größten Schwierigkeiten herausgezogen werden. Ich hatte viele Mühe, einen aus dem Arm Ropers zu bringen, an welchem ich die Spitze abbrach. Einen andern mußte ich Herrn Calvert aus der Weiche schneiden. John Murphy war es gelungen, aus dem Zelte zu entkommen. Sich hinter einem Baum verbergend, von wo aus er auf die Wilden feuerte, verwundete er einen derselben schwer, noch ehe Brown abschoß. Da ich Herrn Gilbert nicht sah, rief ich diesen, wonach mir Charley sagte, unser unglücklicher Gefährte sei nicht mehr! Er war mit dem Gewehr sowie Kugeln und Pulver aus seinem Zelte gekommen, hatte dies Charley gegeben und war unmittelbar darauf tot zusammengesunken. Sobald ich diese betrübende Nachricht erfahren, eilte ich nach der Stelle und fand Charleys Aussage nur zu sehr bestätigt. Gilbert lag in geringer Entfernung vom Feuer auf der Erde. Als ich ihn untersuchte, fand ich bald zu meinem Kummer, daß jedes Zeichen von Leben fehlte. Der Körper war indes noch warm, und ich öffnete daher sowohl die Venen an beiden Armen als auch die Temporalis – jedoch vergebens; sein Leben war erloschen, und er gehörte zu den Toten.

Sobald wir uns vom Schrecken erholt, in welchen wir durch dies unglückliche Ereignis versetzt worden waren, beobachteten wir jede Vorsicht, einem andern Überfall vorzubeugen. Die Nacht hindurch blieben wir wach und löschten das Feuer aus, um den Eingeborenen unseren Aufenthaltsort zu verbergen.

Ein heftiger Wind, welcher die Nacht sehr kühl machte, wehte von Süden her. Es war, als blies er uns durch und durch. Unter all diesen Übelständen verbrachten wir die lange Nacht in einem Zustand der peinlichsten Ungewißheit über das Schicksal unserer am Leben gebliebenen Gefährten. Herr Roper hatte drei oder vier Lanzenstiche in die Kopfhaut erhalten. Ein Speer war ihm durch den linken Arm, ein anderer unter dem Jochbein in die Backe gedrungen, hatte die Augenhöhle getroffen und den Augennerv verletzt sowie ein dritter in die Lende, abgerechnet von einer Menge Schläge auf die Schultern. Herr Calvert hatte einige sehr heftige Waddie[2]-Schläge erhalten, von welchen einer das Nasenbein, einer den Ellenbogen und noch ein anderer den Rücken seiner Hand getroffen, wie ihn außerdem ein Speer mit Widerhaken über der Hüfte und ein gleicher an einem Knie verwundet hatte. Man kann sich darnach leicht denken, daß beide heftige Schmerzen litten und kaum imstande waren, sich zu bewegen. Der Speer, welcher dem armen Gilbert das Leben gekostet hatte, war ihm zwischen dem Schlüsselbein und dem Hals in die Brust gedrungen, obwohl er nur eine so unbedeutende Wunde gemacht hatte, daß wir sie zuerst gar nicht entdecken konnten. Der Richtung der Wunde nach zu urteilen, hatte Gilbert den Lanzenstich erhalten, indem er sich gebückt, um das Zelt zu verlassen.

Des Morgens hörten wir sehr zeitig das Rufen der Eingeborenen, welche zu wehklagen schienen, denn einer aus ihrer Mitte war entweder getötet oder schwer verwundet, wie es die Blutflecken zeigten, welche wir bei ihren Spuren fanden. Sie zogen sich indes sehr bald zurück; denn als ich mich um unsern Haltplatz umsah, bemerkte ich nichts mehr von ihnen. Am Nachmittag beerdigte ich die Leiche unseres unglücklichen Gefährten und hielt die Grabrede der Englischen Kirche über ihn. Über dem Grabe wurde später ein großes Feuer angezündet, um zu verhüten, daß es die Eingeborenen entdeckten und die Leiche wieder ausgruben. Calvert und Roper erholten sich wunderbar schnell, wenn man die schweren Verletzungen, welche sie erhalten hatten, in Betracht zieht; und die Wunden, von welchen ich befürchtete, daß sie sehr gefährlich wären, versprachen bei Geduld und durch Sorgfalt zu heilen. Da es gewagt war, lange an der Stelle zu bleiben, denn die Eingeborenen konnten in größerer Zahl zurückkehren und ihren Angriff sowohl auf uns selbst als auch auf unsere Tiere wiederholen, beschloß ich, weiterzugehen und zu versuchen, ob es meine verwundeten Gefährten würden ertragen können, zu Pferde fortgebracht zu werden. In einem solchen Falle, wo das Leben aller gefährdet war, konnten die besonderen Gefühle und Wünsche der Leidenden unmöglich allein berücksichtigt werden. Ich fühlte für ihre Lage das größte Mitleid, welches man für seine Mitgeschöpfe unter

[2] Keule der Australier.

solchen Umständen nur hegen kann; aber auf meine Aufmerksamkeit erhoben sich noch gleiche Ansprüche. Ich mußte, abgesehen davon, den Stand der Wunden untersuchen und auf die Folgen des täglichen Reisens, auf die Gesundheit der Leidenden achthaben, entscheiden, wann wir die Reise fortsetzen oder etwas haltmachen konnten. Ich hatte Ursache zu erwarten oder war sanguinisch genug zu hoffen, daß, obgleich die jetzigen heftigen Schmerzen sie über meine Anordnungen mißgestimmt machten, sie sich doch genötigt sehen würden, am Ende der Reise bei der Rückerinnerung, jenen Gerichtigkeit widerfahren zu lassen.

Die beständige Aufmerksamkeit, welche sie erforderten, und die vermehrte Arbeit, welche unserer geringen Zahl zur Last fiel, hatten mir kaum Zeit gelassen, über den Unglücksfall, welcher uns betroffen, und den unzeitigen Tod unseres unglücklichen Gefährten nachzudenken. Alle Spannkraft unseres Geistes war erregt; wir befanden uns selbst in Gefahr, und es war unbedingt notwendig, wir mußten jede Sehne anspannen, uns derselben zu entziehen. Ich war dessen gewiß, daß das Werk um so besser gelingen würde, mit je kühlerem Blute wir darangingen.

Im Herzen Australiens
J. M. Douall Stuart

Zu den zähesten und beharrlichsten Australienforschern gehört der Schotte John Mac Douall Stuart. Geboren 1815, kam er bereits als Dreiundzwanzigjähriger nach Australien, wo er sich als Geschäftsmann niederlassen wollte. Bald packte ihn aber die Leidenschaft für die unerforschten Gebiete im Innern des Kontinents. Der englische Forscher Charles Sturt wurde auf den jungen Mann aufmerksam und nahm ihn 1844 mit auf seine dritte große Reise. Hier sammelte Stuart wichtige Erfahrungen, die ihm in den folgenden Jahren bei seinen eigenen Unternehmungen von großem Nutzen sein sollten. Fünf Vorstöße unternahm Stuart in das Innere des Erdteils, fünfmal gelang es ihm, wichtige Entdeckungen zu machen, aber nie erreichte er die selbstgesteckten Ziele. Entweder war es die Natur oder es waren feindliche Ureinwohner, die ihn zum Rückzug zwangen. Rückzug aber bedeutete für Stuart nur kluges Bescheiden, Anpassung an den Zwang der Lage, nie Aufgeben. Zwar schafften es Burke und Wills vor ihm, den Kontinent von Süden nach Norden zu durchqueren, aber 1862 sollte seine sechste und letzte Expedition endlich von einem vollen Erfolg gekrönt sein. Er durchquerte den Kontinent von Melbourne bis zur Mündung des Adelaide River und kehrte mit seinen Leuten auf einem etwas westlicheren Wege auch ohne Verluste wieder an die Südseite zurück. Stuart war der erste, der auf seinen Reisen das »Herz Australiens«, den Mittelpunkt des Kontinents erreichte: Es war 1860, auf seiner dritten Reise, als er am 22. April an den zentralen Punkt kam. Etwas trocken und sachlich, doch unverkennbar stolz, berichtet er darüber in seinen Tagebuchaufzeichnungen.

Samstag, 21. April 1860, Eukalyptus-Creek, Ostseite des Mount Freeling.

Aufbruch um halb acht durch den Scrub[1] zu einem weiteren hohen Berg. Auf sieben Meilen lichtet sich der Scrub, und das Land ist schön mit Gras bewachsen. Zwölf Meilen vom Lager entfernt überquerten wir einen weiteren Creek[2], der von einer Hügelkette herunterkommt. Soweit ich ihn mit den Augen verfolgen konnte, lief er nach Nordosten. Nach sieben Meilen wurde der Scrub erneut dichter.

[1] Hartes australisches Buschwerk.
[2] Ausgetrocknetes Bachbett.

Beim Durchqueren hatten wir große Schwierigkeiten, denn abgestorbene Äste zerfetzten unsere Satteltaschen und Kleider. Es gibt hier eine Menge von Eukalyptusbäumen, und der neue Baum, der auf der Expedition von Kapitän Sturt 1844 gefunden wurde, herrscht neben dem Mulga[3] vor. Nach vierzehn Meilen stießen wir auf eine große Eukalyptusebene, aber kurz danach drangen wir wieder in den Scrub ein.

Nach etwa zweiundzwanzig Meilen trafen wir auf einen weiteren Arm der Eukalyptusebene mit großen Granitfelsen. In den Vertiefungen dieser Felsen fanden wir Regenwasser. Nach zweiunddreißig Meilen überquerten wir das sandige Bett eines großen Creek, das sich in eine Anzahl von Rinnen teilte. Aber es war schon zu dunkel, um eine Spur vom Wasser zu entdecken. Vier Meilen weiter schlugen wir das Lager in einem kleinen Creek mit etwas Regenwasser auf. Die Creeks verlaufen alle nach Nordosten. Der Boden ist von einer roten Sandfarbe, das Gras war während des ganzen Tagesrittes sehr üppig. Gelegentlich trafen wir auf ein paar hundert Yard Spinifex[4]. Wind südöstlich. Spuren von Eingeborenen ganz frisch im Scrub und auf der lichten Fläche. Wir kamen auch an einigen alten Eingeborenenhütten vorbei.

Sonntag, 22. April, kleinerer Eukalyptus-Creek, unterhalb Mt. Stuart, Mitte von Australien.

Heute lese ich von meinen Beobachtungen der Sonne ab, daß mein Lager im Mittelpunkt Australiens steht. Ich habe einen Baum mit einem Zeichen versehen und dort die britische Flagge aufgepflanzt. Zweieinhalb Meilen in Richtung Nordnordost erhebt sich ein hoher Berg. Ich wünschte, er wäre im Zentrum des Erdteils. Aber morgen werde ich dort eine Pyramide aus Steinen errichten, die Flagge setzen und den Berg »Central Mt. Stuart« nennen. Wir sind heute den ganzen Tag ununterbrochen auf Wassersuche gewesen, konnten aber keines finden. Ich hoffe, vom Gipfel des Berges aus in Richtung Nordwest etwas zu entdecken. Wind südlich. Einen großen Creek untersucht. An der Oberfläche konnte ich kein Wasser entdecken, fand aber ein wenig, als ich im Sand scharrte. Es ist ein ausgedehnter Creek, der sich in viele Rinnen teilt, aber sie sind alle mit Sand gefüllt. Herrliches Gras rings um dieses Lager.

[3] Dornakazie.
[4] Australische Grasart.

Montag, 23. April, Mitte Australiens.
Ich nahm Kekwick[5] und die Flagge mit und bestieg den Gipfel des Berges, fand aber, daß er viel höher und schwieriger zu erklimmen ist, als ich vorher vermutet hatte. Nach ziemlichen Mühen, vielem Ausgleiten und Stürzen kamen wir schließlich auf dem Gipfel an. Er ist so hoch wie der Mt. Serle, wenn nicht höher. Der Blick nach Norden geht über eine ausgedehnte Ebene mit Eukalyptus, Mulga und Spinifex, durch die sich kleine Creeks ziehen. Der große Eukalyptus-Creek, den wir überquerten, windet sich nordwestlich um diesen Berg. Nach etwa zehn Meilen vereinigt er sich mit einem anderen, dann wendet er sich mehr nördlich, und ich verlor ihn in einer fernen Ebene aus den Augen. In nordöstlicher Richtung erkennt man das Ende der Berge. Im Osten liegen durchbrochene Hügelketten, und im Nordwesten begrenzen die Ketten auf der Westseite der Ebene den Blick. Dort liegt auch ein sehr hoher Berggipfel. Ich baute eine große Steinpyramide, pflanzte in die Mitte eine Stange und befestigte die britische Flagge mit Nägeln daran. Neben die Spitze der Pyramide stellte ich eine kleine Flasche, die ein Stück Papier mit unseren Namen enthielt. Damit wird festgestellt, von wem die Pyramide errichtet wurde. Dann riefen wir dreimal von Herzen »Hurra« für die Flagge, dem Sinnbild unserer bürgerlichen und religiösen Freiheit. Möge sie den Eingeborenen ein Zeichen sein, daß die Morgendämmerung der Freiheit, der Zivilisation und des Christentums auch für sie im Anbrechen ist. Wir können vom Gipfel aus kein Wasser entdecken. Wir stiegen dann wieder ab, errichteten das Lager aber erst nach Einbruch der Dunkelheit.

[5] Ein Begleiter.

Das Ende am Coopers Creek
R. Burke / J. Wills / J. King

Die erste Süd-Nord-Durchquerung Australiens wurde von dem englischen Forschungsreisenden Robert O'Hara Burke geplant und durchgeführt. Als Inspektor der Polizei in Melbourne hatte er versucht, sich die nötigen Kenntnisse anzueignen, doch fehlte es ihm gänzlich an Buscherfahrung. Mit einigen Begleitern, darunter dem Arzt W. J. Wills und John King, brach er am 20. August 1860 von Melbourne auf. In einer ungemein entbehrungsreichen und gefahrvollen Expedition gelangten die Männer, immer ungefähr am 140. östlichen Längengrad entlangmarschierend, am 20. Januar 1861 an den Golf von Carpentaria. Damit war die erste Süd-Nord-Durchquerung geglückt. In etwa fünf Monaten hatten die Forscher einen Weg zurückgelegt, der in der Luftlinie 2670 Kilometer betrug. Dabei war erst die Hälfte des kühnen Unternehmens geschafft, denn sie wollten auf dem gleichen Wege wieder nach Melbourne zurückkehren. Am 21. April erreichten die völlig erschöpften Forschungsreisenden etwa 1000 Kilometer nördlich von Melbourne ein Depot, das wenige Stunden zuvor von einer nach ihnen ausgeschickten Hilfsexpedition wieder verlassen worden war. Statt von hier aus auf der alten Fährte nach Melbourne weiterzuziehen, wo sie mit der wieder zurückkehrenden Hilfsexpedition zusammengetroffen wären, gingen sie südwestlich nach Adelaide. Doch sie kamen nicht mehr weit. Als erster mußte Wills erschöpft zurückbleiben und starb, wenige Tage danach auch Burke, nur King konnte sich weiterschleppen und wurde von australischen Ureinwohnern aufgenommen. Bei diesen fand ihn acht Wochen später eine Suchexpedition. King berichtete auch einer Königlichen Kommission über die letzten dramatischen Tage am Coopers Creek.

Ein paar Tage, nachdem Mr. Wills aufgebrochen war, kamen einige Eingeborene den Creek herab, um an einigen Wasserlöchern in der Nähe unseres Lagers zu fischen. Sie zeigten sich sehr höflich und boten uns ein paar Fische an. Am zweiten Tag tauchten sie wieder auf, um zu fischen, und Mr. Burke nahm zwei Beutel mit zum Wasserloch, die sie mit Fischen füllten. Am dritten Tag gaben sie uns wieder einen Beutel mit Fischen und kamen hinterher alle zu unserem Lager. Wir pflegten unsere Munition und andere Gegenstände in einer Gunyah[1] aufzubewahren, und wir drei wohnten zusammen in einer anderen. Ein Eingeborener entwendete aus dieser Gunyah ein

Wachstuch und lief, als Mr. Burke ihn sah, damit weg. Burke folgte ihm mit seinem Revolver und gab einen Schuß in die Luft ab, worauf der Eingeborene das Tuch fallen ließ. Während er weg war, wollten mich die anderen Schwarzen zum Fischessen an ein Wasserloch lokken. Ich lehnte aber ab, da Burke nicht zur Stelle war und deshalb die herumstehenden Eingeborenen alle unsere Sachen entwendet hätten. Auf meine Weigerung hin nahm einer seinen Bumerang, legte ihn mir über die Schulter und deutete dann durch Zeichen an, daß er mich niederschlagen werde, wenn ich – was ich gerade tun wollte – nach Mr. Burke riefe. Darauf hatte ich sie alle vor der Türe stehen und schoß mit dem Revolver über ihre Köpfe hinweg, aber sie schienen keineswegs erschrocken zu sein. Erst als ich das Gewehr herausholte, liefen sie alle davon. Burke hatte den Schuß gehört und kehrte zurück, aber wir sahen keinen mehr von ihnen bis zum späten Abend, als sie mit ein paar gekochten Fischen kamen und laut »weißer Mann« riefen. Da ging Burke mit dem Reevolver in der Hand vor die Hütte und sah sich dem ganzen Stamm gegenüber, alle bemalt. Sie trugen Fische in kleinen Netzen. Burke ging auf sie zu, da sie ihn aber umstellen wollten, schlug er ihnen so viele Fischnetze aus den Händen, wie er konnte, und rief mir zu, Feuer zu geben. Als ich seiner Aufforderung nachkam, liefen sie weg.
Er berichtete uns, daß er auf Eingeborene gestoßen sei und sie ihn freundlich aufgenommen und ihm reichlich zu essen gegeben hätten. Er überlegte, ob es nicht möglich sei, bei ihnen zu leben. Da sie in der Nähe lagerten, kehrte er am gleichen Tag zu ihnen zurück und fand sie sehr gastfreundlich. Zwei Tage behielten sie ihn, dann aber gaben sie ihm durch Zeichen zu verstehen, daß er sich entfernen solle. Er kehrte zu uns zurück, versuchte es aber am folgenden Tag noch einmal. Jetzt gaben sie ihm zwar ein Frühstück, deuteten ihm aber durch Zeichen an, daß er wieder gehen müsse. Er tat so, als verstehe er sie nicht. Daraufhin machten sie ihm in der Zeichensprache klar, daß sie das trockene Bachbett hinausziehen wollten und er besser die entgegengesetzte Richtung einschlage. Dann verließen sie das Lager.
Noch während seiner Abwesenheit kochte Burke bei starkem Wind ein paar Fische. Da erfaßten die Flammen die Hütte und breiteten sich so rasch aus, daß wir sie nicht zu löschen vermochten. Ja, wir konnten auch nichts von unseren Sachen retten außer einem Revolver und

[1] Hütte australischer Ureinwohner.

Central Mount Stuart, der „Mittelpunkt Australiens“, wie ihn J. M. Douall Stuart sah

Der Stich aus dem Reisewerk La Pérouses (1786) zeigt die Steinbilder der Osterinsel noch mit ihren merkwürdigen Kopfbedeckungen, wie sie Behrens und Roggeveen 64 Jahre zuvor als erste Europäer gesehen haben.

Kon-Tiki segelt mit Kurs auf Polynesien über den Pazifik

Eingeborene entfachen in Yä-Li-Me ein Feuer, um das Rohmaterial für ihre Steinäxte abzusprengen

einem Gewehr. Nach der Rückkehr von Wills wurde deshalb beschlossen, das trockene Bachbett hinaufzuziehen, und wenn möglich, bei den Eingeborenen zu leben; denn Wills glaubte, daß wir kaum Schwierigkeiten haben würden, von ihnen Proviant zu erhalten, wenn wir auf der anderen Seite des Bachbetts lagerten. Da er zu wissen glaubte, wohin sie gezogen waren, packten wir die Überreste unserer Habe zusamen und brachen auf. Aber als wir zu den Hütten kamen, wo wir sie zu finden hofften, wurden wir enttäuscht. Da wir aber gleich in der Nähe ein Feld mit Nardu[2] sahen, entschlossen wir uns, dort zu lagern. Für einige Zeit hatten wir genug zu tun, um die Nardufrüchte zu sammeln und uns einen Vorrat anzulegen. Wills und ich pflegten jeden Tag einen Sack voll zu sammeln und zum Lager zu tragen, während Burke in unserer Abwesenheit die eierrunden Früchte zerstieß und daraus einen einfachen Brei als Mahlzeit bereitete. Bald aber fühlte Wills, daß er immer schwächer wurde und nicht mehr imstande war, mit hinauszugehen und Nardu zu sammeln. In wenigen Tagen nahmen seine Kräfte rapide ab. Ich sammelte weiter, denn auch bei Burke machte sich die Schwäche zunehmend bemerkbar, so daß er selbst beim Zerstoßen der Früchte nur noch wenig helfen konnte. Nun mußte ich für uns alle drei arbeiten. Ich tat dies noch ein paar Tage, fühlte dann aber, daß auch ich nicht mehr konnte, meine Beine schwach wurden und zu schmerzen begannen. Ein paar Tage lang vermochte ich überhaupt nicht hinauszugehen, und wir waren gezwungen, unseren kleinen Vorrat zu verbrauchen, den wir zur Seite gelegt hatten. Burke schlug nun vor, ich solle in drei Tagen soviel Früchte wie nur möglich sammeln, und dann wolle er zusammen mit mir auf die Suche nach den Eingeborenen gehen. Ein Plan, der uns von Wills geradezu aufgedrängt wurde, als die einzige Chance, ihn und uns zu retten, da er klar erkannte, daß auch ich nicht länger imstande war, genügend Nahrung für unseren Bedarf zu sammeln. Nachdem wir einen solchen Vorrat bereitgestellt hatten, daß Wills acht Tage davon leben konnte und wir selbst zwei, stellten wir ihm noch Wasser und Brennholz in Reichweite, dann brachen wir auf. Bevor wir ihn verließen, fragte ich Burke jedoch noch einmal, ob er es wirklich so wolle, da er ihn sonst unter gar keinen Umständen verlassen wolle. Wills erwiderte, daß er diesen Plan als unsere einzige Chance ansehe. Er gab Burke einen Brief und seine Uhr für seinen

[2] Kleefarn mit eßbaren, stärkehaltigen Sporenfrüchten.

Vater, und wir vergruben die Überreste unseres Tagebuches bei der Hütte. Wills bat noch, seine letzten Wünsche auszuführen und den Brief und die Uhr seinem Vater zu übergeben, falls einer von uns beiden überleben sollte.

Auf dem ersten Tagesmarsch schien Burke sehr schwach zu sein. Er beklagte sich über große Schmerzen in den Beinen und im Rücken. Am zweiten Tag ging es etwas besser, und er fühlte sich allmählich kräftiger. Wir hatten aber nach unserem Aufbruch noch keine zwei Meilen zurückgelegt, als er erklärte, nicht mehr weitergehen zu können. Ich bestand darauf, daß er wenigstens den Versuch unternahm, und schleppte ihn auch mehrmals ein Stück weiter, bis ich endlich einsah, daß er völlig erschöpft war, denn er warf alles weg und erklärte, seinen Anteil am Gepäck nicht mehr schleppen zu können. Ich verringerte deshalb auch meine Last und nahm nichts als ein Gewehr, etwas Pulver und Munition, dazu einen Beutel und ein paar Schwefelhölzer. Nach dem neuerlichen Aufbruch waren wir nicht sehr weit gekommen, als Burke sagte, daß wir nun für die Nacht rasten sollten. Da aber die Stelle nahe einer Wasserfläche lag und dem Wind ausgesetzt war, brachte ich ihn dazu, noch ein paar Schritte zu gehen, damit wir das nächste Wasser erreichten. Dort lagerten wir dann. Wir suchten rings umher und fanden ein paar kleine Fleckchen mit Nardu. Die Früchte sammelte ich ein, zerstieß sie und schoß eine Krähe. Aus all dem bereitete ich ein recht gutes Abendessen. Burke nahm etwas Nahrung zu sich, doch schien es ihm jetzt von Minute zu Minute schlechter zu gehen. Schließlich sagte er, daß es nach seiner Überzeugung nicht mehr lange mit ihm dauern werde. Er gab mir seine Uhr und ein Notizbuch, das ich Sir William Stawell geben sollte. In das trug er noch einige Notizen ein, dann sagte er zu mir: »Ich hoffe, Sie werden hier bei mir bleiben, bis ich vollends tot bin – es ist angenehm, zu wissen, daß jemand dabei ist, wenn man stirbt. Dann ist es mein Wunsch, daß Sie mir die Pistole in die rechte Hand geben und mich unbestattet lassen, so wie ich daliege.« In dieser Nacht sprach er sehr wenig. Am folgenden Morgen fand ich ihn bewußtlos, und ungefähr um acht Uhr tat er seinen letzten Atemzug. Ich blieb noch ein paar Stunden da, als ich aber sah, daß weiteres Verweilen keinen Sinn hatte, ging ich den Creek weiter hinauf auf der Suche nach den Eingeborenen. Ich fühlte mich sehr verlassen. Nachts schlief ich gewöhnlich in leerstehenden Hütten der Eingeborenen. Zwei Tage nach dem Tode Burkes fand ich eine Hütte,

in der noch ein Sack mit Nardu lag, der mir für vierzehn Tage reichen mochte.
Zwei Tage blieb ich dort, um wieder zu Kräften zu kommen, dann kehrte ich zu Wills zurück. Ich brachte drei Krähen mit. Aber ich fand ihn tot in seiner Hütte liegen, die Eingeborenen waren dort gewesen und hatten einen Teil seiner Kleider an sich genommen. Ich bedeckte die Leiche mit Sand und blieb ein paar Tage an diesem Platz. Dann folgte ich den im Sand abgedrückten Fußspuren der Eingeborenen, die beim Lager gewesen waren. Ein Stück ging ich das Bachbett hinab und schoß dabei Krähen und Falken. Die Eingeborenen mochten wohl den Knall der Büchse gehört haben, denn sie kamen mir entgegen und nahmen mich mit in ihr Lager, wo sie mir Nardu und Fische gaben.

Mit »Kon-Tiki« über den Pazifik
Thor Heyerdahl

Daß auch heute noch nicht die Zeit der kühnen Fahrten vorüber ist, daß es noch das echte große Abenteuer, verbunden mit der wissenschaftlichen Leistung, gibt, beweist die berühmte Pazifiküberquerung des Norwegers Thor Heyerdahl. Heyerdahl wurde 1914 geboren, studierte nach seiner Schulzeit Zoologie und ging dann in die Südsee, um sich dort auf den Marquesasinseln zoologischen und völkerkundlichen Studien zu widmen. Weitere Forschungsarbeiten in Südamerika wurden durch den Krieg unterbrochen. Aber schon während dieser Jahre stellte er die These auf, Polynesien sei in zwei Wellen – zuerst einmal von Südamerika aus und danach erst überdeckend von Asien her – besiedelt worden. Um die Richtigkeit seiner Behauptungen zu beweisen, daß Bewohner Südamerikas auf großen Flößen mit Hilfe der Meeresströmungen und dank günstiger Windverhältnisse die etwa sechstausend Kilometer lange Strecke über den Ozean zurücklegten, rüstete er selbst ein Floß aus Balsaholz aus und überquerte 1947 zusammen mit fünf Gefährten in einer dreimonatigen gefährlichen Fahrt den Pazifik. Es sollte allerdings noch weitere fünfzehn Jahre dauern, bis seine Theorie, die er durch gründliche wissenschaftliche Forschungsarbeit zu untermauern suchte, eine Anerkennung durch die Wissenschaft fand. Seinem berühmten Buch »Kon-Tiki. Ein Floß treibt über den Pazifik« ist der folgende Ausschnitt mit Erlebnissen von der Floßfahrt entnommen.

Wenn die See nicht allzu wild war, paddelten wir oft mit dem winzigen Gummifloß hinaus, um von draußen zu photographieren. Niemals werde ich den ersten von unseren Schlauchbootausflügen vergessen. Das Meer war so ruhig, daß zwei Mann Lust bekamen, das ballonartige kleine Ding aufs Wasser zu setzen und damit ein Stück hinaus in die Wogen zu rudern. Sie waren kaum vom Floß abgestoßen, als sie die kleinen Ruder schon ausließen und brüllend zu lachen begannen. Und als die Wellen sie davontrugen, so daß sie, auf und nieder geschaukelt, immer wieder hinter den Kämmen verschwanden, da platzten sie erst richtig los, sooft sie einen Blick von uns erhaschen konnten, und lachten so, daß es weit hinaus über den offenen Pazifik schallte. Wir auf dem Floß blickten mit gemischten Gefühlen um uns und konnten nichts Komisches entdecken außer unseren eigenen zerzausten und bärtigen Gesichtern. Die aber mußten die zwei da draußen eigentlich schon gewohnt sein, so daß uns der schleichende Verdacht befiel, sie hätten am Ende wohl den Verstand verloren. Vielleicht ein Sonnenstich? Vor Lachen hatten die beiden erkleckliche Mühe, zurück zur »Kon-Tiki« zu rudern. Sie blieben uns jede Erklärung schuldig. Sich schier verschluckend und mit Tränen in den Augen forderten sie uns kurzerhand auf, erst einmal selber das Floß von draußen zu begucken.

Zwei von uns anderen sprangen in das tanzende Schlauchboot und wurden sofort von einer Woge ergriffen, die uns davontrug. Bums, setzten auch wir uns nieder und lachten schallend los. Nun mußten wir so rasch wie möglich zurück zum Floß paddeln, um auch die beiden letzten zu beruhigen, die noch nicht draußen gewesen waren. Sie meinten schon allen Ernstes, wir wären alle miteinander vollständig übergeschnappt.

Wir selber waren es und unser eigenes stolzes Fahrzeug, das uns einen so vollständig hoffnungslosen und blödsinnigen Anblick bot, als wir das Ganze zum erstenmal aus größerem Abstand sahen. Wir hatten uns auf offener See bisher noch nie von »außerhalb« betrachtet. Die Stämme verschwanden bereits unter den kleinsten Wellen. Zu sehen war eigentlich nur die niedrige Hütte mit der breiten Türöffnung und dem zerzausten Blätterdach, die immer wieder aus den Wogen auftauchte. Das sah genau so aus, als würde eine alte norwegische Scheuer hoffnungslos und verloren auf dem offenen Meer herumtreiben, eine windschiefe Heuhütte, voll von sonnverbrannten und bärtigen Lazzaronis. Wenn jemand in einer Badewanne dahergepaddelt wäre, so hätte uns das nicht weniger spontan zum Lachen gereizt. Schon ganz gewöhnliche Wellen stiegen bis zur halben Höhe der Hüttenwand empor, und es sah aus, als müßten sie sich ungehindert in das weit offene Scheunentor hineinwälzen, wo die bärtigen Brüder lagen und glotzten. Aber da schwamm der gebrechliche Bau schon wieder oben auf dem Wasser, und die vier Landstreicher lagen noch immer so trocken, ruppig und unbeteiligt da wie zuvor. Kam eine größere Welle vorbeigerauscht, konnte es geschehen, daß Hütte, Segel und der ganze Mast hinter dem Wasserberg verschwanden. Aber mit unbeirrbarer Sicherheit war die Hütte mit den Landstreichern im nächsten Augenblick wieder obenauf. Das sah ja schlimm genug aus, und wir konnten es kaum fassen, daß es uns an Bord dieses Fahrzeuges bisher so gut gegangen war.

Als wir das nächste Mal hinausruderten, um zu einem gesunden Lachen über uns selbst zu kommen, wäre es um ein Haar schiefgegangen. Wind und Wellen waren stärker, als wir angenommen hatten, und so glitt die »Kon-Tiki« weit rascher durch die Wogen, als uns klar war. Wir mußten ums Leben rudern, um mitten auf dem offenen Meer das unsteuerbare Floß wiederzugewinnen, das nicht halten und warten konnte und noch weniger wenden und zurückkommen. Wenn auch die Jungens auf der »Kon-Tiki« das Segel in aller Eile einholten, so drückte doch der Wind derart gegen das Hüttendach, daß das Balsafloß rasch gegen Westen trieb. Wir plantschten hinterdrein in dem tanzenden kleinen Schlauchboot mit den winzigen Spielzeugrudern und kamen bei aller Mühe nicht schneller vorwärts als das Floß. Nur ein Gedanke beherrschte uns: zurück zur »Kon-Tiki«! So durfte sich unsere Mannschaft nicht auflösen! Es waren unangenehme Minuten draußen auf dem Meer, bis wir das entlaufene Floß einholten und zu den anderen an Bord krochen, hinauf auf die Balsastämme, die unsere Heimstatt waren. Von diesem Tage an war es streng verboten, im Gummiboot hinauszuziehen, ohne eine lange Leine am Bug befestigt zu haben, so daß die anderen an Bord das Boot einholen konnten, wenn es notwendig war. Wir kamen deshalb nie weit vom Floß weg, außer der Wind war flau, und der Stille Ozean wellte sich in schwachen Dünungen. Solche stille Tage aber hatten wir genug, als die »Kon-Tiki« mitten auf dem Pazifik trieb und das Meer nach allen Richtungen sich einförmig um die Erdkugel wölbte. Da konnten wir unbesorgt unsere Heimstatt verlassen und davonrudern, hinein in den blauen Raum zwischen Himmel und See. Wenn wir dann sahen, wie die Silhouette unseres Fahrzeuges immer kleiner und kleiner wurde und das Raasegel schließlich zu einem winzigen, unbestimmbaren Viereck am Horizont zusammenschrumpfte, so beschlich uns da draußen manchmal das würgende Gefühl trostloser Verlassenheit. Endlos wölbte sich das Meer unter uns, blau wie der Himmel darüber. Und dort in der Ferne, wo beide zusammentrafen, floß das Blau des Himmels mit dem des Wassers zusammen. Beinahe hatten wir das Gefühl, im leeren Raum zu schweben. Die ganze Welt war leer und blau, und kein einziger fester Punkt in ihr, außer der Tropensonne, die uns in den Nacken brannte, gelb und warm. Weit draußen am Horizont stand das Segel des einsamen Floßes und zog uns an wie ein magnetischer Punkt. Wir ruderten zurück und krochen an Bord. Hier fühlten wir uns daheim.

Es war höchst eigentümlich, welch starke psychologische Wirkung die löcherige, kleine Bambushütte auf unser Gemüt hatte. Sie maß nicht mehr als acht mal vierzehn Fuß und war, um den Winddruck zu vermindern, so niedrig gebaut, daß wir unter ihrem First nicht aufrecht stehen konnten. Wände und Dach bestanden aus einem zusammengeknüpften, kräftigen Bambusgestänge und waren mit zähem Flechtwerk aus gespaltenem Bambus verschalt. Die grünen und gelben Sprossen und die Blattansätze, die vom Dachrand herunterhingen, gaben eine ganz andere Ruhe für das Auge als eine weiß bemalte Wand. Obwohl die Steuerbordlängswand zu einem Drittel offen war und auch Dach und Wände Sonne und Mond hereinließen, gab uns diese primitive Höhle doch ein weit größeres Sicherheitsgefühl, als weißgestrichene Schotten und verschalte Bullaugen es unter denselben Verhältnissen getan hätten. Wir versuchten, eine Erklärung für diese wunderliche Tatsache zu finden und kamen zu folgendem Ergebnis: Unser eigenes Bewußtsein war es schlechterdings nicht gewohnt, ein palmengedecktes Bambushaus mit der Vorstellung einer Seereise zu verbinden. Es bestand keine natürliche Harmonie zwischen dem großen, rollenden Meer und der kleinen, schattigen Palmenhütte, die zwischen den Wellen umherschwamm. Daher mußte entweder die Hütte inmitten des Meeres durchaus fehl am Platz erscheinen oder die Wogen rund um die Hüttenwände mußten deplaziert wirken. Das zweite war denn auch der Fall, solange wir uns an Bord hielten. Vom Gummiboot aus gesehen, tauschten Wellen und Hütte ihre Rollen. Die Tatsache, daß die Balsastämme immer wie eine Möwe auf den Seen schaukelten und das Wasser am Heck durchließen, gab uns ein unerschütterliches Zutrauen zu dem trocken gelegenen Teil mitten auf dem Floß, wo die Hütte stand. Je länger die Reise dauerte, desto sicherer fühlten wir uns in unserer gemütlichen Höhle, und wir sahen auf die sich aufbäumenden Wogen, die an der Türöffnung vorbeitanzten, wie auf ein imponierendes Stück im Kino, das uns selber absolut nicht betraf. Wenngleich die offenstehende Wand nur fünf Fuß vom ungeschützten Floßrand entfernt war und nicht höher als eineinhalb Fuß über der Wasserlinie lag, so fühlten wir uns, als wären wir auf unserer Reise viele Meilen weit vom Meer entfernt. Augenblicklich waren wir in eine richtige Dschungelwohnung versetzt und geborgen vor den Gefahren des Ozeans, wenn wir nur durch die Tür hereinkrochen. Hier konnten wir uns auf den Rücken legen und in das merkwürdige Dach hinaufschauen, das sich wie Astwerk im Winde wiegte, und es uns bequem machen, während uns der Dschungelduft von rohem Holz, Bambus und welken Palmblättern umschmeichelte.

Manchmal ruderten wir mit dem Gummiboot in die Dunkelheit hinaus, um unsere Behausung auch einmal nachts von draußen zu besehen. Kohlschwarze Wogen türmten sich um uns auf allen Seiten, und eine blinkende Myriade von Sternen lockte ein schwaches Widerblinken vom Plankton auf der See. Die Welt war einfach, Sterne im Dunkel. Ob wir 1947 vor oder nach Christus schrieben, hatte plötzlich seine Bedeutung verloren. Einzig, daß wir lebten, fühlten wir tief und stark. Und uns wurde bewußt, daß die Menschen auch schon vor dem Zeitalter der Technik das gleiche empfunden und getan hatten – in einem noch tieferen Sinne als wir. Die Zeit hörte gleichsam auf zu existieren. Alles wahrhaft Seiende war, wie es immer gewesen und immer sein würde. Wir waren untergetaucht in dem ewigen Gleichlauf des Geschehens, und nichts war um uns als ein endloses und unberührtes Dunkel und die flimmernde Sternenwelt über uns. Vor uns in der Nacht hob sich die »Kon-Tiki« aus den Wogen, um wieder zu versinken, wenn schwarze Massen dahertrieben. Im Mondlicht umgab eine wunderliche Stimmung das Floß. Schwere blanke Stämme mit Büscheln von Seegras, der viereckige, nachtschwarze Umriß des Wikingersegels, eine zerfranste Bambushütte, vom gelben Licht einer Paraffinlampe am Heck bestrahlt: Das Ganze erinnerte eher an ein Bild aus einem Abenteuererbuch, als daß man es für nüchterene Wirklichkeit halten mochte. Ab und zu verschwand das Floß vollständig hinter den dunklen Wogen. Dann hob es sich wieder und zeichnte sich als scharfe Silhouette gegen den Sternenhimmel ab, während blinkendes Wasser von den Stämmen schäumte.

Wenn wir so die zeitlose Stimmung um das einsame Floß verspürten, dann hatten wir manchmal ganze Flottillen von solchen Fahrzeugen beinahe leibhaftig vor Augen, die sich fächerförmig gegen den Horizont verbreiterten, um die Möglichkeit, Land zu finden, zu vergrößern. So waren die ersten Menschen über das Meer gezogen. Gerüchte hatten von Inseln draußen im Stillen Ozean erzählt, und so segelte der Inka Tupak Yupanqui, der sich ganz Peru und Ecuador unterworfen hatte, noch knapp vor der Ankunft der Spanier auf einer Armada von Balsaflößen mit vielen tausend Mann hinaus übers Meer, um nach den Inseln zu suchen. Er fand zwei Eilande, von denen manche meinen, daß es die Galapagosinseln gewesen seien.

Nach acht Monaten Fahrt glückte es ihm, mit seinen zahlreichen Ruderern zurück nach Ecuador zu gelangen. Viele Jahrhunderte früher waren Kon-Tiki und sein Gefolge sicher auf gleiche Weise übers Meer gezogen. Sie aber hatten keinen Grund, den Rückweg zu versuchen und ihn gegen Wind und Wogen zu erzwingen.
Wenn wir dann wieder an Bord des Floßes sprangen, ließen wir uns oft im Kreis um das Paraffinlicht auf dem Bambusdeck nieder und sprachen über jene alten peruanischen Seefahrer, die fünfzehn Jahrhunderte vor uns gelebt hatten. Das Licht warf Riesenschatten von bärtigen Männern auf das Segel, und wir dachten an unsere Vorgänger, die weißen und bärtigen Männer aus Peru. Wir hatten sie in der Mythologie und Architektur den ganzen Weg entlang von Mexiko nach Mittelamerika und hinein in die Nordwestgegend von Südamerika bis nach Peru verfolgen können. Ihre Bauwerke blieben und eine Fülle von Legenden, während ihre geheimnisvolle Kultur wie mit einem Zauberschlag beim Kommen der Inkas verschwand, um ebenso plötzlich von neuem aufzutauchen auf den einsamen Inseln im Stillen Ozean, denen wir uns näherten.

Zur »Quelle der Steinäxte«
Heinrich Harrer

Der Österreicher Heinrich Harrer (geb. 1912) gehört zu den bekanntesten Forschungsreisenden unserer Tage. Der Siebenundzwanzigjährige nahm 1939 an der deutschen Nanga-Parbat-Expedition teil. Bei Kriegsausbruch wurde er in Indien interniert, doch gelang ihm 1944 die abenteuerliche Flucht nach Tibet. Sieben Jahre hielt er sich dort – zuletzt als Berater des Dalai-Lama in der Hauptstadt Lhasa– auf, bis er nach dem Einmarsch der Chinesen das Land verlassen mußte. Nach verschiedenen Reisen und bergsteigerischen Unternehmungen startete er 1962 eine große Expedition in das Innere Neuguineas. Er bezwang als erster den höchsten Berg der Insel, die fünftausendeinhundert Meter hohe Carstensz-Pyramide. Bei der Suche nach »Jä-Li-Me«, der »Quelle der Steinäxte«, jener Stelle, von der die Bergpapuas, die letzten auf der Kultur der Steinzeitmenschen stehenden Bewohner unserer Erde, ihre Steinäxte holten, verunglückte Harrer lebensgefährlich durch einen Sturz in einen Wasserfall. Seine eingeborenen Träger schleppten ihn durch den Urwald bis zur nächsten Station, von wo aus er an die Küste geflogen werden konnte. Kaum waren seine Knochenbrüche einigermaßen geheilt, als er schon erneut nach Jä-Li-Me aufbrach und diesen »Steinbruch«, der bis dahin vor den Weißen verborgen gehalten wurde, endlich besuchen konnte. Darüber auch der nächste Bericht.

9. Mai. Ich bin noch bis ein Uhr nachts wach gelegen. Ein zweites Gewitter zog herauf, und diesmal kam der Regen über die Seenplatte bis zu uns. Es goß wie aus Kübeln, das Wasser drang bis ins Zelt, und von Naturfilmromantik war keine Spur mehr übriggeblieben. Phil und ich schimpften um die Wette.
Als ich heute früh wach wurde, schien die Sonne wieder. Wie an den Berghängen Assams regnet es auch hier in den Nächten tropisch, und am Morgen ist der Himmel wieder blank. Doch auch der schönste Sonnenschein konnte uns kaum über die Schwierigkeiten hinwegtrösten, mit denen wir auf den schlüpfrigen Baumstämmen fertigwerden mußten. Ich dachte daran, daß ich beim Sportunterricht in der Schule am Schwebebalken der Beste war.
Nach einer guten Stunde erreichten wir das Flußbett des Kiembe. Wir

versuchten, ihn zu durchwaten. Aber nach langen Experimenten wurde klar, daß das unmöglich war. Wir mußten eine Brücke bauen, was sehr viel Zeit kostete. Die Eingeborenen fällten riesige Baumstämme und schoben sie mit viel Geschick auf die andere Flußseite, wo es Felsblöcke in allen Farbschattierungen zwischen blau und grün gab.

Sollte das etwa schon der Steinbruch sein, den die Papuas Jä-Li-Me nennen, Quelle der Steinäxte? Aber sieht so ein Steinbruch aus? Felsblöcke, die am Wasser liegen, sonst nichts. Andererseits hatten die Bergpapuas nie von einem Steinbruch, sondern immer von einer Quelle der Steinäxte gesprochen.

Es war Jä-Li-Me! Wir haben unser Expeditionsziel erreicht! Es ist ein romantischer Platz von nahezu unbeschreiblichem Reiz. Wenn es irgendwo auf unserer Erde noch möglich ist, den Hauch der Steinzeit zu spüren, dann hier in diesem tropischen Felsental, durchzogen von einem wild dahinschießenden Fluß.

Und nun erlebte ich, wie Steinzeitmenschen ohne Werkzeuge harten Stein für ihre Äxte brachen. Dicht an einen großen, grünlich schimmernden Felsblock wurden sechs Meter hohe Holzstangen angelegt. Daran bauten die Danis ein Gerüst und schichteten in zwei Meter Höhe darauf eine Steinterrasse, auf die sie dann Holz zum Brennen legten. Mit Grasziegeln drängten sie die Hitze dicht an die leicht überhängende Wand des Felsblocks. Es war ein unwirklich scheinendes Bild, diese nackten, wild aussehenden Männer, die wie die Affen an den Stangen herumturnten und mit primitivsten Mitteln eine Feuerstelle an den Felsblock bauten. Als das Feuer schließlich brannte, ließen sie sich auf den Boden nieder und sahen stumm zu. Immer wieder schürten sie nach, warteten, schürten, warteten. Einige nutzten die Wartezeit, um ihre verfilzten Haare aufzumachen und zu entlausen, andere klopften schon an kalten Steinen, um die ersten Äxte zu formen. Vergessen war für mich das Atomzeitalter, aus dem ich hierhergekommen war, um ein Stück Frühgeschichte zu erleben, vergessen war das Feuerzeug in meiner Tasche, vergessen die Uhr. All das, alle Technik, ist hier nicht mehr vorstellbar. Ich war zurückgekehrt zu den Quellen, nicht nur der Steinäxte, sondern der Menschheit überhaupt. Noch nie habe ich mich der Natur so nahe gefühlt wie hier im Jä-Li-Me, umgeben von nackten Eingeborenen, die nichts von unserem Fortschritt wußten und doch glücklich waren.

9. Mai. Das Feuer brannte den ganzen Tag, aber nichts rührte sich.

Immer wieder warnten die Danis Phil und mich, es könnten jederzeit Steine durch die Luft fliegen. Aber es flogen keine. Da versuchte ein Magier seine Kunst, beschwor mit Inbrunst das Feuer, daß es doch endlich wirken möge – doch er schien kein besonders guter Zauberer zu sein –, der Stein rührte sich auch jetzt nicht, und nur das Knacken des Feuers, das immer sorgfältig nachgeschürt wurde, war zu hören. Ein heftiger Regenguß zwang uns, in einer weiter flußaufwärts gelegenen Höhle Zuflucht zu suchen. Aber auch jetzt liefen die Danis ständig zurück, um das Feuer in Gang zu halten.
Auch über Nacht brannte das Feuer weiter. Als ich aber heute früh aufwachte, hatte sich immer noch nichts geändert. Der Felsblock stand unverändert da.
Inzwischen haben die Träger einen neuen Block ausgesucht und sorgfältig Struktur und Maserung des Gesteins begutachtet. Der neue Block steht im Fluß und ist von brausendem Wasser umtost, was den Bau eines Gerüstes sehr erschwerte. Doch nun brennt auch hier das Feuer, und die Danis hocken wieder da und warten, schüren nach, warten, genauso wie gestern.
Der wasserumspülte Stein bietet natürlich herrliche Möglichkeiten zum Filmen, und ich habe mir vorgenommen, den ganzen Tag über hierzubleiben. Da der größere Teil der Träger noch bei dem alten Fels wartet und das Feuer in Gang hält, bin ich hier mit nur drei Männern allein. Diesmal habe übrigens ich das Feuer entzünden müssen. Der älteste der drei Danis war zu mir gekommen und hatte mich gebeten, das zu tun. Schließlich, meinte er, hätte ich den Namen Jä-Tuan (Steinaxt-Herr), und deshalb würden die Geister mir helfen. Als ich es getan hatte, nahm mich der Alte mit geheimnisvollem Gesicht bei der Hand und zog mit der anderen ein dreckiges, fettiges, kleines Bündel hervor. Er wickelte und wickelte, bis endlich ein wenig ranziger Schweinespeck, »Wam«, zum Vorschein kam. Den befestigte er an einem Stäbchen und ging mit mir zum Block zurück. Dort mußte ich den Speck ins Feuer stecken, während der alte Dani Zauberformeln murmelte.
Kurz nach Mitternacht wurde die Glut des Feuers ins Wasser geworfen, wo sie zischend verlosch. Dann machten sich die Träger an die Arbeit. Mit Geröllsteinen, Keilen und Stangen rückten sie dem Block zu Leibe, und tatsächlich löste sich von dem heißen Stein nun Stück für Stück. Mit Holzstangen wurden sie in Sicherheit gebracht, und fieberhaft wurde weiter gebrochen.

Jeder versuchte, ein Stück von dem kostbaren Stein zu erhaschen, und die Jüngeren fingen auch gleich an, es auf Messerform zu bearbeiten. Je größer das Stück war, das dabei abbrach, um so fröhlicher wurde ihr Geschrei. Es war wie ein großes Fest.
Der Stein, den wir gebrochen haben, ist Glaukophan von herrlich blauer Farbe. Die Danis nennen ihn Wang-Kob-Me. Die bei der Bearbeitung abfallenden Splitter sind messerscharf, und natürlich hat es auch einige Verletzungen gegeben, die Phil verbinden mußte. Aber solche »Betriebsunfälle« gingen in der freudigen Erregung unter.
Die großen, linsenförmigen Steine werden nun auch bereits roh zugehauen. Für die Dani-Buben ist das ein Riesenspaß. Sie balgen sich um die umherliegenden Abfälle, um auch aus ihnen kleine Äxte oder Messer zu machen.
Von allen Seiten klingt es jetzt metallisch hoch an unser Ohr. Es tönt wirklich wie in einer Schmiede, genau als ob ein Eisen bearbeitet würde. Man hört dem Klang an, wie hart dieser Wang-Kob-Me sein muß.
Ein kleiner Schwarm munterer Bachstelzen schaut von der anderen Flußseite zu, verwundert offenbar über den ungewohnten Lärm in ihrem Revier. Manchmal krächzt ein Kakadu, oder eine wilde Taube zieht mit leisem Flügelschlag über uns hinweg. Dazu das Lärmen und Toben des abstürzenden Wassers, tropische Blumen und fast den ganzen Tag Sonnenschein. Ist es da ein Wunder, wenn ich mich wie verzaubert fühle? Dieser Tag in Jä-Li-Me wird für mich ein unvergeßliches Erlebnis bleiben.
Heute nachmittag kamen einige Wano-Frauen mit ihren Männern und brachten uns süße Kartoffeln und Zuckerrohr. Zur Belohnung gab ich ihnen einige der begehrten Kaurischnecken. Auch gestern tauchten ein paar Frauen auf, verschwanden aber sehr bald wieder spurlos. Phil und ich nehmen an, daß die Männer sie verjagt haben. Denn in vergangener Zeit wurde hier auch der geheimnisvolle Zauberstein für die Männerhäuser geschlagen, der für die Frauen absolut tabu war. In dieser Beziehung hat sich allerdings durch den Einfluß der Missionen schon einiges geändert. Zwar läßt man die Frauen auch heute noch nicht an den Steinbruch heran, aber man duldet es wenigstens, daß sie abseits sitzen und zuschauen. Die Frauen, die heute gekommen sind, sahen merkwürdigerweise viel heller und sauberer aus als die von gestern. Wir fanden heraus, daß das vom Schweinefett kam, das sie sich in die Haut gerieben hatten.

Seit zwei Tagen dröhnt uns nun das Tosen des Flusses ins Ohr, und manchmal habe ich das Gefühl, taub zu sein. Seit gestern kommt nun auch noch das helle Klingen des Steineklopfens hinzu, ein Geräusch, das mich sicher noch lange Zeit verfolgen wird.
Ich habe ausgiebig Gelegenheit, zu studieren, wie die Steine behauen werden, und immer wieder wundere ich mich darüber, daß bei jedem Steinklopfer schon nach verhältnismäßig kurzer Zeit die rohe Form einer Steinaxt zum Vorschein kommt. Dabei bleibt es aber dann auch. Den »letzten Schliff« erhalten die Äxte erst nach der Rückkehr ins Dorf. Dabei werden sie dann so glatt und glänzend, daß man sich darin wie in einem Spiegel betrachten kann. Allerdings dauert es auch, je nach Größe, von ein paar Tagen bis zu ein paar Monaten.
Die überwältigende Fülle neuer Eindrücke hier in Jä-Li-Me hat mich seit zwei Tagen alle Beschwernisse mit meinem verletzten Knie vergessen lassen. Ich komme mir manchmal vor wie ein Mensch, der das verlorene Paradies wiedergefunden hat. Wenn ich zum Zelt hinausschaue, sehe ich dicht vor mir einige rote und weiße Begonien, dazwischen ein paar Stengelorchideen, deren leuchtende Farben sich prächtig gegen den im Hintergrund aufgischtenden weißen Schaum des stürzenden Bachs abheben.
Fast alle unsere Danis sind den ganzen Tag über beim Steineklopfen am Fluß. Nur die beiden, die unsere Rucksäcke hierhergeschleppt haben, liegen noch immer erschöpft neben dem Lagerfeuer. Ihre Köpfe ruhen auf ein paar roh beschlagenen Steinäxten. Einer von ihnen hat sich ein Stück unbrauchbar gewordenen Filmstreifens um die Stirn gebunden. Auch die Danis, die wir diesmal als Träger bei uns haben, hängen sich alles um oder stecken es durch die Nase, was ihre einfachen Gemüter auch nur halbwegs als Schmuck empfinden. Zwischen den beiden Männern liegt ein ganzer Berg zerkauten Zuckerrohrs, und ihre Kinnbacken mahlen noch immer weiter. Ich werde jetzt noch einige Filmaufnahmen machen.
10. Mai. Einmal mehr wird mir hier vor Augen geführt, was das Feuer für diese primitiven Menschen bedeutet. Nicht nur, daß es die Nackten wärmt und die Geister vertreibt, es bringt auch den unentbehrlichen harten Stein für die Messer und Äxte zum Springen. Es muß also Zauberkräfte in sich bergen. Als ich heute früh sehr zeitig zum Felsen kam, brannte dort das Feuer bereits wieder. Mein so frühes Auftauchen ließ die Danis sofort ahnen, daß ich langsam an Aufbruch dachte. Sie gebärdeten sich wie Kinder, die man von ihrer Lieb-

lingsbeschäftigung wegreißen will, und sie widersprachen mit allem Nachdruck. Hier sind sie in ihrem Element, hier sind sie zu Hause und vergessen alles, auch unsere Vereinbarung, daß sie als Träger mitgekommen sind. Verstreut hocken sie zwischen den Felsblöcken herum und behauen mit Stein ihre Steine, fanatisch fast, unbeirrbar und stumm. Nun haben sie einmal festgestellt, daß die Geister, die mich zuerst in den Wasserfall gerissen hatten, nichts mehr gegen mich einzuwenden haben, daß ich also meinen von ihnen ausgedachten Namen, Jä-Tuan, zu Recht trage. Also können sie nicht begreifen, daß ich jetzt schon wieder zum Aufbruch dränge. Aber unsere Rationen gehen zu Ende.
Heute nacht wurde ich plötzlich durch lautes Donnern und Rollen wach. Ich wälzte mich auf die andere Seite und hoffte, daß dieses Gewitter bald vorüberziehen würde. Aber nach mehr als einer Stunde hatte es noch immer nicht aufgehört. Da raffte ich mich auf und kroch zum Zelteingang, um mir das Schauspiel der riesigen Fächerblitze anzusehen. Doch ich sah nur sternklaren Himmel über mir und kroch ins Freie. Schließlich fand ich die Ursache des Donners: Es war das Aufeinanderschlagen mächtiger Geröllmassen, die durch das stürzende Wasser zu Tal befördert wurden. Befriedigt zog ich mich wieder ins Zelt zurück und schlief ein.
Ja, und nun ist es soweit. Es ist fast zwölf Uhr, die meisten Träger hocken zwischen den Felsen und hämmern, aber ich muß aufbrechen. Mir bleibt nichts übrig, als mit einigen einsichtigen Trägern loszugehen und zu hoffen, daß die anderen bald nachkommen. Phil wird bei ihnen bleiben. Er ist überzeugt, daß er sie heute noch auf den Weg bringt.
Wieder biwakieren wir im Eingeborenendorf Ganik. Der Weg hierher war vor allem dadurch schwierig, daß unsere alte Brücke im Jä-Li-Me vom Wasser weggerissen worden war. Doch die Träger machten sich sofort unverdrossen daran, eine neue und bessere zu bauen. Drüben, auf der anderen Seite, erwarteten uns bereits die Bewohner des Wano-Dorfs, bei denen wir auf dem Hermarsch unser Zeltdach aufgeschlagen hatten. Vergnügt und laut schreiend sprangen sie ins Wasser. Dabei hatte ich Gelegenheit, eine Badeszene zu filmen, um die mich jeder Regisseur eines Naturfilms beneiden würde, ungestellte Bilder aus den Kindheitstagen der Menschheit, nackte, fettige Körper, braun, glänzend, sonnenüberflutet, in dicken Perlen rann das klare Wasser über ihre Muskeln, ihre Gesichter lachten, und ihr fröh-

liches Geschrei übertönte fast das Brausen der nahen Wasserfälle. Man vermag es kaum zu glauben, daß unsere gute alte Erde noch solch ein Schauspiel zu bieten hat.
Phil kam mit den restlichen Trägern tatsächlich bald nach, aber er erzählte, daß sie sich erst in Bewegung setzten, als er zu schießen drohte. Und ein paar fehlten immer noch. Ob wir sie je wiedersehen?
Nach einer guten halben Stunde erreichten wir Ganik. Es war drükkend heiß, und unser Trägerführer machte uns mit dramatischen Gesten seiner fast fingerlosen braunen Hände klar, daß es Regen gebe und ein Unwetter drohe, vor dem wir nur sicher seien, wenn wir im Dorf übernachteten. Das hatten sie natürlich schon lange vorher untereinander vereinbart, und uns blieb nichts anderes übrig, als uns zu fügen.
Gegen Abend habe ich noch einen ausgedehnten Spaziergang gemacht. Vor mir lag im milden Dämmerlicht des versinkenden Tages die große Seenplatte, ruhig, unberührt und ohne das so nachdrücklich prophezeite Gewitter.
Inzwischen ist mir klar, daß wir hier in eine Sackgasse gekommen sind. Kein Pfad führt in irgendeiner Richtung weiter. Die Seenplatte liegt zwar vor uns. Aber es gibt dorthin ebensowenig eine Verbindung wie zum bekannten Toli-Tal. All das erreicht man nur, wenn man zurück zum Kyirätal geht und von dort nach Osten vorstößt. Dort soll auch der Stamm der Bokojans beheimatet sein, den Phil eigentlich besuchen wollte. Nun muß er mit mir zumindest bis zum Kyirätal mitgehen. Von den Bokojans erzählt man schaurige Geschichten, aber auch, daß sie eine rotgelbe Metallaxt besitzen. Sollte auch das Bronzezeitalter hier zu finden sein?

Polargebiete

Winterlager auf Nowaja Semlja
W. Barentsz / Gerrit de Veer

Willem Barentsz wurde um die Mitte des 16. Jahrhunderts in Holland geboren. Über seine Jugend wissen wir kaum etwas. Erst 1594 trat er das erste Mal als Obersteuermann einer Expedition hervor, die mit vier Schiffen im Auftrag holländischer Kaufleute die Nordostpassage, den Seeweg entlang der nördlichen Küsten Europas und Asiens in den Pazifik, finden sollte. Die Holländer erhofften sich durch die Auffindung dieses nördlichen Seewegs günstige Handelsmöglichkeiten mit China. Barentsz erreichte als erster Nowaja Semlja, fuhr noch bis zum Eiskap, kehrte dann aber wieder um. Zwei Jahre später schickten die Holländer nur zwei Schiffe aus, deren eines Barentsz befehligte. Sie hielten sich am Nordkap vorbei nach Norden, blieben aber auf ungefähr 80 Grad nördlicher Breite – dem nördlichsten Punkt, den bis dahin Europäer erreicht hatten – im Eis stecken und mußten überwintern. Gerrit de Veer, einer der Teilnehmer der Expedition schildert in seinem Reisebericht, wie die Seeleute auf dem Eis eine geräumige Hütte bauten und die Überwinterung sorgfältig vorbereiteten, zugleich aber auch, mit welchen Schwierigkeiten sie zu kämpfen hatten. Da die Holländer im Frühjahr 1597 ihr Fahrzeug nicht mehr aus dem Eis lösen konnten, mußten sie versuchen, mit zwei offenen Booten um Nowaja Semlja herum Lappland zu erreichen. Sie schafften es zwar, doch erlagen fünf Männer den Strapazen der Reise, unter ihnen Barentsz, den sie an der Küste der Insel bestatteten. Erst dreihundert Jahre später drangen wieder Forscher bis zur Nordspitze Nowaja Semljas vor, wo Barentsz überwintert hatte. Sie entdeckten die noch wohlerhaltene Hütte mit den Geräten und Büchern ihrer Vorgänger.

Am 9. September 1596 wehte es, mit ein wenig Schnee, stark von Nordosten her, und unser Schiff wurde völlig vom Eis eingeschlossen, denn der Wind trieb das Eis direkt bis an uns heran, so daß wir drei oder vier Fuß im Eise lagen und unser Eisknie am Achtersteven mehr und mehr in Stücke brach. Noch aber wurde unser Schiff nicht ernsthaft beschädigt.
Am 11. September war das Wetter etwas besser, weil der Wind nicht so heftig blies, und acht Mann von uns gingen an Land, jeder bewaffnet, um zu sehen, ob um den Fluß herum wirklich Holz liege, wie unsere drei anderen Gefährten behauptet hatten. Wir mußten lange

umherirren und mehrfach unsere Richtung ändern, bis wir schließlich sahen, daß wir nicht aus dem Eis herauskommen konnten. Da wir auch unser Schiff nicht loslösen konnten, wie wir es bei anderen Gelegenheiten getan hatten, und es immer mehr dem Herbst und Winter entgegenging, hielten wir zusammen Rat, was als nächstes gemäß den Umständen der Jahreszeit am besten zu tun sei, damit wir dort überwintern und das Abenteuer abwarten könnten, das uns Gott senden würde. Und nachdem wir besprochen hatten, wie wir uns vor der Kälte und vor den wilden Tieren schützen und verteidigen könnten, beschlossen wir, auf dem Land eine Hütte oder ein Haus zu bauen, um uns darin, so gut wir konnten, aufzuhalten und auf diese Weise dem Schutz Gottes anzuvertrauen. Zu diesem Zweck gingen wir weiter ins Land hinein, um den nach unserer Meinung angenehmsten Platz zu finden, an dem wir unser Haus errichten konnten. Doch wir hatten nicht viel Baumaterial, denn es wuchsen dort keine Bäume noch sonst irgend etwas in diesem Land, womit man hätte ein Haus errichten können. Aber wir ließen keine Möglichkeit unversucht, wie ja unsere Leute umherstreiften, um das Land in Augenschein zu nehmen und zu sehen, ob uns nicht vielleicht ein glücklicher Zufall begegne. Schließlich fanden wir in unserer höchsten Not einen unerwarteten Trost, der darin bestand, daß wir eine Anzahl von Stämmen entdeckten, die entweder von Tatarien, Moskovien oder von sonstwo ans Ufer getrieben worden waren; denn hier, wo wir uns befanden, wuchsen keine. Mit diesen waren wir nun, als ob Gott sie uns zu diesem Zweck geschickt hätte, gut ausgerüstet. Wir konnten nun hoffen, daß Gott uns auch weiterhin seine Gunst zeigen werde. Denn das Holz diente uns nicht nur zum Hausbau, sondern den ganzen Winter hindurch auch als Feuerholz. Andernfalls wären wir in der extremen Kälte elend zugrunde gegangen.
Am 15. September sahen wir drei Bären. Einer von ihnen lag ruhig hinter einer Eisscholle, und die anderen kamen nahe an das Schiff. Als wir das bemerkten, machten wir unsere Gewehre fertig, um auf sie zu schießen. Zu diesem Zeitpunkt stand ein Faß voll Fleisch auf dem Eis, damit es frisch bleibe. Einer der Bären ging darauf zu und steckte seinen Kopf in das Faß, um ein Stück Fleisch herauszuholen. Aber diese Gefräßigkeit bekam ihm übel, denn als er nach dem Fleisch schnappte, wurde er in den Kopf geschossen und fiel tot nieder. Da hatten wir einen merkwürdigen Anblick. Der andere Bär stand still und sah nach seinem Gefährten, als ob er sich wundere,

daß er so regungslos liegen blieb. Und als er eine Zeitlang gestanden und an ihm herumgeschnüffelt hatte, begriff er, daß er tot war, und rannte davon. Wir aber nahmen Hellebarden und andere Waffen und folgten ihm. Schließlich kam er uns wieder entgegen, und wir schickten uns an, ihm Widerstand zu leisten. Da erhob er sich auf die Hintertatzen, aber während er sich aufrichtete, traf ihn einer unserer Leute mit der Kugel in den Leib, worauf er wieder auf die Vordertatzen fiel und davonlief. Dann machten wir uns daran, einen Schlitten zu bauen, auf dem wir das Holz zu dem Platz schaffen wollten, auf dem wir unser Haus zu bauen beabsichtigten. Zu dieser Zeit war das Salzwasser des Meeres zwei Finger dick gefroren.
Am 17. September gingen dreizehn von uns mit den Schlitten zu dem Platz, an dem das Holz lag. Je fünf zogen einen Schlitten, und die anderen drei halfen das Holz hinten anzuheben, damit wir es besser und leichter ziehen konnten. Auf diese Weise schafften wir zweimal am Tage Holz herbei und schichteten es auf einen Haufen.
Am 23. September holten wir weiteres Holz für unseren Hausbau, und zwar zweimal am Tag. Dann aber wurde es neblig, das Wetter war immer noch ruhig, der Wind blies aus Ost und Ostnordost. An diesem Tag starb unser Schiffszimmermann, als wir gegen Abend an Bord kamen. Am 24. September bestatteten wir ihn unter einem Steinhaufen in der Felsspalte eines Hügels nahe am Wasser, denn wir konnten wegen Frost und Kälte kein Grab in der Erde ausheben.
Am 25. September war das Wetter düster. Wir errichteten die Tragbalken unseres Hauses und begannen hart zu arbeiten. Wäre das Schiff frei gewesen, hätten wir die Bauerei liegen lassen und den Achtersteven des Schiffes repariert, um jederzeit segelfertig zu sein. Denn es bereitete uns viel Kummer, daß wir den ganzen langen Winter hier liegen sollten, wo wir doch wußten, daß er mit besonderer Härte über uns kommen werde. Als wir uns aber aller Hoffnung beraubt sahen, waren wir gezwungen, aus der Not eine Tugend zu machen und uns geduldig in Gottes Fügung zu schicken.
Am 26. September holte ein Teil unserer Leute Brennholz, die übrigen waren fleißig beim Hausbau. Zu dieser Zeit waren wir im ganzen sechzehn Leute, und von diesen waren noch einige krank. Wir deckten den Vorderaufbau unseres Schiffes ab und verwendeten diese Planken als Dach für unser Haus. Wir machten es in der Mitte etwas höher, damit das Wasser ablaufen konnte.
Am 10. Oktober war das Wetter etwas schöner und ruhiger, so daß

wir wieder das Schiff verlassen konnten. Als einer unserer Männer hinausging, traf er zufällig auf einen Bären und stand schon fast unmittelbar vor ihm, als er ihn erst bemerkte. Sofort aber lief er zum Schiff und der Bär hinter ihm her. Als aber der Bär zu der Stelle kam, wo wir den anderen Bären getötet und aufrecht hingestellt hatten, um ihn dort gefrieren zu lassen – er war ganz mit Eis bedeckt, doch sah eine Tatze hervor –, blieb das Tier stehen, so daß unser Mann entwischte und in großer Furcht das Schiff erstieg, wobei er schrie: »Ein Bär, ein Bär!« Als wir das hörten, kamen wir an Deck, um das Tier zu sehen und darauf zu schießen. Das Tier lief aber wieder weg. Da sich am gleichen Abend das Wetter noch mehr besserte, gingen wir vom Schiff zum neuerrichteten Haus und trugen den größten Teil unseres Brotes dorthin.

Die Entdeckung von »Franz-Joseph-Land«
Julius Payer

Am 13. Juni 1872 verließen Julius Payer (1842–1915) und Karl Weyprecht (1838–1881) mit der »Tegetthoff« Bremerhaven, um eine österreichische Expedition in das Nordpolargebiet zu führen. Sie sollte der Suche nach der nordöstlichen Durchfahrt, nach dem Seeweg entlang der nördlichen Küsten Europas und Asiens bis zur Beringstraße, dienen. Aber das glänzend vorbereitete Unternehmen drohte völlig zu scheitern, da die »Tegetthoff« nördlich von Nowaja Semlja vom Eis eingeschlossen wurde und unaufhaltsam nach Norden driftete. Doch die Mannschaft blieb trotz der drohenden Gefahr, vom Eis zermalmt zu werden, an Bord und entdeckte so im Herbst 1873 ein neues Gebirgsland. Nach einer zweiten Überwinterung im Eis erforschte Payer im Frühjahr 1874 auf einer Schlittenreise das neue Land, das sich als eine Gruppe von Inseln erwies, bis fast zum 80. Grad nördlicher Breite. Er nannte es zu Ehren des österreichischen Kaisers »Franz-Joseph-Land«. Da keine Aussicht bestand, die »Tegetthoff« wieder freizubekommen, verließ die Mannschaft nach Payers Rückkehr das Schiff und schaffte es auf einer abenteuerlichen Fahrt von rund drei Monaten, nach Nowaja Semlja zu gelangen, wo sie ein russisches Schiff aufnahm und nach Schweden brachte. Payer wurde geadelt, schied aus dem aktiven Militärdienst aus und widmete sich in Frankfurt/M., Berlin und Paris ganz der Malerei. Er starb 1915 in Veldes/Bled. Sein Freund und Gefährte Weyprecht wurde mitten in den Vorbereitungen zu neuen Polarforschungen 1881 in Michelstadt/Odenwald vom Tod überrascht. Der folgende Bericht Payers ist seinem Buch über die Polarexpedition entnommen und schildert die erste Begegnung mit dem Franz-Joseph-Land.

Am 25. August war die Sonne um Mitternacht zum ersten Male untergegangen; die bis zu ihrem völligen Verschwinden noch übrige Zeit kann man als den Herbst des Eismeeres betrachten. Schon seit längerer Zeit hatte sich das Licht dermaßen vermindert, daß unsere Wohnräume nachts wieder düster wurden, und vom 19. Juli an trat die Nötigung ein, uns eines Lichtes zu bedienen, sobald wir mitternachts zu lesen wünschten. Am 29. August, nach Regen und Schneefall und darauffolgendem Nordwind, starrte das Schiff in einem Kleid aus Eis. Zolldick war die Takelage mit Eiskrusten belegt; in pfund-

schweren Stücken stürzten die sich ablösenden Eisklumpen auf Deck herab, so daß es sehr unbequem war, darüber zu gehen. Mehrere Male wiederholte sich die Vereisung und das Auftauen des äußeren Schiffes; endlich trat völlige Erstarrung ein, und wenn in der folgenden Winternacht der Mond am Himmel stand, so prangten die Masten und Taue des Schiffes gleich Silberstrahlen.
Der Sommer war zu Ende. Er hatte uns Befreiung verheißen, geduldig hatten wir seinem Wirken geharrt. Mit trauriger Entsagung aber sahen wir jetzt einem zweiten Winter entgegen, durch seine Erfolglosigkeit demütigend und durch seine Gefahren schrecklich; wieder bewies es sich, wie groß die menschliche Fähigkeit in Ertragung von Widerwärtigkeiten ist, wenn man nicht plötzlich, sondern nur allmählich bis zu ihren Tiefen hinabsteigt. Wenige Monate vorher wäre uns der Gedanke unerträglich gewesen, daß unser Schicksal untrennbar an unsere bisherigen Fesseln geknüpft sein sollte, und jetzt, da diese unerträgliche Vorstellung zur Tat geworden, ertrugen wir sie dennoch. Allein so oft wir auf Deck traten und die Wüste erblickten, die uns unentrinnbar gefangenhielt, ebensooft erneuerte sich der verzweiflungsvolle Gedanke, daß wir schon im nächsten Jahr nach Österreich-Ungarn zurückzukehren hätten – bar des erwarteten Erfolges, lediglich mit der Geschichte einer Trift im Eise. Und dennoch, jetzt, da es niemanden mehr gab, der noch an eine Verwirklichung unserer Pläne glaubte, lag ihre Erfüllung unmittelbar vor uns.
Ein denkwürdiger Tag war der 30. August 1873 (in 79° 43′ Breite und 59° 33′ Länge); er brachte eine Überraschung, wie sie nur in der Wiedergeburt zu neuem Leben liegt. Es war um die Mittagszeit, da wir über die Bordwand gelehnt in die flüchtigen Nebel starrten, durch welche dann und wann das Sonnenlicht brach, als eine vorüberziehende Dunstwand plötzlich rauhe Felszüge fern in Nordwest enthüllte, die sich binnen wenigen Minuten zu dem Anblick eines strahlenden Alpenlandes entwickelten! Im ersten Moment standen wir alle gebannt und voll Unglauben da; dann brachen wir, hingerissen von der unverscheuchbaren Wahrhaftigkeit unseres Glückes, in den stürmischen Jubelruf aus: »Land, Land, endlich Land!« Keine Kranken gab es mehr am Schiff; im Nu hatte sich die Nachricht der Entdekkung verbreitet; alles war auf Deck geeilt, um sich mit eigenen Augen Gewißheit darüber zu verschaffen, daß wir ein unentreißbares Resultat unserer Expedition vor uns hatten. Zwar nicht durch unser eigenes Hinzutun, sondern nur durch die glückliche Laune unserer Scholle,

und wie im Traum hatten wir es gewonnen; immerhin aber schien die Möglichkeit gegeben, daß es uns gegönnt sein werde, Größe und Beschaffenheit dieses, wie durch einen Zauber aus der Eiswüste emportauchenden, Landes durch eigene Anstrengung kennenzulernen. Doppelt schmerzlich fiel unser Blick zugleich auf unsere unaufhaltsam dahinziehende Scholle, auf die Abhängigkeit von ihrer Willkür, auf das Abhandensein eines Winterhafens, von dem aus allein die Erforschung des Landes hätte mit Sicherheit vorgenommen werden können. Zur Zeit jedoch lag das Betreten des Landes außer dem Bereich jeder Möglichkeit; wer die tragende Scholle verlassen hätte, wäre abgeschnitten und verloren gewesen; nur unter dem Eindruck der ersten Aufregung waren wir über unser Eisfeld dahingeeilt, obgleich wir wußten, daß unzählige Sprünge das Land uns unnahbar machten! Am Rande unserer Scholle angelangt, etwa vier Meilen von dem Schiff aus und an fünfzehn Meilen von der nächstgelegenen Küste entfernt, spähten wir von einer Anhöhe aus nach den Gliedern, Bergen und Gletschern des rätselhaften Landes. Seine Täler dachten wir uns damals mit Weiden geschmückt und von Rentieren belebt, welche im ungestörten Genuß ihrer Freistätte weilen, fern von allen Feinden.

Jahrtausende waren dahingegangen, ohne Kunde von dem Dasein dieses Landes zu den Menschen zu bringen. Und jetzt fiel einer geringen Schar fast Aufgegebener seine Entdeckung in den Schoß – als Preis ausdauernder Hoffnung und standhaft überwundener Leiden – und diese geringe Schar, welche die Heimat bereits zu den Verschollenen zählte, war so glücklich, ihrem fernen Monarchen dadurch ein Zeichen ihrer Huldigung zu bringen, daß sie dem neuentdeckten Land den Namen Kaiser-Franz-Joseph-Land gab.

Aus eisernen Kaffeeschalen hatten wir auf Deck mit rasch bereitetem Grog ein Hoch auf unsern Kaiser getrunken und unser Schiff beflaggt. Alle Sorge schwand für jetzt, mit ihr auch die passive Gleichförmigkeit unseres Lebens. Es gab keinen Tag, keine Stunde mehr, in welcher dieses geheimnisvolle Land nicht unsere Aufmerksamkeit völlig erfüllte, und die Frage, ob dieser oder jener Vorsprung in nebelgrauer Ferne ein Berg, eine Insel oder ein Gletscher sei, beherrschte unsere Gespräche. Noch vergeblicher aber war unser Bemühen, das Rätsel von der Größe des vor uns liegenden Landes zu lösen. Von der zuerst gesehenen Berghöhe (Cap Tegetthoff – sein erstes Denkmal!) angefangen bis zu seinen umflorten Umrissen im

Nordosten besaß seine Front etwa die Ausdehnung eines Breitengrades; doch weil seine südlichen Teile in großer Entfernung von uns lagen, so war es unmöglich, die topographische Konfiguration auch nur des Nächstgelegenen sich annähernd zu versinnlichen. Die Eisberge, die wir im Laufe der letzten Wochen in wachsender Zahl angetroffen hatten, fanden in der Auffindung dieses Gebirgslandes nunmehr ihre sehr natürliche Erklärung und waren für sich selbst ein Zeugnis seiner Ausdehnung und mächtigen Begletscherung.
Ende August und Anfang September trieben uns Nordwinde etwas nach Süden herab, so daß wir das Land in wechselnden Konturen von abnehmender Schärfe erblickten. Ende September aber wurden wir wieder nach Nordosten geführt und erreichten 79° 58′ Nord, die höchste Breite, bis zu welcher die »Tegetthoff« mit ihrer Scholle getrieben wurde. Auf die Entfernung von zwölf Seemeilen erblickten wir jetzt eine Inselgruppe, die Hochstetter-Inseln, vor uns. Deutlich erkannte man ihre Felszüge, und günstiger als je vorher schien die Gelegenheit, das Land durch einen forcierten Marsch zu erreichen. Vielleicht war es die einzige und zugleich letzte Gelegenheit, die sich uns bot; denn nur zu begründet war die Befürchtung, daß uns die Winde binnen kurzer Zeit wieder außer Sicht des Landes treiben würden. Etwa sechs Mann verließen die Scholle der »Tegetthoff« und vertrauten sich dem Zufall an, welchen die Bewegung des aufgeworfenen Eises barg. Überall lagen Bilder der Zermalmung; die Ostwinde der letzten Tage hatten alles Eis ans Land gedrängt, die dadurch entstandenen Pressungen den Umkreis unserer Scholle zerstampft und diese selbst in hohem Maße verkleinert. Mit ungestümer Hast eilten wir über die ächzenden Trümmerwälle des treibenden Eises, und so groß war unser Eifer, daß wir selbst das wiederholte Einbrechen des einen oder anderen völlig unbeachtet ließen. Das Land wollte jeder erreichen, das Land, das uns nichts bot als die Gefahr des Abgeschnittenwerdens, die unfruchtbare Befriedigung unserer Ungeduld! Schon hatten wir etwa die Hälfte des Weges zurückgelegt, und längst war das Schiff unseren Blicken entschwunden; da kam Nebel, hüllte alle Glieder des ragenden Eises ein, und gleich hohen Bergen dämmerten seine Gerüste durch die trübe Luft. Und da wir auch vom Lande nichts mehr sahen, so blieb uns nichts übrig, als umzukehren und zurück durch das dampfende und rasselnde Chaos den Weg zum Schiff zu suchen. Eine geringe Hilfe nur war der Kompaß; als wir innerhalb der Barrieren frischgebrochenen Eises unsere Spur verlo-

ren, war auch unsere Orientierung dahin, weil sie nicht von allgemeinen Richtungen abhing, sondern von der genauen Kenntnis des Ausweges und desjenigen Pfades, der uns bis hierher geleitet hatte. Wir hatten eine falsche Richtung eingeschlagen und dabei beharrt, obgleich Jubinal, der Pfadfinder, immer wieder bellend zurücklief und sich, im Nebel zu einem Ungeheuer vergrößert, der Gefahr aussetzte, für einen Bären gehalten zu werden. Was alle Weisheit von uns Sechsen nicht vermocht hatte, das gelang dem Instinkt des Tieres; als wir ihm nach erschöpfenden Anstrengungen endlich unsere Führung überließen, brachte er uns wirklich auf den alten Weg und nach dem Schiff zurück.

»Vega« auf Ostkurs
Erik Nordenskiöld

Wer das Buch Die Umsegelung Asiens und Europas auf der Vega« von Erik Freiherrn von Nordenskiöld liest, mag für den Augenblick vielleicht enttäuscht sein, erscheint hier doch die Auffindung und Durchquerung der Nordlöstlichen Durchfahrt gleichsam ein Kinderspiel. Ein Problem, um das Forscher und Seefahrer durch mehr als drei Jahrhunderte hindurch rangen und das mehrfach seine Opfer forderte, schien geradezu auf einer Spazierfahrt gelöst. Aber mögen auch glückliche Umstände die Entdeckungsfahrt der »Vega« begünstigt und erleichtert haben, so bleibt sie doch eine entdeckungsgeschichtliche Großtat ersten Ranges, Ergebnis auch einer ungemein gründlichen Vorbereitung. Nordenskiöld, der das ganze Unternehmen leitete, wurde am 18. November 1832 in Helsingfors geboren, studierte Mathematik und Physik, mußte dann aus politischen Gründen nach Schweden auswandern, wo er sich geologischen Studien zuwandte. Schon von 1858 an unternahm er verschiedene Forschungsreisen in die Nordpolargegend, so fünfmal nach Spitzbergen und einmal nach Grönland. Zwei weitere Reisen führten ihn nach Sibirien an den Jenissei. Gerade die letzten Reisen bewiesen ihm die Möglichkeit einer Seeverbindung zwischen Europa und Sibirien. Nun bereitete er alles vor, um das Sibirische Meer zu durchqueren und in die Beringstraße zu gelangen. Mit Unterstützung des schwedischen Königs, eines schwedischen und eines russischen Kaufmanns rüstete er die »Vega« aus und trat am 4. Juli 1878 die Reise an. Er erreichte die Jenisseimündung, umfuhr als erster das Kap Tscheljuskin, das vor ihm nur 1742 eine Landexpedition erreicht hatte. Vor Erreichen der Beringstraße fror das Schiff ein und mußte im Eis überwintern. Im Frühjahr 1879 kam es aber aus eigener Kraft frei und passierte ohne größere Schwierigkeiten die Beringstraße. Die Heimreise über Japan und durch den Suezkanal glich einem Triumphzug, hatte doch Nordenskiöld endlich die so lang gesuchte Nordostpassage erschlossen. Nordenskiöld selbst widmete sich wissenschaftlichen Arbeiten, vor allem zur Geschichte der Kartographie. Er starb 1901.

Am 19. August fuhren wir fort, längs der Küste teils zu segeln, teils zu dampfen, meist in einem äußerst dichten Nebel, welcher sich nur zeitweise so weit zerteilte, daß die Küstenlage unterschieden werden konnte. Um nicht getrennt zu werden, mußten beide Fahrzeuge oft mit der Dampfpfeife Signale geben. Das Meer war glatt wie ein Spiegel. Nur wenig und stark zerfressenes Eis zeigte sich ab und zu, im

Laufe des Tages aber dampften wir an einem ausgedehnten, ungebrochenen landfesten Eisfeld vorbei, welches eine Bucht an der westlichen Seite der Tscheljuskin-Halbinsel einnahm. Das Eis, aus dem dasselbe bestand, erschien im Nebel ungeheuer stark und hoch, obgleich es in Wirklichkeit beinahe ebenso zerfressen war wie das, welches die Eisstreifen bildete, die uns hier und da auf dem Meer begegneten.

Der Nebel hinderte alle weite Aussicht über das Meer, und ich fürchtete, daß die nördlichste Spitze Asiens so eisumschlossen sein würde, daß wir nicht an derselben würden landen können. Bald aber schimmerte eine dunkle, eisfreie Landspitze im Nordosten aus dem Nebel hervor. Ein nach Norden offener Busen schnitt hier in das Land hinein, und in diesem warfen beide Fahrzeuge am 19. August um 6 Uhr nachmittags Anker.

Wir hatten jetzt ein jahrhundertelang vergebens erstrebtes Ziel erreicht: Zum erstenmal lag ein Fahrzeug an der nördlichsten Landspitze der Alten Welt vor Anker. Es ist deshalb nicht zu verwundern, daß dieses Ereignis durch Aufhissen der Flaggen und durch Kanonensalute sowie später, nachdem wir von unserm Ausflug ans Land zurückgekehrt waren, durch eine Festlichkeit an Bord mit Wein und Toasten gefeiert wurde.

Ebenso wie bei unserer Ankunft am Jenissei, wurden wir auch hier von einem großen Eisbären empfangen, den wir schon vor dem Ankern der Fahrzeuge am Strand auf- und abgehen und dann und wann unruhig ausschauen und nach dem Meer zu schnüffeln sahen, um zu erforschen, welch merkwürdige Gäste jetzt zum erstenmal in sein Reich eingedrungen waren. Ein Boot wurde ausgesetzt, um ihn zu erlegen; Brusewitz war der auserkorene Schütze, der Bär aber hütete sich, diesmal mit unsern Gewehren nähere Bekanntschaft zu machen. Die Kanonensalute veranlaßten ihn so vollständig zur Flucht, daß er nicht einmal, wie die Bären sonst zu tun pflegen, am folgenden Tag wiederkam.

Die Nordspitze Asiens bildet eine niedrige, durch einen Busen in zwei Teile getrennte Landzunge, deren östlicher Arm sich ein wenig weiter nach Norden erstreckt als der westliche Arm. Ein Bergrücken mit allmählich abfallenden Seiten zeigt sich von der östlichen Spitze in südlicher Richtung in das Land hinein und scheint bereits innerhalb des Gesichtskreises eine Höhe von 300 m zu erreichen. Gleich dem darunterliegenden Flachlande war seine Krone beinahe schneefrei; nur an den Seiten des Berges oder in tiefen, von Schneebächen ausgegrabenen Furchen und kleinen Tälern auf der Ebene waren große, weiße Schneefelder sichtbar. Ein niedriger Eisrand stand noch an den meisten Stellen längs des Strandes. Aber kein Gletscher wälzte seine blauweißen Eismassen an den Seiten der Berge herab, und keine Eisseen, keine hervorspringenden Felsblöcke, keine hohen Bergspitzen verschönerten das Bild der Landschaft, welche die einförmigste und ödeste war, die ich im hohen Norden gesehen habe.

Überall war der Boden, ebenso wie auf dem Eilande, an welchem wir am 11. August vor Anker lagen, in mehr oder weniger regelmäßige Sechsecke zersprungen, deren inneres Feld gewöhnlich von Wachstum entblößt war, während aus den Sprüngen verkrüppelte Blumengewächse, Flechten und Moose hervorsproßten. An einigen Stellen war der Boden jedoch mit einer aus Moosen, Flechten, Gras und Halbgras gebildeten Pflanzenmatte bedeckt, die den früher vor mir in der Actiniabai angetroffenen glich; doch waren die Blumengewächse hier weniger zahlreich, die Moose verkrüppelter und weniger fruchttragend. Am 17. löste sich endlich am Lande das Jahreseis, so daß eine breite eisfreie Rinne entstand. Das Grundeis lag jedoch noch unverrückt und zwischen diesem auch das Jahreseis noch immer so fest, daß alle darüber einig waren, daß vor Verlauf von wenigstens 14 Tagen noch an keine Befreiung zu denken sei.

Als der Rentier-Tschuktsche Jettugin am 16. an Bord kam und anläßlich des Einsammelns von Walfischknochen, womit wir einige Zeit vorher beschäftigt gewesen waren, erzählte, daß sich bei seinem Zelte Mammutknochen vorfänden und daß aus dem vom Frühlingswasser steil ausgewaschenen Ufer eines vom Tafelberge nach Riraitinop fließenden Flusses ein Mammutzahn hervorrage, entschloß ich mich sofort zu einem Ausfluge nach genannten Stellen. Die Abwesenheit vom Schiffe war auf fünf bis sechs Tage berechnet. Es war meine Absicht, mich in einem großen Boote aus Tierfellen, welches Notti zugehörte, den Fluß aufwärts bis zu der Stelle zu begeben, wo sich der Mammutzahn befinden sollte, um von da den Weg bis zu Jettugins Zelt zu Fuß zurückzulegen. Jettugin versicherte, daß der Fluß für dieses plattgebaute Boot genügende Tiefe habe. Als wir jedoch denselben ein Stück hinaufgekommen waren, zeigte es sich, daß sich sein Wasser während des Tages, den Jettugin auf dem Schiff zugebracht, bedeutend vermindert hatte. Ich war indessen so fest davon überzeugt, daß sich der uns festhaltende Eisgürtel noch lange nicht lösen werde, daß ich gleich nach der Rückkehr von meinem mißlungenen Ausflug Vorbereitungen zu einer neuen Ausfahrt traf, um mit Benutzung anderer Beförderungsmittel mein Ziel zu erreichen.

Während ich mich damit beschäftigte, verging der Vormittag des 18. Juli. Wir setzten uns zu gewöhnlicher Zeit an den Mittagstisch, ohne Ahnung davon, daß die Stunde unserer Befreiung gekommen war. Während der Mahlzeit bemerkten wir plötzlich, daß das Schiff in ein schwaches Schaukeln geriet; Palander stürzte hinauf aufs Deck, sah das Eis in Bewegung und ließ sofort die Maschine anheizen, welche in Erwartung dieser Stunde längst schon in Ordnung gesetzt war; zwei Stunden später, am 18. Juli, 3 Uhr 30 Minuten nachmittags, war die mit Flaggen geschmückte Vega bereits wieder unter Dampf und Segel auf dem Wege nach ihrem Ziele.

Wir fanden nun, daß eine völlig eisfreie Spalte zwischen dem Schiff und dem offenen Wasser am Strande entstanden und das westlich von unserm Grundeis gelegene Eisfeld weiter ins Meer hinausgetrieben worden war, wodurch der eisfreie Wasserstreifen längs der Küste eine solche Breite erhalten hatte, daß er der Vega hinreichend tiefes Fahrwasser bieten konnte. Der Kurs wurde, um die uns zunächst gelegenen Eisfelder zu umgehen, erst nach NW und dann längs der Küste nach der Beringstraße genommen. Auf der Höhe von Jinretlen standen, als wir vorüberdampften, die Männer, Weiber und Kinder dieses Ortes zahlreich versammelt und schauten hinaus aufs Meer, dem Dampfrosse – die Tschuktschen würden vielleicht Dampfhund oder Dampfrentier sagen – nach, welches die Freunde aus den langen Wintermonaten für immer von ihrer kalten und kahlen Küste hinwegführte. Ob sie nun jetzt bei unserer Abreise wirklich, wie sie so oft versprochen hatten, Tränen vergossen, konnten wir des großen Abstandes wegen nicht sehen; doch ist es möglich, daß das leichtbewegte Gemüt der Wilden sie dazu verleitet hat. Sicher ist, daß sich bei so manchem von uns die Wehmut des Abschiedes mit dem Gefühl einer stürmischen Freude vermischte, die die Brust eines jeden erfüllte.

Die Vega stieß auf ihrem Wege nach dem Stillen Ozean auf keine ferneren Eishindernisse. Serdzekamen wurde in der Nacht zum 19., um 1 Uhr 30 Minuten morgens, bei starkem Nebel passiert, welcher es unmöglich machte, die Landkonturen deutlich zu unterscheiden. Man konnte am Horizont oberhalb der Nebelbank nur so viel sehen, daß diese in den sibirischen Eismeerfahrten berühmte Landspitze aus hohen Bergen besteht, welche, wie die Berge östlich von den Bäreninseln, in ruinenartige Riesenmauern und Pfeiler gespalten sind. Das Meer war spiegelblank und nahezu eisfrei; ab und zu erhob ein Walroß in der Nachbarschaft des Schiffes seinen vom Nebel ungeheuerlich vergrößerten Kopf aus dem Wasser empor, Massen von Seehunden umschwammen uns, und Scharen von Vögeln, welche vermutlich auf den steilen Klippen von Serdzekamen nisten, umschwärmten das Schiff. Vom Boden des Meeres holte das Schleppnetz wiederholentlich eine besonders reiche Ausbeute an Würmern, Weichtieren, Krebstieren usw. herauf. Ein Zoologe hätte hier ein sehr reiches Arbeitsfeld gehabt.

Der Nebel hielt sich, so daß wir jenseits Serdzekamens nicht das geringste mehr vom Lande wahrzunehmen vermochten, bis am Morgen des 20. endlich wieder dunkle Höhen am Horizont auftauchten. Es waren die Gipfel der Berge der östlichen Spitze von Asien, des Ostkaps. Der Name Ostkap ist meiner Ansicht nach eine weniger passende Benennung dieser Spitze, weswegen ich denselben auf der Karte gegen den Namen Kap Deschnew ausgetauscht habe, welcher von mir nach dem kühnen Kosaken gewählt wurde, der vor 230 Jahren die genannte Spitze zum erstenmal umsegelte.

Um 11 Uhr vormittags waren wir mitten in der Meerenge, welche das Nördliche Eismeer mit dem Stillen Ozean verbindet, und begrüßten von der Vega die Alte und die Neue Welt mit Flaggen und schwedischem Salut.

Endlich war also das Ziel erreicht, nach dem so viele Nationen gestrebt haben, seitdem Sir Hugh Willoughby unter Kanonensalut und den Hurrarufen seiner festlich gekleideten Matrosen und in Gegenwart einer unübersehbaren jubelnden Menschenmenge im Jahre 1553 siegesgewiß die lange Reihe der Nordostfahrten eingeleitet hatte. Aber alle auf jene Expedition gesetzten Hoffnungen wurden grausam getäuscht. Sir Hugh und alle seine Begleiter kamen um als Bahnbrecher für Englands Seefahrt und die Fahrten nach dem eisbedeckten Meere, welches im Norden Europa und Asien begrenzt. Unzählige andere Expeditionen haben seitdem diesen Weg betreten, nie aber mit Erfolg und oftmals mit Aufopferung von Fahrzeugen, von Leben und Gesundheit so mancher kecken Seeleute. Erst jetzt, nach Verlauf von 336 Jahren und nachdem die meisten mit den Verhältnissen der Seefahrt vertrauten und erfahrenen Männer dieses Unternehmen für unausführbar erklärt haben, ist die Nordostpassage bewerkstelligt worden. Und dies ist, dank der Tüchtigkeit der Leute unserer Marine und des Ordnungssinnes ihres Befehlshabers, ohne Krankheiten unter den Teilnehmern dieser Expedition, ohne die geringste Beschädigung des Schiffes und unter Umständen erreicht worden, welche zeigen, daß dieselbe Fahrt die meisten, ja vielleicht sogar alle Jahre in nur einigen wenigen Wochen wieder zu machen ist. Unter solchen Verhältnissen dürfte es wohl auch verzeihlich sein, daß wir mit Stolz die blaugelbe Flagge nach der Mastspitze hinaufgleiten sahen und mit Stolz den schwedischen Salut auf der Meerenge hörten, über welche hinweg die Alte und die Neue Welt sich die Hände reichen. Wohl ist der von uns gemachte Handelsweg zwischen Europa und Asien nicht mehr erforderlich, aber es war doch dieser und den zunächst vorausgegangenen schwedischen Expeditionen vergönnt gewesen, der Schiffahrt einen Ozean zu eröffnen und nahezu der Hälfte eines Weltteils die Möglichkeit einer Verbindung mit dem Weltmeer zu schenken.

Die Hütte, in der Barentsz und seine Gefährten auf Nowaja Semlja überwinterten. Zeitgenössischer Stich aus der Beschreibung de Veers, Nürnberg 1593

Mitglieder von Payers Expedition im äußersten Norden von Franz-Joseph-Land. Im Hintergrund das Kap Wien

Die „Vega“ und die „Lena“ vor Kap Tscheljuskin. Die „Vega“ begrüßt das Kap mit einem Kanonenschuß

Admiral Byrd bei Vermessungsarbeit in der Antarktis

Winternacht im Polareis
Fridtjof Nansen

Fridtjof Nansen (1861–1930) trat erstmals im Alter von siebenundzwanzig Jahren als Entdecker hervor. Zusammen mit fünf Gefährten durchquerte er in zwei Monaten Grönland auf Schneeschuhen und bewies durch dieses Unternehmen, daß die Insel im Inneren von einer geschlossenen Eiswüste bedeckt war. Fünf Jahre später startete er dann 1893 zu seiner berühmten Nordpolfahrt. Mit der »Fram«, einem eigens für diesen Zweck gebauten, sehr stabilen Schiff, ließ er sich nordwestlich von den Neusibirischen Inseln im Eis einfrieren und hoffte aufgrund von Beobachtungen und Berechnungen, daß die Eisdrift ihn über den Pol führen werde. Als er aber feststellen mußte, daß die Schollen mit der »Fram« südlich des Pols vorbeidrifteten, verließ er zusammen mit nur einem Begleiter, Johansen, das Schiff und versuchte, den Nordpol mit dem Schlitten zu erreichen. Im März 1895 brachen die beiden Männer auf, mußten ganz allein in einer kleinen Schneehütte die monatelange Polarnacht verbringen und kamen schließlich im folgenden Frühjahr bis auf 86 Grad 13 Minuten, die höchste bis dahin von Menschen erreichte Polhöhe! Am 18. Juni erreichte er Franz-Joseph-Land und wurde von einer englischen Expedition aufgenommen und nach Norwegen zurückgebracht. Nur eine Woche später traf auch die »Fram« wohlbehalten wieder in der Heimat ein. Nansen hatte mit seiner kühnen Reise einen Beitrag zur Polarforschung geleistet, der für alle weiteren Expeditionen wegweisend sein sollte. Er übernahm nun eine Professur an der Universität Oslo und wurde 1901 Leiter des Internationalen Laboratoriums für Meeresforschung. Nach dem Ersten Weltkrieg trat er durch große Hilfsaktionen für Kriegsgefangene und für die Hungergebiete Rußlands hervor. Für diese Leistung erhielt er 1922 den Friedensnobelpreis. Sein bekanntestes Werk ist der Bericht über die große Nordpolreise »In Nacht und Eis«. Ihm sind auch die folgenden Seiten entnommen, die von dem Aufenthalt der beiden Männer in der Polarnacht des Nordens berichten.

Die Sonne sank tiefer und tiefer, bis wir sie am 15. Oktober zum letztenmal über den Bergen im Süden sahen, die Tage wurden rasch dunkler: Es begann unsere dritte Polarnacht.

Wir schossen im Herbst zwei weitere Bären, einen am 8., einen am 21. Oktober; von da an sahen wir bis zum nächsten Frühjahr keine wieder. Als ich am Morgen des 8. November aufwachte, hörte ich draußen auf dem Schnee das Knirschen schwerer Schritte, und dann

begann es, an unserm Fleisch und Speck auf dem Dache herumzuarbeiten. Ich konnte hören, daß es ein Bär war, und kroch mit meiner Büchse hinaus, vermochte aber, als ich aus dem Gang herauskam, in der Dunkelheit nichts zu sehen. Das Tier hatte mich bemerkt und war bereits verschwunden, was wir nicht allzu sehr bedauerten, da wir keine große Lust hatten, in dem Winde und bei einer Temperatur von 39 Grad Kälte uns jetzt an das saure Werk des Abhäutens zu machen.
Wir hatten nicht viel Abwechslung. Unser Leben begann morgens mit Kochen und Frühstücken. Dann kam vielleicht wieder ein Schläfchen, worauf wir hinauszugehen pflegten, um uns etwas Bewegung zu machen. Das letztere geschah jedoch nicht mehr als notwendig, da unsere Kleider, die von Fett durchweicht und an vielen Stellen abgetragen und zerrissen waren, sich nicht gerade recht dazu eigneten, in ihnen im Winter in der freien Luft zu bleiben. Unsere Windkleider, die wir zum Schutze gegen den Wind über den andern hätten tragen sollen, waren so zerrissen, daß wir sie nicht benutzen konnten, und wir hatten so wenig Zwirn, um sie zu flicken, daß ich es nicht für richtig hielt, sie vor dem nächsten Frühjahr anzulegen, wenn wir uns zum Aufbruch vorbereiteten. Ich hatte darauf gerechnet, daß wir imstande sein würden, uns Kleider aus Bärenfellen zu machen, allein es bedurfte Zeit, um die Felle von allem Speck und Fett zu reinigen, und eine noch viel langsamere Arbeit war es, sie trocken zu bekommen. Der einzige Weg hierzu war, sie unter dem Dache der Hütte auszubreiten, wo jedoch immer nur Raum für ein Fell war. Als eins fertig war, mußten wir es vor allen Dingen zu unserm Lager verwenden, da wir auf rohen, schmierigen Fellen lagen, die allmählich zu verfaulen anfingen. Als unser Lager mit getrockneten Fellen versehen war, mußten wir daran denken, uns einen Schlafsack herzustellen, weil der aus wollenen Decken bestehende, den wir hatten, mit der Zeit zum Schlafen zu kalt wurde. Erst um Weihnachten herum gelang es uns, einen Sack aus Bärenfellen fertigzustellen. So wurden alle Felle, die wir zubereiten konnten, verbraucht, und wir trugen immer noch die Kleider, die wir den ganzen Winter hindurch gehabt hatten.
Die Spaziergänge waren ebenfalls ein zweifelhaftes Vergnügen, weil stets Wind war, der unter der steilen Klippe scharf wehte. Wir empfanden es als eine wunderbare Wohltat, wenn es gelegentlich einmal beinahe windstill war. In der Regel pfiff der Wind über uns und peitschte den Schnee dermaßen umher, daß alles in Nebel eingehüllt war. Zuweilen vergingen viele Tage, ohne daß wir die Nase aus dem

Eingang steckten, und nur die dringende Notwendigkeit trieb uns hinaus, um Eis zum Trinkwasser oder einen Schinken oder ein Stück Bärenfleisch zum Essen oder Speck für die Lampe zu holen. Gewöhnlich brachten wir auch etwas See-Eis oder, wenn eine Öffnung oder Spalte zu finden war, etwas Seewasser für unsere Suppe mit.
Wenn wir hereinkamen und Appetit auf eine neue Mahlzeit bekommen hatten, bereiteten wir das Abendbrot, aßen so viel, bis wir satt waren und krochen dann in den Sack, um so lange wie möglich zu schlafen und die Zeit hinzubringen. Im großen und ganzen hatten wir ein sehr bequemes Leben in der Hütte. Vermittelst unserer Tranlampen konnten wir mitten im Raume die Temperatur ungefähr auf dem Gefrierpunkt halten; in der Nähe der Mauer war es jedoch beträchtlich kälter. Dort schlug sich die Feuchtigkeit in Gestalt wunderschöner Eiskristalle nieder; die Steine waren weiß, und das Licht der Lampe schimmerte von Tausenden von Kristallflächen wider, so daß wir in glücklichen Augenblicken träumen konnten, wir wohnten in einem Marmorschloß. Diese Pracht mußte aber teuer bezahlt werden; denn gab es einen Witterungsumschlag oder brieten und kochten wir etwas mehr, dann liefen kleine Ströme von der Mauer in unsern Schlafsack. Jeder war eine Woche lang abwechselnd Koch, und der Dienstag, an welchem die Kochwoche des einen endete und die des andern begann, bot uns daher die einzige Abwechslung in unserm Leben und bildete einen Grenzstein, nach welchem wir unsere Zeit einteilten. Beständig rechneten wir, wie viele Kochwochen wir noch vor uns hätten, ehe wir im Frühjahr unser Lager abbrechen könnten. Ich hatte gehofft, in diesem Winter viel tun zu können, meine Beobachtungen und Notizen auszuarbeiten und einiges über unsere Reise zu schreiben; allein es geschah sehr wenig. Es war nicht nur das armselige, flackernde Licht der Tranlampe, das mich daran hinderte, auch nicht die unbequeme Lage, da man nur auf dem Rücken liegen oder auf den harten Steinen sitzen konnte, wobei jeder dem Druck ausgesetzte Körperteil schmerzte: Die ganze Umgebung machte einen nicht zum Arbeiten aufgelegt. Das Gehirn arbeitete nur träge, und ich hatte nie Lust, auch nur das geringste zu schreiben. Vielleicht war es auch eine Folge der Unmöglichkeit, das Geschriebene sauber zu erhalten. Sobald man ein Stück Papier nur anfaßte, ließen die Finger einen braunen Fettfleck zurück, und wenn der Zipfel eines Kleidungsstükkes darüber hinwischte, entstand ein dunkler Streifen. Unsere Tagebücher aus dieser Zeit sehen fürchterlich aus, es sind »Schmierbü-

cher« im buchstäblichen Sinne des Wortes. Oh, wie sehnten wir uns nach der Zeit, in der wir wieder auf sauberem weißen Papier und mit schwarzer Tinte schreiben könnten! Oft hatte ich Mühe, die Bleistiftnotizen, die ich am Tage vorher geschrieben hatte, zu lesen, und jetzt, während ich dieses Buch schreibe, habe ich meine liebe Not, herauszufinden, was einst auf diesen schmutzigen, dunkelbraunen Seiten gestanden hat; ich setze sie allen möglichen Beleuchtungen aus, untersuche sie mit dem Vergrößerungsglas, aber trotzdem muß ich es oft aufgeben.

Die Eintragungen in mein Tagebuch sind in dieser Zeit äußerst mager; es sind zuweilen Wochen, in denen nichts als die notwendigsten meteorologischen Beobachtungen nebst Bemerkungen aufgezeichnet sind. Der Hauptgrund ist, daß unser Leben so einförmig verlief, daß es nichts gab, um darüber zu schreiben. Dieselben Gedanken kamen und gingen einen Tag wie den andern; es war in denselben nicht mehr Abwechslung als in unserer Unterhaltung. Gerade die Leere des Tagebuchs illustriert in Wirklichkeit am besten unser Leben während der neun Monate, die wir hier zubrachten.

Mittwoch, 27. November. Minus 23 Grad Celsius. Es ist windiges Wetter, der Schnee wirbelt einem um die Ohren, sowie man den Kopf aus dem Eingange herausstreckt. Alles ist grau in grau. Die schwarzen Steine im Schnee in der Geröllhalde weiter oben sind nur undeutlich zu erkennen, und über sich kann man gerade noch die dunkle Bergwand unterscheiden. Wohin sich aber sonst der Blick wenden mag, hinaus nach der See oder den Fjord hinauf, ist alles dieselbe bleischwere Dunkelheit; man ist von der weiten Welt abgesperrt und in sich selbst eingeschlossen. Der Wind weht in scharfen Stößen und peitscht den Schnee vor sich her, und oben unter dem Bergkamm pfeift und heult er in den Spalten und Löchern der Basaltmauern dieselbe ewige Melodie, die er durch vergangene Jahrtausende gesungen hat und durch zukünftige Jahrtausende singen wird. Und der Schnee wirbelt dahin, wie er es immer getan im Wechsel der Zeiten, und alle Spalten und Vertiefungen füllen sich aus. Doch gelingt es dem Schnee nicht, die Steine der Geröllhalde zu bedecken; schwarz wie immer ragen sie in die Nacht hinein. Auf dem freien Platz vor der Hütte springen zwei Gestalten in der Winternacht wie Gespenster hin und her, um sich warm zu halten, und so werden sie auf dem Pfad, den sie sich ausgetreten haben, Tag für Tag auf- und niederrennen, bis der Frühling kommt.

Unser Leben war nicht sehr behaglich. Wie sehnten wir uns nach einer Veränderung in der Einförmigkeit unserer täglichen Nahrung! Wenn wir nur ein wenig Zucker oder Mehlspeise zu all dem ausgezeichneten Fleisch gehabt hätten, wir hätten wie die Fürsten leben können. Unsere Gedanken weilten sehnsüchtig bei großen Schüsseln voll Kuchen; Brot und Kartoffeln gar nicht zu erwähnen. Wie wollten wir uns für die verlorene Zeit entschädigen, wenn wir wieder zurückkämen! Noch besser als das Essen würden freilich reine Kleider sein, die wir anlegen könnten. Und dann Bücher – an Bücher nur zu denken! Ach, die Kleider, die wir trugen, waren fürchterlich! Und wenn wir uns einen wirklich angenehmen Augenblick verschaffen wollten, dann stellten wir uns einen großen, hellen, sauberen Laden vor, dessen Wände mit nichts als neuen, sauberen, weichen, wollenen Anzügen behängt waren, aus denen wir uns aussuchen konnten, was wir nur wollten. Man denke: reine Hemden, Weste, Unterhosen, weiche warme wollene Hosen, köstliche bequeme Jacken, und dann auch reine wollene Strümpfe und warme Filzpantoffeln – könnte man sich etwas Schöneres vorstellen? Und nun gar ein römisches Bad! Wir pflegten stundenlang in unserem Schlafsack nebeneinander zu sitzen und von allen diesen Dingen zu plaudern. Wir konnten es uns fast nicht vorstellen, alle die schweren fettigen Lumpen wegwerfen zu können, in denen wir gingen! Wie Leim klebten sie am ganzen Körper. Unsere Beine hatten am meisten zu leiden, da die Hosen fest an den Knien klebten, so daß sie, wenn wir uns bewegten, an der Innenseite der Oberschenkel die Haut abschabten und abrissen, bis alles wund und blutig war. Es machte mir die größte Mühe, zu verhindern, daß diese Wunden allzu sehr mit Fett und Schmutz beschmiert würden, und ich mußte sie beständig mit Moos oder einem Fetzen von einer der Binden aus unserer Apotheke und ein wenig Wasser waschen, das ich in einem Becher über der Lampe erwärmte. Nie vorher habe ich so sehr eingesehen, welch großartige Erfindung Seife in Wirklichkeit ist. Wir machten allerlei Versuche, den schlimmsten Schmutz fortzuwaschen, sie waren aber alle gleich erfolglos. Wasser übte auf diese Schmiere nicht den geringsten Einfluß aus; besser war es, sich mit Moos und Sand zu scheuern. Sand konnten wir in den Mauern unserer Hütte reichlich finden, wenn wir das Eis heruntergehackten. Die beste Methode war jedoch, unsere Hände gründlich mit warmem Bärenblut und Tran einzuschmieren und mit Moos wieder abzureiben. Dann wurden sie so weiß und weich wie die zartesten

Damenhände, und wir vermochten uns kaum zu denken, daß sie zu unserm eigenen Körper gehörten. Wenn von diesen Toilettengegenständen nichts zu haben war, hielten wir es für die zweitbeste Methode, die Haut mit einem Messer abzukratzen.

War es uns schon schwer, den Körper zu reinigen, so war dies bei unsern Kleidern eine reine Unmöglichkeit. Wir versuchten es auf alle mögliche Weise; wir wuschen sie sowohl nach Eskimo-, als auch nach unserer eigenen Weise, aber beide nutzten nicht viel. Wir kochten unsere Hemden stundenlang im Topf und nahmen sie wieder heraus, um zu finden, daß sie noch ebenso voll Fett waren, wie wir sie hineingelegt hatten. Dann versuchten wir den Tran herauszuwinden; das ging ein wenig besser. Das einzige, was wirklich einige Wirkung tat, war aber, sie zu kochen und mit einem Messer abzukratzen.

Inzwischen ließen wir Haar und Bart vollständig wild wachsen. Allerdings hatten wir eine Schere und hätten die Haare schneiden können; allein da unser Kleidervorrat keineswegs verschwenderisch groß war, so meinten wir, es würde ein wenig wärmer sein, wenn wir alles Haar behielten, das uns über die Schultern herabzuhängen begann. Es war aber ebenso rabenschwarz wie unser Gesicht, und als wir einander im Tageslicht des Frühjahrs ansahen, fanden wir, daß unsere Zähne und das Weiße der Augen unheimlich weiß glänzten.

Es war ein seltsames Leben, das unsere Geduld in vieler Beziehung hart auf die Probe stellte; aber gleichwohl war es nicht so unerträglich, wie man annehmen könnte. Jedenfalls glaubten wir unter Erwägung aller Umstände, ziemlich gut daran zu sein. Wir waren während der ganzen Zeit guten Mutes; wir blickten heiter in die Zukunft. Nach unserer Rückkehr wurde Johansen einmal gefragt, wie wir beide durch den Winter gekommen seien und es angestellt hätten, uns nicht zu überwerfen, da es doch eine schwere Prüfung für zwei Männer sei, in völliger Einsamkeit so lange miteinander zu leben. »O nein«, antwortete er, »wir haben uns nicht gezankt; das einzige war, daß ich im Schlafe die schlechte Angewohnheit habe zu schnarchen, und dann stieß mich Nansen in den Rücken.« Ich kann nicht leugnen, daß dies der Fall gewesen ist; ich habe ihm manchen wohlgemeinten Stoß versetzt, doch schüttelte er sich dann nur und schlief ruhig weiter, um das Schnarchen in einer andern Tonart fortzusetzen.

So verging uns die Zeit. Wir taten unser Bestes, soviel wie möglich von ihr zu verschlafen. In dieser Kunst brachten wir es zu einem so hohen Grade der Vollendung, daß wir manchmal nicht weniger als 20

Stunden am Tage schliefen. Als jedoch mit dem Frühling das Licht zurückzukehren begann, überkam uns größere Lust hinauszugehen. Außerdem war es jetzt nicht immer so kalt, und wir mußten den Schlaf etwas einschränken. Dann nahte auch die Zeit unserer Abreise heran, und wir hatten uns noch viel mit den Vorbereitungen für dieselbe zu beschäftigen.

Endlich am Nordpol
Robert E. Peary

Am 6. April 1909 stand der Amerikaner Robert E. Peary zusammen mit dem Schwarzen Henson und vier Eskimos als erster Forschungsreisender am Nordpol. Ein jahrzehntelanges Ringen, das schon mehrere Opfer gefordert hatte, war damit erfolgreich abgeschlossen. Für Peary (1856–1920) war es zugleich die Krönung seines Lebenswerkes. Er hatte dreiundzwanzig Jahre für die Erreichung dieses Zieles gekämpft. Der schon Dreißigjährige – für einen Forscher also nicht mehr der jüngste – hatte 1886 seine erste Reise nach Grönland unternommen. Drei Versuche in den folgenden Jahren, den Nordpol zu erreichen, scheiterten. Nach gründlichsten Vorbereitungen gelang ihm dann als Dreiundfünfzigjährigem der vierte Vorstoß. Aber als er im sicheren Gefühl seines Triumphes wieder in seine Heimat zurückkehrte, mußte er zu seiner großen Enttäuschung erleben, daß ihm dort sein Erfolg streitig gemacht wurde. Sein Landsmann und Gefährte der ersten Reise, Frederick A. Cook, behauptete, schon ein Jahr vor Peary den Nordpol erreicht zu haben! Es sollte lange Zeit vergehen, bevor berechtigte Zweifel an den Aussagen Cooks auftauchten. Zwar wird auch heute noch gelegentlich die Frage aufgeworfen, wer von den beiden Forschern tatsächlich als erster den Pol erreichte, aber mit größer Wahrscheinlichkeit dürfte es Peary gewesen sein. Deshalb entnehmen wir auch seinem großen Werk über den Nordpol die Schilderung des denkwürdigen Tages in der Geschichte der Polarforschung.

Der letzte Marsch nach Norden endete am 6. April um zehn Uhr vormittags. Ich hatte jetzt die fünf vorgesehenen Tagemärsche von dem Punkt an, wo Bartlett zurückging, erledigt, und nach meiner Rechnung mußten wir in unmittelbarer Nachbarschaft des Ziels all meines Strebens sein. Wir nahmen die üblichen Anordnungen vor, um ein Lager zu beziehen; dann machte ich etwa am Mittag auf dem Meridian von Columbia die erste Beobachtung in unserem Lager am Pol. Sie ergab als unsere Lage 89° 57′.

Wir waren nun also auf dem Hinmarsch am Ende des letzten langen Marsches. Obgleich nun der Pol in Sicht war, so war ich doch zu müde, die letzten paar Schritte zu machen. Die aufgesammelte Müdigkeit all dieser Tage und Nächte von Eilmärschen und ungenügendem Schlaf bei ständiger Gefahr und Angst schien mich nun mit einem Male zu überfallen. Ich war jetzt zu erschöpft, um im Augenblick zu begreifen, daß der Zweck meines Lebens erreicht war. Sobald unsere Iglus fertig waren und wir unser Mittagbrot verzehrt hatten und den Hunden doppelte Rationen gegeben hatten, kroch ich hinein, um einige Stunden lang zu schlafen, was absolut nötig war. Henson und die Eskimos hatten inzwischen die Schlitten abgeladen und sie für einige notwendige Ausbesserungen zurechtgemacht. Aber obgleich ich müde war, konnte ich nicht lange schlafen. Ich wachte also schon nach wenigen Stunden wieder auf. Das erste, was ich nach dem Erwachen tat, war, folgende Worte in mein Tagebuch zu schreiben:

»Endlich der Pol. Der Preis von drei Jahrhunderten. Mein Traum und Ziel seit 20 Jahren. Endlich mein! Ich kann es noch nicht begreifen. Es scheint alles so einfach und selbstverständlich.«

Alles war für eine Beobachtung um 6 Uhr nachmittags nach der Zeit des Meridians von Columbia bereit, für den Fall, daß der Himmel klar sein sollte. Aber zu jener Zeit war er unglücklicherweise noch bedeckt.

Da aber Anzeichen dafür vorhanden waren, daß es binnen kurzem aufklären würde, machte ich mit zwei von den Eskimos einen leichten Schlitten zurecht, der nur die Instrumente, eine Dose Pemmikan und ein oder zwei Felle trug; gezogen wurde er durch ein Doppelgespann von Hunden. Wir marschierten etwa 18 Kilometer. Während wir dahinzogen, klärte sich der Himmel auf, und am Ende des Tages war es möglich, um Mitternacht des Columbiameridians eine zufriedenstellende Reihe von Beobachtungen anzustellen. Diese Beobachtungen bewiesen, daß unsere Stellung jetzt jenseits des Pols war.

Fast alle Umstände, die uns jetzt umgaben, schienen uns zu sonderbar, als daß wir sie ganz begreifen konnten. Aber einer der sonderbarsten von diesen Umständen schien mir die Tatsache zu sein, daß ich auf einem Marsch von nur wenigen Stunden aus der westlichen in die östliche Hemisphäre gekommen war, daß ich wirklich auf dem Gipfel der Welt angekommen war. Es war so schwer zu begreifen, daß wir bei den ersten Kilometern dieses kurzen Marsches genau nach Norden gegangen waren, während wir auf den letzten Kilometern desselben Marsches nach Süden marschiert waren. Und doch hatten wir die ganze Zeit genau die gleiche Richtung eingeschlagen. Es dürfte schwer sein, sich eine bessere Illustration der Tatsache vor-

zustellen, daß die meisten Dinge relativ sind. Und nun betrachte man gefälligst den ungewöhnlichen Umstand, daß wir jetzt, um nach unserem Lager zurückzukommen, umkehren und wieder eine Anzahl Kilometer nach Norden gehen mußten, dann aber direkt nach Süden und dabei doch während der ganzen Zeit in derselben Richtung.
Als wir nun auf diesem Wege zurückkehrten, den niemand bisher vor uns gesehen hatte oder auch je wiedersehen würde, drängten sich gewisse Betrachtungen auf, die, wie ich glauben möchte, ziemlich einzig genannt werden können. Ost, West und Norden waren für uns verschwunden, nur eine Richtung blieb, und das war Süden. Jeder Wind, der überhaupt uns entgegenblasen konnte, mußte ein Südwind sein, ganz gleich, von welchem Punkte des Horizonts aus er kam. Wo wir standen, machten ein Tag und eine Nacht ein Jahr aus, hundert von solchen Tagen und Nächten ein Jahrhundert. Hätten wir hier während der sechs Monate dauernden arktischen Winternacht gestanden, so hätten wir beobachten können, wie alle Sterne der nördlichen Hemisphäre am Himmel in stets der gleichen Entfernung vom Horizont kreisten, und wie der Polarstern genau im Zenit steht.
Während wir zum Lager zurückkehrten, ging die Sonne in ihrem ewig rastlosen Kreis rundum. Am siebenten April morgens sechs Uhr waren wir wieder im Jesuplager, und ich stellte eine neue Reihe von Beobachtungen an. Diese ergaben, daß unsere Lage nach der Beringstraße zu neun oder zehn Kilometer vom Pole entfernt war. Ich marschierte deshalb mit einem doppelten Hundegespann und einem leichten Schlitten schätzungsweise 15 Kilometer gerade auf die Sonne zu. Darauf kehrte ich zu rechter Zeit in das Lager zurück, um am siebenten April um die Mittagszeit des Meridians von Columbia eine endgültige und völlig befriedigende Reihe von Beobachtungen auszuführen. Diese Beobachtungen gaben im wesentlichen die gleichen Resultate als die von 24 Stunden vorher vorgenommenen.
Ich hatte jetzt im ganzen dreizehn einzelne oder sechs und eine halbe doppelte Höhen der Sonne an zwei verschiedenen Stationen nach drei verschiedenen Richtungen und in vier verschiedenen Zeitpunkten genommen. Alle außer der ersten einzelnen Höhe am sechsten April erfolgten unter zufriedenstellenden Verhältnissen. Die Temperatur während dieser Beobachtungen hatte zwischen 24 und 34 Grad Celsius unter Null betragen; auch war mit Ausnahme der schon angeführten einzelnen Beobachtungen am sechsten der Himmel klar und das Wetter ruhig gewesen.

Während ich so das Eis nach verschiedenen Richtungen hin überschritt, hatte ich ungefähr 18 Kilometer für mögliche Irrtümer in meinen Beobachtungen zugegeben. In irgendeinem Augenblick habe ich während dieser Hin- und Hermärsche den Punkt überschritten, wo Nord und Süd und Ost und West in eins zusammenfließen, oder ich bin ihm doch sehr nahe gekommen.

Natürlich waren mit unserer Ankunft an unserem so schwierigen Bestimmungsort eine Anzahl mehr oder weniger formloser Zeremonien verknüpft; aber sie waren alle nicht sorgfältig vorbereitet worden. Wir pflanzten fünf Flaggen an dem Gipfel der Welt auf. Die erste war eine seidene amerikanische Flagge, die mir vor 15 Jahren meine Frau geschenkt hatte. Diese Flagge ist in hohen Breiten mehr umhergekommen als irgendeine andere. Ich trug sie, seitdem sie in meinen Besitz kam, auf allen meinen Expeditionen nach Norden um meinen Körper gewickelt und ließ ein Stückchen von ihr an allen meinen verschiedenen »äußersten Nordpunkten«: Kap Morris K. Jesup, dem nördlichsten Landpunkte in der bekannten Welt; Kap Thomas Hubbart, dem nördlichsten bekannten Punkte von Jesupland, westlich von Grantland; Kap Columbia, dem nördlichsten Punkte der nordamerikanischen Ländergebiete, und auf dem Eis des Polarmeeres bei 87° 6′ nördlicher Breite bei meinem fernsten Nordpunkt 1906. Mit der Zeit hatte sie nun den Pol erreicht, und deswegen war sie etwas zerschlissen und ausgeblichen.

Ein breiter diagonaler Abschnitt von dieser Flagge bezeichnet jetzt den fernsten Zielpunkt der Erde, den Platz, wo ich und meine braunen Genossen standen.

Ich hielt es auch für angezeigt, die Farben der Delta-Kapa-Epsilon-Brüderschaft, in der ich als Studio des Bowdoin-College als Mitglied aufgenommen worden war, die »Weltzeichen der Freiheit und des Friedens« aufzuziehen mit ihrem Rot, Weiß und Blau in weißem Felde, ferner die Flagge des Flotten-Vereins und auch die Flagge des Roten Kreuzes.

Nachdem ich die amerikanische Flagge im Eis aufgepflanzt hatte, sagte ich Henson, er solle die Eskimos veranlassen, dreimal donnernd »Hoch« zu rufen. Und dies taten sie auch mit großer Begeisterung. Darauf schüttelte ich jedem Mitglied der Expedition die Hand, gewiß eine recht unzeremonielle Sache und gleichzeitig doch eine ganz demokratische. Die Eskimos freuten sich kindisch über unseren Erfolg; wenn sie auch natürlich nicht seine Wichtigkeit ganz erfassen

konnten oder seine Bedeutung für die Welt, so verstanden sie doch so viel, daß es die endliche Beendigung eines Kampfes bedeutete, in den sie mich so viele Jahre lang verstrickt gesehen hatten.
Dann legte ich in eine Spalte zwischen die Eisblöcke eines Pressungsgrates eine Glasflasche nieder, die einen Querstreifen von meiner Flagge enthielt und eine Urkunde, von welcher folgendes die Abschrift ist:
90 Grad nördl. Breite, Nordpol, den 6. April 1909. Kam hier heute an, 28 Tagesmärsche von Kap Columbia entfernt.
Ich habe bei mir fünf Männer, Matthew Henson, Nigger, Utäh, Etschwingwäh, Sieglu und Uquiäh, Eskimos; fünf Schlitten und 38 Hunde. Mein Schiff, der Dampfer »Roosevelt«, liegt bei Kap Sheridan, 162 Kilometer östlich von Columbia.
Die unter meinem Oberbefehl stehende Expedition, die so glücklich gewesen ist, den Pol zu erreichen, steht unter dem Schutz des Peary Arctic Club zu New York City und ist von den Mitgliedern und Freunden dieses Clubs ausgerüstet und nach Norden gesandt worden zu dem Zweck, diesen geographischen Preis, wenn irgend möglich, für die Ehre und das Ansehen der Vereinigten Staaten von Amerika zu gewinnen.
Die Vorstandsmitlieder des Clubs sind Thomas H. Hubbard aus New York, Präsident; Zenas Crane aus Massachusetts, Vizepräsident; Herbert L. Bridgman aus New York, Sekretär und Schatzmeister.
Morgen gehe ich zurück nach Kap Columbia. Robert E. Peary, von der Marine der Vereinigten Staaten.
90 Grad nördl. Breite, Nordpol, den 6. April 1909. Ich habe heute die Staatsflagge der Vereinigten Staaten von Amerika an dieser Stelle gehißt, die nach meinen Beobachtungen die nordpolare Achse der Erde ist, und habe im Namen des Präsidenten der Vereinigten Staaten von Amerika förmlich von der ganzen Gegend und Umgegend für diese Besitz genommen.
Ich hinterlasse diese Urkunde und die Flagge der Vereinigten Staaten als Besitzzeichen.

Robert E. Peary,
von der Marine der Vereinigten Staaten.

Wenn es für einen Menschen möglich wäre, am 90. Grad nördlicher Breite anzulangen, ohne körperlich und geistig bis aufs äußerste erschöpft zu sein, so würde er zweifellos einzigartige Sensationen

empfinden und einzigartigen Gedanken nachhängen. Aber die Erreichung des Pols war das Ergebnis tage- und wochenlanger Eilmärsche, physischen Unbehagens, ungenügenden Schlafes und folternder Angst. Es ist eine weise Vorsehung der Natur, daß das menschliche Bewußtsein intensive Gefühle nur bis zu einem solchen Grade aufnehmen kann, als das Gehirn verträgt, und die grimmen Wächter des fernsten Gipfels der Welt nehmen keinen Mann als Gast an, der nicht durch strengste Probe versucht und bezeugt worden ist.
Vielleicht hätte es nicht so sein sollen; aber als ich nun gewiß wußte, daß wir unser Ziel erreicht hatten, da wünschte ich auf der ganzen Welt nichts weiter als – zu schlafen. Als ich aber ein oder zwei Stunden geruht hatte, erfaßte mich ein Zustand seelischer Erregung, der fernere Rast unmöglich machte. Für mehr als eine Stiege von Jahren war dieser Punkt der Erdoberfläche der Gegenstand all meines Strebens gewesen. Ihn zu erreichen, war mein ganzes physisches, geistiges und seelisches Sein gewidmet gewesen. Vielemal hatte ich mein eigenes Leben und das Leben der Männer, die bei mir waren, aufs Spiel gesetzt. Mein eigenes Vermögen und das meiner Freunde war diesem Gegenstand gewidmet worden. Diese Reise war meine achte in die arktische Wildnis. In dieser Wildnis hatte ich von den 23 Jahren zwischen dem 30. und meinem 53. Lebensjahr fast zwölf Jahre zugebracht, und die dazwischenliegende Zeit, welche ich während jenes Zeitabschnitts in zivilisierten Ländern verbrachte, waren hauptsächlich mit Vorbereitungen für die Rückkehr in die Wildnis ausgefüllt worden. Der Entschluß, den Pol zu erreichen, war in so hohem Grade ein Teil meines Wesens geworden, daß, so sonderbar es scheinen mag, ich schon lange mich gewöhnt hatte, mich als Instrument für die Erreichung jenes Zieles anzusehen. Für den Laien mag dies sonderbar erscheinen, aber ein Erfinder kann es verstehen oder ein Künstler oder irgendein anderer, der sich Jahre um Jahre dem Dienst einer Idee gewidmet hat.
Aber obgleich während dieser 30 Stunden, die ich am Pol zubrachte, mein Geist in Pausen beschäftigt war mit dem erheiternden Gedanken, daß mein Traum Wahrheit geworden war, so beherrschte mich doch eine Erinnerung an andere Zeiten, die sich dann und wann mit erschrecklicher Deutlichkeit einstellte. Es war die Erinnerung an einen Tag vor drei Jahren, den 21. April 1906, als die Expedition, welche ich befehligte, nach einem Kampf mit dem Eise, mit offenem Wasser und Stürmen gezwungen gewesen war, von 87° 6′ nördlicher

Breite zurückzukehren, weil unsere Nahrungsmittel nicht weiter reichten. Und der Gegensatz zwischen der schrecklichen Niedergeschlagenheit jenes Tages und der frohen Erregung des jetzigen Augenblicks war nicht das geringste angenehme Charakteristikum unseres kurzen Aufenthalts am Pol. Während der dunklen Stunden jenes Rückmarsches im Jahre 1906 hatte ich mir gesagt, daß ich nur einer wäre in der langen Liste arktischer Forscher, von Henry Hudson an bis auf den Herzog der Abruzzen – auch Franklin, Kane und Melville gehörten dazu – einer langen Liste von tapferen Männern, die gekämpft hatten und doch einen Erfolg nicht erreichten. Ich sagte mir, daß ich für den Preis meiner besten Lebensjahre nur wenige Glieder zu der Kette hatte beitragen können, die aus den Ländern der Zivilisation nach dem Pol führte, daß aber, alles in allem, das einzige Wort, was ich schließlich schreiben konnte, ein hartes war: Mißerfolg.

Als ich aber an diesem 6. April 1909 von unserem Lager aus das Eis in allen Richtungen hin überschritt, versuchte ich mir klarzumachen, daß es mir endlich nach 23 Jahren von Kämpfen und Entmutigungen gelungen war, die Flagge meines Landes am Ziele der Wünsche einer ganzen Welt aufzupflanzen. Es ist nicht leicht, über so etwas zu schreiben. Aber ich wußte, wir gingen zur Zivilisation zurück mit der letzten der großen Abenteurergeschichten – einer Geschichte, welche die Welt fast 400 Jahre lang zu hören gewartet hatte, einer Geschichte, die schließlich unter den Falten der Sterne und Streifen erzählt werden sollte, der Flagge, die während eines einsamen und abgesonderten Lebens für mich das Symbol geworden war für Heimat und alles, was ich liebte – und das ich doch vielleicht nie wieder sah.

Die 30 Stunden am Pol wurden durch mein Hin- und Hermarschieren, durch die Beobachtungen und das Schreiben der Urkunden voll ausgefüllt. Aber ich fand doch Zeit, an meine Frau eine Postkarte zu schreiben, die ich während des Winters auf dem Schiff gefunden hatte. Es war mir zur Gewohnheit geworden, an wichtigen Stationen des Marsches nach Norden solch eine Notiz zu schreiben, damit, wenn mir etwas Menschliches zustieße, diese kurzen Mitteilungen sie durch die Überlebenden erreichen möchten. Folgendermaßen lautete die Karte, die später meine Frau in Sydney erhielt:

90 Grad nördl. Br., den 7. April.

Meine liebe Jo!

Ich habe schließlich doch gewonnen! Bin hier einen Tag gewesen. In einer Stunde reise ich ab zur Heimat und zu Dir. Gruß an die Kinder.

Bert.

Am Nachmittag des siebenten waren nach Entfaltung unserer Flaggen und Vollendung unserer Photographien alle nötigen Beobachtungen beendet. Wir krochen also in unsere Iglus und versuchten ein wenig zu schlafen, ehe wir wieder nach Süden marschierten.

Ich konnte nicht schlafen, und auch meine zwei Eskimos, Sieglu und Etschingwäh, die das Iglu mit mir teilten, schienen keine Ruhe finden zu können. Sie drehten sich von einer Seite auf die andere, und wenn sie ruhig lagen, konnte ich doch aus ihren unregelmäßigen Atemzügen entnehmen, daß sie nicht schliefen. Obgleich sie am Tage vorher nicht besonders aufgeregt schienen, als ich ihnen sagte, daß wir den Pol erreicht hätten, so schienen sie doch unter demselben frohmachenden Einfluß zu stehen, der für mich Schlaf zur Unmöglichkeit machte.

Endlich sprang ich auf und sagte meinen Leuten und den drei Männern in dem anderen Iglu, die ebenfalls wachten, wir wollten versuchen, unser letztes Lager, das rund 50 Kilometer nach Süden lag, zu erreichen, ehe wir schlafen gingen. Dann gab ich Befehl, die Hunde anzuspannen und abzumarschieren. Es erschien unklug, solch vollendetes Reisewetter zu verschwenden, indem man sich auf den Schlafstätten der Iglus herumwälzte.

Weder Henson noch die Eskimos brauchten angespornt zu werden, den Marsch zu beginnen. Sie waren dringend darauf bedacht, sobald als nur möglich zum Lande zurückzugehen – jetzt da unser Werk getan war. Und um 4 Uhr nachmittags, am 7. April, kehrten wir unserem Lager am Nordpol den Rücken.

Tragödie am Südpol
Robert F. Scott

Eines der tragischsten Kapitel in der an Opfern so reichen Geschichte der Polarforschung ist die Südpolexpedition Robert Falcon Scotts (geb. 6. Juni 1868). Er war ein erfahrener Marineoffizier, hatte sich allerdings ursprünglich wenig mit der Polarforschung beschäftigt, als er 1901 den Auftrag erhielt, eine Expedition in die Antarktis zu führen. In den zwei Jahren, die diese Reise dauerte, sammelte er ausreichende praktische Erfahrungen und konnte eine Reihe wichtiger Erkundungen durchführen. Jetzt hatte ihn das Polarfieber gepackt, sein großes ehrgeiziges Ziel wurde die Entdeckung des Südpols. So trat er im Sommer 1910 seine zweite Fahrt in die Antarktis an. Sein Vorstoß zum Pol – nicht der erste, der unternommen wurde, drei Jahre zuvor hatte es schon sein Landsmann Shackleton vergeblich versucht – war gut vorbereitet. Und tatsächlich schafften es Scott und seine Begleiter. Am 17. Januar 1912 erreichten sie den Südpol – aber nur, um feststellen zu müssen, daß einen Monat vor ihnen bereits der Norweger Roald Amundsen auf einer anderen Marschroute an das ersehnte Ziel gelangt war! Während Amundsen sich schon wieder dem sicheren Ausgangslager näherte, erkämpften sich Scott und seine erschöpften Männer mühsam den Rückweg über das Eis. Die Enttäuschung über den Fehlschlag des Unternehmens mag das Ihre noch zum Untergang beigetragen haben. Scott schaffte es jedenfalls nicht mehr. Knapp zwanzig Kilometer vor dem rettenden Versorgungslager verließen sie die Kräfte. Die letzte Notiz in Scotts Tagebuch stammt vom 29. März 1912 – dann fand er zusammen mit seinen letzten beiden Gefährten den Tod. Ihre Leichen wurden ein Jahr später durch einen Suchtrupp entdeckt. Bei ihnen lag auch das Tagebuch, das über die letzten dramatischen Stunden berichtet.

Dienstag, 16. Januar 1912. Das Furchtbare ist eingetreten – das Schlimmste, was uns widerfahren konnte! – Wir machten am Vormittag 14 Kilometer. Am Nachmittag brachen wir in gehobener Stimmung auf, denn wir hatten das sichere Hochgefühl, morgen unser Ziel zu erreichen. Nach der zweiten Marschstunde entdeckten Bowers' scharfe Augen etwas, das er für ein Wegzeichen hielt. In wortloser Spannung hasteten wir weiter – uns alle hatte der gleiche furchtbare Verdacht durchzuckt, und mir klopfte das Herz zum Zerspringen. Eine weitere halbe Stunde verging – da erblickte Bowers vor uns einen schwarzen Fleck! Ein Schneegebilde war das nicht – konnte es nicht sein! Geradewegs marschierten wir darauf los, und was fanden wir? Eine schwarze, an einem Schlittenständer befestigte Flagge! In der Nähe ein verlassener Lagerplatz – Schlittengleise und Schneeschuhspuren kommend und gehend – und die deutlich erkennbaren Eindrücke von Hundepfoten – vieler Hundepfoten – das sagte alles. Die Norweger sind uns zuvorgekommen – Amundsen ist der erste am Pol!

Eine furchtbare Enttäuschung! Aber nichts tut mir dabei so weh als der Anblick meiner armen, treuen Gefährten! All die Mühsal, all die Entbehrungen, all die Qual – wofür? Für nichts als Träume – Träume über Tag, die jetzt zu Ende sind. –

An Ruhe war in dieser Nacht nicht zu denken! Schon die Aufregung ließ uns nicht schlafen, die Aufregung über diese Entdeckung des schon entdeckten Pols! Alle Gedanken, die in uns aufstiegen, alle Worte, die fielen, alles endete mit dem einen Furchtbaren: Zu spät! Und als es dann still wurde im Zelt – da brüteten wir gewiß alle über der einen finsteren Vorstellung: Mir graut vor dem Rückweg! –

17. Januar. Der Südpol. Unter wie andern Umständen hatten wir diesen Augenblick seit Monaten herbeigesehnt! Ein grauenhafter Tag liegt hinter uns – einmal die Enttäuschung, dann ein Wind, der bei 30 Grad Kälte uns gerade entgegenwehte. Wir brachen um 7 Uhr 30 auf, denn keiner hatte in dieser schauderhaften Nacht geschlafen, und folgten den Schlittengleisen der Norweger. Auf einer Strecke von fünf Kilometern kamen wir an zwei kleinen Wegmalen vorüber. Dann trübte sich plötzlich das Wetter, und da die Spuren zu weit westwärts führten, beschloß ich, meinen Berechnungen gemäß direkt nach dem Pol zu ziehen. Aber gegen Mittag hatte Evans so eiskalte Hände, daß wir das Lager aufschlagen mußten, um zu frühstücken. Dann zogen wir weiter und legten 12 Kilometer in südlicher Richtung zurück. Es ging etwas abwärts, wie mir scheint; aber vor uns geht es offenbar von neuem bergan. Sonst ist hier nichts zu sehen – nichts, was sich von der schauerlichen Eintönigkeit der letzten Tage unterschiede. Großer Gott! Und an diesen entsetzlichen Ort haben wir uns mühsam hergeschleppt und erhalten als Lohn nicht einmal das Bewußtsein, die ersten gewesen zu sein!

Doch – es ist immerhin etwas, so weit vorgedrungen zu sein, und der Wind mag sich morgen als unser Freund erweisen. Trotz Ingrimm

und Kummer haben wir ein fettes Polarragout verspeist und fühlen uns innerlich ganz behaglich – als Extraspeise gab es eine Tafel Schokolade und den ungewohnten Genuß einer Zigarette, die Wilson bis hierher mitgebracht hatte. Jetzt handelte es sich nur um schleunigsten Rückmarsch! Es gilt einen verzweifelten Kampf!
18. Januar. Wir stellten fest, daß wir noch etwa 6 Kilometer vom Pol entfernt waren. Ziemlich genau in dieser Richtung erblickte Bowers ein Zelt. Dieses Zelt haben wir eben erreicht. Es ist 2¾ Kilometer vom Pol entfernt und enthielt einen kurzen Bericht über die Anwesenheit der Norweger, die schon am 16. Dezember fünf Mann hoch hier waren. Das Zelt ist hübsch – ein kleines, kräftiges Ding, das nur von einer einzigen Bambusstange gestützt wird. Ein Zettel Amundsens bittet mich, einen Brief an König Haakon von Norwegen zu befördern! Ich steckte ihn zu mir und hinterließ einen Zettel mit der Mitteilung, daß ich mit meinem Gefährten hier gewesen sei. Mittags waren wir nur 1 oder 1½ Kilometer vom Pol entfernt; daher nannten wir dieses Lager das Pollager, errichteten hier ein Wegzeichen, steckten unsere Flagge, den armen, zu spät gekommenen »Union Jack«, auf und photographierten uns – alles eine mächtig kalte Arbeit. Dann sahen wir nicht ganz 1 Kilometer südwärts eine abgenutzte Schlittenkufe aufrecht im Schnee stecken; sie wurde als Stange für ein Wachstuchsegel benutzt; sie sollte jedenfalls die genaue Stelle des Pols bezeichnen, so gut wie die Norweger ihn bestimmen konnten. Ich glaube sagen zu können: der Südpol liegt ungefähr 2900 Meter hoch; merkwürdig genug, wenn man bedenkt, daß wir uns auf dem 88. Breitengrad etwa 3200 Meter hoch befunden haben. –
Wir haben jetzt dem treulosen Ziel unseres Ehrgeizes den Rücken gekehrt. Vor uns liegt eine Strecke von 1500 Kilometern mühsamer Wanderung – 1500 Kilometer trostlosen Schlittenziehens – 1500 Kilometer Entbehrung, Hunger und Kälte! Traum meiner Tage – leb wohl! Und das Ende ...
Sonnabend, 16., oder Sonntag, 17. März. Ich bin mir über das Datum nicht ganz klar, glaube aber, das letztere wird richtig sein.
Die Tragödie ist in vollem Gang. Vorgestern erklärte der arme Oates, er könne nicht mehr weiter und machte uns den Vorschlag, ihn in einem Schlafsack zurückzulassen. Davon konnte natürlich keine Rede sein, und wir bewogen ihn, uns noch auf den Nachmittagsmarsch zu begleiten. Es muß eine entsetzliche Qual für ihn gewesen sein! In der Nacht wurde es mit ihm schlechter, und wir sahen, daß es zu Ende

ging. Sollte dies Tagebuch gefunden werden, so bitte ich um die Bekanntgabe folgender Tatsachen: Oates' letzte Gedanken galten seiner Mutter; unmittelbar vorher sprach er mit Stolz davon, daß sein Regiment sich über den Mut freuen werde, mit dem er dem Tod entgegengehe. Wir drei können seine Tapferkeit bezeugen. Wochenlang hat er unaussprechliche Schmerzen klaglos ertragen und war tätig und hilfsbereit bis zum letzten Augenblick. Bis zum Schluß hat er die Hoffnung nicht aufgegeben – nicht aufgeben wollen. Er war eine tapfere Seele, und dies war sein Ende: Er schlief die vorletzte Nacht ein in der Hoffnung, nicht wieder zu erwachen; aber er erwachte doch am Morgen – gestern. »Ich will einmal hinausgehen«, sagte er, »und bleibe vielleicht eine Weile draußen.« Dann ging er in den Orkan hinaus – und wir haben ihn nicht wiedergesehen.

Sonntag, 17. März 1912. Ich kann nur absatzweise schreiben. Die Kälte ist ungeheuer, mittags 40 Grad. Meine Kameraden sind heiter, aber wir sind drauf und dran zu erfrieren, und obwohl wir beständig davon reden, daß wir uns doch noch durchschlagen werden, glaubt es im Herzen keiner mehr. Gestern mußten wir des Orkans wegen stillliegen, und heute geht es furchtbar langsam. Wir sind nur zwei Ponymärsche vom 1-Tonnen-Lager entfernt. Hier lassen wir unsern Theodoliten, eine Kamera und Oates' Schlafsäcke zurück. Die Tagebücher sowie die Gesteinsproben wird man bei uns oder auf unserm Schlitten finden.

18. März. Heute, beim zweiten Frühstück, sind wir 39 Kilometer vom Depot entfernt. Das Unglück schreitet weiter. Gestern hatten wir wieder Gegenwind, und der Schnee trieb uns ins Gesicht; wir mußten den Marsch unterbrechen; Temperatur 37 Grad. Kein menschliches Wesen brächte es fertig, solch einem Wetter zu trotzen, und unsere Kraft ist fast ganz erschöpft. Wir brechen allmählich alle zusammen. Ich Esel rührte mir einen kleinen Teil voll Currypulver in meinen Pemmikan – er verursachte mir heftige Beschwerden. Die ganze Nacht lag ich mit Schmerzen wach, und auf dem Marsch fühlte ich mich kraftlos; mein rechter Fuß erfror, und ich bemerkte es gar nicht. Ein Augenblick Nachlässigkeit – und man hat einen Fuß, den man gar nicht ansehen mag. Bowers ist, was seine Gesundheit anlangt, Nummer Eins. Die andern glauben noch, daß wir durchkommen – oder stellen sich wohl nur so! Wir haben den Primuskocher noch einmal halb voll gegossen, das letztemal – dann müssen wir verdursten. Der Wind ist augenblicklich günstig – vielleicht hilft er uns. Die Entfer-

nung bis zum nächsten Depot wäre uns auf der Hinreise lächerlich klein erschienen.

19. März. Gestern abend waren wir fast erstarrt, bis wir unser Abendessen verzehrt hatten: es bestand aus Schiffszwieback, kaltem Pemmikan und einem halben Kännchen Kakao. Dann wurden wir wider Erwarten ganz warm und haben alle gut geschlafen. Heute brachen wir in der gewöhnlichen, schleppend langsamen Weise auf. Wir sind 29 Kilometer vom Depot entfernt und können in drei Tagen hinkommen. Wir haben noch auf zwei Tage Lebensmittel, aber nur noch auf einen Tag Brennmaterial. Wilsons Füße sind noch am besten, mein rechter am schlechtesten, nur mein linker ist ganz in Ordnung. Aber wie sollen wir unsere Füße schonen, ehe wir das Depot erreicht haben und uns wieder mit warmem Essen pflegen können?

21. März. Montag abend waren wir noch 20 Kilometer vom Depot entfernt; gestern konnten wir eines wütenden Orkans wegen nicht weiter. Heute wieder eine verlorene Hoffnung – Wilson und Bowers wollen zum Depot gehen, um Brennstoff zu holen.

22. und 23. März. Der Orkan wütet fort. Wilson und Bowers konnten sich nicht hinauswagen – morgen ist die letzte Möglichkeit – kein Brennstoff mehr und nur noch auf einen, höchstens zwei Tage Nahrung – das Ende ist da. Wir haben beschlossen, eines natürlichen Todes zu sterben – wir wollen mit unsern Sachen oder auch ohne sie zum Depot marschieren und auf unserer Spur zusammenbrechen.

Freitag, 29. März. Seit dem 21. hat es unaufhörlich aus Südwest gestürmt. Jeden Tag waren wir bereit, nach unserm nur noch 20 Kilometer entfernten Depot zu marschieren, aber draußen vor der Zelttür ist die ganze Landschaft ein wirbelndes Schneegestöber. Wir können jetzt nicht mehr auf Besserung hoffen. Aber wir werden bis zum Ende aushalten; der Tod kann nicht mehr fern sein. Es ist ein Jammer, aber ich glaube nicht, daß ich noch weiter schreiben kann. R. Scott.

Um Gottes willen – sorgt für unsere Hinterbliebenen! –

Allein im Schneesturm
Richard E. Byrd

Einer der bedeutendsten Vertreter der modernen Polarforschung, in dessen Tätigkeit wissenschaftliche Leistung und Abenteuer noch zu einer Einheit verschmelzen, war der amerikanische Admiral Richard E. Byrd. Er wurde am 25. Oktober 1888 geboren. Er diente als Marineoffizier, doch galt sein ganzes Interesse der Fliegerei und der Polarforschung. Am 9. Mai 1926 gelang es ihm als erstem, von Spitzbergen aus in einem Flugzeug den Nordpol zu erreichen und zu überfliegen. Die gesamte Flugstrecke zum Pol und wieder zurück nach Spitzbergen betrug etwa sechstausend Kilometer, und er benötigte dazu etwa sechzehn Stunden. Um die Bedeutng dieser Zahlenangaben richtig einzuschätzen, muß man sie mit den Angaben in vorangegangenen Texten vergleichen! Von 1928 bis 1948 führte Byrd dann mehrere große Forschungsreisen in die Antarktis durch. Schon auf der ersten gelang es ihm, auch den Südpol zu überfliegen. Während der zweiten (1933–1935) ließ er etwa zweihundert Kilometer südlich des Standlagers eine kleine vorgefertigte Kabine im Eis eingraben, die er ganz allein bezog, mit der Außenwelt nur durch Funk verbunden. Hier führte er in wochenlanger unheimlicher und zugleich gefahrvoller Einsamkeit Wetterbeobachtungen durch. Welche Strapazen das für ihn bedeutete, beweist der folgende kurze Auszug aus seinem berühmten Buch »Allein«. Nach diesem Unternehmen erkundete er auf den Expeditionen von 1939–1941 und von 1946–1948 weite Gebiete östlich des Roßmeeres. Byrd war noch maßgebend an der Vorbereitung der amerikanischen Antarktisexpedition des »Internationalen Geophysikalischen Jahres« 1957/1958« beteiligt, erlebte aber ihre Erfolge nicht mehr. Er starb am 12. März 1957.

Aus der Kälte und aus dem Osten erhob sich der Wind. Er beschleunigte sich nur langsam, als habe er das Bleigewicht der Kälte zu überwinden. In der Nacht des 21. begann der Luftdruckmesser zu fallen. Draußen war es stockdunkel. Eine Spannung in der Luft und lastende Schatten verrieten, daß eine Wirbelmitte im Entstehen begriffen sei. Der nächste Tag bot hinreichende Entschuldigung zum Untenbleiben, was mir sehr gelegen kam. Beim Licht einer roten Kerze, die in einer Nische stand, setzte ich die bergmännische Tätigkeit im Fluchtgang fort, der bis zur geplanten Länge von sechs Metern gedieh. Damit fertig, ließ ich mich auf einer Kiste nieder und ergötzte mich an der Schönheit der roten Kerze im glitzernden Weiß der Schneewand. Bald darauf hörte ich das schnell anwachsende Geknatter der Schalen des Windrades. Die Sturmdrohung veranlaßte mich, an Deck zu gehen und die Festigkeit der Aufbauten nachzuprüfen. Der aufkommende Schneesturm bietet ein Erlebnis eigener Art. Der Wind scheint aus dem Nichts zu springen; dann löst sich die Eiswelt aus den Fesseln der Stille. Die bisher so harte und glatte Oberfläche beginnt zu laufen wie eine zunehmende See. Manchmal rasen die Schneewirbel wie turmhohe Wolken einher. Manchmal huschen sie schlangengleich über den Boden. Die Eiskristalle erfüllen die Luft mit kratzenden und raschelnden Lauten. Bald steigt die Flut über die Knöchel zur Hüfte und schließlich bis an den Hals. Zuweilen hatte ich eine undurchdringliche weiße Wand vor Augen, sah aber die Sterne durch leichte Schleier winken, wenn ich aufblickte.

Schneegewirbel rankte sich am Windmast empor, als ich die Besichtigung beendete. Schnell schloß ich die Falltür, wie der Seemann die Lukendeckel sichert. Im Bewußtsein, alles für mein Schiff getan zu haben, zog ich mich in die Kajüte zurück, um den Sturm auszureiten. Das Unwetter konnte mir nichts anhaben; aber die Geräusche drangen in meine unterirdische Festung. Der Wind röchelte in der Lüftung, rüttelte am Ofenrohr, als ob er es entwurzeln wolle, und donnerte wie mit Schmiedehämmern aufs Dach. Tatsächlich merkte ich sogar seine Saugwirkung durch den luftdurchlässigen Schnee. Im Zimmer und in den Stollen wehte eine Brise; die Kerzen flackerten und verlöschten. Nur die Sturmlaterne verbreitete ihr fahles Licht.

Aber erst als ich zur Beobachtung an Deck ging, merkte ich, wie toll das Treiben wirklich war. Beim Heben der Klappe traf mich das Schneegestöber wie eine andringende Wand. Die wenigen Schritte zu den Geräten dünkten mich meilenweit. Ich mußte mich gegen den Wind stemmen wie der Badende gegen die Brandung. Noch keine Nacht war je so dunkel gewesen; sie erstickte den Strahl im Rachen der Lampe. Die Hand vorm Auge blieb unsichtbar.

Am Windzeug hafteten schwere Schneekrusten, als ich wieder ins Zimmer trat. Mir kam es so vor, als habe sich inzwischen irgend etwas verändert; ich wußte nur nicht was. Schließlich merkte ich, daß es bedeutend kälter war. Beim Öffnen des Ofendeckels zeigte sich keine Brennerflamme, obgleich der Behälter noch hinreichend Öl enthielt. Zuerst glaubte ich, den Ofen beim Hinausgehen unbewußt abgedreht zu haben, was indes nicht stimmte. Das Zündholz verlöschte im Windzug, als ich es dem offenen Brenner näherte. Endlich gelang es mir, die Heizung wieder in Gang zu setzen. Ich mußte sie nachher andauernd überwachen.

Der Sturm wuchs sich zu wildem Toben aus. Das Summen der Luftdrähte und Stützdrähte gemahnte an die Musik des Windes in der Schiffstakelung. Der Tintenstrich des Windrichtungsmelders wurde zittrig, was Kurzschluß in der Leitung bedeutete. Ich mußte es hingehen lassen, denn an ein Putzen des Gerätes war jetzt nicht zu denken. Außerdem gab es andere Mittel zum Bestimmen der Windrichtung. Ich knüpfte das Taschentuch an einen Bambusstab, den ich zum Lüftungsrohr hinaussteckte. Im Scheine der Taschenlampe sah ich dann, wohin das Tuch wehte. Dies wiederholte ich stündlich und trug das Ergebnis in den Vordruck ein. Um 2 Uhr früh hatte ich aber genug von der Übung am Sehrohr. Wollte ich schlafen und den Wetterbericht trotzdem fortführen, mußte ich mich zum Putzen entschließen. Der Sturm raste; die Eistiefe bebte; der Lärm klang, als ginge die Welt in Trümmer. Nur mit Mühe hebelte ich die Klappe hoch. Beim Auftauchen wickelten mich dicke Schneeschwaden ein. Langsam kroch ich hinaus und hielt mich am Türgriff fest, bis ich mich der Richtung versichert hatte. Dann ließ ich die Klappe zufallen, um zu verhindern, daß sich die Räume mit Schnee füllten. Millionen von Körnern prasselten wie Schrot ins Auge; Schnee verstopfte Mund und Nase. Auf Händen und Knien kroch ich zum Mast, aus Furcht, umgeworfen zu werden und die Richtung zu verlieren. Ein falscher Schritt, und ich war verloren.

Ich fand den Mast, und zwar indem ich mit dem Kopf dagegen stieß. Ich erkletterte ihn sogar, obgleich mich zehn Millionen Geister umheulten und mir die Daumen in die Augen rammten. Doch alle Mühe war umsonst, denn der Schnee verkleisterte das Gerät ebenso schnell, wie ich es putzte. Außerdem drehten sich die Windschalen so rasch, daß sie mir leicht ein paar Finger abschneiden konnten. Am Fuß des Mastes hatte ich das Gefühl, hilflos durch die Luft geschleudert zu werden. Die Falltür war so dick überweht, daß ich den Schnee wegkratzen mußte. Sie gab nicht nach, als ich zuerst mit einer Hand und dann mit beiden Händen an ihr rüttelte. Wahrscheinlich verkeilte Eis die Fugen. Mit gespreizten Beinen stellte ich mich über die Klappe und riß mit aller Macht. Vergeblich, der Schrecken verjagte den Verstand. Ich verkrallte mich ins Holz wie ein Irrsinniger. Ich hämmerte mit den Fäusten darauf, um den Schnee zu lockern. Als das nichts half, legte ich mich platt auf den Bauch und zerrte an der Klappe bis zur Erschöpfung. Immer wieder rief ich mir zu: »Du Narr! Du Narr!« Die sinnreichsten Kniffe hatte ich erdacht, um nicht eingesperrt zu werden; und jetzt war ich ausgesperrt. Dabei bestand meine Kleidung nur aus Wollsachen unterm Windzeug. Unten winkten Schutz und Wärme, Lebensmittel und Werkzeuge. Nur eine Wand trennte mich von ihnen.

Ein nächtlicher Schneesturm im Südeisland hat etwas Wahnsinniges an sich. Kein Wetterbericht vermag seine Gehässigkeit zu schildern. Es ist kein Wind, sondern ein Wall, ein Bergsturz, eine Lawine. Infolge seiner erstickenden Eigenschaften würgt ein mäßiger Wind hier eher ab als ein ausgewachsener Wirbelsturm daheim. Wie ein erbostes Untier greift er an. Man wird zum Lurch erniedrigt, der kaum zu sehen, zu hören, zu flüchten vermag. Die Lungen schnappen verzweifelt nach Luft; der Geist verwirrt sich.

Schon halb erfroren tastete ich umher und berührte etwas Rundes. Es war das Lüftungsrohr. Ich umfaßte es und zog mich hoch. Warum, weiß ich nicht. Durch eine Öffnung erblickte ich den schwachen Lichtschein auf dem Stubenboden; aber die aufsteigende Warmluft belebte mich und verlieh mir neuen Mut.

Wieder kniend, kehrte ich dem Sturm den Rücken und überlegte, was zu tun sei. Einbruch durchs Oberlicht erschien aussichtslos, denn außer der einen halben Meter dicken Hartschneelage war noch das Drahtgitter zu überwinden. Womit sollte ich graben? Da fiel mir das Lüftungsrohr ein. Aber auch dieses war eisenfest eingefroren. Schließlich erinnerte ich mich an die Schaufel, die ich zum Ausebnen benutzte. Sie mußte ganz in der Nähe aufrecht im Schnee stecken. Aber wie finden?

Lang hingestreckt, klammerte ich mich ans Rohr und tastete mit den Füßen, stieß jedoch überall in leere Luft. Dann krabbelte ich zur Falltür, verankerte mich an der Kante und schlug wieder nach hinten aus. Wiederum Niete! Auf keinen Fall durfte ich ohne Anhalt umherirren. Da stieß ein Fuß gegen das andere Lüftungsrohr, das mir einen neuen Angelpunkt bot. Von hier aus ertastete ich etwas Hartes. Es war die Schaufel. Ich hätte sie umarmen und liebkosen mögen.

Das dreimal gesegnete Werkzeug an mich drückend, kroch ich zur Falltür. Der Schaufelstiel war gerade dünn genug, um unter den Holzsteg zu passen, der als Türgriff diente. Das Hebeln mit der Hand führte indes nicht zum Ziel. Daher schob ich, auf dem Bauche liegend, die Schultern unter den Schaufelstiel und konnte dergestalt mehr Kraft anwenden. Plötzlich sprang die Klappe auf, und ich purzelte in die Vorhalle. Als mich Licht und Wärme in der Kammer umfingen, glaubte ich fast an ein herrliches Wunder.

Die Uhren zeigten, daß meine Abwesenheit nahezu eine Stunde gedauert hatte. Der Ofen war wieder ausgegangen; doch bemühte ich mich nicht um ihn, sondern beschloß, sofort ins Bett zu gehen, denn ich war sehr erschöpft. Es kostete mich erhebliche Anstrengung, die Kleider abzulegen und auf die Pritsche zu klettern. Doch schlief ich nicht sofort ein, denn der Schneesturm polterte über mir, und ich mußte daran denken, was ohne die Schaufel aus mir geworden wäre. Vielleicht kämpfte ich in diesem Augenblicke noch; vielleicht auch nicht. Es gibt peinlichere Todesarten als das Erfrieren.

Zeittafel

Da die Berichte dieses Buches nur Afrika und Asien umfassen, soll die folgende Übersicht auch die Entdeckung anderer Erdteile zeigen:

um 450 v. Chr.	Hannos Entdeckungsfahrt
326 v. Chr.	Nearchos erforscht den Indischen Ozean
124 v. Chr.	Tschang-Kien in Burma
1002 n. Chr.	Leif segelt nach Weinland
1253–1255	Wilhelm von Rubruk in der Mongolei
1271–1295	Marco Polos Reise nach China
1325–1353	Ibn Battutas Reisen in Asien
1419–1444	Niccolo Conti in Indien
1448	Vallarte in Senegambien
1498	Vasco da Gama landet in Indien
	Kolumbus landet an der Küste Südamerikas (3. Reise)
1501–1502	Amerigo Vespuccis Reise nach Südamerika
1519	Cortez zieht nach Mexiko
1519–1522	Magellans Weltumseglung
1530–1531	Federmann in Venezuela
1531	Pizarro zieht nach Peru
1534	Cartier entdeckt Labrador
1541	Orellana am Amazonas
1552	Las Casas veröffentlicht seinen „Kurzgefaßten Bericht"
1579	Drake landet an der Küste Kaliforniens
1595	Raleigh segelt nach Südamerika
1596–1597	Barentsz überwintert auf Nowaja Semlja
1603	Pedro Paez entdeckt den Tanasee
1605–1606	Quiros und Prado suchen die Terra Australis
1611–1621	Samuel Brauns Reisen nach Westafrika
1673	Jolliet und Marquette am Mississippi
1690–1692	Kämpfer bereist Japan
1716–1721	Desideri in Lhasa
1735–1744	Condamines Forschungsreisen in Südamerika
1741	Bering landet in Alaska

1761–1767	Niebuhrs Reise nach Arabien
1768–1774	Pallas erforscht Sibirien
1770	Cook landet an der australischen Küste
1772	Roggeveen entdeckt die Osterinsel
1793	Mackenzie durchquert Nordamerika
1796	Mungo Park erreicht den Niger
1798–1801	Hornemann in der Libyschen Wüste
1802	Humboldt besteigt den Chimborazo
1804–1806	Lewis und Clarke durchqueren Nordamerika
1814–1815	Burckhardt in Arabien
1815	Belzoni beginnt seine Forschungen in Ägypten
1817–1820	Martius in Brasilien
1828	Caillié besucht Timbuktu
1832	Burnes in Bochara
	Maximilian zu Wied bereist das Mississippigebiet
1839	Brooke geht nach Celebes
1843–1844	Fremont auf dem Wege nach Oregon
1844–1846	Leichhardt erforscht Queensland
1848	Krapf und Rebmann in Ostafrika
1849	Livingstone tritt seine erste Forschungsreise an
1850–1855	Barth durchquert die Sahara
1850	MacClure entdeckt die Nordwestpassage
1854	Burton in Harrar
1854–1857	Die Gebrüder Schlagintweit im Karakorum
1860	Stuart im Herzen Australiens
1860–1861	Burke, Wills und King durchqueren Australien
1862	Speke an den Ripon-Fällen des Nil
1869–1872	Nachtigals Forschungsreise durch Sahara und Sudan
	Schweinfurth im Bahr-el-Ghasal-Gebbiet
1871	Mauch entdeckt Simbabwe
1873	Payer entdeckt Franz-Joseph-Land
1874–1875	Stanley erforscht den Lauf des Kongo
1876–1878	Doughtys Reisen in Westarabien
1878–1879	Nordenskiöld entdeckt die Nordostpassage
1880–1895	Pavie in Indochina
1893–1896	Nansens sucht den Nordpol zu erreichen
1894–1897	Hedin in Innerasien
1909	Peary am Nordpol
1912	Scott am Südpol
1933–1935	Byrd in der Antarktis (2. Reise)
1947	Heyerdahl überquert mit Kon-Tiki den Pazifik
1962	Harrer in Neuguinea

QUELLENVERZEICHNIS

S. 24: Die Fahrt zum Götterberg.
Geographie Greaci Minores, T. 1, S. 1 ff. Übers. von Dr. O. Schönberger.

S. 27: Azuras Chronik, Kap. 94. Übersetzung in: Richard Hennig: Terrae Icognitae Bd. IV., Leiden 1956, S. 147 ff. Mit freundlicher Genehmigung des Verlages E. J. Brill, Leiden.

S. 31: Athanasii Kircheri e SJ »Oedipus Aegyptiacus«, Romae 1652, S. 57 ff. Übers. v. Dr. O. Schönberger.

S. 34: Samuel Braun: Schiffarten welche er in etliche newe Länder und Insulen zu fünff underschiedlichen malen mit Gottes hülff getan, Basel 1624, S. 9 ff.

S. 41: Mungo Park: Reisen im Inneren von Afrika auf Veranlassung der Afrikanischen Gesellschaft in den Jahren 1795-1797 unternommen, Berlin 1799, S. 163 ff.

S. 46: Friedrich Hornemann: Tagebuch einer Reise von Kairo nach Murzuk, Weimar 1802, S. 8 ff.

S. 54: Giovanni Belzoni: Narrative of the Operations and recent Discoveries within the Pyramids, Temples, Tombs and Excavations in Egypt and Nubia, London 1821, S. 204 ff.

S. 61: René Auguste Caillié: Journal d'un voyage a Temboctou et a Jenné, Paris 1830, Bd. II, S. 299 ff.

S. 67: Johann Ludwig Krapf: Reisen in Ostafrika, ausgeführt in den Jahren 1837 bis 1855, Kornthal-Stuttgart 1858, Bd. II, S. 30 ff., 160, 165 ff.

S. 72: David Livingstone: Missionsreisen und Forschungen in Südafrika, Leipzig 1858, Bd. I, S. 70 ff.

S. 80: Heinrich Barth: Reisen und Entdeckungen in Nord- und Zentralafrika in den Jahren 1849-1855, Gotha 1857, Bd. III, S. 321 ff.

S. 89: Richard Francis Burton: First Footsteps in Eastern Afrika, or an exploration of Harrar, London 1860.
Deutsche Übertragung in: K. Andree: Forschungsreisen in Arabien und Ostafrika, Leipzig 1861.

S. 96: John Henning Speke: Die Entdeckung der Nilquellen, Leipzig 1864, T. 2, S. 130 ff.

S. 103: Gustav Nachtigal: Sahara und Sudan, Berlin 1879, Bd. I, S. 235 ff.

S. 111: Carl Mauch: Reisen im Innern von Südafrika 1865-1872. In: Ergänzungsheft 37 zu Petermanns Geogr. Mitteilungen, Gotha 1874.

S. 118: Georg Schweinfurth: Im Herzen von Afrika, Leipzig 1922, S. 355 ff. Mit freundlicher Genehmigung des Verlags F. A. Brockhaus, Wiesbaden.

S. 123: Henry Morton Stanley: Durch den dunklen Weltteil, Leipzig 1878, Bd. II, S. 180 ff. Mit freundlicher Genehmigung des Verlags F. A. Brockhaus, Wiesbaden.

S. 132: Arrian: Alexanders Siegeszug durch Asien. Übers. von v. W. Capelle, Zürich 1950, S. 431 ff. Mit freundlicher Genehmigung des Artemis-Verlages, Zürich.

S. 139: Szma-tsien: 123. Buch des Sseki. Deutsche Übertragung nach der französischen Übersetzung von Brosset in: Richard Hennig: Terrae Incognitae, Leiden 1944, Bd. I, S. 252 ff. Mit freundlicher Genehmigung des Verlages E. J. Brill, Leiden.

S. 144: Hermann Herbst (Hrsg.): Der Bericht des Wilhelm von Rubruk, über seine Reisen in den Jahren 1253/55. Erste vollständige Übersetzung aus dem Lateinischen. Leipzig 1934, S. 121 ff. Mit freundlicher Genehmigung von Frau Hildegard Burkhardt, Berlin.

S. 151: Die Reisen des Venetianers Marco Polo im 13. Jahrhundert. Bearb. und hrsg. von Hans Lemke, Hamburg 1908, S. 378 ff.

S. 158: Die Reisen des Arabers Ibn Batuta durch Indien und China. Hrsg. von Hans v. Mrik, Hamburg 1911, S. 353 ff.

S. 163: Friedrich Kunstmann: Die Kenntnis Indiens im 15. Jahrhundert, München 1863, S. 35 ff. Übers. d. lat. Textes v. D. Reinhold.

S. 168: A Journal of the first Voyage de Vasco da Gama 1497-1499. Ed. by E. G. Ravenstein, London 1898, S. 56 ff.

S. 173: Engelbert Kaempfer: Geschichte und Beschreibung von Japan, Lemgo 1777 bis 1779, Bd. II, S. 153 ff.

S. 179: An Account of Tibet. The Travels of Ippolito Desideri of Pistoia, S. J. 1712 bis 1727. Edit. by Filippo de Filippi, London 1937, S. 82 ff. Mit freundlicher Genehmigung des Verlages Routledge & Kegan Paul Ltd., London.

S. 185: Carsten Niebuhrs Reisebeschreibung nach Arabien und anderen umliegenden Ländern, Kopenhagen 1774, Bd. I, S. 398 ff.

S. 193: Peter Simon Pallas: Reise durch verschiedene Provinzen des Russischen Reiches, St. Petersburg 1801, Bd.I, S. 418 ff. und Bd.III, S. 98 ff.

S. 198: Johann Ludwig Burckhardt: Reisen in Arabien, Weimar 1830, S. 480 ff.

S. 203: Alexander Burnes: Reise nach und in Bokhara von Indien aus durch Cabool, die Tartarey und Persien . . . in den Jahren 1831, 32 und 33, Weimar 1835, Bd. I, S. 272 ff.

S. 212: Narrative of events in Borneo und Celebes. From the Journal of James Brooke. Ed. by R. Mundy, London 1848, Bd. I, S. 110 ff.

S. 217: Hermann v. Schlagintweit: Reisen in Indien und Hochasien, Jena 1880, Bd. IV, S. 119 ff.

S. 222: Charles M. Doughty: Die Offenbarung Arabiens, Leipzig 1937, S. 307 ff. Mit freundlicher Genehmigung des Paul List Verlags, München.

S. 228 Auguste Pavie: Eine friedliche Eroberung. Indochina 1888, Herrenalb 1967, S. 167 ff. Mit freundlicher Genehmigung des Horst Erdmann Verlags, Tübingen.

S. 234: Sven Hedin: Mein Leben als Entdecker, Leipzig 1941, S. 127 ff. Mit freundlicher Genehmigung des Verlags F. A. Brockhaus, Wiesbaden.

S. 244: Grönländer und Färinger Geschichten. Übertragen v. Felix Niedner, Jena 1929, S. 53 ff. Mit freundlicher Genehmigung des Verlags Eugen Diederichs, Düsseldorf.

S. 251: Voyage de Jacques Cartier au Canada en 1534. Ed. p. M. H. Michelant, Paris 1865.

S. 255: W. S. W. Vaux: The World Encompassed by Sir Francis Drake, London 1854, S. 124 ff.

S. 261: John D. G. Shea: Discovery and Exploration of the Mississippi-Valley, New York 1852.

S. 268: G. W. Steller: Reise von Kamtschatka nach Amerika mit dem Commandeur-Capitän Bering, St. Petersburg 1793, S. 24 ff.

S. 274: Alexander Mackenzie: Reisen von Montreal durch Nordwestamerika nach dem Eismeer und der Südsee, Berlin 1802, S. 330 ff.

S. 282: The Journals of the Expedition under the Command of Capts. Lewis and Clark to the sources of the Missouri. Ed. by Nicholas Biddle, New York 1962, Bd. I, S. 217-231.
Mit freundlicher Genehmigung des Verlags Heritage Press, New York.

S. 290: J. C. Fremont: Narrative of the Exploring Expedition to the Rocky Mountains in the year 1842, and to Oregon and North California in the years 1843-1844, London 1846, S. 226 ff.

S. 295: Maximilian Prinz zu Wied: Reise in das innere Nordamerika in den Jahren 1832-1834, Coblenz 1839, Bd. II, S. 299 ff.

S. 301: Sherard Osborn: The Discovery of the North-West Passage by H. M. S. »Investigator«, Capt. R. M'Clure. Ed. from the Logs and Journals of Capt. M'Clure, London 1857, S. 139 ff.

S. 308: Christoph Kolumbus: Entdeckungsfahrten. Reiseberichte und Briefe von der zweiten, dritten und vierten Entdeckungsreise nach Amerika 1493 - 1506, Zürich 1943, S. 144 ff. Mit freundlicher Genehmigung des Rascher Verlags, Zürich.

S. 313: The Letters of Amerigo Vespucci. Ed. by Clements R. Markham, London 1894, S. 42 ff.

S. 319: Bernal Diaz del Castillo: Wahrhafte Geschichte der Entdeckung und Eroberung Neuspaniens. Stuttgart 1965, S. 256 ff. Mit freundlicher Genehmigung des S. Fischer Verlags, Frankfurt am Main.

S. 326: Antonio Pigafetta: Maggelan's Voyage Around the World. Ed. by Charles E. Nowell, Evanston 1962, S. 113 ff.

S. 331: Nicolaus Federmanns und Hans Stades Reisen in Südamerika 1529-1555. Hrsg. v. K. Klüpfel, Stuttgart 1859, S. 36 ff.

S. 336: Clements E. Markham: Reports on the Discovery of Peru, London 1872, S. 51 ff.

S. 341: The Discovery of the Amazon according to the account of Friar Gaspar de Carvajal and other Documents. Ed. by H. C. Heaton, New York 1934, S. 212 ff.
Mit freundlicher Genehmigung der American Geographical Society, New York.

S. 346: Bartolomé de Las Casas: Kurzgefaßter Bericht von der Verwüstung der Westindischen Länder. Hrsg. v. H. M. Enzensberger, Frankfurt 1966. Sammlung Insel 23, S. 23 ff. Mit freundlicher Genehmigung des Insel Verlags, Frankfurt.

S. 350: Robert Hermann Schomburgk: The Discovery of the large and rich beautiful Empire of Guiana, London 1848, S. 78 ff.

S. 354: Charles M. de la Condamine: Journal du Voyage fait pat ordre du roi a l'equateur Servant d'introduction historique a la mesure des trois premiers degré's du meridien, Paris 1751, S. 188 ff.

S. 360: Alexander v. Humboldt: Kleinere Schriften Bd. I, Stuttgart 1853, S. 141 ff.

S. 367: C. F. P. Martius: Reise in Brasilien auf Befehl seiner Majestät Maximilian Joseph I. Königs von Baiern in den Jahren 1817-1820 gemacht, München 1822, Bd. II, S. 719 ff.

S. 372: Henry N. Stevens: New Light on the Discovery of Australia as revealed by the journal of Captain Don Diego de Prado y Tovar, London 1930, S. 127 ff.

S. 377: Die Weltumseglungsfahrten des Kapitäns James Cook.
Ein Auszug aus seinen Tagebüchern. Hrsg. v. Edwin Hennig, Hamburg 1908, S. 129 ff.

S. 384: Carl Friedrich Behrens: Reise durch die Südländer und um die Welt, Frankfurt 1737, S. 78 ff.

S. 390: Ludwig Leichhardt: Tagebuch einer Landreise in Australien von Moreton-Bay nach Port Essington während der Jahre 1844 und 1845, Halle 1851, S. 248 ff.

S. 396: The Journals of John Mc Douall Stuart during the years 1858, 1859, 1860, 1861 and 1862. Ed. by W. Hardman, London 1865.

S. 399: William John Wills: A Sucessful Exploration through the Interior of Australia from Melbourne to the Gulf of Carpentaria, London 1863, S. 309 ff.

S. 404: Thor Heyerdahl: Kon-Tiki. Ein Floß treibt über den Pazifik, Wien 1949, S. 159 ff. Mit freundlicher Genehmigung des Verlags Ullstein, Berlin.

S. 410: Heinrich Harrer: Ich komme aus der Steinzeit. Mit freundlicher Genehmigung des Pinguin- Verlags Pawlowski GmbH, Innsbruck.

S. 418 Gerrit de Veer: The Three Voyages of William Barents to the Arctic Regions, London 1876, S. 104 ff.

S. 422: Julius Payer: Die österreichisch-ungarische Nordpolexpedition in den Jahren 1872-1874, Wien 1876, S. 134 ff.

S. 427: Adolf Eric v. Nordenskiöld: Die Umseglung Asiens und Europas auf der Vega, Leipzig 1882, Bd. I, S. 304 ff., Bd. II, S. 68 ff. Mit freundlicher Genehmigung des Verlags F. A. Brockhaus, Wiesbaden.

S. 433: Fridtjof: In Nacht und Eis, Leipzig 1898, Bd. 2, S. 266 ff. u. 286 ff. Mit freundlicher Genehmigung des Verlags F. A. Brockhaus, Wiesbaden.

S. 440: Robert E. Peary: Die Entdeckung des Nordpols, Berlin 1910, S. 303 ff.

S. 448: Kapitän Scott: Letzte Fahrt, Wiesbaden 1951, S. 152 ff. u. 185 ff. Mit freundlicher Genehmigung des Verlags F. A. Brockhaus, Wiesbaden.

S. 453: Richard Byrd: Allein! Wiesbaden 1947, S. 107 ff. Mit freundlicher Genehmigung des Verlags F. A. Brockhaus, Wiesbaden.

Soweit nicht anders angegeben, stammen die Übersetzungen aus dem Französischen von R. Haupt und aus dem Englischen von Dr. R. Vocke.